LUMINAIRE

光启

守望思想　逐光启航

[以] 格肖姆 · 肖勒姆　[德] 特奥多 · W. 阿多诺 编注

Walter Benjamin Briefe

本雅明书信集

[德] 瓦尔特 · 本雅明 著　金晓宇 译

上海人民出版社　LUMINAIRE BOOKS 光启书局

目　录

导言 I　1

导言 II　7

1910—1928 年间书信　15

1929—1940 年间书信　484

附录　847

I

瓦尔特·本雅明自然而非凡的写信才能是他本性中最迷人的方面之一。当我向特奥多·阿多诺提议共同出版本雅明的书信集时，我之所以能够这样做，是因为已经有相当数量的信件构成这样一个集合的重要且完全有代表性的核心。他的书信选集可以围绕这一核心，其中包括本雅明与我进行的长达二十五年的广泛通信，以及他在流亡期间写给社会研究所成员的信，特别是写给马克斯·霍克海默和阿多诺的那些。我们从保存下来的其他材料知道，还有给佛罗伦斯·克里斯蒂安·朗、霍夫曼斯塔尔的信，以及后来给维尔纳·克拉夫特的信可供我们使用。在我们启动该计划时，我们还可以指望发现其他能够在过去几十年的风暴和灾难中幸存下来的材料。我们的这种期望没有错。对于几乎所有较为了解他的人来说，本雅明无疑是一个太令人印象深刻和意义非凡的人物，以至于他们不可能不保存他写给他们的全部或部分信件。他表达能力中自然的魅力和光辉，即使在自发的交流中也能体现出来，这些都是不可避免地使这些信件对那些收信人来说变得珍贵的附加因素。因此，不管怎样，结果证明我们拥有了丰富得令人惊讶的材料，本书为读者提供了从该材料中获得的广泛选择。我们很幸运，能够呈现一个几乎连续的信件系列，跨度三十年，从本雅明的 18 岁生日到他在逃离屠夫的途中自杀前不久。这些本质上非常多样化的信件是写给他青年时代的朋友们，以及后来与他保持文学和私人关系的男男女女的。这些信件为他的个人和思想传记提供了丰富的文献资料，同时，我们希望它们也能让他曾给我们留下了如此难忘印象的本人的形象以清晰的轮廓呈现给读者。这些信件从第一次世界大战前“青年运动”的最后几年开始。尽管本雅明热情洋溢、年少无知，但在这场运动中，他处在一个特别显著的位置上——他是古斯塔夫·威内肯出版的《开端》杂志的主要撰稿人，是柏林“青年讨论厅”的主要发言人，也是柏林大学自由学生团体的主席。然后这些信件带我们穿越本雅明完全退隐，甚至可以说隐匿的岁月，直至他作为作家和记者活跃的时代。它们伴随着他对这些年伟大的精神运动和现象的分析，有力地证明了他的天才的变化，从梦想着对伟大的希伯来文本进行评论的形而上学者到后来他想成为的马克思主义者。[①]这本选集的目的是要让读者清楚地看到，在被摧毁之前的那一代人中产生最深刻影响，同时也最富表现力的德语圈的犹太人之一的人生历程和面貌。

当然，很多信件已经丢失。其中包括本雅明写给他父母的信；给他的弟弟妹妹格奥尔格和多拉的信；青年运动时期，给库尔特·图赫勒、弗朗兹·萨克斯、古斯塔夫·威内肯、弗里茨·海因勒和格奥尔格·巴比松的信；从第一次世界大战到20世纪二三十年代，给沃尔夫·海因勒、埃里希·古特金德、恩斯特·布洛赫和齐格弗里德·克拉考尔的信。我们没有办法查阅布莱希特保存的信件。在写给与他关系密切的女性的信件中，给他的第一任未婚妻格蕾特·科恩－拉特和他于1964年去世的妻子多拉·本雅明的信件，已经全部遗失。直到这本书信集开始付印前不久，我们才得知他的女友阿西娅·拉西斯——《单行道》就是献给她的——住在里加。多年来，本雅明对他青年时代的朋友阿尔弗雷德·科恩的妹妹朱拉·科恩感到特别亲近。在写给她的信件中，唯一保存下来的是她与弗里茨·拉特结婚（1925年）后的那些。给法国通信者的信中，例如给安德烈·布勒东的那些，已经丢失或无法找到，而给法国熟人的信也只有极少数被保存下来或提供给我们。1915年至1921年间，本雅明有时候与维尔纳·克拉夫特进行频繁的书信交流，在信中他主要还详尽地阐述了自己对文学问题的看法。事实上，正如他当时告诉我的那样，他有时会考虑把这些信件作为“关于新文学的书信”的续集。这些信件由于特别不幸的情况已经丢失了，只有本雅明在 20 世纪 30 年代他们恢复关系后写给克拉夫特的信被保存了下来。

我想在这里谈谈他给我的信，多年来这些信构成了当前这本书信集的基础。我是在瓦尔特·本雅明与威内肯彻底决裂三个月后认识他的，我对犹太教和犹太复国主义事业的热情，正如我们对哲学和文学问题同样浓厚的兴趣一样，为我走向他开辟了道路。我当时还很年轻，正在以同样的强度学习数学和希伯来语，我用大量的信息、问题和想法淹没了他，这些东西关乎我的犹太研究，也涉及我年轻时对数学和哲学的深入研究。在我们的通信中，从一开始客观和主观的兴趣就结合在了一起，这种结合决定了我从他那里收到的大约三百封信。由于我们大多数时候不住在同一个地方，尤其是在 1923 年我去巴勒斯坦之后，我们几乎只能依靠书面形式交流，因此信件以一种特别典范的方式构成了我们以后关系的媒介。1923 年之后，只有两次机会可以通过当面对话来代替通信。因此，尽管在他与其他人的关系中，大多数互动都是通过富有成效的对话和即兴讲话的媒介来进行的，但他给我的信填补了我们当面交往中的空白。其结果是，许多原本可能会丢失的他的个人报告和自我反思被保存了下来，当然，正是出于空间距离的原因，也有许多东西无法在这种媒介中讨论。我还确信，他向别人谈起我时，带着同样的批评的坦率和讽刺的锋芒，就像他在给我的信中谈到别人时那样。我们总是知道彼此的立场。

从我们手头的大约六百封信件的材料中，我们选出了三百多封，我们相信它们可以组合成一个整体。这些信件根据收信人的不同而具有不同的语气，甚至是不同的声调。正是这一点反映了本雅明丰富的个性，折射在适合他的媒介中。这些信件大部分很长，这符合他进行反思和与朋友交流的需要。简短的信件通常只是技术性的，可以被排除在外而不会造成损失。其他信件被排除在外是因为它们的主题不那么重要，或者是因为它们重复了本选集所包含的信件已充分探讨过的内容。出于篇幅的考虑，如果没有别的原因的话，我不得不搁置了许多尤其是给我的信。所采纳的信件中的省略总是通过六角括号中的省略号〔……〕表示出来。它们涉及纯粹的技术和财务问题、他与父母的关系，以及我们认为没有权利公开的对仍在世的人们的个人评论。我们确实留下了对一些人士的客观批评，即使它具有讽刺的性质；除此之外，克制似乎是应当的。

对于注解，我们把自己限制在绝对必要的范围内。在 1919 年 9 月 19 日给恩斯特·舍恩的信中，本雅明批评了在书信集中使用注解的做法，把它们比作放血术。这必须被我们解读为针对编选者的一个警告，要谨慎行事。我们没有费心去添加脚注来解释文学上通常所知的东西。对于有些需要解释的地方，我们已经无法确定作为前提的确切情况。这尤其适用于 1915 年之前的信件，我进一步了解本雅明之前。对于之后十五年间的书信，我可以求助于自己相当精确的记忆，对于之后的时间，我可以求助于阿多诺和我的记忆，以及其他书面文件（比如我的 1915 年到 1919 年的日记）。多年来，本雅明的妻子也告诉了我很多东西，她在第二次世界大战期间和之后一直生活在伦敦，直至去世。我还要感谢赫伯特·贝尔莫尔（罗马）、弗朗兹·萨克斯（约翰内斯堡）和朱拉·拉特－科恩（荷兰纳尔登［Naarden］）提供了有关他在青年时代所写信件的具体细节的宝贵信息。恩斯特·舍恩和本雅明的友谊可以追溯到早年，但不幸的是，在我们为这本书信集收集完材料之前，在我们还没来得及询问他一些只有他能够澄清的细节之前，他就去世了。

我们将日期统一放置在每封信的右上角。本雅明自己通常把它放在左下角，在他的签名旁边。我们已经规范化了称呼之后逗号的使用。信件本身的标点符号构成了一个棘手的问题。多年来，特别是在 1914 年至 1924 年之间，本雅明原则上不遵循“官方正字法”，而是完全按照自己的感觉行事，尤其是反对在私人信件中使用逗号。他只在或多或少正式的信函中使用还算传统的标点符号。1921 年后，他开始——起初很犹豫地但后来逐渐地——在这方面也适应正字法惯例。因此，1921 年以前的信件中，我很少纠正标点符号，除非出于句法上的考虑似乎是完全必要的；之后，我们使它更符合惯例。

到目前为止，**写给**本雅明的信几乎完全丢失了，除了霍克海默和阿多诺在他生命的最后几年用打字机写给他并保存在打字副本中的。在我写给他的数百封信中，我现在只有五封信的副本。在本出版物的背景下，我们决定在下卷[1]中收录我的三封信和阿多诺的两封信，并把它们按各自的日期放在合适的位置，因为它们对于我们和他之间讨论的理论问题似乎特别重要，对于理解他自己的信件，甚至对于理解他本人，都有很大的帮助，并传递出该通信中生动的对话画面。我在相关位置还插入了我的两首诗，本雅明在几封信中提到了这两首诗：一首是关于保罗·克利的画作《新天使》的，本雅明曾想用这个名字命名他打算出版的一本杂志；另一首是关于卡夫卡的《审判》的“说教诗”。

在编辑中我们分工如下，并相应地对信件和注解的定型承担责任：我编辑了 1921 年以前的所有信件，以及 1921 年以后写给我、马克斯·赖赫纳、马丁·布伯、阿尔弗雷德·科恩、朱拉·拉特、维尔纳·克拉夫特、弗里茨·利布、基蒂·马克斯－施泰因施耐德和汉娜·阿伦特的信。阿多诺负责写给佛罗伦斯·克里斯蒂安·朗、霍夫曼斯塔尔、布莱希特和他圈子的成员——卡尔·蒂

1　从第 484 页开始为原书的下卷。——译注（如无特殊说明，本书页下注皆为译注。）

姆、阿德里安娜·莫尼耶和霍克海默，以及写给阿多诺自己和他妻子的信。罗尔夫·蒂德曼[1]对阿多诺编辑的信件的注解做出了重要贡献。我们每个人都阅读了对方编辑的部分并发表了意见。

最后，我要代表编选者衷心感谢所有通过提供信件为本书的实现做出帮助的人，特别是赫伯特·贝尔莫尔先生（罗马）、汉西·舍恩夫人（约翰娜·罗根多夫伯爵夫人，伦敦）、朱拉·拉特－科恩夫人（纳尔登）、格蕾特·科恩－拉特夫人（巴黎）、维尔纳·克拉夫特博士先生（耶路撒冷）、基蒂·施泰因施奈德博士夫人（耶路撒冷）、弗里茨·利布教授（巴塞尔）和苏珊娜·蒂姆夫人（勒拉赫），以及布莱希特、霍夫曼斯塔尔和朗的遗产继承人和遗嘱执行人。我们将最热烈的感谢给予苏尔坎普出版社，它欣然迁就我们的建议和愿望，还有瓦尔特·博利奇[2]，苏尔坎普的编辑，他在许多方面给了我们巨大的帮助。收集材料、准备手稿和排印工作花费了四年多的时间。不少信件是在排印期间，甚至是在我们看完长条校样之后才提供给我们的。这样，这本书信集，它应该是为我们已故的朋友立的一座活的纪念碑，在他去世二十五年后出版了。

格肖姆·格哈德·肖勒姆

耶路撒冷

① 阿多诺在《棱镜》（*Prismen*）一书中的《瓦尔特·本雅明的特征》（Charakteristik Walter Benjamins），以及《本雅明文集》的前言中；肖勒姆则在《瓦尔特·本雅明》（《新评论》杂志，1965 年，第 1—21 页）中对本雅明进行了更详细的介绍。——原注（本书中注释编号格式为①②③……的均为原注。）

1 罗尔夫·蒂德曼（Rolf Tiedemann，1932—2018），德国哲学家、语言学家和编辑。

2 瓦尔特·博利奇（Walter Boehlich，1921—2006），德国文学评论家、出版社编辑、翻译和出版者。

II

瓦尔特·本雅明这个人从一开始就完全是他作品的媒介——他的幸福在很大程度上是精神性的——以至于任何可以称之为“生命的直接性”的东西都被折射了。并不是说他是禁欲主义者，甚至也不是说他的外表给人这样的印象；但他身上有一种几乎是无形的东西。很少有人能像他那样控制自我，他似乎脱离了自己的身体。这也许是他的哲学意图的根源之一：通过理性手段使人们能够理解在精神分裂症中表现出来的经验范围。正如本雅明的思想构成了人的存在主义概念的对立面一样，他虽然具有极端的个性形成过程，但从经验上看，他似乎根本不是一个人，而是内容的运动场所，在那里，内容通过他强行进入语言。反思这种特质的心理根源是无益的；这样做恰恰就等于假定了本雅明的思索所炸毁的生物的标准概念，而生活越是变得不那么是生活，普遍的共识越是顽固地坚持这一概念。他关于自己的笔迹（本雅明是一位优秀的笔迹学家）的一个评论，即它的目的首先是不要让人注意到任何东西，至少证明了他对自己在这方面的态度；但除此之外，他从不太在意自己的心理。

几乎没有其他人像他这样成功地使自己的神经官能症——如果它确实是神经官能症——如此富有成效。神经官能症的精神分析概念包括对生产力的束缚、对精力的误导。本雅明根本不是这种情况。自我异化者的生产力只能通过以下事实来解释：他的极为精细的主观反应形式，是客观历史现实的沉淀，这使他能够把自己转变成一个客观性的器官。他可能缺乏的直接性，或者必须很早成为他的第二天性来掩饰的东西，在这个受抽象的人际关系法则支配的世界里丧失了。只有以最严酷的痛苦为代价，或者只是不真实地，作为一种容许的天性，它才会显露出来。早在意识到这种关系之前，本雅明就已经承担了后果。在他自己以及与他人的关系中，他都毫无保留地贯彻精神的至高无上性；它代替了直接性，成为他的即时性。他的私人举止有时近似仪式。斯特凡·格奥尔格和他的学派——本雅明在青年时代就与他们在哲学上毫无共同之处——的影响是这样的：他从格奥尔格那里学到了仪式的模式。在书信中，这种仪式元素延伸到凸版印刷的图片，甚至延伸到信纸的选择，他对信纸异常挑剔；甚至在他流亡期间，他的朋友阿尔弗雷德·科恩延续了一种长期以来的做法，向他提供一种特定类型的纸张。本雅明的仪式行为在他的青年时代最为明显，直到他生命的尽头才开始放松；仿佛是对于灾难的恐惧，对于比死亡还糟的事情的恐惧，唤醒了他深埋的表达的自发性，他通过模仿把这种自发性驱逐到了死亡的时刻。

本雅明是一位伟大的写信人，显然，他写信时充满了激情。尽管经历了两次战争、希特勒帝国和流亡，他的很多信件依然被保存了下来；在其中做出拣选并辑录成书，并非易事。书信成了他的一种文学形式。就这点而论，它的确传递了原始的冲动，但却在这些冲动和收信人之间插入了某种东西：本雅明塑造书面材料的过程，好像符合客观化的法则——尽管有特定情境的限制，也正因为有这种场合——仿佛只有这样才使冲动合法化了。具有强大影响力的思想家的洞察往往极其忠实地处理它们的对象，但同时也是对思想家自身的洞察，本雅明也是如此：一个典型的例子是他对老年歌德的著名评价，他说歌德是一位如实抄写内心的文书。这样的第二天性没有任何矫揉造作的东西；尽管本雅明会泰然自若地接受这一指责。因此，书信形式非常适合他，因为它易于传达经过调和的、客观化的直接性。写信在僵硬的文字媒介中模拟出一种生气。在信中，一个人可以否认孤立，但仍然保持疏离、孤独。

有一件轶事与通信完全没有直接的关系，却可能有助于我们了解本雅明作为写信人的独特之处。有一段谈话谈及书面语言和口头语言的区别；例如，在现场交谈中，出于人性化，人们说话不那么正式，会使用更随便的现在完成时，而非语法上要求的过去时。本雅明对语言上的细微差别非常敏感，但他不接受这个观点，并强烈地提出了质疑，仿佛被触及了痛处。他的信件是说话声音的形象，通过讲话来书写。

然而，这些信件的克制却得到了最丰厚的回报，而这证明使广泛的读者群能够接触到它们是正确的。真正以五彩缤纷的反光体验当下生活的人被赋予了过去的力量。书信形式是过时的，在本雅明在世时已经开始变得过时了；但他自己的书信不会因此而受到指责。本雅明有一个特点，只要有可能，他就用手写信，尽管打字机早已盛行；书写的身体行为给他乐趣——他喜欢制作摘录和誊清稿——就像他不喜欢机械辅助工具一样：在这方面，《机械复制时代的艺术作品》这篇论文，就像他的思想史的许多其他阶段一样，是对进攻者的一种认同。写信提出了个体的一种要求，但如今在推进这一要求方面却无能为力，正如世界不再尊重这一要求一样。当本雅明说不再可能讽刺任何人时，他接近了这一事实；在《讲故事的人》一文中也是如此。在把每个人都降格为一种功能的整体社会结构中，不再有人有资格在信中描述他自己，就好像他仍然是一个未被理解的个体，正如信中所说：信中的自我已经有一些表面的东西。

然而，从主观上讲，在这个经验解体的时代，人们不再愿意写信了。在此期间，技术似乎正在剥夺信件的先决条件。鉴于更快捷的通讯手段和时空距离的缩短，信件不再是必不可少的，因此信件的实质本身也正在消失。本雅明给它们带来了一种古旧和奔放的天赋；他庆祝了一个正在消逝的机构与其乌托邦式的恢复的婚礼。诱使他写信的原因可能还与他的经验方式有关，因为他把历史的形式——信件就是这样一种形式——看作需要破译的自然，发出了具有约束力的命令。他作为写信人的态度接近于寓言作家的态度：书信对本雅明来说是自然历史的插图，说明在时间的毁灭中幸存下来的东西。他自己的书信，由于一点也不像活人转瞬即逝的表达，因而获得了它们的客观力量：那是一种合乎人的尊严的塑造和区分的力量。眼睛为即将降临到自己头上的损失而悲伤，仍然如此耐心而紧张地停留在事物上，而这种耐心和紧张必须再次成为可能。本雅明的私下声明引出了他的信件的秘密：我对人不感兴趣，我只对事物感兴趣。

早期的信件都是写给自由德国青年运动的朋友们的，这是一个由古斯塔夫·威内肯领导的激进团体，维克斯多夫自由学校社区最接近实现它的纲领。本雅明还是该圈子的期刊《开端》的重要撰稿人，该刊物在 1913 年至 1914 年间引起了广泛关注。想象彻彻底底特立独行的本雅明参与到这样一场运动中去，或者参与到任何运动中去，都是自相矛盾的。他如此毫无保留地投身其中，如此非同一般地认真对待"讨论厅"和所有参与者——现在局外人已经无法理解它的内部辩论——这很可能是一种心理补偿现象。本雅明天生就倾向于通过一种特殊的极端，通过他特有的东西来表达一般；为此，他遭受了巨大的痛苦，以至于他寻求集体——当然，是徒劳和间断地——即使在他成熟的时候。此外（另一方面！），他与年轻人的普遍倾向一样，高估他一开始接触到的人。当然，他把一种做到极致的努力传递给了他的朋友们，这种努力从他智识生活的第一天到最后一天都使他充满了生气；这正适合纯粹的意志。在他的痛苦经历中，最主要的一点可能是，他发现大多数人并没有他从自己的例子推断别人也具有的那种提升的力量；更重要的是，他们甚至完全不渴望达到他认为他们有能力达到的极限，因为那是人类的潜力。

可以肯定的是，本雅明在反思中已经体验到他热切认同的青春，以及作为年轻人的自己。他对这里的矛盾完全无动于衷：一个人通过将天真视为一种立场，甚至通过计划“青年的形而上学”，来否定天真。后来，本雅明忧郁地说，他“崇敬青春”，这句话恰如其分地指出了在早期书信中留下显著印记的特征。在他自己的本性和他所加入的圈子之间有一道鸿沟，他似乎试图通过放任自己的支配欲来弥合这道鸿沟；甚至后来，在写“巴洛克之书”时，他曾说过，像国王那样的形象从一开始对他来说就意义重大。专横的情绪冲动从经常阴沉的早期书信中飞掠而过，像寻找引火物的闪电；这个姿态预示着精神力量将在以后实现什么。年轻人，例如大学生，容易且喜欢指责他们当中最有才华的人是傲慢的；这一点一定典型地适用于本雅明。这种傲慢无可否认。它标志着最高思想等级的人所知道的他们的潜力和他们已经是什么之间的区别；他们通过一种行为来平衡这种差异，这种行为从外面看必然显得狂妄。后来，成熟的本雅明表现出的傲慢与支配欲一样少。他的礼貌是完美的，极其优雅；它也表现在信件中。在这方面，他很像布莱希特；没有这种素质，两者之间的友谊将很难持久。

带着一种对其开端感到不足的羞耻感，这种羞耻感经常困扰那些有远大抱负的人——这种羞耻感相当于他们早期的自我评估——当他完全认识到自我的时候，本雅明与他参加青年运动的时期划清了界限。他只和少数几个朋友保持联系，比如阿尔弗雷德·科恩。当然还有恩斯特·舍恩；那是一生的友谊。舍恩难以形容的高尚和多愁善感一定感染到他的内心最深处；当然，舍恩是他最早认识的和自己能力相当的人之一。后来，在本雅明的学术计划落空之后直到法西斯主义爆发之前，他能够或多或少无忧无虑地生活的那几年，在很大程度上要归功于舍恩的支持，舍恩作为法兰克福广播电台的节目总监，给他提供了持续和频繁的工作机会。舍恩是那种对自己的存在有着深深自信的人，他们不喜欢抛头露面，他们这么做不带一丝怨恨，甚至到了自我抹杀的地步；当我们谈论本雅明的个人经历时，更有理由回想起他。

除了与多拉·凯尔纳的婚姻，与肖勒姆的友谊在本雅明的解放时期至关重要；肖勒姆在才智上与他不相上下，这段友谊可能是本雅明一生中最亲密的。本雅明对于友谊的天赋在许多方面都与他写信的天赋相似，甚至表现在一些古怪的方面，比如他总是故弄玄虚，尽可能地把朋友们互相分开；尽管在一个必然有限的圈子里，他们通常最终还是互相认识了。出于对人文科学的陈词滥调的厌恶，本雅明否认了他的作品中有任何发展的观点，但是，他写给肖勒姆的最初的信件与之前所有信件的区别，以及他全部作品本身的轨迹，都表明他的确发展了很多。在这里，他突然摆脱了一切人为的优越性。取而代之的是无限微妙的讽刺，这使他在私人交往中也格外迷人，尽管他的个性是奇怪地客观化和不可触碰的。讽刺的一个元素是，敏感、挑剔的本雅明摆弄通俗的东西，例如柏林或犹太人惯用习语。

自 20 世纪 20 年代初以来的信件，不像第一次世界大战之前写的那样遥远。在书信中，本雅明以深情的报道和讲述，以精确隽永的表达形式，偶尔也会以——但不是太频繁——理论论证来展现自己；每当巨大的空间距离妨碍了经常旅行的他与通信者进行口头讨论时，他都感到不得不做上述最后一件事。他的文学关系错综复杂。本雅明绝不是一个直到今天才被重新发现的被低估的作家。只有嫉妒的人看不到他的才能；通过《法兰克福汇报》和《文学世界》等新闻媒体，它变得普遍可见。直到法西斯主义前夕，他才受到压制；甚至在希特勒独裁统治的初期，他仍然能够以化名继续在德国发表一些作品。日积月累，这些信件不仅传达了他的形象，而且还传达了那个时代的精神氛围。他的业务和私人联系的广度不受任何政治的影响。这些联系的范围从佛罗伦斯·克里斯蒂安·朗和霍夫曼斯塔尔到布莱希特；神学和社会主题的复杂纹理在通信中变得显而易见。他一次又一次地使自己适应于通信者，但并不因此而削弱了自己的个性；礼仪感和距离，总的来说是本雅明书信的要素，后来为某种交际手腕服务。这种交际手腕有些令人感动的东西，如果我们回想起那些有时经过巧妙构思的句子实际上对他的生活的帮助是多么小；以及，尽管他取得了暂时的成功，但他仍然对于现状是多么不适应，多么不可与之同化。

请允许我指出，本雅明在流亡期间所表现出的尊严，以及——直到它成为一个纯粹的生存问题之前——镇定；尽管在最初的几年里，他的物质条件极其贫乏，尽管对于旅居法国的危险，他一刻也没有自欺。为了他的代表作《拱廊计划》，他接受了这种危险。在那个时候保持这样的态度，他从自己的不顾个人利益和几乎没有人情味中获益良多；由于他将自己理解为他思想的工具，并且拒绝将自己的生命作为目的本身——尽管，或者正因为他所体现的惊人的丰富内容和经历——他从不把自己的命运当作个人的不幸来哀叹。对命运的客观条件的洞察使他有了超越它的力量；正是这种力量使他在 1940 年，无疑带着死亡的念头，撰写了论文《论历史的概念》。

只有通过牺牲生命，本雅明才成为立足于以下理念的灵魂：一定有一种不需要牺牲的人类状态。

特奥多·W. 阿多诺
法兰克福

1 致赫伯特·贝尔莫尔

〔瓦杜兹[1]〕，1910 年 7 月 15 日①

亲爱的赫伯特，

为什么我连一封信都不该写给你呢？为什么不该呢？很简单。我给你写了那么多的明信片，都没有得到你的一行回答。然而，以我心中无限的善良，并且我想通过做一件好事来祝福我生命的新一年的第一天，所以我想要这样做，战胜自我，写一封准时、长而详细、正式的信件。所以现在我首先宣布，我希望得到这封信的回复，在邮件上请写明存局候领字样，邮局：圣莫里茨（村）[3]。因为星期天我将离开瓦杜兹，尽管在这里我度过了很多美好的时光，无论是在凉爽的山谷中漫步，还是登上山顶揽胜。现在，我的双脚，也许还有烟雾腾腾的铁路，将把我从这里运往拉加兹[4]，从那里我将在几个小时内前往圣莫里茨。我仍不确定会在那儿前往意大利还是马上返回德国。——事实就是这样。就心灵而言，为了庆祝我的 18 岁生日，它今天获得了丰富的营养。关于此事，我本想更详细地向你汇报，但是这些题材与我练习的严格节律不相一致。——因此，我的创作的技术局限促使我非自愿地结束这封信。

① 写于 W. B.[2] 的 18 岁生日。赫伯特·B. 是他在柏林凯撒－弗里德里希高中（Kaiser-Friedrich-Gymnasium）的同学。

---

1 瓦杜兹（Vaduz），列支敦士登首都。

2 瓦尔特·本雅明的姓名缩写，后文同。

3 圣莫里茨（St. Moritz），瑞士恩嘎丁山谷的一个度假小镇。

4 拉加兹（Ragaz），瑞士城镇。

2 致赫伯特·贝尔莫尔

圣莫里茨，1910年7月27日

亲爱的赫伯特，

我的“冒险故事”即将进入尾声。部分原因是过多的材料（我无法掌握的），部分原因是时间不足（我没有的），部分原因是我必须给你写很多其他东西（我不想这样做）。所以不管怎样，我必须继续写这个“冒险故事”。不过，首先附上一条编者注和一条地理学的注释。

1）我希望你也收到了我的其他信件和明信片（因为你的信中——相信我——总是只提到第一封）。它们都寄到了你的私人公寓。

2）列支敦士登不在奥地利，而是一个主权公国，并且只有奥地利邮票（邮资5芬尼）。但是，这一点已不再重要，因为我现在在瑞士。我的地址：圣莫里茨，彼得堡酒店。我在这里一直待到大约29日，星期四。（邮资明信片10芬尼，信件20芬尼。关于加倍信件的邮资，你必须到邮局打听。）

那么：

公元1910年7月17日早上，一辆两匹马的马车从瓦杜兹村出来，沿着沐浴在阳光下的乡村公路行驶。云雀在空气中喧闹，天空是蓝色的，山峰在日光中闪闪发光。要是读过二三十部传奇，细心的女读者早已猜到谁会坐在车里——正是我们熟悉的瓦尔特。一顶黄色的巴拿马草帽美丽如画地遮住了他半张被晒黑的脸庞，从黑色的眉毛下面，两只钢蓝色、无畏的眼睛射出它们的闪电。本小说的细心女读者，会知道同一个瓦尔特会在一到两小时的旅程后到达他的目的地（即瑞士边境附近的巴尔查斯［Balzers］），知道他把宽边软呢帽——对不起，是巴拿马草帽——压得更深了，皱起额头，进入乡村公路旁孤独的客栈（即驿站）。细心的女读者会知道，他只允许自己在那里短暂休息，很快就出发，为了在傍晚之前抵达凶险的城市（即巴德拉加兹[1]）。但她不知道的是，在他能够进入乡村公路旁的一家旅店前，他必须在最猛烈的阳光下顶着最可怕的热风徒步两个小时。简而言之：黄昏时分，他到了拉加兹。在这里，给我们的主人公的印象是，拉加兹是一个位置优越、非常荒凉的温泉旅游地，他之所以探访只因为他想游览一小时路程以外的塔米纳（Tamina）峡谷。接下来的几天他这样做了，并在回到家乡后向惊讶的朋友们报告那了不起的印象。从昨天晚上起，我们的主人公就待在圣莫里茨。那些相当了解他和事情的险恶的人们，不需要被告知，他在伟大的阿尔布拉（Albula）铁路上前行时，患了最可怕的牙痛。在圣莫里茨，他还没有跟伯宁格①谈过话，但后者还在这里。今天早上，他在水疗音乐中观察了浴疗生活，从这些观察里产生了一些平庸的概述，然而，由于空间不足，它们在这里找不到位置。——有时候，他仍然会创建警句，在足以毁灭精神的牙痛中，这种消遣是适当的和值得推荐的。今天下午，他将去这儿的塞甘蒂尼（Segantini）博物馆。而且由于这种风格不再适合这种题材，他很高兴地结束“冒险故事”的这一段落，并希望很快能收到一篇“反冒险故事”，来自

赫伯特·B[1].②

① 特奥多·伯宁格（Theodor Böninger），W. B. 和赫伯特 · B. 的同学，1914 年在战争中阵亡，他是一名高级官员的儿子，非犹太人。
② 这个名字写成一个签名的样子。

---

1 Bad Ragaz，即拉加兹。

3 致赫伯特·贝尔莫尔

圣莫里茨，1910年7月22日

亲爱的赫伯特，

为了给你写信，我放下阅读毛特纳[1]的《语言》(*Die Sprache*)，这本书是我在生日时应自己的请求得到的。而且，我是以快乐的心情放下阅读的。与其说是因为我想给你写信，还不如说是因为这样我不必再阅读了。它非常难，我可能暂时会放弃。另外，我得到了古利特[2]的《学校》(*Die Schule*)、伯克哈德[3]的《剧院》(*Das Theater*)①、斯皮特勒[4]的两卷（新）版《奥林匹亚的春天》(*Der olympischen Frühling*)和两卷施托姆[5]。以及《收获》(*Das zweite Buch der Ernte*)[6]第二卷。富丽堂皇！无与伦比！前言像通常一样印在封皮上，是以类似这样的话开始的："两年专心致志的收集和筛选实现了这一成果，《收获》的第二卷也是最后一卷。"凯特·维斯珀－温蒂希（Käthe Vesper-Waentig）画了一些新的玫瑰形曲线；此外，旧的都在里面。威尔·维斯珀[7]的两首诗也收录其中，顺便说一句，很好。另外也有一些值得注意的事情：为了这第二卷（因为它不是摩登时代以后的延续，而是从公元前3000年的内容开始重

---

1 弗里茨·毛特纳（Fritz Mauthner，1849—1923），奥匈帝国小说家、戏剧评论家和讽刺作家。

2 路德维希·古利特（Ludwig Gurlitt，1855—1931），德国改革派教育家。

3 马克斯·伯克哈德（Max Burckhard，1854—1912），1890年至1898年担任维也纳城堡剧院导演。

4 卡尔·斯皮特勒（Carl Spitteler，1845—1924），瑞士诗人，1919年获得诺贝尔文学奖，获奖原因为"尤其青睐他在史诗《奥林匹亚的春天》中的出色表现"。

5 特奥多·施托姆（Theodor Storm，1817—1888），德国作家。

6 全称应为《8世纪德国抒情诗的收获》（*Die Ernte Aus Acht Jahrhunderten Deutscher Lyrik*）。

7 威尔·维斯珀（Will Vesper，1882—1962），德国作家、纳粹党人和文学评论家。

新编选)，威尔·维斯珀发现了艾兴多尔夫[1]和荷尔德林[2]等人——巧合的是与我在同一时间。第一卷中未出现的有关歌德[3]的内容出现在了第二卷中。从中可以看出两件事情。首先，歌德是一位天才诗人；第二，他不属于选集，我们最好购买他的文集。在《收获》的第一卷和第二卷间隔期间——正如你可能知道的——迪德里希斯(Diederichs) 出版社出版了安格卢斯·西尔西斯[4](中世纪诗人) 的诗歌。现在，通过一个奇怪的巧合，同一个人也被威尔·维斯珀在“两年专心致志的收集和筛选”中突然发现了。顺便说一句，就登在《收获》上的作品而言，他的诗歌是美妙的，只是不是抒情诗。可悲的是，威尔·维斯珀多花了两年的时间来发现尼采[5]和霍夫曼斯塔尔[6]的几首诗，而这些诗已经存在于所有其他文集中。此外，与第一卷相比，并非所有刊登的内容都是无可指摘的。另外，这一卷里面无疑有很多好的——我还没有读很多，更多的是浏览。这一次的中世纪诗歌非常好——比第一卷好多了。

来自圣莫里茨的有关文学的信件就写到这里。现在是一封来自圣莫里茨的有关大自然的信件。——在这种情况下，我什么都写不出来。起初，这里的有些东西在我看来有点过于文明，但如果你从这里走出去几步，那么一切就都很美妙。看到这样的山，有时候我会想，整个文化到底为何还要存在，但是人们不会想到，在何种程

1　约瑟夫·冯·艾兴多尔夫(Joseph von Eichendorff，1788—1857)，普鲁士诗人、小说家、剧作家、文学评论家、翻译家和文选编者。

2　弗里德里希·荷尔德林(Friedrich Hölderlin，1770—1843)，德国诗人和哲学家。

3　约翰·沃尔夫冈·歌德(Johann Wolfgang Goethe，1749—1832)，德国作家和政治家。

4　安格卢斯·西尔西斯(Angelus Silesius，约 1624—1677)，德国天主教神父和医生，被称为神秘主义和宗教诗人。

5　弗里德里希·尼采(Friedrich Nietzsche，1844—1900)，德国哲学家、文化批评家、作曲家、诗人、语言学家、拉丁语和希腊语学者，他的作品对西方哲学和现代思想史产生了深远的影响。

6　雨果·冯·霍夫曼斯塔尔(Hugo von Hofmannsthal，1874—1929)，奥地利神童，小说家、编剧、诗人、戏剧家、叙述者和散文家。

度上，正是文化（甚至过度文化）使人们能够享受大自然。

昨天，来自柏林的W[1]在这里进行了一场幽会。我们（也就是我们一家）与泰迪②一起郊游，并与你的父母、姐妹以及一个和他们一起的陌生人见了面。你的父母平息了我的抱怨。我吃惊地获悉，我写给你的所有信件都已转寄到你父母那里了——难怪我没有得到你的回复。昨天，你父亲给了我另一张我从瓦杜兹写给你的明信片。这肯定是现在最奇怪的通信之一。顺便说一句，由于大量的欠资邮件，让你的父母有点破费。

我了解到你在监督家里的清扫工作。我衷心地怜悯你和负责清扫的人们。

你的瓦尔特·本雅明

① 全部刊于德国报纸《社会》上。
② 即特奥多·伯宁格。

4　致赫伯特·贝尔莫尔

韦吉斯[2]，1911 年 7 月 18 日

你真幸运！双重幸运！

因为 1）当我在凯撒·弗里德里希学校的礼堂（！）里被授予成绩单（IIB）时，你已经在瑞士的锡尔斯－玛丽亚村（Sils-Maria）了。再一个幸运就是，因为我懒得把风景明信片带下来，倒便宜了你，你会收到一封更长的信。我通知你：首先，我也在瑞士，并且今天最后一次在韦吉斯（在〔阿尔巴纳〕酒店，店家慷慨地向我提

1　W，瓦尔特的首字母缩写。
2　韦吉斯（Weggis），瑞士小镇。

供信笺)，但是明天，就终有一死的旅行者可以预见的而言，我将在（伯尔尼高地）的文根（Wengen）。我省略了对这个地区的风景描述，因为它们只会引发在恩加丁（Engadin）度假、玩厌了的游客苍白的嘴唇上萎靡的微笑。因此，只有实用的东西（摘录自一本尚待撰写的旅行日记）：

卢塞恩湖就像一个歪斜的十字架（贝德克尔［Bädecker］写道）。汽船提供湖面的交通和运输（卡尔辛［Karlchen］[①]说）。这种风格很无聊（你说）。对不起！……

是这样，清晨我去了卢塞恩。这是我见过的最了不起的温泉浴场（而且我看了它3/4小时），而且我相信在某些年龄段，在某些地方（如果你感兴趣的话：在温泉浴场的林荫道上），你走上不到一百步，就会与人订婚。阿尔卑斯山脉在这个地区仍然尤为朴素。——中午我已经在韦吉斯吃过饭。（除了通过五次［神圣］的用餐时间之外，一个旅人还能如何判定自己的方位；因为时间不再像日常单调的工作时那样划分。）在韦吉斯，阿尔卑斯山已经更具体有形了。瑞吉山（Rigi）极高，且有……像往常一样，我们没有登上顶峰。这里也有一条铁路通往山上。（我相信全世界没有任何一个国家比瑞士山区更方便腿瘸和体弱者。）——今天，我沿着卢塞恩湖畔著名的阿克森（Axen）路上最美丽的路段前行。[②]这条路在圣哥达铁路（Gotthardbahn）上方蜿蜒，有些地方是从山崖中炸开的。景色相当美妙。你要沿着高耸的悬崖绝壁行走，对面是树木繁茂的山脉、雪山和冰川，在它们之间，湖水连续而非常清晰地从深绿色过渡到蓝绿或浅绿色；这取决于阳光。在弗吕埃伦（Flüelen）（湖的尽头）有家不售酒精饮料的餐厅。我每天的日程安排从9点开始。上午大多在荫凉的露台上或酒店公园里度过，手持一本拉丁语入门做白日梦（注意常用的“诗意对比”！）或者非常兴奋地阅读《意大利文艺复兴时期的文化》（*Der Kultur der Renaissance in Italien*）（布克哈特[1]著）。可惜，我只带了第一卷，因为我甚至没指望能看完这一卷。但现在我很快就把它读完了。引人入胜，而且常常令人难以置信。（彼得罗·阿雷蒂诺[2]每年从查理五世[3]和弗朗索瓦一世[4]那里获得津贴，以便他不用讽刺诗打扰他们。）参见布鲁恩（Bruhn）③。另外，我逐渐读完了《安娜·卡列尼娜》（*Anna Karenina*），而且也渐渐确定：托尔斯泰[5]对我来说变得比他的女主角更有趣。此外，我还带了很多其他好书，其中包括《卡斯帕·豪泽尔》（*Kaspar Hauser*）④。

最后，我给你以下很好的，但可能是多余的建议。经过多年的经验，我最近**意识到**[6]，在日落之后（8点45分到9点15分），大自然看起来有多么特别，最重要的是，多么完全不同。美丽而奇特。所以，如果你还没有观察过它，那就观察一下吧。我在文根等待你的回复，存局候领。

你的瓦尔特·本雅明

① 指的大概是当时的流行幽默作家“卡尔辛”·埃特林格。[7]
② 串起来是一幅画谜：数字4，几棵树木和一位城市居民。[8]
③ 柏林一家报纸的主编，关于他的行为正在流传类似的谣言。
④ 瓦瑟曼的小说。[9]

---

1 雅各布·布克哈特（Jacob Burckhardt，1818—1897），瑞士艺术和文化历史学家，也是这两个史学领域中颇具影响力的人物。

2 彼得罗·阿雷蒂诺（Pietro Aretino，1492—1556），意大利作家、剧作家、诗人、讽刺作家和敲诈者，他对当代的艺术和政治产生了影响，并发展了现代文学色情作品。

3 查理五世（Karl V，1500—1558），自1519年起神圣罗马帝国和自1516年起西班牙帝国以及自1506年起前勃艮第公国土地的统治者。

4 弗朗索瓦一世（Franz I，1494—1547），法国国王，从1515年到1547年去世为止。

5 列夫·尼古拉耶维奇·托尔斯泰（Lew Nikolajewitsch Tolstoi，1828—1910），俄罗斯作家，被认为是有史以来最伟大的作家之一。

6 书信部分的粗体为原作者所加，表示强调。

7 卡尔·埃特林格（Karl Ettlinger，1882—1939），笔名Karlchen、Helios、Bim，德国记者和幽默作家。

8 卢塞恩的德语单词Vierwaldstätter由数字4、树林和城市居民组成。

9 雅各布·瓦瑟曼（Jakob Wassermann，1873—1934），德国犹太血统的作家和小说家。

5 致赫伯特·贝尔莫尔

文根，1911 年 7 月 19 日

伊希斯[1]……皮媞亚[2]……得墨忒耳[3]，

看哪，我的灵魂从韦吉斯到恩加丁公开自由地来到你面前。但它没有发现可爱的瑞士农舍式小屋，而是在永恒的冰川中间，一座祭坛升起了（虽然在基座上我没有看到任何东西），但在下面写着“Isis Moralitas”[4]。我的灵魂穿上盔甲并捐献了乳香……从那里离开，奔向圣女峰（Jungfrau），圣女峰代表它发言：

崇高的母亲般的得墨忒耳！事先致以我的问候和所有应有的尊重；因为你从无限的高度屈尊，促进男士的时尚。

但是听着，母亲般的得墨忒耳啊！你的道德之歌只是以一种混乱而平淡的方式向我传来，即使它来自很远的地方，它仍然来自深处。（而在锡尔斯［Sils］，一个人思考并写下“超越善恶”的地方，你这女神却举起道德的黄铜小号。）

（我不能告诉你更多，因为圣女峰为我说话。）

圣女峰解开皮媞亚的神谕：

皮媞亚说话模棱两可，她认为物质无关紧要而精神至关重要，这表明她没有掌握较新的哲学术语，因为她认为物质**仍然**太重要，而精神太轻。但是当皮媞亚认为哲学概念的“一”是草莓色的，这是可以解释的，因为她被蒙着眼睛，并且颜色一般地说很难定义。然而，这个“一”是可用的，特别是作为新分离派[5]的工艺美术设计蓝图。

---

1 伊希斯（Isis），埃及生育女神。

2 皮媞亚（Pythia），古希腊的阿波罗神女祭司，服务于帕纳塞斯山上的德尔菲神庙。她以传达阿波罗神的神谕而闻名，被认为能够预见到未来。

3 得墨忒耳（Demeter），古希腊神话中主管收获的女神。

4 拉丁语，意为“伊希斯教训”。

5 新分离派（Neue Secession），一个艺术家团体，主要以表现主义进行创作。

因此，这就是“一”，我已经得到了它，因为彩色插图附在你的信中。

然而，另一个实际上并不适用，皮娖亚对此保持沉默，这是“值得称赞的”和意料之中的。

我也已经得到了它，这是另一张明信片。所以我感谢上帝和皮娖亚，当我再也得不到更多的东西时。

——然而，我的心很柔软，圣女峰冰冷的语气使它迷惘，它从高处下来，在野兽中说人话。因为我将柏林歌剧院曲目所引进和介绍的音乐，称为魔鬼在人间的证明。虽然我在台球室没有听到它们，而是在那儿打台球，并私下冒险尝试我的初次击球。——

感谢你的剪报，我还没有阅读所有内容。有关沙夫纳[1]文章的评论我非常感兴趣。我没有时间去公共图书馆沉入这个迷宫。你的纪念文章①中有一点我故意不理会：关于这方面，我收到了太多的祝愿，而且有些沮丧。

我无法对文根做任何浪漫的描述，也不懂如何手工制作明信片。因为两小时前我刚到这里。在美丽浓密的雨中，你可以看到圣女峰。

现在，复仇的欲望已经冷却，我衷心地以此结束：

愿上帝保佑你！

你的瓦尔特

① 显然是写给 W. B. 生日的一封信。

1　雅各布·沙夫纳（Jakob Schaffner，1875—1944），瑞士著名小说家，后来成为纳粹主义的支持者。

6 致赫伯特·贝尔莫尔

文根，1911 年 7 月 24 日

亲爱的赫伯特！

对于我精神状况的持续报道，你既不应归功于你的深情和启发性的短文，也不应归功于你对我的剪报档案的恶意贡献，更不应归功于你在毁灭性的深渊边缘采摘的枯萎的高山小花，而是只应归功于我可怕的寂寞。说真的：不幸的是，活跃的社交生活已经成为我的必需品（正如我借此机会要指出的），而我在这里是如此孤独，以至于我担心我会变得惹人注意，并且随着时间的推移，获得深情的眼睛。这种状况，即使是由酒店领班安排的联欢也无法补救，因为我没有参加。另一方面，由于我现在几乎是酒店里唯一的“年轻人”（也许除了我弟弟①），今天，在和我相隔一段距离发生的谈话中，我不得不听一些批评当代青年的傲慢态度的尖刻的话。也就是说，出席联欢会的人数从总体上看很少。

顺便说一下，这里甚至还有一位女性，本来可以与她搭话。然而，我们在小桌子上用餐！因此，我不是在户外或在书桌前写日记就是在奋力读书。也就是说，我主要在与一本书扭打，它是一个魔鬼，一部典范（一本书中的一段，霍拉旭[1]–施莱格尔[2]会说），我与这条恶龙格斗了十分钟，就像往昔圣乔治[3]所做的那样。我把它读完了！我读完了列夫·托尔斯泰伯爵的《安娜·卡列尼娜》！第二卷：四百九十九页。阅读这本书时，我体验到了对这个蓝色的、大腹便便的雷克拉姆（Reclam）出版社版式怪兽的真正愤怒，

---

1 霍拉旭（Horazio），莎士比亚戏剧《哈姆雷特》中的人物。

2 奥古斯特·威廉·施莱格尔（August Wilhelm Schlegel，1767—1845），德国诗人、翻译家和评论家，与他的兄弟弗里德里希·施莱格尔同为耶拿浪漫主义的重要人物。他对莎士比亚的翻译将这位英国剧作家的作品变成了德国经典作品。

3 圣乔治（St. Georg），基督教的著名烈士、圣人，经常以屠龙英雄的形象出现在西方文学、雕塑、绘画等领域。

我每天带它去草地或进入树林，然而它回到畜舍（也就是我的背心口袋）时，看起来更胖，而不是更瘦了。上述书本怪兽从俄国政治中得到了滋养。从新的经济体制，从地方自治，从塞尔维亚问题，从家庭单元，以及其他几十个问题，其中必须特别强调的是宗教问题。并且读者忍受了一千页所有这一切，在默默的但不幸地是毫无根据的假设中，即不知怎么地它是安娜·卡列尼娜命运的一部分。但是，一千页之后，女主角已经死了，另有一百页致力于政治和社会问题的新讨论（你知道：俄国的讨论，按照施泰因费尔德[Steinfeld][②]的说法）；当在同样的一百页中，一个次要情节逐渐地、以荷马史诗的广度从主要情节中爬出来，结束时却没有再次汇入主要情节，那么即使是最认真的读者也会渴望跳过一到二十页。但我勇敢地顶住了。最后我不得不说：无论小说的结构多么有缺陷；无论有多少内容就小说而言是多余的；无论在数次讨论和离题话中呈现的多少东西是徒劳无益的——然而，似乎是无意地，但完全有机地，从所有这一切中提炼出来的俄国文化和俄国灵魂的写照是非常强有力的。在很大程度上，除了在现代俄国人中，没有别的地方能描绘出另一幅灵魂画像，带有如此广阔的肮脏或者至少是穷困和冷漠（从心理上描绘）的区域。无论如何，非常罕见。小说发生在俄国贵族中间。然而，最终，社会状况，以及贵族和农民的灵魂，都得到了明确，并且可以推测其他人口的精神特征的主要轮廓。关于这一点，也许我们面谈时可以更多地讨论。它非常广泛，很难表达。

我给你的信中是否已经谈到过《意大利文艺复兴时期的文化》？我读完了第一卷，第二卷不在这里。我缺乏历史知识来充分地享受它的乐趣；在布克哈特这儿，我感到缺少一个对运动原因的描述，而他自己不断地把这原因说成是“绝对必要的”。这本书非常客观。对于一个间或喜欢一些更全面和概括的回顾的外行人来说，几乎太客观了。在这样的回顾性判断出现的地方，它们非常清晰；这本书的所有细节，会生成一幅色彩缤纷的画面（**特别是**对于那些拥有大量历史知识的人）。

除此之外（！），我甚至增长了知识。（现在我看见你敬畏地颤抖着低下头。）我读了苏虎克[1]的一部中篇小说——《驼背小人》（*Ein Buckliger*）。评论家的标准工具和温度计在评价这篇作品时被证明是无用的，他必须进入个人领域。想象一下温柔、博爱的科舍尔（Korschel）③的一个中篇小说，你会得到一个正确的印象。

最后，我喜欢读国内外报纸下面的区域。上面的区域看起来确实挺唬人！因此，在离摩洛哥这么远的地方，我沉浸于《自然哲学》（Naturphilosophie）、《沙丘中的监狱》（Das Zuchthaus im Dünensande）（《日报》[*Tageblatt*]）和《精神分析的极限》（Die Grenzen der Psychoanalyse）（《法兰克福汇报》[*Frankfurter Zeitung*]）。重要的角落，今天，在最新一期《新苏黎世报》（*Neuen Zürcher Zeitung*）上，斯皮特勒一篇关于诗歌和文学的文章落入我的手中。对诗歌的学术研究是其蓬勃发展的障碍这一观点，已在《大笑的真理》（lachenden Wahrheiten）中经常被提及。这篇文章也传达出强烈的愤懑。显然，这篇文章将有续篇，并且通过示例可能带来更多新的东西。

我惊异地看着我写的东西，而且在下次阅读晚会④座谈会之前，我好像已经能听过一个用友好微笑掩饰的、关于"老待在家里不爱外出的人"的报告，此外，我也期待你下一封信能给我一些暗示，关于"怎样才能使在户外的逗留变得愉快而富有成效，有益于身体和四肢的健壮"。

所以，除了对冒险旅程和登山活动进行大段描述，我没有更多

---

1 海因里希·丹尼尔·苏虎克（Heinrich Daniel Zschokke，1771—1848），德国人，后来入籍瑞士，作家和改革者。

的事可做了。（前提是我没有发送毁灭性雷阵雨的消息，这些消息可能会被天气预报揭发是假消息。）

诚然！天气很好。因此，在这美丽的天气，沿着陡坡（！！）进入劳特布伦（Lauterbrunner）山谷。在一个炙热的早晨，从那里到格吕茨沙尔普（Grütschalp），某些地方有九十度的上坡（可以借助于登山索道克服）。从格吕茨沙尔普到米伦（Myrrhen），一条真正的恩加丁路。走了很长一段时间后，突然间，我意识到了这一点。从而，我想我已经发现了恩加丁景色的主要特征。即，相互补充又和谐地相互调和的宏伟元素的相互作用。因为你肯定会承认，只有在极少数情况下，你可以直截了当地谈论一些宏伟和压倒性的东西；而一种朴素的魅力更经常地占据主导地位。而且，正如我所说的那样，在我看来，是基于对比：主要是浅绿色与白色的对比，以及裸露的岩石部分和明亮雪块的对比（反之，冰川看起来很可爱）；草甸的绿茵、完全深蓝色的天空和灰色的岩石再次创造了一种我称之为“朴素的魅力”的相互作用。当然，还有湖泊。

其中一些元素使得从格吕茨沙尔普到米伦的道路如此美丽。冰川躺在你面前，它们下面是昏暗的冷杉林，冷杉林的前面，是道路和明亮的草地……一侧是山谷，后面是多岩石的山脉，最重要的是另一侧上升的草甸，其中深色的岩石区域间歇地出现（长满孤零零的深色针叶树），还有深蓝色的天空。顺便说一句，这是在正午的炎热中。你还记得《格罗尔德和汉斯利》（*Gerold und Hansli*）[⑤] 中讨论“所谓正午的炎热”的地方吗？越热，天地间的颜色越多……或类似的话。最终，在米伦附近，当我越来越接近冰川，我所能看到的只有一片白茫茫时，很长一段时间里，我（不知不觉地）感觉就像是在一个美丽的冬日早晨徒步旅行。

没有什么比迂腐的时间顺序更能让沉醉的大自然爱好者感到陌生了。因此，他现在将描绘一次徒步旅行的魅力，根据中欧时间，这次徒步旅行大概发生在刚刚提到的徒步旅行八十小时之前。这是去圣女峰的徒步旅行，为此，你的警告和建议来得太晚了。

我们去沙伊德格（Scheidegg）坐的温格纳尔普（Wengernalp）火车沿路一定非常漂亮；当你不朝后坐时，它的风景魅力尤为突出——当然我不得不那样坐。从沙伊德格到艾格峰冰川（Eiger-Gletscher），我们一度从这条铁路——“圣女峰铁路”——中解放出来，这条铁路的起点看起来出乎意料地无害。从一家餐馆，你下降到艾格峰冰川，它现在就在你面前，一个非常大的块状岩，你的三面被雪包围着，只能见到一个冰洞（我们放弃了参观它）、导游、坐雪橇的人们。

然后是圣女峰铁路。（由于时间已晚，我将只作简要概述，并且将放弃任何抒情的东西，因为你已经用记者准确无误的眼光分析了这个地区。）我和妹妹[6]只乘到“艾格石壁”（Eigerwand），由于我的心脏原因，我父母不希望我经历太突然且强烈的海拔变化。我发现这条隧道很好的一点是你知道它通向圣女峰。然而，我这次旅行的乐趣随即耗尽。在艾格石壁，我度过了忧郁的半小时，独自一人，除了车站巡视员、一架蔡司望远镜和我妹妹。心情的描述（主要因为天气寒冷）留待面谈。从艾格峰冰川到文根归途愉快。通过路边望远镜，你可以偶尔看到有人在攀登圣女峰；你经常听到雪崩的隆隆声，还看到山岩上似乎有少量的雪尘；山岩对面的道路和它平行延伸了两个小时。（我惊恐地发现，我在这里也忘记将令人兴奋的登山活动编入我的描述了；见谅！）

也请再一次原谅我，这封信中没有附上高山花朵或报纸残片。从深渊中采摘前者，我既没有金钱也没有想象力（呸！多么粗俗！），把酒店的报纸剪下来，我又太懦弱了。（哦！真卑鄙！）

我友好地提醒你不要在整个欧洲用文字和图片传播胡言乱语！担心迅速的回复，副署：

瓦尔特

请原谅我的笔迹：我的书写材料质量很差。

① 格奥尔格·本雅明（Georg Benjamin）。
② 阿尔弗雷德·施泰因费尔德（Alfred Steinfeld），W. B. 的同学。
③ 另一位同学。
④ 本雅明、贝尔莫尔、施泰因费尔德、弗朗兹·萨克斯（Franz Sachs）和威利·沃尔夫拉特（Willi Wolfradt，后来的艺术家）都是同学。自1908年，瓦尔特·本雅明从汉宾达（Hanbinda）回来，并重新进入凯撒－弗里德里希学校起，直到第一次世界大战爆发，众人每周举行一次阅读晚会，朗读莎士比亚（Shakespeare）、黑贝尔（Hebbel）、易卜生（Ibsen）、斯特林堡（Strindberg）和魏德金（Wedekind）等人的戏剧，其中每个参加者分担不同的角色。与会者还朗读他们在观剧后所写的评论，“经常是适合发表但从未发表”（弗朗兹·萨克斯博士写于约翰内斯堡的信件）。
⑤ 卡尔·斯皮特勒的短篇故事。
⑥ 多拉·本雅明（1899—1946）。

7　致赫伯特·贝尔莫尔

〔弗莱堡，1912 年 5 月 14 日〕

MVII 年 10 月 C88 日[1]

法国大革命前一年

我亲爱的朋友，

世界如此多样化！今晚我也不得不再次想起你，啊，我亲爱的，因为满月的月光照进了我的房间。你是我的女神！月神，寂静无声的夜晚的情人。银色的云朵像圆形的银币一样掠过黑暗的夜空。——我亲爱的朋友，请原谅那汹涌澎湃的情感，它就像咆哮的瀑布一样，劫持了我的笔。但是请告诉我，谁的胸怀能在永远崇高

1　犹太历。

的大自然面前保持沉默！大自然，你这个神奇的词，哦，我完全知道，这个词也在你的心灵中唤醒了神的形象，弗里德里希·马蒂森[1]浮现在你的心灵中。啊，我亲爱的朋友们！我将保持沉默，因为我被深深地感动了。即便是我①。

亲爱的伯特先生[2]②，

请原谅这心灵感觉的表达含混的赞美诗，这种心灵感觉是今天傍晚我收到的你那闪烁着友谊光芒的带翅膀的来信，给我引诱来的。我想控制住自己。这里非常漂亮。你好吗？哦，我亲爱的朋友——够了！驯服我的情感浪潮。——春天的笑声在屋子里回荡。天很蓝，只有在没有太阳散发可爱光芒的夜晚才是黑的。这里也有“自由学生团体”出版机构（Freie Studentenschaft），从绝对意义上说，这个城市必须被称为大学城。但它只有很小一部分位于可以想象的世界，而绝大部分位于难以想象的世界。这主要可以通过弗莱堡时间特有的浓稠度来证明。它不在欧洲中部，这还不够。当然，时间在任何地方都不是一个具体名词。它有一种奇怪的转瞬即逝性。但是，由于邻近当地的哲学系③，它被迫使无论如何也要呈现它的真实存在——即总是只存在于过去和未来，但绝不存在于现在。如果我们用 x 表示每个时刻可用的时间量，则得到等式：

$x = 16 - 327 + 311$。

同样地，*fille de Sophie*（智慧之女〔法语〕）对男人施加了削弱自信或精神的影响。他们像真正的情人一样，只有在晚上才恢复知觉，而且他们的特征也符合情人的特征，只要他们更多地是

1　弗里德里希·马蒂森（Friedrich Mathisson，1761—1831），德国诗人，德国浪漫主义运动的早期成员。

2　这里，本雅明玩了一个谐音梗，他将赫伯特的名字（Herbert）拆成了 Herr Bert（德语），相当于 Mr. Bert（英语），即“伯特先生”。

通过心上人（颅相学、艺术、文学、学校改革、手枪射击等）生活，而不是本身代表着一种实质性的人格。所以他们深夜坐在咖啡馆里，你逐渐意识到有很多有价值的东西，但是相反地，很少有有价值的人。

亲爱的赫伯特：

科学是一头母牛

它哞哞叫

我坐在阶梯教室里倾听！

（事实上，在这里，我能够独立思考学术问题的频繁程度大约只有在柏林的十分之一。）

现在请原谅这封疯狂的信。如果你想了解实际情况，让我的父母给你看我的一封二十页长的信。你不能要求我重复实际的描述。你也会知道，在各个方面，第一个学期都是一个开始和混沌的时期（要打折扣的……有一些阳光）——并且在这种条件下没有什么比写理性的信更难的了。

另一方面，这样的事情对你来说一定很容易。

诚挚的问候，你的瓦尔特

① 用不同的笔迹书写。
② 对赫伯特开玩笑的称呼。
③ W. B. 跟随海因里希・里克特（Heinrich Rickert）学习哲学。

8 致赫伯特・贝尔莫尔

〔弗莱堡，1912 年 6 月 21 日〕

亲爱的赫伯特，

我一直有一个道德上的阿喀琉斯之踵——出于避免遭受更致命打击的纯粹需要，我用一张5芬尼的明信片盖住它——可以肯定的是，不是为了告诉你一些关于弗莱堡的事情，更不用说关于意大利的了，供你消遣。除此之外，我还遗憾地意识到，我写的每一行字，甚至我没写的每一封信，都激起了你对我的极大期待，我这个学校改革的英雄和学术的牺牲品——安哈尔特（Anhalt）火车站回荡着这个回家男人的隆隆脚步声，康德[1]的句子从他的嘴里流出——“就像乌鸦喉咙里的柠檬水一样”。（这表明我也没有在诗艺上发展自己！自从我来到这里以来，我还没有写过一行诗：nichts, ουδεν, nothing, nihil, rien！[2]）相反，我只能告诉你，我抵达柏林时将带着的期望：被送进一台极其有益于健康的“工作机器”，在书本之间被挤压，以及在理性的谈话中高兴地大声呻吟。

用比喻的说法：在耕种的时候是不可能收获的。换句话说：弗莱堡的空气。——

我希望你已经意识到，在回复你的来信时，我只是在做一些闲散而毫无意义的事情使自己有趣，而不是作为一个报告者有趣。你将从中汲取教训，今后，你必须从柏林给我发送更多的描述性信件——没有任何敲诈勒索的企图，无论是内部的还是外部的。因为，天啊！我的一切都已经被榨干了。

一次意大利之旅正在慢慢成形。在一本很快就会出版的、致全体大学生的学校改革小册子（Schulreform-Heft）里，有我写的一篇文章《学校改革：一场文化运动》（Die Schulreform, eine Kulturbewegung）①。我在这里读了两部较长的小说：《道林·格雷的画像》（*Bildnis des Dorian Gray*）——它是一本完美而危险的

---

1 伊曼纽尔·康德（Immanuel Kant，1724—1804），德国哲学家，现代哲学的核心人物。

2 这几个单词分别为德语、希腊语、英语、拉丁语和法语，意思均为“什么也没有”。

书——而《尤斯塔·贝林》（*Gösta Berling*）——结构上有问题，但充满了美丽的片段。

许多问候。请写信！

你的瓦尔特

① 以笔名“哲学家埃卡特”（Eckart，phil.）发表在小册子《学生和学校改革》（*Student und Schulreform*）上，“自由学生团体”出版（弗莱堡，1912 年）。

9 致赫伯特·贝尔莫尔

乌斯特卡[1]，帕克酒店，1912 年 8 月 12 日

前天，我收到你发往弗莱堡的最新一封信，这封信里有不少有趣的内容，但它字里行间告诉我，我从弗莱堡寄给你的一封感谢信并没有抵达你所在的遥远北方。抑或是你恶意无视我的信件？

这个连贯的引言将已经暗示你，我的 A. N. G.（普通正常灵性）从第一学期的洪水中再次抬起头来，虽然无意义的蛇仍然留在它的头发里，但它的嘴角浮现出更老道的羞涩微笑。

它体现在以下方面：

沃尔夫林[2]的《古典艺术》（*Klassischer Kunst*）和妮侬[3]的信件在这里引起了很大骚动。在我读过的有关具体艺术的书中，沃尔夫林的书对我来说是最有用的。我认为以下内容在同一水平：狄尔泰[4]

1 乌斯特卡（Ustka），波兰小镇。

2 海因里希·沃尔夫林（Heinrich Wölfflin，1864—1945），瑞士艺术史学家，他的客观分类原则影响了 20 世纪初艺术史中形式分析的发展。

3 妮侬（Ninon de Lenclos，1620—1705），法国作家、交际花和艺术赞助人。

4 威廉·狄尔泰（Wilhelm Dilthey，1833—1911），德国历史学家、心理学家、社会学家和解释学哲学家，曾在柏林大学担任 G. W. F. 黑格尔哲学系主任。

的《荷尔德林》[1]，孤立的莎士比亚评论，但除此之外不包括我读过的任何关于（具体）艺术的文章。

因此，我从懈怠的大海中拯救自己，来到工作的港口，并受到我的良心的热情欢迎，我的良心不厌其烦地等了我三个月。

我应该把谁引荐给我的良心？一位聪明绝顶的……可爱的年轻女士（家庭女教师？）。我在精神海岸的岩礁和她相识。尽管她很年轻，但一般认为她大约有 300 岁——因此，一种年轻的健康程度，形而上学家用“不朽”（athanasia sempiterna）这个词来形容。——妮侬写给我的信（为了表彰我的功绩，她称我为亲爱的侯爵）说的全是聪明和不理性的话，这些话都是关于像献殷勤这样基本上合理的事情可以说的话，同时避免爱情的一些真正失礼的〔偶然的特性〕。深度、冷静、美丽三位一体，以至于我们称妮侬为女智者。

此外，我也热切地阅读了有关戏剧《安德列·塞诺》（*Andrea Sezno*）的极其详尽的创作史。亲爱的赫伯特，虽然我每天都阅读，但结局仍然遥遥无期，因为这位显然仍鲜为人知的作者保存完好的手稿以不断翻新的变体重复着第三幕的第一场。尽管如此，如此详尽地探究一位作家的工作室，能磨炼你往往过于宽厚的美学判断。——注意，我差点忘了指出这部创作史的藏书价值，它只印了一本。

当然，你不相信所有这些，带着恶魔般的微笑，你低声说“乌斯特卡”，证明了上述断言的内在虚假。

我只能承认这么多：乌斯特卡确实把我对康复的真诚尝试框在了海滩的早晨，并将我的工作影像投射到被咖啡浸泡的下午的背景上。

乌斯特卡仍然可能对我产生严重的影响。在这里，我第一次面对犹太复国主义和作为一种可能性，因此也许是作为一种义务的犹太复国主义活动。[2]

尽管如此，回到柏林的时候——当然——我会继续致力于维克斯多夫（Wickersdorf）运动。③

如果弗莱堡开始成为过去，你很快就会知道。

你的瓦尔特

（下周我来柏林）④

① 收于《经验与诗歌》（*Das Erlebnis und die Dichtung*）（1905 年）中。
② 在与来自乌斯特卡的库尔特·图赫勒（Kurt Tuchler，1894 年出生）的谈话中——当时他是一名高中生——图赫勒写道："弗朗兹·萨克斯在暑假期间将瓦尔特·本雅明带到了乌斯特卡。在整个假期里，我每天——如果不是每个小时——都和本雅明在一起，我们有无穷无尽的话题。我试图向他介绍我的犹太复国主义的观点。就他而言，他试图把我拉入他的思维方式。我们通过信函继续激烈地交流思想。这些通信在纳粹时代丢失了。"（图赫勒 1963 年 2 月 26 日的信件，特拉维夫）。然而，本雅明写给路德维希·斯特劳斯（Ludwig Strauss）的一系列信件，特别是关于犹太复国主义问题的，也许在耶路撒冷保存至今。1912 年 9 月 11 日、10 月 10 日、11 月 21 日和 1913 年 1 月 7 日的信件致力于探讨犹太复国主义。在这些信中，W. B. 还对 1912 年的《艺术守护人》（*Kunstwart*）杂志辩论发表了自己的看法。他最终拒绝了政治犹太复国主义。
③ 围绕威内肯（Wyneken）的运动和激进的学校改革。
④ 本雅明在那里待到了 1913 年 4 月。

10　致赫伯特·贝尔莫尔

〔弗莱堡，1913 年 4 月 29 日〕

亲爱的赫伯特，

当然：我应该写信给你。只是写什么？我觉得自己神志如此不正常！我窗前的教堂广场上有一棵高大的白杨树（绿叶中闪烁着黄色的太阳），它前面是一口古井和阳光明媚的房屋墙壁，我可以一次盯着这些十五分钟。然后——正如你所料——我在沙发上躺一会儿，然后拿起一卷歌德。一旦我遇到像"神性的广度"这样的短语，我已经又心烦意乱了。你知道：在《以弗所的黛安娜是伟大的》（Groß ist die Diana der Epheser）中——也许是最美丽的德国诗歌标题。让弗朗兹①告诉你，我写的关于我房间的内容。凯勒（Keller）②说得非常好："在这里，你永远是一个访客。"阳光充足的宽敞空间，墙上有可敬的圣徒。我坐在一把小沙发椅上，不知道对于哲学还有什么更好的地方。

我与之交往的人们！你也会从萨克斯那里听到关于此事的消息。有凯勒，他的一部重要的新小说刚开头；他还有一位漂亮的女朋友，我经常看到她。有海因勒（Heinle）[1]③，一个好小伙。"喝酒，大吃，写诗。"他的诗应该非常美——我很快就会听到一些。一个永远的梦想家和德国人。衣着不讲究。

恩格勒特（Englert）——他穿得更糟。也有一位女朋友。他稚气十足。他崇拜凯勒为上帝，把我视为恶魔。

最后有曼宁（Manning）。一位柏林人。请注意，我在这里交往的只有基督徒，告诉我这意味着什么。我自已无法弄明白。我和曼宁谈论的主要是姑娘和女人。我很惊讶，在这个话题上，我有很多话对他说（就像我在第一学期对凯勒一样），虽然我没有任何实际的经验。反过来，他向我提供实际经验的报告，这样我前进了。

所有这些都自然而然地迫使我做大量的工作，否则我无法忍受这种气氛。

今晚我要去大学俱乐部。我们的圈子将在那里，加上一两个客人和一些女大学生。凯勒专横地统治，并持续地朗读。我也会努力进行一场热烈的讨论。明天，尤尔斯[2]的《柏林的奇迹女孩》（*Wundermädchen von Berlin*）在这里首演——后天我将和海因勒一

1 弗里德里希·C. 海因勒（Friedrich C. Heinle，1894—1914），德国诗人。

2 汉斯·海因茨·尤尔斯（Hanns Heinz Ewers，1871—1943），德国演员、诗人、哲学家，短篇和长篇小说作家。

起爬山。

晚上，我们在非常黑暗、温暖的空气中长谈。如果你想知道别的什么，请问吧。因为除非我愿意写五十页，我不能给你比这样的警句更多的东西。但是，为了让你看到，我确实尽我所能，抛给你这些经验的碎片，我附上一首“诗”，你也可以把它当成精神错乱。

衷心的问候，瓦尔特

疏远的国家细分成许多省份。
盲目的感情在其中乞讨，
它们东倒西歪，就像在高耸的房间里。
我的星球！
像符号一样的
运动性，你如何无言地陷入空虚，
在你坠落的地方，空间由万古创造出来，
凝视的形象性将冲刷着我，
憔悴的思想，所有的区域都已
献出了它们的“尽管如此”和“几乎没有”。
风化的理性散发出最终的气味——
其色彩斑斑的咒语，
拍打翅膀，在内核已经变成
僵硬，并偷偷溜走。
盲目有神圣的脊背
背着唱赞美诗的人跨过木桥。

请写信。致意[④]

① 弗朗兹·萨克斯。

② 菲利普·凯勒（Philipp Keller），W. B. 在弗赖堡与之交往，小说《百感交集》（*Gemischte Gefühle*）（莱比锡，1915 年）的作者，W. B. 后来也称赞了这部小说，参见《本雅明文集》（*Gesammelte Schriften*）第 III 卷，1972 年，第 173 页。
③ 弗里德里希·C. 海因勒，当时 W. B. 与他保持了较亲密的关系。
④ 一个字难以辨认。

11 致卡拉·塞利格森

弗莱堡，1913 年 4 月 30 日

非常尊敬的塞利格森小姐，

正如您所看到的，与我的承诺相反，自我从施莱伯豪（Schreiberhau）①回来后，没有向您透露过我的任何消息。我为此感到非常抱歉，但我无力改变。美丽的春天，在山谷里（山脊上积着厚厚的雪）度过的几天，让我进入了必须尽可能避免与人接触的状态。我完全沉浸在冥想中，充满了知性的爆炸物，任何人都可能在无意中引爆。你可能会问自己，这是美丽的风景对我的常见影响吗？不——但在施莱伯豪，我是这样做的：半天我去散步，另半天我阅读。我的读物：康德的《道德形而上学基础》（*Grundlegung zur Metaphysik der Sitten*）、克尔凯郭尔[1]的《或此或彼》（*Entweder - Oder*）、戈特弗里德·凯勒[2]的《箴言》（*Das Sinngedicht*）。但是，没有一个正常人能忍受与这些著作巨大而排他地交流整整一个星期。当几页康德让我疲惫不堪时，我就逃到了克尔凯郭尔那儿。您可能知道，他基于基督教伦理（或者犹太人的伦理，如果你喜欢的话），就像尼采以别的理由那样，无情地要求我们具有英雄主义，而且他

1 索伦·克尔凯郭尔（Soren Kierkegaard，1813—1855），丹麦哲学家、神学家、诗人，社会批评家和宗教作家，被公认为是第一位存在主义哲学家。
2 戈特弗里德·凯勒（Gottfried Keller，1819—1890），瑞士诗人和德语文学作家。

从事的心理分析，和尼采一样具有毁灭性。《或此或彼》就是最后通牒：唯美主义，还是道德？简而言之，这本书向我提出了一个又一个问题，这些问题是我一直在思考，但从来没有阐明的，这本书比任何其他书都更令我（甚至是）兴奋。反过来，你很难对凯勒的沉重风格感到兴奋，它需要你慢慢阅读每个句子。

克尔凯郭尔和一位朋友的来信促使我去了弗莱堡——但正如我所说，在施莱伯豪逗留的这段时间后，我完全无法进行交谈。

现在，我在一个美好的夏天，我获得了宁静；当我看着窗前的教堂广场时，一个旧喷泉、阳光下一棵高大的白杨、它后面的房子看起来就像属于歌德的魏玛（非常小）——我简直不敢想象那件可怕的事，我差点（如果“自由学生团体”选择了我）留在了柏林。

在这里，我朋友不多，但非常要好，他们与我在柏林的朋友大不相同，而且大多比我年长。习惯了之后，我觉得这里很愉快。我们在这里——完全远离“自由学生团体”，他们没有工作能力——有一个大学俱乐部，我们（男女学生）星期二晚上在那里聚会。我们朗读并交谈。我们每个人都可以带客人来，但这种情况很少发生；通常总是我们同一群人，七到九名学生。

正如我所说——和“自由学生团体”在一起什么都做不了。在柏林我已经告诉过威内肯博士，只有在一个组织良好的“自由学生团体”已经到位的情况下，我才会领导它的学校改革部门。没有任何那样的迹象。你在布告栏上看不到公告，没有部门——没有讲座。现在，在离柏林很远的地方，我对“自由学生团体”的总体看法也越来越清楚了。回到柏林时，我想告诉你我对此的观点。

现在还有件事会让您高兴：动身之前，我拜访了莱瑟（Lesser）夫人。出于和我没有给您写信同样的原因，也许我们的谈话与第一次不一样——但也可能是由于我们所在的地方。无论如何，我再次非常高兴。她问起您，并告诉我她对您很着迷，还说“如果我有足够的时间陪伴客人，虽然实际上我没有”，她会请您去看她。但她的确表示希望我们偶尔会聚在一起——这确实是可能的——在冬天她接待客人的日子里。

几天后，可能会出版《开端》(*Der Anfang*）的第一期。如果您写信给我，我会很高兴，甚至可能是关于《开端》的，一旦它出版后。

几周后，我希望能寄给您一些我写的东西。我今年冬天写了一篇《关于当代宗教信仰的对话》(Dialog über die Religiosität der Gegenwart）②，现在我正让人打字。关于此事更多的情况有机会再谈。

最诚挚的问候并代我向您母亲问好

您的瓦尔特·本雅明

附：如果我的书法糟糕——我相信是这样的——请您原谅。

① 在那里，W. B. 和他的弟弟、母亲在约瑟菲（Joseephy）家族的大圈子里度过复活节假期。
② 收录在本雅明的论文中。

12　致赫伯特·贝尔莫尔

〔弗莱堡，1913 年 5 月 2 日〕

亲爱的赫伯特，

幸运突然落到我的头上，我这个闲散而等待的人，本来可能在弗莱堡通过读哲学和听雨声忍受（并且平静地忍受）圣灵降临节。我很可能会在 9 日离开这里，然后在巴黎一直待到 22 日。在库尔特·图赫勒和某位〔齐格弗里德·〕莱曼[1]①先生的陪伴下，后者现在是图赫勒的学生社团社友，十二年前是我的玩伴。再一次，像往常一样，我做决定时不会带着幼稚的喜悦，而是谨慎行事、严格自控，就像在海关一样。这一点将在以后的信函中解释。我写这封信是为了了解你是否知道有关巴黎的任何文献或关于该城市的任何其他提示。目前，我们三个人将共同承担购买卡尔·舍夫勒[2]的《巴黎》(*Paris*)的费用。但除此之外。《深情的旅行指南》(*Der gefühlvolle Bädecker*)②是否包含关于巴黎的章节？如果内容不错，请写信告诉我要点——我在这儿无法弄到它。关于巴黎有什么**好的**艺术指南、好的文章。关于巴黎文化和印象派的书籍。关于巴黎女人？请**赶快**写信。——我父母不需要马上得知这张明信片的内容。我会给他们写信告知我的计划，但不是现在，因为我还在等家里的来信。另一方面，我想成为第一个告诉他们我的决定的人。

昨天，我和19岁的诗人——年轻的海因勒——爬上了坎德尔(Kandel)山。我们相处得很好。在A. R. 迈耶(A. R. Meyer)出版社即将出版的诗选《西北风》(*Mistral*)将刊登他③和昆廷④的各一首诗。

我怀着幸福的心情向你致意。

你的瓦尔特

① 他后来在柏林建立了犹太人民之家，以及巴勒斯坦的本·谢门青年村。
② 库尔特·闵采尔(Kurt Münzer)，《深情的旅行指南》，柏林，1911年。
③《雪中的冷杉森林》(Tannenwald im Schnee)，《西北风》，第22页。
④ 弗朗兹·昆廷，路德维希·施特劳斯有时候使用的笔名。

---

1 齐格弗里德·莱曼(Siegfried Lehmann，1892—1958)，以色列教育家，本·谢门青年村(Ben Shemen Youth Village)的创始人和主管。

2 卡尔·舍夫勒(Karl Scheffler，1869—1951)，德国艺术评论家和时事评论员。

13 致赫伯特·贝尔莫尔

弗莱堡，1913年5月5日

亲爱的赫伯特，

我承认，《判断力批判》（*Kritik der Urteilskraft*）导论今天上午列入了我的日程。然而，我想把它推迟一会儿——为了**感谢**你的来信，但也要告诉你，我对你们所有人在柏林带给我的强烈的神秘气氛并不感到完全舒服。我是一个简单的人。现在我想回敬你们几个命题，以便不被你们的命题压垮。然而，首先，我请你参看我最近写给弗朗兹的一封二十四页的信，它不仅包含日记条目，而且包含一个与我将要在这里写的内容类似的附件。此外，后来有一次谈话，它告诉我的超过我所知道的和你们猜测的：我不是在救自己——我不是在逃离，而是在**征服**这片土地。

现在话题转到命题。

I 我处于，也感觉到自己处于一种 ὑβϱυς[1] 状态：关于神和人的最亵渎的自信。

II 我来到不尊重我的异民族中间，看到我的存在即使没有得到尊重也能继续存在。

III 我看到我的存在证明了自己，最后它扩展并呈现为世俗形式，而不是急剧上升。这是通过感性的抵抗发生的。

IV 我发现限制我的不是我的良心，而是我的本性。我的良心是我的本性。我不能违背它：否则它就不再是良心了。在学校我从不作弊：那不是良心，而是聪明和近视（本性）。

V 一旦这种本性被顺从地承认，它就会获得它没有预料到的力量：它获得了**自己的**感官性，并脱离了命题。

VI 因此，我与基督徒和其他这样的人交往，不会对身体或灵魂

1 希腊语，意为“谵妄”。

造成伤害，而且我比他们优越。除了凯勒，在另一个层面上我和他是平等的，不过，我现在正对抗他（你们不能理解这一点吗？），**因为**我和他是地位相等的人，因为我们知道我们没有任何共同之处，除了：我们是自我。自我不是天赋，而是一种限制。这正是成熟。

VII 但这仍然成立：只有当我知道我的极限，我才是（感官上）自由的，我才是自己。良心生活在这些限度之内。它们区别于本性（虽然这种本性可能曾经是良心）（参见命题 IV）。

更多的我不知道了，这些感悟是过去三周的结果。

直观的部分：昨天我和凯勒、恩格勒特、曼宁和海因勒去利滕维尔（Littenweiler）跳舞——我不在乎他们看见我跳得好还是差。我想来就来，想走就走。此外：这里有一场不断发展的革命，我信心十足地指挥着它。我是凯勒的对立面，在我把自己从他那里解放出来之后，又把人们从他那里解放出来。我能做到这一点只是因为我尊重他——作为一个艺术家（而非波西米亚分子，因为他不是）。在这里，我宣布了青春的口号。发生了以下情况：

我与曼宁进行了一次谈话，我当时说：把我们和凯勒区别开来的一件事是，他没有 40 岁却摆出一个 40 岁的人的姿态。（还有其他类似的事情，只有当我详细地描述他目前的状态后，你才能理解：他正处于危机之中。）曼宁，这个喜欢对我强调他与凯勒有过同样经历的人，突然说："但是我们还年轻。"我们真的只想做 21 岁的自己。我说："我没有什么可说的了，你说出了我的想法。"我在一个晚上 10 点到凌晨 1 点 30 分之间解放了这个人。他突然目瞪口呆地看着我："你怎么能对我说这些？这样一来，你掌握了我生命的钥匙，而你甚至不知道它是什么。"……你只要说出咒语[①]……从那时起，我知道我是威内肯的使命中不可或缺的一部分，并让人们重新回归青春。当天晚上，我问曼宁：你的这种多愁善感的极度恐惧是从哪里来的？"嗯，那也是凯勒灌输给我的。"我得到这样的回答。我给了他多愁善感的勇气——他大声朗读他15岁时写的（真正可怕的）日记。所有这些人都被解放了，这样他们就有机会根据理念，不感情用事地、冷静地塑造自己，而不是采用一种姿态粉饰自己。

年轻的海因勒是一个类似的案例，只是更容易，我最近和他聊了一个小时的文学界。——我看到这些人，至少是海因勒，并没有像我一样尊重凯勒——因为他们还在追求他。

我希望不需要等过了这个秋天来向你们和我证明：“这个发展阶段是多么的必要和有益。”

我生平**第一次**理解了歌德的话：

“只有到处都这样——总像个孩子

你就是完人——是不可战胜的。”②

我知道：作为一个体面的人，你必须无限次地忘记这一至理名言（因为它是至理名言）——并且无限次地再次领悟它。我第一次领悟它。

这学期是否会发生其他十分重大的事情——不太可能。有大量的工作。很多乐趣。

昨天在利滕维尔，曼宁钦佩我孩子般的快乐。我会把他的孩子般的快乐归还给他。凯勒和我目前是这里唯一孩子般的人。出于这个原因，我们志同道合。

问候弗朗兹和威利③！但愿这种美好体验的浪潮也能传达给他。我现在不能写信给他。

这就是我来到这里的原因。只是我学会了用不同于我原以为的方式来理解这种经验。

你的瓦尔特

附：弗朗兹应该看到这封信。

① 你只要猜中咒语。艾兴多尔夫，《在所有事物中都睡着一首歌》（Schläft ein Lied in allen Dingen）。
②《马里昂巴德挽歌》（Marienbader Elegie）。
③ 弗朗兹·萨克斯和威利·沃尔夫拉特。

14 致弗朗兹·萨克斯

弗莱堡，1913 年 6 月 4 日

亲爱的弗朗兹，

今天上午我没有课，想写信，第一封信给你。《夏夜的书信》（Epistel der Sommernacht）是一份关于你们友好和睦的很好的文件。不会是你们俩中的任何一个单独写出来的：你们没有**那么**自信！

关于《开端》[①]的事。我不知道你是否经常见到巴比松[②]；无论如何，我希望如此。如果你发表了意见，那么海因勒被巴比松称为“不合适”的诗意和青春的颂歌就不太可能被拒绝了。如果这样一个绝对可靠的人掌管《开端》，那么威内肯很可能完全将自己从日常管理中解脱出来。但即便如此，他也应该非常仔细地审阅手稿。此外，〔威廉·〕奥斯特瓦尔德（[Wilhelm] Ostwald）是怎么回事？我写信给巴比松：怎么可能允许这样一个臭名昭著的“学校改革家”和粗制滥造的作家在我们的《开端》撰稿。现在，公众有了他们想要的东西：一个便利的口号，允许他们把《开端》放逐到“学校改革”的集体坟墓里。像奥斯特瓦尔德这样的人和作家是我们事业最大的敌人，因为归根结底，我们希望的**不**仅仅是学校改革，而且是一些他甚至无法想象的事情。或者我弄错了吗？如果第二期中的文章能领会我们的意图（我不相信！），那么好——它可以保留。否则，会造成严重损害。因此，请注意编辑工作。顺便说一句，我完全不同意你在第一期中对伊柳塞罗斯（Eleutheros）诗歌的看法。我、海因勒、曼宁——甚至凯勒，觉得它们异常优美。当然，不可能像对歌德的《五月之歌》（Mailied）那样鉴赏每一行；然而，下面这首诗有着相同的活力，同时也有同样沉重、平静的结尾：

“把时间有力而自豪地
举出时代的水罐。”

此外，它充满感情地探究了可观的深度：

“……不能去抱怨
他起初只是**缺乏主见地**
被抬得很高。”

你了解我的观点并知道我赞同这种见解。如果我在这里有《开端》，我可以更仔细地分析这首诗。你读第二首诗的次数越多，它就越深刻（第一首不是这种情况）。

很快我会寄给你一本海因勒颂歌，你可以在编辑部传阅。我在《日报》上读到了马蒂亚斯（Matthias）毫无价值的琐碎评论，他对诗歌的节奏缺乏鉴赏力。我还没读过其他评论。

正如我请求你接管巴比松一样，我也请求你**接管柏林讨论厅**（Berliner Sprechsaal）③。这是一个重要的机构，可以成为一个美好的社交活动的初步尝试。**当然**，威内肯应该与它无关。最近，昆廷给弗莱堡人④写了一封公开信，他在信中说，莫里茨·海曼[1]⑤正计划为德国建立一个犹太人自由学校社区。这很重要！你对此知道或听说过什么了吗？

保罗·霍夫曼（Paul Hoffmann）来信说，他对我们感兴趣，并想在我出发前不久和我面谈，但为时已晚。我猜想他来自《艺术守护人》的圈子，所以要小心处理！不要太激进。

1　莫里茨·海曼（Moritz Heimann，1868—1925），德国作家、评论家和编辑。

告诉我赫伯特对学校改革部门的演讲。

——

现在我正在接近我的“信”的要点（这不习惯的信纸让我很烦恼）。威内肯给出的禁欲的理由。你把它们称为“奇妙的”；我弟弟也给我写了类似的信：所以它们一定影响了每个坐在那里的心地纯洁并且节欲的人。我可不是。什么帮助你

〔结尾缺失〕

① 由古斯塔夫·威内肯发行的《青年杂志》(*Zeitschrift der Jugend*)，其中 W. B. 以笔名阿尔多（Ardor）为其撰稿。第一期刚刚出版。
② 乔治·巴比松（原名：乔治·格勒托尔，G. Gretor），《开端》的两位主编之一。
③“讨论厅”是由 W. B. 和他的朋友们于 1912 年创立的一个组织，目的是本着威内肯的精神探讨青年问题，特别是在 1913 年和 1914 年吸引了许多学生。马丁·贡佩尔特（Martin Gumpert）在他的自传中描述了这个组织。
④ 自由学生团体中的学校改革部门。
⑤ S. 菲舍尔（S. Fischer）出版社的作家和编辑，对犹太人事务有浓厚的兴趣。

15　致卡拉·塞利格森

弗莱堡，1913 年 6 月 5 日

亲爱的塞利格森小姐，

圣灵降临节后的一个晚上，我从巴黎回来，在许多信件中发现了您的信，这让我很开心。非常感谢！——是的，我在圣灵降临节期间去了巴黎十四天；我可以告诉你的不是我对这个城市的一些孤立的记忆，而是一种只有孩子才会那样紧凑地生活了十四天的意识。我整天都在外面，几乎从未在凌晨 2 点前睡觉。上午在卢浮宫（Louvre）、凡尔赛宫（Versailles）、枫丹白露（Fontainebleau）或布洛涅森林（Bois de Boulogne），下午在街上，在教堂——在咖啡

馆里。晚上与熟人共处或在某家剧院：最重要的是，每天晚上都在大林荫道（Grand Boulevard），它在某种程度上可以与柏林的菩提树大街（Unter den Linden）相提并论，不过它更窄（但更舒适！），并且如果这些街道没有蜿蜒穿过整个内城，那些内城房屋似乎不是用来居住的，而是作为人们在其间漫步的石头舞台背景。在卢浮宫和大林荫道，我几乎比在凯撒·弗里德里希博物馆（Kaiser-Friedrich-Museum）或柏林的街道感觉更自在。在我逗留的最后期间（我经常去卢浮宫），我只是在展品之间漫步，在我已经认识的那些画作面前反复驻足，这些画作不可磨灭地刻在我的记忆中，因为它们每天都让我觉得更加美丽。我从未如此轻易地理解艺术。这是我第一次对法国洛可可（Rokokko）风格有了一些概念——对弗拉戈纳尔[1]，他是这些画家中最大胆、最感性的。布歇[2]、华托[3]、夏尔丹[4]和许多不那么重要的画家的两米见方的画作挂了满墙。我经常穿过展厅，渐渐地，我习惯了隔离出特定的画，然后，下一次，我从远处就能认出它们。

我们这个时代对格列柯[5]的崇拜不是空洞的忸怩作态。在参观艺术收藏品时，我两次发现自己被一幅画所吸引，两次都是埃尔·格列柯的。一次在柏林的柯斯特（Köster）美术馆（6月份“自由学生”将去参观——你为什么不一起去！），另一次在卢

1　让·奥诺雷·弗拉戈纳尔（Jean Honore Fragonard，1732—1806），法国画家和版画家，其晚期的洛可可风格以非凡的灵巧、丰富和享乐主义而著称。

2　弗朗索瓦·布歇（Francois Boucher，1703—1770），法国洛可可风格的画家、制图员和蚀刻师。

3　让·安东尼·华托（Jean Antoine Watteau，1684—1721），法国画家，其短暂的职业生涯激发了对色彩和运动兴趣的复兴，这种兴趣正如在柯勒乔和鲁宾斯的传统中所见。

4　让·巴蒂斯·西美翁·夏尔丹（Jean Baptiste Simeon Chardin，1699—1779），18世纪的法国画家。

5　埃尔·多米尼克斯·希奥托科普罗斯·格列柯（El Dominicos Theokopulos Greco，1541—1614），西班牙文艺复兴时期的画家、雕塑家和建筑师。

浮宫，那里挂着他那幅费迪南德一世（Ferdinands des Ersten）的皇家肖像，忧郁而感伤。格列柯是我所知道的最感伤的画家（当然，感伤而不空洞）。

离开巴黎时，我已经熟悉了大林荫道上的商店、霓虹灯广告和人们。在歌剧院，我看到了可以想象的最老式的芭蕾舞剧，作为艺术，它不再感人，但我确实钦佩芭蕾舞女演员的自律，这是我在柏林歌剧院的表演中从未注意到的。在剧场休息室里，我看到了妆扮最漂亮的女士——顺便说一下，在巴黎，即使是最正派的女人也化妆。

再次回到弗莱堡时，我感觉自己好像已经离开了三个月——但是刚结束的巴黎之行是如此完美的经历，以至于我没有感到任何不满，更多的是喜悦……一切都结束得如此美好。在戏剧《火灾》（*Brand*）中可以找到以下自明之理，当然你在这里不应该如此严肃地理解：

幸福源于失落

只有失去的才是永恒的。①

在此期间，许多事情发生了变化。特别是：夏天。在巴黎，它通常是凉爽的。上星期天，在炎热的天气里爬上山顶，突然看到面前耸立着白雪覆盖的费尔德山（Feldberg），我感到很高兴。

我给您的信里谈到的我们的讨论晚会也发生了变化。领导它们的凯勒先生已经退出。由于他吸引了很多人，我们现在相当孤单，但感觉这样更好，因为之前的圈子既不足够大，也不足够小到使社交成为可能。我有时会在那里谈论斯皮特勒，或者朗读威内肯的文章。他的新书《学校和青年文化》（*Schule und Jugendkultur*）现已由迪德里希斯出版社出版。我今天就订。

在《开端》的招聘工作中，我赢得了一位新投稿人，对未来充满信心。非常重要的是，在这里，我们的思想终于摆脱了从外面紧紧抓住它们的教条主义：这基本上是我对该杂志的期望。我不知道柏林的人们是否正朝着完全正确的方向前进——我吃惊地听到〔威廉·〕奥斯特瓦尔德（!）将为下一期写一篇社论。天呀，奥斯特瓦尔德与《开端》有什么关系!

无论如何，《开端》现在已经把我带回了这里的自由学生团体。这个学期我不可以设定太高的目标；正如我之前给您的信里所写，这里的组织是不确定的。我唯一的目标是，在学期结束时，这个部门里会有一些人，他们理解我们的程度足以使他们订阅《开端》，即使一开始他们更多地出于尊重（无论如何他们应该感到），而不是出于兴趣。我在这里只有一位忠实而能干的助手。

我对我们的“青年同胞”的印象也和你写的一样，但是我在这里的工作比在柏林时更客观、更抽象，在那里我认识更多的人，我认识更年轻的人。在这学期的最初奇怪的几个星期，我遇到了一个年轻人②，我将给您写信谈到他，从那以后我们一起工作了。但是，即使我们的朋友也已经“成熟”，他们已经经历太多的生活，以至于他们几乎无法直接获得思想，他们最多对我们有很多同情。但是有一大批抽象的自由学生群体，我们必须简单地**相信**他们的历史，即使经常没有一个学生通过真正理解我们来证明我们工作的价值。

因此，我很难决定重新建立该部门，但是我正在为《开端》做这件事，而且我在非常平静地等待结果。

关于您的来信，这些美丽的词语出自哪里：“充满了宽广、幸福和风”？我记得读过它们，但完全不知道在哪里。③

最后，因为我毕竟正在学习哲学，您现在将不得不听——当然，不是关于哲学的东西（我为了参加研讨课读康德、席勒[1]、柏格

1　弗里德里希·席勒（Friedrich Schiller，1759—1805），德国诗人、哲学家、医生、历史学家和剧作家。

森[1]）——而是关于哲学家的。

昨天，自从我成为一名大学生以来，我第一次发现自己身处一小群专业哲学家中间，我被邀请到一位编外讲师④的家中出席招待会。这是一个怪诞的景象，从内部和外部的两个视角都是。我提供了内部的视角：当然，我感觉自己完全不够专业，因为我虽然做了很多哲学思考，但我是以一种完全不同的方式这样做的：我的思想总是以我的第一位老师威内肯为出发点，并且总是回到他那里。即使涉及抽象的问题，我也会直观地看到他预示了答案。而且当我进行哲学思考时，那是与朋友、业余爱好者一起进行的。因此，我在这些人中是完全孤独的，他们说话更谨慎些（也许？），知识也更多，因为他们已经完成了学业。

但是从外部的视角看，它同样奇怪。我几乎从未见过如此快活而悲惨的事！当然，在谈话中，作为名人，他们的举动更开放、更自由，每个人都是真正的思想家，在这里我看到他们每个人从一开始就带有的孩子气的冲动。我在期刊中遇到的和我们所知道的"学派"分解成各种各样的人，快乐地或激烈地互相争斗。那些在课堂上向外展示自己为理性主义者的人说：昨天并不重要；我们需要思想，创造性的思想！他们看到了这种活力，以及始终与之相关的对"科学"的追求，但另一方面，他们也看到了想要抓住一种能够推动我们今天生活的思想的渴望。

我非常克制，只在这一点上得到安慰：我保留了许多未经深思的思想，至少我知道它们是**思想**。我还发现一位学长，他对哲学有很多了解，他可以理解我。但是我的悲惨命运追赶着我：他是历史专业的！

1　亨利·柏格森（Henri Bergson，1859—1941），法国犹太裔哲学家，他在大陆哲学传统中具有影响力，特别是从20世纪上半叶到第二次世界大战期间。

请您原谅这封信涉及了各种各样的主题。但是，如果要使这种多样性变得愉快和谐，我一周得给您写四封信，就像我给萨克斯先生写信那样，他昨天收到了我的二十八页（！）的信。

另外，也请您原谅我糟糕的字迹——我正在用我不习惯的纸张书写——请您不要等拿到《宗教信仰的对话》再回复。您会得到它，但是我仍然没有找到时间请人打印第二部分。

诚挚问候，您的瓦尔特·本雅明

① 易卜生戏剧《火灾》第四幕的结束语。
② 海因勒。
③ 这些诗行来自里尔克的《时间之书》（*Stundenbuch*）的第三部分。
④ 理查德·克罗纳（Richard Kroner）。

16　致赫伯特·贝尔莫尔

弗莱堡〔1913年6月7日〕

亲爱的赫伯特！

这封信是从平静无事的高处抵达你的。也就是说，在本学期只发送了介绍情况的（且不说增长见闻的）信件之后，我终于觉得有必要提高点难度，并用和你同水平的文字来回复你。因此，我发现自己处于完全没有灵魂的状态，我会试试看：

这里的天气非常好——现在不是了，有点多云。明天的天气预报是什么？（立即回答！）最近——6月初——市立剧院仍在上演格鲁克[1]的甜得发腻的《五月女王》（*Maienkönigin*）。舞台背景由欧

1　克里斯托夫·维利巴尔德·格鲁克（Christoph Willibald Gluck，1714—1787），早期古典主义时期意大利和法国歌剧的作曲家。

普勒·雷班德（Oppler Leyband）〔?〕夫人绘制。菲林特（Philinth）这个角色演得最好。——之后，维森塔尔三姐妹跳了舞（格蕾特[1]除外）。

然而，昨天我在文学晚会上朗读了一些里尔克[2]，除此之外，凯勒和海因勒也读了。你还不知道海因勒写的是什么样的诗；听听他最新的作品：

肖像

从黄色亚麻布上升起，黝黑而清晰的
纤细而笔直的脖子。但是非常清楚
被赠送的宴会，被灼伤的双唇
以美丽的弧线沉入拱形的喜悦。
就像深色的葡萄，这对嘴唇
带着突然的成熟，跳向起伏的胸脯。

当然这是手稿！你读过路德维希·施特劳斯在《避难所》（*Freistatt*）① 杂志中的精彩诗篇吗？

请把你在**自由学校改革部门演讲的手稿寄给**我。出席的人多吗？

今晚我可能会去特格尔恩农民剧院看《奖牌》和《一等公民》[3]。

今天下午，我开始写一部标题可爱的中篇小说：《父亲之死》（*Der Tod des Vaters*）。梗概：一名年轻男子在父亲去世后不久诱奸了女仆。然后写这两个事件如何结合在一起，以及一个重量如何平衡另一个重量（女孩的怀孕）。

---

1 格蕾特·维森塔尔（Grete Wiesenthal，1885—1970），维也纳霍福珀（Hofoper）芭蕾舞团的成员。

2 雷纳·玛丽亚·里尔克（Rainer Maria Rilke，1875—1926），奥地利诗人和小说家。

3 《奖牌》和《一等公民》都是德国作家路德维希·托马（Ludwig Thoma，1867—1921）的戏剧。

素材来自曼宁先生的生活，这是我在凌晨时分零星地——就其中的这个或那个维度而言——了解到的。凯勒的新小说现在进展得非常缓慢，但是已经写的，大约十个印刷页，还是不错的。最近，我参加了哲学家〔理查德·〕克罗纳[1]举办的家庭招待会，在这群专家中我绝望地感到自己不够专业。我结识了一个到目前为止对我来说还只是神话的物种的标本，一个犹太女人，大约26岁，她正在研究艺术史，她有三种艺术判断：美妙、甜蜜、伟大。

〔乔纳斯·〕科恩[2]关于《判断力批判》和席勒美学的研讨课如化学般提纯了思想。你唯一能从中得到的就是阅读文本。稍后我会对它们进行一些思考。里克特[3]的研讨课，我也坐在那里，陷入自己的沉思。研讨课结束后，凯勒和我去玛丽亚温泉市(Marienbad)，我们一致同意，相信自己比里克特更深刻。现在整个弗莱堡文学圈都出席他的讲座；作为对他逻辑的介绍，他提出了其系统的大纲，奠定了一个全新的哲学学科——完美生活的哲学(女人作为它的代表)——的基础。既有趣又成问题。

令人沮丧的是，我结束时才意识到，即使这封信也会包含一些有趣的和介绍情况的段落。

问候威利。问候。问候弗朗兹。

问候你
你的
我：瓦尔特
本雅明（即我）。

1 理查德·克罗纳（Richard Kroner，1884—1974），德国新黑格尔主义哲学家。

2 乔纳斯·科恩（Jonas Cohn，1869—1947），德国哲学家和教育家。

3 海因里希·里克特（Heinrich Rickert，1863—1936），德国哲学家，主要的新康德主义者之一。

① 一本犹太人杂志。此处指的是第 I 期第 118—120 页的诗。

17　致赫伯特·贝尔莫尔

〔弗莱堡〕1913 年 6 月 23 日

亲爱的赫伯特，

礼貌似乎暗示我应该再次给你写信，——虽然**你**是最后一个收到我来信的人。但是通过写信，我可以用掉几分钟，从而避免更加繁重的工作。我们缺乏话题——不是吗？——所以每次我必须花大量的精神才能写信给你。

这次，让我们来谈谈豪普特曼[1]纪念拿破仑倒台一百周年的青春和神圣的话剧吧。唯一让我与这个周年纪念和解的东西——不过，这周年纪念并没有让我感到痛苦——是这样一部不朽和欢乐的作品可以产生，并最终解决了豪普特曼是否是一位伟大诗人和是否有独立思想的问题。如果你还没有读过这部戏剧，请尽快阅读，这样你就可以体验到你度过的最愉快的时光之一。我已很长一段时间——我想是自斯皮特勒以来——没有在精神上被艺术这样感动了，也就是提升了。这部戏剧被禁止是一件好事和令人愉快的事：我无法想象对它的伟大有更合适的历史洞察力。随着它的禁止，不仅是一段过去而且连一段现在都被合理化了。

明天我写信给威内肯。我将非常紧急地向他重复当我听说这个禁令，并且只了解剧中的几句台词时提出的一个建议：把《开端》的 8 月号做成豪普特曼的特刊献给这个文艺节。让年轻人对政治僵化的公众做出回应。我们很积极：海因勒已经准备好了关于文艺节

1　格哈特·豪普特曼（Gerhart Hauptmann，1862—1946），德国戏剧家和小说家。

的文章（缠绵悱恻和蛊惑人心的）。明天我会写我的：我已经记下了我的想法："世纪文艺节或青年和历史"①。我觉得我有重要的话要说。我坚信你们那些在柏林的人会立即阅读该剧本，并积极支持我们（海因勒和我的）8 月号的计划。我现在不在柏林。但是，在不久的将来，我们是否还有机会显示年轻人的判断应该在公共生活中发挥的作用呢？这一期《开端》将为这项事业服务。最重要的是，它将对我们的事业，以及豪普特曼的，有现实意义，并被大量购买！让我知道你们对世纪文艺节的看法！尽可能地全面，同时尽量避免技术美学的评论。

明天，就像我之前说过的那样，我会写信给威内肯，最迟后天，无论如何，当我能够把我和海因勒的文章都附上的时候。那时，我也期待你们早日答复。你们将与威内肯和巴比松取得联系。但愿这件事对你们像对我们一样重要。

昨天我在这里写了一篇文章《经验》(Erfahrung)②。可能是我为《开端》写得最好的一篇。它将于 9 月号发表。招聘新成员！招聘新成员！招聘新成员！我们无法知道我们对事物有**多么**大的影响。无论如何，《开端》首先必须保持为纯粹思想的（不是美学的或某些类似的）出版物，但远离政治。

我必须结束这封信；当我告诉你，我目前正深深地参与到这些事情中，连同对智识主义伦理等问题的进一步思考时，你将会了解最重要的个人情况。

什么？你 8 月到直布罗陀？那么我们永远不会再见面了！

Salve, scriba, valeas[1]

瓦尔特

1 拉丁语，意为"再见，写作者，祝你健康"。

① 发表的标题为《关于格哈特·豪普特曼为节日编写的戏剧的思考》(Gedanken über Gerhart Hauptmanns Festspiel)，署名为阿尔多，《开端》1913 年 8 月号。
② 发表于《开端》10 月号。

18 致赫伯特·贝尔莫尔

弗莱堡，1913 年 6 月 23 日

亲爱的朋友，你的来信迫切需要答复。所以我会写信，而不在乎我今天早上已经给你写过了。

地址不是错觉。因为我的上一封——你主要提到的——信件是写给弗朗兹的，而不是某些学术定理的冷漠接受者。我必须提到这一点，以便你记住，这封打扰了你的唠叨、含糊的信，不是写给你的。我这封信和这些句子是写给弗朗兹的。此外，如果我把这些意见在更成熟的发展阶段传达给你，它们就会有不同的表述。当然，我仍然欠你一个对这些观点的解释。但是，为什么弗朗兹没有回信？或者他转寄给你了？他已经像你一样有把握了吗？——如果是这样，那么我误导了自己，因为我认为他会比你产生更大的疑惑，因此更善于接受。重申一下，本来只有当这些想法处于更成熟的发展阶段时，我才会提出来供你考虑。但是覆水难收。

这封信可能不会很长，因为这些字行只是为了澄清前面的那些。但是，这封信也不能变成“深情的”(尽管它带有内在的热情)，亲爱的赫伯特——相反，它可能会有些论战性。毕竟，我不希望你在秋天的某个时候感到惊讶，我也不希望你归咎于恶劣的气候和我们之间可怕距离的一切被证明是暂时现象。在我继续之前，你应该知道，我考虑过这些事情，所以你给我的“敏感自卫”的诊断对我没有什么用。关于我的心情，我必须这样说：不要让这些最初的弗莱堡信件在你的抽屉里比在我的脑海里产生更持久的反响。这一次，我非常认真①——从写给弗朗兹的信中可以看出——但我从未“极度抑郁”。

还有一件事：文章《浪漫主义》（Romantik）付印了，它和先前你读的版本一样。②

直截了当地说：我同意你在开始时关于女性的大部分说法。“我们对那些可怕的‘个人’经验感到困扰和困惑越少。”如果你读过我的文章《经验》，你会知道，刚才那句话表达了我自己的观点。而且，你说得非常好：“如果女人变得男性化，男人必须温柔，必须变得女性化。”我有这样的感觉很长时间了。你关于男人和女人的简单公式也有一些道理：精神－自然／自然－精神——虽然我通常避免具体谈论这个话题，我更喜欢谈论男性和女性气质：因为两者在人身上很大程度上交织在一起！因此你应该明白，我认为“男人”／“女人”这种分类在文明人性的思考中有些原始。为什么我们通常拘泥于这种划分？（作为概念原则？好吧！）但是，如果你指的是具体的东西，那么原子化必须走得更远，甚至到最后一个个体。欧洲由个人组成（其中既有男性气质也有女性气质的元素），而不是由男人和女人组成。

女人的精神究竟有多强大，谁知道呢？我们对女人真正了解多少？正如我们对年轻人所知的那么少。我们从未经历过女性文化，正如我们从未了解过青年文化一样。但是你，赫伯特，要求“绝对的肯定”。我们中的谁真的是绝对论者？是我吗？这个说阿南刻[1]会以某种方式命定它的人？这个否认任何不符合这种想法的现实的人是我吗？或者是你？这个必须将自己对女性的看法建立在现实基础之上，然后又将这个必要的世界计划的责任推给阿南刻的人？“想

1 阿南刻（Ananke），希腊神话中的命运女神。

要救赎无法救赎的人，真的会遭受达那伊德斯姐妹[1]的折磨。"我们对不可救赎的，和对可以救赎的了解一样少，而我们的救赎是通过爱来实现的！——但是，当然；你可以称之为达那伊德斯姐妹的折磨。人类的存在当然是达那伊德斯姐妹的折磨，这种折磨的目的在于产生一种以自我为终极的飘渺的精神——人类的死亡将在未来的某个时候发生——或者永远也不会发生。两种可能性同样悲惨。我们应该已经从威内肯那里学到，这种偶然性，这种"仿佛"和对不可救赎的救赎，是我们宣扬的普遍意义。

然而，你对我关于卖淫的看法几乎不加掩饰的愤慨贯穿于你的信中——无论如何，除了我的思想，你不应该责备任何事情。我现在无法向你证明这些观点（并且永远不会！）。但我可以告诉你，你自己是在满足于模糊性，而我们必须超越弗朗兹最初写下的和你现在写下的那些方便的答案。实际上，在我看来，我已经写出了要点。

妓女的生活有什么道德意义？

或者你认为我们可以绕过这个问题？我们对自己主张道德和人格尊严，不是吗？——但是我们应该敢于站在妓女面前，称她们为女祭司、神庙器皿、女王和象征。你必须知道这和弗朗兹的"同情心"一样让我愤怒。甚至更多。毕竟，有了这种同情，妓女仍然是一个有道德的个体（当这种同情来自与她同床的男人时，它仍然足

1　希腊神话中，达那俄斯是埃及国王的儿子，他有五十个漂亮女儿，称为达那伊德斯姐妹（Danaids）。他的孪生兄弟埃古普托斯有五十个儿子，他们追求他的五十个女儿。达那俄斯带领女儿从兄弟那里逃走，来到阿耳戈斯。他教当地人掘井，受到人们的尊敬与爱戴，后来成为阿耳戈斯国王。埃古普托斯的五十个儿子闻讯来到阿耳戈斯，强迫达那俄斯把五十个女儿嫁给他们，达那俄斯假意答应，嘱咐女儿们在新婚之夜各自杀死新郎。他的四十九个女儿都照办了，只有小女儿不忍心对新郎林扣斯下手。埃古普托斯听到自己四十九个儿子死去的消息，悲痛而死。为了给父兄报仇，林扣斯最终杀死了达那俄斯和他的四十九个女儿，并惩罚她们在地狱里劳作，永无休止地往一个无底桶里灌水。所以，人们常常用达那伊德斯姐妹之桶（cask of Danaids）表示"无底洞"或"永无休止的徒劳无益的工作"。

够卑鄙——但至少它可以说是诚实的）；而把她变成一个道德败坏的人的男人比把她说成非人、不道德的人更有良心。对你来说，妓女是某种美丽的客体。你尊重她，就像尊重蒙娜丽莎一样，在蒙娜丽莎面前，你也不会做出淫秽的手势。但是，你这样做的时候，并不认为剥夺了成千上万妇女的灵魂，并将她们降格为艺术画廊中的存在。好像我们如此艺术地勾引她们！当我们称卖淫“有诗意”时，我们是否诚实？我以诗歌的名义抗议。当我们带着主观的自夸，相信我们能够赋予妓女的生活以意义时，我们是无限自鸣得意的。——我希望你承认你所写的是空洞的唯美主义。你自己不想放弃为人的资格。但你要我们相信，有些人是客体。你给予自己人的尊严这一特权。至于其他的，它们是漂亮的东西。为什么？以便我们对可耻的行为有高尚的姿态。

如果我们自己想要成为合乎道德的，如果我们同时想承认卖淫，那么只有一个问题：妓女的生活有什么道德意义？因为妓女的生活具有道德意义，那么它莫过于我们自己生活的意义。因为你问得仍然太胆怯：“或者所有的女人都是妓女，或者都不是？”不：“或者所有人都是妓女，或者都不是。”好吧，选择你自己的答案。但是我要说，我们都是。或者应该是。我们应该成为文化的客体和主体。确实，如果我们自己想要保留某种私人的人格尊严，我们永远无法理解妓女。但是，如果我们认为所有的人都是精神的祭物，并且不容忍任何私人的情感、私人的意志和精神——我们就会尊重妓女。她将和我们一样。然后你用“女祭司和象征”这些词语模糊地表达的意思将成为现实。妓女代表了完美的文化本能。我写道：她将天性驱逐出最后的圣所：性欲。我们暂时不要谈论性欲的精神化，这个男性气质库存中的珍贵财产。我们谈到精神的性化：这是妓女的道德。她代表了爱欲的文化；爱欲，是最强大的个人主义者，对文化最具有敌意，即使它可以变态，即使它可以为文化服务。

我相信我现在已经清楚简明地表达了我的观点。你必须想理解它，才能理解它，但是——悲叹的人〔?〕谈到“赞美卖淫”。他们有很好的直觉。

但或许我会听你说，你平衡各方力量的非凡举措，(曾经是)诗意的，然后是圣职的，基本上就是这个意思。

你的瓦尔特

附：陛下，赐予我们思想自由！

我不知道你说的“混乱的无耻”是什么意思——你显然对我上一封信理解得很少。

附二：今天早上我收到了弗朗兹的来信；所以上面的一切也适用于他。与此同时，我收到了威内肯的一封信：“关于女性心理，我同意你的看法：‘仿佛’。从生物学和心理学的角度来说，当然，只有上帝知道。”

想想威内肯的著作，他目前仍然优于我们所有人。

有机会我会和他讨论你的来信。

① 此处释读不确定，也许应该是“fröhlich”(快乐)。
②《开端》1913 年 6 月号。

19 致赫伯特·贝尔莫尔

1913 年 7 月 3 日

亲爱的赫伯特，

我的信绝对无意冒犯你。当我说只有在我的想法发展到一个更成熟的阶段，我才会写信告诉你时，这并不是侮辱，也不是荣誉，而是一种理智的本能。只是——看在上帝的份上——请不要拿我的信故弄玄虚：现在和以前一样，我所写的一切适用于你们所有人。这事到此为止吧！

我无法使你免遭这一痛苦：你也没有理解我的上一封信。但没有任何新的驳斥。经过深思熟虑之后，我决定用一本我正在写作的中篇小说来安慰你们。如果成功，你们会收到它；也许你会在非常隐晦的语言中理解那些在清晰地表达时似乎无法理解的东西。这将比在信件中无望的解释要好。最重要的一件事：对我来说，问题总是在于：赋予**现行的**卖淫一种**绝对**意义。你可以称之为操之过急！但这正是我的想法。现在，在我们能够口头交谈或者在中篇小说到来之前，让我用玛丽昂（Marion）在格奥尔格·毕希纳[1]的《丹东之死》（*Dantons Tod*）中的优美语句来结束："一切令人愉悦的事情都归结为同样的事情；无论那是身体、耶稣的画像、酒杯、鲜花，还是儿童玩具；都是一样的感觉；谁享受得最多，谁祈求得最多。"

但是：**能够享受快乐**，并表现得好像她是友好的——这是妓女的高尚美德。这就是我对玛丽昂的解释——除此之外，你可以自信地为她声明她的话。

但是你怎么能认为我会相信男人应该满足于妓女，这样他可以精神饱满和精力充沛地（以及平静和安宁地）重新回到他的工作？你把我当成菩托库多人[2]了吗？

和巴比松联系一下豪普特曼特刊的问题。经过长时间的考虑，我发现它的优缺点都很明显。你会发现海因勒和我自己为下一期写的关于文艺节的文章都在巴比松手中。以及我的文章《经验》。无论如何，关于豪普特曼的文章已经成为与巴比松讨论的基础：我把

1 格奥尔格·毕希纳（Georg Büchner，1813—1837），德国戏剧家、诗歌和散文作家。

2 菩托库多人（Botokuden），巴西印第安人的一个部落，在当时被认为是极其原始的。

他推荐给你——就像我把你推荐给他一样。

每当你提醒我注意报纸上关于豪普特曼或《开端》的恶意中伤的话时，我很高兴我一点也没有读到。

关于弗莱堡的一点点消息（出于责任感）。

海因勒最终成了我在学生中仍然有私人交往的唯一接触者。凯勒现在神经衰弱了——我们很少见到对方，而当我们见面的时候，我们有意识地谨慎说话。最近，我目睹了一个非常令人尴尬的场景：曼宁、恩格勒和凯勒传播弗莱堡的八卦新闻——诽谤、猜疑，等等。在不说很多废话的情况下你完全无法以书面形式复述这种事情。海因勒和我与此没有任何关系——而是被双方认为是中立的——这一事实可以证明我们的安全而完全孤立的立场。

在文学晚会、学校改革晚会和周二的忠实客人中，有两位年纪较大的学生；看到他们以威内肯和我们为基础，认真不懈地开始发展他们的精神自我，令人感动。其中一个甚至可能一点都不聪明。学校改革晚会（八至十人参加）始终处于一个较高的水平。重要的是，每天晚上都会讨论威内肯，我们不会对我们明确的门徒身份隐约其辞——一切都从那里开始。

我最近认识了一个来自埃森市（Essen）的女大学生，她的名字叫本雅明。我们在勋伯格（Schönberg）山上散步，这学期我才发现它，是我所知道的最漂亮的山峰之一。在不久的将来，我想晚上和海因勒一起去。

我们谈论了很多轻松愉快的事情——每当我想到这次散步，我都会意识到在弗莱堡我是多么缺乏人际交往。因为海因勒是唯一的一个。

我曾经和沃尔夫冈·勃兰特（Wolfgang Brandt）的妹妹散过一次这样的步，她长得不漂亮，但有一张深肤色的精致脸庞。两周后的星期天，我将和她（不幸的是还有一个讨厌的女大学生）一起去普劳恩（Plauen）远足。

你对昨天在这里举行的关于豪普特曼的会议感兴趣吗？太可耻了。一个受过哲学教育的庸人肆无忌惮地胡说八道。“特别是我们从布雷斯劳（Breslau）来的人希望……（布雷斯劳市也将成为这场运动的母亲）”，“你无视了人民所珍视的奇闻轶事和记忆，就要承担其后果”，否则——总之，我们当然赞成。恶心！

在讨论过程中：凯勒。心情不好——你可以看出他想要获得一种影响力。他没有成功——人们在抱怨。海因勒和我跺脚。周围是拖曳的脚步。除此之外，凯勒说的都是理性得令人绝望的话。我对海因勒说：“如果我更加熟悉了解礼堂里的这些人，我肯定会觉得这里愤怒的仇人和在场的人一样多。”

结束语：我们的工作正在取得进展——我正在研究一些哲学（可惜不是很多）；我正在读海因里希·曼[1]的《小镇》（*Die kleine Stadt*），它不允许敷衍的赞美；并尝试我的第二部中篇小说。

你的瓦尔特

20 致卡拉·塞利格森

弗莱堡，1913年7月8日

非常尊敬的塞利格森小姐，

谢谢您的来信。——它抵达了弗莱堡，并不是完全出乎意料。您所写的和我在这里所经历的，我总结为一个问题：我们如何从二十几岁的生活经历中拯救**自己**？

1 海因里希·曼（Heinrich Mann，1871—1950），德国小说家，他创作的作品具有强烈的社会主题。

您也许不知道，您有多么正确——但总有一天我们会真正注意到，一些东西正在从我们身上被夺走（不是说我们拥有它们太久了，而是别人不会让我们再依靠它们）。在我们周围，我们看到那些曾经遭受同样的痛苦并通过在冷淡和傲慢中避难而拯救自己的人。我们害怕的不是我们正在经历的，而是可怕的结果：在经历生活之后，我们将变得麻木，并呈现出同样的懦弱姿态，直到永远。这些天我经常想起霍夫曼斯塔尔的诗句：

“我自己的自我，不受任何阻碍
从一个小孩子的体内溜向我
像一只狗，怪异地沉默和陌生”[①]

我们现在面临的问题是，这些诗句是否会完全成真，以及我们是否仅仅为了保护自己免受其他那些同样“怪异地沉默和陌生”的人的影响，而必须选择这种存在。难道不是吗？

我们怎样才能保持对自己的忠诚而又不变得无限傲慢和偏激呢？人们希望我们毫无怨言地融入社会，而我们却完全荒谬地生活在我们想要保持的孤独之中——我们无法对这一点作出解释。

当我离开我熟悉的柏林朋友圈来到这里时，我感觉到了这一点；我察觉到了冷漠、不协调、紧张——现在，我第一次熟悉了孤独，我把它变成了自己的一个课题：通过花四天时间独自徒步穿越瑞士汝拉州（Jura）——完全独自一人带着我疲惫的身体。

我仍然无法告诉您我在这种孤独中获得了怎样的宁静。但在我给您的第一封信中，当我如此热烈地称赞我那能从窗口眺望教堂广场的房间时，它除了表示这种宁静之外别无其他。

我完全脱离了某个人[②]，虽然他是我来到这里的原因；因为在22岁的时候，他想像我们周围许多最有文化教养的年轻人一样成为一个40岁的人。同样绝对真实的是，现在，在20岁的时候，我没有丝毫保证我过的这种生活会取得成功：我忙于通过组织各个部门来支持《开端》，并与朋友分开了。我在弗莱堡旅居的头几周，这些朋友收到的信件是无常、混乱，有时是意志消沉的。两天时间，我在弗莱堡很不开心。

所以最近几周我一直非常平静地为《开端》工作。在下一期，您将读到我的《对格哈特·豪普特曼节日戏剧的思考》，在 9 月号还有一篇文章《经验》。

我父亲几天前来看我，我很惊讶我是多么的矜持和友善。(当然，我父亲反对我的抱负。) 我向您保证，没有丝毫的傲慢，情况就是如此。

为什么会这样？最近我在街上看到一个小学生。我想：你现在在为他工作——而他对你有多么陌生，你的工作是多么不涉及个人的。与此同时，我又看了他一眼。他手里拿着书，有一张坦率和单纯的脸，只带有一点学童的忧郁。他让我想起了自己上学的日子：我在《开端》的工作不再显得抽象，不涉及个人。

我真的相信，我们生平第二次开始对童年时代感到自在，而这是现在想要教我们忘记的。我们只需要生活在理性的孤独中，稍微不那么关心这个困难的现在和我们自己；我们将坚定地依靠年轻人，他们将为童年和成年之间的时期发现或创造形式。**我们**仍然没有形式地生活在这个时期，没有相互支持——简而言之：孤独。然而，我确实相信，总有一天，我们可以在其他人中间非常自由和自信地行动。因为我们知道其他许多人并不比我们自己更加“怪异地沉默和陌生”。我们怎么知道的？

因为我们想调动孩子们的开放和真诚，他们以后也将会 20 岁。

请您想想文艺复兴初期绘画中人们神秘而高贵的姿态。

我希望您不要生气，如果这些可能只是我个人观点的话语没有触及任何对你重要的事情，如果它们过于笼统。[3] 但你肯定会同意我的看法：一切都取决于我们不允许我们对人们的任何热情从我们这里被夺走。即使，有一段时间，我们必须以一种不那么富有表现力和更加抽象的方式来保持这种温暖，它也会持续下去，并且肯定会找到它的形式。

最诚挚地问候您！

您的瓦尔特·本雅明

①《三行诗节 I》（Terzinen I）（关于短暂）。
② 菲利普·凯勒。
③ 卡拉·塞利格森曾经有过一段艰难的经历，她在 7 月 2 日的信中写到了。

21 致弗朗兹·萨克斯

1913 年 7 月 11 日

亲爱的弗朗兹，

当然，我们完全有理由为第三期《开端》感到高兴；巴比松已经收到我的评论。总而言之，这一期非常适合作为宣传，但同时比以前的几期更加自信和私密。我同意你的个人判断，除了对海因勒的。毕竟，正如你承认的那样，他的文章很有特色，这就足够了——我们在学校里经常对那种无穷无尽的愤怒感到难以言表，但在海因勒这里得到了表达。作为这种情绪的表达，海因勒的文章[①]在理论上（和保健上）是合理的。他没有给出事实而是感受。与此同时，威内肯的编辑评论也是合理的。——但是你谈到了《开端》的“有待发展的基调”。在这一点上，我们可能意见一致：然而，总的来说，我们必须注意，不要提出过于具体的青年和开端的概念。我给弗里茨·施特劳斯[②]写过同样内容的信，关于他对第二期的批评。

我请赫伯特如果可能的话马上把他的文章寄给我；我对它寄予

很高的期望，并希望在《开端》发表之前在小组中朗读。**所以请你让他寄来！**

你想接任柏林的第一主席③，我感到很高兴，我认为这是非常体面的。我希望你当选！

当我以具有远见卓识的方式，进行这样的审议，并考虑对于遥远的未来学期的后果，我没有任何令人信服的理由拒绝或接受该席位。我只知道，现在我将空出一个学期，我希望将其用于相对密集的哲学研究。无论如何，请你牺牲一个学期替代我在那里的工作；从另一方面看：通过这种方式，你用紧张的课外活动来填满你的学期（毕竟，你在柏林学习），这也是明智的。我给你一条忠告，就像西方（或者更好：希腊的［？］）智者的忠告那样直截了当：永远精明，偶尔大胆。

我们现在无疑能够在观念上代表"自由学生团体"。更确切地说，他们真的正在等待我们阵营的成员收养他们；就我们而言，我们将为"自由学生团体"建立一个理论基础（也许以一个特定利益集团的名义，参见克拉诺尔德[1]和库纳特，《大学改革之路》［Wege zur Universitätsreform］④）。因此，如果你偶尔表现出一种精明的大胆，一种经过深思熟虑的激进主义，那将是件好事。基本上，你要始终让我们有这样的感觉：你的想法（而非情绪）太丰富了，以至于无法完全预测。当上述大学管理层对你有这样一个不确定的但完全是个人的印象时，它只会有助于你的工作。——我怀着极大的兴趣读了你的大学新闻，但是——据我从这里可以判断的——科恩（Cohen）的候选人资格在我看来是非常合乎逻辑的（当然是除了你之外）。她是一个彻底坚定的人，而且如果有人注意到她与

1　赫尔曼·克拉诺尔德（Hermann Kranold，1888—1942），德国政治作家，活跃于德国社会民主党（SPD）。

缪勒－雅布施[1]⑤的关系，那么在我看来，她似乎是一个非常合适的候选人（正如我所说的，永远记住，我认为你担任主席是最好的）。因为有一点不能忘记：与萨图尔诺斯（Saturnus）先生或施奈德（Schneider）先生相比，上述大学管理层欺诈像科恩小姐这样友好的年轻女子要困难得多。无论如何我不相信他们有这么精明；他们可能会以非常有利于我们的方式低估一位年轻女士的智慧。——此外，当然，我更希望能够和她在慕尼黑一起工作。我和你有同样的看法：如果只是出于程序性的原因，一位女性担任柏林自由学生团体的主席是非常可取的。

为什么"德国民族主义者"（Deutsch-Völkischen）被解散了？因为上学期的传单？

——夏天，我将和母亲一起去瑞士旅行几周，或者去奥地利蒂罗尔州（Tirol）或意大利。9 月初或 8 月底，我想我会在柏林。我希望我们至少在这个月能在一起。

请加快完成学校改革的小册子。也请让我知道哪些自由学生团体有学校改革部，以便我可以把它寄给他们所有的人。报告明天可能会发给你。请宣读给部门成员。

这里的天气很恶劣。我星期三在瑞士巴塞尔（Basel）。我看到了丢勒[2]最著名的版画的原作：《骑士、死亡和魔鬼》（*Ritter, Tod u. Teufel*）、《忧郁症》（*Melancholie*）、《圣杰罗姆》（*Hieronymus*），等等。它们碰巧在展出。直到现在，我才知道丢勒的力量；在所有的版画中，《忧郁症》是难以形容地深刻和动人。此外，老霍尔拜

1　马克西米利安·缪勒－雅布施（Maximilian Müller-Jabusch，1889—1961），德国《柏林日报》和《福斯日报》的记者。

2　阿尔布雷希特·丢勒（Albrecht Dürer，1471—1528），德国文艺复兴时期的画家、版画家和理论家。

因[1]的原始力量令人惊讶。最后，那里最伟大的画作，格吕内瓦尔德[2]的《十字架上的基督》(*Christus am Kreuz*)，这次比去年观看时更深深地打动了我。我越来越接近德国文艺复兴时期的艺术，就像我在巴黎时注意到意大利早期的文艺复兴让我感动一样。有一位画家，康拉德·威兹[3]，他的人物看起来都像穿着成人服装的孩子（带着农民孩子的表情，露出他们的痛苦，穿着老人的衣服)。他描绘了一个快乐得无法言喻的约翰（Johannes)，尽管如此，他还没有意识到自己的幸福：像玩耍的孩子一样自顾自地微笑。还有一个笑容最傻的圣克里斯托弗（Christoforus)，背着一个胖得发圆的小基督，后者的脸上洋溢着同样无表现力但全然不自觉的严肃。

韦尔蒂[4]、阿尔伯特和凯勒。用这些名字，我已经列举了那些给我留下最伟大或最完美印象的人。还有伯克林[5]华丽的《女水神的游戏》(*Spiel der Najaden*)。我在那里待了两个小时。

昨天，在昂格尔（Unger）一家非常愉快的聚会上，我哈哈大笑，我已经很久没有这样笑了。勃兰特小姐和一位愚蠢（但漂亮）的女士以及一位先生在场。关于昂格尔的珍本藏书，开了很多玩笑，黑色书架上有许多白色羊皮纸卷和带彩色书脊的书。气氛很欢快，讲黄色笑话也很自由（像我很少，也许从来没有经历过的那样)。昂格尔博士和他的妻子在弗莱堡上学时订的婚；这就是使这一切成为可能的原因。

我阅读了海因里希·曼的《小镇》，带着真诚的人文和艺术的

1 老霍尔拜因（Holbein d. Ä.，约 1465—约 1524），德国文艺复兴时期的画家。

2 马蒂亚斯·格吕内瓦尔德（Matthias Grünewald，约 1470—1528），德国文艺复兴时期的宗教画家。

3 康拉德·威兹（Konrad Witz，1400/1410—1445/1446），出生于德国的画家，主要活跃于瑞士巴塞尔。

4 阿尔伯特·雅各布·韦尔蒂（Albert Jakob Welti，1894—1965），瑞士作家和画家。

5 阿诺德·伯克林（Arnold Böcklin，1827—1901），瑞士象征主义画家。

兴趣。

我正在读圣文德[1]的《守夜》(*Nachtwache*),它不仅仅是“教育性的”——还有精美的1910年《许佩里翁年鉴》(*Hyperion-Almanach*)。以及胡塞尔[2]的一篇文章。⑥

最近我收到卡拉·塞利格森的一封信,内容很悲伤(但并不绝望)。它是我收到过的最美丽的信,也是我读过的最美丽的信之一。她是一个非常了不起的人。你会在柏林看到这封信;因为它几乎没有实际内容,所以没有什么可报告的。不要提我给你写了这件事(万一你见到她)。

最好的问候!你的瓦尔特

附:请原谅皱巴巴的信封:我附入了一些巴比松寄来的东西。如果你看到他,就把它给他!

① F. C. 海因勒《我的班级》(Meine Klasse)。发表于《开端》,1913年。
② W. B. 的同学,1912年夏天,与弗朗兹·萨克斯和W. B. 一起在弗莱堡度过了第一个学期。他出生于1894年11月18日,后来移居特拉维夫。
③ 自由学生团体的主席。
④ 赫尔曼·克拉诺尔德和赫伯特·库纳特,《大学改革之路 = 文化统治之路》(Wege zur Universitätsreform = Wege zur Kulturbeherrschung),第3期,慕尼黑,1913年。
⑤ 马克西米利安·缪勒-雅布施(1889—1961)。
⑥ 显然指《哲学作为严格的科学》(Philosophie als strenge Wissenschaft),发表于1910年的《逻各斯》(*Logos*)杂志上。

1 圣文德(Bonaventura,1221—1274),中世纪意大利圣方济各会修道士,经院神学家和哲学家。

2 埃德蒙·胡塞尔(Edmund Husserl,1859—1938),德国哲学家,现象学学派的奠基人。

22 致赫伯特·贝尔莫尔

弗莱堡，1913 年 7 月 17 日

亲爱的赫伯特，

昨晚我才从弗罗伊登施塔特市（Freudenstadt）回来，15 日我与父母和弟弟妹妹一起在那儿。这就是我今天才感谢你的原因。感谢你的来信和书。这个书名给我的无畏印象不亚于给你的：这是一个赋予你勇气的书名，不仅阅读一本未知的书，还要买下它。非常感谢你寄给我这本书：不是因为里面有好诗；那样的诗很少，而是因为我现在拥有了德梅尔[1]最近出版的一本书——诚然，这些“新”诗中的一些已经被人们所熟知。因此——在合法拥有这本书的情况下——我对德梅尔这个难解的问题在某种程度上安心了。从现在起，我打开他的书时，除了带着怀疑，别无选择。就在昨天晚上，我阅读了一些“美丽、狂野的世界”(schönen wilden Welt)，期待最终找到简单、美丽、没有问题的德梅尔。我发现的东西大部分甚至没有问题。他掌握了节奏。然而，他的感情绝不是连续的，而是与现实相悖，相反，他几乎**逻辑地**发展了感情。——但你不应该因为送我这样的礼物而感到丝毫的后悔，正如我对拥有这本书不感到后悔一样。恰恰相反，正如我所说的，我因此第一次对德梅尔有了一定程度的把握。

我弟弟送了我德梅尔的百首诗选。我早已熟悉这些诗，决定交换掉它们，因为当时我发现它们没有什么有价值的内容。善意的亲戚送给我凯勒曼[2]的《隧道》(*Tunnel*)①。据说它很糟糕，我甚至可能不会决定阅读它。因为我很挑剔，只读好东西。

---

1 理查德·德梅尔（Richard Dehmel，1863—1920），德国诗人和作家。

2 伯恩哈德·凯勒曼（Bernhard Kellermann，1879—1951），德国作家和诗人。

我收到了两本哈尔姆[1]的书②(你看：混乱的暴怒正冲击我的私人藏书！)——其他仅有：胡贝尔的《智力的组织》(*Organisierung der Intelligenz*)、③克尔凯郭尔的《焦虑的概念》(*Begriff der Angst*)。我将自己买些东西。你肯定在读迪德里希斯版的克尔凯郭尔，其他译本是难以忍受的。即便如此，你也很难一口气读完这本书。特别是在第二部分，它变得非常困难和辩证——在那里，我不得不中断。我相信，在阐述和总体构想中作为副产品的如此高度的艺术性，在其他书籍中很少有像在克尔凯郭尔的书中那样明显。在他的一生中，为了写这本《或此或彼》——特别是《诱惑者日记》(*Tagebuch des Verführers*)，他可能强迫自己克制住心中那个忧郁的愤世嫉俗者。

在弗罗伊登施塔特，我给我弟弟朗读了我关于豪普特曼的文章中的几行。在那一刻，我后悔没有让这篇文章再存放一阵子，而是立即把它寄给了巴比松。我注意到，我当时的个人问题使我无法进行更广泛而生动的处理。一切似乎都足够了。海因勒不是评论家，这是我在这里缺少的东西。如果我多花点时间，这篇文章肯定会写得更好。威内肯是对的。我很懊悔——

请阅读我为9月号写的文章《经验》。如果它不够好，如果可以改进，请把它连同你的评论一起发送给我。30日后，将它们邮寄到弗罗伊登施塔特，约翰娜别墅（Villa Johanna)。因为接收它的巴比松一点判断力也没有。我想在相当长的一段时间里完全接受艺术和哲学，也许直到我写出一部中篇小说。最重要的是：我不想为《开端》写作。存在这样的危险：那些我仍然无法控制其具体后果的思想，对我来说会变得不言而喻。

1　奥古斯特·哈尔姆（August Halm，1869—1929），德国作曲家、神学家、音乐教育家和画家。

我还想在威内肯面前为海因勒辩护。他的诗很难理解，甚至有瑕疵。它表现出的东西非常类似于歌德在《浮士德》第二部（*Faust II*）中所采取的放纵。他的《世纪文艺节》应该是对心灵的召唤，也确实如此。它令人印象深刻，而且不仅仅是对我。思想不在其中，也不属于召唤，至少不一定如此。

如果你们认为召唤是无价值的，如果你们蔑视无端产生的悲怆，那么这是值得商榷的。也许威内肯是这样认为的。但是这违背了海因勒的**倾向**，因此无法证实他缺乏能力。

当我回到柏林的时候，我将给你们看海因勒的一些诗，也许它们会赢得你们的赞同。我们在这里可能更具侵略性，更充满悲怆，更轻率（字面意思！），更重要的是：这**就是**他的方式，而我对此有同感，表同情，而且那常常也是我的方式。这也是我们无法就卖淫问题进行沟通的原因。（但要当心！误解似将重新产生——）

你对弗朗兹说的话对他来说似乎是必要的——对我而言，这简直令人耳目一新。我已经很久没有听到这样的话了，因为这里根本没有伦理学家。取而代之的是犹太复国主义者。

最重要的是：你能至少在 9 月中旬回到柏林吗？因为在 10 月初我必须去布雷斯劳——或者你也一起去？——并且可能直到大约 14 日或 17 日才在柏林。但是：我 8 月份和母亲一起去蒂罗尔。我们可能在 8 月底去意大利北部，特别是威尼斯。如果我们能够在学术界共同努力，那将是美妙的——更不用说有益的了。我们的计划仍然很不确定；但如果我知道你 20 日左右在威尼斯，我当然会（如果可能的话）与我母亲在那里和你见面。所以让我知道！

让我在这里结束！

如果你想了解一下最近两周我的样子，就想象一下我在房间里阅读，尽可能地离群。

此外问候你的父母和赫尔穆特（Helmut）。④

你的瓦尔特

① 当时的一本所谓的“畅销书”。
②《音乐之路》（*Wege zur Musik*）（1913 年）。奥古斯特·哈尔姆（1869—1929），威内肯的妹夫，是威内肯的圈子内的音乐权威。
③ 维克多·胡贝尔（莱比锡，1910 年）。作者属于菲弗特（Pfemfert）的《行动》（*Aktion*）杂志周围的团体。
④ 收信人的兄弟。

23 致赫伯特·贝尔莫尔

弗莱堡，1913 年 7 月 30 日（不幸！）

亲爱的赫伯特，

这是你将从弗莱堡收到的最后一封信。我星期五上午 9 点动身，然后在弗罗伊登施塔特再待八天，最后和我母亲，也许还有我姑妈约瑟菲（Joseephy）太太①一起去旅行。首先，可能是蒂罗尔州的圣马蒂诺（San Martino）。但我也认真考虑将威尼斯作为旅行的最后一站，即使我不会在那里见到你。顺便说一句，我祝贺你有埃里希·卡茨[1]这样的旅行伴侣。在我们的意大利之旅中，我发现他是人们能想象到的最不喜怒无常、最和蔼可亲的伴侣。所以就目前情况而言，8 月份我们仍然会相隔很遥远，但是——**如果我有时间**——我想 9 月份与威利和你一起去德累斯顿。

我的旅行阅读计划相当大胆。你知道，接下来我将开始阅读带有注释的《纯粹理性批判》（*Kritik der reinen Vernunft*）：所

1 埃里希·卡茨（Erich Katz，1900—1973），德国出生的音乐理论家、作曲家、音乐评论家、音乐家和教授。

以我带上了康德和瑞尔[1]。此外，我也想读一读《隧道》②——毕竟——库尔特·平图斯[2]最近在《爱书人杂志》(*Zeitschrift für Bücherfreunde*)上推荐了它，顺便说一句，他像你一样挑剔。我还用一些岛屿(Insel)出版社的书包围了自己；你会很高兴知道司汤达[3]的《罗马女人》(*Römerinnen*)也是其中之一；因为在这个迷人的书名下，我发现了那些难以置信的故事，我家中的雷克拉姆出版社的书里也有这些故事，但我尚未读过。在那之后，我打算尝试《风暴》(*Der Sturm*)[4]。

最近我做了大量的阅读。首先，早期的《逻各斯》杂志，特别是里克特的论文《数字的逻辑》(Zur Logik der Zahl)③，他的学生们认为这是他最杰出的文章，也是必读的文章。莫泊桑[5]：《我们的心》(*Unser Herz*)。一部包含如此难以想象的美丽句子的小说，我本想记住一些。他在某处写道："她，这个孤独、可怜、对配偶不忠的人，没有容身之地，但是因为她年轻，所以很开朗……"(!)我现在还记得这个。这个故事很简单，叙述几乎是抽象的。它的心理描写看透了人的内心深处，尽管如此，却像一位仁慈的老医生的手一样触摸着它们。直到现在，莫泊桑这个名字对我来说才有意义，我期待着阅读他的其他所有作品。我的房间里有黑塞[6]的中篇小说集《尘世间》(*Diesseits*)。他知道如何做很多事情，即使它们可能都归结为这一件事：描绘风景而不

1 阿洛伊斯·瑞尔（Alois Riehl，1844—1924），奥地利新康德主义哲学家。

2 库尔特·平图斯（Kurt Pinthus，1886—1975），德国作家和记者。

3 司汤达（Stendhal，1783—1842），法国作家。

4 《风暴》，一本德国艺术和文学杂志，涵盖表现主义、立体主义、达达主义和超现实主义等艺术运动。

5 居伊·德·莫泊桑（Guy de Maupassant，1850—1893），法国作家，作为短篇小说大师以及自然主义流派的代表而被人们记住。

6 赫尔曼·黑塞（Hermann Hesse，1877—1962），德国出生的诗人、小说家和画家。

赋予它活生生的灵魂，却使其成为焦点而不仅仅是装饰。他观察事物的独特方式介于神秘主义者的沉思和美国人敏锐的目光之间。

你知道，在读这样的书时，我不可能感觉不好。但我甚至感觉更好。渐渐地，我真正领悟到了太阳的存在。你收到了一张明信片，上面有早期绘画大师描绘的巴登韦勒（Badenweiler）的午后。回来的路上，我碰到了一些讨厌的熟人。一个饶舌的大学生（鲁道夫·戈德菲尔德［Rudolf Goldfeld］）与某位塞利格森小姐，后者是相当令人不舒服的假小子。毕竟，事实上很少有年轻女孩能俏皮不羁。凯瑟·穆勒海姆（Käthe Müllerheim）是最好的例子。

星期一晚上我与海因勒约好10点钟在洛雷托（Loretto）山上会面。海因勒希望带另一位绅士来。我们在半昏暗中坐在山顶——海因勒、我和那位绅士——所以我无法真正看清他。标志着儿童节终曲的火箭从另一个山坡直冲云霄。大部分时间是我和海因勒谈话——那位先生听得更多。（你知道，威内肯博士从《法兰克福汇报》上获取了有关布雷斯劳[④]的消息；因此他会去那里。）我与海因勒讨论了如何在布雷斯劳为威内肯组织某种感谢会。它可能根本不会公开；现在是时候不再将他作为维克斯多夫社区的创建者来对待了。它必须是一个个人行为。某个晚上的小型聚会（最多十二个人——但我甚至无法想出十二个与他**非常**亲近的人）对我来说似乎很好。席间，有人会简单地谈论他，主要是强调说，因为他，我们在成长的年代里，有幸能意识到一位领袖的存在。

无论如何，你也很清楚，需要做点什么。同样显而易见的是公众所犯的错误：总把他视为被解除职务的维克斯多夫社区的创建者。

之后，我们又在树林里谈起善良。

昨天，海因勒来找我，带给我两首诗，不是他自己的。我读了后说：那只能是恩斯特·布拉斯[1]⑤写的。但不是布拉斯，而是穆勒（Müller）。我们确信这些诗对我们意义重大，在韵律自由方面，它们比布拉斯走得还远得多（你会在柏林看到它们）。然而，穆勒是昨天和我们在一起的那位绅士。他的两首诗都描写了住在巴黎的格莱迪斯（Gladys）（他否定了他的其余作品，只认可了两首诗）。然而，他自己是《弗莱堡使者》（*Freiburger Boten*）——那份支持教皇权力的报纸——编辑出版者的儿子。他白天坐在编辑部里，写文章——他在能参加大学资格考试的两年前退了学。海因勒昨天打电话给他，我们想再次和他聚会。就在今晚。真是遗憾，我们直到现在才找到第三个人来补足我们俩。我们不需要费劲与他相处；他话不多，从不空洞，对艺术——甚至是概念——具有真正灼热、强烈的感觉。昨天，我们从10点到12点半在山林里爬来爬去，谈论起原罪——我们提出了一些重要的想法——还谈论了恐惧。我认为对大自然的恐惧是对对于大自然的真实感受的考验。一个在大自然面前不会感到恐惧的人将不知道如何开始对待自然。“田园诗”并不代表任何对大自然的享受——而是对大自然的伪艺术感受。

这个学期以热情活跃的日子作为最强音结束——我很遗憾我必须开始旅行。

谢谢你的包裹。我非常喜欢你的草图⑥——我今天要把它们展示给海因勒。我早先忘了这么做。那个可怜的黑人小学生的草图甚至比大卫的草图还要好，那奇异的景色非常壮观。但大卫的是一个更有眼光的选择（对于一张邮票），也“更积极”。（废话！）大卫可能会被选中，因为他的表达冷峻、宁静，非常美丽。

我在海因勒和你们所有人之间进行调解，正如我在你们所有人

1 恩斯特·布拉斯（Ernst Blaß，1890—1939），重要的早期表现主义诗人、评论家和作家。

和海因勒之间进行调解一样。海因勒仍然觉得你的文章缺乏节奏感。我表达如下：对于我来说，所缺少的是一种有把握的、几乎是经典的“建立”某种针对个人的呼告或劝诫语气的方式。你所说的似乎更多地是针对成年人而非年轻人。这篇文章非常好（我上面所说的仅涉及实际考虑）。然而，由于前文所提到的原因，我不知道你是否应该选择一个更强调纲领性的中性标题。例如：《关于（论）〈开端〉的主题和思想》。

海因勒仍然需要这篇文章用于宣传；他明天或后天就把它寄出去。也就是说，他正努力在这里建立一个讨论厅，但是几乎没有成功的希望。假期来了——和他最容易接近的候鸟们，个人主义者。

最好的问候，你的瓦尔特

① 弗里德里克·约瑟菲（Friederike Joseephy），本雅明父亲的妹妹，W. B. 青年时期在亲戚中最亲近的人，她在 1916 年自杀。
② 伯恩哈德·凯勒曼，1913 年出版。
③《逻各斯》，第 2 年，第 1a 期（1911年）。
④ 指“第一次学生教育会议”，布雷斯劳，1913 年 10 月 6—7 日。
⑤ 恩斯特·布拉斯（1890—1939），除其他身份外，还是后来提到的《探险者》（*Argonauten*）杂志的发行人。
⑥ 贝尔莫尔是柏林工艺美术学院室内设计专业的学生，他兼职画素描和油画。

24　致卡拉·塞利格森

弗罗伊登施塔特，1913 年 8 月 4日

亲爱的塞利格森小姐，

学期结束了，我和我的父母和弟弟妹妹在这里待了几天，然后我和母亲 9 月初再一起去蒂罗尔——也许我们可以在过得去的天气

里去威尼斯。告别弗莱堡——告别这个学期——对我来说毕竟很难，这是关于最近的其他任何一年，我不能轻易说出来的话。那儿有我的窗子，您听说过的那个，望着外面的白杨树和在玩耍的孩子们；在这扇窗前，你会感觉成熟稳重、经验丰富，即使你还没有完成任何事情，因此，它构成了一种危险，但对我来说，它仍然是如此珍贵，以至于如果我回到弗莱堡，我打算再次住在那里。那儿有海因勒先生，我相信我们一夜之间就成了朋友。昨天晚上我读了他这学期写的诗，在这里，我们之间相隔有一段距离，我发现它们几乎是越发美丽了。最后，那里的生活，随着学期末阳光明媚的天气的到来，也突然变得美丽并且像夏天似的。最后四个晚上，我们（海因勒和我）经常一起出去，时间超过午夜，大多是在树林中。我们在这学期的最后几天偶然认识的一个和我同龄的年轻人，也总是和我们在一起。我们告诉自己，他是能够补充我们俩的第三个人。他不是大学生，他在可以参加大学资格考试的两年前退了学；他在他父亲的编辑部工作，他父亲出版了弗莱堡的一份支持教皇权力的报纸。

因此，这个学期以令人愉快的方式结束了——我比对于任何其他事情都确信，虽然我没有完全明白：这个学期将在未来几年结出硕果，有点像我的巴黎之旅可能在未来几个月那样。

您可能听说了 10 月 7 日将在布雷斯劳举行的教育学学生大会。我最近获悉，我将在那里发表演讲；除了我之外，维也纳学校改革学术委员会主席〔齐格弗里德·〕伯恩菲尔德[1]也将发表演讲。第三位发言者是一位曼（Mann）先生，他是反对派团体的成员。学生运动所代表的两个方向，一个从属于威内肯，另一个从属于斯特

1 齐格弗里德·伯恩菲尔德（Siegfried Bernfeld，1892—1953），奥地利心理学家和教育家。

恩教授[1]①（我的表兄），将在这次大会上第一次交锋。在布雷斯劳，我们还将首次了解我们的部队（我相信他们可以被称为部队），即我们更广泛的朋友圈的概况。在大会召开之前，还将出版三期《开端》；你可以期待它们，就我所熟悉的稿件而言。

尽管很困难，但我现在必须回答你所写的关于新青春形式的问题。我一直在思考这件事，直到我相信自己能够以相对清晰的方式表达我一直以来的想法。我要说的不再是严格意义上的我们工作的一部分——它或许是一种历史哲学，但您所写的肯定证明了它与我们最私密的思想之间的关系。

我们想要的东西会从年轻人身上，从个人身上夺走任何东西吗？（我们会——这个问题更严重——给他任何东西吗？）

但最重要的是：新的青春——我们想要的那种——会让个人不那么孤独吗？如果经过认真理解，我看不出我们如何能够给出否定的回答。实际上，我相信，在我们努力实现的目标中，我们不会遭受孤独的痛苦（它如果不是太阳，则肯定是一个神秘的月亮）；我们想消灭孤独，消除它。

我们可以这样说——尽管如此，我们仍然可以断言一些完全不同的东西，一些看似相反的东西。因为，让我们环顾我们自己所处的时代。尼采曾经说过："我的作品应该是如此难解：我应该认为每个陷入困境的人都理解我。但陷入困境的人在哪里呢？"我相信我们可以问：今天孤独的人在哪里？只有理念和理念中的共同体能引导他们到达那里，到达孤独。我相信只有一个人将理念（"哪种"理念无关紧要）变成了自己的，他才会感到孤独；我相信这样的人一定是孤独的。我相信，只有在共同体中，实际上，只有在

1　威廉·斯特恩（William Stern，1871—1938），德国心理学家和哲学家，被认为是人格和智力心理学领域的先驱。

最热忱的信徒共同体中，一个人才能真正地感到孤独：在这种孤独中，他的“自我”反抗这个理念，以便达到它的意义。你知道里尔克的《耶利米》（Jeremia）吗？这个想法在里面得到了很好的表达。我不想把孤独称为理想的人与他周围的人之间的关系。虽然这当然也可能是一种孤独——（但我们在理想的共同体中失去了它）；相反，最深刻的孤独在于理想人物与理念的关系，这种理念摧毁了他的人性；而这种更深层的孤独，我们只能期待来自完美的共同体。

但无论我们如何看待孤独，今天既不存在这一种也不存在另一种孤独。我相信只有最伟大的人才能完全实现那“另一种”孤独。（当然，如果他们像神秘主义者一样，完全与先验者合一，他们就已经失去了它，连同“自我”。）对于今天只有极少数人知道的、人与人之间的孤独，条件尚未建立。这些条件是“理念的感知”和“自我的感知”，对我们的时代来说一个和另一个一样不为人知。

我必须总结一下关于孤独我说过的话：通过我们作为个体，想要从人与人之间的孤独中解脱出来的意愿，我们将这种孤独传递给许多仍然不熟悉它的人。我们自己也熟悉了一种新的孤独感：一个非常小的共同体，在它的理念面前感到的孤独。（这听起来比实际上更加傲慢。因为事实上几乎每个人都会存在两种孤独感，并且保持这种状态。）

你的问题和你的反对意见基本上是针对《开端》提出的最严肃的事情——而且不仅仅是针对《开端》的。[②] 甚至在这本杂志问世之前，我常常对它心存疑虑。我在这封信中第一次写到这一点，因此是以一种完全不完整和零碎的方式。有人用更抽象的术语表达了这种反对意见，并说（或者更确切地说，**认为**）：《开端》剥夺了年轻人显而易见的无拘无束的感觉，剥夺了对他们来说很自然的东西——简而言之，人们也许可以称之为天真无邪的东西。如果**现在的**年轻人天真无邪的话。但是青春是超越善恶的，而这种对动物来说是允许的状况，总是导致一个人犯罪。这可能是今天的年轻人必须克服的最大障碍：将他们评价为动物，即不悔改的无辜者，他们性本善。然而，对于人们来说，这种不自觉的年轻人（我们每天都看到这种情况）会成长为一个懒散的成年男子。确实，年轻人必须丧失纯真（动物性的纯真），才能变得有罪。知识，即一种使命的自我意识，总是罪恶的。它只能通过最积极、最热情和最盲目地履行职责来赎罪。我相信，以下的表达并不是太抽象：所有的知识都是有罪的，至少所有的善恶知识都是有罪的——正如《圣经》所说——但是所有的行动都是无辜的：

歌德的《西东合集》（*Divan*）中有几句诗，其深度我仍然无法捉摸：

因为真实的生命是行动的永恒的纯真，

它证明了，它除了自己不会伤害任何人。[③]

然而，无辜的人不会做好事，而有罪的人则必须这样做。

请您原谅我用一种形而上学的话语来回答您简单的问题。但也许这些想法对您来说就像对我一样简单明了。对于任何一个人来说，纯真必须每天重新获得，**并成为一种不同的**纯真。正如孤独的形式总是屈服于彼此，互相救赎——为了变得更加深刻。动物的孤独（这是我尚未写过的第三种孤独：我称之为“生理的”。斯特林堡的人物受到它的折磨）被人类的社交所拯救；在社交中孤独的人建立了社会。只有少数人在共同体里还是孤独的？

最后，我不得不和您谈及一个完全不同的想法，我将用这个想法来回答您关于新一代年轻人拘泥形式的确定性和过于轻率的问题。我请您阅读《自由学校社区》（*Freien Schulgemeinde*）7 月号上的我的文章[④]——我将附上它。在这篇文章中，我试图解释，道德教育的可行性并不确定，因为为了善而行善的纯粹意志无法用教育者所掌握的手段来理解。

我相信，我们必须始终为这样一个事实做好准备：现在或将来，任何人的灵魂都不会——它是自由的——被我们的意志所影响和征服。对此，我们没有任何保证；我们也不应该想要这样的保证——因为善行只是出于自由。归根结底，每一件善事都只是行善者自由的**象征**。行为、演讲、杂志不会改变任何人的意愿，只会改变他的行为、见解，等等。（然而，在道德领域，这完全是不相干的。）《开端》只是一个象征。超越其内在**有效性**的一切，都应被理解为恩典，一种不可理解的东西。完全可以想象（而且确实如此），我们想要的将会逐渐实现，即使我们所希望的有精气神的年轻人没有以个体显现。历史上一直如此：道德的进步是少数人自由行为的结果。许多人的共同体成为一种新实现的道德的超人类和外在于人类的**象征**；而旧的道德同样是一种象征性的形式，由少数自由的个体构建。如果不是这样的话，“新的”道德可能永远不会出现，只有那些不道德和依凭本能的人才有“**新的**”道德。——然而，那些有精气神的人想要完全相同的东西，但永远地变换它，以便其他人在睡眠中不知不觉地将自己融入那个象征性的共同体。（其他一切都是具体恩典的单一行为。）共同体的道德是一种独立于其成员道德的东西，尽管他们是不道德的。所以，从人的角度来看，它只是一个象征。但是，在那些感觉到了共同体的象征的、不切实际的价值的人中，他们建立了一个共同体，“**仿佛**”个人是道德的——只有在这些共同体的创造者中，道德观念才变得真实；他们是自由的。知识的“仿佛”就是行动的绝对。——

现在请您记住，我的这些想法远远没有结束，它们之所以对我来说是必要的，只是为了将我们的观念从乌托邦的一切中解放出来，而战胜野蛮的现实。

我的《对话》[5]，虽然已经打印完成，但我会另找时间寄给您，因为我已经不公平地用哲学思想淹没了您，如果它是不可理解的，请责怪我，而不是您自己。

祝您假期愉快！

您的瓦尔特·本雅明

① 威廉·斯特恩（1871—1938），著名心理学家。
② 塞利格森曾问过，新的青年会不会有点过于坚定和自信。“我们将缺乏孤独”（塞利格森的信，1913 年 7 月 20 日）。
③ 出自《德国人的感谢》（Der Deutsche dankt）。
④《道德教育》（Der Moralunterricht）。
⑤ 全称为《关于宗教的对话》。

25 致恩斯特·舍恩[1]

圣马蒂诺-迪卡斯特罗扎，1913 年 8 月 30 日

亲爱的舍恩先生，

在斯皮特勒的史诗《奥林匹亚的春天》中，有一个美妙的故事，其中有一座名为“到底，为什么不”的小花园，通往它的街道叫作“我能吗，我会吗”；这个花园没有入口。

这是我想献给我们的夏日通信的神话，其他的一切都将托付给沉默、写作和懒惰的形而上学。今天，当我看到的第一件东西就是你明信片上的特拉福伊镇（Trafoi）的照片时，我感到非常惊讶。我很高兴地证明这张照片是真实的，因为大约两周前我自己来到了特拉福伊并在那里待了一个星期。也就是说，我与我的母亲和姑姑一起在蒂罗尔州南部旅行。这样做大概是为了给我的生活带来一些秩序，并稳定住 5 月至 9 月的半年不活动期。然而，这种不活动很

1 恩斯特·舍恩（Ernst Schoen，1894—1960），德国作曲家、作家、翻译家和广播先驱。

少是自愿的——我经历了很多“命运”。

最重要的是，我在弗莱堡度过了一段看起来几乎是可笑的孤独时光，从中我最终获得了一个好朋友和许多糟糕的星期。然后是今年夏天的拿破仑百年庆典，我在瑞士汝拉州的孤寂中度过了这一天。圣灵降临节，我逃到了巴黎：那是最美丽的经历，特别是餐厅、卢浮宫和林荫大道。

在此期间，也许您已经看过《开端》了。如果是这样，您会看到“阿尔多”在他的热情和思维逻辑方面非常需要一些秩序。

因为您肯定有时也会为某些事情而烦恼——大概是吧？——那么当您在德尔布吕克街（Delbrückstr.）23号探访我的时候，您一定有话要告诉我。希望尽快，我最迟会在12日回家。如果没有其他原因，请把《意象》（*Imago*）[①] 送还给我。

您的瓦尔特·本雅明

① 斯皮特勒著。

26 致卡拉·塞利格森

柏林－格鲁内瓦尔德，1913年9月15日

亲爱的朋友，

您会允许我这么称呼您，对吗？由于您在昨天以及在那之前给我写的信，我必须以这种方式称呼您。如果我们这些想要代表一种新青年的人对彼此说的话与我们的实际感受有所不同，那也是不得体的。

今天早上读完您的来信之后，我出去了，走到了没有房子的地方，只有用栅栏围起来的工地。我第一次认真思考您问我的问题：这怎么可能？因为在此之前，理解胡贝尔让我获得如此之大的喜

悦，以至于我没有考虑到那些听不到他声音的人群。很长一段时间我都无法思考任何事情，因为我完全沉浸在找到了第一位和我一样理解这本书的人的喜悦之中。——我的朋友们都没看过。但后来我终于找到了一个简单的答案：我们这些理解胡贝尔的人，只有在他的思想面前才能完全感受到我们的青春——而其他什么都感觉不到的人都不年轻。他们从未年轻过。只有当青春结束、成为记忆时，他们才会对青春感到愉快。他们不知道他们当下的巨大幸福，我们现在正在感受的，以及我在您的话语中感受到的这种幸福——所以我真的相信这就是为什么事情比胡贝尔认为的更糟糕。但是每个生来（不论何地）即是年轻人的人，不需要“改善”，而是从一开始就是完美的。这是胡贝尔如此弥赛亚式地感觉与我们非常接近的目标。今天我感受到了基督话语中令人敬畏的真理：看哪，神的国不是属于这世界的，而是属于我们内心。我想和您一起阅读柏拉图（Plato）关于爱情的对话，其中这点表达得如此优美，洞察力如此深刻，也许是其他文字无法比拟的。

今天早上，我在这方面进行了更多的思考：年轻并不意味着为精神服务，而是**等待**它。在每个人的心中和最遥远的思想中看到它。这是最重要的事情：我们不能致力于某种特定的思想，即使是青年文化的理念，对于我们来说，也应该仅仅是一种启蒙，它甚至把最遥远的精神吸引到它的光芒中。然而，对于许多人来说，即使是威内肯，即使是讨论厅，也将只是一场“运动”。他们定会表明自己的态度，并且不再将它所表现的精神视为更自由和更抽象的东西。

这种对纯粹精神之抽象性的不断回荡的感觉，我想称之为青春。因为那时（如果我们不把自己变成仅仅是一场运动中的工作者），如果我们的目光能自由地看到精神，无论它在哪里，我们将成为实现它的人。几乎所有人都忘记了**他们自己**就是精神实现的地方。然而，因为他们把自己僵化成建筑物的支柱，而不是能够接收和蕴藏越来越纯净的内容的容器或碗，他们对我们自己内心感受到的实现感到绝望。人的灵魂是**永恒地在实现**的灵魂。每个人，每个出生的灵魂，都能产生新的现实。我们在自己身上感受到这一点，我们想把它从我们自己身上投射出来。——

最近，我向胡贝尔的出版商①询问了他的地址，以便为他的事业效劳。我发现一切都处于悲惨的状态。所以无论你做什么，都不要同情地阅读《召唤的效果》(Wirkung des Aufrufes)，而要蔑视地!

我想跟您谈谈这一切。请通过电话或书面通知我，您是否可以在周四或周六下午拜访我。如果您愿意的话，我们也可以散步。

谢谢您——为了什么?为了您喜欢这本书和写信给我。诚挚的问候。

您的瓦尔特·本雅明

① 约翰·安布罗西乌斯·巴特（Johann Ambrosius Barth)，位于莱比锡。

27　致卡拉·塞利格森

柏林－格鲁内瓦尔德，1913年9月25日

亲爱的朋友，

除了实质性行为所表现出的东西之外，您不必表露其他任何东西。而且，当然，您一直都是这样做的，我们任何人都比不了。因为我们哪个人会有您的意志?在言语里注入太多思想时，我基本上不会表露任何关于自我的东西。相反，我会在哲思时表达自己的希望。所以，我其实将它内化了并且用它来构建自己。

但是，不要认为我不理解您。我只是说，在您的一生中，您已

经达成了大大超越我们任何人的成就。我们没有从我们的存在中抽象出任何东西。我们每个人都以不同的方式将他的精神内化到生命中：你通过学习，我用言语。这对我们任何人来说都不容易。言语应该是最不容易的。

〔……〕

让我向您致以默默无语的问候！

您的瓦尔特·本雅明

28　致卡拉·塞利格森

1913年11月17日

亲爱的卡拉，

我正在皇家图书馆的阅览室给您写信，该阅览室是“专为严肃的专业工作而设的”，我在自己周围竖起了一道书籍的屏障。我的课刚被取消了，所以我可以马上给您写信。昨天晚上，海因勒和我在去贝尔维尤（Bellevue）火车站的路上相遇了。我们谈了些琐事。他突然说：“其实我有很多话要对您说。”于是我让他快说，因为是时候了。因为**他**真的想告诉我一些事情，所以我想听听，并应他的要求走到他跟前。

起初，我们围绕发生的事情兜圈子并试图解释，等等。但很快我们就意识到问题所在，并把它用语言表达出来：分离对我们俩来说都很艰难。但我意识到，这次谈话中最重要的一点是：他非常清楚自己做了什么，或者更确切地说，这里再也没有什么他需要**知道**的东西了。他确实明白我们的对立是不可妥协和不可避免的，正如我预料的那样。他以爱的名义面对我，我用符号反抗。您会理解我们这种关系的简单性和丰富性，对我们二人来说都是如此。有一刻，我俩都承认迎面撞上了命运；我们对彼此说，我们每个人都可能处在别人的立场上。

在这封信中，我几乎无法给您讲述这次谈话，但通过它，我们俩都克服了最甜蜜的诱惑。他克服了敌意的诱惑，并重新向我提供了友谊，或者至少是一种兄弟般的关系。我克服了诱惑，因为我拒绝了——正如您所理解的——我不能接受的东西。

有时候我认为，在我们认识的所有人中，我们，海因勒和我，最能相互理解。这种说法不太准确。但事实是：尽管我们俩互为分身，但每个人都必须忠于自己的精神，这是不可避免的。

我再次认识到了使我反对海因勒的**观念的必然性**。我想要人只能期待的一种满足感，但他能将其实现。但实现是一种过于平静和神圣的事情，以至于它无法从除了燃烧的风之外的任何东西中产生。昨天我对海因勒说：我们每个人都有信仰，但一切都取决于我们如何相信自己的信仰。我在思考（不是在社会主义的意义上，而是在某种其他意义上），那些被排除在外的大众，以及那些与沉睡者结盟，而不是和那些兄弟结盟的**精神**。海因勒告诉我您妹妹[①]说的一句话："兄弟情谊，几乎违背了一个人更好的判断。"您会记得在我的施政演说中我已经说过："没有兄弟和同志之间的友谊，而是陌生朋友之间的友谊。"

在我写信的过程中，我意识到这些也许只能当面说——但您会明白我的意思。

这些运动继续进行它们自相残杀的斗争。昨天，海因勒和我看到一种青年运动，它为我们参与的这种斗争铺平了道路。我仍然不知道用什么词来形容我与海因勒的关系，但与此同时，我会在纯粹的斗争中得到纯粹的快乐。我还不太了解他，但我会思考一下他。因为目标仍然是：将海因勒推离运动并将其余的事情交给精神。

昨天，当我感谢您时，您依然如故。但我们也可以感谢这些想法中的**真理**。实际上，我们不得不单独感谢它。

您的瓦尔特·本雅明

① 里卡（·埃里卡）·塞利格森（Rika [Erika] Seligson），海因勒在战争爆发后和她一起自杀身亡。

29 致卡拉·塞利格森

〔柏林－格鲁内瓦尔德，1913年11月23日〕

亲爱的卡拉，

现在一切都完全直截了当了。您想辞职。[①]

过去的几周让我感到疲惫，我终于在这场运动中再次活跃起来，但在星期二晚上如此无拘无束地、好像无意识似的并且对我的主题和我自己完全自信地发言后，我已经筋疲力尽了。它很成功，但我感到失望和沮丧。星期三，当我们谈到您妹妹时，我感到茫然不知所措。第二天早上我读到：

“没有感觉是最遥远的。”

下午，当您跟我交谈时，这句话应验了。我走得更远；如果在这些混乱的日子之后，您能直截了当地看到一切，正如我因为您所说的话所能做到的那样。

一种亲密的，也是最遥远的感觉，让我以这种方式感知事物，而我从未像今天这样无拘无束地写信给您，我的朋友。

您不是因为您的母亲而辞职，对吗？——如果这是唯一的原因，就可以找到解决办法。您完全独自做决定。所有的言语可能让您筋疲力尽——但是当事情超越言语时，您又会感到孤独。

我们都要背负语言的重担。我相信工作有助于减轻这种负担，就像友谊的沉默一样。

但您也发现自己孤独，不再理解别人的自信。您没有抵抗地相信别人对你说的话。我写信给您是为了回应这一点。

雨不为自己落下，太阳不为自己发光，

你也是为别人创造的，而不是为你自己。

——安格卢斯·西尔西斯

我们没有人能如此快乐而认真地进行下去，如果我们没有意识到：朋友在注视着我们。也许他们太遥远和软弱，无法帮助我们，但他们相信我们。然而，有这个信念，就不会有退却，只要他相信。一个人授予朋友圣职，就像授予一位无法把自己改作俗用的牧师。所以：在朋友拒绝开除他的教籍之前，这位朋友是友谊的一部分。

我毫无保留地相信您。

无论您是面对问题还是避开我们，您的青春都会在我们中间艰难行进，不为言语的折磨或家庭纷争所动。总有一天您会加入您的青春。

它向您致以最诚挚的问候！

〔没有署名〕

① 从自由学生团体或“青年讨论厅”。

30　致卡拉·塞利格森

1914 年 3 月 26 日

亲爱的卡拉，

首先：我听说您身体不舒服。我希望您很快就会摆脱痛苦，最重要的是周六——在讨论厅之后——您能够并被允许和我们一起去科哈森布吕克（Kohlhasenbrück）。为了获得允许您去的许可，我已经写了一封信给您的母亲，并且会与这封信同时寄出。我希望她会仁慈地接受它。我母亲认为这封信是“难以忍受的”。

这么多事似乎都没对你有一个有利的结果。但这不是很简单吗？您不得不期待巴比松——这也是我们唯一希望从他身上得到的东西——期待他最终会宣布放一些假日、赎罪日，期待他自愿承认并因此补偿他因为在讨论厅里发生的事情所招致的罪责（即使他个人万般无辜）。从那一刻起，他将确认自己在讨论厅里的地位。从那时起，我们都将像您一样自由地找他帮忙。①

如果古特曼[1]和海因勒的“解释”发出后，整个情况没有改变，那么古特曼也可能缺席下一次讨论厅。这应该发生在星期五。在他变得安静和纯净得足以赢得您的信任之前，您不会想找他帮忙。您对您所说的“怯懦”负有责任。您在这里混淆了害羞和怯懦。当然，我不会断然把古特曼的拒绝称为害羞，但凭着良心，我会用这个词来证明**您**拒绝他的正当性。首先，让古特曼赢得您的信任，在那之前，也许您会让我成为您和他之间的精神媒介。

由于我所承受的压力，如果这封信没有完全解决您心里想的问题，我希望您能原谅我。然而，由于这个原因，我请求您继续向我提出您的要求。在这种程度上，我在您和讨论厅面前对古特曼负责。我昨天告诉过您。现在已经很晚了，我累了。晚安！

瓦尔特·本雅明

附：我一秒钟也没有认为您“缺乏个性”。我也是古特曼**和**巴比松的同志。我希望巴比松能让我继续做他的同志。

〔在信封上〕附：我感到很苦恼，因为我有点过度劳累的大脑

1 西蒙·古特曼（Simon Guttmann，1891—1990），德国文学家、政治作家、图片代理公司总经理和各种摄影师团体的启发者。

可能阻止了我以最好的方式告诉您所有的事情；周六我可能还会和您谈谈这件事。

① 在柏林的“讨论厅”里，乔治·巴比松和以海因勒和西蒙·古特曼为代言人的团体之间发生了严重冲突。关于《开端》应该是什么样子以及如何改变编辑委员会的意见分歧是这些争论的背后原因。刚刚当选为自由学生团体主席的W. B. 试图进行调解，尽管他内心站在海因勒和古特曼这边。关于此事撰写了许多报告和其他文件，骚动持续了好几个月。1914 年 3 月 12 日，巴比松撰写的详细解释《致瓦尔特·本雅明同志》（An den Kameraden Walter Benjamin），以及巴比松对 1914 年 2 月至 4 月期间事件的“描述”，以副本形式被保存下来。结果是“讨论厅”的分裂，下面的几封信都有所涉及。

31　致赫伯特·贝尔莫尔

〔1914 年〕5 月 6 日晚，格鲁内瓦尔德

亲爱的赫伯特，

从伦敦写信到柏林，似乎比从柏林到伦敦更容易。[①] 后者我已经不止一次失败地尝试过。因为在柏林这里，我无法估量我的日子，另一方面，如果有人想从他们的中心向外写作，那么一切听起来都过分热情了。但是，尽管柏林因你出发前往伦敦而减弱，但它仍然是柏林，除了从它的丰富性向外写作之外别无他法。关于自由学生团体的开幕晚会，可以说的是：它发生在前天；在大礼堂出席的学生比朋友少得多；然而，那个晚上——因为它实际上几乎完全与学生团体分开了——格外美好，因为那些为了寻找新会员而离开的朋友们出乎意料地发现他们在一个陌生的地方重聚了。不过，我现在知道，我的演讲感动了不少在此之前不知道我们的人。[②] 大会开放讨论，但我们很乐意省掉它的信号。因此，没有人举手。当然，一些出席的人对所有的事情都视若无睹。以后的某个时候

你会读到这篇演讲的。多拉[1]③给我带来了玫瑰，因为我的女朋友不在柏林。确实，鲜花从未让我如此开心，这是多拉刚从格蕾特（Grete）④那儿带来的。我想到在你离开之前我只能和你简短地谈谈多拉和马克斯（Max），而且那时我只见过他们一次！即使现在，在星期四晚上到他们家做客之后，我也不知道该补充什么；我谈了谈；后来马克斯朗读了诗歌，弹了钢琴；然后我们看了画；多拉和我谈到了弗朗兹，在我们周一晚上的一次谈话之后。桌上还有其他人。多拉为讨论厅提出了“帮助”这个精彩的话题，而弗朗兹用他那些胆怯和琐碎的异议来吓唬她。直到我们如此清楚地认识到帮助的纯粹本质，我们才明白：我们可以和任何人谈论帮助。即使经过如此深入的交谈或亲切的聚会，我也无法告诉你关于这两个人比上次更多的事情。除了我写给格蕾特的之外，我无法告诉你任何其他事情：在我看来，很少有人如此善良，又对人类行为和行动者的纯粹与否具有如此确信和准确的眼光。正如你所知，弗朗兹正在发展这种感知。在你出发的那天晚上，他们俩顺便和我谈了谈，并告诉了我许多我不知道的事情。弗朗兹可能已经写信告诉了你我周三与他的谈话。他热切而倔强地紧紧抓住他与吉妮亚（Genia）⑤的关系。于是我说：做你想做并认为是正确的事情。然而，如果你拒绝接受建议（他所做的就是不断地和那些给他建议的人卖弄风情，而这个词并**不**太严厉），那么最终你要对你的行为负责。我让他不要和**任何**人谈论他与吉妮亚的关系。他答应了。那天晚上，在我这样对他说话之前，他给我朗读了一部分关于使命的手稿。谁能否认它包含思想？但我不知道你希望通过称之为犹太人的手稿而赋予它什么样的荣誉。不——我向弗朗兹证明了这一点——它的构思完全

1　多拉·索菲·本雅明（Dora Sophie Benjamin, geb. Kellner，1890—1964），德国作家、记者及翻译，1917 年与瓦尔特·本雅明结婚。

没有勇气，没有对其主题的最终承诺，概念取自完全陌生的上下文，即“日记”⑥；而且，在我看来，这种风格是不必要的，而且文本显示出很多混乱而不是深刻。他收回了它，但我不能完全确定他没有继续在它上面下功夫。不，赫伯特，我对弗朗兹一点也不确定。我总是在多拉面前为他辩护。但即使是现在，在我上次和他谈话——我想让它成为我们关于他和吉妮亚各方面的第一次也是最后一次谈话——以后的那些日子里，他说了一些体现他奇怪的模棱两可的话。我无意中得知，当他避开讨论厅，并希望从一切事务中“退出”的同时，却在与雷妮·维鲁佐夫斯基（Leni Wieruszowski）会面。你知道，多拉怀疑他内心深处的东西，比起我们当中那些迄今为止相反地肯定了它的人，她的怀疑更严重。但如果他继续敷衍塞责——这里我主要说的并不是我自己，尽管我已经和他坦率地谈过了，而是多拉，她想向他提供他所能期待的最高尚的帮助。他却给她写了一封相当乏味的、表达感激之情的信。如果他继续在这点上敷衍塞责，并以对自己有利的方式解释情况，如果他继续助长不确定性和优柔寡断，即使到那时，也会有人帮助他，教导他，你也许是他的老师——但我将止步于我能力的极限，在这种情况下，也意味着我意愿的极限。可以肯定的是，我的意愿的这一最后阶段是我以前从未达到过的。一段时间后你会发现它是否有必要。

艺术部的旅行将于周五开始。旅行将由〔西蒙·〕古特曼带领，我们将首先去古利特美术馆观看我们正在讨论的施密特－罗特鲁夫[1]的绘画。古特曼最近对我说：今天早上我收到了赫伯特·B.的一封信，这封信让我异常高兴，而海因勒曾经告诉我类似的事

---

1 卡尔·施密特－罗特鲁夫（Karl Schmidt-Rotluff，1884—1976），德国表现主义画家和版画家；他是艺术家团体“桥”（Die Brücke）的四位创始人之一。

情。星期六有一场讨论厅。关于态度。多拉给你的信中可能已经写到了。它像所有活动一样不完美，但并不令人沮丧。

我简直不敢相信你已经离开多久了。我有很多要告诉你的事情:我在一个东方风格的豪华房间里拜访了〔马丁·〕布伯[1]。当自由学生团体探讨他的《丹尼尔》(*Daniel*)中的对话时，他会出席。我现在必须阅读它，如果你这里有⑦，请写信给我，以便我可以借用它。那些课程不是很令人兴奋，我们只是哥特式地学习；但《灵魂之年》(*Jahr der Seele*)读来越发美丽了；古特曼想和一些人一起读斯宾诺莎[2]，作为他们彼此理解的最终和最可靠的基础;我打算送给格蕾特一组静物画，我已经考虑了一个星期了：它画的是一盒“红绶带”(Cordon rouge)，非常长和华丽的香烟，我最近在一次聚会上发现的；一件彩色的日本木刻版画（凯勒和莱纳［Keller und Reiner］售价2马克，品质非常不错，即使它们不能被误认为是北斋[3]［Hokusai］的作品)；鸟和草；还有书，书，迷人的、漂亮的、上等的、又轻又小的、异国情调和熟悉的、有插图和彩色的、昂贵和便宜的。像这样的书——当然只有一本，一本理想的书，如果你知道一本，请告诉我。当我告诉你，这张纸——在这张纸上，我现在要说再见了，并希望你能找到一份好工作，还希望收到你的来信——有一天来自慕尼黑。

你的瓦尔特

1　马丁·布伯（Martin Buber，1878—1965），出生于奥地利的以色列犹太哲学家，以其对话哲学而闻名，这是存在主义的一种形式，以我你关系和我它关系之间的区别为中心。

2　本尼迪克特·斯宾诺莎（Benedictus de Spinoza，1632—1677），葡萄牙塞巴迪出生的荷兰犹太裔哲学家。

3　葛饰北斋（约1760—1849），日本艺术家，江户时代的浮世绘画家和版画家。

① 贝尔莫尔自 1914 年 4 月起待在英国。他是英国公民。
② 这是 W. B. 作为柏林自由学生团体的主席的就职演说，部分内容已发表于《学生的生活》(*Das Leben der Studenten*)。
③ 多拉·波拉克，娘家姓凯尔纳，W. B. 未来的妻子。当时她嫁给了马克斯·波拉克（1960 年去世）。她是讨论厅的积极参与者。
④ 格蕾特·拉特，当时与 W. B. 订了婚。
⑤ 赫伯特·贝尔莫尔的弟媳。她是来自圣彼得堡的俄罗斯人。
⑥ W. B. 的《青年形而上学》(*Metaphysik der Jugend*) 的一部分，在他的朋友中以誊本的形式传播。肖勒姆（Scholem）的誊本被保留了下来。
⑦ 布伯的《丹尼尔，关于实现的对话》(*Daniel, Gespräche von der Verwirklichung*) 于 1913 年出版。1914 年 6 月 23 日，布伯和 W. B. 在自由学生团体针对这本书进行了辩论。

32 致赫伯特·贝尔莫尔

1914 年 4 月〔应该是 5 月 15 日〕，格鲁内瓦尔德

亲爱的赫伯特，

你刚刚本来能够看到我在进行一种我们相识多年来你从未见过我进行的努力。我坐在钢琴旁边，没有任何乐谱——顺便说一句，我仍然不识谱——并为自己演奏了迷人的三度和八度音。你瞧，这个夏天能带给我的最美的事情即将发生：马克斯和多拉会跟我一起仔细阅读哈尔姆[①]的书。在上课间隙，我想和我妹妹一起复习，当然，这会非常慢。但也许这个最微不足道的开端将是我以后可以更独立地取得进展的基础。我们是从星期三开始的。那天晚上，西蒙·古特曼也在他们家。他为多拉带来了一些美妙的红黑色有光泽的郁金香。你知道，只是到今年我才发现自己有注意花朵并喜欢它们的能力。当有无数的机会这样做时，我突然发现了这一点。例如，昨天，丽莎[②]拜访我，给我带了铃兰。多拉会写信给你谈及最近的一个晚上，起初，马克斯和古特曼在书

房里待了一个小时，我在多拉的房间里跟她谈论讨论厅和威内肯博士、客观精神和宗教信仰的问题。在这个时候，我唯一确定的是多拉写信告诉了你这里的事情。如果我不相信这一点，而是只好认为弗朗兹和赫塔·莱文（Hertha Levin）是唯一给你写信的人，我会认为有必要一直坐在我的写字台前，告诉你一切都发生得比你猜测的更清楚、更简单、更平静。至少，它可能会这样发生。甚至多拉也并不像我希望的那样平静。她现在晚上大多睡得很少。但是她总是再次感受到从根本上说正确和简单的事情，因此我知道我们看法一致，尽管我很少有时间写信（格蕾特和我写给对方的信——我们在其中转达了您的问候——互相交叉而过）。所以你现在也会知道巴比松的最后一份备忘录，你将在一周内收到，当我不需要它时，您可以阅读它，直到腻烦为止。其中，他首先提供了4月20日写的“描述”。之后，在由威内肯博士的来信引起并写于5月12日的结束语中，在他再次收集了所有证据之后，他放弃了“由于缺乏证据”的怀疑。他已准备好与任何根据威内肯博士的信件采取立场的人开始进行任何新的任务。[③] 在此之前，在结束语之前的段落中，他向读者保证，他对我没有怨恨，我的意图只集中在一个维度。他现在明白了这一点：“即，以最四维的方式。”新闻学仍然允许他避免感情和思想。昨天，一封没有签名的参加讨论厅的邀请函到了，它再次以单调和放肆的言辞要求“感性和精神本能的纯洁”，并期望讨论厅的每个人都下定决心全力以赴。它以下面的美丽句子而不是签名结束：“星期六在那里出席的任何人，都将表明，他已经把这个作为自己的事业。”赫伯特，我非常不愿意写信告诉你所有这些，因为它是如此混乱，而且，通过信件，你无法理解那些已经解放了自己的人的确定性和感情，至少不会从我在这里写的东西中得到这种感觉。可以说弗朗兹又一次失去了理智和头脑。今晚我会在咨询委员会上和他谈谈。我会问他是否要去“公共”讨论厅。如果他说是的，我想他会的——根据最近与我进行的简短交谈，当他在我之前知道那份备忘录时——那么我会提醒他在讨论厅之后，在海涅[1④]家的宴会之前，他在我的公寓里向我许下的诺言。我会在没有讨论的情况下要求他跟随你和我的领导而不去参加。如果他拒绝——好吧，多拉和我现在与他保持距离，因为归根结底，他必须自愿决定加入我们。我们最后几次聚在一起，虽然不常见（大概五周内三次），但总是在我的要求下。多拉认为他正在疏远我，因为令他烦恼的是，吉妮亚对我很生气——自然毫无理由——关于我，她说了一些挑衅性的话，而他却没有足够积极地为我辩护。不管怎样：他最终必须做一些从内心激发的事情，而不是让别人的论点把动机植入他的灵魂。你有没有考虑过这种可能性？由丽莎来教弗朗兹？昨天，在我看来，她似乎很是坚强和干练，能够做到这一点。尽管一切都让她感到困惑，尽管她理解得很少，但她告诉我，她星期六本来不会去讨论厅，也**不**会跟我说话，因为她觉得一个怀疑论者（实际上，只有怀疑论者）也可能去讨论厅，它不像我们那样要求决心和信仰。我很高兴能够对她说：丽莎，强迫自己不要再想它了。在这件事情上，为了得到结果，你不能思考。你必须知道结果是什么。允许思考只是为了阻止他人思考，引导他们面对这样一个事实，即整个问题之所以显得困难和不确定，仅仅是因为它涉及假设，而**了解**假设只是那些有意识的人所关心的事。然而，其他人关心的事则是信任和意志力，不是自己去思考的意志力（因为假设是不能推断的，对那些没有意识的人来说也是不自觉的），而是去服从的意志力，或者——如果你不能信任到那种程度——站在一边，就像莫尔肯廷

1　沃尔夫冈·海涅（Wolfgang Heine，1861—1944），德国法学家和政治家。

(Molkentin)那样，但不要判断。在这里，总是那些不确定的人想要作出判断，进行调解。〔弗里茨·〕施特劳斯，弗朗兹。或者最终：通过努力来实现意识。这是领导者最低限度的、最起码的素质。不是每个人都会成为领导者。如果我们中间有一个人从未思考过这一点，他就是最引人注目的了。⑤之后，我得以和她一起阅读荷尔德林的诗歌，她平静地离开，正如她心神不定地到来。两天前，她已经试图说服弗朗兹周六不去讨论厅。但弗朗兹的回答很含糊。在我们的团队中，也许只有古特曼和科尔斯(Cohrs)⑥——后者从哥廷根(Göttingen)过来，到海因勒家住几天——将于周六前往讨论厅。古特曼会说几句结论性的话：我们的力量还不足以消除这些人顽固的困惑，他还会重复我昨天对丽莎说的话，然后离开。但目前尚不确定：其他人也可能发言。我们所有人再回去没有任何意义。想象一下，这是丽莎的主意：古特曼必须发言！

今天我会从你的藏书室中取出《丹尼尔》，我也希望在那里找到里尔克的《时间之书》。如果没有，请你把它寄给我好吗？在此之前，我要去“图形柜”(Graphisches Kabinett)。在那里，我最近花1马克购买了一幅非常漂亮的罗丹[1]水彩画的复制品。在努力为格蕾特拼凑一组静物的过程中，我多少次求助于版画艺术！我敢打赌：我会很幸运，并且找到一些非常漂亮的东西。当然罗丹很美妙，但是与书和香烟不相配。当我考虑这本书时，鉴于选择的范围，我的想法是要一本宁静、上好、充满活力的书——但是，这一次，我无意购买这么贵的书，而且无论如何，这种选择几乎太明显了。然后明信片来了——上面列出来了。现在剩下的唯一选择是在穆勒和巴特的两个版本⑦之间。既然我对这两者都很熟悉，我将毫不犹

1　奥古斯特·罗丹(Auguste Rodin，1840—1917)，法国雕塑家。

豫地选择穆勒的，它是第一版德文版的影印版，比巴特更大、更宽的版本内容更丰富，后者的字行间距很宽，并印刷在纯白的纸上。两者都使用了第一版的翻译。因此，我仍然需要一张图画与穆勒的版本相配。今天下午，我打算看看旧图画的复制品。

我现在搬到了有阳台的房间，就在我以前的房间旁边。它更适合居住，而且有一张好书桌，不幸的是上面挂着一面长镜子，这样你在写字的时候就不能抬头了。可以让人罩住或拿掉它，但暂时我没有管它，因为我根本没有时间。期刊文章、短篇小说、一卷格奥尔格[1]、一卷巴尔扎克[2]、费希特[3]的《在柏林建立高等教育设施的演绎计划》（Deduzierter Plan einer in Berlin zu errichtenden hohem Lehranstalt）——这是他关于柏林大学成立的勇敢的纪念文章——的相关资料。这就是我间隔很长时间阅读的东西，看起来很多——但实际上很少。我正在读费希特的文章，因为如果我今天在咨询委员会⑧受到攻击，我可能想引用其中的一些话。它与我演讲中的各种观点密切相关。顺便说一句，你可能在几周后才会得到演讲稿，当我有机会抄写一份清晰易读的副本时。今天的咨询委员会可能会非常猛烈和有趣。你很快就会收到多拉的报告，因为她和马克斯也会来。

在魏玛⑨，我不会把我的演讲作为大会的祝词，而是作为大会的一部分，因为人们想要讨论它。费希特在这方面是有用的，尼采也是如此：关于我们教育机构的未来。最后，我将于6月到慕尼黑。⑩昨天，我写信给格蕾特：我与她的关系是这段混乱得令人难以置信

---

1 斯特凡·格奥尔格（Stefan George，1868—1933），德国象征主义诗人，以及但丁、莎士比亚和波德莱尔的翻译者。

2 奥诺雷·德·巴尔扎克（Honore de Balzac，1799—1850），法国小说家和剧作家。

3 约翰·戈特利布·费希特（Johann Gottlieb Fichte，1762—1814），德国哲学家，他是被称为德国唯心主义的哲学运动的创始人，该运动是从伊曼努尔·康德的理论和伦理著作中发展而来的。

的工作时期唯一富有创造性的事情，此刻，她是唯一一个看到并理解我的全部的人。如果我没有意识到这一点，我几乎无法忍受这些日子的徒劳无效。它不允许任何严肃活动的连续性，也不允许任何人际关系完全免于讨论和调解的束缚。直到昨天晚上，当科尔斯、苏珊·贝伦德（Suse Behrend）[11]、海因勒、我和后来的古特曼在咖啡馆里相聚时，我才明白了这一点。因此，对我来说，最好的事情仍然是与马克斯和多拉一起研究哈尔姆。以及收到一封你的来信，来自一种生活，由于它的遥远和即时性，它超过我们仍然不安定的生活一百倍。我们听不到威利〔·沃尔夫拉特〕的任何消息，除了通过格蕾特，他经常和她说话。

我被委托回报你在柏林如此奢侈地分发的所有问候。

你的瓦尔特

① 参见 1913 年 7 月 17 日的信。
② 丽莎·伯格曼（Lisa Bergmann），马克斯·波拉克后来的妻子。
③ 巴比松的“描述”得到了保存。
④ 社会民主党国会议员沃尔夫冈·海涅（Wolfgang Heine），他支持自由德国青年运动和自由学生团体。
⑤ 新青年的“领导才能”的概念在自由德国青年运动中发挥了重要作用，特别是在威内肯周围的圈子里。
⑥ 费迪南德·科尔斯（Ferdinand Cohrs），当时的神学院学生。
⑦ 大概是斯特恩（Sterne）的“特勒姆修道院”（Der Abtei Thelem）丛书中的一卷，《约里克敏感的旅程》（*Yoricks empfindsame Reise*），乔治·穆勒出版社，慕尼黑，1910 年。J. 巴特版，柏林，1910 年。参见 1917 年 12 月 23 日的信。
⑧ 自由学生团体的咨询委员会。
⑨ 1914 年 6 月的自由学生团体大会，W. B. 作为柏林自由学生团体主席参加了会议。参见下一封，以及 6 月 22 日的信。
⑩ 格蕾特·拉特当时在慕尼黑学习。
⑪ 1918 年死于流感。沃尔夫·海因勒（Wolf Heinle）的密友。

33 致恩斯特·舍恩

1914 年 5 月 23 日，约阿希姆斯塔勒大街 14 号

亲爱的舍恩先生，

非常感谢您的来信，并且我想回复您对自由学生团体的看法。目前，问题不在于教化未受教养的群众，而在于捍卫那里的纯洁，否则最糟糕的事情就会发生。讲座面向少数观众，其中很少是大学生。然而，这些学生会再来，并且总是认真倾听。在外面的世界，人们保持沉默，从而表现出一定程度的尊重。基本上我们所能做的就是培养这种尊重和讲座相当谦虚的基调，以创造一个文明的聚会。预期的结果是，未来在自由学生团体里，粗俗和不礼貌的举止会感觉不太自在。那种粗俗和不礼貌的行为将被迫避开这个圈子，它将作为一个难以理解的不牢靠的地方，在这里，人们从事着异常严肃的工作。已经很明显，这一结果可以实现。我从来没有经历过像上次那样冷静的咨询委员会，而且尽管如此，与会者仍然进行了相当广泛的原则性讨论。一旦创造条件使其成为可能，这个地方的创造性实现的问题就完全取决于进入它圈子的富有成效的个人。到目前为止，确实有学生，但教师很少。如果这是绝对必要的，我别无选择，只能允许自己在下学期再次被提名，这样我就可以找到一个人来接替我（高中毕业生圈子里的友好学生），他将为自由学生团体中富有成效的学生创造一群自愿的追随者。唯一的问题是要建立一个团体，承认领导者的道德力量，并通过跟随他从富有成效的个体获得精神力量。这可以通过最小和最安静的开端来实现，此外，它是一个掩蔽物，被高度娇养的隐形性所保护，不受敌意的伤害（如果不是最粗鲁的那种）；因此它会实现。海因勒和我在弗莱堡为一些人，尤其是为我们自己做了成功的尝试——也就是说，一个教育团体——同样的事情正在柏林开始。所有这一切都导致了学院的概念——在我看来——现在可以只有用这种方式才能使学院变

得富有成效。我们将慢慢成功地吸引高产的个人，然后领导层将能够把自己局限于组织事务，而不必像现在这样活跃。你的朋友通过出席讲座之类的活动，已经给了我极大的支持。主席必须具有很高的知名度，可以说是无所不在。

在魏玛的自由学生会议上，我将发表一篇关于“新大学”的演讲：我将提出一种乌托邦式的大学，一种新中学所必需的大学——通过这种方式，它可以变得清晰易懂。当然，事实上，问题在于从自身，即精神中创造出一所新的大学。在魏玛，在一个不理解和毫无准备的群体中的讨论会变得混乱、懦弱和模糊，就像现在所有涉及可怕公众的举措一样。我们没有任何内在的理由期待自由德国青年运动成员的奇闻，但是事情发生了如此不光彩的转变是可怕的。您知道，这个团体正式与威内肯分裂了（更不用说他们与《开端》和讨论厅的分裂了）。据我所知，威内肯最终将于10月在特里贝格（Triberg）开设他的学校。这些年来，作为教育工作者的无所作为给他带来了极大的伤害。我意识到这一点，是因为我看到他是多么不胜任柏林运动所采取的紧张形式，多么不胜任这场运动在这里获得的无疑最强大、最大胆和最危险的强度张力。建立，或者更确切地说，促进一个只是内部和集中的，而根本不是出于政治动机的青年社区，三个月来，已经让这里的每个人都充满了最大的悬念。鉴于这一切，并正是因为这一切，我相信最严肃的事情正在这里完成，而且也许是唯一严肃的事情。我想请您读一下《学校和青年文化》，或者如果您已经读过的话再读一遍。并且请考虑一下“客观精神”中是否隐藏着除了不正当动机之外的东西。至少，我和我的一些朋友正在越来越远离威内肯所呈现的教育形象。我越来越清楚，他过去是——现在可能仍然是——一位伟大的教育家，鉴于我们这个时代的性质，一位非常伟大的教育家。他的理论远远落后于他的观点。

谢谢您退还那本书。①现在，我很幸运能有机会和我的朋友，一对夫妇一起钻研它，出于这个目的，我学习识谱和其他一切，除了弹钢琴，因为我还没有时间这么做。我还要非常感谢您提供让我的手稿②更普遍地供他人使用的机会。科恩③先生刚把它传下去。出版有很大的困难，我几乎不知道一个合适的地方，我不确定罗伯特·穆西尔[1]的《维也纳评论报》（*Wiener Rundschau*）是否接受它。

这个学期一如既往地令人不满意，但是我在比您更偏僻的领域弥补了这一点：阅读斯特凡·格奥尔格，还有，就我所能应付的，巴尔扎克。他当然应该一口气津津有味地看完，但我被迫零碎地读他。马丁·布伯写了一本书，叫作《丹尼尔》，它令人厌烦，因为它没有经过深思熟虑。

圣灵降临节您会外出旅行吗？我要去徒步旅行，然后从魏玛到慕尼黑再旅行一周。

最诚挚的问候。您的瓦尔特·本雅明

① 奥古斯特·哈尔姆著。
② 指的大概是《青年形而上学》。
③ 阿尔弗雷德·科恩（1954年去世），后来格蕾特·拉特的丈夫，W. B. 的同学。

34 致恩斯特·舍恩

柏林，1914年6月22日

亲爱的舍恩先生，

我还没有感谢您的来信。这是我在魏玛收到的第一封也是我最欢迎的信件。现在让我谢谢您。从您朋友的报告中，您会了解

1 罗伯特·穆西尔（Robert Musil，1880—1942），奥地利哲学作家。

到这些日子里我对每一句支持的话语感到多么高兴。多年来，没有什么比这次会议连续的恶毒对我影响更坏的了。从柏林来的不乏聪明人。但是有投票权的人大部分都是你通常会避开的那种人。在这里，很需要他们。我愚蠢地向这些人发表关于新大学的演讲，演讲以某种程度的礼貌和某种精神取向为前提（而不是反复地或强烈地强调，使听众达到眩晕的程度）。这是一个巨大的错误，使得愚蠢的人能够就最基本的问题与我达成所谓的一致。我想以您信中的诗句结束我的谈话，如果我没有意外地发现自己正在全力以赴地进行总结发言。尽管如此，我或许会把它们加到谈话的书面文本的结尾，我将在长假期间编纂完成。① 在每天被残酷地投票否决之后，唯一的结果就是我们的自由学生团体在向外界展示他们的面孔时所表现出的高尚而孤独的姿态，以及其他人恭敬的恐惧。有很多私下的不满。反对派的（精神）领袖主观上和客观上都没有教养。（在一家咖啡馆的礼貌讨论中，他宣称我“在道德上不成熟”）。下学期保住柏林的前景相当不错。当然，我仍然不确定我是否会在这里。我想您在这里过冬是不可能的吧？——会议结束后，我去了慕尼黑，发现慕尼黑青年运动和自由学生团体——这是在魏玛唯一跟我们站在一起的——都处于同样糟糕的状态。

6 月 23 日

（我可能不得不继续零零碎碎地写这封信，因为我的时间太分散了。）自由学生团体即将迎来一些美好的夜晚，比如今天与布伯讨论他的《丹尼尔》，以及稍后路德维希 · 克拉格斯[1]② 和布雷西格

1　路德维希 · 克拉格斯（Ludwig Klages，1872—1956），德国哲学家、心理学家和笔迹分析领域的理论家。

教授[1]③的讲座。我在慕尼黑拜访了克拉格斯，发现他热情而有礼貌。您可以想象，我渴望假期，我会在7月底尽快离开。因此，在您到达后不久，我是否能如我所希望的那样在这里欢迎您，这是值得怀疑的。自从我开始写这封信以来，柏林的混乱局面（青年运动和自由学生团体兼而有之），在受到困难且无奈的抑制之后，当我刚刚开始在慕尼黑从中恢复过来之后，又开始蠢蠢欲动。我认识的一个人冲进了正在讨论布伯的书籍的聚会。他大声侮辱了一位靠近我的绅士，并且没有离开房间，因此会议不得不暂停和重新安排地方。当然，这样的事情是无法忍受的，但如果你相当清楚自己的意图，你就不会受到这种事情的影响。但是在同一天，我收到了我现在可以期待的最令人高兴的证明之一——一位不认识我的年轻维也纳人的来信。很多消息从柏林渗透到了他那儿（甚至可能包括我在《开端》的沉默），结果是他要求与我通信，他诉诸一个事实，即我们双方都或多或少地脱离了青年运动的主流。我很高兴地注意到，在一个非常遥远的城市，有一个年轻人能在嘈杂声中辨认出和声，并且沉默也渗透到他那儿（归根结底，沉默是最清晰的沟通方式之一）。他的名字是阿诺·布朗纳（Arno Bronner）④，他在10岁时写了一部戏剧《青春的权利》（*Das Recht auf Jugend*），很大胆，很有才华。我已经看过手稿了。

我将独自在树林里某个偏僻的小屋度过长假，以便同时找到安宁和工作，也就是休闲。经过这里的生活之后，我需要两者，这里有时候是地狱般的，无论如何，永远不会让我有时间沉浸在任何事物中。很抱歉，我传达的抱怨比其他任何东西都多，但是由于我相信您会理解所有的善意，那么为了给您准确地描述我在这里的生

1　库尔特·布雷西格（Kurt Breysig，1866—1940），德国历史学家，其观点具有强烈的社会学和文化人类学特点。

活，除了列出赤裸裸的事实，我别无他法。我非常感谢您的朋友的光临，不仅仅是因为他的实际帮助，更是因为他的光临所带来的鼓励。

最诚挚的问候。您的瓦尔特·本雅明

① 事实上，W. B. 把格奥尔格的《灵魂之年》中致霍夫曼斯塔尔的诗句放在了《学生的生活》一文的末尾，这篇文章收于《新水星》(*Neuen Merkur*) 1915 年 9 月号和库尔特·希勒[1]的文集《目标》(*Das Ziel*) 中。
② 克拉格斯的讲座于 7 月中旬举行。参见 H. 施罗德 (H. Schröder) 的《克拉格斯传记》(*Klages Biographie*)，第 2 卷，第 602 页。
③ 库尔特·布雷西格 (1866—1940)。
④ 后来以笔名阿诺尔特·布龙尼 (Arnolt Bronnen) 而闻名的作者 (1895—1955)。

35 致赫伯特·贝尔莫尔

1914 年 7 月 6 日至 7 日，午夜过后

亲爱的赫伯特，

我想写信给你。为什么偏偏是现在？这么晚而且我相当累的时候？也许只是因为我刚刚意识到选帝侯大街 (Kurfürstendamm) 晚上也营业，有咖啡馆，但我很少在咖啡馆里。或者也许是因为在接下来的几天里我还会有事情要做。我整个晚上都在消磨时间，我正在考虑度假。我很期待——甚至可以说热切地期待——一个工作的时段。我的系列①需要完成，然后我打算开始阐述我能够掌握的教育本质。所有这一切都将发生在某个幽静的小地方；在丹麦的博恩霍尔姆 (Bornholm) 或阿尔卑斯山脉，也许是多洛米蒂

1 库尔特·希勒 (Kurt Hiller，1885—1972)，德国犹太裔散文家和政治 (即和平主义) 记者。

山（Dolomiten）。因为如果我不和我的母亲和妹妹一起去博恩霍尔姆，我会先花八天时间拜访在慕尼黑的格蕾特，然后可能和她一起去多洛米蒂山。她打算和她哥哥②一起去远足，而我休息。——一想到这个，我就忘了选帝侯大街。我在西方咖啡馆（Café des Westens）与一些熟人碰面，我等了很久，但他们没有露面。这并没有什么，因为我的想法们倾向于回家栖息，因此它们总是可以独处。（但这并不意味着我很安逸并且有着惬意的想法。相反，我顾虑重重地意识到即将到来的几周。）我在读一本犹太人的杂志。然后，埃尔斯·拉斯克－舒勒[1]看见了我，邀请我和她一起坐在她的桌子旁；我在两个年轻人中间坐了十五分钟，一句话也没说。开了很多疯狂的玩笑，拉斯克太太非常喜欢。她认识我，是因为我们最近交谈了一个小时，那次交谈部分是出于偶然。在社交聚会中，她肤浅、病态——歇斯底里。罗伯特·延奇[2]③走过，他是〔格奥尔格·〕海姆[3]的朋友，我稍微认识他。我跟他打招呼，并就我借给他的书聊了两句。他是最有礼貌、最克制的人。他的礼貌完全是矫揉造作的。他最近对我说："那本书，您善意地——那本书，您最好心地借给我的……"对最简单的事情，他的发言会以"我既无权，也无资格对其作出判断……"开始。他似乎受过高等教育。他举止优雅，富有同情心。你觉得他是个严谨的思想家。我知道他正在学习数学。他天生对形式方面的问题十分讲究。我很少单独跟他说话，他和海因勒打交道很多。你知道吗？我又一次在学术上没有取得任何进展。你可以想象一下。我偶尔会从海因勒那里学到一些东西，例如，当他谈到普拉滕[4]的时候。我经

1 埃尔斯·拉斯克－舒勒（Else Lasker-Schüler，1869—1945），德国犹太裔诗人和剧作家，以她在柏林的波希米亚生活方式而闻名。

2 罗伯特·延奇（Robert Jentzsch，1890—1918），德国数学家和诗人。

3 格奥尔格·海姆（Georg Heym，1887—1912），德国作家。

4 奥古斯特·冯·普拉滕（August von Platen，1796—1835），德国诗人和戏剧家。

常读格奥尔格的作品，非常认真地读克莱斯特[1]的散文，不久前还读了伦茨[2]的戏剧。有时候，我从舍夫勒的一篇文章中了解到关于蒙克[3]或杰出的卡尔·霍费尔[4]的一些东西。我参观了展览——梵高[5]、赫克尔[6]、施密特-罗特鲁夫，并打算参观“分离派”(Sezession)。也许，我目前唯一取得进步的是我对美术的欣赏。我和格蕾特在马里斯[7]前（在他的一张画前）坐了一个小时，可以观察到很多东西。大学不是学习的地方。你可以判断我担任主席有多大的过错。作为主席，我并非完全失败，但我几乎是在痛苦和不利的条件下工作的。然后，在自由学生节上，当沃尔夫·海因勒④戴着他的维克斯多夫式帽子，以一脸专横、严肃的表情站在我旁边，对我只说了几句关于在那里开会的人们的话语时——他对我说，因为我是负责人——一切都理所当然地显得微不足道了。那是前天——一个值得评判的节日——然而被评判为可悲的。远远高于其他自由学生节，由于美丽的人出席而显得高贵，但仍然拘束和丑陋，像所有的节日一样——除了令人难忘的沃尔夫冈·海涅的节日。⑤对我来说，它令人产生愉快的联想，因为沃尔夫·海因勒，因为维兰德·赫兹费尔德⑥（我第一次和他交谈，他告诉了我很多关于我自己的深刻的事情），也因为与卡拉·塞利

1 海因里希·冯·克莱斯特（Heinrich von Kleist，1777—1811），德国诗人、剧作家、小说家和记者。

2 雅各布·米歇尔·莱茵霍尔德·伦茨（Jakob Michael Reinhold Lenz，1751—1792），狂飚运动时期的波罗的海德语作家。

3 爱德华·蒙克（Edward Munch，1863—1944），挪威画家，其著名作品《呐喊》已成为世界艺术中最具标志性的形象之一。

4 卡尔·霍费尔（Karl Hofer，1878—1955），德国表现主义画家。

5 文森特·梵高（Vincent van Gogh，1853—1890），荷兰后印象派画家，是西方艺术史上最著名和最有影响力的人物之一。

6 埃里希·赫克尔（Erich Heckel，1883—1970），德国画家和版画家，并且是1905—1913年存在的团体“桥”的创始成员。

7 汉斯·冯·马里斯（Hans von Marées，1837—1887），德国画家。

格森的一次出人意料的美丽聚会。冬天，我会在这里，也许是担任同一个职位，但是当我看到它不会让我比现在为自己留出更多的时间的时候，我就会辞职。可以这么说，如果我的意识没有被我在慕尼黑的日子所压抑，没有被即将到来的创作的承诺所安慰，那么我不知道，我将会在多大程度上意识到这学期被浪费的时间、不专注的活动和折磨人的经历痛苦地挤满。关于这些日子，我不能给你写更多内容了。格蕾特的来信、与恩斯特·舍恩的通信、花几个小时在我的书上、与海因勒罕见的交谈、可以独自四处闲逛的夏天，是这里美好的事情。事情好到足够让我基本保持健康，保护自己，把最痛苦的事情保存在自己心里，直到你回来，我不想预期你何时归来，但希望通过向你致以诚挚的问候加速它的到来。祝愿你阳光灿烂，祝愿某人、另一个人或你自己，维护你男子汉的宁静，这是我很晚，但是非常快乐地感受到的。

瓦尔特

①《青年形而上学》，未完成。
② 弗里茨·拉特。
③ 数学家和诗人，他的诗歌发表在当时的前卫杂志上。他的个性给 W. B. 留下了持久的印象。
④ 弗里德里希·C. 海因勒的弟弟，直到 1923 年他过早去世，W. B. 一直非常关注他的命运。他写诗歌和戏剧，W. B. 有时对其倾注了大量精力和时间。
⑤ 关于这个节日，W. B. 写了一篇详细的报道，但没有保存下来。
⑥ 维兰德·赫兹费尔德（生于 1896 年），他后来成立了马利克出版社（Malik-Verlag）。

36　致赫伯特·贝尔莫尔

〔1914 年 7 月 17 日〕

亲爱的赫伯特，

这是什么意思，我无法写信给你，告诉你在这里的生活？我只有一种方法可以做到这一点——不是写这个地方，而只是谈论格蕾特。但那也是多么不可能啊！当我默默地陪你散步时，你看到了真实的我。我的沉默现在是我的朋友认出我的唯一特征。我的女朋友可以听我说一些日常生活的事情——毕竟，其他的一切都归结为一件事。我感觉到自己的沉默有些微妙，但即使是那些远方的人，弗朗兹和多拉，也仍然能感受到这种潜在的节奏。所有的一切都汇聚在我现在所期待的这几个星期的单一旋律中。要是我能在这里过上像你那样严格的生活就好了。

我被人们难以理解的爱所塑造。我不能告诉你关于格蕾特的任何事情：最内心的沉默找不到任何言语。你足够了解我，知道我面对的是什么和什么样的人。但你再也不能把我看作一个单独的人，就好像我刚刚出生在一个神圣的时代，成为其中的一员。其他三个女人的灵魂以一种奇怪的方式接近我。我知道，我什么都不是，但我存在于上帝的世界里。

难道我们不是在同一条道路上迈出了一步，却彼此看不到吗？我从你在最近一期《开端》上写的几句话中感觉到了这一切。我打算问巴比松，他是否会让我写一篇社论：我想称之为“我的告别”。我想让人们为这本出版物感到羞耻，并要求它消失。因为在ACS、马尔堡会议（Marburger Tagung）、FG以及〔无法辨认〕的大沼泽地，不再有任何生物繁衍生息。最近在《开端》中可以读到这样的话：“**新的**自尊。”

冬天来这里帮我吧，因为我打算继续为自由学生团体工作。我诚心诚意地去做，却无法预见它的最终“成功”。这项工作只允许我有足够的时间阅读二流的东西：一本关于崇高的夏洛特·冯·卡尔布[1]①的书、布吕尔[2]、哲学论文。

格蕾特送给我一些很棒的礼物：一盆兰花、一条和兰花很相配的昂贵的深色领带、一本她让人装订的带空白页的书、《德国文体家》（*Die deutschen Stilisten*），还有一本舍费尔[3]的轶事。这些礼物附有一封最精彩的信。我父母送我的礼物用来代替我遗失的东西：军用水壶和手杖。此外，还有一些大而漂亮的文件夹，一部荷马[4]——希德双语版，《奥德赛》（*Odyssee*）的前半部。我收到了迪德里希斯出版社出版的意大利早期文艺复兴时期绘画集。

这是许多年来，也许是十多年来的第一次，7 月 15 日我在柏林。结果，我带着纯粹的喜悦去了植物园，在那里，我发现了夏天，就像我以前在黑森林（Schwarzwald）或恩加丁经历过的那样。今年到目前为止我还没有发现它——除非你算上那些又闷又湿的夜晚。

赫伯特，谢谢你的美好祝愿。一只鹰已经起飞了。

瓦尔特

① 艾达 · 博伊 – 埃德[5]，《夏洛特 · 冯 · 卡尔布》（*Charlotte von Kalb*）（耶拿，1912 年）。

---

1 夏洛特 · 冯 · 卡尔布（Charlotte von Kalb，1761—1843），德国作家，与诗人弗里德里希 · 席勒、约翰 · 沃尔夫冈 · 歌德、弗里德里希 · 荷尔德林和让 · 保罗等人有交往。

2 汉斯 · 布吕尔（Hans Blüher，1888—1955），德国作家和哲学家。

3 威廉 · 舍费尔（Wilhelm Schäfer，1868—1952），德国作家。

4 荷马（Homer），《伊利亚特》和《奥德赛》的传说中的作者，这两部史诗是古希腊文学的核心作品。

5 艾达 · 博伊 – 埃德（Ida Boy-Ed，1852—1928），德国作家。

37 致恩斯特·舍恩

格鲁内瓦尔德，〔1914年10月25日〕

亲爱的恩斯特·舍恩先生，

我想告诉您，这个勇敢的人，我今天（第无数次）发现的东西，而且每次都带着更大的震惊。作为交换，你必须把讽刺放在一边，以便找到痛苦的纯粹形式，在我们能够做到的程度上。我们已经就此交换了一些信件，在我看来，它们需要坚韧的决心。当然，我们所有人都认识到这样一个事实，即我们的激进主义过多地是一种姿态，而一种更严厉、更纯粹、更无形的激进主义对我们来说应该成为不言自明的公理。

在我们提出这个话题之前，您以唯一的方式——我称之为生活——在自己的内心深处发现，您不可能去上学。而且，您也不可能按照规定的计划走进大学这个今天的沼泽地。

唯一突出的一点是——您更深入地了解，因为您从未像我一样经历过——这所大学甚至能够毒害我们转向精神的行为。另一方面，唯一突出的一点是：我决定经受讲座课程的袭击……并看到学者们在数百人面前表现出的公然的野蛮行为：他们如何不互相回避，而是彼此嫉妒；以及最终，他们如何巧妙且迂腐地败坏了正在成长中的人们的自尊心，把他们的自尊心变成对那些已经成为重要人物的人、那些早熟的人、那些已经腐烂的人的恐惧。我对我的羞怯、恐惧、野心，以及更重要的是我的冷淡、无情和缺乏教养的赤裸裸的记述，使我感到害怕和恐惧。他们中没有一个人能够因为容忍他人的共同体脱颖而出。在整个大学里我只知道有一位学者[①]，而他走到这一步，（或许）只是因为他完全隐居和蔑视这些事情才证明他是无辜的。没有人能胜任这种情况，我理解您的决定是别无选择的；您必须从自己的生命中排除任何必须面对这种情况的可能性，因为看到这种粗俗是难以形容的羞辱。

“噢，要是他们都是伟人就好了，而且我能亲切地和他们以你相称，我就很难向别人学习了。”摘自我朋友的笔记本。②

您的瓦尔特·本雅明

① 指库尔特·布雷西格。
② 海因勒在 8 月初自杀了。

38 致恩斯特·舍恩

〔1915 年 1 月〕

亲爱的舍恩先生，

我很高兴能够真诚地回复几周前您给我写的信。同时，请接受我的道歉，因为您上周日不得不徒劳地等候朱拉·科恩（Jula Cohn）①。我希望能在 2 月初与您相聚，因为到那时我将完成一份关于想象力和色彩的令人愉快的论文。②您知道，关于这个主题你可以在波德莱尔[1]那儿找到一些好东西。

致以问候和良好的祝愿，您的瓦尔特·本雅明

① W. B. 和恩斯特·舍恩的密友，阿尔弗雷德·科恩的妹妹。
② 似乎没有被保存下来。

1 夏尔·波德莱尔（Charles Baudelaire，1821—1867），法国诗人，他作为散文家、艺术评论家和埃德加·爱伦·坡的先驱翻译者，做出了卓越的工作。

39 致古斯塔夫·威内肯

〔柏林，1915 年 3 月 9 日〕

亲爱的威内肯博士，

通过以下几句话，我完全且无保留地与您脱离关系。我要求您把它们当作我忠诚的最终证明，而且仅此而已。忠诚——因为我完全不可能对写下关于战争和青年的那些词句[①]的人说一句话，但我确实想和您说话。我很清楚，我从来没有能够直率地告诉您，您是第一个引导我进入精神生活的人。在我的生命中，我曾两次站在为我指明通往精神存在的道路的人面前；有两位老师指导了我，其中一位是您。作为您的少数门徒——但不是您最亲密的门徒——的发言人，1913 年 10 月，我本想在布雷斯劳向您讲几句话。在最后一刻，一些门徒的奴性阻止了这种情况的发生。我打算说的话是：

“这个时代没有一种形式可以让我们这些沉默的人表达自己。然而，我们对这种缺乏表达感到压抑。我们摒弃轻率、不负责任的书面表达。

“我们聚集在这里的人相信，后人将再次呼唤您的名字。生活没有空间让这种意识存在。然而，它应该腾出一分钟的空间。我们称您为思想的承载者，这就是我们如何向外界表达的；这是真的。但是作为被拣选的人，我们在这个时代经历了一些完全不同的事情。我们已经知道，即使是精神也会完全依靠自身，无条件地束缚活着的人；我们已经知道，人超越了个人；我们被告知了什么是领导力。我们已经知道人类中有纯粹的精神性。对于我们来说，有些事情已经变成了现实，而这些事情对于几乎所有其他人来说都更加遥远。”

对这一真理的体验使我们能够说出这些话。我必须向您坦白，不管您自己愿不愿意，在我的脑海里，您是活着的青春最严格的爱人。关于男孩和女孩，您曾经说过：“他们在人类最神圣的工作中曾经是同志的记忆，曾经一起凝视‘艾多尔詹峡谷’（Tal Eidorzhann），凝视着思想世界的记忆——这种记忆将构成对两性的社会斗争最有力的平衡。这场斗争一直存在，但在我们这个时代，它有可能爆发出明亮的火焰，并危及人类被指定守卫的资产。现在，当他们年轻的时候，当他们还是人类的时候——在这个词的高尚意义上——他们应该看到人性实现过一次。男女同校教育的真正意义在于赋予他们这种无可替代的伟大经历。”

您内心的 θεωρία[1] 被蒙蔽了。您对您的门徒所爱的女性进行了可怕的、丑陋的背叛。最后，您把年轻人献祭给了国家，夺走了您的一切的国家。然而，年轻人只属于那些有远见的人，那些爱他们，尤其是爱他们心中的**思想**的人。这个思想已经从您错误的手中滑落，并将继续遭受难以言表的痛苦。我现在从您手中夺走的遗产就是与这个思想一起生活。

瓦尔特·本雅明

①《青年与战争》（Jugend und Krieg），1914 年。

40　致赫伯特·贝尔莫尔

1915 年 4 月

亲爱的赫伯特，

我刚拜访完阿尔弗雷德·施泰因费尔德的父母回来。他们的儿子于 4 月 6 日在父母家中去世，他死于肾炎，那是他在军队医疗队服役期间染上的。我离开时，他母亲带我进入他的房间——也许是

1　希腊语，意为“理论”。

按照犹太人的习俗——房间里原封未动，所以我想我可以在未整理过的床上看到他身体的印记。他的制服和军帽放在扶手椅上。我相信，正当他再次充满信心地鼓起勇气时他却死了；上次我见到他时，几个月前，他已经有起色了。我不知道你是否像我一样生动地记得他，记得他是一个非常高尚却又未发展的人，生活在有希望的痛苦中。那几天他忍受着可怕的病痛，以至于他的父母怀疑他的病情的时候为时已晚。我无法——不是通过反思，而是通过直觉——想出任何比他们更不幸的人，因为我从来没有见过一对夫妇，他们生活的光明和繁荣如此依赖于他们唯一的儿子。因此，我恳请你[①]给他们写几句亲切的话语。

瓦尔特

① 贝尔莫尔在瑞士。

41　致格哈德·肖勒姆

柏林，1915年10月27日

亲爱的肖勒姆先生，

在我离开前的最后几天，不幸的是时间太紧，我无法去探访您。祝您在接下来的几周里一切顺利。在我最后一次参加军队体检时，我得到了一年的延期，尽管一年之内战争结束的希望渺茫，但我还是计划能够在慕尼黑安静地工作，至少几个月。一旦我有固定的地址，我将写信给您，并希望届时收到有关您事务进展的有利消息。

亲切的问候，直到那时

您的瓦尔特·本雅明

42　致格哈德·肖勒姆

慕尼黑，1915 年 12 月 14 日

亲爱的肖勒姆先生，

事实上，我猜想您正在军队中，在这种情况下，我不想随意给您写信。现在您的消息让我很开心。鉴于我过着井然有序、忙碌而又相对封闭的生活，我这里没有什么可报告的。圣诞节我不会来柏林。在接下来的一段时间里，我只打算暂时打断我在这里的逗留，而把相当长的时间用于我的学习。另一个因素是，我——在我的家乡之外——终于找到了我需要的地方。〔……〕

期待早日听到您的消息。到那时，您将再次收到我的来信。问候您。

您的瓦尔特·本雅明

43　致赫伯特·贝尔莫尔

塞斯豪普特（Seeshaupt），1916 年 3 月 25 日

亲爱的赫伯特，

自从完成了荷尔德林的论文[①]和《彩虹》（Regenbogen）以来，我已经开始了几篇新的论文，但是每一篇甚至都没有完成一半。这与我关注的主题的宏大有关：有机自然、医学和伦理学。但是我绝对不想把我过去写的东西寄给你。我不能再相信它们的形式，而且，虽然它们在许多方面对我很重要，但我宁愿不通过它们与你交谈。相反，我认为——即使欧洲局势变得更加可怕——我们只有表现得像暴风雨中的两个邻居，继续等待自己能够走出大门，亲自互相问候的那一刻。我寄给你的任何东西都无法表达我期待的热切。

因此，我必须等到我能离开德国再去你那里。[②] 我很好。

衷心感谢卡拉和你的问候。

瓦尔特

①《本雅明文集》第II卷，第375—400页（写于1914年秋冬）。《彩虹》佚失了。

② H. 贝尔莫尔自1915年初以来一直在日内瓦。W. B. 和多拉·波拉克于1915年春在那里拜访了他。1917年7月，当他们在苏黎世再次见面时，他们之间的关系永远疏远了。

44 致马丁·布伯

慕尼黑皇后街4号，1916年5月

非常尊敬的布伯先生，

犹太人精神的问题是我思想中最重要和最持久的对象之一。对于您让我倍感荣幸的提议[①]，我必须表示感谢，它让我有可能表达我的想法。然而，只有在谈话中，我才能期待最基本的先决条件得以满足，即从更大的背景中释放这些想法并确定具体的出发点。只有这样才能解决我们合作的问题以及它将采取的形式。出于这个原因，我想请求一个机会来谈论这个问题，无论是您下个月来慕尼黑，还是我在圣诞节期间去柏林——但不幸的是，这是非常不确定的。

您非常忠实的，瓦尔特·本雅明

① 在布伯的《犹太人》（*Der Jude*）杂志合作。

45 致马丁·布伯

慕尼黑，1916 年 7 月

非常尊敬的布伯博士，

我不得不等到和格哈德·肖勒姆先生[①]谈话之后再决定我对您的杂志《犹太人》的基本态度。在这次谈话之后，我能够决定是否可以为其投稿。因为，鉴于我是多么强烈地不同意第一期的许多来稿，尤其是它们对欧洲战争的立场，我的态度——即实际上，我对这本杂志的态度，而且可能只是我对所有积极参与政治的写作的态度——模糊不清了。战争的开始最终并决定性地向我揭示了这一点。此外，我是从最广泛的意义上理解“政治”这一概念的，像它现在一直被使用的那样。在继续往下写之前，请允许我说，我完全清楚以下的想法仍然是不成熟的，而且，如果它们的表述听起来是不容置疑的，原因在于，在我看来，最重要的是它们与我自己的实际行为的基本相关性和必要性。

有一种观点很普遍，而且作为公理几乎到处盛行，即写作可以影响道德世界和人类行为，因为它把行动背后的动机交给我们处置。因此，在这个意义上，语言只是一种或多或少暗示性地为动机**奠定基础的**手段，而灵魂内部的动机决定了人的行为。这种观点的特征在于，它完全没有考虑语言和行动之间的关系，在这种关系中，前者不是后者的工具。这种关系适用于一种无力的语言，它退化为纯粹的工具，也同样适用于写作，它是一种可怜的、软弱的行为，其本源不在于它本身，而在于某种可以言喻的动机。另一方面，这些动机可以被讨论，其他动机可以与它们并置，因此，行为（从根本上）被放在最后，作为从各个方面进行了测试的计算过程的结果。每一种由词语连在一起的扩张性倾向衍生出来的行为在我看来都是可怕的，甚至更加灾难性的是，词语和行为之间的整个关系，以不断增加的程度，作为实现真正绝对之物的机制而站稳脚跟，就像我们现在的情况一样。

就其效果而言，我可以把写作理解为诗意的、预言的、客观的，但不管怎样只能理解为**神奇的**，也就是说，非**间接的**。任何写作可能具有的每一种有益效果，实际上是任何不具有内在破坏性的效果，都存在于其（词语的、语言的）神秘之中。无论语言以多少种形式证明是有效的，它都不是通过内容的传播，而是通过最纯粹地揭示其尊严和本质。如果我在这里忽略其他生效的形式——除了诗歌和预言之外的——那么我一次又一次地认为，水晶般纯粹地消除语言中不可言喻的东西，是让我们在语言内部生效的最明显的形式，而且就这点而言通过它实现。这种对语言中不可言喻的东西的消除，在我看来，恰恰与实际上客观和冷静的写作方式完全吻合，并准确地勾画出语言魔法中知识与行为之间的关系。我对客观的，同时也是高度政治化的风格和写作的观念是：唤起人们对词语被剥夺的东西的兴趣；只有当这个无言的领域以不可言喻的纯净力量显现出来的时候，在词语和感人的行为之间才能有神奇的火花跳跃，而这两个同样真实的实体的统一就存在于其中。只有将词语强烈地瞄准内在沉默的核心才能达到真正的效果。我不相信词语比“真正的”行动离神圣的东西更远，所以除了通过自己和自己的纯净之外，它没有其他方式可以进入神圣。将其理解为一种手段的话，它会扩散。

对于一本杂志来说，诗人、先知，甚至当权者的语言都没有实际意义。歌曲、赞美诗和祈使句也没有，相反，它们可能与不可言喻的东西有着完全不同的关系，可能是一种完全不同的魔法的来源。唯一有实际意义的是客观的写作风格。一本杂志是否能够达到这一目标无法人为预见，而且也许没有多少杂志做到过。但我想起了《雅典娜神庙》(*Athenäum*)。我无法写出旨在产生效果的作品，正如我无法理解它。(从本质上讲，我在《目标》中的文章[②]完全符合我上面所说的意思，但这很难说，因为它出现在一个最不合适的场所。）**无论如何**，我将从《犹太人》所说的内容中学习。正如我此时在犹太教问题上无法作出明确陈述一样——这与该杂志的初期阶段相吻合，没有什么可以阻止我们希望，在我们发展的阶段可能还有更有利的巧合。

我有可能在夏天结束时来海德堡（Heidelberg）。那时，我会非常乐意尝试通过谈话来复活此时此刻我表达得如此不完美的东西。而且，从那个有利场合来看，我们甚至可以谈谈犹太教。我不相信我的思想在这方面是非犹太人的。

致以最诚挚的问候

您的瓦尔特·本雅明

① 肖勒姆从 6 月 16 日至 18 日与本雅明在一起。
②《学生的生活》。

46 致格哈德·肖勒姆

慕尼黑，1916 年 11 月 11 日

亲爱的肖勒姆先生，

我非常感谢您如此迅速地向我提供了这些信息。——一个星期前，我开始给您写一封信，结果写了十八页。这是我尝试着根据上下文回答您向我提出的相当多的问题中的一些。与此同时，我不得不下定决心将其改写为一篇短文，以便我可以更准确地阐述主题。我现在正在作一份誊清稿。在这篇文章中，我不可能探讨数学和语言，即数学和思想，数学和锡安山[1]，因为我对这个无限困难的话题

1　锡安山（Zion），位于耶路撒冷，犹太人的象征。

的思考还远远没有最终成形。然而，此外，我确实试图在这篇文章中阐述语言的本质，而且——在我理解的范围内——参考《创世记》（Genesis）的第一章讨论其与犹太教的内在关系。我等待您对这些想法的判断，确信我会从中受益。我只能在一段时间以后把这篇文章寄给您——无法预见什么时候——也许在一周之内，也许甚至更晚；正如我所说的，它还没有完全完成。从《论语言本身和人的语言》（Über Sprache überhaupt und über die Sprache des Menschen）①这个标题，您会注意到某种系统性的意图，然而，它也让我完全清楚了其思想的不完整性，因为我仍然无法触及许多方面。特别是，从语言理论的角度对数学进行思考，这对我来说当然是非常重要的，它对于语言理论本身具有完全基本的意义，尽管我还不能尝试这种思考。

我想明确地告诉您，**非常**欢迎**随时**寄来《十九封信》（*Neunzehn Briefe*）②以及蔡特林[1]对这篇文章（Schechinnah 是什么意思？）的翻译③，特别是考虑到我目前的工作。能不能麻烦您在赫希[2]的书中最重要的希伯来语单词旁边写下德语翻译？我认为只有少数几个，否则我不会要求您这样做。在《帝国》（*Reich*）的最后一期中，汉斯·路德维希·赫尔德[3]撰写了一篇看似博识的文章：《关于石人和闪：希伯来神话研究》（Über Golem und Schem: eine Untersuchung zur hebräischen Mythologie）（第一部分）。我有这期杂志（所以我可以把那篇文章寄给您）；我之所以买它，是因为里面还有别的东西（当然，我已经剪裁并单独装订）：它包含了一份显

1 希勒尔·蔡特林（Hillel Zeitlin，1871—1942），意第绪语和希伯来语作家，编辑了意第绪语报纸《时刻》并从事其他文学活动。

2 萨姆森·拉斐尔·赫希（Samson Raphael Hirsch，1808—1888），德国东正教拉比，最著名的是作为当代东正教犹太教（Torah im Derech ）Eretz 学派的知识创始人。

3 汉斯·路德维希·赫尔德（Hans Ludwig Held，1885—1954），德国图书管理员和作家。

然很晚期的荷尔德林手稿的初版④——就其内容而言，它**绝对**重大，就像荷尔德林晚年写的所有东西一样。

在《康德研究》(*Kant-Studien*) 的最后一期中，齐尔塞尔[1]先生为自己的书刊登了一则广告。一篇关于“历史时间问题”(Problem der historischen Zeit) 的文章（最初是作为他在弗莱堡取得 venia legendi[2] 时所做的演讲）出现在《哲学与哲学批评杂志》(*Zeitschrift für Philosophie und philosophische Kritik*) 的最后一期或倒数第二期中，它确切地说明了这个问题不应该如何处理。**不过**，您可能会想看一下这篇糟糕的作品，即使只是为了证实我的猜测。也就是说，不仅作者关于历史时间的说法（我能够判断）是无稽之谈，而且他关于机械时间的陈述，正如我怀疑的那样，也是歪曲的。

我的墨西哥文化讲师⑥还没有宣布他的课程，并且出于某种原因，似乎没有开任何课程。由于我目前的工作，我还没读完克尔凯郭尔，而是只完成了一半。您的数学讲座结果怎么样？⑦

我最真诚的问候

您的瓦尔特·本雅明

①《本雅明文集》第 II 卷，第 401—419 页。

②《关于犹太教的十九封信》(*Neunzehn Briefe über Judentum*)，萨姆森·拉斐尔·赫希著，出版于 1836 年的著名书籍。

③ 肖勒姆一篇未发表的希伯来语文章的翻译，这篇关于上帝在世界上的存在的文章发表于 1911 年，在当时被认为意义重大。该文由哈西德派时事评论员希勒尔·蔡特林撰写。

④《帝国》年集 I（1916 年），第 305 页及以下。实际上，指的是《品达[3]片段》(*Pindar-Fragmente*)（后来以第一个片段命名为《智慧的不忠》[*Untreue der Weisheit*]），它大概写于 1803 年左右。1910 年，诺伯特·冯·黑林拉特已经出

1 埃德加·齐尔塞尔（Edgar Zilsel，1891—1944），奥地利裔美国历史学家和科学哲学家。

2 拉丁语，意为“任教资格”。

3 品达（Pindar，约公元前 522—前 443），来自底比斯的古希腊抒情诗人。

版了这些注释译本《荷尔德林的品达翻译》(*Hölderlins Pindar-Ubertragungen*)。
⑤ 1915 年 7 月 27 日马丁·海德格尔[1]的就职演讲。
⑥ 瓦尔特·莱曼[2]，本雅明上过他的阿兹特克神话的课程。
⑦ 肖勒姆是肖特基（Schottky）四小时讲座中唯一的听众。

47 致赫伯特·贝尔莫尔

〔1916 年末〕

亲爱的赫伯特，

我很高兴你写信给我。

但是你的信件采取客观报告的形式，因此忽视了一些深刻的假设，而我的回答对我们双方必须作出假设。如果这没有必要，我的回答就不会是这样的：对你同时要求和实践的那种客观性的热忱予以驳斥。

我的经验是，帮助你度过黑夜的不是桥梁和飞行，而是兄弟般的步伐。我们是在夜的中央。我曾试图用言语来对抗它（托马斯·曼[3]发表了他卑鄙的《战争中的思想》[*Gedanken im Kriege*]）。在那个时候，我了解到，与夜晚作斗争的人必须搬动最深的黑暗来释放**它的**光芒，而言语只是这场重大生命斗争中的一个站点：它们只有在它们从不是第一站的地方才能成为最后一站。

我可以看到自己在日内瓦坐在行李箱上，与多拉和你在房间里，因为我主张，在任何意义上创造力都必须得到支持（但同样也

1 马丁·海德格尔（Martin Heidegger，1889—1976），德国哲学家和大陆传统和哲学诠释学的开创性思想家，并且“被广泛认为是 20 世纪最独创和最重要的哲学家之一”。

2 瓦尔特·莱曼（Walter Lehmann，1878—1939），德国人种学家、语言学家和考古学家，以记录中美洲许多土著文化和语言而闻名。

3 托马斯·曼（Thomas Mann，1875—1955），德国小说家、短篇小说作家、社会批评家、慈善家、散文家和 1929 年诺贝尔文学奖获得者。

要支持评论），并且生命必须只在一切名字、词语和符号的精神中寻找。多年来，荷尔德林的光芒在这样的夜晚照亮了我。

这一切太大了，无从评论。① 整个是承载着光的夜晚，是精神的流血的身体。这一切也太小了，无从评论，根本不存在：黑暗，完全的黑暗本身——甚至只有尊严——任何试图思考它的人的目光都会变得模糊。只要词语在我们的道路上显现在我们面前，我们就会为它预备最纯净、最圣洁的场所：但是，它应该在我们中间居住。我们希望以我们能够给予的最终、最珍贵的形式来保存它；艺术、真理、正义：也许一切都将从我们手中夺走，那么它至少应该是形式：而不是评论。评论是对每个人的头顶周围的光圈的关注，而不是对语言的关注。无论我们在哪里遇到它，它对我们都意味着工作。语言只存在于积极的事物中，完全存在于任何努力与生活最亲密地结合的事物中；它并不坚持批评和区分好坏的假象（χϱιων[1]），而是把至关重要的一切都转置到内部，把危机转置到语言的中心。

真正的批评并不攻击它的对象：它就像一种化学物质，仅在某种意义上攻击另一种化学物质，即分解它；是为了暴露出它的内在本质，但并不摧毁它。以这种方式（从心理素质上）攻击**精神**事物的化学物质就是光。这并不出现在语言中。

对精神事物的批判是对真实与虚假的区分。然而，这不是语言关注的问题，或者只是它深深的伪装：作为幽默。只有幽默才能使语言具有批判性。然后出现了特殊的批判魔法，伪造物与光接触；它解体了。真实的东西仍然存在：它是灰烬。我们对此大笑。那些过度闪耀的人的光芒也将接受神圣的揭露，我们称之为批判。正是伟大的评论家惊人地看到了真实的东西：塞万提斯[2]。

---

1 希腊语。

2 米格尔·塞万提斯（Miguel Cervantes，1547—1616），西班牙作家，被公认为西班牙语中最伟大的作家，也是世界上杰出的小说家之一。

有一个伟大的作家就以这样的方式看到真实的东西，以至于他的写作几乎就是批评：斯特恩。批评家不敬畏文字，而是在朴素的真实面前敬畏他的批评对象：利希滕贝格[1]。如果批评要变得明确或采取语言形式，这就是方法。这完全是伟大个人的关切。这个概念被滥用了：莱辛[2]不是批评家。

诚挚的问候。

瓦尔特

你想读我的一些作品吗？我写了以下文章：

《古代人的运气》（Das Glück des antiken Menschen）

《苏格拉底》（Socrates）

《悲苦剧和悲剧》（Trauerspiel und Tragödie）

《悲苦剧与悲剧中语言的意义》（Die Bedeutung der Sprache in Trauerspiel und Tragödie）

《论语言本身和人的语言》②

① 以下内容与 7 月份致布伯的第 45 封信中的思路之间的关系是显而易见的。
② 这些文章都保留了下来，部分仅以手稿形式。

48 致恩斯特·舍恩

柏林，1917 年 2 月 27 日

亲爱的舍恩先生，

非常感谢您的上一封信。我仍然希望您很快能来柏林。那时，

---

1 格奥尔格·克里斯托夫·利希滕贝格（Georg Christoph Lichtenberg，1742—1799），德国唯物论者、讽刺作家和亲英派。

2 戈特霍尔德·埃夫莱姆·莱辛（Gotthold Ephraim Lessing，1729—1781），德国作家、哲学家、剧作家、时事评论家和艺术评论家，也是启蒙时代最杰出的代表之一。

我会把您借给我的雅姆[1]的书还给您。我发现《野兔小说》(*Roman du Lievre*)以及两个关于年轻女孩的故事都很精彩。您知道雅姆的诗集吗？如果您觉得它很好并且您拥有它，我很希望您找机会借给我。我很早就知道并看重《存在》(*Existences*)，并且最近自己买了它。目前我正忙着阅读福楼拜[2]的《布瓦尔与佩库歇》(*Bouvard et Pécuchet*)。这本书在任何意义上都是我所知道的福楼拜最难的作品。几个星期前，我读了陀思妥耶夫斯基[3]的巨著《白痴》(*Der Idiot*)。

鉴于我目前所处的环境所限，我正在尽我所能进行波德莱尔的翻译。我也在考虑一项更广泛的研究，那是我三个月前开始的，并且渴望继续下去。①我的坐骨神经痛发作仍在继续。

我的存在是如此有限，以至于我无法以书面形式告诉您更多关于它的事情。然而，如果这些字行让我**看起来**比实际情况更糟糕，我会感到遗憾。最糟糕的是，当我未来的妻子②在这儿的时候，我和父母住在一起，我不得不忍受每天的争吵。

您看到过诺伯特·冯·黑林拉特③阵亡的消息吗？我本来想，在他回来的时候，把我的荷尔德林论文交给他读一读。黑林拉特在关于品达翻译的论文中构思主题的方式是我这篇论文的外在动机。——顺便说一句，他本打算写一本关于荷尔德林的综合研究。

少数始终令人愉快的事情之一就是和一位比我小几岁的人④通信，一年多几乎没有间断，他驻扎在野战医院，这为他提供了思考和写作的机会。我去年春天拜访过他一次。通信是许多事情唯一可能的表达形式，因为它的不同前提在某种程度上总是允许和满足

1　弗朗西斯·雅姆（Francis Jammes，1868—1938），法国诗人。

2　古斯塔夫·福楼拜（Gustave Flaubert，1821—1880），法国小说家。

3　费奥多尔·米哈伊洛维奇·陀思妥耶夫斯基（Fedor Michajlovitsch Dostojewskij，1821—1881），俄罗斯小说家、散文家、记者和哲学家。

作者的痛苦和悲伤。

鉴于您的情况，除了希望信件经常带给您快乐，我不知道还有什么更好的祝愿了，我希望这一封也尽它所能让您高兴。

您的瓦尔特·本雅明

① 关于语言的论文。
② 多拉·波拉克。婚礼于 1917 年 4 月 17 日举行。
③ 格奥尔格·穆勒（Georg Müller）的荷尔德林译本的出版商，本雅明非常看重他。
④ 维尔纳·克拉夫特[1]，当时在汉诺威（Hannover）。

49 致格哈德·肖勒姆

达豪（Dachau），1917 年 5 月 23 日

亲爱的肖勒姆先生，

我几乎找不到时间和外在的可能性给你写信的时候，突然，一个清晰的理由出现了。也就是说，我搜寻了很长时间的巴德尔[2]的全集今天早上到了，当然，因为现在我希望能够以一定的强度投入到我的研究中，我想让所有相关的东西并排放在一起。这是我工作的唯一方式。巴德尔和莫利托[3]①如此紧密地联系在一起，以至于我读到巴德尔的最初的内容之一就是他写给莫里托的两封重要信件，除其他事项外，它们关于Schechinnah[4]说了一些重要而美好的话语。

1 维尔纳·克拉夫特（Werner Kraft，1896—1991），犹太血统的德国以色列籍图书管理员、文献学家和作家。
2 弗朗茨·冯·巴德尔（Franz von Baader，1765—1841），德国天主教哲学家、神学家，医生和采矿工程师。
3 弗朗茨·约瑟夫·莫利托（Franz Joseph Molitor，1779—1860），德国作家和哲学家。
4 希伯来语音译，意为“神之显现”。

那么，您打算为我打听的那本书怎么样了？如果您已经得到了，请立即寄给我，说明您的费用，我将通过回邮还给您。如果没有，我会尝试在慕尼黑大学图书馆找到它。但是，如果这也是徒劳的，那么我可能会决定请您通过挂号邮件借给我这本书——如果您能割爱的话。只有当我的工作使这项阅读成为我不可或缺的事情，并且当我无法以任何其他方式获得该书时，我才会这样做。您会不时得到巴德尔关于神之显现的评论的摘录，也许还有其他一些东西。

几天来，我们的地址一直是慕尼黑附近的达豪，泥浴和温泉度假胜地。现在是夏天，我们有一个漂亮的房间，凉廊俯瞰青翠的花园；由于我们住在二楼，我们有时甚至可以看到阿尔卑斯山。食物和护理很好，但我的坐骨神经痛仍然存在。

我正在读很多弗里德里希·施莱格尔[1]和诺瓦利斯[2]的作品。关于施莱格尔，我越来越清楚他可能是所有浪漫主义诗人中唯一一个（在这方面我们当然可以不考虑他的兄弟）为这个流派的精神发展做出了贡献而没有在本质上软弱和模糊的人。他具有诗意般的纯洁，健康而懒散。然而，在诺瓦利斯最深的内部，就像和布伦塔诺[3]一样，寄居着一种病菌。我仍然希望确切地说明诺瓦利斯疾病的本质。

真理的数学理论②——或者更确切地说是它的发展——尽在掌握之中。时隔一年多之后，我在慕尼黑和我的朋友（天才）③交谈，在此期间，他以优异的成绩获得了埃尔兰根（Erlangen）的博士学位。他正在致力于和您一样的问题——尽管没有明确地从犹太复国

1　弗里德里希·施莱格尔（Friedrich Schlegel，1772—1829），德国诗人、文学评论家、哲学家、语言学家和印度学家。

2　诺瓦利斯（Novalis，1772—1801），早期德国浪漫主义的诗人、作家、神秘主义者和哲学家。

3　克莱门斯·布伦塔诺（Clemens Brentano，1778—1842），德国诗人和小说家，也是德国浪漫主义的主要人物。

主义的角度出发。关于真理的数学理论，以及该学科如何通过毕达哥拉斯学派第一次在欧洲出现，我与他进行了**最重要的**谈话。然而，在概念上，我还没有足以深入了解这些问题并以信件的形式传达它们。在某些相关问题上也是如此，这些东西是在那次谈话中向我揭向的，而且是最惊人地大胆的。

在慕尼黑，我在一家旧书店购买了康德的书信集和希尔巴特[1]的月球小说《大革命》(*Die große Revolution*)。——您好吗？请尽快写信告诉我们。我们常常想念您，我们的感觉越好，就越希望您也这样。就卢加诺[2]而言，我们再次期待着您的确切指示——以及您母亲的地址。

最衷心的祝福。我们希望尽快收到您的来信。

您的瓦尔特·本雅明

① 莫利托是关于犹太神秘哲学（Kabbala）最重要的早期著作《历史哲学或传统哲学》(*Philosophie der Geschichte oder über die Tradition*)（1827—1853）的作者。1916 年，它仍然可以通过出版社买到。
② 这个词来自肖勒姆，他用它来描述他的数学哲学思辨。
③ 本雅明一直用这个名称来称呼菲利克斯·诺格格拉斯（Felix Noeggerath，1886—1961）博士，W. B. 从 1915 年至 1916 年在慕尼黑以及 1925 年之后与他有很多接触。

50 致格哈德·肖勒姆

〔1917 年 6 月〕

亲爱的肖勒姆先生，

在没有完全意识到的情况下，毫无疑问，我一直认为您对《颂

1 保罗·希尔巴特（Paul Scheerbart，1863—1915），德国玄幻文学和绘画的作者。
2 卢加诺（Lugano），瑞士提契诺州的一座城市。

歌》(Das Hohe Lied)译本的修改是可能的(因为这是必要的),而且我也期望印刷好的文本——我随身携带它——它对我评估任何未来的新文本都很重要。因此,我非常愿意接受您提供给我的评论性工作,我相信我会学到很多东西。我请您尽快寄出手稿。——莫利托到了,它的钱将在今天的邮件中寄给您。因为它是由我的妻子邮寄的——她今天在慕尼黑,一直待到后天——所以我不确定她是否会考虑到包含1马克的邮资。如果她没有,我会立即补给您的。我很高兴拥有这本书:顺便说一句,我相信,像巴德尔一样,按照时代潮流它肯定会变得稀少、珍贵,甚至昂贵。不知我的猜测是否正确,它没有超越第四卷的第一部分?请告诉我第二卷的主题,以便我大致了解它的方向。①巴德尔当然与浪漫主义有很大关系,因此他对谢林[1]产生了重大影响,但谢林隐藏了这种影响。例如,我被您提到的那篇文章的作者②指引到巴德尔,他是一位年轻的博士、诗人以及对哲学感兴趣的人。我曾在慕尼黑的一个研讨会上和他交谈,在慕尼黑的其他地方也经常和他交谈。我知道他写的关于巴德尔的一篇文章,但不知道是否是您提到的那篇。对于我来说,普尔弗[2]博士的哲学观点的品格仍然是**非常**有问题的。他提交了一篇关于浪漫主义反讽和浪漫主义喜剧的论文,虽然它获得了很高的分数,但它非常混乱。我第一次快乐地沉浸在对浪漫主义的研究中。对康德的研究——从某种意义上说,这是最紧迫的——必须推迟并等待一个更有利的时间,因为我只能在最广泛的上下文中钻研他(以及〔赫尔曼·〕科恩[3],顺便说一下,科恩病得很重),因此需要

1 弗里德里希·威廉·约瑟夫·谢林(Friedrich Wilhelm Joseph Schelling,1775—1854),德国哲学家。

2 马克斯·普尔弗(Max Pulver,1889—1952),瑞士作家、诗人、哲学家和精神分析师。

3 赫尔曼·科恩(Hermann Cohen,1842—1918),德国犹太哲学家,是马尔堡新康德主义学派的创始人之一,他经常被认为"可能是19世纪最重要的犹太哲学家"。

大量的时间。首先，我将把注意力转向早期浪漫主义，主要是弗里德里希·施莱格尔，然后是诺瓦利斯、奥古斯特·威廉，甚至是蒂克[1]，接下去，如果可能的话，是施莱尔马赫[2]。我将着手根据**系统的**基本思想来整理一些弗里德里希·施莱格尔的片段；这是我考虑很久的一项工作。它当然纯粹是诠释性的，其中的客观价值还有待观察。此外，由于真正可以系统解释的片段数量有限，这项研究的范围也很狭窄。但是，到目前为止，我对早期浪漫主义的几乎所有理解都要归功于这项工作。另外，我正在编纂一些相应的诺瓦利斯片段。考虑到诺瓦利斯有大量片段（包括死后出版的片段），我的成果比想象中微薄。早期浪漫主义的核心是：宗教和历史。与**所有**晚期浪漫主义相比，它的无限深刻和美丽源于这样一个事实，即早期浪漫主义不诉诸宗教和历史事实来寻求这两个领域之间的密切联系，而是试图在自己的**思想**和生活中产生两个领域必须重合的更高领域。结果不是“宗教”，而是一种氛围。在这种氛围中，一切非宗教的、表面上是宗教的，都被烧毁和分解成灰烬。正如基督教同样悄无声息的解体对弗里德里希·施莱格尔是显而易见的那样，这并不是因为他质疑它的教义，而是因为它的道德不是浪漫主义的：也就是说，它既不够安静也不够活泼，因为对他来说，它似乎是动荡的、阳刚的（在最广泛的意义上），而且归根结底是非历史的。这些话在他的作品中找不到。它们是一种解释。但浪漫主义**必须**被（有头脑地）解释。弗里德里希·施莱格尔在这种氛围的超自然火焰中生活的时间比任何其他人都要长，尤其比诺瓦利斯更长。诺瓦利斯试图从他实用的——在其深刻的意义上——或者更确切地说，

1 路德维希·蒂克（Ludwig Tieck，1773—1853），德国诗人、小说作家、翻译家和评论家。

2 弗里德里希·恩斯特·丹尼尔·施莱尔马赫（Friedrich Ernst Daniel Schleiermacher，1768—1834），德国神学家、哲学家和《圣经》学者，他以试图将对启蒙运动的批评与传统的新教基督教相协调而闻名。

实用主义的天才中实现施莱格尔使之变得不可避免的事情。因为事实上，浪漫主义是最后一次挽救传统的运动。它的努力——对于那个时代和领域来说有些早熟——旨在疯狂和恣意地揭露传统的所有秘密源泉，这些源泉将坚定地流入全人类。

在某种意义上——首先要明确这种意义的深刻性——浪漫主义寻求为宗教完成康德为理论对象所完成的工作：揭示它的形式。但是宗教有**形式**吗？？无论如何，在历史上，早期的浪漫主义设想过类似的东西。

关于诺瓦利斯的"病菌"，我会另找时间再写。我还在考虑它。关于"天才"的研究，由于他的主题给我带来了很大的困难，我无法通过信函告知您。〔……〕关于身份的论文很快就会来。[③] 天才的论文尚未发表。我看过的手稿的一小部分显然**极其**有价值。

巴德尔的那本书——我在里面找到关于神之显现的段落——您或许可以从图书馆里得到：对它的引用散落在整本书中，摘录起来很繁琐。顺便说一句，我相信他的观点可能接近事实。参见 F. 霍夫曼（F. Hoffmann）出版的《文集》，第 4 卷，第 343—349 页。此外，在同一篇文章中关于时间和历史的讨论，第 356—357 页，是非常值得注意的。我还没有理解它。以及前一篇文章的最后一段，第 340 页，您也许会感兴趣。如果您能写信告诉我一些关于双重创造概念的东西，您会帮我一个大忙，我对此很感兴趣，而且有充分的理由。

我和我妻子向您致以最诚挚的问候和美好祝愿。

您的瓦尔特・本雅明

附：汇款（16 马克）随附。

① 第二卷在出版商那里已绝版。

② 马克斯・普尔弗。稍后在信中提到的作品是他 1912 年的弗莱堡论文。

③《关于身份问题的论文》(Die Thesen über das Identitätsproblem) 得到了保存。它起源于 1917 年初本雅明和肖勒姆之间的讨论。

51 致恩斯特·舍恩

圣莫里茨，1917年7月30日

亲爱的舍恩先生，

这是一个美丽的清晨，我等待着感谢您的来信和那本书的时刻已经到来。我还在苏黎世的时候，信就到了。我躺在床上看它，而就在我旁边的床头柜上放着一本莫里斯·德·盖兰[1]作品的一个有欠缺的小的版本，那是几个月前我在德国所能找到的唯一一本。在我翻开一页并阅读您礼物的标题之前，我就**知道**这是莫里斯·德·盖兰的作品。几天前，我读过《半人马座》(*Le Centaure*)。——顺便问一下，您有什么建议，我怎么才能看到这本书的里尔克译本，哪怕只是匆匆一瞥。据我所知，它由岛屿出版社出版，但他们的最后一个总目录里没有它了。盖兰对半人马精神的渗透方式是奇妙的；读完后，我打开了荷尔德林强有力的片段《振奋人心》(Das Belebende)（在黑林拉特特别版《品达翻译》的结尾），于是盖兰的半人马世界进入了荷尔德林的片段中更大的世界。

我们在这里已经待了一个星期，经过多年的奋斗，我找到了这个地方——如果我可以这样说，而且在最后一段阴魂不散的关系①在苏黎世消失之后，我终于到了这里。我希望像吸收种子一样吸收了战前的两年，我希望从那以后的一切都在我的精神中净化了它。当我们再次见面时，我们将谈谈青年运动，它的卓越成就经历了如此彻底和急剧的衰落。一切都在衰落，除了让我过上自己生活的以及在过去的两年里我试图接近的那一点点东西，我发现自己在这里在不止一种意义上得救了：不是因为生活的悠闲、安全、成熟，而是在于逃脱了恶魔和幽灵般的影响——无论我们走到哪里，它们都普遍存在——以及逃脱了原始的无政府状态和痛苦的无法无天。

---

1 莫里斯·德·盖兰（Maurice de Guerin，1810—1839），法国诗人。

在我的生日那天，我收到了漂亮的、老版本的格里菲斯[1]作品。这个人的作品象征着即使在今天仍然威胁着我们的巨大危险：即便生命之火不被扑灭，也会变得无可救药地暗淡；本着过去几年的精神，光给了我谨慎的态度。

我还没有在工作；什么时候我可以开始工作取决于具体情况。如果我有大批私人藏书可供使用，我可以做很多事情；就目前情况而言，我希望随着时间的推移能组建我的小型私人藏书，而且我希望能够随时工作。因为现在，经过这么多年，工作再次成为可能。我的关于语言的论文，我不能马上给您，在德国的那份，我现在无法拿到。② 我敢希望，您读到它的时候，它将超越第一部分。但也许我可以不时给您寄我写的笔记的简短副本？

今天就到这里。我和我妻子向您致以诚挚的问候。

您的瓦尔特·本雅明

① 和赫伯特·贝尔莫尔。
② 肖勒姆在部队服役。

52　致格哈德·肖勒姆

苏黎世，1917 年 7 月 17 日

亲爱的肖勒姆先生，

请允许我谈谈您对《颂歌》的翻译。遗憾的是，我现在面前没有它的文本，而且最近我在达豪的令人精疲力竭的逗留期间，我甚至没法读完它：然而，这些局限性比起我的无知就不那么重要了，不仅是对《颂歌》的无知，还有对希伯来语的无知。因此，我的意

1　安德烈亚斯·格里菲斯（Andreas Gryphius，1616—1664），德国抒情诗人和戏剧家。

见只不过是个大概印象，但我认为我不得不说的只言片语是建立在相当坚实的基础上的。

第二种译本与第一种译本[①]的区别在于它彻底而认真地运用了**批评的方法**；这种修改是有条理的，但同时它只是有条理的。如果我可以允许自己猜测，这是因为，它以德语为媒介；您对希伯来语的热爱只能表现为对语言本质和对词语本身的敬畏，从而只能体现在一种适当而纯粹的方法的运用上。但这意味着您的作品仍然是令人遗憾的，因为它并没有在其领域中表达对于一个对象的爱和崇拜。原则上，两种语言出现在同一个领域并非不可能：相反，这构成了所有伟大的翻译，是现存极少数伟大的翻译的基础。在品达的精神中，荷尔德林发现了德语和希腊语的一致领域：他对两者的热爱成为了**一体**。（我不确定，但我认为几乎可以对格奥尔格的但丁译本给予同样的高度赞扬。）然而，您跟德语并不像跟希伯来语那么亲近，因此您不是《颂歌》的**天命召唤的**译者。与此同时，您可以感谢您的敬畏和批判精神，您还没有成为一个不公允的译者。归根结底，我相信您自己会比其他人从这项工作中受益更多。

在岛屿出版社的目录中，我看到了以下条目：马丁·布伯，《教学、演讲和歌曲》（*Die Lehre, die Rede und das Lied*）。这正是我在一封他没有回复的信中对表达方式的语言学分类。也许他的回复隐藏在这个标题背后吗？也许是赞成的暗示？也许没有说明这个赞成是针对谁的？我将努力支持这一论点，届时您将从我这里听到更多消息。

我们很快就会从这里去恩加丁。在收到新地址之前，请勤快地写信到这个地址。我们经常想起您，并以最真诚的祝福与您同在。

您的瓦尔特·本雅明

① 该译本于1916年印刷了几份。

53　致格哈德·肖勒姆

圣莫里茨，〔1917 年 9 月〕

亲爱的格哈德，

在此向您的战斗和胜利表示纪念，同时请允许我以后改称您的教名。尽管您上次的来信给我带来了很多快乐（正如您所看到的，我立刻在回复它），但一想到我们不能在一起，我就感到一种近乎痛苦的感觉。难道真的不可能？我相信，从某种意义上说，在生活的最内层，我们已经达到了一种**平等**，这种平等的基本色彩无疑是感激之情，它将保证最有成效和最美好的合作。我希望我们能够在一起的另一个原因是我和我的妻子在这里仍然很孤单。难道您不可能通过一些小项目来赚取一笔小钱（法郎）吗？这些钱加上您每月的薪水，就能保证一个有限但健康的生活水平。要不然我们还要等多久才能再次见面？

几天后我要去伯尔尼出差。冬天我将在哪里学习，我还不知道。也许在苏黎世；但在某些情况下，我可能会被迫选择巴塞尔，如果在获得博士学位方面证明它更有利。那儿有非常开明的〔卡尔·〕乔尔[1]教授。——根据我所听到的关于鲍赫[2]教授与康德学会冲突的情况，他似乎不可能做比传播一些哲学研究的细枝末节更多的事情。您可能会不时听到有关这场冲突的消息。据我所知，林克（Linke）在现象学界并不受重视①，但我很感激他的一篇文章，为我提供了一些关于现象学本质的信息，或者他认为它所是的什么。这篇文章是反对埃尔森汉斯[3]对现象学未加理解的批评的论战，发表在 1916 年的《康德研究》（*Kant-Studien*）杂志上。

1　卡尔·乔尔（Karl Joel，1864—1934），德国哲学家。

2　布鲁诺·鲍赫（Bruno Bauch，1877—1942），德国新康德主义哲学家。

3　特奥多·埃尔森汉斯（Theodor Elsenhans，1862—1919），德国哲学家、心理学家和教育家。

目前，我没有在工作，只是时不时地思考各种各样的事情。这里不是做其他任何事情的地方，在这里度过夏天的几个星期是一个不错的选择。景色非常壮观，令人精神振奋。这种治愈人心的力量，在给予我们内心平静的同时，又不至于令我们过分震撼乃至毁灭。我正在给我妻子读格里菲斯的《卡德尼奥与塞林德》(*Cardenio und Celinde*)。这样一来，我自己算是第二次读了。这是一部**非常**美丽的戏剧。〔……〕

您可以把我关于路德维希·施特劳斯的语言的文章读给一群人，如果作为回报——如果可能的话——您可以借给我一份他的论文的副本[②]。我想告诉您，了解一篇您认为相当重大的伦理学论文对我来说非常重要。我几乎无法想象还有什么比这更有趣和更重要的事情，正因为这个原因，我希望在一段时间内自己面前有一份精确的抄本。就我的论文而言，我自然想对路德维希·施特劳斯投桃报李。请替我向他致以诚挚的问候。完全的相互信任是这种手稿交换的先决条件。——我正在订购荷尔德林所发行作品的最新一卷。遗憾的是，我还没有看到克拉夫特先生[④]也向我提到过的，格奥尔格的诗[③]。

9月6日

我收到了您的论文[⑤]。谢谢。它非常棒。对于您要做的任何进一步的阐述，我想提请您注意以下几点想法。您写道："所有目的不是在于以身作则的工作是没有意义的。""如果我们想要认真对待：……那么今天，与往常一样，影响后代灵魂的最深刻的方式——也是唯一的方式——就是：以身作则。"榜样的概念（更不用说"影响"的概念了）应该完全排除在教育理论之外。一方面，榜样的概念中固有的一部分是以经验为依据的；另一方面，是对（暗示或类似的东西的）纯粹力量的信仰。榜样意味着：通过行动表明某事在经验上是可能的，并鼓励他人去模仿。然而，教育者的生活不是通过树立榜样间接发挥作用。因为我必须非常简洁地表达自己，我想试着从教学的角度来阐明这一点。教学意味着通过真正意义上的理论进行教育，因此必须成为所有教育思想的中心。教育与教学的分离是所有现有学校完全混乱的症状。教学对所有其他教育领域都具有象征意义，因为在所有这些领域中，教育者也是教学者。当然，你可以将教学描述为“通过榜样学习”，但是你会立即发现榜样的概念完全是在被比喻性地使用。教师的教学实际上并不是通过“比别人先学”，不是通过示范性学习。相反，他的学习已经演变为教学，部分是逐步地但完全来自内部。因此，当你说老师为学习树立了“榜样”时，在榜样的概念之下，你隐藏了这种学习的概念中的特征和自主性：也就是说，教学。在某个阶段，在合适的人身上，一切都成了典范，但他们因此蜕变成自己，并重新焕发活力。看到这种重新焕发活力的创造力在人的生命形式中展现，意味着对教育的一种洞察力。我现在希望您在论文的最终版本中以这样一种方式删除榜样的概念，并将其提升到传统的概念。我确信，传统是一种媒介，在这种媒介中，学习者**不断地**将自己转变为教学者，这适用于整个教育领域。在传统中，每个人都是教育者，每个人都需要接受教育，一切都是教育。这些关系在理论的发展中被符号化和综合化了。任何没有学过的人都不能教，因为他认不出自己，因此他看不到他以自己的方式接受传统，并通过教学来传播传统的地方。只有那些把自己的知识理解为被传播的东西的人才能够传播知识。他以前所未有的方式获得了自由。在这里，我想到了《塔木德》[1]妙语的形而上学起源。理论就像汹涌澎湃的大海，但对海浪（可以理解为关于人的一种比喻）来说唯一重要的事情，就是以

1 犹太古代法典。

这样的方式使自己屈服于它的运动，以至于成长为波峰，泛着泡沫破浪而出。这种破浪而出的巨大自由就是教育，实际上是：教学——变得可见和**自由**的传统，像浪潮一样从生活的富饶中突然出现的传统。谈论教育是如此困难，因为它的秩序完全符合传统的宗教秩序。教育就是（在精神上）丰富理论；只有学过的人才能做到这一点：因此，子孙后代只能通过学习来生活。我们的后代来自上帝（人类）的精神；他们就像波浪一样从精神的运动中升起。教学是老的一代与新的一代自由结合的唯一纽带。几代人就像波浪一样相互碰撞并将它们的浪花投掷到空中。

教育中的每一个错误都可以追溯到这样一个事实，即我们认为我们的后代在某种终极意义上依赖于**我们**。他们对我们的依赖与他们对上帝和对语言的依赖没有什么不同，为了与我们的孩子建立某种共同性，我们必须沉浸在语言中。年轻人只能教育其他年轻人，而**不能**教育孩子。成年人教育年轻人。

但愿这封信不是太长。最后，我和我的妻子一起向您致以最诚挚的问候，我希望很快能收到您的来信。

您的瓦尔特·本雅明

① 布鲁诺·鲍赫和保罗·林克在耶拿任教，肖勒姆于 1917 年至 1918 年冬天在那里学习。
② 一篇《伦理学》的（手写）提纲。
③《战争》(Der Krieg)。
④ 维尔纳·克拉夫特，自 1915 年以来，本雅明一直与他进行着热络的通信（遗憾的是丢失了），主要是关于文学问题。在 1915 年 6 月的一次讨论的影响下，克拉夫特和肖勒姆彼此独立地结识了本雅明，讨论的是关于库尔特·希勒给知识分子的一次讲座，这三个人，包括其他人，都发言了。
⑤ 对犹太人徒步旅行联合会“蓝白色”(Blau-Weiß) 进行的犹太人教育工作的原则性批评，这篇文章发表在该联合会的出版物《领导报》(*Führerzeitung*) 上 (1917 年夏天)。

54　致恩斯特·舍恩

伯尔尼，1917年9月10日

亲爱的舍恩先生，

在我写这封信的时候，您的上一封信不在我身边。尽管如此，我还是写信给您，因为这座城市的每一件事都诱发我这么做，而且因为我想到，您在这里度过的那个或许不幸的学期是如何给我带来了一些很好的信件，这些信件当时让我深受感动。〔……〕几乎每件事都不适合通过信函进行沟通。我只想写可以不违背真相地表达的东西，而在我不可能以书面形式完全表达清楚的地方保持沉默。

昨天我们在这里看到了一位年轻的音乐家[①]，几年前他刚从维克斯多夫来的时候我结识了他。我知道他是一个优雅而安静的男孩，即使在那时，他也全神贯注于音乐。我本来希望我和妻子都能享受这次重逢，但我发现这个年轻人（虽然不丑）已经失去了他特有的奇异之美。他可能纯洁正派且具有可塑性。但让我坦率地说：他驼背了。他给我留下的精神印象浓缩在这个**形象**上。后来，我和我的妻子谈到了这件事：我突然觉得驼背是大多数致力于音乐的现代人的特征。他们仿佛内部长成畸形了；他们仿佛在中空的物体上背着沉重的东西。这个"驼背"，以及与之相关的一切，是我所厌恶的苏格拉底主义的一种特殊形式，是现代的一种形式，即"丑陋中的美"的一种形式。我们自然而然地开始谈论您，以及鉴于您的情况，您还不能胜任对音乐全神贯注的这一意识，是如何没有呈现出这种痛苦和无用的形状的。您的脊柱会保持挺直，因为您能够放弃，并且**绝不会以任何方式**声称虚假的丰富。难道您自己没有意识到这一点吗？难道这一意识不是在您的无疑是漫长的危机中支撑您的东西吗？

把您自己从最紧迫的困苦中解放出来。

在我看来，您的力量必须加入到危险的冲突中去。

伯尔尼是一座宏伟的城市，尽管在那里独自生活也许不可能。我仍然不确定我们会在这里待多久，以及我们之后会去哪里。我必须耐心等待，直到我再次有一张书桌和我自己的工作在我面前。但是有很多事情亟待解决。

这是我写的一首诗：

看见晨光

因为一个人从轻微的妄想中浮起
觉醒如何可以衡量自己？
太阳的涨潮仍在耳边回荡
直到它的退潮在白天消失
并预言自己被遗忘的梦想

然而，最重要的是形式将首先实现
为那将一只手伸进祖传保护区的人
悲伤的庇护所高耸的森林
树梢上的光已经成熟
疲倦地凝望，因夜晚而寒冷

多久以后我将在这个世界上独自一人
世界的创造性伸展，我的手往后拉
并且颤抖地感觉自己的赤裸
这个空间对于心脏而言太小了吗
他会在哪里找到一个地方呼吸，以符合他合适的身高？

在觉醒没有与睡眠分离的地方
装扮得像月亮的光线开始出现

然而没有亮度威胁他，没有嘲弄
人类的草地，他在那里打盹吃草。
不再在梦的旧黑暗中受苦
在旧空间的光芒中醒来：上帝。

诚挚的问候。告诉我您怎么样了。我妻子向您问好。

您的瓦尔特·本雅明

① 他的名字叫海曼（Heymann）。

55 致格哈德·肖勒姆

伯尔尼，1917 年 10 月 22 日

亲爱的格哈德，

我只能在过了一段时间后才回复您 9 月 20 日和 9 月 28 日的两封信，这样我的回复至少可以反映出我已经能够吸收这些信，并继续讨论。与此同时，我一直在思考您写的内容——除了您对康德的看法。我无法对它们说同样的话，因为它们与我过去两年的想法完全吻合。我们在事情上的一致程度从来没有像您对康德的看法这样让我如此惊讶，我简直可以宣称它们就是我自己的看法。因此，关于这个主题我可能没有必要写很多内容。虽然我仍然没有证据证明这一点，但我坚信，按照哲学及其所属的学说（也就是说，如果哲学不构成整个学说的话）的精神，永远不会有任何关于康德体系被动摇和推翻的问题。相反，问题更多的是这个体系非常坚固的确立和普遍发展。到目前为止，思想学说最深刻的类型学对我来说总是在康德的语言和思想中变得清晰。不管康德哲学的细枝末节有多少

可能会逐渐消失，他的体系的类型学必将永远持续下去。据我所知，在哲学领域内，这种类型学只有柏拉图的能与之相提并论。只有本着康德和柏拉图的精神，并且，我相信，只有通过对康德的修正和进一步发展，哲学才能成为学说，或者至少可以纳入其中。

您有理由指出，“本着康德的精神”和“他的思想的类型学”是非常含糊的表达。事实上，我唯一清楚地看到的是我刚刚界定的任务，即康德思想中的**基本要素**必须保留。这些基本要素包括什么以及如何重建他的体系以使其脱颖而出，我现在还不知道。但这是我的信念：任何一个没有在康德哲学中感觉到**学说本身的思考**的斗争的人，因此也没有以最大的敬意理解他的人，没有把他哪怕是最不起眼的字母也看作要传递下去的东西的人（不管后来多么有必要重塑他），都对哲学一无所知。因此，对他的哲学风格的所有非难也是纯粹的庸俗和亵渎的胡言乱语。确实，艺术必须被包含在伟大的科学创造中（反之亦然），因此我坚信康德的散文本身代表了高级艺术散文的极限。否则，《纯粹理性批判》会震撼克莱斯特的内心最深处吗？

我知道我在这里所说的话与“天才”是一致的。我没有他现在的地址，但我想我可以查到。我还想指出以下几点：我已经深深地感觉到，对于两个人在自己内心携带的真理形象如此深刻的一致性而言，一种亲密关系是不可或缺的。在各种意义上，特别是在发现这一真理的意义上，这种亲密关系对他们的共同体来说也是不可或缺的，因为否则他们就不能超越坦诚地分享信息和相互尊重。在某种程度上，我们还没有达到这种亲密关系，这也是我对跟“天才”的关系的最大希望；除了**直觉**中最外围的接触点，我们的工作方法在每一点上都有分歧。对我们俩来说，直觉不仅来自不同的来源，而且可能来自相反的来源；所以我们可以绝对和谐地相互交谈，但却无法以这种方式合作。就我和“天才”的关系而言，我相信我已经可以把这当作一种确定的事；正如我曾经对他说的那样，德国人和犹太人彼此对立，就像相关的两个极端。然而，如果机会出现，对他和我来说重要的还是认真尝试一起工作，同样的道理也可能适用于您。在所有这一切之后，我几乎不需要告诉您，我是多么期望**我们的**相处，在最深的意义上，提高我们自己的知识水平。

今年冬天我将开始研究康德和历史。我还不知道我是否能够在康德历史哲学中找到这方面所需要的完全积极的内容。我的博士论文是否能够从这项研究中产生，部分取决于此。因为我还没有读过康德的相关著作。除了许多偶然和有趣的原因之外，我现在认识到引导我到这个主题的根本原因：一种真正打算成为典范的哲学观点的终极形而上学的尊严将始终在其对历史的考察中最明显地表现出来；换句话说，哲学与真正学说的具体关系，将在历史哲学中最清晰地显现出来；因为在这里，学说作为催化剂的知识的历史演变的主题必将显现。然而，不能完全排除，康德哲学在这方面仍然是非常不发达的。基于他的历史哲学中弥漫的沉默，人们必须相信这一点（或相反）。但我认为，以正确的理解力接近它的人会发现足够的东西甚至绰绰有余。否则我会找到另一个研究领域。我对这个问题的其他想法最好口头向您提出。

无论如何，请阅读巴特尔[1]的《几何基本概念》(Die geometrischen Grundbegriffe)，收载于《系统哲学档案》(*Archiv für systematische Philosophie*) 中，由L.斯坦[2]编辑，《哲学月刊》(*Der Philos. Monatsh.*) 新系列第22卷（第4期），1916年11月。我已经翻阅了这篇文章，当然只理解了它的一部分。您必须深入研究它并写信告诉我它的意思。

---

1 恩斯特·巴特尔（Ernst Barthel，1890—1953），阿尔萨斯哲学家、数学家和发明家。

2 路德维希·斯坦（Ludwig Stein，1859—1930），匈牙利－瑞士哲学家、社会学家、犹太学者、时事评论员和和平主义者。

目前，在开始阅读康德之前，我正在阅读哈纳克[1]关于教义历史的三卷本教科书。我读到了第一卷的末尾。这本书给了我很多思考，因为它使我第一次能够形成基督教是什么的印象，并不断引导我与犹太教进行比较，对此我的知识——委婉地说——是完全不够的。尽管如此，我已经意识到一些具体的问题，要正确地阐述它们，每一个问题都需要一封单独的信。让我用问题的形式指出两个问题：1）犹太教中是否有信仰的概念，在对《启示录》的适当态度的意义上？ 2）在犹太教中，犹太神学、宗教教义和犹太人个体的虔诚犹太信仰之间是否存在某种根本的划分和区别？我的直觉告诉我，这两个问题的答案必定是否定的，然后两者构成了基督教宗教概念的非常重要的对立面。改天我会写信探讨我意识到的基督教的另一个重要问题。但顺便给出以下评论：**庸俗**的反犹太主义以及犹太复国主义意识形态的主要组成部分是，因其违背自然（Physis）。非犹太人对犹太人的仇恨基于本能和种族在生理上得到了证实，然而，这种在无意识中得出的结论是错误的，因为仇恨的一个惊人和基本的特征是，无论它有什么基础和理由，以其最原始和最强烈的形式，它都会变成对被仇恨者的生理性仇恨。（仇恨和爱之间的关系也必须在这个方向上寻找。）因此，即使在某些情况下你可以谈到非犹太人对犹太人的仇恨，但是这并不能免除你为这些情况寻找精神理由的努力。在这方面，必须考虑的一个动机（一开始，不是仇恨犹太人和犹太教的动机，而是对他们不满的动机）是一种极其虚假①和歪曲的方法，现在已经成为历史的方法，通过这种方法最古老的基督教教堂和会众把对即将到来的基督教世纪和人民的承认强加给《旧约》。当然，这最

1 阿道夫·冯·哈纳克（Adolph von Harnack，1851—1930），德国路德教派神学家和著名的教会历史学家。

初是为了从犹太人手中夺取《旧约》，并没有意识到历史后果，因为人们生活在对即将来临的终结的期待之中。正因为如此，必须创造基督教徒对犹太教的普遍和历史性的愤慨。正如我所说，这只是顺便给出的评论。

我还没有收到路德维希·施特劳斯的任何东西。如果我拿到了他的论文并且如果我已经确认了这一点，您可以寄给他一份我的语言论文的副本。第二份副本可以寄给克拉夫特先生。您可以保留第三份，如果您没有其他用途，请将第四份寄给我。否则，也许可以为我制作第五份副本；但**谁**应该获得第四份？遗憾的是，亲爱的格哈德，我不知道您的生日是什么时候。我和我的妻子可能太晚或太早地向您发送生日祝福，但绝不会过于衷心地。因此，请告知我们您将在下一个包裹中收到的照片是否太早或太晚到达。这些照片是在达豪最艰难的时期拍摄的，原本打算作为护照照片，但不会用于此目的了。考虑到要给我妻子照张相有多困难，这张照片可能还不错。

下一个包裹还将包含我写的题为《论绘画》(Über die Malerei)的论文的抄本。这篇论文将作为我对您的关于立体主义的信件的回应，尽管我的文章中几乎没有提到这封信。② 实际上，它根本不是一篇文章，而只是一篇文章的大纲。以下是关于这篇文章的一些评注：正如我当时从圣莫里茨给您写的，在我思考了图形艺术的本质，并且记录了一些句子之后——很遗憾，当我写新的句子时，那些句子不在我手边——您的信，加上我之前关于这个主题的想法，引发了这些新句子。它们是我反思的结果。您的信是这篇文章最直接的推动力，因为它唤醒了我对所有绘画的总体的兴趣，尽管它的流派似乎各不相同。因为（与您的断言相反）我想证明拉斐尔[1]的绘画

1 桑西·拉斐尔（Santi Raffael，1483—1520），意大利文艺复兴时期盛期的画家和建筑师。

和立体主义绘画本身，除了区分它们的那些特征外，在本质上表现出一致的特征，所以我省略了对区分它们的特征的任何考虑。相反，我试图找到所有差异性首先可以被衬托出来的基础。您会看到我是多么坚决地反对您的三分法，将绘画分为无色（线性）、彩色和合成。从一个角度看，立体主义的问题在于一种绘画的可能性，这种绘画不一定是**无色的**，但根本上是**不着色的**，在这种绘画中线性形状在画面中占主导地位——不是说立体主义不再是绘画而已成为图形艺术。我没有从这个或任何其他角度讨论立体主义的这个问题，因为一方面，通过观察个别绘画或大师的具体例子，事情还没有变得绝对清晰。在新画家中，只有克利[1]在这个意义上触动了我，但另一方面，我对绘画的基本原理还太不确定，无法从这种强烈的情绪发展到理论。我相信我以后会谈到这个。在现代画家克利、康定斯基[2]和夏加尔[3]中，克利是唯一一个似乎与立体主义有明显联系的人。然而，据我判断，他可能不是一个立体主义者。无论这些概念对于绘画及其基础的概述是多么不可或缺，一个伟大的大师不会仅仅通过一个特定的概念而在理论上被理解。任何一个作为一个个体，能够在艺术流派的范畴内得到相对充分把握的画家，都不会是伟大的画家，因为艺术观念（因为艺术流派的概念就是艺术观念）直接表达在艺术中都会变得无力。事实上，到目前为止，在观看毕加索[4]的绘画时，我总是得到这种无能和不足的印象，令我高兴的是，您证实了这种印象；当然，这并不是因为，正如您所写的那样，您对这些东西纯粹的艺术内容没有眼光，而是因为，正如您也

1 保罗·克利（Paul Klee，1879—1940），瑞士－德国艺术家。

2 瓦西里·康定斯基（Wassily Kandinsky，1866—1944），俄罗斯画家和艺术理论家。

3 马克·夏加尔（Marc Chagall，1887—1985），白俄罗斯裔犹太裔俄罗斯－法国籍艺术家。

4 巴勃罗·毕加索（Pablo Picasso，1881—1973），西班牙画家、雕塑家、版画家、陶艺家、舞台设计师、诗人和剧作家，他的大部分成年生活都在法国度过。

写到的那样，您对它们所传达的精神信息听觉灵敏：毕竟，艺术内容和精神信息完全是一回事！正如在我的笔记中，我也让绘画的问题流入语言的大领域，我在我的语言论文中概述了语言的范围。纯粹作为讨论的基础，我想写信告诉您，在没有尝试对立体主义进行独立分类的情况下，我认为您对立体主义的描述是错误的。您认为立体主义的精髓是“通过分解来传达空间（即世界）的本质”。在我看来，这个定义在绘画与其感知对象的关系方面存在一个错误。在解析几何中，我当然可以为空间中的二维或三维图形生成一个方程式，而不会因此超出空间分析的界限；但在绘画中，我不能在描绘（例如）《拿扇子的女人》（*Dame mit Fächer*）[③]时通过分解来传达空间的本质。相反，在任何情况下，传达都必须完全与《拿扇子的女人》有关。另一方面，绘画可能实际上与任何事物的“本质”无关，因为这样它可能与哲学相冲突。目前，关于绘画与其对象的关系的意义，我还不能说什么；但我相信这里既不是模仿的问题，也不是对本质的感知的问题。然而，顺便提一下，您可以从我的笔记中推断，我也可以想象到，例如立体主义和教堂建筑之间存在深刻的联系。

我可以请您帮两个忙吗？我的妻子在她的生日那天想要弗朗茨·哈特维希（Franz Hartwig）的《童话女王》（*Die Märchenkönigin*），这本书一定是在上个世纪的最后二十到四十年出版的。如果耶拿的书店能买到，请帮我订购。还请订购斯特凡·格奥尔格的《战争》，如果碰巧您手上没有或是无法将它借给我。如果它很短，您可以为我抄写一份。遗憾的是，我不得不相信您说的关于它的一切，但我还是想亲眼看到它。

我一年前写给克拉夫特先生的关于犹太教的内容，改天再写信告诉您。——〔……〕请不要见怪，我无法直接探讨您对立体主义的看法，而是从另一个角度——而且基本上我是受到启发记下这些想法。这是理所当然的事情；您面前有画，而我面前只有您的话语。

我始终希望来一次愉快的重逢。

您的瓦尔特

从 11 月 1 日起，我们的地址是哈勒街（Hallerstr.）25 号。

① 这个词可能是 verlegene（尴尬的），但读作 verlogene（虚假的）会更符合上下文和 W. B. 对语言的使用。

② 这是题为《符号和标记》（Zeichen und Mal）的几页文章，保存在 W. B. 的文件中。

③ 毕加索的这幅画作于 1917 年夏天，在柏林的“风暴”（Sturm）展览中展出，为肖勒姆的思考提供了动力。

56　致格哈德 · 肖勒姆[①]

1917 年 12 月 3 日

自从收到您的来信，我常常感到庄严。我好像进入了一个节日，在向您显露的事情中，我必须敬仰《启示录》。[②] 因为情况就是这样，您独自一人所遭遇的一切，只是为您准备的，并重新进入我们的生活片刻。我已经进入了我人生的新阶段，因为以行星速度把我与所有人分开，甚至把我最亲密的关系——除了我的婚姻之外——都推到了阴影中的东西，现在出乎意料地出现在其他地方并束缚着我。

今天我不想给您再多写了，即使这是给您的生日贺信。

您的瓦尔特 · 本雅明

① 这封信没有问候语。

② 肖勒姆看过关于陀思妥耶夫斯基的《白痴》的文章手稿（《本雅明文集》第 II 卷，第 127—131 页），并将其解读为关于 F. 海因勒的深奥陈述。

57 致格哈德·肖勒姆

〔1917年12月7日〕

亲爱的格哈德，

您1917年11月2日的信，12月7日今天早上才来到我面前，“因为它的长度超过两个四开页面而延迟了”。您最好把这么长的信件拆分开，或者至少寄特快专递。这封信的第一页是昨天写的，现在我要附加一些对您的来信的简短回复。但是就这个需要最长答案的问题而言，即，考虑到我对康德体系的态度的性质，我怎样才能**生活**？嗯，我一直在努力通过对认识论的洞察使这一生活成为可能，并且鉴于我的所有热忱，我必须有耐心完成这项对于像我们这样思考的人意味着的艰巨任务。到目前为止我写下的内容是如此粗略，以至于在我更好地证明它之前，我不能把它寄给您。我会在达到某个阶段后立即告诉您。毕竟，我有朝一日能真正了解并传达这些事情的希望，完全依赖于我对能够与您合作的确信。您误解了我倒数第二封信中涉及这件事的那一部分，我感到非常痛苦：我的意思**完全**相反。我的妻子在读这封信的时候，她明确地提请我注意那段文字的模糊性；我似乎记得，我相信通过在这段文字中用下划线标出一个特定的词，已经消除了误解的可能性。请再次阅读该段落：当然，您对这种误解完全没有责任，但您会发现这段话有点模棱两可；而我正是这个意思：我们之间的关系是完全积极的，完全不同于我和“天才”之间的关系。我提到他是因为当时您刚刚打听过他。比起从其他任何东西，从这个误解您可以更清楚地看到，通信是多么不足以替代彼此在一起。

就我而言，我们关于康德的讨论必须继续推迟。然而，您在信中提出的两点对我来说似乎是可信的。事实上，其中一点是肯定的：也就是，首先，研究康德哲学的字眼是必要的。康德的术语可能是唯一一个不仅仅是形成而且是被**整个**创造出来的哲学术语。正是对这一术语的研究才使人们认识到它的非凡力量。无论如何，通过内在地发展和准确地表达这一术语就可以学到很多东西。在这方面，我最近发现了一个对我来说可能作为一篇博士论文的主题：康德的“永无止境的任务”的概念。（您怎么看？）然而其次，经过我自己的反思，我更了解了您在信中提出的另一点：也就是说，在某些情况下，在你自己的思考中，尤其是涉及终极问题时，必须完全独立自主。无论如何，有一些问题，例如与历史哲学相关的问题，这些问题对我们来说至关重要，但是只有当我们重新为自己提出这些问题之后，我们才能从康德那里学到一些决定性的东西。

现在，我觉得进一步研究您信中的丰富内容太草率了，因为我想邮寄这封信。我希望我们很快能在较短的距离内通信，而且这封信可能已经通过新的路线到达您那里。毫无疑问，只有当我们再次见面的时候，我们才能真正地交流关于《摩西五经》（Torah）和历史哲学的思想。我最近告诉我妻子一些关于基督教观念衰落的事情，完全借用了您的话。我不得不暂停阅读教义的历史。这是一部如此庞大的著作，需要如此集中的精力，您应该仔细考虑是否要阅读它，因为一旦开始就根本不能中断而必须把它读完。您能告诉我有关鲍赫的事，真是太好了；关于一位哲学家，我又有点清楚了，就好像我在耶拿学习过一样。我对您关于克拉夫特先生[①]论文的问题的回答现在会有些迟了。这些文章——正如您肯定已经认识到的那样，也正如我当时以恰当的方式对他表达的那样——纯粹是他绝望境况的畸形产物，因此，既不能在外部意义上，也不可以在内部意义上发表。我给克拉夫特写了以下内容，但没有得到明确答复：鲁道夫·博查特[1]认识他，并且在重

1　鲁道夫·博查特（Rudolf Borchardt，1877—1945），德国作家、抒情诗人、翻译家和演说家。

要的事情上无疑不是没有影响力。博查特**必须**为他做点什么，因为如果博查特对这一代人中的什么人负有责任，那就是克拉夫特。他对他负有责任应该是出于好感，也是出于义务。

我**急切地**请求得到您关于符号逻辑的论文。

〔……〕

致以最良好的祝愿，并请不要因为我没有触及那么多东西而生气。

您的瓦尔特

① 当时在汉诺威担任卫生兵的维尔纳·克拉夫特去耶拿拜访了肖勒姆。

58　致格哈德·肖勒姆

〔约 1917 年 12 月 23 日〕

亲爱的格哈德，

由于其丰富性，我们的通信采取了巴洛克式的规模，而且现在，当像您在 1917 年 11 月 19 日寄出的那封信由于篇幅太长而没按顺序到达时（它在 12 月中旬才寄达我们），我几乎不知道应该如何处理许多不同的、非常重要的主题，而不流于肤浅、不遗漏最本质的部分。让我从对我来说最简单的事情开始，并对您细心为我办事表示最衷心的感谢。我认为您无法想象荷尔德林全集第四卷的到来给我带来的快乐。我等了那么久，那么热切（你看，我 8 月份〔!〕已经在一家书店订购了）。我兴奋得几乎整天无法做任何其他事情。我现在急切地等待着第六卷。在阅读了《帝国》的片段之后，我必须假设第六卷也是非常有价值的。另一个因素是，目前，我需要尽可能最广泛的基础来深入研究荷尔德林。当面谈论它会很棒。格奥尔格已经到这儿很久了。① 请原谅我这么长时间忘记表示感谢并确认收到它。关于这些诗句我确实有话要说。什么？ 我已经向克拉夫特先生说过了，并尤其在给古特金德[1]② 先生的另一封信中写了同样的话，我不想再重复一遍。

〔……〕

就康德的历史哲学而言，读了两篇专门的主要著作（《普遍历史的观念》（*Ideen zu einer Geschichte . . .*）和《永久和平论》（*Zum ewigen Frieden*）之后，我过高的期望陷入了失望。这对我来说是非常不愉快的，特别是考虑到我对博士论文主题的计划，但在康德的这两部作品中，我没有发现与我们最熟悉的历史哲学的著作有本质的联系。实际上，我只看到了对它们纯粹的批判态度。康德关注的与其说是历史，还不说是伦理学兴趣的某种历史星丛。而且，正是历史的伦理方面被描写为不足以进行特殊考虑，康德还提出了一种科学思考方法和方式的假设（《普遍历史的观念》引言）。我**非常**有兴趣知道您对此是否有不同的看法。作为一篇独立论文的出发点或真正对象，我发现康德的思想是完全不合适的。您和〔托尼·〕哈勒（[Toni] Halle）小姐在谈话中对此有何评论？ ③ 至于我的博士论文的新计划，我总是很遗憾您不在这里。该计划至少可以为最有启发性的对话提供素材。问题大约可以这样提出：说科学是一项永无止境的任务是什么意思？如果您仔细观察，就会发现这句话比乍看之下深刻、富于哲理得多。您只需在自己的头脑中清楚地认识到，这个主题是“永无止境的任务”，而不是“需要永无止境的时间的解决方案”，而且第一个概念不能也不允许以任何方式转化为第二个概念。前段时间我读到齐美尔[2]的《历史时间问题》（*Das*

1 埃里希·古特金德（Erich Gutkind，1877—1965），一位秘传的神秘主义者。

2 格奥尔格·齐美尔（Georg Simmel，1858—1918），德国社会学家、哲学家和评论家。

Problem der historischen Zeit）④，这是一篇非常烦人的文章，论证得很扭曲，难以理解地说出最愚蠢的事情。

在同一性问题的疑问上，毫无疑问，我们只能在谈话中取得决定性进展。因此，我不会赋予以下命题任何绝对的确定性。尽管如此，在我看来这个问题如下：我会否认思维中可能存在同一性，无论是作为特定“对象”的同一性，还是作为特定“思想”的同一性，因为我对“思维”是真理的相关物持有异议。真理**是**“可思考的”（我不得不杜撰这个词，因为我没有词可用）。作为绝对的“思维”从某种角度说可能只是对真理的抽象。对思维同一性的断言将是**绝对的同义反复**。“思维”的假象只有通过同义反复才能形成。真理思考的与其**被**思考的一样少。在我看来，“a 等于 a”表示思想的同一性，或者更确切地（以**唯**一正确的方式）说：是真理本身的同一性。同时，这个命题没有表示除了思想之外的其他同一性。对象的同一性——假设在绝对意义上存在这样的东西——将具有另一种形式（不完善的同一性形式，完善后，变成“a 等于 a”类型的一**种**形式）。——对于具体的对象，我理解为一切不是真理本身、也不是概念的东西。例如，概念是一个具体的对象，而概念的概念是抽象的对象。事实上，这可能导致了理念学说。顺便说一句：据我所知，林克在严格的现象学派中的名望并不是很大；当然这并不意味着什么。几年前，我还读了胡塞尔在《逻各斯》杂志上的文章；正如那时我在《康德研究》上读到了林克与埃尔森汉斯的辩论，之后，我抓住机会写了一篇关于概念和本质的文章，作为对它的纠正。如果我没记错的话，您知道这篇文章。⑤

〔……〕

我最近收到了维尔纳·克拉夫特的另一封信。这封信令人非常沮丧，不仅因为它所表达的实际痛苦，而且因为我担心其中传达出来的他**内心**抵抗力的下降。您有没有再次最迫切地向他明确表示，他对自己和我们都有责任去和博查特取得联系？我不知道其他还有什么能帮上忙的。我不需要请您尽可能多地支持他。——您的新消息令人伤心，尽管一点也不意外，不管您写了什么。但我们对您有无限的信任。

多年来，我读了第一本——除了不重要的《西尔维斯特·波纳尔的罪行》（*Le Crime de Sylvestre Bonnard*）之外，我的绝对第一本——由阿纳托尔·法朗士[1]写的书《天使的反叛》（*La revolte des anges*）。我会阅读更多他的作品，因为我发现这本书非常好。这是一部深奥的小说，似乎在指点我参阅他的全部作品，我会努力逐渐去了解。他对历史有着深刻的理解，在我看来，在这方面，他确实是令人振奋的。此外，我读了尼采与弗朗茨·奥弗贝克[2]的惊奇通信，这是我所了解的他生命中的第一份真实文件。

我和妻子向您致以最诚挚的问候。

您的瓦尔特

①《战争》。

② 在柏林的埃里希·古特金德（1877—1965），自1916年以来一直是W. B.和肖勒姆的朋友；《恒星诞生》（*Siderische Geburt*）一书（柏林，1912年）的作者。

③ 托尼·哈勒（娘家姓施泰因施耐德 Steinschneider，1890—1964），肖勒姆的朋友，当时正在耶拿写一篇关于康德的毕业论文。

④ 柏林，1916年。

⑤ 以手稿形式保存下来。

1 阿纳托尔·法朗士（Anatole France，1844—1924），法国诗人、记者和成功的小说家，著有几部畅销书。

2 弗朗茨·奥弗贝克（Franz Overbeck，1837—1905），德国新教神学家。

59　致恩斯特·舍恩

〔洛迦诺（Locarno），1917 年 12 月 28 日[①]〕

亲爱的舍恩先生，

在启程前几天我在伯尔尼收到了您的来信，之后的旅行导致我和我的妻子在这里逗留了几个星期。这次旅行是我的回应被推迟的原因，因为在新的环境中，我无法抽出时间立即回复。持续不断的降雨现在缓解了我期待已久的这片风景之美对心灵和感官的影响。我很难使自己适应这些雨天，如果它们没有敦促我最终写信给您。当然，首先要用几句话回复您的来信。我妻子稍后会添加一些她自己的话。

您所写的内容在表达和理解的高贵上是无与伦比的，它最终照亮了我们都试图避免的黑暗。我和我的妻子全心全意地接受您的话语，特别是在这样的意义上——即我们都有信心在未来的某个时候再次相聚，仿佛是第一次一样，并愿意理解这种分离对我们每个人在不同程度上都是痛苦且不可避免的。

请允许我告诉您，我是多么高兴能继续通信，直到我们团聚，可以面对面交谈。我从您的信中推断，您的生活条件变得更加可以忍受了，这件事在任何意义上都令我高兴，因为我们越来越能够看到在那些与我们亲近的人身上命运与性格之间的关系。

在这个时候，关于我的工作可能比以往任何时候都有更多的话要说，但可以肯定的是，可以说的越多，可以写的就越少。关于近期的未来，我要说的是，如果一切顺利的话，我想在伯尔尼获得博士学位，从而为我做真正的研究扫清道路。然而，如果在这方面出现困难，我会将其理解为一种暗示，那就是我首先要做的是理顺自己的思想。最具深远意义的联系正在向我揭示，我可以说，现在，我第一次朝着我思想的集成迈进。我记得，当我在约阿希姆斯特勒街（Joachimstalerstraße）和康德街（Kantstraße）

的拐角处（我们从动物园的方向来），与您分享我对绝对命令的语言基础的孤注一掷的思考时，您似乎非常理解我。我试图进一步发展我当时所关心的思维方式（它当时所提出的特殊问题至今还没有为我解决，但已被纳入到一个更大的背景中）。因此，这些是我不可能通过信函触及的问题。此外，我当时在题为“纳粹党万字饰问题”（Swastikaproblem⑤）的报告中向您呈现的一系列想法一直让我挂念。最重要的是，对我来说，关于知识、正义和艺术本质的问题，与所有人类精神表达起源于语言本质的问题有关。这正是在我思想中最重要的两个对象之间的关系。关于第一条思路，我已经写了很多，但还没有达到可以交流的状态。您是否碰巧知道我 1916 年的文章，《论语言本身和人的语言》？如果没有，遗憾的是，它暂时只能借给您。对我而言，它构成了对上述第一个问题进行更彻底研究的起点。——顺便说一下，除了《半人马座》之外，我不记得上次我还给您寄了什么。请在下一封信中告诉我。

我以前没有读过阿纳托尔·法朗士的任何主要著作，现在我连续读了《天使的反叛》、《诸神渴了》（*Les dieux ont soif*）和《企鹅岛》（*L'Île des Pingouins*）。在我看来，他的书应该得到极高的评价，考虑到它们总是缺乏那种唯一能保持艺术作品的深度和同质性的终极知识。他迷失在无关紧要的事情上，但是，尽管如此，他仍然能够清楚地说明重要的事情。查尔斯·路易斯·菲利普[1]的《玛丽·多纳迪厄》（*Marie Donadieu*）。无论如何，您应该读这本书。没有与之类似的东西，即使是路易斯·菲利普本人的作品也没有。我认为它简直太棒了——深刻而真实。尽管如此，我只读了一遍，无法形成一个明确的判断。弗里德里希·尼采与奥弗贝克的通信。您可能已经阅读过它，或者肯定很快就会这样做。黑林拉特版的荷

1　查尔斯·路易斯·菲利普（Charles Louis Philippe，1874—1909），法国小说家。

尔德林第四卷终于归我所有。我读了很多斯蒂夫特[1]，在这位作家不起眼的外表和表面上无害的背后隐藏着伟大的道德问题和伟大的美学问题。您对他有什么了解？《水晶》（*Bergkristall*）和《我的曾祖父的公文包》（*Die Mappe meines Urgroßvaters*）包含了一种几乎**纯粹的**美，是我了解的他的众多作品中的仅有两部。从 9 月份开始，我一直在阅读哈纳克的三卷本教义史，它为我提供了一些非常宝贵而有启发性的知识；我希望很快就能读完它。对于大学，我有各种次要的事情要做：详细研究施莱尔马赫缺乏新意的心理学，研究柏格森和黑格尔[2]。黑格尔看起来很可怕！

漫天的雨水现在持续了三天。在以前蔚蓝无云的天空中看不到一丝阳光。这种气氛阻碍了内心的扩张，因此这次您收到了一封过于集中的信。毕竟，在我目前的康复期间，我与活动保持的距离不允许我专注于任何具体的事情。最衷心地问候您，请尽快写信给我。

您的瓦尔特·本雅明

① 邮戳看不清楚。这封信也许写于 1918 年 2 月 28 日，因此也许属于第 64 封之后。

60　致格哈德·肖勒姆

伯尔尼，1918 年 1 月 13 日

亲爱的格哈德，

在我相信是倒数第二封的信中——它很快就抵达了您——包括

1　阿达尔伯特·斯蒂夫特（Adalbert Stifter，1805—1868），奥地利作家、诗人、画家和教育家。

2　格奥尔格·威廉·弗里德里希·黑格尔（Georg Wilhelm Friedrich Hegel，1770—1831），德国哲学家，也是德国唯心主义的重要人物。

了一份题为《符号和标记》的笔记的副本，这是由您对立体主义的评论引起的，并且它应该能为绘画理论提供一些基本原则。到目前为止，您还没有提到这个笔记，因此我认为您没有收到它，尽管我想象不到这是怎么发生的。但是如果您收到了它，请允许我补充以下重要的观察：从人类的角度来看，绘图员的平面是水平的；画家的平面是垂直的。——您很快就会收到一份我对概念和本质的评论。反过来，我们热切期待您关于《挽歌》（Klagelied）的翻译和文章，我坚定地希望您仍然打算让我知道您对符号逻辑的想法。另一方面，您暂时不能指望我把我妻子抄写的有问题的哲学笔记寄给您。[①] 在我把这些东西送上漫长的旅程之前，绝对有必要通过深思熟虑使它们有牢固的基础，我承认，目前我对这些问题非常感兴趣。然而，我不能预测给它们得出结论的日期，即使只是临时的结论。因为我与任何同频的人**完全**分离了，与您，格哈德，我唯一能说出名字的人。在它们完成之前，我必须避免在我们的信件中给你任何暗示，因为这不会帮助我们取得任何进展。我希望早晚能把心里话全部说给您。我还要指出，就我而言，我将停止对同一性问题的书面讨论：事实上，正如我们双方不断确认的那样，在这个问题上，只有在谈话中才能取得进展。亲爱的格哈德，不仅仅是这些东西，让我有必要回到我们地理分离状态的内在和精神层面的话题，或者更确切地说，在某种意义上，第一次聊这个话题。精神层面，而不是技术层面。

尽管我做了很多努力，我还是不明白您上封信中的一句话，您在其中宣称了自己的一项使命。那里没有一个人（如果允许我这么说的话：就维尔纳·克拉夫特而言，我当然有权这样说），那里没有一个人是您必须为之牺牲自己的。这就是我看待此事的方式，此事必须这么看待。今天，和往常一样，每个**人**除了质朴的精神生活外，一无所有。你的行为方式和时间花在哪里，不能由实际的利弊来控制和决定；最终的原因——通过这些原因，你的行为方式和时间花在哪里，可以传达给你的人类同胞——存在于象征性和明显的表达中。您试图用时间花在哪里来表达的东西我无法理解。我不得不拒绝它。如果您为了一项使命——您说它“可能”属于您——牺牲了您的表达方式，也许还牺牲了您的生命，我不得不再三拒绝它。可能是我夸大了您的话；我承认，在某些情况下，不能谈论这个问题。然而，这并不妨碍我拒绝您在上一封信中关于此事写给我的内容。我知道您基本上同意我的观点，即无论您的帮助（您的**存在**）对维尔纳·克拉夫特具有什么形式和力量，它都受到这种存在的支配，这个存在各方面的表达都是由您自己内部定义的。

我赞同您对博查特的不信任，尽管我很欣赏甚至迷恋他的部分作品。出于这个原因，我渴望解决博查特就他本人来说在对维尔纳·克拉夫特的态度中造成的内部危机。当然，您和我都不能写信[②]，除了尽可能紧急地使克拉夫特牢记，他应该这样做，我别无他事可做。

由于邮局的疏忽，您的上一封信首先去了波恩。《项狄传》（*Der Tristram Schandi*）已经到了，约里克（Yorik）还没有。您很快就会得到 65 马克，请您将其用于支付您为我垫付的费用。您拿到后，请告诉我我是负债还是盈余。**阿纳托尔·法朗士还活着吗？**——我的博士论文给我带来了很大的困难。当代大学毫无希望的情形！我自己的想法尚未成熟，我不想做随随便便的历史研究——即使有人愿意为我提供一个！即使是唯一可能的事情也似乎是不可能的，也就是说，在一位大学讲师的监督下，写一些好的、有根据的文章。我正在为一个研讨会[③]撰写一篇关于施莱尔马赫的《心理学》的论文（我正在把时间浪费在试图加入这里的研讨会上）。施莱尔马赫的这部作品由死后遗留的笔记和讲座组成。它没有哲学基础，其中唯一有负面趣味的是它的语言理论。我非常喜欢埃尔斯·拉斯克－舒勒的诗《大卫和乔纳森》(David und Jonathan)④。里尔克相应的诗⑤——除了其他一切——很糟糕。

我们正经历着气候非常温和的春天。您有没有听到古特金德先生的任何消息？他仍然没有回复我写给他的一封相当长的信。——我非常期待您上一封信的续篇。

我的妻子和我衷心地问候您。

您的瓦尔特

① 这显然是指《未来哲学纲要》(Das Programm der kommenden Philosophie)，肖勒姆根据他在抵达瑞士后从多拉·本雅明那里得到的副本，1963 年在《见证》(*Zeugnisse*)（特奥多·阿多诺的纪念文集）上发表。
② 这里的意思是“给鲁道夫·博查特”。
③ 与保罗·哈伯林[1]一起。
④ 在《希伯来民谣》(*Hebräischen Balladen*)中。
⑤ 在《新诗》(*Neuen Gedichten*)中。

61 致格哈德·肖勒姆

〔1918 年 1 月 31 日〕

亲爱的格哈德，

这是一个可悲的事实：因为我应该对您说的话太多，我反而说不出话来。我越来越难给您写信了。这一次，我遇到困难的原因是我必须表达的感激之情，如果以我希望的方式表达的话，我只能当您真的在这里时表达。因此，我宁愿保持沉默，静静地满足于您的消息对我们（我妻子和我）意味着的喜悦。现在话题回到您的上一封信，询问我是否认为没有形而上学的伦理学是可能的。它激发了

1 保罗·哈伯林（Paul Häberlin，1878—1960），瑞士哲学家、心理学家和教育家。

我的想法，但是再一次，我认为自己还没有能力和您沟通。尽管这很痛苦，但我还是会克制自己，因为我仍然无法下定决心放过那些太过杂乱无章的东西。相反，我会把这种沉默强加给自己，作为一种激励，不停思考它，直到我到了可以写信给您的程度。因此，我的否定答案还没有实质性的原因。另一方面，我认为，从方法论上来说，这个问题的答案先验地应该永远是否定的。如果要我给出附加到形而上学这个词上的理性意义——一个临时的意义，直到它被更明确地定义为止——我至少会说：形而上学定义了这样一种知识体系，它试图先验地将科学理解为绝对神圣秩序语境中的一个领域，其最高领域是教义，其化身和根源是上帝。而且这种知识体系只有在这样的语境中才将科学的"自主性"视为合理和可能的。对我来说，这是认为伦理学以及其他任何科学没有形而上学的话——也就是说在这种特定的语境之外——是不可能的所依据的先验方法论基础。这一次，我还不会说出我否定的深层的实质性理由。

在这里，我正在凭借关于柏格森的论文以及黑格尔现象学的一个段落来收获研讨会的桂冠（laurea communis minor），我这样做是为了达到一个目的，而这个目的的手段实际上是不正当的，我甚至不知道这些手段是否有用。在不久的将来，我想和教授①谈谈博士论文。无论如何，下学期我希望能在更合我胃口的领域里多工作一点，而不是现在在大学里必须钻研的领域，但我不得不参与一次。也许我能读到《关于柏拉图主义历史的七本书》（*Sieben Bücher zur Geschichte des Platonismus*），一本从基督教的角度对柏拉图进行批判的书籍，作者是哥廷根大学教师海因里希·冯·斯坦[1]，他在上世

1　海因里希·冯·斯坦（Heinrich von Stein，1857—1887），德国哲学家、教育家和时事评论员。

纪下半叶英年早逝。作者很有名望，我读到的引言中有一些优秀的东西。相比之下，我所读到的黑格尔，到目前为止完全使我厌恶。如果我们决心在短时间内熟悉他的作品，我想我们很快就会看到从中显露出来的精神面貌：一个智力上的野蛮人，一个蛮力的神秘主义者，最糟糕的那种：但仍然是一个神秘主义者。

即使您从弗莱堡来，见到我也并不方便——据我所知。然而，您必须尽可能避免进入有空袭危险的区域。您母亲什么时候去？我们认为，对您来说，现在和以前一样，这是一个需要毅力和智慧的问题②。我们很乐意等待，只要我们——和您——有希望。我正在读《企鹅岛》。我最近给我的私人藏书增加了一些新的东西，其中包括斯特凡·格奥尔格翻译的《恶之花》(*Les fleurs du mal*)；鲁道夫·博查特、雨果·冯·霍夫曼斯塔尔、施罗德[1]的年鉴《赫斯珀洛斯》(*Hesperus*)，为了博查特的文章它应该受到尊敬，为了施罗德的文章它应该受到憎恶；波德莱尔的散文诗集《巴黎的忧郁》(*Le spleen de Paris*)；波德莱尔的《人造天堂》(*Les paradis artificiels*)；查尔斯·路易斯·菲利普的《玛丽·多纳迪厄》(*Marie Donadieu*)，一本非常著名的小说，我将它作为生日礼物送给了我妻子。如果要我读阿纳托尔·法朗士③，那么过些时候您就得读两三本查尔斯·路易斯·菲利普的小说（不过是法语！）。在这场交换中，您肯定不会损失任何东西。您很好地保管着那本包括关于同一性论文的哲学小册子，对吧？《符号和标记》呢？您收到了吗？陀思妥耶夫斯基呢？以及65马克？

今天就写到这里。几个月后，您可能会被大量堆积的文章淹没。对此没有人会比我更高兴。

---

1 鲁道夫·亚历山大·施罗德（Rudolf Alexander Schröder，1878—1962），德国作家、翻译家、诗人、新教赞美诗作家、建筑师和画家。

衷心地祝您多保重！

您的瓦尔特

附：请允许我在信封上添加一个小图片库。

① 理查德·赫伯茨。
② 去瑞士旅行。
③ W. B. 在肖勒姆的不断催促下这样做的。

62 致恩斯特·舍恩

〔1917 年末或 1918 年初〕

亲爱的舍恩先生，

请不要因为我的通信中断很长时间而生气。我想在这封信的开头表达我的希望，即在我沉默期间，您过得很好，事情变得对您来说好多了。我们经常想念您。这段时间我们非常忙，因此我不能早点写这封信。

在您的最后一封和倒数第二封信中，您谈到了朱拉的工作[①]。我现在才回答，是因为我看到我们的通信能否继续下去，取决于我们对这个问题是否清楚。当然，我相信朱拉或多或少地清楚，我们（朱拉、我妻子和我）为建立一种和谐的、有根据的相互关系所做的一切努力都是徒劳的。我相信朱拉基本上和我们一样清楚，我们三个人中没有一个人因为这种关系的解体——正如它在持续了这么久的相互沉默中发生——而真正失去任何东西。这就是我能告诉您的一切，无论是口头还是书面的；唯一让我感到困扰的是，我意识到通过这种方式，您可能会了解到一些您还没有从朱拉那里听到的东西。

我终于能够履行承诺，把我的一些论文寄给您了。如果您已经知道我对陀思妥耶夫斯基的《白痴》的评论，那么我就更有理由要求您接受这份副本作为礼物。我相信，这本书本身对我们每个人都具有无限的意义，就我而言，如果我能够传达这一点，我会感到高兴。除此之外，我还寄给您一份关于绘画的笔记，这是一个非常初步的笔记，我们通常只会在谈话中探讨它的内容。如果您能在方便的时候把您对这些笔记的想法寄给我，我会很高兴的，但前提是这不会影响您目前的活动和思考。毫无疑问，这些活动和思考是致力于其他方面的。鉴于一个使人反感的现象，即当今对现代绘画理论认识的不充分尝试，立即退化为相对于早期伟大艺术的对比和进步理论，对我来说，首要问题是为我们所理解的绘画提出一个普遍有效的概念基础。在这种情况下，我抛开了对现代绘画的思考，尽管这些反思最初是由对这种艺术的错误绝对化引起的。——然而，不管怎样，我长期以来一直在思考哪里可以最终找到让“美学”基本概念发展壮大的自由空间和机会，以及在哪里可以将它们从可怜的孤立状态（在美学中，这相当于绘画中单纯的技巧）中解放出来。——此外，我还附上了《半人马座》和荷尔德林强有力的片段《振奋人心》② 在我心中产生的一些想法。请原谅我一次性把所有的东西都寄出去，但是整个事情在技术上是如此复杂，所以最好一次处理好。——我确信我已经提醒过您注意荷尔德林的片段，这些片段去年发表在《帝国》上，标题是《智慧的不忠》。您读了吗？《振奋人心》与这些片段是同一类型的东西，可以在黑林拉特首次印刷的品达的译本中找到。

我已经了解了这所大学，因为几乎所有大学都会对我论文中实质的东西持相同态度，所以我想在这里获得博士学位，如果在这里也日益困难的环境下还可以预见任何事情的话。我拜访了〔安娜·〕图马金[1]博士，并告诉她，我打算系统地研究康德的历史哲

1 安娜·图马金（Anna Tumarkin，1875—1951），出生于俄罗斯的瑞士籍学者，也是第一位成为伯尔尼大学哲学教授的女性。

学。我听过她、哈伯林和赫伯茨[3]的讲座，正如我所料，您关于他们的沉默是完全有道理的。我把所有的希望寄托在自己的工作上。我们住在大学附近一条安静的街道上一个很小的公寓里。我的大部分书都在这里；但是，您可能知道图书馆的悲惨状态。

除此之外，我正在阅读雅各布·布克哈特的《君士坦丁大帝时代》(*Die Zeit Constantins des Großen*)，一本精彩得令人难以置信的书。遗憾的是，剧院里没有什么可看的，但有时会举行精彩的音乐会。

请尽快写信，告诉我们您的情况。我的妻子和我衷心地问候您。

致以最美好的祝福，您的瓦尔特·本雅明

① 朱拉·科恩是一位雕塑家。
② 荷尔德林的《作品集》，黑林拉特编辑，第 5 卷，第 272—273 页。
③ W. B. 最终在理查德·赫伯茨的指导下获得了博士学位。

63　致格哈德·肖勒姆

1918 年 2 月 1 日

亲爱的格哈德，

您于 1917 年 12 月 29 日发出的加急信今天抵达了这里，在我昨天晚上给您寄了封短信之后。现在我将在这张明信片上添加一些与您的来信有关的内容。首先，我重复一个问题，您手中是否有《符号和标记》？我不明白为什么，但它似乎丢失了。克拉克（Kraker）小姐的声明真让我高兴。据我所知，自 1913 年我在弗莱堡的学期以来，我没有见过她，她也没有见过我。当时，她是一个时代的见证人，在这个时代中，我和一个朋友试图号召弗莱堡的学生团体。这个时代蕴含着青年运动的最深层根源。她浅浅地且被动地参与了这些事情，不过似乎对它的全部意义有所了解。——关于〔爱丽丝·〕海曼（[Alice] Heymann）[①]小姐，我说不出任何好话。多年来，她一直深深陷入迷惘。她的情况每况愈下；她似乎没有什么可依靠的，也缺乏自己的力量。她属于那种年轻女孩，你可以清楚地看到，只有**她们的**丈夫可以帮助她们，如果她们能找到一个。而且，她们会诱使你提供各种不会产生任何结果的“帮助”。我送给她我的荷尔德林论文就是这种帮助的一个例子；那时，她的心绪比大约一年半前我在慕尼黑最后一次和她交谈时要好得多：那时候太可怕了。很抱歉，我关于巴特尔的询问[②]给您带来这么多麻烦。如果我考虑过这个问题，我会写出和您写给我的一样的东西，但是我没有足够的信心去尝试，因为我没有看到这个问题可以用如此基本的方式解决。很感谢您让我看到人们对他的立场。我把整件事告诉了我妻子，她也称这是无稽之谈。有限宇宙**空间**的概念是荒谬的；然而，古特金德偶尔跟我谈到**满的**宇宙空间的有限性；也许指的就是这个意思。这将是一个事实性问题。

如果您继续对真理的数学理论（也许对我也是如此）持如此开放的态度，那么即使您似乎对别的理论置之不理，我也不应该对此感到担忧。查尔斯·路易斯·菲利普的另外两本书，《鹧鸪老人》（*Le père Perdrix*）和《玛丽·多纳迪厄》在艺术上比《来自蒙帕纳斯的布布》（*Bubu de Montparnasse*）成熟得多。我希望您是用法语读它的？施莱尔马赫并不使人愉快，特别是因为他这本是死后遗留的讲稿和口授的讲座。这是纯粹的苦差事。关于“永无止境的任务”，我将在下封信中再谈。——以康德的历史著作为出发点来了解历史哲学完全是不可能的。如果出发点是他的伦理学，情况会有所不同；但这也只是在有限的范围内才有可能，而且康德本人并没有走这条路。为了让您自己相信这一点，请阅读《世界公民观点之下的普遍历史观念》(Ideen zu einer Geschichte in weltbürgerlicher Absicht)。关于这个，我或许可以在将来某个时候给您写信。我不熟悉里克特的大部头书[3]，但我知道他的方法：它是现代的，在这个词最糟糕的意义上，可以说是：不惜一切代价地现代。我妻子和我衷心地问候您。

您的瓦尔特

① 爱丽丝·海曼(1890—1937)，后来成为艺术史学家阿尔弗雷德·施米茨(Alfred Schmitz)的妻子。
② 参见本雅明 1917 年 10 月 22 日致格哈德·肖勒姆的信。
③《论科学概念形成的界限》(*Über die Grenzen der naturwissenschaftlichen Begriffsbildung*)。

64　致格哈德·肖勒姆

洛迦诺，1918 年 2 月 23 日

亲爱的格哈德，

我们对太阳的三年不间断的向往终于把我的妻子和我带到了这里。您不能告诉任何人我们在这里，因为我们的父母绝对不能以某种迂回的方式了解我们的行踪。即使去年夏天，也没有我们万分渴望的太阳；恩加丁的海拔太高了，所以热不起来。然而，在那个时候，我们最需要的是从这片壮丽的风景中散发出来的强度；仅仅为了不在无限解放的印象下崩溃，我们不得不屈服于一种新的张力。这几句话也许已经让您明白，我在这里的生活充满了我生命中一个伟大时代之终结的响亮和自由的旋律，而这个伟大时代现在已经过去了。自从我离开学校以来已经过去的六年，是唯一一个加速前进的时代。对我来说，它包含着无限的过去——换句话说，永恒。我现在面朝着夏天的大自然，自从我最后的学生时代以来我就没有这样做过——我的最后一个或倒数第二个学校假期也是在恩加丁度过的。

现在，在我留出时间来回顾对我来说什么是相同的、什么改变了的期间，有一天，我收到了您的来信（1918 年 2 月 1 日的那封，又被审查员耽搁了），它触动了我追求清晰的精神，让我觉得**无限地**志趣相投。正是我此时不想离开的生活环境，阻止我提及您信中的任何一点，尤其是哲学的内容；但我从未比今天更感激您信中内心平静的基调，尤其是这封信的。这可以向您保证，我也完全理解写作的艰辛，以及您话语的意义。您的信件风格，即充满责任感、清晰度和克制感，使我陶醉，这正是因为它彻底地回应了我。我最近读到歌德的话："真正的回应就像一个甜蜜的吻。"

我必须告诉您，除了这里的南方气候不能容忍的几本书之外——不管它们是多么有用、不可或缺和有益——我至少有一本与这里的气候协调良好的书：歌德的《格言和思考》（*Maximen und Reflexionen*）。或者，更确切地说，我拥有其中的一部分，是无与伦比的、严格语文学式的魏玛索菲恩版本。对它们的详细研究强化了我的旧观点，即我们是第一代批判地面对歌德的人，并因此感激地继承他。浪漫主义者与歌德的关系太近了，除了他作品的某些**倾向**外，他们无法领会；最重要的是，他们不明白他的**生活**所挣扎的**道德**维度，也不知道他的历史孤独。但我也越来越深信，歌德，至少在他的晚年，是一个非常纯粹的人，他没有让谎言越过他的嘴唇，也没有让谎言流入他的笔端。

起初这里很凉爽，现在很热，像夏天似的。该地区的文化和语言是意大利的。花园里生长着棕榈树和月桂树。附近的高山上还有积雪，但毫无疑问，它正在一天天融化。洛迦诺上方陡峭的悬崖上有一处著名的朝圣地：圣母萨索修道院教堂（在悬崖上）。

这座教堂是意大利巴洛克风格的精美典范，它的正面采用透视和色彩以一种俏皮的方式绘制。教堂包含了一些非常特别的还愿小图画，可能是由被治愈和赎罪的人委托当地农民绘制的，这是宗教或迷信激发的民间艺术最美丽的例子之一，现在在欧洲正被新画家们重新发现。最引人注目的是一座奇特的圣母像。它非常静止并给人一种怪异的印象：圣母趋于肥胖；她的表情非常困倦而且没有灵魂；她仿佛违背了自己的意愿而变得可见，并带有身体痛苦的迹象。我怀疑这与古老的、史前的美的典范有关，这一典范体现在丰满、肥胖的女人身上，而且想必以一种我不知道的方式在神话中确定。（根据“天才”① 的说法，这种典范与肝脏在神话中所扮演的角色有关。）

我现在不想写关于《标记》的事情，我也会推迟其他一些事情。这封信的目的只是为了传达从这里想要传达的信息，它还包含着我和我妻子最诚挚的问候，无论您身在何处，这些问候都应该能找到您。

您的瓦尔特

① 菲利克斯 · 诺格格拉斯。

65　致格哈德 · 肖勒姆

〔1918 年 3 月 30 日〕

亲爱的格哈德，

我一直没有回复您从 2 月 23 日至 3 月 15 日的三封信，而且直到现在才确认《挽歌》的到来。这是为什么？这是因为我试图在洛迦诺的几周里远离一切：在阳光下度过美好的日子，在各种各样的消遣中度过糟糕的日子。我现在注意到，您甚至没有收到您期望的来自洛迦诺的明信片，因为我根本无法给您写明信片；我本来会在信中附上一张。由于我们尽可能地延长了我们的逗留时间，在几个阴雨天之后，我们在山谷中第一次感受到了春天的气息，我无法告诉您这是多么美妙。我们的生活经济而舒适，我们的逗留期间唯一城市世俗的方面是，我认识的许多年轻人出乎意料地出现了，但我们基本上无法与他们相处融洽。拉斯克－舒勒夫人也在那里。由于预感到回去后会有很多事情让我困扰和忙碌，我尽可能地延长了旅行时间：我看到，这种担心的第一个证明就是，在特别不方便的时候，我们接到通知，被要求搬离我们的公寓。现在事情还没有完全定下来，但隐约可见的前景已经非常令人不愉快，因为伯尔尼（和苏黎世一样）的公寓数量惊人地短缺，而且几乎找不到我能负担得起价格的带家具的公寓。然而，只有在完全被迫的情况下，我才会离开伯尔尼，因为我现在正攻读博士学位。一旦我在论文上取得了一些进展，就可以早点离开。即使在最好的情况下，这仍然需要几个月的时间；尽管如此，农村的冬天依然非常孤独。我期待着我的教授[①]为主题提出一个建议；与此同时，我自己也想出了一个。只有在浪漫主义之后，以下观点才成为主流：一件艺术**作品**本身，不涉及理论或道德，可以单独在沉思中被理解，并且沉思的人可以给它以公道的评价。艺术**作品**较于艺术的相对自主性，或者更确切地说，其唯一的对艺术的超验依赖性，已经成为浪漫主义艺术批评的先决条件。我的任务是证明，康德的美学在这个意义上是浪漫艺术批评的必要条件。

我将故意避免进一步探讨您有关“永无止境的任务”的问题。这也是那些难以通过信件来探讨的问题之一，尤其不是在这封信中，这封信不仅要作为对您的三封信的回应，而且可能在一段时间内不得不代替其他后续信件，如果外部环境——可能是这种情况——使我暂时无法写出详细而实质性的信件。目前我不会去听微分学的课程，而是会全力以赴取得我的博士学位，即开始写我的论文。数学以及对康德和科恩的进一步研究，不得不推迟。我的哲学思想的发展已经到了关键阶段。尽管这对我来说可能很困难，但我必须将它留在目前的阶段，以便在我完成考试后能够完全自由地全身心投入其中。如果在攻读我的博士学位的过程中出现障碍，我会认为这意味着我应该按照自己的想法工作。

经过半年频繁被打断的阅读，我在洛迦诺读完了哈纳克的教义史。您可以从双重意义上对我表示祝贺：我做了这项工作，并且完成了它。当你把书合上时，这种阅读带来的好处是不可估量的。仅举一个例子，我意识到，除其他因素外，无知是当代新天主教潮流的强大源泉，特别是因为它影响了有才智的犹太人。这显然是浪漫主义运动的一种表达方式，当然——我不知道我是否已经告诉过您这一观点——它是当代最强大的运动之一。就像先前的浪漫天主教一样，它既有强权政治的方面，也有意识形态的方面（亚当·穆勒[1]、弗里德里希·施莱格尔）。尽管第一个方面仍然没有成效（舍勒[2]是它的代表；弗兰茨·布莱[3]和——虽然不是天主教徒的——瓦尔特·拉特瑙[4]，以及其他许多人，也是），第二个方面却通过吸收社会因素从施莱格尔的冷漠和不太明确的态度演变为无政府主义

1 亚当·穆勒（Adam Müller，1779—1829），德国时事评论员、文学评论家、政治经济学家、国家理论家和经济浪漫主义的先驱。

2 马克斯·舍勒（Max Scheler，1874—1928），德国哲学家，以其在现象学、伦理学和哲学人类学方面的工作而闻名。

3 弗兰茨·布莱（Franz Blei，1871—1942），奥地利作家、翻译家、出版商和文学评论家。

4 瓦尔特·拉特瑙（Walter Rathenau，1867—1922），犹太人政治家，在魏玛共和国期间担任德国外交部长。

(莱昂哈德·弗兰克[1]、〔路德维希·〕鲁宾纳[2])。我在不久的将来将阅读的内容仍然不确定。——关于歌德，我有**很多**话要说——正如您从我对冈多夫[3]的著作尖刻的评论②中可以想象的那样。我等着听听您的看法。

您寄给我妻子的那篇文章③，我读了三遍，最后一遍和她一起读的。我的妻子会亲自感谢您。我个人要特别感谢您，因为您在不知道两年前我也曾致力于同样的问题的情况下，为我澄清这个问题提供了很大帮助。读完您的文章后，我现在觉得问题是这样的：出于我作为犹太人的本质，悲叹和哀悼的内在准则，即"完全自主的秩序"，对我来说变得显而易见。在没有参考希伯来文学——我现在知道它是这种研究适当的主题——的情况下，我在一篇题为《悲苦剧与悲剧中语言的意义》的短文中将以下问题应用于悲苦剧："语言本身如何在哀悼中实现自己，它又如何成为哀悼的表达？"在这样做的过程中，我得到了一种洞察，它在细节和整体上与您的近似。然而，与此同时，我精疲力竭地研究一种关系，却无济于事——这种关系的真实情况我现在才开始了解。因为在德语中，悲叹只有在悲苦剧中才在语言上表现得淋漓尽致，从悲苦剧这个词的德语含义来看，它几乎次于悲剧。我无法使自己适应这一点，并且没有看出这种级别顺序在德语中合法而在希伯来语中可能恰恰相反。从您的文章中，我现在明白了，当时引起我思考的问题必须以希伯来语的悲叹为基础提出。无论如何，在我掌握希伯来语之前，我既不能承认您的阐述是一个解

---

1 莱昂哈德·弗兰克（Leonhard Frank，1882—1961），德国作家。

2 路德维希·鲁宾纳（Ludwig Rubiner，1881—1920），德国诗人、文学评论家和散文家，被公认为20世纪初起源于德国的表现主义运动的代表。

3 弗里德里希·冈多夫（Friedrich Gundolf，1880—1931），德国犹太裔文学学者和诗人，也是魏玛共和国最著名的学者之一。

决方案，也不能基于您的翻译——这也许是不可能的——来着手处理问题。与您的出发点相反，我的出发点的优势仅仅在于，从一开始就向我指出了哀悼与悲剧的根本对立。从您的文章中可以推断出，您还没有认识到这一点。此外，我本来会对您的文章发表很多评论，然而，在一封信中，由于术语上的困难，这些评论必然会在漫无边际的微妙中迷失自我。我认为论及悲叹和魔法的结尾部分非常好。另一方面，我坦率地向您承认，这种形式的悲叹理论似乎仍然存在一些基本的漏洞和模糊之处。您的（以及我的）术语远未充分完善，无法解决此问题。我要特别指出的是，我继续怀疑在以下意义上悲叹与哀悼之间的明确关系，即任何纯粹的哀悼都必然通向悲叹。——结果是一系列如此困难的问题，以至于我们真的必须放弃对它们的书面形式的考虑。——关于您的翻译只有一句话。我们——我的妻子和我——对它的看法和当时对您的《颂歌》的翻译的看法相同。归根结底，您的翻译（当然，我无法判断它与希伯来语的关系，但在这方面我完全相信您）就其与德语的关系而言，具有研究的特征。显然，您的翻译不是为德语——可以说——抢救一个文本，而是把它合乎规则地与德语联系起来。在这方面，您没有从德语中得到任何灵感。当然，我无法判断《挽歌》是否能够以超越与德语的这种关系的方式被翻译成该语言，而您的作品似乎排除了这种可能性。

我和来自柏林的大卫·鲍姆加特[1] ④ 先生有一点熟。我总是对他有好感。但我对他特殊的哲学能力没有形成任何看法。在某一时刻（也许当我俩都老了——如果我们能活到老！），关于西蒙·古特曼，我可以比世上其他任何人告诉您更多的事情，也许除了我的

1　大卫·鲍姆加特（David Baumgardt，1890—1963），20 世纪初期的哲学史领域的德国犹太裔哲学家。

妻子。罗伯特·延奇先生也属于同一个圈子⑤。这位年轻人，几年前在柏林大学获得数学编外讲师资格，据说由于他的博士论文——该论文由学院〔?〕翻译——已经成为一位著名的数学家。我和他也有一点熟。您有没有收到他的消息，或者您能了解到他的一些情况吗（他在战场上）？我对此非常感兴趣。⑥现在还有两个请求。我写给“天才”的一封信要么没有寄到，要么他还没有回复。（我只有他的一个非常老的地址，我不知道他现在在哪里。）我现在非常渴望看到他的博士论文（它一定是在1917年10月左右出版的），但无法很好地联系到他。我是否可以请您写信给埃尔兰根大学的学舍管理员，并随信附上一张邮资已付的回邮信封，向他询问1916年10月或11月在该校哲学系获得博士学位的菲利克斯·诺格格拉斯先生的博士论文是否以及在何处发表。以及，他是否知道这位先生现在的地址。如果您能为我询问，我将不胜感激，因为我不愿以自己的名义询问。最后，我还想提出以下请求：请您不要订购我在上一份书单上列出的提布鲁斯[1]和普罗佩提乌斯[2]的朗根沙伊特[3]译本，或者如果订单已经下了，则取消它，但前提是这**完全**不会给您带来麻烦。因为我在这里的一家旧书店发现了它们，但是在我收到您的短信——请尽快——告知我它们是否已在德国订购之前，我不想购买它们。另外，请随时通知我有关书籍订购的所有事项。再次感谢您的辛劳。（我对卡图卢斯[4]和品达的朗根沙伊特译本的订单仍然有效，当然，如果这些作者的译本不能自己组成一卷或多卷，我只希望它们出现在同一个封面下，因为否则我

1　提布鲁斯（Tibull，约公元前55—前19），拉丁语诗人和挽歌作家。

2　普罗佩提乌斯（Properz，约公元前50—前15），古罗马诗人。

3　古斯塔夫·朗根沙伊特（Gustav Langenscheidt，1832—1895），德国语文教师、图书出版商，也是朗氏出版集团的创始人。

4　卡图卢斯（Catull，约公元前84—前54），罗马共和国晚期的拉丁语诗人。

不得不忍受其他作者的混入。这也适用于提布鲁斯和普罗佩提乌斯，如果您不能取消订单的话。）我了解关于“范弗列申·美丽小脚[1]”的童话⑦，但不再记得它是我读过的该作者的许多童话故事中的哪一个。——我的妻子将亲自探讨您提供给她的医疗信息。——您收到克拉夫特先生的论文了吗？我已经写信给他。您的朋友的家系是什么情况？他会很受欢迎的。

关于布伯，您所写的和我的朋友在与他的唯一一次谈话之后告诉我的几乎一字不差。⑧

这封信并不像看起来那样完全缺乏连贯性。因为它需要给出答案，而不提出新问题，这样即使我们的通信从我这方面来说不得不暂停一段时间，我也不会给您留下太多悬而未决的事情。我最大的遗憾是，我仍然无法告诉您任何关于我思想的哲学运动的事情；这和一封信是不相容的。——此外，我的妻子打算给您写信。——我诚恳地请您不要让我长时间没有消息。怀着对您最衷心的祝福，

您的瓦尔特

① 理查德·赫伯茨。
② 该书评的主要部分被纳入关于歌德的《亲和力》（*Wahlverwandtschaften*）的论文中（《本雅明文集》第I卷）。
③《关于悲叹和挽歌》（Über Klage und Klagelied）（未发表）。
④ 肖勒姆在埃尔富特（Erfurt）认识了鲍姆加特。他后来成为柏林大学的编外讲师。
⑤ 指的是格奥尔格·海姆、欧文·勒文松[2]、库尔特·希勒等人周围的“新感伤卡巴莱剧团”（Neopathetische Kabarett）。
⑥ 收到这封信的前一天，肖勒姆（当时正在研究数学）告诉W. B.，延奇已经在

1 范弗列申·美丽小脚（Fanferlieschen Schönefüßchen），一位善良的女巫。
2 欧文·勒文松（Erwin Löwensohn，1888—1963），“新俱乐部”的成员，并以笔名戈洛·甘吉（Golo Gangi）为文学报纸《行动》、《火骑士——诗和评论报》（*Der Feuerreiter: Blätter für Dichtung und Kritik*）和《民主党人》（*Der Demokrat*）等撰稿。

战争中阵亡，并告诉他赫尔曼·科恩去世的消息。
⑦ 克莱门斯·布伦塔诺著。
⑧ 肖勒姆针对这些年来布伯作品中的经验崇拜写了一篇激烈的抨击。

66　致格哈德·肖勒姆

1918 年 4 月 11 日

亲爱的格哈德，

让我用生命的消息，交换两个死亡的消息[①]，其中第二个是我还不知道的，并且让我深感痛苦。当我发现您的来信时，我刚从医院回家，今天早上，我妻子在那里生下了一个儿子[②]。母子平安。——除了孩子的祖父母，您是第一个听到这个消息的人。谨代表宝宝和妈妈致以最良好的祝愿。

您的瓦尔特

① 关于赫尔曼·科恩和 R. 延奇。
② 斯特凡·本雅明，1972 年 2 月 6 日逝世于伦敦。

67　致格哈德·肖勒姆

〔1918 年 4 月 17 日〕

亲爱的格哈德，

我们俩非常感谢您的美好祝愿；我刚刚收到它。我的妻子很好，孩子也是。我们给他取名为斯特凡·拉斐尔（Stefan Rafael）。中间的名字是以我妻子的祖父的名字命名的，他在斯特凡出生前不久去世。明天多拉应该第一次下床一段时间。——人们可以注意到的最美好的事情之一就是我在这些日子里注意到的事情：一位父亲如何立即将这样一个小人儿视为一个**人**，以至于相比之下，父亲自己在所有与生存有关的事情上的优越性似乎是微不足道的。——在一封著名的信中，莱辛说了非常类似的话。

我正在阅读一大**堆**非常有趣的东西，我的书桌上还堆着更多这样的东西；前者包括施莱格尔兄弟的刊物《雅典娜神庙》，我借的初版（！）。此外，一本非常引人入胜的，几乎太引人入胜的，并且非常有据可查的书，伯努利[1]的《弗朗茨·奥弗贝克和弗里德里希·尼采》（*Franz Overbeck und Friedrich Nietzsche*）。它是关于尼采生活的权威著作，包括许多其他任何地方都没有发表的内容。还有海因里希·冯·斯坦的《柏拉图主义》（*Platonismus*）。第二类（还放在我书桌上的书）包括：F. 施莱格尔的《语言和文字的哲学》（*Philosophie der Sprache und des Wortes*），他最后的讲座的文集（由于我现在几乎已成为晚期施莱格尔的专家，我将能够通过阅读本书来结束这一艰难的工作）。——我现在正在思考很多事情：我仍然无法写下我思考最多的东西，而我还不想写我思考较少的东西。有朝一日，您会收到一**捆**手稿——尽管到目前为止，它们只完成了一点。——您能否取消订购朗根沙伊特的卡图卢斯、提布鲁斯和普罗佩提乌斯的译本？这事是什么情况？请尽快通知我。

一个诚恳且紧急的请求；我无数次地请求维尔纳·克拉夫特给我寄一份我从圣莫里茨写给他的信①的副本，其中包含我对“伟大”的评论，但事实证明这是徒劳的。现在我**非常**需要这些评论，可是我不想从这里关于此事和他联系，但是拜托您一定迅速、紧急

1　卡尔·阿尔布雷希特·伯努利（Carl Albrecht Bernoulli，1868—1937），瑞士新教神学家和作家。

地转达我的请求，如果他复制太麻烦，他也许可以暂时放弃原始信件，并通过挂号信寄给我。我真的需要它。衷心感谢！您给克拉夫特的信中提到我儿子的诞生了吗？如果没有，请不要这样做，如果有，请告诉我，以便我可以自己写信给他——你看，基本上，我不想用任何外部的东西来破坏他自我规定的沉默。——您碰巧知道他可能会喜欢什么吗？我们想匿名给他寄一本书。——请尽快写信给我。

最真诚地，您的瓦尔特

① 关于斯蒂夫特的这些评论包含在第 69 封信中。

68 致恩斯特·舍恩

〔伯尔尼，1918 年 5 月〕

亲爱的舍恩先生，

我对您的两封信的回复耽搁了太久，以至于我现在不得不在一个特别繁忙且窘迫的时刻给您回复。外部的窘迫：因为这里令人绝望的住房短缺迫使我们在十四天内搬家[①]，在这里它与各种各样的为难事密切相关。内部的窘迫，是因为繁重的任务阻止了我完全自由地表达自己的想法。在某种程度上，我的想法仍然太不成熟，它们不断地从我面前溜走，而我抓住的东西需要最精确的基础才可以被表达出来。某些——可以说是革命性的——思想对我来说本身包含了一种迫切需要，那就是非常彻底地研究它们的伟大对手，以便能够在阐述它们时始终保持客观。在各个领域，这个最大的对手始终是康德。我全神贯注于他的伦理学——令人难以置信的是，多么有必要追踪这个**暴君**，追踪他无情的哲学精神，这种精神**哲学化**了某些尤其是在伦理学中是值得谴责的洞见。特别是在他晚期的著作中，他驾乘并毫无意识地鞭打他的木马（热衷于谈论的话题）——理性。

我迄今无法完成一项非常重要的认识论研究。它已经休耕好几个月了。我的教授批准了我的论文题目，他非常乐意这样做。大约是这样的东西：浪漫艺术批评的哲学基础。关于这个主题，我确实有一些话要说，但事实证明，素材是非常难以加工的。如果我想从中得到更深刻的东西，有一篇论文需要你指出来源，然而，由于某些浪漫主义最深刻的倾向，这几乎是不可能找到的。我指的是它与康德在历史上和根本上的重要一致性，在某些情况下可能被证明是无法以“类似论文”的形式展示。另一方面，如果可以完成，这项工作将给我带来一种内在的匿名性，每当我为此目的而写作时我必须为自己确保这种匿名性。我真的想拿到博士学位，如果这件事不发生，或者还没有发生，那它只能是我**最深刻的**压抑的表现。有多少压抑是显而易见的，我想对此保持沉默，并且没有必要告诉您这个。——让我借此机会请您以一系列信件的形式寄给我您的片段汇编[②]的摘录（可能分成三到五封信，这样它们就不会太长）。我真诚地请求您原谅这个请求会给您带来的巨大麻烦。这份汇编对我的工作来说是不可或缺的。我还不得不占用您宝贵的时间，这太糟糕了。

在您的两封信中，您提到了两件非常重要的事情，这两件事我已经考虑了很长一段时间，也是我和肖勒姆先生进行的持续谈话的主题——在此期间，他来到这里了[③]，就是斯蒂夫特和博查特。关于前者我今天不想给您写任何内容，因为我已经写下了关于他的一些要点，当有机会的时候，我会扩展它然后可以单独寄给您。——您很难清楚地知道博查特这个名字在我心中所唤起的精神意象。他是一位年轻犹太人的不幸生活中不可或缺的一部分，后者与我关系密切，目前是一名士兵。④ 肖勒姆先生（我在这里的时候，肖勒姆通过我认识了他）和我都很忧虑，因为知道他被抛弃在了德国。这个过去和现在都以无与伦比的热情尊敬博查特的人，迫使我以最详细的方式与博查特交换意见，除此之外，在某些方面为我提供了博查特本质的写照。因此，博查特停留在我的视野已经两年多了。我知道他的诗歌和《别墅》(Villa)，他在《赫斯珀洛斯》上发表的作品（以及关于战争的演讲），最后是在《南德意志月刊》(*Süddeutschen Monatshefte*) 中针对格奥尔格圈子的著名论战。为了充分地、可理解地谈论他，我必须扯得很远，在这里从任何意义上都没有空间说出那些话。因此，请允许我仅仅以非常暗示性的方式与您分享，为什么我否定博查特的人品，尽管我很尊重他的作品的"质量"。博查特对我来说不再是悲剧性的、成问题的，就像瓦尔特·拉特瑙一样，即使他没有拉特瑙那样卑鄙。然而，至于其余部分，他们是相似的，尤其是在决定博查特的道德本质的单一特征中，在他撒谎的**意愿**中。他有一副铁石心肠。孤立的美具有极强的欺骗性，今天没有比他更好的例子了，这种孤立的美在他的作品中比比皆是。然而，作为一个整体，这些作品被证明是一种试图为其创造者获得以下利益的尝试：在智识方面的声望；在智识方面的权力；在智识方面的伟大。他把精力耗尽在为德国人描绘一种式样，一种不存在于他们之中或还不可能存在于他们之中，并且他们不可能通过虚假的借口而实现的式样。他预感到这种式样是未来的前景但并没有理解它：这种式样就是人民的公共负责人，他们的精神和语言财产的指定监护人。(我无法在这里说明这个概念的未来前景是什么，以及对这个概念的误解是什么。您会有自己的观点。在当时可能的范围内，他似乎在雅各布·格林[1]身上找到了他的追求的

1　雅各布·格林（Jacob Grimm，1785—1863），德国语言学家、法学家和神话学家。

前身。）他的作品是为达到这一目的而采取的专横手段，而非服务。你在他身上还会发现“思想的倒置”，肖勒姆先生在他给我的最新的一封信中，宣称这是现代书籍的特征；我称之为客观的谎言。在博查特身上，它是针对历史的，另一方面，它建立在一种颠倒的基础上，在我看来，这种颠倒已经成为我们这个时代的规范，建立在把媒介曲解为喉舌的基础上。他把历史，创造者的媒介，变成创造者的喉舌。这并不容易阐述，正是因为这个原因，博查特今天可能是**粉碎性**（最无情的）论战唯一值得注意的对象（就像他对格奥尔格的圈子所做的那种令人惊异的尝试），如果并非所有从根本上讲具有论战性的东西今天都会被抛弃。在博查特作品的核心部分，您会遇到一种可以保护和称赞人类的姿态，但这是诗人的一副不合法的面具，或者，他的作品依赖于构成这样一种姿态。他把自己置于一座谎言之塔的顶端，以便被他那个时代好说谎的民众看到。如果我理解正确的话，这种感觉在您的字行中非常清晰地预示着。

请随意阅读我关于语言的论文。我还有另一个请求。在《爱的圈子》（*Kreis der Liebe*）[5]中——由于它的笔迹，我无法利用——有一首普拉滕的加泽拉诗体的诗。现在我已经购买了他的诗歌的施洛瑟（Schlösser）的版本（遗憾的是并不完整）。令人难以置信的是，那首加泽拉似乎并未包含在其中。它是第几首？您是从哪里得到的？当您有机会的时候，您可以寄给我一份副本吗？——我自己无法满足您的一个请求，我很抱歉。我们手边没有我妻子和我的照片，如果我们认为您的请求不是我们拍照的有效理由，我相信您会理解。最后，请原谅我这样一个事实，即在保管我的论文这样重要的事情上接受您的友好和细心时，我不得不在肖勒姆先生代表我提出这一请求后才追加提出这个请求。由于肖勒姆先生马上就要启程，所以整个转移[6]过程必须如此紧迫。另一方面，我仍然不确定是否有必要进行转移，所以我首先要等待，看看结果如何。特别不幸的是，在我能得到您同意转移之前，我得请您给我寄些东西。我希望您能把我的所作所为视为情有可原，也希望您能为我提供保管我的手稿，这对我来说意味着的**伟大**服务。

所以，正如您可以想象的那样，我现在正在研究浪漫主义。具体而言，除了阅读《雅典娜神庙》，我正在研究 A. W. 施莱格尔，他是我迄今为止最不了解的浪漫主义者。您知道在这些人的评论性著作中现在让我感到惊讶的是什么吗？是他们伟大而高尚的人性。他们掌握了针对卑劣行为所需的尖刻语言，但当他们面对不幸的人时，他们有一种极好的宽厚心态。歌德和席勒似乎无法在他们的评论中达到同样的程度。相比之下，A. W. 施莱格尔对比尔格[1]和施莱尔马赫对加弗[2]的评论⑦非常精彩。此外，在这些浪漫主义者的评论中，再次与歌德形成鲜明对比的是，他们几乎总是最终证明是正确的，因此一直都是正确的。——如果您有时间并且已经非常了解尼采，包括他与奥弗贝克的通信（这是非常重要的），那时，只有到那时，也许您可以阅读 C. A. 伯努利的《弗朗茨·奥弗贝克和弗里德里希·尼采》。说到底，这本书只是两卷的小册子，但它包含了非常有趣的内容。S. 弗里德兰德[3]称伊丽莎白·弗斯特－尼采[4]为“她世界著名的哥哥的全城闻名的妹妹”。

我弟弟受伤后在一家德国野战医院；这显然是一个相当严重的腹部枪伤。我和我的妻子最诚挚地回应您和朱拉的问候。关于布索

1 戈特弗里德·奥古斯特·比尔格（Gottfried August Bürger，1747—1794），德国诗人。

2 克里斯蒂安·加弗（Christian Garve，1742—1798），启蒙运动后期最著名的德国哲学家之一，与伊曼纽尔·康德和摩西·门德尔松齐名。

3 所罗门·弗里德兰德（Salomo Friedländer，1871—1946），德国哲学家和作家，主要从事文学前卫艺术。

4 伊丽莎白·弗斯特－尼采（Elisabeth Förster-Nietzsche，1846—1935），哲学家弗里德里希·尼采的妹妹，也是 1894 年尼采档案馆的创始人。

尼[1]，我的妻子稍后会写，我们前天听了他的音乐会。

您的瓦尔特·本雅明

衷心感谢您的良好祝愿。

附：我觉得有必要更清楚地表达自己对博查特的看法：说他的作品只有“质量”是不正确的。《日耳曼尼亚志》[2]的翻译——在我所知道的范围内 ——可能是德语与拉丁语关系史上的一个里程碑。说撒谎的意愿对他至关重要，这也是不正确的。倒不如说，他是一个冒险家，他贪求**最高的**桂冠，他将巨大的能力投入到对绝对的权力意志的服务中。最后，在一个终极的专注和沉思让你不可见的时代，他是一个为了被人看见而扭曲并反射这种专注和沉思的人，即使面对深渊也是如此。他本身不是谎言，但每当他确定自己与公众的关系时，谎言都会抓住他。——他可能会留下伟大的东西，但这会让我们想起一个故事，一个人想寻找黄金，却发现了瓷器——在其他方面，就“寓意”而言，这根本不是一个美丽的故事。在寻找假黄金时博查特可能会遇到这样的事情，但由于他想成为一名诗人，他不纯的意志是他可能性的最大障碍：他肯定不会留下任何作品；他将留下一些发现，一些可以耕种的土地，以及一些他发现的有关语文学、历史学和技术性的东西。在他身上起作用的不是谎言，而是您自己明确地指出的不诚实。

① 到伯尔尼附近的穆里（Muri）。

② W. B. 于 1917 年春天在达豪汇编了施莱格尔和诺瓦利斯（Novalis）的片段。它们当时由恩斯特·舍恩保管。.

③ 肖勒姆从 5 月初到 1919 年秋天在伯尔尼。

---

1 费鲁乔·布索尼（1866—1924），意大利作曲家、钢琴家、指挥、编辑、作家和教师。

2 塔西佗（Tacitus，约 55—120）著。

④ 维尔纳 · 克拉夫特。
⑤ 恩斯特 · 舍恩的诗集（未发表？）。
⑥ W. B. 存放在肖勒姆那里的论文。
⑦《雅典娜神庙 III 》（1800 年），第 129 页起。

69　致恩斯特 · 舍恩

伯尔尼附近的穆里，1918 年 6 月 17 日

亲爱的舍恩先生，

我非常感谢您在抄录片段和笔记时付出的巨大辛苦和细心，我现在已经拥有这些誊本一段时间了。为了表示谢意，请接受随函附上的我关于斯蒂夫特的两份笔记的副本。如果我没有向您展示友善的愿望，也许我不会决定把这两份笔记交给您，因为，您看，其中一份只是一封信的摘录，而第二份原本只是为了提醒我给自己设定的一个任务，也就是对斯蒂夫特风格的广泛评论。但我今天把它们寄给你，因为我可能需要很长时间才能在附件中添加任何东西（根据我在 II 中的观察，非常有可能使他的风格中的好元素与坏的一样易于理解）。我用我的好信纸来抄录，希望它到达您那里时损坏得不是那么糟糕；我们收到的大多数德国信件上面都浇了审查员的消毒碱液。由于我现在正表示衷心的感谢，所以我想说回到您上个生日送给我的礼物，以便告诉您，这本用蓝色摩洛哥山羊皮革装订的盖兰的著作是我藏书中最漂亮的书籍之一。我正在努力扩大我的藏书。事实证明，我拥有私人藏书的内心需要（实际上，仅仅是拥有私人藏书的可能性），在时间上与获得私人藏书的巨大资金和物质困难相吻合。从我开始热切地建立私人藏书只有两年多的时间，我逐渐敢于四处寻找一两本那些在本质上最难得到的书。现在是最

惨淡的时期，因为它们已成为乌合之众的投机对象。所以我不得不放弃很多在几年前非常实惠的（顺便说一下，当时我没有钱购买）、而现在非常值得我向往的书籍。也许您已经听说了慕尼黑的皮洛蒂（Piloty）拍卖会（《第七环》[*Der siebente Ring*] 的第一版卖出了超过 400 马克——我出价 75 马克，阿尔弗雷德〔·科恩〕在几年前以 45 马克买下了它）。我的书商刚刚给我寄来我唯一一本成功购得的书，歌德和克内贝尔[1]的书信集。尽管如此，您会看到我现在有一些不错的东西，我希望能在可预见的未来将我妻子的藏书（现在仍然在塞斯豪普特）与我在这里的图书合并起来。我来自德国的书籍现在大部分在这里，或者至少是较好的部分。但是，我从德国订购的许多非常重要的书都已售罄，更不用说古董书了。如果您不感到厌烦的话，我打算在适当的时候给您写更多关于我最近收购的信息。我太喜欢谈论它了。

另一方面，今天并且也许在未来的一段时间内，我无法向您报告我的工作。一段时间以来，我一直和我妻子在晚上的休闲时间阅读卡图卢斯，我们打算坚持下去，然后转向普罗佩提乌斯。为了摆脱现代美学概念的典型观点中的、现代对灵感的理解中的，以及抒情诗中的错误，没有什么比读古代诗人更有益的了——在某种意义上，读拉丁语可能比读希腊语更有益。我从图书馆借来一个版本，这版本是在巴黎为路易十五世王太子制作和印刷的，并且对每一首诗都有**注释**和**解释**，其中后者是用蹩脚的拉丁语对诗的内容进行的可笑而笨拙的解释。

我听说，博查特在第一期《诗歌》(*Dichtung*) 上发表了他已完成但未发表的作品清单。（我看了一下。）我的一个熟人对此说

1　卡尔·路德维希·冯·克内贝尔（Karl Ludwig von Knebel，1744—1834），德国诗人和翻译家。

了最恰当的话——清单中有各种各样的门类：翻译、戏剧、诗歌、散文、哲学、政治，等等——“但缺少书信这个门类”——您写到了〔海因里希·〕曼。您知道《穷人》（*Die Armen*）吗？通过这本书，他（就像他的弟弟通过《战争中的思考》[*Gedanken im Kriege*] 一样）向我们这个时代致敬，我们的时代要求把他算作其仆人。一本前所未有的不成熟和漫不经心的书。也许您会注意到，我对普拉滕诗歌的询问是基于我奇怪的误解，即《爱的圈子》中的加泽拉诗体的诗是普拉滕自己写的（而且您把它插进去，可以说是为了表示一种热情洋溢的敬意）。既然现在我知道您的是一首改写的诗——我记得它的美丽结尾，并曾经在普拉滕的作品中徒劳无功地寻找——我提出一个新的请求：寄给我**您的**诗歌的副本。——非常感谢您最后一首优美的诗。我和我的妻子向您和朱拉致以最诚挚的问候和祝福，至于我，我必须再次对那些片段表示感谢。

您的瓦尔特·本雅明

斯蒂夫特

I

在我看来，关于斯蒂夫特的一个错觉是极其危险的，因为它会导致一个人基本的形而上学信念的错误，而这种信念是关于在人们与世界的关系中至关重要的东西。毫无疑问，斯蒂夫特对自然进行了非常美妙的描述，并且关于处于停滞状态的人类生活——在它作为命运展开之前——也就是说关于儿童，他也进行了奇妙的讲述，就像在《水晶》中那样。但他自己曾在《彩石集》（*Bunten Steinen*）的序言中表达了他的巨大错误而没有意识到这一点。在那里他写到了世界上的伟大和渺小，并试图将这种关系表现为欺骗性的和无关紧要的，甚至是相对的。事实上，他对人和世界之间的基本关系是如何被净化和被证明有理缺乏一种理解：换句话说，就是缺乏正义感，在这个词最崇高的意义上。当我追踪他在各种书籍中展示他的人物**命运**的方式时，在每一个例子中，在《俄巴底亚》(*Abdias*)、《碧玺》(*Turmalin*)、《布丽吉塔》(*Brigitta*) 以及《我的曾祖父的公文包》的一段插曲中，我发现了这种限制在生活的小事情上的另一面，阴暗和黑暗的一面：因为他不能勉强接受或满足于仅仅描述它们，而是努力将这种简单性引入命运的大背景中。然而，它必然具有完全不同的简单性和纯度，也就是说，与伟大或更确切地说与正义同时存在的简单性和纯度。因此，可以说，在斯蒂夫特的作品中大自然发生了反叛和蚀食，变成了极其恐怖和凶恶的东西，从而进入了他的女性角色（布丽吉塔，上校的妻子）。在那里，大自然作为一种简直是乖张的和巧妙隐藏的恶魔的本性，维持着单纯无辜的外表。斯蒂夫特了解大自然，但他对自然与命运之间界限的认识是非常不可靠的，他用虚弱无力的手法来描画它，例如在《俄巴底亚》几乎令人尴尬的结尾中。只有最崇高的内在正义感才能为这一界限提供确定性。然而，在斯蒂夫特的作品中，一种痉挛性的冲动寻求另一种方式将道德世界和命运与自然联系起来。这种方式似乎更简单，但事实上是低于人类般的恶魔和幽灵式的。事实上，这是一种秘密的杂交。经过仔细的观察，这种令人毛骨悚然的特征在斯蒂夫特在特定的意义上变得“有趣”的地方随处可见。——斯蒂夫特具有双重性，他有两副面孔。在他身上，纯洁的冲动有时脱离了对正义的渴望，它迷失在渺小的事物中，然后作为难以区分的纯洁和不纯洁，在伟大中幽灵般地和增生式地（这是可能的！）浮现。

如果不努力去领悟最崇高和最极端的合法性，就没有终极的和形而上学上的持久的纯洁，我们不应该忘记，斯蒂夫特对这种努力一无所知。

II

他只能在视觉的基础上进行创作。然而，这并不意味着他只会再现可见的东西，因为作为一个艺术家，他有风格。其风格的问题就在于他如何掌握所有事物的形而上学的视觉领域。首先，与这一基本特征有关的一个事实是，他对于必须被**听到**的，即位于形而上学的声学领域的启示没有任何感觉。此外，这也解释了他的作品的主要特征：宁静。因为宁静首要的是没有任何声学感觉。

斯蒂夫特笔下的人物所说的语言是浮华的。它是一种用来在听不见声音的房间里展示感情和思想的语言。他完全缺乏以某种方式描绘“震撼”的能力，这是人类主要用语言来表达的东西。或多或少地表征他的作品的恶魔性是基于这种无能。当他在秘密的道路上摸索前进时，这种恶魔性达到了明显的顶峰，因为他无法在解放的话语中找到显而易见的救赎。他在精神上是无声的，也就是说他的本质缺乏与语言这个普遍本质的联系，而说话源于语言。①

① 这些笔记中的第一个是从他 1917 年夏天写给维尔纳·克拉夫特的（已遗失）信件中提取的。保存下来的一部分誊本只有很少的文体上的变化。

70　致恩斯特·舍恩

〔1918 年 7 月 31 日〕

亲爱的舍恩先生，

非常感谢您的祝福。我的生日给了我一个再次谈论书籍的好机会。这是因为我妻子送给我一小批藏书——不是说书放在小书柜里，而是装满了一个。您首先需要知道的是，像一个真正的图书收藏家一样，我至少为自己开辟了一个专门领域。我做这件事时的首要考虑因素是我已经拥有的和我能负担得起的。这是一个即使在今天，收藏家也不普遍感兴趣的领域，因此幸运的发现仍然是可能的（事实上，我在不久前就有一次，令我难以形容地喜悦）。这个领域就是古老的儿童读物和童话故事，还有美丽的传说。大部分的藏品来自我对我母亲的藏书一次及时的大规模突袭。这也是我的童年早期的藏书。这一次我也得到了一些童话故事：安徒生[1]，基彭霍伊尔（Kiepenheuer）刚刚出版的相对较好的版本；豪夫[2]，他的文集的一个版本，我可能会请人分别装订。然而，最重要的是，布伦塔诺的，在 1846 年罕见的第一版。我获得的布伦塔诺的其余作品是在他的兄弟克里斯蒂安[3]出版的七卷全集中，这是唯一的版本，除了格奥尔格·穆勒（Georg Müller）目前正在连同许多其他书籍一起大量生产的版本之外。除了童话故事和《高德维》（*Godwi*）之外，它包含了所有重要内容。我还得到了浪漫主义文学家和语言学家贝恩哈迪[4]的三卷本小书《俗世画》（*Bambocciaden*），这本书是我很久以来一直努力争取拥有的、最稀有的即使不是最受追捧的浪漫主义书籍之一。我还没读过。现在，得到了《三故事》（*Trois Contes*）和《诱惑》（*Die Tentation*）之后，除了《萨朗波》（*Salambo*）、《疯子的笔记本》（*Carnet d'un fou*）（是这个标题，对吗？）和《十一月》（*Novembre*）之外，我拥有福楼拜所有的小说。艾克曼[5]的一个很好

1　汉斯·克里斯蒂安·安徒生（Johann Christian Andersen，1805—1875），丹麦作家。

2　威廉·豪夫（Wilhelm Hauff，1802—1827），德国浪漫主义作家。

3　克里斯蒂安·布伦塔诺（Christian Brentano，1784—1851），德国作家及天主教政治评论家。

4　奥古斯特·费迪南德·贝恩哈迪（August Ferdinand Bernhardi，1769—1820），德国语言学家和作家。

5　约翰·彼得·艾克曼（Johann Peter Eckermann，1792—1854），德国诗人、作家和歌德的密友。

的版本，《十日谈》（*Decamerone*）的岛屿版，以及阿雷蒂诺的色情作品的法语译本。此外，还有一本波德莱尔的小型回忆录，其中包含了他生活中的轶事以及他和朋友们的许多照片。几年后，我会知道这些书中的一些对我来说意味着什么；在某些情况下，这可能需要很长的时间。首先，它们将被存放在，可以说，酒窖中，埋在藏书室里：我不碰它们。除了其他原因之外，还因为我熟悉在一个地区流亡的概念，在那里我将依赖于我的藏书，那时我就会了解它们。我现在只读安徒生，他让我渴望了解多愁善感的本质。与真正反常的东西相比，好东西很少，但在他那里，好与坏似乎以一种奇怪的方式紧密联系在一起。

只要有可能，我都会阅读伯尔尼图书馆的书籍，但是至少对我感兴趣的领域来说，它是非常不足的。我现在又忙着为我的论文做研究，当然，我也在研究歌德的艺术理论。它不能通过信函来传达，因为它太广泛了，但我在这里发现了最重要的事情。当然，这是未知领域。——今天在为我的论文做一些阅读时，我偶然碰到了一位路易丝·祖林登（Luise Zurlinden）夫人的书[①]：《德国浪漫主义中的柏拉图思想》（*Gedanken Platons in der deutschen Romantik*）。当女性想要在这些事情上发表决定性意见时，你所感受到的恐惧是难以形容的。这部作品是真正的卑劣。她对浪漫主义者的评价，特别是对施莱格尔兄弟，尤其是威廉（他当然不像弗雷德里希那样重要）的评价，也是对文学系统研究基本原则的可耻性的表现。有些浪漫主义的学术研究当然是徒劳的，甚至比我们这个时代的学术研究还要徒劳；但是学术研究中的无耻是一种现代现象。因此，当代的专家原则上认为翻译是一种次等的创造力（因为在他们按照最粗略的标准对一切进行了分类之前，他们断然不会感到舒服），相应地，关于威廉·施莱格尔的翻译所代表的成就，他们敢于谈论“采用他人的情感”。这种语气已变得司空见惯。

对于您询问的我的境况以及我与您提到的人（巴比松除外）的关系，在一封信中只能用一个简短明确的句子来回答。关于他们我所能说的（但不愿意说），我甚至不能在信中**暗示**：他们对我来说并不存在，即使他们中的每一个都以自己的方式造成了这一点，正是这种缺乏任何关系，使我对这件事漠不关心。——我与巴比松维持着一种肤浅的交往。

除了极少数例外，我与同时代人保持的关系已经结束。

〔……〕

我最诚挚地感谢您寄给我的诗。我可能要花很长时间才能再次向您寄我的东西，因为目前我设想在不久的将来只会出现更长的项目——请让我尽快听到您的消息。祝您身体健康。我的妻子也问候您。

您的瓦尔特·本雅明

① 莱比锡，1910 年。

71　致格哈德·肖勒姆

伯尼根（Bönigen），1918 年 9 月 18 日

亲爱的格哈德，

我应该给您多少“大概的时间跨度”？您旅行的。但是您自己把这个限制在大约一个星期，到目前为止，我还没有更清楚地了解它会是什么样子。——请务必在 26 日之前到达这里，因为我不想把我们的攀登福尔山（Faulhorn）之旅拖得太久。目前还不确定我们可能要在那里过夜的——当然，这不太可能——福尔山酒店将继续营业多久。如果天气保持良好，无疑会到 10 月底。然而，我已

经为我们制定了计划，在27日登上施尼格（Schynige）高原。我妻子可能会一起去。然后我想和她一起度过余下的一天，28日和您一起上福尔山（如果可能的话，马上下山）。

那所大学[①]里没有恶魔学系。否则，为什么那里会有一个科学院呢？——有识之士认为，现任校长肯定会被选为终身名誉校长。

多拉也向您致以问候。

您的瓦尔特

①“穆里大学”（Universität Muri），本雅明和肖勒姆的虚构发明，为了纪念他们在那里一起度过的三个月。他们两人都热情地撰写了有关该大学的讽刺性“官方文件”，其中包括W. B.的课程总目和学院章程等，以及肖勒姆的《哲学系的说教诗》（*Lehrgedicht der Philosophischen Fakultät*）（1927年发表）。W. B.署名为校长，肖勒姆为宗教和哲学学院的学舍管理员。杜撰该校图书馆目录中的书名和相关书籍的评论是W. B.多年来最喜欢的消遣之一。

72　致恩斯特·舍恩

〔1918年11月8日〕

亲爱的舍恩先生，

每一次向自己的生活中的习俗致敬，甚至对于远方的朋友都变得令人不安地引人注目，也就是说，每当这个习俗被认为只是那样的时候。我正在准备的博士考试就是这种情况。在过去的几个月里，我忙着写论文，不断地工作，再加上我在等待的事实，可能对您没有收到我的消息——几乎和我没有收到您的消息一样长——起了一些小作用。在这封信中，您也可以感受到这种当务之急的反映，因为我没有任何新的报道。我的阅读几乎完全局限于论文所必需的。如您所知，我们在这里没有任何社会交往，除了那位年轻人，正如我写给您的那样，他是从德国来看我。由于他无疑可以参与我的工作，但我不能同样程度地参与他的工作——因为他正在研究希伯来语的东西——所以不可能从这里给遥远的您报告任何消息。我只能报告我们家庭的变迁。我的妻子患了流感，但已经不发烧了。她收到了您的来信，并会在康复后回复；由于她的身体虚弱，我们还没有能够讨论它。斯特凡很好，他是一个非常听话的孩子，没有明显的理由从不哭泣或尖叫。

这意味着我有更多的自由去探讨您写给我的所有东西。让我思考最多的是您对我和以前的朋友分手的看法。我越想越觉得有可能，当时使——而非理解——而是沟通变得不可能的那种特质，完全是您内心深处所特有的。当我的朋友和我正处于一场危机之中，而这场危机必须以实现或改变而告终，您在等待——不是不耐烦而是不留心时间，不是盲目而是不注意所看到的。您根据外形看待我们周围的那些人，因此您不得不拒绝他们。我相信，我觉得您的本性对我们提出了一个在我们永恒的和令人困惑的问题中无法满足的要求：耐心的爆发和发展。我敢肯定，如果当时我们之间没有那么疏远的话，我现在就不能跟您谈论那个时期。事实上，除了您之外，我只跟我妻子谈过这个。我不敢推测我们什么时候能再见面。

〔……〕

虽然如果没有外部诱因我永远不会接受它，但我在论文上的工作并不是浪费时间。我从中学到的东西，即对真理与历史的关系的洞察力，在这篇论文中当然是最不明显的，但我希望敏锐的读者能看得出来。这篇论文涉及浪漫主义的批评概念（艺术批评）。现代的批评概念是从浪漫主义的批评概念发展而来的；但是“批评”对于浪漫主义者来说是一个极其深奥的概念[①]，这是基于对认知的神秘假设。在艺术方面，它囊括了当代和后来诗人的最佳洞察，一个新的艺术概念，在许多方面，是**我们的**艺术概念。我对这个问题的想法是如此紧密地交织在一起，以至于我不可能通过笔头的几句话传达一个整体的概念，虽然我很想这样做。我还没有撰写任何真正的论文，但在初步研究方面取得了很大进展。很快，我将把这个计划告诉我的教授。到目前为止，我的工作由于大学因疫情关闭而进展顺利；但它可能很快就会重新开放。寻找有关文献时我到处都遇到障碍，而且我得到的东西无聊得令人难以忍受。我还没有读过主要的文本，狄尔泰的施莱尔马赫传和海姆[1]的《浪漫主义者流派》(*Romantische Schule*)，但是稍后可能会给您一个关于它们的报告。

第二天，即 1918 年 11 月 9 日

昨天，在我写完上述内容之后，我收到了巴伐利亚共和国宣布成立的消息。由于瑞士举行了二十四小时的总罢工（抗议为保卫国家免遭革命颠覆活动而进行的军事征召），今天没有报纸出版，所以我对此期间发生的事情一无所知。无论如何，我要求您参加拍卖的出价无疑将失效，因为它几乎不会发生。

〔……〕

正如您就会知道那样，我们在布里恩茨湖（Brienzer See）畔最美丽的风景中度过了一个非常宁静的夏天。我们所在的湖区有我所见过的最美丽的草地，从湖岸线升起。这些草地延伸得很远，并且覆盖着小树林和灌木丛，我们经常在那里寻找蘑菇。我在夏天读到的最重要的东西是歌德的《植物变形记》(*Metamorphose der Pflanzen*)。和我妻子一起读这本书给了我很大的乐趣，尽管由于缺乏植物学知识，我不能立刻使这本书富有成效。在我稍后阅读歌德的《色彩学》(*Die Farbenlehre*）之前，我希望回到我之前已经研究过的气象学。从那以后，正如我所说，我一直只为写论文而阅

1　鲁道夫·海姆（Rudolf Haym，1821—1901），德国哲学家。

读。这可能是一种精神上的固定，但是一种有益的固定，让我觉得这篇论文必须在这些时候被写下来。我正在读的唯一另一本书是戈特弗里德·凯勒的《绿衣亨利》(*Grünen Heinrich*)。这个人的所有书籍都属于最模糊和最危险的文学作品。为什么——我希望以后可以告诉您。

〔……〕

我和我妻子诚挚地问候您，请向朱拉转达同样的问候。

您的瓦尔特·本雅明

① 他们有好几个这样的概念，但可能都没有这个概念那么神秘。

73 致恩斯特·舍恩

〔伯尔尼，1919年1月29日〕

亲爱的舍恩先生，

从您12月和1月的信中，特别是第二封信中，我看到您因为忧虑而沮丧。在这封信的开头，我想告诉您，我多么希望您能很快找到走出所有这些困境的捷径；我相信您不会在这个过程中失去信心。事实上，对于像您和我这样的人来说，德国发生的变化不太可能开辟出任何道路，除了之前对我们开放的那些。我生活的物质状况已经恶化，而且在我没有给您写信的相当长的时间里，我思考了很多，也有一些令人兴奋的事。

〔……〕

我读了一些很棒的东西。特别值得注意的是果戈理[1]的《魔术

1 尼古拉·瓦西里耶维奇·果戈理(Nikolaj Wassiljewitsch Gogol，1809—1852)，俄罗斯乌克兰裔的剧作家。

师》(*Zauberer*)。当然，它的主题（最伟大的叙事主题之一，而且注定要成为史诗）要更胜于它（不错）的处理方式。——我们最近被邀请去听瓦格纳[1]的《齐格弗里德》(*Siegfried*)，紧接着我读了尼采的《瓦格纳事件》(*Der Fall Wagner*)，结果对书中内容的质朴和远见完全感到惊讶。我还没有读过他的第二篇关于瓦格纳的文章（《尼采反瓦格纳》[*Nietzsche contra Wagner*]），但是第一篇文章让我心里充满了热情，就整体而言，并非对我读过的尼采的所有东西我都能这么说。柏林汉学家高延[2]的新书《宇宙主义》(*Universismus*)①我读过。就像标题擅自将作者发明的名称赋予具有数千年历史的宗教信仰一样，该文本也证明其完全缺乏洞察力、具有落后性和对神话系统研究所提出的新问题的不熟悉。因为这个人是一个相当的行家（从这本书和他的学术声誉来判断），所以可以说古代中国完全奴役了他，无情地把他束缚在智力的枷锁中。当然，通过阅读这本书，你可以学到很多值得了解的东西。——您知道陀思妥耶夫斯基的《双重人格》(*Doppelgänger*)吗？我已经读了第二遍了，这本书值得我们将来某个时候更详细地讨论。我现在正在——全神贯注地——第一次读《浮士德》的第二卷。

去年4月，您写信告诉我说，您被斯蒂夫特的《旧印章》(*Das alte Siegel*)深深打动了，尽管它并没有给你留下一个完全清晰的印象。我现在已经读过了，我反感它就像反感斯蒂夫特其他一些作品。考虑到这部中篇小说，我重新阅读了我之前寄给您的关于斯蒂夫特的文章，并发现它们适用：几乎每字每句。但今天我要补充

---

1 理查德·瓦格纳（Richard Wagner，1813—1883），德国作曲家、戏剧导演、辩论家和指挥家，主要以他的歌剧而闻名。

2 高延（Johann Jakob Maria de Groot，1854—1921），荷兰汉学家。

一下。前一段时间，对萧伯纳[1]的《沃伦夫人的职业》（*Frau Warrens Gewerbe*）的一篇评论让我想到，在任何地方假设一种存在于自身并且只需要被保存的纯洁性都是错误的。在我看来，这一原则足够重要，可以补充以下内容，并将其应用于斯蒂夫特。本质的纯洁性**从来不**是无条件的或绝对的；它始终受条件限制。这种条件因所探讨的纯洁性的本质而异；但这种条件**从来不**存在于本质本身当中。换句话说：每个（有限）本质的纯洁性不依赖于它自身。我们首先将纯洁性归于其中的两个本质是自然和儿童。对于大自然而言，其纯洁性的外在条件是人类的语言。由于斯蒂夫特并没有感受到**这种使纯洁性成为纯洁性的条件性**，因此他对自然的描述之美是偶然的，换句话说，是不可能和谐的。因为事实上，除了与歪曲理解的人类命运的联系——而这样的命运使得斯蒂夫特的作品失去光泽——它在文学上几乎是不可能的。就《旧印章》而言，命运处于前景中，并且问题甚至不是儿童的纯洁性而是成年人的纯洁性，因此必须从一开始就假定：鉴于这个主题，斯蒂夫特对于美的错误观念绝不可能被掩盖起来。其故事情节与对纯洁性有着经典史诗般的处理的《帕西法尔》（*Parsifal*）有一些相似之处。两位主人公都是在完全无辜的环境中长大，而且当一个问题会导致解放时，他们都会保持一种虔诚的沉默。但是，即使这个基本的主题在斯蒂夫特那儿也没有变得完全清晰，在他的中篇小说中，主人公从未从童年的纯洁中**解放**出来，因为这种纯洁是以绝对的方式构想出来的（如果你想严厉一点，你可以说这是他性格中不可分割的一部分）。这个男人和它一起变老，但永远不会变得聪明。我必须完全熟悉愚人帕西法尔的故事，才能进行这种比较，我相信，这种比较是对斯蒂夫

1　萧伯纳（George Bernard Shaw，1856—1950），爱尔兰剧作家、评论家、辩论家和政治活动家。

特的故事进行评论的最好的启发式原则。无论如何，已经很清楚，在各个方面，它的故事情节（更不用说形式的平庸）扭曲地从错误的基本观念向外张望，像是从一种疾病中一样。因为在这个故事中，人物总是**同时**做出既荒谬又可憎的事，既难以置信又叫人无法忍受的事。（代祷中的仆人，末尾的年轻人，林登豪斯的女人）——也许您会写信告诉我，是否同意我的判断以及我的理由。

在1月初，我不得不写一篇关于浪漫主义反讽的相当冗长的论文，我对它几乎不感兴趣。现在我又回到了我的博士论文。在此期间，我得到了一个带有后板的很好的书架，现在，令我高兴的是，我在这里的书籍排列整齐。如果您能过来看看它们，阅读它们，并与我谈谈它们！希望您在柏林也能有机会安静地生活。

最诚挚的问候，您的瓦尔特·本雅明

① 高延（本名J. J. 玛丽亚·德·赫罗特），柏林1918年。

74 致格哈德·肖勒姆

1919年3月15日

亲爱的格哈德，

〔沃尔夫·〕海因勒先生正在找一个他可以定期去吃午餐的地方，请您好心地写信告诉我，您在哪里吃的，费用是多少。

海因勒先生正在法兰克福接受戈德斯坦[1①]教授的治疗，戈德斯坦教授声称认识您，甚至也认识我（大概是通过您），但只知道名字。我一直想问您是怎么认识戈德斯坦教授的。据说他是一个好人。

---

1 库尔特·戈德斯坦（Kurt Goldstein，1878—1965），德国神经病学家和精神病学家，他开创了一种有机体的整体理论。

请回答我两个问题。您什么时候带莫利托的书来？您今天为什么不来？

衷心的问候，您的瓦尔特

① 库尔特·戈德斯坦（1878—1965）于1916年在海德堡遇见了肖勒姆。

75　致恩斯特·舍恩

1919年4月7日

亲爱的舍恩先生，

〔……〕

几天前，我完成了博士论文的草稿。它已成为它应该的样子：指向浪漫主义的真实本质，二手文献对此完全无知——甚至这也只是间接的，因为我不被允许深入浪漫主义的核心，即弥赛亚主义(我只探讨它对艺术的感知)，就像我不被允许深入任何其他我认为非常相关的东西一样。如果我试图深入浪漫主义的核心，我会失去任何获得预期的复杂而传统的学术态度的机会，而我个人认为它与真正的学术态度是不同的。但我希望在这篇论文中实现以下成果：人们可以从内部推断出这个事实。

参加完考试后，我想学习语言：如您所知，把欧洲圈子抛在我身后。我很难离开欧洲，特别是在意大利。我期待未来使我从内心到外部离开欧洲成为可能。[①] 两者密不可分地交织在一起，有时这对我来说很困难，因为我不能强行实行；但我认为离开欧洲是我必须面对的必要性。

我的妻子、我和孩子最诚挚地问候您

您的瓦尔特·本雅明

① 肖勒姆决心前往巴勒斯坦；W. B. 和他的妻子经常考虑这个想法，参见第83封，本雅明 1919 年 11 月 20 日给休娜·卡罗（Hüne Caro）的信。

76　致格哈德·肖勒姆

1919 年 4 月 9 日

亲爱的格哈德，

斯特凡将在晚上 6 点——不迟于此——接受您的祝贺[①]，并请让我最热情地邀请您在 8 点共进晚餐。他本人将出席晚餐，除非迫切的睡眠需求让他缺席。

我妻子和我致以诚挚的问候

您的瓦尔特

① 为 W. B. 的儿子 1 岁的生日。

77　致恩斯特·舍恩

〔伯尔尼，1919 年 5 月〕

亲爱的舍恩先生，

您的短信使我对您的生活有了一种亲密的感觉。可悲的是，比起完全的幸福，我们只能彼此交流和呈现困难和痛苦。完全的幸福感并不常见：但重要的是在幸福中做一个完整的人，在幸福中看到一个完整的人。所以我看到您不幸福，然而，我对于您的斗争感到一种亲切感和亲密感。每当我看到这部美丽的戏剧，并且看到它没有在满足的幌子下把人们拖入自我毁灭的行为，我喜欢您所写的对自由的需要。我被迫目睹这种自我毁灭长达两个月之久——对我来说，这是最令人震惊的一种，但最终也是最令人不寒而栗的一种。我会把它写下来给您，因为我不再想实现您前一段时间表达的愿望——让我把他介绍给您：我指的是沃尔夫·海因勒。他拜访我们的时间导致对我们的关系做出了消极的决定。将来某个时候我无疑会告诉您，这一切是怎么发生的，还牵涉到了什么。

阿尔弗雷德〔·科恩〕写了信给我。我很高兴收到他的信，因为它似乎表明，他至少暂时搁置了成为一名小学教师的完全古怪和激进的计划。这是阿尔弗雷德的新生活中**第一个**我没有赞成的决定。他现在非常简单地写道，他正在等待，他正在参加大学的讲座，包括胡塞尔的。

我很难马上告诉您关于我工作的任何事情，因为当然，由于我的考试，它暂时被搁置了。我现在要做的只是以最学究的方式学习，因为我与考官之间的联系越少，考试对我来说就越难。如果我能跟您谈论这篇论文，我会很高兴的。它还不足够完整地包含我的思想，以至于不能把它交给遥远的您的手里。我已经为它写了一篇深奥的结语，为那些我将不得不把它作为**我的**工作来与之分享的人。[①] 在某个时刻，一旦我们不再相隔那么遥远，我想把它连同这篇结语一起给您。此外，我现在也几乎没有多余的副本——尽管我要寄给父母一份。无论如何，我还不能决定把它寄出去，我想等一下。我刚刚把部分内容交给了我的教授，他可能给不了它足够的注意力，来消除我的困难。它的结构对读者提出了很高的要求，部分原因在于它的平铺直叙。没有别的了。当我再次回到自己的工作时，您会从我的信中注意到。

现在，我恐怕，您会更容易注意到其他事情：我儿子病得很厉害。〔……〕这孩子在生病时最柔弱可爱。鉴于这些情况，请见谅，我只向您展示您现在看到的东西以及一些如此不连贯的东西。您的来信会让我非常高兴的。

我的妻子向您致以最诚挚的问候

您的瓦尔特·本雅明

① 指的是《早期浪漫主义艺术理论和歌德》(Die frühromantische Kunsttheorie und Goethe) 已发表版本的最后一章，W. B. 在其中整合了许多当时让他思考的东西。

78 致格哈德·肖勒姆

1919 年 6 月 15 日

亲爱的格哈德，

星期四晚上对我们很合适。请您 7 点钟来。

令我非常沮丧和愤怒的是，我今天从慕尼黑了解到诺格格拉斯因叛国罪被判入狱。[①] 我请您，如果可能的话，通过您在慕尼黑的熟人——如果您现在在那儿还有熟人——尽可能地获得更详细的信息。告诉我这个情况的海因勒先生，并没有留在慕尼黑。——其他的一切也印证了最不祥的事态。例如，您为什么不看看《共和国》(*Republik*)，它似乎并没有夸大其词。

诚挚的问候，您的瓦尔特

① 诺格格拉斯曾一度是利普 (Lipp) 政府的成员。

79 致格哈德·肖勒姆

伊瑟尔特瓦尔德 (Iseltwald)，1919 年 7 月 19 日

亲爱的格哈德，

衷心感谢您的生日祝福。这是非常美好的一天——我们不再那

么担心斯特凡了。他仍然发烧，但几乎没有与之相关的症状。因此，我们在15日尽情庆祝，我很高兴看到很多漂亮的礼物。我几乎没有必要着重告诉您，您送给我的阿维－拉勒芒[1]① 特别令我高兴。我肯定会从这本书中收获很多东西。顺便提一下，您之前告诉我，修订版或新版本中缺少语言部分。然而，在阅读整个作品的序言时，我发现它仍将出版，但有着重大的变化。

其他书也给了我很大的乐趣——尤其是多拉送了我很多法语书。您来的时候会看到一切。请周二来。路线：乘火车到伯宁根(Bönigen)（在因特拉肯东站换乘）；从伯宁根乘船。9点半抵达这里。一直待到傍晚5点，然后您将乘轮船离开，并于当晚（10点13分）抵达伯尔尼。如果您晚上8点离开这里，您当然无法到达伯尔尼，但您仍然可以到达图恩（Thun）。（8点钟的轮船仅在周二和周六开航。）遗憾的是，这次您不能在我们家过夜。但是，请来吧！——为什么我不能得到那本莱辛？在此期间，我希望您收到了阿格农[2]② 的著作，从布洛赫[3]③ 那里。

多拉和我衷心地问候您，您的瓦尔特

当然，您不会向您母亲提及我的考试④！

① 他的作品《德国流氓》（*Das deutsche Gaunertum*）的新版本，1914年。
② S. J. 阿格农《但愿斜坡变平原》（*Und das Krumme wird grade*），柏林，1918年；由马克斯·施特劳斯（Max Strauß）翻译自希伯来语。
③ 恩斯特·布洛赫，肖勒姆曾在因特拉肯拜访过他。
④ W. B. 即将进行的博士考试。

1 弗里德里希·克里斯蒂安·本尼迪克特·阿维－拉勒芒（Friedrich Christian Benedict Ave-Lallemant，1809—1892），德国犯罪侦查学家和作家。
2 萨缪尔·约瑟夫·阿格农（S. J. Agnon，1888—1970），诺贝尔文学奖获得者，也是现代希伯来语小说的核心人物之一。
3 恩斯特·布洛赫（Ernst Bloch，1885—1977），德国马克思主义哲学家。

80 致恩斯特·舍恩

〔伊瑟尔特瓦尔德，1919年7月24日〕

亲爱的舍恩先生，

您的上一封信给了我很大的乐趣。我希望您保持良好信心和勇敢计划的情绪，并保护您免受天气、营养和其他日常问题的影响。我们在这里被它们猛烈地围困着，伴随着持续、闷热、潮湿的西风。我的儿子没有康复，尽管他的病情没有恶化。我妻子因为几个月来一直承受的巨大劳累，再加上没有得到我们预期的休息，而遭受了极大的痛苦；贫血并且极度消瘦。在过去的六个月里，我自己对噪音产生了厌恶，我需要一个有皮革覆盖的墙壁和厚重的双层门的小房间来做我的工作（一厢情愿的胡言乱语！）。因此，我还不能开始从事重要的工作，虽然就其必要性和部分内容而言，它们清晰地摆在我面前。在过去的几天里，我再次转向波德莱尔的翻译。我真的很想在某个时候看到它的一些样本吸引人地发表在一本杂志上，以测试它们的价值。我也许有机会可以实现这个愿望。顺便说一下，那些已经占用我很长一段时间却收效不大的重要工作就是评论。

我们打算尽快把斯特凡送到我的岳父母那里，以便我们能在这里平静地休养一段时间。自从我来到这里，我只读法语书。我被一种强烈的欲望抓住了，想让自己沉浸在当代的法国知识分子运动中，但决不会失去作为一个旁观者的意识。我在不加选择地阅读，只是为了对事物有一种感觉；因此，我会更加感激您给我一些指点。首先，我读了克雷佩特[1]值得称赞的波德莱尔传记；它是纯粹传记表达的典范。它打开你的眼界，让你看到这部作品是

1　尤金·克雷佩特（Eugene Crépet，1827—1892），法国文学评论家、浪漫主义者、自传作家、目录学家、作序者、专区区长和波德莱尔的朋友。

如何以一种完全超然的方式（并且以一种与通常情况不同的方式）超越他的生活的。然后我读了保罗和维克托·玛格丽特[1]写的一篇无比低劣的作品。还有法雷尔[2]的《吸鸦片》(*Fumée d'opium*)。正如您所看到的，不加选择地阅读任何碰巧落入我手中的东西。但有必要这样做一段时间，以便更明智地吸收洞见和指点（为此我再次请求您）。我订阅了《新法兰西评论》(*Nouvelle Revue Française*)。其中很多内容对我来说仍然是不透明的，并且有一种倾向性的晦涩，尽管它的德语类似物可能透明到乏味的程度。我在弄懂它的方面取得了一些进展。我认为杂志几乎只对外国人有价值——顺便说一下，歌德正是按照这种实践经验行事的。然而，除此之外，我也希望立即发现一些有实质价值的东西。例如，《新法兰西评论》发表了佩吉[3]关于笛卡尔[4]的论文的部分内容，这是他死后留下的论文之一。最后，我怀着极大的兴趣和明显的不偏不倚阅读像纪德[5]这样的人对德国的看法。我想我对这个圈子有一种令人愉快的忠诚度，但尚未对它有一个清晰的认识。在我阅读的东西中，对于我来说有一些与“现在”相关的联系点，是我面对任何德语读物时几乎无法获得的。——您是否碰巧了解雅姆的最新著作？

鉴于您的新情况，我想马上提出一个小建议。如果能为参与者，特别是您，带来一些好的结果，我会感到很高兴。您一定听说过埃米·亨宁斯女士[6]的名字，我们在伯尔尼和她有过一些交往①。

1 维克托·玛格丽特（Victor Marguerite，1866—1942）和他的兄弟保罗·玛格丽特（Paul Margueritte，1860—1918）都是法国小说家。

2 克劳德·法雷尔（Claude Farrere，1876—1957），法国小说家，其许多小说都设置在伊斯坦布尔、西贡或长崎等有异国情调的地方。

3 夏尔·佩吉（Charles Péguy，1873—1914），法国著名诗人、散文家和编辑。

4 勒内·笛卡尔（René Descartes，1596—1650），法国哲学家、数学家和科学家。

5 安德烈·纪德（André Gide，1869—1951），法国作家，1947 年诺贝尔文学奖获得者。

6 埃米·亨宁斯（Emmy Hennings，1885—1948），德国演员和诗人。

她13岁的女儿安娜玛丽（Annemarie）画画儿已经有两三年了。我认为她的几乎所有画作作为文献都非常有趣。至少，我们对她的兴趣就像我们对梦的准确复述，或者对一个人转瞬即逝的精神状态的绝对精确描述感兴趣一样。当然，这并不意味着任何低于艺术标准的东西，但是，尽管如此，这与大部分的表现主义相当吻合，我相信表现主义无非是这样（——不过，无论如何，我必须从中排除三位伟大的画家：夏加尔、克利、康定斯基——）。我的意思是，这些画作——其主题大多是表现与恶魔或天使在一起的人们——此时肯定会引起公众的极大兴趣，如果我对柏林公众的心态和对轰动的渴望有一个相对准确的概念。其他因素包括：首先，她母亲的名字，在文人中是众所周知的；第二，这孩子的画已经在苏黎世与其他孩子的画一起展出。在那里还出售了不少画作，其中包括安娜玛丽·亨宁斯的。在有利的情况下，它们可以和其他儿童的画作一起在柏林展出。这是事情通俗、商业的一面。

更严肃的（虽然对于当前的意图可能不太重要）是这些画作中的**一些**在我看来非常有价值，即使按照严格的标准。这些画作不仅与其他画作一样表现出新的纪实内容，也表现出一种极为独特的自信和精确性。实际上，它们所展示的几乎是对某种绘画主题（幽灵）的一种新的、合理的技术。我不能再以书面形式说更多的内容了。我并没有试图用这些话圣化任何未来的天才——相反，我认为这种活动是否会持续到青春期之后还是个问题（在某些方面，它已经在减弱）。但是现有的内容——特别是与我所知道的所有其他无数儿童绘画相比——足够有趣。我们买了十四幅她的画，我们不得不放弃一些很不错的，因为女孩的母亲不想出让。

也许莫勒（Möller）先生将组织一场名为"表现主义儿童绘画"的展览？这不是有很大的吸引力吗？——或者他只对正处于讨论之中的画作感兴趣〔……〕

〔……〕尽管我希望您能来，但我担心，您的到来不会因为〔西蒙·〕古特曼先生的提议而变得更容易，如果您在除了，例如，解决与邮件相关的困难——这在任何情况下都不是不可克服的——以外的任何事情上依赖他。——尽管如此，如果您的旅行成为可能，您会设法找到花更多时间拜访我们的方法和途径〔……〕

在我的生日那天，我的妻子除了别的之外还送给我一些非常好的书，这让我很高兴。它们大多是法语的：法朗士、菲利普、魏尔伦[1]的全集、巴尔扎克（我很高兴我现在拥有全部《巴黎的生活场景》[*Vie parisienne*]）、萨雷斯[2]、雷马克（Remarque）杂志的完整副本，其中，他作为出版商和唯一的撰稿人，在战争期间出版了十二册。我收到了一块基里姆花毯，这让我的房间看起来很漂亮。另外还有一个波斯软垫。

对我自己来说，通过博士考试完成学业不是问题。为了我的家人，有必要这样做。您的情况无疑是不同的。但是，如果不是学生，你在德国能使用图书馆吗？即使只是在为学生设定的狭窄范围内。我不知道。即使纯粹是为了这个好处的缘故，如果不可能以任何其他方式获得它的话，您也必须考虑参加大学资格考试。除了这个纯粹的社会原因，以及与您谋生的需要有关的实际原因，这一头衔对您来说是否是必要的，我无法判断。今天的社会——以及它的规则——不是很不稳定吗？您是否也想过以某种方式获得大学讲师的职位？

《经验与诗歌》我从来没有完整地阅读过。确切地说，我只阅读了荷尔德林的部分，当我还在学校，并在托恩多夫（Tonndorf）的课堂上作关于荷尔德林的报告时。我不知道您是否也听了。而且

1　保罗·魏尔伦（Paul Verlaine，1844—1896），法国诗人，与颓废运动有关联。

2　安德烈·萨雷斯（André Suarès，1868—1948），法国诗人兼评论家。

我并不倾向于把我的无效阅读归咎于您。为了我的考试，我确实必须仔细阅读狄尔泰的作品《描述和分析心理学的思想》(*Ideen zu einer beschreibenden und zergliedernden Psychologie*)，结果发现它完全是无用的。狄尔泰最重要的是他在《15 和 16 世纪的世界观和对人的分析》(*Weltanschauung und Analyse des Menschen im 15ten und 16ten Jahrhundert*) 一书中的长篇论述。但到目前为止，我只能粗略地看一眼。然而，很可能是这样的，即因为需要如此渊博的知识才能以必要的控制力和全面的视角来阅读他，以至于在这些知识的基础上，有人会比他有更重要的话要说。——这是基于我微不足道的知识的猜测。

〔……〕

怀着最衷心的祝福，也衷心感谢您的祝贺

您的瓦尔特·本雅明

① 埃米·亨宁斯和雨果·巴尔[1]住在隔壁的房子。

81 致格哈德·肖勒姆

克洛斯特斯(Klosters)，1919 年 9 月 15 日

亲爱的格哈德，

由于某种制约——这种制约可归因于拒绝消退的不幸，以及我非常不确定的前景——我无法以这封信真正开启我们的通信①，而是想用这封信向您提议我们开始通信。我自己只有一个问题要问您，那就是您能否赐教一个数论上的难题，这个难题是在一个充满

1 雨果·巴尔(Hugo Ball，1886—1927)，德国作家、诗人，1916 年苏黎世欧洲艺术达达运动实质上的创始人。

忧虑的夜晚的顶点浮现在我脑海中的。

〔……〕

在过去的一周里，我一直在深入阅读〔恩斯特·〕布洛赫的书②，也许我会公开指出其中值得称道的地方，为了作者，而不是为了书的缘故。遗憾的是，并非所有内容都值得赞同。事实上，有时候它让我很不耐烦。作者自己肯定已经超越了这本书。我又读了佩吉的一些东西。在这里，我觉得我被一种令人难以置信的志趣相投的精神所打动。也许我可以说：**没有任何**书面文本曾经这样触动过我，因为它离我很近，因为我对它有一种合一的感觉。当然，有很多事情让我更加震撼；而这个触动了我，不是因为它的崇高，而是因为它给我的亲切感。已经被克服的巨大的忧郁。

布洛赫引用了《光明篇》③[1] 的话："要知道，看待所有的世界都有双重视角。一个揭示了它们的外在性，也就是说，就其外部形式而言，世界的一般规律。另一个揭示了世界的内在本质，也就是说，人类灵魂的缩影。因此，也有两种程度的行为，工作和祷告的仪式；工作是为了完善世界的外在方面，但祷告是为了使一个世界成为另一个世界的一部分，并将其向上提升。"关于祷告，我从来没有读过像这样有启发性的东西。④

您在那里怎么样？请写信给我。

我们最诚挚的问候，您的瓦尔特

① 肖勒姆于9月初返回德国。
②《乌托邦精神》（*Geist der Utopie*）。布洛赫和W. B. 于1918年在伯尔尼结识。
③ 在书的结尾。这一段（最初由莫利托转载）并非出自《光明篇》，而是出自采法特（Safed）犹太神秘教徒的作品。
④ 从这些早期信件中很少使用逗号的背景来看，这个标点符号证明了该短语不

---

1 《光明篇》(Sohar)，犹太神秘主义对《摩西五经》的注疏。

应该被编辑修改为“更有启发性的”。

82　致恩斯特·舍恩

克洛斯特斯，1919年9月19日

亲爱的舍恩先生，

如果我7月写给您的最后一封信在邮寄过程中丢失了，那就太遗憾了。它包含了对您的各种问题的回复：瑞士之行、艺术商店的事务，还告诉了您一些关于我的事情。或者您的沉默另有原因吗？我不希望您的生活状况发生任何不利的改变，或者您“简单地”身体不好。

无论如何，没有什么能阻止我再次给您写一些关于我自己的话，甚至连以下事实也不能，即我没有成功完成任何我很乐意向您汇报的事情。如果你总是只向某些人报告你自己生活状况的坏消息，随着时间的推移，这几乎变成了对他们的罪过。然而，从内部看，事情要光明得多，因此我想从这一点开始。我自己做了很多思考，并且在这样做的过程中，我抓住了一些非常清晰的想法，我希望能够很快把它们写下来。它们涉及政治。在许多方面——不仅仅是在这一方面——一位朋友的书已被证明是有用的。他是迄今为止我在瑞士认识的唯一重要人物。他的陪伴甚至比他的书更有用，因为在谈话中，他经常质疑我对目前**每一个**政治倾向的否定，他最终迫使我沉浸在这些事情中，我希望这是值得的。我还不能透露我对这个话题的任何想法。这本书就是恩斯特·布洛赫的《乌托邦精神》。它显示出巨大的缺陷。尽管如此，我还是非常感谢这本书的实质内容，而且作者比他的书好十倍。您可能会满意地听到，这是真正当下、当代的表达，且是唯一一本我愿意凭借它反照自身的书。**因为**：作者独立自主，而且在哲学上捍卫自己的事业，而我们今天所阅读的几乎所有我们同时代人所写的哲学性质的东西都是衍生和掺假的。你永远无法理解它的道德中心，至多，它会引导你找到它本身所代表的邪恶的根源。

我读了几本好书。我特别感兴趣的是您是否知道其中的一本，即纪德的《窄门》(*La porte etroite*)。您的评价呢？我钦佩的是它严肃而美妙的生气。它包含着“运动”，在这个词最崇高的意义上，像为数不多的书籍，几乎像《白痴》那样。①他的犹太人的②严肃态度使我感觉志趣相投。然而，整体看起来像在混浊的媒介中折射，在位于前景的狭隘和苦行的基督教事件的**物质性**中折射，被内心事件的意图千千万万遍地生动超越，因此，它基本上保持不变，就好像没有生命一样。此外，我还读了波德莱尔的《人造天堂》。这是一种极其谨慎的、无方向性的尝试，用于细听在大麻或鸦片快感中表现出来的“心理”现象，细听它们在哲学上能教给我们什么东西。有必要独立于这本书重复这一尝试。③但是，它的美丽和价值在于作者孩童般的天真和纯洁，这一点在这部作品中比在其他作品中更为清晰地放射出来。——歌德与法国驻德国公使莱因哈德[1]伯爵的通信非常美丽，字里行间透出人性温暖和贵族式的距离感，二十五年内一直保持不变。从这种非常不平等的——就其重要性而言是完全不平等的——个人之间的通信中，读者意识到在他们交谈彼此和彼此交谈的语气中有一种惊人的、极其高贵的和不可动摇的自信。关于“通信”这件事，实有不少题外话可讲。首先，通信被严重低估了，因为它被视为与作品和作者身份的完全走了样的概念有关，而它属于“证言”的领域，其与一个主体的关系和任何一种

1 卡尔·弗里德里希·冯·莱因哈德（Karl Friedrich von Reinhardt，1761—1837），法国德裔外交官、政治家和作家。

实用的历史证言（墓志铭）与其创作者的个性之间的关系同样不重要。“证言”关乎一个人**身后**的历史，准确地说是关于如何将这种具有自身历史的来世嵌入生活中，可以在通信的基础上加以研究。对于后人来说，书信**往来**是特别浓缩的（而**单封**书信，就其与作者的关系而言，可能会损失一些生命）：当信件以最短的时间间隔连续阅读时，它们从自己的生命中客观地改变。它们生命的节奏不同于收信人活着时的生命节奏，而且它们也以其他的方式改变。——浮现在脑海的第二个思考：现在有许多人正在失去写信的感觉。任何人**的**信件都在毫无意义地发表。然而，在上个世纪中叶，当重要的通信——例如，上面提到的这个或歌德和克内贝尔之间的（我也拥有）——被明智地编辑时，没有人提供注释。注释会导致这些文件失去很多，失去生命，就像一个被放血的人。它们变得苍白。然而，如今，这些书既没有被重印，也没有出现在新版本中，因为就目前而言，它们就在那里，因此仍在等待得到应有承认的时间。——我最重要的文学相识——关于他我可能已经给您写过信，并且我还需要更深入地探讨他——是夏尔·佩吉，一个由《新法兰西评论》居间促成的相识。关于这一点，其他时间再谈。最好是面谈。如果我们能再见面，那就太好了。但我现在几乎无法考虑德国之行。您能在冬天的某个时候访问奥地利吗？我希望在那儿拿到，如果不是我的书，至少我的手稿。我什么时候才能再次收到您的消息？任何消息我都会感激不尽。

〔……〕

我俩向您致以最诚挚的问候

您的瓦尔特·本雅明

① W. B. 当时撰写了阐述这些想法的评论。它发表在《本雅明文集》第 II 卷，第 271—273 页。

② W. B. 在此处使用这个单词作为分类名称。他知道纪德不是犹太人。
③ 多年后，W. B. 仍然关注这一现象，当时他把自己交给了一位他认识的医生，恩斯特·乔尔（Ernst Joel），在这一领域进行实验。

83 致休娜·卡罗

〔布雷滕斯泰因（Breitenstein），
大约 1919 年 11 月 20 日〕

亲爱的休娜·卡罗，

为了回应您的来信，我想马上给您写几句话，尽管我的通信被暂停了，因为连我的书写文具箱都不在我身边。您的来信在奥地利寄到了我手里，我姑妈[①]在那里拥有一家疗养院，离维也纳三个小时的路程。我们现在都在这里。但我的妻子目前在维也纳，她正在努力拿到我们的行李……

我们几乎无法宣布我们的近期计划。唯一可以肯定的是，我会尽快开始我的研究，以完成我的教职论文[②]；无论如何，我会在春天回到瑞士，但是——待多久？是否和我妻子一起？和我儿子一起？这一切，我自己还不知道。——您究竟会去巴勒斯坦吗？[③]有可能，条件成熟的话，我准备去，但我并未下定决心。在奥地利这里的犹太人（那些不赚钱的体面人）不会谈论任何其他事情。

如果您离开瑞士，您会做什么？您尊敬的母亲也在那儿还是您独自一个人？我可以想象您必须面对的内心矛盾，要么在瑞士赚取苦涩的面包，要么在德国街头捡面包屑。这个问题可能也适用于我们。孩子很好，但我妻子不好。因为又一场疾病和我父母完全出乎意料的拜访[④]，我们在夏天度过了艰难的数周；但最后我们在卢加诺度过了愉快的几星期。

我们将在这里再待几个星期，然后可能去维也纳。

我很乐意再和您谈谈。但您可能在任何情况下都不会来奥地利；我们没有能力邀请任何人。

我和我妻子向您致以最诚挚的问候。

您的瓦尔特·本雅明

① 实际上，是他妻子多拉的姑妈。
② 赫伯茨为 W. B. 提供了在伯尔尼获得哲学博士后学位的机会。由于通货膨胀，这在 1920 年已经被证明是不可能实现的。
③ 卡罗实际上后来去了巴勒斯坦。
④ 在伊瑟尔特瓦尔德。

84　致格哈德·肖勒姆

布雷滕斯泰因，1919 年 11 月 23 日

亲爱的格哈德，

很高兴收到您的来信！ 而且有很多话要说，这样我们可以再次建立思想之间的联系。当然，尤其是当我写信给您的时候，我觉得我周围的景色像冬天，在这个词的植物学意义上；从字面意义上说，我还没有开花，因为我必须以某种方式封闭自己，以免遭受因缺乏工作条件和各种生活条件带来的困扰。我一直在等待来自维也纳的书籍，我岳父[①]写信告诉我说，目前所有东西都租借出去了，而我带来帮我渡过难关的东西都误投了——一本关于歌德论变形的大作、一本波德莱尔和其他一些东西。(当然，我的翻译没丢)。谁知道我们将如何摆脱这些困境。如果这些托运的物品还不出现或者铁路公司不支付重金赔偿，那将是相当大的经济损失。希尔巴特的《莱萨贝迪奥》(*Lesabéndio*) 也在遗失清单上。我告诉您这件事是

因为我可以预见到，您作为把它赠送给我的人②，会对它的命运，以及它应得的复活感兴趣，我已经在请求您，好心地四处寻找其“肉体复活”的可能性。在精神上，它在我这里经历了第二次蜕变，因为我在卢加诺为第二篇关于《莱萨贝迪奥》的评论撰写了序言。在那之后，我想再读一遍（这就是为什么我把它带到这里），然后开始写一篇更长的文章，来证明帕拉斯[1]是最好的行星。现在，不仅这本书的暂时遗失妨碍了这个计划，而且最重要的是，根据我与赫伯茨的讨论，我发现我必须立即四处寻找一个项目，以完成我的教职论文，这是我不久前没有预料到的。

向《亿万富翁》(*Billionär*)③表示祝贺。在维也纳，我参观了我岳父的藏书。它可能确实有一些关于犹太教的东西会让您感兴趣，但是，由于失窃、最漫不经心的出借行为（！）以及一些物品的售卖，它已经几乎失去了它以前所有的**荣耀**（笛卡尔文集的第一版，等等）。我岳父送给我科学院版的康德著作作为礼物，至少是那些在他的藏书中现存的部分。还有一本拉丁语的阿格里帕·冯·内特斯海姆[2]，不过，我只能在德语译本的帮助下阅读。——我有一个请求，那就是，您能不能马上到您的慕尼黑书商那里查询一下关于岛屿出版社的博查特翻译的斯温伯恩[3]的情况，并尽快在出版后将一份平装本（约40马克）寄到我这里的地址或立即……因为我想把它作为礼物赠送给多拉，所以您完成这件事会帮我一个大忙。我不会在维也纳订购它，因为考虑到那里人的懒散，我担心他们会拖延，直到六百本全部售完——我估计

1 帕拉斯（Pallas），小说《莱萨贝迪奥》中的小行星。

2 阿格里帕·冯·内特斯海姆（Agrippa von Nettesheim，1486—1535），德国博学家、医生、法律学者、军事家、神学家和神秘作家。

3 阿尔杰农·查尔斯·斯温伯恩（Algernon Charles Swinburne，1837—1909），英国诗人、剧作家、小说家和评论家。

这本书会有很大的需求。——我会留意《世界斗篷和天空帐篷》(*Weltenmantel und Himmelszelt*)④。顺便说一下，在您提到它之前，这个书名已经激起了我的兴趣。这本书多少钱？

夏天，一位来自弗莱堡的诺格格拉斯"教授"及其妻子和儿子的名字持续几个星期出现在恩加丁地区楚奥茨（Zuoz）市出版的外国作者名单中。我真的很想知道这是否就是那位"天才"（因为我无法想象还有其他可能），根据这份名单，他是弗莱堡的副教授或编外讲师。⑤ 您可能很容易查明这一点。

〔……〕

今年夏天我工作得不特别多，但看到了一些壮丽的景象。有一天，我们乘邮递马车从图西斯（Thusis）穿越圣伯恩哈丁（St. Bernhardin）到贝林佐纳（Bellinzona），在这一天之内，我们看到了一些真正壮美的东西，因为这次旅行是在最壮丽的天气里进行的。在卢加诺的大部分时间里，一切对我们来说也是美好的。我在那里写了一篇文章，《命运与性格》(Schicksal und Charakter)，然后在这里定稿。它包含了我在伦格恩（Lungern）告诉您的关于这些事情的内容。⑥ 如果机会出现的话，我会立即发表它。不过，不是在杂志上，而只是在年鉴或类似的东西上。——我计划写一篇关于布洛赫的《乌托邦精神》的评论——尚未实施但是本打算在这里进行——现在这计划已经化为乌有，因为这本书，连同我所有的初步注释都遗失了。顺便说一句，布洛赫本人仍在因特拉肯，最多将去德国短期出差。

您在鲍姆克[1]处的研讨会论文进展如何？——关于莱曼⑦以及他班上发生的事情，您可以告诉我的一切，我会非常感兴趣的。我很惊讶他仍然精神健全。可以肯定的是，他的道德品质似乎不是最

1　克莱门斯·鲍姆克（Clemens Bäumker，1853—1924），德国哲学史学家。

高水平的。他又在公寓里办读书会了吗？现在对我来说，了解您父亲对我的论文印刷价格的估计变得很重要。在另一张纸上，我已经为您提供了详细数据，我希望这些数据已足够，如有必要，我会提交一份打印稿。（弗兰克［Francke］可能会出版它。当然，我要支付印刷费用。）我并不注重特别大的字体。相反，它可以用尽可能小而体面的字体印刷。另一方面，我想要好纸（不要蜡光纸）。我更喜欢哥特体活字，尤其是对于小字体的西文粗体字。——我认为弗兰克会同意印刷一千至一千两百份。〔……〕

请原谅我的字迹。我绝大部分是躺着写的。如果您告诉我一些关于鲍姆克⑧的事情，我会非常感兴趣。阿格农的新东西（译本）会很快出版吗？

今天就到此为止，除了我们最诚挚的问候

您的瓦尔特

① 莱昂·凯尔纳[1]教授，英国语言文学研究者和特奥多·赫茨尔[2]的著作和日记的编者。

② 这本书是肖勒姆送给 W. B. 的结婚礼物。

③ 希尔巴特的另一本书：《亿万富翁拉考克斯》（*Rakkox der Billionär*）。

④ 罗伯特·艾斯勒[3]著（1909 年），肖勒姆曾见过他。

⑤ 事实并非如此。

⑥《本雅明文集》第 I 卷，第 31—39 页。

⑦ 研究古代美洲的学者瓦尔特·莱曼，当时正在解释玛雅赞美诗。

⑧ 克莱门斯·鲍姆克，中世纪哲学领域的一位大权威，肖勒姆计划在他那里攻读博士学位。

1　莱昂·凯尔纳（Leon Kellner，1859—1928），英语词典编纂者、语法学家和莎士比亚学者。

2　特奥多·赫茨尔（Theodor Herzl，1860—1904），奥匈帝国的记者、剧作家、政治活动家和作家，他是现代政治上的犹太复国主义之父。

3　罗伯特·艾斯勒（Robert Eisler，1882—1949），奥地利犹太裔艺术和文化史学家，也是《圣经》学者。

85 致恩斯特·舍恩

塞默灵（Semmering）旁的布雷滕斯泰因

1919 年 12 月 5 日

亲爱的舍恩先生，

我们上次的两封信互相交错而过；我想我的是从克洛斯特斯寄给您的。基于随之而来的长时间沉默，我俩都不会得出结论：对方过得很好。就我而言，这封信非常准确地表明我终于找到时间来集中我的思想，因为我进入一间不被打扰安静思考的房间只有几个小时。您怎么样？您得到了很好的照顾吗？您的希望破灭让我们感到非常难过；像我们这样的人正被意味深长的黑暗所吞没。我坚信我们能经受得住，从噩梦中解脱出来，看到它消散。很长时间以来，我看到了它的到来——尽管有那么多的表象，甚至是我自己生活状况的表象——作为大自然（当代社会只是其中的一部分）对我们生活的回应。现在我父亲给我写了几封充满建议的信。暂时，我只是拭目以待。

我们在这里过得不错，我们作为客人住在我妻子姑妈的疗养院里。我们什么都不缺，而且有一个温暖的房间可供我们使用，我们今天把这个房间布置得很适合居住。我儿子也在这里，有保姆带着，这样我妻子有自己的时间，以及清静。但是，我们在能够像现在这样看待事物之前，以另一种方式度过了四周。在结束从瑞士边境到维也纳的有时危及生命的旅程之后，我们接到消息说，包含我们所有没有留在瑞士的行李的车厢失踪了。但过了四个星期，我们又原封未动地得到了那些东西；该车厢被错误地发送到了布达佩斯。——我们在卢加诺度过了一些非常美好的日子，即使不总是晴朗无云的。这是一个非常温暖的 10 月。有一天，我们乘邮递马车从克洛斯特斯进入提契诺州（Tessin），经图西斯——维亚玛拉（Via Mala）峡谷——穿过圣伯恩哈丁山口，在最晴朗的天空下，我们看到了一条最壮丽的阿尔卑斯山口。这是一个仍然没有铁路通过的地区，因此不太为人所知。卢加诺附近的一些山脉，有着各种各样的美景，其中最美丽的是杰内罗索山（Monte Generoso），我们给朱拉寄了一张它的明信片，您可能已经看到了。

我开始详细评论恩斯特·布洛赫的《乌托邦精神》；这是我在瑞士认识的一位朋友的作品，关于他我可能给您写过信。我打算发表这篇评论。我在卢加诺写的一篇文章《命运与性格》，也是我最好的作品之一，我同样希望能够发表①。我在那里还写了我对《莱萨贝迪奥》的新评论②的序言，以及对纪德的《窄门》的评论。当我想到这个和其他事情时，我渴望再次见到您的强烈愿望加倍了。我必须补充一点，您比任何人都没有理由写信告诉我，您的朋友不需要您；我希望在可预见的未来的一次相会将向您证明我在什么样的意义上需要您。当然，只要我在这里，我就无法待客。自己作为一个客人，我不能邀请任何人。我一有机会就会给您写信。因为我的近期未来对我来说并不清楚。在伯尔尼，完全出乎我最大胆的预期，取得在大学授课资格的前景为我展开了。但我无法接受这样的机会，除非我的妻子找到一个工作性质和薪水适合的职位，使我们能够留在瑞士。一个使馆的职位是最好的。您从未听到过这样的空缺吗？无论如何，我想在这个冬末去瑞士，可能的话和我妻子一起，去和教授讨论我取得在大学授课资格问题，以及取得在大学授课资格的论文，这篇论文的主题还没有确定。另一方面，我的父母希望在可预见的将来见到我们的孩子，因此我们也在考虑春季去德国。在这种情况下，暂时谈不上建立一个永久的家，而且我们很可能会在日常生活中遇到困难。

您提到的柯蒂乌斯[1]一书③，我也打算读。毕竟，目前这是唯一

1 恩斯特·罗伯特·柯蒂乌斯（Ernst Robert Curtius，1886—1956），德国文学学者、语言学家和罗曼语文学评论家。

关于该话题的东西。当然，书名中与罗曼·罗兰[1]同时提到的作者，已经证明了它的无知。《新法兰西评论》重印了大量绝版的重要作品，我想为自己购买其中一些。克洛岱尔[2]的四幕剧《受辱的神父》（*Le père humilié*）最近刊登在杂志上。我一点也不知道该怎么理解它。另外，我不熟悉克洛岱尔。在这里，我可以弄到各种各样的东西，因为维也纳有一座非常优秀的借阅图书馆。我刚刚读完一部非常出色的小说：高尔斯华绥[3]的《贵族》（*Der reiche Mann*）。

我希望我的信能打动您，给我一些关于您自己的消息，不管您现在的情况如何。我和我的妻子向您致以最诚挚的问候。斯特凡很好。

您的瓦尔特·本雅明

① 发表在《阿尔戈英雄》杂志，第 1 期，1921 年。
② 保罗·希尔巴特的《莱萨贝迪奥》（慕尼黑，1913 年）是 W. B. 在最新文学书籍中最重视的作品之一。他的评论与不幸丢失的论真正的政治家的文章是一致的，后者在下面的信件中将多次被提及。
③ 恩斯特·罗伯特·柯蒂乌斯，《新法国的文学先驱》（*Die literarischen Wegbereiter des Neüen Frankreich*）（1919 年）。

86 致格哈德·肖勒姆

布雷滕斯泰因，1920 年 1 月 13 日

亲爱的格哈德，

多拉会写信**感谢**您的礼物；我只想立即告诉您这个故事给了我

1 罗曼·罗兰（Romain Rolland，1866—1944），法国戏剧家、小说家、散文家、艺术史学家和神秘主义者，1915 年被授予诺贝尔文学奖。
2 保罗·克洛岱尔（Paul Claudel，1868—1955），法国诗人、戏剧家和外交家，以及雕塑家卡米尔·克洛岱尔的弟弟。
3 约翰·高尔斯华绥（John Galsworthy，1867—1933），英国小说家和剧作家。

多少快乐。基于叙述和语言的美感，我必须得出结论，您的翻译①是完美的。我非常渴望听到您承诺要告诉我的与这个故事有关的“非凡”的事情②，因为我确实注意到，以如此质朴和完美的方式处理的如此崇高的素材一定有一些特别之处。——如果您知道多拉对所有关于非常小的动物的故事的热爱——或者她有没有告诉您关于小猎狗的中国故事？在您给我的故事中，我首先钦佩的是诗人如何在不改变加迪尔（Gadiel）的情况下，成功地从加迪尔最初微不足道的肉体中产生了第二个强大的肉体，在这个肉体中加迪尔获得了地位。——在这里作为生日礼物出现的其他童话故事都是非犹太人的。尽管如此，它们还是给了我们极大的乐趣，因为我们在其中发现了我们最喜欢的童话故事集，戈丁[1]③的童话故事集的来源。这是阿恩特[2]的作品，穆勒出版社的新版本④，可能是自上个世纪首次出版以来的第三版。这个版本一定是非常罕见的，因为在我把它拿在手里并买下之前，我既没听说过也没见过这本书。——我们会为您的阿格农译本的每一行感到高兴：那首诗的情况如何？⑤

我现在的工作是为一本杂志写一篇关于《乌托邦精神》的长篇评论。这篇评论将让许多好的和优秀的东西为自己说话，但将以完全深奥的语言诊断本质上的缺陷和弱点；整个事情将采用一种学术的形式，因为这是对这本书公正的唯一方法。鉴于这篇评论可能要求我探讨表现主义，所以我读了康定斯基的《艺术中的精神》（*Über das Geistige in der Kunst*）一书。这本书使我对它的作者充满了最高的敬意，正如他的画作引起了我的钦佩。这可能是关于表现主义的唯一一本没有胡言乱语的书；当然，不是从哲学的角度，而是从绘画理论的角度。

1　艾米莉·戈丁（Amelie Godin，1824—1904），德国作家。

2　恩斯特·莫里茨·阿恩特（Ernst Moritz Arndt，1769—1860），德国民族主义历史学家、作家和诗人。

3月初我们可能会在柏林；四个星期后，我们将搬到慕尼黑附近，我们将在那里一直待到瑞士的情况得到澄清，然后根据结果离开或留下。这个决定，至少是临时决定，不仅取决于金钱问题（尽管非常重要），也取决于我的教职论文的工作进展如何。到目前为止，这篇论文还只有一个我打算研究的特定主题；也就是说，属于词语和概念（语言和理性）这个大问题领域的研究项目。考虑到这个项目固有的巨大困难，目前我正在寻找毫无疑问只能在经院哲学著作领域或者有关经院哲学的著作中才能找到的文献。至少在第一种情况下，拉丁语将是一个难以应付的问题。我将**非常**感激您根据这些信息提供给我的任何参考书目。维也纳图书馆的条件非常糟糕，首先，我几乎拿不到任何书籍，其次，在目录中几乎找不到任何东西。您有没有考虑过这个主题？如果我们能就此事通信讨论，那对我会有**难以置信的**帮助。您或许同意我的观点：逻辑的基础必须在这个问题的许多深渊中寻求。——请写信告诉我S. 弗里德兰德的书[⑥]的最新动态。鲍姆克也是如此；您一向喜欢预先通知这些富有启发性的消息，但我从来没有看到关于他的任何一行字。

我们从未考虑过在奥地利待一整年，而现在，我们在维也纳也遇到了家庭弊端，这使我们在那里的逗留变得困难。仅仅因为不成体统的维也纳图书馆，我们也不会考虑留在奥地利，无论是在城市还是在农村。——在塞斯豪普特，我们有一套公寓只放着我们的家具；我们不住那儿。

非常感谢您的兄弟〔莱因霍尔德（Reinhold）〕给我估算的印刷价格；当然，如果我同意——这仍然取决于几条信息——我还会写信给他。——非常感谢这期《犹太人》杂志。我现在迫切地请求您寄给我一份关于类比和关系的笔记。我随信附上《命运与性格》。我必须明确要求您不要把它传给或读给任何人。另一方面，如果您愿意，您可以保留抄本，不幸的是质量很差。

我必须做出以下官方声明：候选外交官斯特凡先生，已经承担了他的外交职责，并在我们的宫庭和平谈判中成为普齐库伦（Putzikullen）和阿布拉莫申（Abramolchen）的被征服民族的代表。剩下的被征服的民族必须继续由您代表。⑦

克拉夫特告诉我们他和埃尔娜·哈勒（Erna Halle）⑧小姐订婚了。

请尽快写信。

最诚挚的问候

您的瓦尔特

① S. J. 阿格农，《拉比加迪尔的童年故事》（Geschichte von Rabbi Gadiel dem Kinde），发表于《犹太人》第 5 期（1920 年）。
② 在翻译这个故事时，肖勒姆完全出乎意料地在关于犹太教神秘教义的文献中发现了它的来源。
③ 艾米莉·戈丁（即林茨［Linz］，1824—1904）。她发表的作品集包括：《母亲构思的童话》（*Märchen: Von einer Mutter erdacht*），1858 年；《新童话》（*Neue Märchen*），1869 年；《童话书》（*Märchenbuch*），1874 年。
④ E. M. 阿恩特，《童话和童年记忆》（*Märchen und Jugenderinnerungen*），慕尼黑，1913 年。
⑤ 当时，肖勒姆进行了一系列这样的翻译，并发表在《犹太人》上。翻译的一首阿格农非常忧郁的诗歌未被发表。
⑥《创造性冷漠》（*Schöpferische Indifferenz*），慕尼黑，1918 年。
⑦ 在喜庆的场合，肖勒姆经常声称自己是“被征服民族的代表”。
⑧ 托尼·哈勒的妹妹。

87 致恩斯特·舍恩

1920 年 2 月 2 日

亲爱的舍恩先生，

我们很高兴听到您在最近一封信中说您的生活已经好转了。我希望，与此同时，您已经获得了和平与安宁，让您自由地做自己的工作。根据您所暗示的内容，我迫不及待地想了解更多相关信息。

首先，当然，因为它是您思想的表达，但也有另一个原因。也就是说，我对您广泛的文学评论项目的基本原则非常感兴趣：艺术与哲学本身之间的整个领域，这实际上是一个我只用来指定至少基本上是系统的思想的术语。当然，文学体裁一定有一个绝对的基本原则，它包含了诸如彼特拉克[1]的蔑视世界的对话、尼采的警句或佩吉的作品等伟大的作品。这个问题现在引起了我的注意，一方面是因为佩吉的作品，另一方面是因为我认识的一个年轻人正在经历的成长和奋斗的过程。除此之外，我逐渐意识到在我自己的作品中评论的基本原因和基本价值。艺术批评——其基础在这个意义上使我感兴趣——只是更大领域的一个子集。

我在这里做不了很多事。部分是由于我的周围环境，遗憾的是我不能完全地摆脱——更多的是内部因素而非外部因素。但更重要的是因为维也纳图书馆让我彻底陷入困境。当我因为有充分的理由对运输设施没有信心，把我的学术书籍和其他所有东西一起留在伯尔尼时，我一直指望着图书馆。现在我已经完成了我在这里处理的唯一一项工作，即对您在信中提到的——也许并非完全没有我在您的文字中寻找的反讽，因为我喜欢它——《乌托邦精神》的评论。您难道不觉得，甚至认为，这本书之所以让人怀疑，正是因为它许多陈述的丰富和毫不费力吗？我希望您在可预见的未来能看到我的评论发表①：高度详细、高度学术化、高度且明显的赞扬和强烈且深奥的批评。我写它——我希望——是为了感谢作者，他恳求我这么做。我之所以这样做，是因为一种倾向把我与他联系在一起，其原因我在这本书的一些核心思想中也找到了，尽管它几乎不是我们关系的纯粹媒介。因为我承认，正如我所说，在一些重要的阐述

1　弗兰齐斯科·彼特拉克（Francesco Petrarca，1304—1374），意大利文艺复兴时期的学者和诗人，最早的人文主义者之一。

中，它符合我自己的信念，但从不符合我的哲学观。它与此截然相反。但作者超越了他的书，而他自己都不知道。他能否成功地在这个意义上从哲学的角度表达自己，对他来说是至关重要的问题。由于作者表达自己的需要，这本书的内容到处都是模糊的。因此，尽管我为它的作者打包票，但我绝不希望它在我和亲近我的人之间作梗。您会从评论中看到我对这本书的正面评价，以及在何种意义上我的思想最终摆脱了它。这篇文章是一项需要三个月准备的工作。对我来说，完全吃透这本书是如此困难。

在过去的两个星期里，我读了一本最精彩的书之一：司汤达的《帕尔马修道院》（*Chartreuse de Parme*）。我希望您已经读过了，如果没有，希望会尽快读。——您是否听说过 19 世纪下半叶的法国画家奥迪隆·雷东[1]？您对他有什么了解？我在维也纳的一家古董经销商那里看到了他的铜版画或素描的收藏品。价格令人望而却步。在我看来，它们在某种程度上是因一种完全奇异的方式而美丽，而且几乎比库宾[2]的任何作品都要好，但同时也有点像库宾的作品。

我们确实会在本月底或下月初来柏林。这次旅行的唯一亮点将是看到您、朱拉、阿尔弗雷德和其他一些人。我们不会带来除了我们自己以外的任何东西，因为我们与在过去几年里为了我们自己和我们朋友而用来围绕自己的一切都是分离的。尽管如此，我不必说我们对这次旅行有多期待。——您最终将被解除保管论文的责任。现在让我从内心深处感谢您的这项服务。——如果弗里茨·海因勒的弟弟带着他死后留下的所有手稿到达柏林，我打算最终亲自来保

1 奥迪隆·雷东（Odilon Redon，1840—1916），法国象征主义画家、版画家、绘图员和粉笔着色画家。

2 阿尔弗雷德·库宾（Alfred Kubin，1877—1959），奥地利版画家、插画家和偶尔的作家。

管他们。

我衷心希望您一切都好。如果您找到闲暇，请按信封上的地址写信给我。我和我的妻子致以诚挚的问候。

您的瓦尔特·本雅明

① 经过许多变迁，这篇评论一直没有发表，并最终丢失了。

88 致格哈德·肖勒姆

1920 年 2 月 13 日

亲爱的格哈德，

我收到了您的最后两封信，以及《类比和关系》。非常感谢！就恩斯特·布洛赫而言，我非常愿意与您面谈有关的情况。只要这仍然是不可能的，我只想说：我**完全**同意您对“犹太人”这一章的评论，并且从一开始就对他的观点持有同样的看法，因为，当然，我所缺乏的知识不会在这一表态中发挥主要作用。对您关于此事所写的内容，我没有什么要补充的。在我的评论中，我希望我已经以最礼貌的方式，明确地彻底否定了这些思想。但是当然，这不能解决问题。您有充分的理由问我两个问题：首先，我对与这本书普遍有关的其他事情的立场是什么？具体地说，就是我对您最贴切地称之为“距离的不可理解性”的立场；我相信这和我妻子非常贴切地称之为“真理的诱惑”是一样的。我还记得，您在伯尔尼关于这本书问的第一个问题是，它是否包含认识论。这恰恰是问题的关键：分析这本书除了要深入研究作者不言自明的基督学，还要深入研究他的认识论。我评论的最后九行做的就是这件事。这里我就不再重复它们的内容；您会读它们，我们会谈论它们。这一点很重要。因此，最后九行旨在否定这本书中关于认识的前提，作为一种克制的整体否定。因此，真正的评论仅包含关于个别思路的详细的，并且，如果可能的话，赞美的文章。正如您正确推测的那样，并不总是缺乏诚实赞美的可能性。——但是，当然，我的哲学**思想**与之毫无共同之处。说了这句话，让我替您问出第二个问题：我为什么要评论它，为什么我要承担这项评论的任务（注意：这是一个耗时数月的庞大工作）？更准确地说：我为什么要满足作者的请求？我希望是出于对他的感激之情（他还没看过这篇文章）。更多的是为了我看重他这个人胜过他的书（照这么说，他的这本书也并非完全没有价值）；为了我对他未来发展的希望。在这本书中，他向我们展示了一些轻易完成和做得过头的东西。但是在我们在因特拉肯的谈话中，有那么多的温暖，有那么多的机会来表达自己，说清楚，被理解，以至于我把这篇评论作为祭品献给我的希望。

如果您能从鲍姆克那里弄到我要的参考书目信息，您将帮我一个大忙。我对海德格尔的书一无所知。① 另一方面，我预约了一本关于邓斯·司各脱[1]的语言逻辑的专著（我想是弗雷［Frey］写的？）我在维也纳有确切的活动日期。自从完成那篇评论以来，我在这里的项目由于完全缺乏资源而陷入停滞。没有法语字典。所以我只能翻译两首波德莱尔的短诗。因此，我必须完全依靠自己，现在正在起草一篇有着迷人标题的文章，《没有脑力劳动者》(Es gibt keine geistigen Arbeiter)。②

〔……〕

我们可能会在三天内离开布雷滕斯泰因，并将在维也纳待到 2 月底，住在凯尔纳教授家，维也纳第十八大街，梅塞施米德

1　约翰内斯·邓斯·司各脱（Johannes Duns Scotus，约 1266—1308），通常与托马斯·阿奎那和奥卡姆的威廉一起被认为是中世纪中期西欧最重要的三位哲学家－神学家。

(Messerschmied) 巷 28 号，然后住在我的父母家。〔……〕我们的慕尼黑计划再次变得不确定，因为我的父母明确命令我们从现在开始和他们一起住在家里，因为我父亲糟糕的财务状况不再允许他为我们住在家外提供足够的支持。当然，在任何情况下我们都不能接受，但我们的状况非常困难。多拉可能会独自前往瑞士几个月，以便储蓄一些瑞士法郎，然后我们可以在德国使用。所以她会找一份工作。我们非常希望获得一些关于巴伐利亚州生活成本的具体信息——尤其是农村的食宿平均成本是多少。——无论在什么情况下，我都会尝试在伯尔尼获得**大学任教资格**，这样即使我不能在瑞士较长时间使用它，我也可以尝试将它转到德国的大学。鉴于这些情况，我们并不轻松愉快地期待我们在柏林的逗留。

另一个问题是，如果我们春天不来巴伐利亚，我们什么时候才能见到您？如果我和多拉不能见到您，那会很伤心，我们想友好地问您，如果最坏的情况发生了，您是否能在冬季学期结束后，也就是复活节前后，立刻来柏林一段时间？

我们最近在这里得到了一些真正的休息，令我非常高兴的是，多拉比她过去很长一段时间都好，尽管她睡眠不太好。

维尔纳·克拉夫特的未婚妻多大了？ 3 月初他还会在柏林吗？事实上，他给我的最后一封信更开朗了。尽管如此，基于最不连贯的信息，我们像您一样无法为他感到放心。〔……〕

那么也许您会在鲍姆克那儿获得博士学位？大约什么时候？毕竟，在他指导下的博士学位是相当受人尊敬的。不像……如果您对《创造性冷漠》还有任何总结性评论，请不要对我保留。

我希望很快能收到您对我最重要的问题的回答。

我和我妻子致以最诚挚的问候。

您的瓦尔特

① 《邓斯·司各脱的范畴论和语义学》(*Die Kategorien- und Bedeutungslehre des Duns Scotus*)，1916 年。
② 这篇文章没有保留下来。它是针对库尔特·希勒的。

89 致格哈德·肖勒姆

柏林，1920 年 4 月 17 日

亲爱的格哈德，

我在柏林逗留期间，您是您全家人中最后一位受到我关注的人。我已经向您的兄弟莱因霍尔德进行过咨询，并借此机会与您父亲聊过天。这些磋商今天以一个令人沮丧的结局暂时告一段落：尽管我和他们都尽可能削减开支，但由于近期印刷成本大幅增加以及页数超过原来的估计数，该出版物的价格将超过 5000 马克。在伯尔尼，我可能会申请更大的补助金，或者申请延期出版。我在这里的第一周非常糟糕。

〔……〕

因此，正如我已经说过的，我无法向您保证我会去慕尼黑，我也无法邀请您来这里，因为我无法展望未来的日子。我非常抱歉。由于我面临的迫在眉睫的压力，我还没有开始写我的教职论文，除了一篇关于《生命与暴力》(Leben und Gewalt) 的简短而及时的笔记外，我还没有完成任何东西。我可以说这篇笔记是发自内心的。——是我的记忆欺骗了我，还是不久前我向您推荐过一本书，即《大自然的悲叹》(*Klage der Natur*)[①]？虽然实际上我从来没有亲眼见过它。

我没有在维也纳看到马克斯·施特劳斯[②]。我们听说过卡尔·克劳斯[1]，关于他和早先相比的改变，可以说很多话——但没有什么可指责的。非常感谢您提供有关慕尼黑及其周边地区的经济信息。

您父亲在跟我的谈话中简洁地宣称您是天才——他应该知道。但愿上帝保护每一位父亲不受天才的影响。如果您补充一点，说然后他觉得有必要解释一下犹太人称之为“tachles”③的东西，您就能想象谈话采取的方向了。——您的父亲给我的印象是他**非常**满足，并且对您的评价很好。

古特金德夫妇后天来。我的痛苦在于，我在这里不能向任何人展示我的藏书——它在这里只是一个小小的、混合的代表团。我在维也纳发现了各种各样的东西，例如一本非常罕见的书，由波德莱尔的朋友阿瑟利诺[2]所著的《摘自一个浪漫主义小图书馆的目录》(*Extrait d'un catalogue d'une petite bibliothèque romantique*)，即使在他那个时代，也只印刷了三百五十册——它包含非常漂亮的铜板印刷和我翻译过的一首十四行诗的首版。夏洛特·沃尔特[3]是这本书的先前拥有者之一！如果我进一步告诉您，尽管我的经济状况很糟糕，我还是花了一大笔钱购买了一个“禁忌”④，您能推断这意味着什么，您也会知道我相信自己拥有了一件珍宝。但是，拜托，我们谁也别说这件事。我很晚才知道韦特海姆（Wertheim）在过去的几年里一直在出售〔乔治·〕穆勒出版社的库存，这意味着你简直可以不花钱得到好书。就在今天，在我们的结婚周年纪念日的早晨，我能够把一些书带回家给多拉，其中包括希尔巴特的《小行星的故事》(*Asteroiden Novellen*）和《灰布》(*Das graue Tuch*)。我最近能够借到一本岛屿版旧的《拉考克斯》。

1　卡尔·克劳斯（Karl Kraus，1874—1936），奥地利作家和记者，被公认为讽刺作家、散文家、格言家、剧作家和诗人。

2　查尔斯·阿瑟利诺（Charles Asselineau，1820—1874），法国作家和艺术评论家。

3　夏洛特·沃尔特（Charlotte Wolter，1834—1897），德国女演员。

我最衷心地希望您一切都好，亲爱的格哈德。

您的瓦尔特

① 经院哲学家“来自里尔的阿拉尼斯”[1]著。
② 路德维希·施特劳斯的兄弟和阿格农的翻译者。
③ 实用的目的。肖勒姆的父亲时常抱怨他儿子的“没法谋生的艺术”（纯数学和犹太研究）。
④ W. B. 这样称呼他的藏书中不外借的书籍。

90 致格哈德·肖勒姆

柏林／格吕瑙（Grünau），1920年5月26日

亲爱的格哈德，

毫无疑问，您已经为我在通信中漫长的中断提出了各种解释。如果您从而猜测，几乎在我的整个人生中，我从来没有这么悲惨过，您没有想错，我完全无法告诉您关于这个时期的任何事情——除了在谈话中——部分是因为事物本身是深不可测的，而且只有在我们被放逐到的闲聊的领域，它才变得合理；部分是因为如果我想再次浮出水面，我甚至必须避免对它的记忆。我深陷其中，它以彻底的分裂结束。我和父母之间的关系似乎早已经过最严峻的测试并且经受住了考验。现在，经过多年的相对和平之后，它在这些考验的重压下解体了——这是事情的一个奇怪的、但在某种程度上合乎逻辑的方面。我现在不想谈论事情的其他更糟糕的和毫无意义的方面。〔……〕

1 来自里尔的阿拉尼斯（Alanus ab Insulis，约1128—1202/1203），法国神学家和诗人。

即使在今天，我也很可能不会把这些内容写给您，如果我们没有因为古特金德夫妇的盛情而找到临时住所。他们如家长般的热情款待帮助我大伤元气的妻子开始重新找回自我。几周来，我们第一次感到非常幸运，能够再次生活在合乎人的尊严的环境中。我们事先准备把斯特凡也带来，但是我们曾经以为可以指望的一个房间（不是在古特金德夫妇家），不再提供给我们使用。一切事出突然，当然十分紧迫，而且事情将如何发展是不可预见的。唯一可以肯定的是，**无论如何**，我们必须得到一套公寓，我们可以以此为基地，寻求养活自己的方法。因为古特金德夫妇也想离开柏林，所以我们想共用一个居所，现在已经找了一段时间了。您知道**任何**这方面的消息吗？当然，在巴伐利亚州，官僚主义造成的困难据说是可怕的。我们已经给塞斯豪普特方面写过信了。

我的私人藏书现在存放在三个不同的地方，所有的书都装在板条箱里。不管怎样，我最近买了一些比较好和特别好的东西。您什么时候，我什么时候能看到它们？正如我所说的，在我找到一套公寓之前，我根本不可能对未来进行推测。〔……〕

最近我们在〔马克斯·〕施特劳斯家遇到了阿格农。我祝您在与〔罗伯特·〕艾斯勒的相识中一切顺利。我刚开始读他的书①，就不得不把它和其他东西一起打包。我读到了第一卷中他对普洛塞庇娜[1]的论述，并且发现他对圣阿加特（hl. Agathe）传说的分析确实令人着迷。我还在其他各个地方发现了非常富有启发性的评论，特别是那些关于果实和田野象征主义中的星体意义的评论。

我在这里接下来的任务是撰写关于脑力劳动者的笔记，以及编订我朋友〔弗里德里希·海因勒〕的作品，或者说整理出一个正本。超乎我的希望，我终于成功地收集了他所有的论文，并把它们

1　普洛塞庇娜（Proserpina），罗马神话中的冥界女神。

带来以便进行编辑工作。然后我必须开始写我的教职论文——它将保留这一名称，尽管它不能赋予我尊严，但毕竟我曾对它寄予如此大的希望——虽然我在伯尔尼成为一名讲师的前景已经化为乌有，但我还是将把它完成，当然，前提是我有起码让人活得下去的生存条件。这篇论文至多算作我获得教职要走的形式。

我的岳父母是我们的仅剩的经济依靠，虽然从表面上看，这个依靠不是很牢固，他们愿意作出最极端的牺牲；他们坚持让我成为一名书商或出版商。现在，我父亲甚至拒绝给我资金来做这件事。但是，看样子，我不能再表现得像是我还在追求以前的目标，还不考虑成为一名大学讲师。而且无论如何，暂时我将不得不一边从事一些小市民的工作，一边在夜间秘密地进行研究。另一方面，我不知道这会是一份什么工作。（这个月我做了三次笔迹分析，因此赚了 110 马克。[②]）

我希望很快能收到您的来信。在那之后，您应该收到我的一封更乐观的信（因为它将涵盖其他主题）。到那时，我希望至少已经取得了很大进展。顺便说一句，我现在真的很高兴我们正在享受的安宁和友好。一旦我的妻子誊写完毕，我将把《暴力与生命》寄给您，这可能还需要一段时间。[③] 它非常短。

我正在努力寻找一个为出版社审校手稿的职位。布洛赫推荐我去 S. 菲舍尔出版社。他们正在寻找这样一个人，但他们没有给我这份工作。您了解一些情况吗？我会有一个很好的出版计划。

最诚挚的问候，请尽快写信。

您的瓦尔特

附：恩斯特·布洛赫目前在塞斯豪普特的布尔舍尔[1][④]家——可

1　弗里德里希·布尔舍尔（Friedrich Burschell，1889—1970），德国作家。

能只再待几天。

①《世界斗篷和天空帐篷》，慕尼黑，1909 年。
② W. B. 是一位特别有天赋和洞察力的笔迹学家，有时会向他的朋友们展示他惊人的能力。1922 年，他甚至提供笔迹学私人课程。
③ 它从未送达。
④ 弗里德里希 · 布尔舍尔（生于 1889 年）。

91 致格哈德 · 肖勒姆

1920 年 7 月 23 日

亲爱的格哈德，

这封信不仅是为了弥补我没有给您消息的漫长时期，而且还标志着我计划更频繁地给您写信的另一个时期的开始。事实上，我从来没有比我保持沉默的整个这段时间更经常、更深情地想到您，在这期间我收到的您所有美好的信件，使您的存在鲜活地展现在我面前，并作为未来的安慰。也许是您 6 月的那封信——您在那封信中已彻底了解我的处境——促使我开始了希伯来语的学习——这是我自己不敢做的一个决定。现在让我借此机会告诉您一件这方面的小故事。埃里希 · 古特金德带我去了“波普劳尔和拉姆”（Poppelauer und Lamm）[①]，在那里我立即用几本书填满了我的书包和另一次旅行的背包。当我一无所知而又满怀希望地在书籍中四处翻找时，朗道（Landau）的《希伯来人的精神和语言》（*Chrestomatie*）落入了我的手中，令古特金德先生极其惊讶的是，他能够以 25 马克的价格买下它。他告诉了我您的那本的故事，通过我个人的神秘推理和归纳，我得出结论，在我有一个会希伯来语的学生之前，我不会拥有这本书。当时，我给自己买了弗斯特[1]的书②、小本的米德拉什[2]、《米德拉什经文注释规则》(*Midrasch Mechiltha*)、孟德尔·赫希[3]的《先知》(*Die Propheten*) 以及马库斯 (Marcus) 关于犹太教哈西德主义的书。③ 我需要开始的一切。大约花费了 350 马克。由于价格过高，我没办法买到《圣经》。埃里希·古特金德送给我《库萨里》(*Kusari*) ④ 这本书作为生日礼物。

多拉可能已经提到了许多她让我感到惊喜的事情。我特别喜欢克利的一幅非常美丽的画作，题为《奇迹的呈现》(*Die Vorführung des Wunders*)。您知道克利吗？我非常喜欢他，这是我见过的他所有画作中最美的一幅。我希望 9 月份您能在这里看到它，如果在一个月内，我不必将其余的财物也埋藏在一个板条箱里（需要埋藏多久？）。因为我们只会在这里待到 8 月底，因为古特金德夫妇想在 9 月 1 日去意大利。遗憾的是，我们不能在他们离开的两个月里，搬进他们的房子，因为那样的话，我们不太可能在 11 月找到一套过冬的公寓。我们现在正在努力寻找。有家具或无家具，大约四个房间。您碰巧通过熟人知道一些合适的吗？此外，我们再也不能继续与斯特凡分开了。我们知道他绝没有受到像我们希望的那样的照顾，尤其是因为现在在我母亲去旅行期间我的父母把他送到了日托中心。

〔……〕

我现在正在阅读的《卢瓦纳》(*Levana*)，使我和斯特凡的分离特别困难。有了这部作品，你会觉得你再无需自己努力撰写有关该主题的其他作品了。如果你撇开宗教和社会团体的影响不谈，只谈

1　朱利叶斯·弗斯特（Julius Fürst，1805—1873），德国犹太裔东方学家。

2　米德拉什（Midraschim），犹太教解释、讲解《圣经·旧约》的布道书卷。

3　孟德尔·赫希（Mendel Hirsch，1833—1900），德国犹太裔教育家和《圣经》评论家，也是一位诗人。

父母与孩子最亲密的关系，那么关于儿童教育你不可能讲述得比让·保罗[1]更有洞察力和更富有情感。这是德国人不知道自己多么幸运地拥有什么的又一个例子。他是最富有想象力的人，但他知道如何严肃、清醒和克制地探讨孩子的问题！（不言而喻，在这里，我并没有在更狭义的教育学的意义上使用“严肃”这个词。）

现在让我来感谢您极其精美的礼物。我不知道它们中哪一个给了我更多的快乐，最重要的是，哪一个将给我更多的快乐。因为我还没能阅读《尼俄伯》(*Niobe*)。但是，任何来自您的神话作品都会让我充满最大的期待。而且主题意义重大。我相信对于阿格农的故事来说，任何赞美都不会太高。所以我甚至不会尝试。在读这个故事的时候，我很高兴见过阿格农。我也要感谢翻译者。

〔……〕

您还记得我曾在伊瑟尔特瓦尔德和您谈过夏尔·佩吉吗？与此同时，我在古特金德家偶然看到他的一卷选集。它比《新评论》中的片段更使我渴望得到他的完整作品。因为它也只包含片段。我是否会写一篇文章来表达我的钦佩和鼓励，这只取决于我是否最终能够读到他主要著作的未删节版本。我试图说服S.菲舍尔[2]和库尔特·沃尔夫[3](Kurt Wolff) 出版由我翻译的精选论文，但徒劳无功。法国出版商要求的版权费太高。

几个星期前，克拉夫特拜访了我几个小时。虽然这次访问对于任何谈话而言都太短暂，但我的印象是他的精气神越来越好了。在夏季学期结束时，我希望在他第二次访问柏林时，我将有更好的机会与他交谈。

1　让·保罗（Jean Paul，1763—1825），德国浪漫主义作家，以其幽默小说和故事而闻名。

2　塞缪尔·菲舍尔（Samuel Fischer，1859—1934），德国最重要的出版商之一。

3　库尔特·沃尔夫（Kurt Wolff，1887—1963），德国出版人、编辑、作家和记者。

请尽快再写信给我。

既然您最终试图澄清您的毕业与犹太神秘哲学之间的关系⑤，我将发表以下声明：如果您不以优异成绩获得博士学位，我希望成为一名伟大的犹太神秘哲学家。

最诚挚的问候，

永远是您的，

瓦尔特·本雅明

① 柏林的二手犹太书籍经销商。
② 朱利叶斯·弗斯特，《希伯来语和迦勒底语简明词典》（*Hebräisches und Chaldäisches Handwörterbuch*），莱比锡，1876 年。
③ 维鲁斯（Verus，阿伦·马库斯的笔名），《哈西德主义》（*Der Chassidismus*），普莱谢夫，1901 年；一本非常值得注意的书。
④ 耶胡达·哈勒维[1]（12 世纪）的宗教哲学著作，莱比锡，1869 年。
⑤ 肖勒姆已经开始研究慕尼黑图书馆的犹太神秘哲学手稿。

92　致格哈德·肖勒姆

〔大约 1920 年 12 月 1 日〕

亲爱的格哈德，

差点儿就出现了这样的情况：您生日那天什么也不会到，除了这些非常真诚的祝贺——以及我很容易割舍的“小论文精选”。因为我非常想把其他的一切留给自己，《耶稣的生平》（*Das Leben Jesu*）①及其优美的译文，以及《理性的宗教》（*Religion der Vernunft*）②，这显然是一本非常奇特的书。然而，因为我记得这些日子我自己强加给被征服民族的苛政，为了正义起见，这些人质，

1　耶胡达·哈勒维（Jehuda Halevi，约 1075—1141），西班牙犹太裔医生、诗人和哲学家。

犹太教经师的孩子中比较雅致的，将被送到您身边。

穆里大学的董事会为您的生日准备了一个特别的惊喜。董事会授权我通知您，为了庆祝这一活动，将为大学的新大楼举行落成典礼，董事会还让人在入口上方铭刻了以下座右铭："Lirum larum Löffelstiel/kleine Kinder fragen viel。"[1]整个建筑都是用巧克力制成的，我们附上了一份材料样本。

公寓正在慢慢整理。大书架尚未完工。然后，您想想看，我们从货运代理商那里收到的不是我的一个书箱，而是陌生的、但贴上了同样标签的板条箱。货运代理人写信告诉我们，他已经把我们的发送走了；但它还没有到。顺便说一句，这个箱子里似乎装着以下几本书：来自厚颜无耻堡的施诺尔（Schnorr von Frechheitsberg）的全集③；庞提乌斯·彼拉多[2]的《省长使用的希伯来语》（*Hebräisch für Landpfleger*）；诺格格拉斯的《慕尼黑儿童逻辑》（*Münchner Kindllogik*）和《七个巨大的奶酪》（*sieben titanische Käs*）。

多拉的状况似乎同样非常缓慢地有所改善。她宁愿没有她现在样子的记录。（这是我们未能附上照片的原因）。关于斯特凡的道德神学，他和马尔堡市民一起定义为没完没了的家庭作业的美德尚未出现，而罪孽都已绝迹。

经过漫长而严重的抑郁后，我自己开始变得非常勤奋。因此，我现在发现自己面临一个艰难的决定。也就是说，很明显，我不可能同时在两个不同的领域——即经院哲学和希伯来语——成功地弄清方向，这两个领域对我来说都是如此的困难、陌生，而且彼此之间也有很大的距离。这使我觉得，要确定我的教职论文的主题，以及真正地开展这项工作是如此困难，以至于如果我插入一些大型

1 德国童谣，可译为：里鲁姆拉鲁姆勺子柄 / 小孩子问题一大把。

2 庞提乌斯·彼拉多（Pontius Pilatus，？—36），罗马帝国犹太行省的第五任总督（26—36 年在任）。

的、异质的项目，论文可能会被推迟到不可预见的未来。此外，如果仅出于实际考虑，这是无论如何不允许发生的。结论是，在哲学要求我全神贯注的时刻，我最后一次不得不让希伯来语退居二线（不是直到我取得大学教职，而是）直到我完成教职论文。鉴于就业市场的状况以及目前的总体情况，没有其他选择。我会尽可能地继续妥协，但我认为不可能再延长。我会尽可能地继续妥协，但我认为这不会很长。我读过海德格尔关于邓斯·司各脱的书。难以置信，任何人能够在这样的研究基础上取得大学教职。它的写作**只需要**极大的勤奋和对经院哲学拉丁语的掌握，而且，除去它所有的哲学包装，它基本上只是一部好的翻译作品。作者对里克特和胡塞尔卑鄙的阿谀奉承，没有使阅读变得更加愉快。这本书并没有从哲学的角度来论述邓斯·司各脱的语言哲学，因此它所留下的未尽事宜是不小的任务。最近，来自科隆的三百位新任编外讲师之一，〔赫尔穆特·〕普莱斯纳[1]，在康德学会发表了一篇关于语言哲学的认识论意义的报告。当然，它的水平不是很高，但其内容大多是非常中肯的。在讨论期间没有人说话，除了〔亚瑟·〕利伯特[2]，他以批判哲学的名义贬低了演讲人。我可能是观众中唯一一个可以说些中肯的话的人，但考虑到利伯特的面子，我不得不保持沉默。与此同时，我再次成为康德学会的成员，并立即被邀请在《康德研究》中为我的论文做广告。我对《白痴》的评论和我的文章《命运与性格》现在将刊登在《阿尔戈英雄》杂志上。④我拿到了校样。——最近一篇关于布洛赫的书的极其值得注意的实质性评论发表了，它以非常严厉的方式揭示了这本书的弱点。由 S. 弗里德兰德撰写。⑤我可能会在我的《政治》（*Politik*）的第一部分表达我对此的看法，

1 赫尔穆特·普莱斯纳（Helmuth Plessner，1892—1985），德国哲学家和社会学家，也是“哲学人类学”的主要倡导者。

2 亚瑟·利伯特（Arthur Liebert，1878—1946），德国哲学家。

那是对《莱萨贝迪奥》的哲学批判。一旦我从法国得到我还需要的一本书，我将进入《政治》的第二部分，其标题是“真正的政治”（Die wahre Politik），其中包括两章，《权力的解体》（Abbau der Gewalt）和《没有最终目标的目的论》（Teleologie ohne Endzweck）。

我正在完成《巴黎图画》（*Tableaux parisiens*）的翻译工作。在这样做的同时，我也在改进我以前的翻译，这样我就可以为我的东西充满信心地寻找一个出版商。

请写信告诉我〔莫里茨·〕盖格[1]的数学哲学课程进展情况。——我还不知道我现在是否要上〔凯特·〕荷兰德（[Käthe] Holländer）小姐的希伯来语课。一旦我的东西整理好，您就会得到莱维[2]⑥的信件和书。现在仍然有很多东西散乱地放着，我很难立刻找到所有东西。

〔……〕

我衷心希望您一切都好，您的瓦尔特

克拉夫特给我写信了。但我不得不认为，他计划写一篇关于《西东合集》的论文是走上了错误的道路（当然，这是新德国文学中**最难**的主题）。

① 塞缪尔·克劳斯[3]，《耶稣的生平，根据犹太人的原始资料》（*Das Leben Jesu nach jüdischen Quellen*）（1902 年）。
② 赫尔曼·科恩的遗作《理性的宗教，从犹太教的原始资料》（*Religion der Vernunft aus den Quellen des Judentums*）。
③ W. B. 喜欢抱怨肖勒姆试图“讨走”（abschnorren）他的私人藏书里最好的书。施诺尔·冯·卡罗尔斯费尔德[4]——拿撒勒派画家。这些书名是“穆里大学”图书馆的著作。
④《阿尔戈英雄》杂志，第 10—12 期（1921 年）。《本雅明文集》第 I 卷，第 31

1 莫里茨·盖格（Moritz Geiger，1880—1937），德国哲学家，埃德蒙·胡塞尔的弟子。
2 恩斯特·莱维（Ernst Lewy，1881—1966），德国－爱尔兰籍犹太裔语言学家。
3 塞缪尔·克劳斯（Samuel Krauss，1866—1948），历史学家、语言学家和塔木德学者。
4 朱利叶斯·施诺尔·冯·卡罗尔斯费尔德（Julius Schnorr von Carolsfeld，1794—1872），德国画家，与拿撒勒运动有关。

页及下页，以及第 II 卷，第 127 页及下页。
⑤《目标》第 IV 卷，第 103—116 页。
⑥ 恩斯特·莱维，《老年歌德的语言》（*Zur Sprache des alten Goethe*）（1913年）。W. B. 对作者（1881—1965）和他大胆的作品非常钦佩。

93　致格哈德·肖勒姆

1920 年 12 月 29 日

亲爱的格哈德，

我曾经猜测您长时间保持沉默的原因。甚至在我做出决定之前，我就写信给古特金德夫妇，纯粹是出于我痛苦的犹豫不决。作为回应，我在收到您 18 日的来信后不久就收到了他们的告诫。我昨天回复了这些告诫。正如您将看到的，我的回复也包含了我对您的信件的探讨。因为我无法更好地表达自己，所以没有比抄写给您我写给古特金德夫妇的内容更好的选择了。“当你们的信件到来时，让我苦恼几个星期的两难境地已经得到解决，在读完你们的来信之后，我再次考虑了这个问题并得出了同样的结论。不，没有别的办法。在我从欧洲学徒生涯中获得至少会带来更加安宁的未来的机会，以及家庭的支持，等等东西之前，我无法全心全意地投身于犹太人的事情中去。我承认，大约从我的博士考试以来，我在精神上已经准备好远离欧洲的事物，并开始一个漫长的新学徒期。但我也知道，我积聚了这么长时间的艰难决定，会让我自由而平静地选择何时实施。事实上，正如肖勒姆写给我的那样，年龄越大，做出这样的选择就越困难，年龄最终会把它变成一场灾难，即使是在最有利的情况下。即使这是一场使人净化的灾难。但即使在这里，长期而稳定地作出的决定也具有**调节**作用。此外，它可能**最多**不会超过两年。在这段时间里，我打算从我脑海里浮现的复杂想法中划定一个项目，并写一本书。这个项目——尽管它对我很重要——可以被划定和限制。——开始研究希伯来语的后果是**无法估计的**。因此，例如我不可能这样说：我先学习一两年希伯来语，然后再从事那个项目。你们一定会认可我的决定的明确理由。所以我请求你们，不要推迟你们自己的学习，但要用心等我。”只有现在，在写这些的时候，我才看到这些话是在多大程度上针对您的。唯一剩下的就是加上我对您的承诺，即在完成这个项目之后，我真的不会让自己被任何可能出现的东西所耽搁，即使赫伯茨满百岁或用哲学来庆祝他的金婚纪念日。

关于我计划的项目，我最近忙于对真理概念的分析，它为我提供了一些项目的基本思想。当我最近把我的东西读给恩斯特·莱维（语言学家）时，我很高兴听到他赞同我的分析。当然，他不是一个形而上学者，而是一个聪明且思想正确的人。他在柏林作短暂停留，顺便说一下，当地的比较语言学教授舒尔茨（Schulz）正在努力帮他搞到一个助理教授的职位。遗憾的是，由于缺乏资金，这很困难。他的人格再一次给我留下了无与伦比的，以及和往常一样的不可测量的印象。我最关心的问题真的是您能认识他。现在他必须去阿根廷接他病重的兄弟。

关于我写的“短作品”的数量，您正在欺骗自己，正如您不断上涨的贪得无厌的欲望洪水所证明的那样。因为，除了对《窄门》的评论之外——顺便提一下，那不是一部戏剧而是一部小说——我在过去几年里创作的较短的作品（几乎没有任何东西）尚未誊写，除了《对〈乌托邦精神〉的一个段落的幻想》（Phantasie über eine Stelle aus dem Geist der Utopie），这一篇我可能很快就会寄给您。就我的“戏剧批评”而言，我更愿意称之为“戏剧笔记”。在这些当中，我可以凭良心推荐一篇关于《皆大欢喜》（*Wie es Euch gefällt*）的供您欣赏。我打算继续探究我在其中表达的关于莎士比亚的观点。——将来某个时候，您能向我指出为什么《耶稣的生平：根据犹太人的原始资料》会导致这种前所未有的后果吗？我还没有看过冈多夫的一本格奥尔格，我正在等待一个这样做的机会。这可能很快就会到来。

〔……〕

海德堡的〔理查德·〕魏斯巴赫（[Richard] Weissbach）想出版我翻译的《巴黎图画》（作为一本书），“如果我不提出任何他无法满足的要求”。慕尼黑的三面具出版社（Drei-Masken-Verlag）也要求看手稿。魏斯巴赫可能几乎什么钱都不付，而且只出版二百五十本，作为愚蠢的手工制造的纸张把戏。我会拭目以待看看会发生什么。由于外部原因和我家庭的原因，我绝对有必要利用任何出版的机会。

《真正的政治家》（Der wahre Politiker）已经誊写完毕。我希望它很快就会发表。新年过后，我想写接下来的两篇文章，与它一起构成我的《政治》。——我可以在这里的一家旧书店以 15 马克的价格买到赫雷米亚斯[1]的《古代东方精神文化手册》（*Handbuch der altorientalischen Geisteskultur*）。是否值得购买？ 请告诉我。

古特金德夫妇的地址是意大利梅拉诺市奥伯迈斯区马亚堡巷，普龙伯格（Promberger）夫人转交。

多拉暂时不去办公室，并且身体正在逐渐恢复。当然，尤其是因为我们有更好的前景。

请原谅这封信的杂乱无章。当我没什么好说的时候，我可以给您写更多的信。——我只想补充说，我弟弟给了我一本罗莎·卢森堡[2]在战争期间从监狱写的信。我被它们令人难以置信的美丽和意

1 阿尔弗雷德·赫雷米亚斯（Alfred Jeremias，1864—1935），德国牧师、亚述学家和古代近东宗教专家。

2 罗莎·卢森堡（Rosa Luxemburg，1871—1919），波兰马克思主义理论家、哲学家、经济学家、反战活动家和革命的社会主义者，28 岁时入籍成为德国公民。

义所感动。克劳斯附加了一个重要的论战，针对“德国妇女”对这些信件精神的无耻攻击。在同一期（即最后一期）《火炬》（*Die Fackel*）杂志中，他发表了一首奥地利国歌，在我看来，正如《面包和谎言》（*Brot und Lüge*）一样，这首国歌毫无疑问地表明他正在成为一名**伟大的**政治家。就仿佛他的本性中恶魔的和更深的一面已经死去、石化，仿佛他的躯干和雄辩的头颅现在有一个不可动摇的大理石基座，可以从那里向下演讲。

我们俩送上我们诚挚的问候，并希望我们能比以往更加频繁地互相写信。

您的瓦尔特

附：您房东的同名人为富尔达（Fulda）版的莫里哀[1]翻译了一个很糟糕的《安菲特律翁》（*Amphitryon*）。我们最近看到这部戏剧在舞台上演出。我相信，在慕尼黑人们偶尔还能享受戏剧，这在这里几乎已经不可能了。

94　致格哈德·肖勒姆

〔1921 年 1 月〕

亲爱的格哈德，

我今天写信给您是出于一种忧虑，不是因为我们上次谈话时讨论的必要性会介入我们之间，而是说，一段对我们两个人而言——虽然不是在完全相同的意义上——构成了艰难的等待期的时间，我们或许可以彼此靠近，共同度过。我知道这一切都不可能勉强，而

1　让·巴蒂斯特·莫里哀（Jean Baptiste Molière，1622—1673），法国剧作家、演员和诗人，被公认为法语和世界文学中最伟大的作家之一。

且您——我希望这不是您的本意——不得不对我隐瞒许多我们应该讨论的事情，也许是最重要的事情。您应该知道，无论如何我绝不会期待不可能的事情。因此，我更加确信，我们应该保持对我们来说仍然存在的东西，正如您理解我的决定的必要性并相信我一样。对我来说这通常很困难，因为当然牺牲并不总能立即带来想要的结果。因此，我基本上必须耐心地等待我的新项目。当然，我已经确定了一些基本思想，但由于其中每个想法都必须深入探究，所以我不可能在一开始就预料到一切。此外，我到目前为止所做的研究使我谨慎行事，并质疑以经院哲学的类比作为指导是否正确，或者是否最好绕道而行，因为海德格尔的著作也许呈现了对于我的问题而言经院哲学思想中最重要的元素——尽管是以一种完全无知的方式——并且真正的问题以某种方式与此密切相关。因此，也许最好先看看一些语言哲学家。目前，我正计划阅读 A. F. 贝恩哈迪的《语言学》（*Sprachlehre*）①，然而，这本书是以一种极其模糊的方式编写和构思的，而且似乎只是偶尔具有创造性。——此外，一切都还处于最初步的准备阶段，只要我还没有撰写我关于政治的论文，以及莱德勒[1]委托的一篇文章，为此我还在等待必要的文献。尽管如此，在接下来的几天里，我可能会得到索雷尔[2]的《反思暴力》（*Réflexions sur la violence*）。我刚刚接触到一本书，据我出席了作者举行的两个晚上的朗读会之后的判断，这本书是我们这个时代关于政治最重要的著作。昨天晚上，也就是说，在第二次朗读会的时候，休纳·卡罗告诉我，他给您写了一封信，关于埃里希·昂格尔[3]的《政治和形而上学》（*Politik und Metaphysik*）② 这本书。作

1 埃米尔·莱德勒（Emil Lederer，1882—1939），波希米亚–奥地利经济学家和社会学家。

2 乔治·索雷尔（Georges Sorel，1847—1922），法国哲学家和索雷尔主义理论家。

3 埃里希·昂格尔（Erich Unger，1887—1950），一位有声誉的犹太人哲学家，他发表了许多文章和一些书籍，其中许多是用他的母语德语。

者来自大卫·鲍姆加特（我曾在这里与他交谈过）所属的同一个新感伤主义者圈子。在青年运动时期，我认识了这个圈子最声名狼藉和败坏道德的一面，就是西蒙·古特曼[③]先生，并且以对多拉和我来说具有极其严重后果的方式。一位〔卡尔·〕土尔基舍尔（[Karl] Türkischer）先生——您可能曾经给过他一点您的想法——也在那里消磨时间。显然，您完全不关心这些人的犹太复国主义倾向[④]是正确的。我相信我可以在不知道事实是这样的情况下假定这一点。这些人的希伯来文化的一面可以追溯到一位戈德伯格[1][⑤]先生——当然，我对他知之甚少，但每次我被迫看到他时，他那不纯的气质都使我强烈反感，以至于我无法和他握手。另一方面，在我看来，昂格尔和鲍姆加特是完全不同的类型——不管刚刚那些话，但我相信我可以负责任地向您推荐昂格尔的书，因为我对他的想法抱有浓厚的兴趣。这些想法，例如关于心理－身体问题的想法，令人惊讶地与我自己的想法有一些共同点。在这些朗读会中我结识了S. 弗里德兰德。他不知怎么地对我很有吸引力，因为他无限文雅又无限痛苦的表情。他以真正谦逊的态度谈论自己的事情。

斯蒂夫特的书到了，给了多拉最令人难以置信的快乐。她已经拥有同一版本的《短篇小说》（*Erzählungen*），现在，我们一下子有了一套非常漂亮的、几乎完整的斯蒂夫特。在其他方面，这个生日也非常美好和宁静，这是贤明的家庭政策的结果。

〔……〕

恩斯特·布洛赫的妻子，我们最喜欢的人之一，在慕尼黑去世了。您很可能也在因特拉肯见过她。我们已经邀请他和我们住在一起，但还没有收到回复，不确定他是否会来。他的妻子多年来病得很厉害。

1　奥斯卡·戈德伯格（Oskar Goldberg，1885—1953），德国犹太裔医生和宗教哲学家。

我有没有写信告诉您，我正在和魏斯巴赫商讨出版我的波德莱尔译本。他想出版《巴黎图画》，归根结底，不管怎么说，我宁愿这样，也不愿让犹太人出版社取消协议。

现在，这封信即将在隔离几周后寄出，我还想补充一些东西。我有很多工作要做，因为我正在为莱德勒撰写一篇文章，《暴力批判》（Kritik der Gewalt），应该发表在《白叶》（*Weißen Blättern*）杂志中。[⑥] 目前我终于将近来到誊清稿的阶段。即使它不出版，无论如何您都会读到它。为了写这篇文章，我不得不稍微研究一下《纯粹意志的伦理学》（*Ethik des reinen Willens*）。但我在那里读到的东西让我很沮丧。显然，科恩对真理的感觉如此强烈，以至于他必须做出最不可思议的飞跃，才能让他背弃它。

〔……〕

从昨天起，我的整个私人藏书已经布置完毕。直到那时，最后几个书架才从木匠那里送来。它看起来非常不错，现在不仅我们，我们的书也等着您的到来。

如果我今天不再添加更多东西，请不要生气。我迫不及待地等待您的来信。

您的瓦尔特

附：目前我手边没有克拉夫特给克劳斯的信。如果我设法找到它，我会附上它。

附 II：好吧，我现在将把这封信寄出去，可能是在开始写它三周之后。我只想再次感谢昨天收到的您的来信。我恳请您原谅我们没有早点感谢您那本斯蒂夫特的书。我还想说，它来得正是时候，作为被征服民族的唯一礼物，在生日礼品桌上骄傲地占据了一席之地。——至于弗里德兰德对《乌托邦精神》的评论，我打算尽快将它寄给你。遗憾的是，您自己订购了昂格尔的书，因为您本可以从我这里得到它，作者送给了我一本作为礼物。——我现在已经完成了《暴力批判》，并希望莱德勒将其发表在《白叶》上。关于暴力，这篇文章还有一些问题没有涉及，但我希望它说了一些必要的东西。我的已被接受的东西，以及当然，那些未被接受的东西，迄今都没有出版，但我并没有放弃对它们中任何一个的希望，尽管我特别沮丧的是，我无法在任何地方为我对《乌托邦精神》的评论找到一个家。虽然我很感谢这个项目在我自己的头脑中澄清了一些重要的事情，但它仍然完全是为了出版。本来它还计划发表在《逻各斯》杂志的一个特刊上，直到事实证明没有钱可用于这样的冒险。《真正的政治家》也没有被接受，因为莱德勒不想出版它，至少目前是这样。我自然不会在这个时候求助于布洛赫。自从接到他妻子去世的消息以来，我们还没有收到他的一行字。——我希望很快能与魏斯巴赫签署合同。〔……〕《巴黎图画》已经完成，当然，除了一首早期诗歌（《致红发丐女》[À une mendiante rousse]）之外，我已经翻译了所有内容。

从您频繁的疾病报告中，我们悲伤地推断出，慕尼黑的气候确实非常糟糕，不适合您的身体，而且您的健康状况也不像我们希望的那样强壮。因此，如果您在慕尼黑缺乏合适的社交圈子，我们会倍加难过。为什么阿格农被驱逐出境？只是因为缺少必要的证件（据说）？关于您有价值的消遣，我很好奇您会告诉我关于〔鲁道夫·〕卡斯纳[1]的讲座有什么不好的地方。您知道他还写过一本关于面相学术的书，《数字和面孔》（*Zahl und Gesicht*）。有机会我会看一下。我最近读了他的一篇关于波德莱尔的文章，这篇文章和我所知道的他所有其他的文章一样，都是非常误导人的。我把他简化成一

1 鲁道夫·卡斯纳（Rudolf Kassner，1873—1959），奥地利作家、散文家、翻译家和文化哲学家。

个公式：他出卖全部真理，换取一半真理。这适用于他的**每一句话**。

究竟在什么情况下我写信给您谈到数学和语言？我想不起来了，所以我真的不知道您信中相应的段落是指什么。非常感谢您提示亚略巴古[1]的那本书。⑦ 您还在〔莫里茨·〕盖格家吗？

我希望您很快能再写信。最诚挚的问候。

① 奥古斯特·费迪南德·贝恩哈迪的浪漫主义语言哲学（柏林，1801—1803年）。
②《理论：在哲学政治上的尝试》（*Die Theorie: Versuche zu philosophischer Politik*）第1版（柏林，1921年），一部现在几乎不可能找到的作品。
③ 他在1914年初引发了"讨论厅"的分裂。
④ 昂格尔和戈德伯格以"先验的"或形而上学的犹太复国主义的名义拒绝了"经验主义的"犹太复国主义。
⑤ 奥斯卡·戈德伯格（1885—1952），《希伯来人的现实》（*Wirklichkeit der Hebräer*）（1925年）的作者，这是一部具有重大影响的作品（在很大程度上是潜移默化的，例如对托马斯·曼的影响）。
⑥ 发表在《社会科学和社会政策档案》（*Archiv für Sozialwissenschaft und Sozialpolitik*）第47期（1921年）；现在见《本雅明文集》第I卷，第31页及下页。
⑦ 伪亚略巴古的丢尼修的《关于神圣的名字》（*Über die Göttlichen Namen*）。

95　致格哈德·肖勒姆

1921年2月14日

亲爱的格哈德，

我没有尽快回复您的来信的唯一原因是，在这些不安宁的日子里，我通过思考它，让自己休息并平静下来。我仍然相信我们三个人将来会在某个时候作为一个团队一起工作。我无法想象多拉和我

1　伪亚略巴古的丢尼修（Dionysius Areopagita），5世纪末至6世纪初的基督教神学家和哲学家，他写了一套名为"Corpus Areopagiticum"或"Corpus Dionysiacum"的作品。

会以这种方式与任何其他第三方联系在一起，因为我要感谢您为我的生活和思想所指引的方向，因而，多拉也要感谢您让她恢复了成长过程中最美好的一面。这里出现了“不安宁的日子”这一表达，因为我与家人再次产生了敌对情绪。我不想写这个，只想说我们在外部和内部都进行了调整，以至于事情不会对我们产生像去年春天那样令人心烦意乱的影响。

我对语文学有过一些思考（甚至当我在瑞士的时候）。我总是意识到它诱惑人的一面。[①] 在我看来——虽然我不知道我是否和您理解的一样——与所有的历史研究一样，但是以最极致的方式，语文学承诺了新柏拉图主义者在沉思的禁欲主义中所寻求的同样的乐趣。完善而不是完成，有保证的道德消亡（而不踩灭它的火焰）。它呈现了历史的一面，或者更确切地说，是历史的一层，为此，人类也许确实能够获得规范的、系统的以及主要的基本逻辑概念；但它们之间的联系必须对他保持隐藏。我没有将语文学定义为语言的科学或历史，而是定义为最深层次的**术语历史**。其中肯定涉及一种极其神秘的时间概念和非常神秘的现象。我也预感到，如果我没有弄错您的意思的话，语文学接近被视为编年史的历史，虽然我无法详细阐述您所暗示的东西。编年史基本上是被篡改的历史。编年史中的语文学篡改以其形式简单地揭示了内容的意图，因为其内容篡改了历史。一本书生动地向我阐明了这种工作方式的本质。这本书深深地打动了我，并激励我去篡改。它是歌德的《新梅露辛》(*Die neue Melusine*)。您知道吗？如果不知道，您绝对要读这个故事——它嵌入在《威廉·麦斯特的漫游时代》(*Wilhelm Meisters Wanderjahre*) 中，但作为一个独立的实体，也就是说，**没有**包围它的框架，就像我碰巧做的那样。如果您知道的话，也许我可以提出一些相关的建议。——我不知道我的关于语文学的天书般的言论是否对您有用。我可以向您保证，我清楚地知道，我们必须采取另一种方法来解决这个问题而不是“浪漫主义的”方法。（我刚才重读了您的来信。编年史——篡改——评论——语文学，这是**一种**关联。我觉得很明显，如果我可以这样说，基于阿格农的现象，在谈到他时，有必要说真话。当然，智者无疑会把他的语文学聚焦于上面引用的系列的第一个而不是最后一个元素，如果他不是，例如，研究《圣经》的话。）

前几天，大卫·鲍姆加特拜访了我。他说，一方面他很遗憾他从来没有详细地跟您谈过，但另一方面，继续为这样的谈话做准备也许对他有好处。他现在正用希伯来语阅读 *More nebuchim* ②。无论如何，他非常希望大约在夏天能在埃尔富特见到您。

〔……〕

现在我的房间里有一架钢琴，这对我们来说意义重大，多拉又在演奏了。遗憾的是我们只能借到一架。〔……〕

您复活节不来这里吗？我们可以给您讲很多关于斯特凡的可爱故事，但那会写满一页又一页。

祝您一切都好，您的瓦尔特

附：穆里大学的业务堆积到如此程度，以至于我不再知道如何应对它们。最近又发生了一个争端，我必须向您呈交。那儿的历史学教授接受了一篇论文，但学院想阻止它的采用。但是，它据说是很不错的。主题是：德意志民族大迁徙时的路标。请将此事提交董事会。

① 肖勒姆曾写道，语文学开始诱惑他。

②《迷途指津》（*Führer der Verwirrten*），迈蒙尼德[1]的哲学著作。

1　摩西·迈蒙尼德（Moses Maimonides，1138—1204），中世纪最伟大的犹太人哲学家，今天仍被广泛阅读。

96 致格哈德·肖勒姆

1921 年 3 月 26 日

亲爱的格哈德，

我真的很喜欢您的上一封长信。我一直希望您能贯彻您的决心，阅读歌德的《新梅露辛》，因为这真的会给我们提供很多可谈的话题。我再一次在几个项目之间徘徊，其中一篇文章肯定会引起您的极大兴趣，即《译者的任务》(Über die Aufgabe des Übersetzers)。这是前言的预计标题，如果可能的话，我想把它放在我的波德莱尔译本的开头。现在这篇前言是我最关注的问题，因为我与魏斯巴赫签订了合同（包括对我来说非常有利的条件），并且该书最迟应该在 10 月之前出版。但是，它涉及一个对我来说如此重要的主题，以至于我现在还不知道在我思考的现阶段我是否能够充分自由地发展它，并且前提是我能够成功地阐明它。就我对这个主题的阐述而言，我缺乏一个非常基本的帮助：在我之前的作者关于这一主题进行的所有初步哲学研究。毕竟，在（对不熟悉的观点的）批判性分析中，人们常常有可能说出一些还不知道如何综合表达的东西。您现在可以给我一些提示吗？例如，我仔细阅读了科恩关于美学的著作，但完全是徒劳。——此外，您关于这个主题当然有自己的想法。因此，对我来说，和您详细地讨论一下是非常有用的，特别是因为在您自己的翻译工作中，您一定捕捉到一种完全不同于我在我的翻译工作中捕捉到的语言张力。我希望在您的柏林逗留期间，仅此一个主题就可以为我们提供足够的素材进行讨论。现在的问题是您是否决定来。您能否在我们家里寄宿的情况大致如下：三位访客已经宣布了他们要来，当然都是在 4 月。但是我们还不确定他们中的任何一个是否真的会来什么时候来以及待多久。他们分别是我的岳母、恩斯特·布洛赫和我们的朋友朱拉·科恩。如果您现在的情况是您在我们家里寄宿是您旅行的先决条件，那么如果我们知道什么时间，我们就可以给您一个明确的是或否。因为在这种情况下，我们会提前询问我的岳母，她是否考虑在那个时候来，然后立即写信给您。所以请尽快考虑一下您想做出什么样的安排。

现在有一些非常精彩的东西可以看到：奥古斯特・马克[1]的绘画纪念展，这位画家于 1914 年阵亡，享年 27 岁。早些时候，我就被我熟悉的他的几幅画作所吸引。现在展览给我留下了美妙的印象。关于这些画作我写了一篇短文。如果戈尔茨（Goltz）在慕尼黑展出马克的作品，也许您会去看看。此外，有一幅夏加尔的新画《安息日》（*Sabbath*）在这里展出，我觉得它也很美。虽然我越来越认识到，我能够——可以说闭着眼睛——信赖的只有克利、马克，也许还有康定斯基的绘画。其他的一切都有需要你保持警惕的深渊。当然，这三个人的画作有的也很弱——但我**看得出**它们很弱。

我最近收到了我的博士学位证书，同时有几十份副本。因此，我希望您知道，作为一个天真的现实主义的博士文凭的拥有者，我将从现在起担任穆里大学超凡的学舍管理员的高级职位。

最近，我能够以非常便宜的价格为我的哲学藏书买到艾克哈特大师[2]的布道，以及大型尼采版的某些卷。我也买了一本漂亮的、旧的提奥克里图斯[3]很棒的译本。关于您的黑贝尔①，我想知道您是认为它本身是多余的，还是作为一个副本是多余的。我知道您用它换来的斯威夫特[4]版本——这个版本在出版商那里仍然可以买到。

1 奥古斯特・马克（August Macke，1887—1914），德国表现主义画家。

2 艾克哈特大师（Meister Eckhart，约 1260—约 1328），德国神学家、哲学家和神秘主义者。

3 提奥克里图斯（Theokrit，约公元前 270 年），古希腊诗人。

4 乔纳森・斯威夫特（Jonathan Swift，1667—1745），英国－爱尔兰讽刺作家、散文家、政治小册子作者（先是为辉格党，然后是为托利党）、诗人和牧师，后来成为都柏林圣帕特里克大教堂的院长。

就在最近，我与多拉讨论了是否要购买它。因为翻译的缘故，她建议不要买。我在那本书中读到的很多东西，无论如何都很乏味，因为我缺乏相关的专业知识。但我记得在爱尔兰小册子中发现了很棒的东西。特别是一个“吃小孩的建议”。

自从布洛赫的妻子去世后，我很少听到他的消息。我甚至还没有听到任何关于我的《暴力批判》的评论，这篇文章在他手中。这些天我会请他把它寄给您。我随信附上您所要求的《真正的政治家》，我请您有机会把它寄还给我（这是我最好的副本）。您不能建议我如何找一家出版社出版这个东西吗？在这种情况下，正如我说过的，出版对我来说意义重大。〔……〕

您从阿格农那里听到什么？我打算在他的新小说[②]以书籍形式出版后立即购买——或者是在7月15日请人把它作为礼物送给我？

您的瓦尔特

① 黑贝尔的日记。

② 《被驱逐者》（*Der Verstoßene*），由马克斯·施特劳斯翻译。直到1923年才以书的形式出版。

97 致格哈德·肖勒姆

1921年4月11日

亲爱的格哈德，

为了您能来这里的快乐，我当然愿意为您做一切可能的事，甚至会为您提供应景诗，以纪念您兄弟的婚礼。您兄弟实在具有细腻的判断力，竟选择了与多拉和我在同一天结婚，为什么不让您的灵感之泉也冒个泡呢？顺便提一句，您打算在结婚纪念日送给我们什么？您不会打算在您兄弟家流连忘返吧？

埃里希·古特金德回来后不久就得了流感，虽然已经完全康复，但他仍然非常虚弱。正因为如此，露西（Lucie）和他还没有来拜访过我们，而且据我所知，他们还不想去柏林。此外，当您第一次在我们家里作客的时候，他们就和您相聚，可能会让人太分心。我会和他们商量这个问题，并建议我们所有人在外面聚会一整天。这里的天气有希望是极好的，而且对我们来说，一切都将比很长一段时间以来更美好。与您同时来的还有我们多年没见的一位朋友。她将和我们住在一起。〔……〕

今天是斯特凡的生日。遗憾的是，他正在抱怨被征服民族的反叛行为，这倒并非没有理由。特别是，氏族学者（穆里派）和他们的首领佩德卢斯·皮乌斯（Pedellus Pius）还没有按时到达。作为预先庆祝活动的一部分，我们昨天第一次带他去了动物园。在那里，我们遇到了最丰富多彩的混乱。当然，大象很快就被认出来了，但不久之后，美洲驼就以警告的语调被认作“大大象”，而野山羊则被认作猴子。

我现在正在阅读〔萨洛蒙·〕梅蒙[1]的自传，我在其犹太学附录中发现了一些非常好的东西。柏林的具有吸引力的其他事物包括：在选帝侯大街举办的小型克利展；《暴力批判》的校样：此外，还有我的最新藏书，在德尔布吕克街 23 号展出，在联合藏书室的创建日可以免费参观。

最诚挚的问候。不久见！

您的瓦尔特

---

1 萨洛蒙·梅蒙（Salomon Maimon，1753—1800），犹太哲学家，曾师从康德。

98 致格哈德·肖勒姆

布雷滕斯泰因，1921年6月底

亲爱的格哈德，

布洛赫不能在这里拜访他的朋友①，我已经通知他。他要到秋天才能被接待。因此，我将在慕尼黑与布洛赫会面。我会在下周中之前到达那里：最早在星期二。——现在我有一个问题。在我拜访过伯恩哈德（Bernhard）太太②后，我并不完全清楚她提供给我的小房间（只供睡觉用）就在厨房旁边（而且你只能通过厨房才能进入），是她的女仆的房间。如此靠近厨房可能会每天早上很早就吵醒我，这将不利于一次宁静而愉快的访问。（你知道，我真的需要休息一下。）因此，问题是，如果我找不到其他地方，那么是否能为我做出与恩斯特·舍恩相同的安排？③你的回答不会及时传达给我。现在提出这个问题，我只请你考虑一下。

多拉无疑患了肺尖黏膜炎，需要悉心照顾和保护。在独自休养三个星期后，她将回到这里，直到完全康复。

向你和伯查特（Burchardt）小姐④致以诚挚的问候。

瓦尔特

① 在维也纳的格奥尔格·卢卡奇[1]。
② W. B. 在皇后街4号的前房东太太。
③ 住在肖勒姆的女房东家，当时舍恩也住在那里。
④ 艾尔莎·伯查特，后来成为肖勒姆的第一任妻子。

---

1 格奥尔格·卢卡奇（Georg Lukács，1885—1971），匈牙利哲学家、文学研究者和评论家。

99 致格哈德·肖勒姆

海德堡，1921 年 7 月 12 日

亲爱的格哈德，

我还没有得到确认你收到了毕业证书。因此，对所谓的伯查特小姐作出客观和专业的判断似乎并不受赞赏。我还应该补充说，美味的橙子被很好地隐藏了起来。

昨天晚上我在科恩小姐家里遇到了小普夫劳姆（Pflaum）①。然而不幸的是，你指示我对他做的那些无礼的事，我给忘得一干二净。明天我让他带我去听冈多夫的讲座。此外，我在这里什么都没做，到目前为止，既没有去过莱德勒那儿也没有去过魏斯巴赫那儿。毫无疑问，我会在这里待一段时间，几乎不会去旅行。因此，在我在这里的逗留期间的末尾，你的来访将更受欢迎。

非常感谢你转发我的邮件。接下来这里有一些新的问题和请求。——关于布洛赫支付的 1000 马克，戈尔茨还没有确认吗？你给多拉写了一封信吗？并且你是否也敦促她尽可能留在布雷滕斯泰因？如果还没有，那么如果你能毫不拖延地这样做并让你的年轻女士也写信，那将是非常好的。

我在这里的长期逗留告诫我有**很多**工作要做，而我没有什么比阅读罗森茨维格[1]更好的事情了。请帮我个大忙，把这本书寄给我（费用由我承担），如果可能的话，让我把它留着，这样我就可以把它作为我的工作用书——而你也可以从你母亲那里订购一本，费用由我承担。

我不得不非常可怜地向那位年轻女士乞求面包券。我经常在自己的房间里吃东西，很快就会用完它们。

1 弗朗茨·罗森茨维格（Franz Rosenzweig，1886—1929），德国犹太裔神学家、哲学家和翻译家。

这里天气很好，内卡河（Neckar）干涸了，整个城市都在发光。许多地方的风景都是南方的。

在当地一家商店的旧书目录中，我发现了《索引的历史》（*Geschichte des Index*），标价 65 马克，但它已经售出。另一方面，我在这里买到了由歌德学会出版的歌德与所有浪漫主义者通信的两卷本精美版本（不幸的是，价格高昂）。

向你和伯查特小姐致以诚挚的问候。

你的瓦尔特

后天我会去朗道（Landau）[②]那儿。

① 肖勒姆的表弟海因茨·普夫劳姆（Heinz Pflaum，1900—1962）；后来成为耶路撒冷大学罗曼语言和文学教授；L. 奥尔斯基[1]和冈多夫的学生。

② 亨里克·朗道（Henryk Landau），一位犹太人哲学家，肖勒姆曾建议 W. B. 去拜访他。

100 致格哈德·肖勒姆

海德堡，1921 年 7 月 20 日

亲爱的格哈德，

能使我在这里度过愉快生活的多种礼物都安全到达了：我非常感谢你的里维耶尔[2]一书，它在我还没有读过关于波德莱尔的文章的情况下，让我重新开始了我的翻译。我现在偶尔会进行翻译。我昨天重新见到的罗森茨维格一书[①]，以及最近到的面包券，提供了

1 莱昂纳多·奥尔斯基（Leonardo Olschki，1885—1961），具有德国－犹太血统的意大利古罗马研究者、意大利学研究者、东方学家和文学研究者，后入美籍。

2 雅克·里维耶尔（Jacques Riviere，1886—1925），法国“文人”——作家、评论家和编辑，是“第一次世界大战后不久的法国知识分子生活的主要力量”。

一种舒适的资产阶级安全感。

我向内比什[1]博士②解释了〔伯查特〕小姐的各种反对意见，但他不怎么关心，因为他完全忙于搬迁。他扬言要离开我们，最终完全消失在我们的视线之外，因为他已经获得邀请到穆里讲授向亡魂问卜的巫术。

昨天，我结识了穆里的一名学生，他以〔亨里克·〕朗道尔（Landauer）先生的形式出现（不是你向我指出的朗道）③。这位来自穆里的同学的特点是显而易见的沉默寡言。然而，从另一个角度来看，众所周知，他有点唠叨。也就是说，这种观察源于某位年轻的弗里德里希·波楚斯（Friedrich Potschuß）④先生，他是科恩小姐和恩斯特·舍恩的熟人，我经常和他在一起。虽然通过你和科恩小姐——她也有点认识朗道尔——我对他有着非常积极的先入之见，但这并没有阻止他给我留下一个奇怪的、难相处的，并且不完全令人愉快的印象。然而，我无法准确地解释这一点。也许是因为他明显非常病态，才导致了他似乎散发出冷漠。无论如何，我不能允许自己做出任何判断，并且很可能会再次和他在一起。他答应很快给你写信。〔……〕

我去听了冈多夫和雅斯贝尔斯[2]的讲座——每人一小时。还想看看里克特和〔汉斯·〕埃伦伯格[3]的——在我看来，冈多夫的个人印象显得极其懦弱和无害，与他在书中的印象截然不同。雅斯贝尔斯的思想软弱而且无害，但他作为一个人显然非常引人注目而且几乎令人喜爱。〔……〕现在他是一名正教授，当我听他讲话时，他非常正直地为俄罗斯人和犹太人辩护，据说当他是一名编外讲师时，已经做过

1 内比什（Nebbich），意为“无足轻重的人”。

2 卡尔·雅斯贝尔斯（Karl Jaspers，1883—1969），德国－瑞士精神病学家和哲学家，对现代神学、精神病学和哲学有着强烈的影响。

3 汉斯·埃伦伯格（Hans Ehrenberg，1883—1958），德国犹太裔哲学家和神学家。

这样的事情。两次都是普夫劳姆带我去的。他的举止非常得体。

不久以前我在内卡格明德镇（Neckargmünd），在下雨前的几个小时——这是几个星期以来的第一场降雨——在完全干燥的土地上漫步。这里的乡村，尤其是在内卡格明德附近，比我想象的还要美丽。

〔……〕

多拉信写得不多。在她的最后一封信中，她说她体重继续增加并且不发烧了。在我的生日那天，她送给我一部巨著《草莓书》（*Das Erdbeerbuch*），里面充满了深刻的绘画和格言。我在最近一期《康德研究》中为我的论文刊登了一则广告。

诚挚的感谢和许多问候。

你的瓦尔特

① 弗朗茨·罗森茨维格的《救赎之星》（*Stern der Erlösung*），法兰克福，1921 年。
② W. B. 幽默的自我称谓。
③ 然而，名字的正确形式是朗道（1967 年去世）。
④ 名字的正确形式是波兹楚斯（Podszus）（生于 1899 年）。

101　致格哈德·肖勒姆

1921 年 7 月 25 日

亲爱的格哈德，

你们稳固的住所受到威胁，我很难过。对于所有虔诚的动物和可怜的埃库尔（Ekul）[①] 来说，它一直是从远处可以看到的一个德国避难所。危险有多大，你也许无法真正预见。这名妇女的索赔大概有可能被接受的唯一途径是，她要么提交非常令人信服的盈利报表，要么她利用丰富的里舍斯（Risches）[②]。但除此之外，当然，你们仍然有可能得到一个你们无法接受的解决方案。因此，我真的不敢期望你能在冬天来到柏林，因为这违背了你的意愿，在某些方面无疑也违背了你的利益。顺便问一句，这种可能性会加速伯查德小姐的移民③吗？

我问自己，并且想知道，关于这件事，天使④有什么要说的。我真的不知道我是否对你谈过“他的问候”。天使的语言尽管美丽无比，却有一个缺点，就是我们无法回应它。我别无选择，只有请你，而非天使，接受我的谢意。

与此同时，我第一次去了魏斯巴赫那儿，明天再去。相当令人愉快。会发生什么，我还不知道。今晚我将在社会学讨论会上第一次见到莱德勒。我已经有幸在这次活动中听到埃伦伯格先生的讲话。我争取上了里克特和雅斯贝尔斯的课。我非常喜欢后者（但我相信我已经给你写信谈到过了）。所以你可能也知道他已经成为一名正教授。里克特变得灰暗而邪恶。

也许我俩的任何一个人都不能对我们的计划说些什么，因此我们仍然无法确定有关莱维夫妇的任何事情。⑤不过，我很可能会再次去布雷滕斯泰因。那时我可能会再次途经慕尼黑？

现在还有一个小小的请求：请立即寄给我《真正的政治家》。〔……〕因为我终于开始极柔地工作，并再次转向政治主题，这需要我看看第一篇文章。我也正在稍稍考虑我的关于波德莱尔的演讲，这应该是我的冬季讲座的开始（在尤尔［Ewer］书店？），而且应该是非常漂亮的。今天我收到了朗[1]的一封来信，根据这封信，他经常和布伯聚在一起。

事实上，这里几乎没有书可买。但是我最近花了 10 马克购买

1　佛罗伦斯·克里斯蒂安·朗（Florens Christian Rang，1864—1924），德国新教神学家、政治家和作家。

了多林格[1]关于中世纪教派历史的论文（关于摩尼教徒）的第一部分。还有其他部分已出版吗？

我希望你一切都好。向伯查特小姐致以诚挚的问候。

你的瓦尔特

① 在 W. B. 和他妻子的私人语言中，Ekul 是 Ekel（讨厌的家伙）的对立物。

② 意第绪语，意为“反犹太主义”。

③ 她于 1923 年初去了巴勒斯坦。

④ W. B. 购买的保罗·克利的绘画作品《小天使》（*Angelus Novus*）。肖勒姆把它挂在慕尼黑的公寓里很长一段时间，并为它写了一首诗，W. B. 经常提到这首诗。这首诗是这样的：

《来自天使的问候》

（致瓦尔特，1921 年 7 月 15 日）

我高贵地挂在墙上
不看任何人
我是从天堂派来的
我是个天使

我内心的人很好
而且我对他不感兴趣
我站在最高者的庇护下
而且不需要脸

我来自的那个世界

1　约翰·约瑟夫·伊格纳斯·多林格（Johann Joseph Ignaz Döllinger，1799—1890），德国天主教神学家和教会历史学家，也是旧天主教会的精神之父之一。

适度、深刻且清晰。
把我黏着在一起的
在这里看起来好像不可思议

在我心中矗立着这座城市
上帝差遣我去的地方
带有这枚封印的天使
不会被它的咒语所迷惑

我的翅膀已准备好摆动
我乐意回去
因为即使停留在永恒的时间里
也不会给我多少幸运

我的眼睛完全黑色和丰满
我的目光从不空洞
我知道我要宣布什么
还有很多其他的事情

*

我是一个非符号化的东西
意味着我的存在
你徒劳地转动魔戒
我没有任何意义。

⑤ 1921 年 9 月中旬，W. B. 和肖勒姆去韦克特斯温克尔（Wechterswinkel）拜访了恩斯特·莱维几天，在那里，W. B. 提出了一份名叫《小天使》的杂志的计划，供大家讨论。

102　致格哈德·肖勒姆

〔海德堡，1921年8月4日〕

亲爱的格哈德，

如果世界所有的本末都像在艾莎博士（Dr. Escha）①的《哈尔伯施塔特新闻》（*Halberstädter Nachrichten*）的八卦专栏中一样，处处变得如此清晰，那就好了。海德堡目前还没有这样的机关报。然而，我们仍然希望，在未来的几天里开业的圣伯查特（St. Burchardt）啤酒店（其众所周知的纹章描绘了一位高举犹太教神秘教义的仆役）会变成知识分子聚会的一块强大的磁石。

除此之外，我还有一些奇妙的事情要报告。道路已为我铺平了，路径也为我的脚预备好了。〔……〕莱德勒夫妇，特别是我非常尊敬的莱德勒夫人，对我来说很有魅力。为了庆祝我的到来，书店和二手书店开张了。我作为第一位顾客踏入一家今天开业的二手书店，人们立刻用我的名字跟我打招呼。我去那里是为了尽快得到戈里斯[1]的五卷本《基督神秘主义》（*Christliche Mystik*），它展示在橱窗里，标价100马克。〔……〕

我对你关于《暴力批判》所写的一切当然感到非常高兴。它将在未来几天内发表。我正致力于《政治》的下一个也是最后一个部分，只要我设法找到足够的时间去工作。它无疑会比前几部分长得多。然而现在，我很快将离开我的许多新朋友，带着美好的回忆和希望启程。也就是说，我将首先再次去布雷滕斯泰因拜访多拉。总的来说，我从她那里得到了很好的消息。她写道，除非她的亲戚阻止，否则她一定会写信给你。

〔……〕

1　约瑟夫·冯·戈里斯（Joseph von Görres，1776—1848），德国作家、哲学家、神学家、历史学家和记者。

我可以大约在8月10日到14日去慕尼黑拜访你吗？你确定你会在那儿吗？请立即明确地回答我。如果当你收到这封信时，你还不太清楚未来的计划，那么对我来说几乎行不通，因为我必须做出确定的安排。如果那样的话，我尽可能希望在15日之前到达布雷滕斯泰因。我到那里之后，你能为我腾出大部分时间吗？因为我们确实需要很多时间。为何——为什么今年夏天我们之间的第二次会面是必不可少的——这是我现在要解释的事情，这会让你大吃一惊。我有一本自己的杂志。从明年1月1日开始，我将通过魏斯巴赫出版它。而且**不是**《阿尔戈英雄》（据我所知，它将停刊）。在我拒绝担任《阿尔戈英雄》的编辑后，在我没有丝毫暗示的情况下，魏斯巴赫提供给我一份自己的期刊。具体来说，它将完全和无条件地按照多年来（确切地说，自从1914年7月，弗里茨·海因勒和我第一次认真考虑开办一本杂志的计划以来）我对杂志的概念来构建。因此，它将有一个非常狭窄、封闭的投稿者圈子。我想和你口头讨论一切，现在只告诉你它的名字，《新天使》。我希望并且必须和你谈谈你的协作。在我看来，这是该杂志**成功**的先决条件（**根据我对这个词的定义**）。

关于魏斯巴赫的谣言是不正确的。最近，我看到他有一种完全**坚定的**驱动力，尽管他当然缺乏明确的目标，而且这种驱动力正引导他今后把出版社的重担放在我的肩上。他还将出版弗里茨·海因勒的遗作，我最近和他谈过此事。我所取得的一切都是在轻轻松松、并无强求的情况下完成的，尽管我自然也表现得非常紧张和谨慎。尽管我可能对这个想法很感兴趣，但这本杂志是他倡议的结果。但他现在**清楚地**知道我想要什么，最重要的是，我**不**想要什么。

当我9月初回到这里时，我首先想去拜访一下朗，然后，如果可能的话，安排一次与费迪南德·科尔斯[②]的会面。这样，我将于10月初带着素材抵达柏林，在此基础上我可以组织一整年大部分的杂志内容（四期，每期一百二十页）。

《真正的政治家》还没到。如果你还没有寄出，而且我们8月中旬即将会面，那么你就无需再寄了。——如果这个月我们不能见面，我将不得不指望9月初。——我迫切地请求得到你为了这份杂志写给新《犹太教书》（*Buches vom Judentum*）[③]的出版商的信件。

我怀着无比乐观的心情，向你和伯查特小姐致以诚挚的问候。

你的瓦尔特

① 伯查特小姐被她的朋友们称为艾莎。她的家族最初来自哈尔伯施塔特地区。
② 他当时是下萨克森州（Niedersachsen）的牧师；曾经是“自由学生团体”的同事。
③ 当时，一个犹太复国主义－社会主义团体正计划把它作为库尔特·沃尔夫在1913年出版的书的续篇。然而，它并没有实现。

103　致格哈德·肖勒姆

1921年8月6日

亲爱的格哈德，

你会注意到天使已经飞走了。不要惊慌，他以来自哈尔伯施塔特的伯查特小姐的美好形态降落在这里，并且宣读了关于魏斯巴赫及其家园的（Bracha）[①]。

他飞过威斯巴登（Wiesbaden），在那里看着恰施克（Czaczke）[②]先生的心脏，看到在“天使”的心中建造“新犹太教堂”（neue Synagoge）[③]是令人愉快的。

我现在已经带着天使去了这里的一流咖啡馆，在那里，在协约国外交官的包围下，他啜饮着我为他选择的花蜜和神的食物。

为庆祝其到来，今晚将在圣伯查特啤酒店举行大规模的抗议集会，在那里，天使将就以下主题发表演讲：“在土耳其④天使学家中的四星期”。

附：天使要求你不要立即去找冯·卡尔[1]先生⑤，也不要在《慕尼黑最新消息》（*Münchner Neusten*）上发布公告。甚至没有“一切都被宽恕”，他就回来了。

① 希伯来语，意为“祝福”。
② 阿格农原来的姓氏。
③ 肖勒姆翻译的中篇小说。
④ 肖勒姆住在慕尼黑的土耳其大街（Türkenstraße）。
⑤ 巴伐利亚的地方志愿军成员。

104　致格哈德·肖勒姆

1921 年 10 月 4 日

亲爱的格哈德，

我同时祝愿你和伯查特小姐在新的一年和新的公寓里好运。〔……〕

我想知道天使在新的一年里的表现。

教子的心灵思考并问道
他是否点头并拍打他的翅膀？

基于这里许多有利的形势变化，我推测他的到来不会太久。当然，对于多拉而言，事情仍不顺利——至少就她的健康而言。手术并非完全没有并发症，这使她有必要在家里休养。我父亲奇迹般

1　古斯塔夫·冯·卡尔（Gustav von Kahr，1862—1934），德国法学家兼政治家。

地完全康复了，可能很快就能下床了。我还必须报告过去几天发生的两件大事，你以一种有点复杂的方式在其中一件事里占据重要位置。也就是说，你和多拉·希勒（Dora Hiller）[①]的谈话带来了如同冰雹般厚重的祝福——尤其是在我自己的头上。〔……〕在我与〔埃里希·〕昂格尔最近的会面中，当我们计划讨论《天使》时，他先问了一个关于我与戈德伯格关系的问题，并评论说他自己与他之间的关系是相当亲密的。在这样做的过程中，他以各种可能的方式表明，他可以说知道真相，并且只期待得到一个纯粹正式的解释，即我为何对戈德伯格"无动于衷"。然而，我在韦克特斯温克尔的经历使我无法看到这样的深渊而不因为害怕而跳进去，我把一切都破坏了——让我和他都很恐慌。简而言之，这是一次彻底的决裂。与我形成鲜明对比的是，多拉立即认识到整个事件的声望本质，然后在与昂格尔的一次极其巧妙的谈话中，从个人特性方面解释我的反感，从而挽救了局面。说实话，经过这次谈话，昂格尔当然比以前更了解我的感受，但他已经如他所希望的那样平息了他的良心。

〔……〕

另一件事是从星期六到今天，沃尔夫·海因勒拜访了我们。〔……〕他的叙述，对于他在戈斯拉尔的生活提供了更准确的洞察，这也向我们表明，我们之前并不知道它最好的部分。可以简要地描述如下：他通过极其艰苦的工作来支撑自己的制陶业（制陶艺术）不仅是外在的支撑，也是内在的支撑，在此基础上他的生活呈现出一种非常明确的形式。他妻子的影响——或者至少是他的婚姻的——似乎也是有益的。对他的处境最好的描述可能是说，在有关如何构建自己生活的具体而明确的问题面前，所有其他问题和活动都退居次要位置。他现在几乎什么也不写，但我所看到的他最新的东西是非常好的。他与自己以及他兄弟的作品都很疏远。尽管他和它们的关系很明确，但他现在很少关心它们。所有这些都是外部和内部沟通的良好前提，所以我强烈地希望，能够与他达成谅解，这种强烈程度或许已远远超过他愿意赋予我的程度。在这个意义上，我们讨论了他和他兄弟的作品将在杂志中发挥的作用，以及我将出版的弗里茨·海因勒的遗作。他的最后一封信写于 8 月，他对书名的厌恶很大程度上解释了这一点。他不熟悉选择它的背景，但现在他很喜欢它。然而，在谈话中，我们所有人都需要非常小心和宽容。

第一期正在慢慢成形。在接下来的几天里，我要起草简介。为此，我很有必要知道我们讨论过的哪些主题是你想首先解决的。主题有《挽歌》、《约拿书》（Buch Jona）和《犹太教研究》（*Wissenschaft vom Judentum*）。我还需要阿格农第二部中篇小说的准确标题。

恩斯特·布洛赫周三没有来，后来也没有。他写了一封信，我承认，它并不完全是一个取消，但它解释了目前他只能忍受简单的人的陪伴，并恼火地举例说明他不能把我算作一个简单的人。关于这件事多拉也打算写封信来帮忙。

〔……〕

我们希望很快听到你们的情况。编辑也询问你的消息，并向代莫尼卡（daemonicus）博士附加恭顺的问候。

你的瓦尔特

① 当时是奥斯卡·戈德伯格的未婚妻，后来是他的妻子，她试图把斯科勒姆拉入他的圈子。这导致了一场吵闹的争执。

105　致格哈德·肖勒姆

1921年10月9日

亲爱的格哈德，

不管你的愿望和我的意图如何，我别无选择，只能寄给你一篇朗的关于《极乐的渴望》（Selige Sehnsucht）的文章[①]。由于这本杂志刚刚开始发行，关于它是否应该发表这篇文章的问题是如此困难和重要，以至于我将简要总结一下我和多拉是如何看待这篇文章的，这样你就不会倾向于将这个问题归咎于我这方面的不可饶恕的缺乏明确性。如果我请你——必须要请你——读一读，我这样做只是因为有必要回答由以下判断产生的问题。毕竟，整本书可以在两个小时内读完，如果我向你保证，你不会被要求担任“联合编辑”的角色的话，你应该能够腾出时间。既然我在这个异常困难的问题上采取行动，为了和你保持一致，我只希望你提供一些必要的建议。这意味着无论如何我都会在这个问题上遵循你的建议。

简而言之，我对这项工作的判断是：

I．语言难以忍受，即充满了无味的东西。

II. 他关于这首诗所说的话——与一个真正的评论家所说的不同——往往以牺牲这首诗为代价。

III. 他对这首诗的基本方面没有充分的理解，也没有完全理解这首诗的真正诗意。

IV. 他也没有公正对待这一点[②]的基本方面。

V. 这篇文章包含对这首诗的非常深刻和非常重要的见解，特别是对《西东合集》整个诗集意义的见解，据我所知，以前从未有过这样的见解。我认为这篇文章关于歌德的宗教所说的是绝对正确的。

VI. 我拒绝作为内容出现在文章背景中以及作为形式出现在前景中的诺斯替教派的形而上学。

我无法认识到的，以及构成我不确定性的根本原因的是以下问题：我们（你和我）是否仍然可以认为语言中（在这里比在内容中更明显）固有的问题是值得商榷的？当然，即使这种语言在某种意义上对我们来说是陌生的，尤其不会令你关注。当然，我可以也应该出版一些我归根结底持否定态度的东西，如果它们本身具有持久的价值、高度的重要性和及时性——只要它们不试图以一种不留辩论余地的方式给读者留下深刻的印象。因为可以肯定的是，一段话里，除非每一个细节我都确信无疑，否则我无法忍受那种不可辩驳的语气、简单的独裁的语气，或者试图打动别人的语气（几乎不可能有哪段话令我完全确信无疑，除非也许是艺术性的表达，但那就是完全不同的东西了）。

多拉同意我对朗的文章的上述批评。她的评价与我的评价的不同之处，只是在于她对我积极的认可有所保留。然而，对我来说，这篇文章的重要性在上述意义上是显而易见的。

我不愿说这篇文章给我们带来的问题——客观地看——是朗的合作。因为只有它的论题和激进主义在这里才是至关重要的。但是从个人的角度来看，关于这是否并非一件至关重要的事情，当然是一个完全不同的问题，我恐怕只能给出一个肯定的答案。

在任何情况下，我都不想把它放在第一期。

信结束之时，我向你提一个紧急的请求，请你尽快花几个小时阅读，并写信给我，因为我必须很快写信给朗。

施泰因施耐德[③]周四与我们在一起，我们非常喜欢他。多拉给他留下了深刻的印象。顺便说一下，在过去的几天里，特别是在她的健康方面，她的情况明显好转了。

我们向你和伯查特小姐致以诚挚的问候。

你的瓦尔特

① 这篇文章后来发表在第一年的《新德意志论稿》(*Neue Deutsche Beiträge*)上(1922 第 1 期)。
② 这首诗本身。
③ 古斯塔夫·施泰因施耐德(Gustav Steinschneider)(生于 1899 年),肖勒姆的朋友。

106　致格哈德·肖勒姆

〔1921 年 10 月 27 日〕

亲爱的格哈德,

你真的很好地完成了你的艰巨任务,为此,我衷心感谢你!你决不应该把我甚至在收到你的信之后仍然持续的沉默归因于我对它内容的思考。部分外部和部分内部的关切使我无法写作。因此,我打算在这封信中写出我能想到的所有柏林琐事。

首先,我确认我已经理解了你的观点,并且我不必诉诸解释,因为它与我自己的观点完全相同,尤其是在涉及社论的重要观点时。当然,在这方面对我来说具有决定性作用的是这篇文章——几乎是病态地——依赖于讨论。因此,我不打算发表它,并且已经基本上向作者通知了这一点。我非常希望这不会导致灾难性的冲突。首先,我会尽我所能避免我的拒绝看起来是一个原则性的问题;其次,出于某种原因,埃里希·古特金德站在我这边,他的意见在朗那里具有一定的影响力;第三,〔亨利·〕博雷尔[1]① 的事件可能以一种**有益的**方式动摇了他对某些事情的自信。——在甚至与古特金德夫妇的通信经历了一个关键的阶段之后,当地服务员罢工一结束,博雷尔将马上到来。

1　亨利·博雷尔(Henri Borel,1869—1933),荷兰作家和记者。

你应该在天使统治中享有当之无愧的高级职位，也就是说，在天才的宫廷②中被合法地任命为计划中的大使。因为你应该知道，在这方面有以下格言：大使职位只能由正派的官方合作者③承担。因此，内务部期待你的手稿，以便它可以带着最好的推荐立即转交给外交部。——晋升的问题就到此为止。关于你是否能立即从更卑微的职责中解脱出来的问题，必须指出的是，众所周知，奥斯特瓦尔德教授④已经证明，在没有助理天使的情况下，什么都不能最终和权威地实现。因此，在名誉天使到来之前，编委会将无法独立做出决定。我们**非常**希望他能及时到达，在这里为艾莎·伯查特的一揽子计划祝福。

（他也应该沉着自信地为学位候选人选择生日礼物。）

我相信多拉会给这封信加几句话。她的健康状况最近有所起伏。目前似乎相当不错。她可能很快就会给你写更长的篇幅，但我不确定。

由于俄耳甫斯·S. 菲舍尔和我父亲之间的一项有趣的商业事宜，他和我之间的关系出现了意想不到的好转。其结果是，今天我收到了他为《范·赞滕的承诺之岛》（*Van Zantens Insel der Verheißung*）⑤的高更[1]插图支付的2000马克，画这幅插图是五六个小时的工作。这也是一个艰难而有趣的会面场合，很可惜我不能为你表演出来。

你去过梅林克[2]家吗？⑥就我而言，我拜访了霍尔兹曼（Holzmann）的表兄弟〔朱利安·〕赫希（[Julian] Hirsch）和雕塑家弗伦德里奇[3]，明天我要去拜访他提到的第三个人。前两位是有声

1　保罗·高更（Paul Gauguin，1848—1903），法国后印象派艺术家。

2　古斯塔夫·梅林克（Gustav Meyrink，1868—1932），奥地利作家、小说家、剧作家、翻译家和银行家，最著名的是他的小说《魔像》（*The Golem*）。

3　奥托·弗伦德里奇（Otto Freundlich，1878—1943），德国犹太血统的画家和雕塑家，也是第一代抽象艺术家之一。

望的人，但是让他们为《天使》撰稿是不可能的。奥托·弗伦德里奇是因为他惊人的不成熟；而赫希则完全不可能。他的关于《荣耀的起源》（*Genesis des Ruhmes*）一书⑦相当一部分非常沉闷。相比之下，弗伦德里奇有很好的想法。前段时间我给莱维写了一封非常友好的信，比我和你在一起时考虑的那封要温和一些。我收到了一个回复，我承认，鉴于他的情况，他的语气是非常温和与和平的，但实质上不可否认地固执己见，并把我的服从投降作为任何进一步通信的条件。当然，我对此保持沉默。除了一些证实了我对他，尤其是对他妻子的看法的事情之外，我还听到了关于他大学生涯结束的——她要对此负责——非常有趣的故事，这一切是从赫希那听来的，他很了解莱维。

〔……〕

〔埃里希·〕昂格尔已准备为这本杂志撰稿，但我仍然没有得到他承诺的稿件，一篇他一两年前写的文章。他打算很快从埃尔兰根获得答辩三十分钟的博士学位。

你的瓦尔特

① 荷兰作家（1869—1933）和汉学权威；朗和古特金德的密友。
② 在诺格格拉斯，菲利克斯处。
③ 在《新天使》杂志上。
④ 威廉·奥斯特瓦尔德，W. B. 喜欢嘲笑他的哲学。
⑤ 由 S. 菲舍尔出版的布鲁恩，劳里德斯[1]（1864—1935）的小说。
⑥ 古斯塔夫·梅林克邀请肖勒姆去施塔恩贝格（Starnberg）。
⑦ 出版于 1914 年。

1 劳里德斯·布鲁恩（Laurids Bruun，1864—1935），丹麦作家。

107　致格哈德·肖勒姆

〔1921 年 11 月 8 日〕

诗歌将奉献给原画[①]，而散文奉献给摹本[②]，只有这样才合适。出版商沉浸在父爱的喜悦中，而我几乎感觉不到自己是个母亲。他的估计是他的头个孩子将于 1922 年 1 月出生，而我怀疑每一个可能的出生日期，因为缺乏足够的营养。尤其缺乏强有力的文章。

到目前为止，第一期的内容如下：

弗里茨·海因勒的遗作选

沃尔夫·海因勒的诗歌等

朗的《狂欢节》[③]

阿格农的《犹太教堂》

我的《译者的任务》

在所有突出的来稿中，你的文章和在那之后，阿格农的第二个故事[④]是迄今为止最重要的。因为经过深思熟虑后，在我拿到第一期杂志的所有要素之前，我根本无法为这本杂志起草一份公告[⑤]，这意味着我不得不等待你的来稿。因为我不希望在公告中过于笼统，那并不必要，所以我必须明确地或含蓄地提及我面前的内容。我只有在这期杂志被完全呈现给我的情况下才有可能这样做。

上周我感觉一点也不好；我不得不与抑郁症发作作斗争，抑郁症似乎以更大的规律性复发，但谢天谢地，这绝不是无望的。现在我果断地从这样的抑郁中走出来。由于我所有的紧急项目，我别无选择。我必须完成对《亲和力》的评论。作为模范评论以及作为对某些纯粹哲学论述的初步研究，它对我来说同样重要——我关于歌德所说的话介于这两者之间。

我再次努力阅读了罗森茨威格，并认识到它必然会使不偏不倚的读者面临在结构方面高估它的危险。还是只有我会？我是否能在第一次看完它之后对它作出判断，这仍然是个疑问。

我恳请你以某种方式做出安排，以便在可预见的将来我能从你那里得到我最需要的东西，并尽快告诉我什么时候能拿到。

最诚挚地问候你和伯查特小姐。

你的瓦尔特

附：我差点忘了告诉你，莱曼[⑥]和我以盛大的方式庆祝了我们的重聚，我参加的讲座中的每一件事都是以同样的旧方式开始的，现在，我非常高兴地发现，在我看来，它实际上是一种希尔巴特风格。

肖勒姆并没有将天使送到他
必须前往的地方
格哈德愤怒地认为
他不属于这个地方
艾莎按他的吩咐
也假装她一无所知
因为在这位女士的房间里
他就像广告一样被固定住了
天使称自己为天使
并迅速逃离这样的限制
因为他不会在
狡猾的犹太巫师的房间里停留
在他的荣耀中
他前往斯特凡泽[⑦]的住处
他被嵌在玫瑰的枝条上
但他宁愿继续徘徊

① 克利的画作，将被寄给 W. B.。

② 以这幅画命名的杂志。
③《狂欢节的历史心理学》（Historische Psychologie des Karnevals），后来发表在《创造物》（*Kreatur*）上。
④《起起落落》（Aufstieg und Abstieg），肖勒姆译。
⑤《本雅明文集》第 II 卷，第 273—279 页。
⑥ 瓦尔特·莱曼，他在柏林被任命为正教授。
⑦ W. B. 的儿子斯特凡。

108　致格哈德·肖勒姆

1921 年 11 月 27 日

亲爱的格哈德，

最近，新一期的《犹太人》[1]通过邮件到了，事实上，正如传言中所说，天使不想接受这一期杂志，因为关于艺术教育问题的论文对他来说似乎很沉重。我无法模仿他那难以企及的手势象征主义，但你必须允许我纯粹而简单地称之为崇高的耻辱，因为布伯写了一篇文章，就其客观内容（和博学）而言，至少可以达到之前在《犹太人》上发表的任何东西，就在巴兰（Bileam）[2]小姐的青少年的胡言乱语之后。《犹太人》这样做并不能赢得我的好感，即使我不得不在这一点上与自己意见相左，它的订户也不太可能得到我的好感，尤其是它所有的投稿人，他们都愿意像绵羊一样忍受这样的事情。

此外，在我们的房子里，“看不见的索尔尼曼”（Solnemann der Unsichtbare）[3]变得清晰可见。如果在多拉的帮助下，他也能在英格兰现身，那就太好了，但这仍然是完全不确定的。

天使被分配到我们沙发上方的位置。大家都对他很满意。和以前一样，他不屑于低声说话——以神谕的方式。因此，当我们不得不选择一份生日礼物时，我们就陷入了痛苦和无助，因为我们不可以使他的住所蒙羞。也许他在《天使拉结尔之书》[④]一书中写过一些关于它的文章。

还有其他的疑问，他可能无法帮助我克服。比如那些关于朗的合作的以及他对我的整体态度，甚至是他自己的状况。所有这一切让我非常怀疑，根据朗对古特金德夫妇的声明，甚至是他对莎士比亚的研究，也仅仅归结于基督。(对他来说，他仍然希望在第一期看到这篇文章，还有他关于狂欢节的文章，我确实接受了。)我在接下来的几天期待它。但我更加高兴地等待着阿格农的故事。你对《光明之书》(*Buches Bahir*)[⑤]的翻译到什么程度了？它目前对我来说只是一个延迟元素。

我还要报告的是——天使也了解这些——我非常高兴，尽管是默默地，对我的《译者的任务》略有暗示，我相信在你的《犹太神秘哲学的抒情诗》(Lyrik der Kabbala)的原始文本中发现了这一点。具体而言，暗示的是，用你的话来说，翻译的真正原则已经"足够经常地"确立了。我再也没有在《犹太人》中找到这种微弱的暗示。

向水瓶致敬。但是在它可以证明对我有用之前——谁知道要多久——它仍然必须(!)让打字机和伯查特小姐充满热情地写几封美丽的信。由于缺乏这样一个有利的场合，我将让穆里学院秘书，一个真正的索尔尼曼，把我的信寄给她。

我现在很好。唯一的问题是，在我完成关于《亲和力》的论文之前，我不会有任何安宁。本文将对弗里德里希·冈多夫进行具有法律约束力的谴责和处决。

向你们俩致以许多诚挚的问候，也来自多拉。

你的瓦尔特

附：我非常谨慎地恢复了与布洛赫的联系。当然，以一种马基雅维利主义的方式。最近在他第一次来这里时给了我一本《闵采尔[1]》(Münzer)完整的修订版，我已经开始阅读。

① 包含肖勒姆的一篇很长的文章，《犹太神秘哲学的抒情诗？》，为了节省空间用八点活字印刷。
② 讽刺地取代了比拉姆（Biram）。
③ 阿道夫·弗雷[2]的小说，肖勒姆寄给了 W. B.。
④ 一本关于天使学的犹太神秘哲学的书。
⑤ 肖勒姆博士论文的主题（1923 年在莱比锡出版）。

109　致格哈德·肖勒姆

〔1921 年 12 月 2 日〕

亲爱的格哈德，

这封贺信将以天使的祝福和环绕我写作王座的被征服民族的大声欢呼开始。因为这些民族自从全部在穆里民族学研究所的衣橱里定居下来后，总体上感到满意，最近由我来接管。（参见穆里学院的出版物，《新的定居程序》[Ein neues Siedelverfahren]。）最后，作为一个祝贺者，我自己也受到严肃质疑，我希望通过我的附加物及良好的祝愿来证明这一点。这些主要是为了你成功地完成了《光明之书》，我希望看到博士考试的最优异的成绩和它附和在一起，就像一条狗的小尾巴摇摆着宣布它的友好。它们也是为了希伯来人肥沃的土地的福祉和繁荣，这些土地隶属于他们的君主天使。最后，是为了缓和对哈尔伯施塔特城市和人民亵渎神明的和无情的统治，希望暴君有朝一日不会被赶尽杀绝。

1　托马斯·闵采尔（Thomas Münzer，约 1489—1525），德国农民战争期间的神学家、改革者、印刷工人和革命者。
2　阿道夫·弗雷（Adolf Frey，1855—1920），瑞士作家和文学史学家。

我希望所附的书是你想要的那本，是你不久前遇到的那本。另一方面，首先，你可能从未见过我最近询问的《玫瑰的象征主义》（*Symbolik der Rose*）；其次，它已经被出售。除了《塞拉姆》（*Selam*）可能是你想要的东西——但我最近找不到它并因此将它与《玫瑰象征主义》混淆——此外，它给我留下了更好的印象，甚至是一个好的印象——有点像法朗士引用的小册子或小部头的风格。我希望有朝一日**以这种方式**出版我自己的东西。

无论好坏，在有关天使的事情上，我必须越来越多地依赖假朋友和死对头的帮助，因为我真正的朋友给我带来了很多的悲伤。朗的极其广泛的莎士比亚研究最近到了，似乎很难进入。第一期应该包含他的《狂欢节的历史心理学》——如果作者的复杂情况没有阻碍这个计划。

〔……〕

真诚地问候你和艾莎。

你的瓦尔特

亲爱的伯查特小姐，①

我在给格哈德的信中向您致以问候，以便他不知道我单独写信给您。现在，我只想这样回复您的最后一封快件：（在最极端的紧急情况下）您用电报发送《安条克四世》（Antiochus Epiphanes），我马上就到。

最诚挚的问候，您的瓦尔特·本雅明

① 这出现在信的下一页的中间。

110　致格哈德·肖勒姆

〔1921 年 12 月 17 日〕

亲爱的格哈德，

因为收到了更好的礼物的人，而且无论如何是以更及时的方式收到礼物的人，应该第一个表示感谢，既然我就是那个人，所以我必须告诉伯查特小姐和你，我对阿格农的故事是多么高兴。它的诗意内容似乎很宏伟，就像他最近所有的故事一样——在那些我的知识不再足够的地方，也就是说，关于翻译的问题，天使应该在一个听不见的尼根（Nigen）[①] 中向自己哼唱它是好的。他很久以前就在天堂读过这个故事，它在那里从阿格农的口袋里掉了出来。但也许天使这样做只是基于他和伯查特小姐全城闻名的关系。

他认为最近献给他的另一份手稿远没那么好，而且再一次让我感到尴尬，因为他让我不得不把我的声音借给他最隐秘的想法。我指的是朗的莎士比亚研究，或者更确切地说是它的一个摘录，包括八篇带有评论的翻译。在我看来，我所试读的几个章节迫切需要一个明确的判断，或者至少是一个更开放的观点交流，以至于我还没有鼓起勇气去更彻底地研究它。我正努力推迟这件事，由于在圣诞节期间，他可能会来这里，因为他认为他有一些机会在文化或教育领域工作。这些前景完全是空想而已，但他相信贵格会会给他提供一个机会。我推迟这件事也因为我担心，基于原则与他对抗——可能只会导致分裂——将不再是可以避免的，尽管我迄今为止已经采取了所有的谨慎措施来避免它。毫无疑问，埃里希·古特金德将会提供一些支持，并将减轻其严酷性。

此外，该杂志仍然影响我对《亲和力》的研究，这项研究进展**非常**缓慢，几乎过于谨慎，但毫无疑问，总有一天它会最终令我感到宽慰地完成。现在它与我对波德莱尔生平的研究相冲突，我必须在这方面花些时间。因为我有可能在冬天的某个时候在书店（可能是“罗伊斯和波拉克”[Reuss und Pollak]）举行我经常计划的译文朗读。在诗歌之前，我打算做关于诗人的讲座，我想把最精确的观点和一些基本的观点结合起来，绝对不包括深刻性。

我最近参加了一个罕见地不成功的却罕见地有趣的讲座：班德勒街（Bendlerstraße）一所房子里的一个资产阶级家庭，由于谁知道什么原因，请了一位莱克先生②来做演讲。除了一些赶时髦的资产阶级外，离奇古怪的听众主要包括：〔……〕马丁·贡佩尔特和一些来自柏林狂野西部的年轻女士。莱克先生是一位无可争议的患精神分裂症的天才，（在那些自己不是如此的人中）众所周知是一个知识渊博的人、心灵上的专家和游遍世界的人（！），他思想相当深奥，并拥有各种神秘的事实。他不可能比 45 岁小太多。他的宗教信仰、出身和收入仍有待确定，我对这些事情并不懒惰。这位先生可以被描述为一位“天才”（费利克斯·N.），他被一种魔法咒语变成了某种瘦弱的东西，像骷髅一样，并不完全纯净。他以旧的《简单至极》（*Simplizissimus*）杂志中的贵族风度（但不是他的声音，他的声音很美。）谈到了各种各样的事情。De omnibus et quibusdam magicis.[1] 这场惨败是彻底的。一个小时后，他被告知要保持沉默。又过了半个小时，没有人和他说话，几乎没有人谈论他。现在整件事奇怪的是这一点：这个人说的话非常值得注意。他时不时会说出一些无疑很重要的话，即使它是错误的，但它在每个意义上都是重要的。但是非常笨拙。他似乎不得不说的——可以这么说——是他毕生的工作，我不知道他能说的是否远远超出那一个小时。不幸的是，他似乎并不是一个思想家。

两只可怕的沙龙猛兽，比我以前见过的任何人都更加嗜血，〔……〕，扑向他，把他撕成碎片。前者惊人残酷，即使在专业的精神病医生中也算出众。

1 拉丁语，直译为“在所有情况下，和一些神奇的”。

除了其他一切之外，关于莱克的显著之处在于，根据某些迹象，我可以说我很可能在他身上发现了戈德伯格圈子的**一些**定理的最终来源。可以肯定的是，不是那些先验地愚蠢或凌乱的东西的来源，而只是那些（这确实是先验地）被钝化和污染的东西的来源。可以说，这个人比戈德伯格圈子的成员年长一代，他似乎与他们保持着很远的距离（至少现在），除此之外，其他个人的和客观的事情都指向他在圈子中的角色（昂格尔关于新民族大迁移的概念）。当那个完全失去了权威的人最后靠着炉子坐着若有所思地权衡一切时，我走到他跟前并弄清楚他的地址。很快就会明白，我，或者甚至天使，能从他那里期待什么。

他所谈论的其他事情只能暗示一下：关于语调在语言中的普遍意义。他还朗读了一些奇怪的诗。

〔……〕

多拉经常问我们什么时候能见到你，你必须亲自出现，因为现在没有新的天使会在慕尼黑和柏林之间旅行，只有新的卧铺车。[3]

你的瓦尔特

① 希伯来语，意为“旋律”。阿格农的故事发表在《犹太人》第3期（1924年），第38—57页。

② 波罗的海德国人雨果·莱克（Hugo Lyck）。汉斯·布吕尔在《工作与日子》（*Werke und Tage*）（慕尼黑，1953年），第22—24页中更详细地讨论了他。

③ 接下来是描绘肖勒姆和艾莎·伯查特的图画。

111　致格哈德·肖勒姆

1922年10月1日

亲爱的格哈德，

亲爱的伯查特小姐，

衷心祝愿你们新年快乐。旧的一年在确保我们最隐秘的恐惧已经成真的情况下过去了。因为正当昨天落下帷幕，天使宣布了他自己的离开，好像他想最后一次证明他是一个多么好的犹太人。他已经搬进了三叶草色的天空中的老房子，我心中的编辑荣誉宝座是空的。随函附上召唤我参加葬礼的人的初步评论：“我不得不暂时中止天使的排版，因为按照最近印刷业引入的程序，我被要求支付一笔非常大的预付款。将产生可观收入的昂格尔的书，将在四周后才完成。我希望那时能够设法拿出所需的预付款……”在他的虚伪的重负下，他尘世的生命正在摇摇曳曳地熄灭，也暴露了这个生物的不足之处。——你们是第一个收到该消息的人。尽管我担心阿格农会过于消极地看待这个消息，但我坚信艾莎能为我获得赦免。至于我自己，我觉得这一事件的转变已经恢复了我以前的选择自由。因为从现在起，只有当这本杂志与其他项目不冲突时，我才会将在它上面工作（如果仍有可能），所以我计划暂时停止所有的工作，同时以威胁性的沉默面对魏斯巴赫。他似乎仍然想继续假装他要出版我的《波德莱尔》。

我从沃尔夫·海因勒那里听到的似乎比这严重得多。事实证明，由于肺结核，他已经卧床九个月了，既没有希望也没有钱。我认为他能否康复是非常值得怀疑的。很快，你也会得到一份请求书，我甚至把它发到了我最疏远的熟人中去，以便为他筹集一些钱。很难说是否还有其他措施可以促进他的康复。

今晚我们将在〔摩西·〕马克斯（[Moses] I Marx）① 家。他关于希伯来语古版书的简介最近到了——多拉正在帮助他进行英语翻译。我也忙于书籍——不仅仅是我自己的——最近我花时间大力搜寻我打算立即转售的书籍。我在海德堡以 35 马克的价格买的一本祈祷小册子，在这里的舍恩朗克（Schönlank）书店以 600 马克的价格卖掉了。我最近发现了内斯特罗伊[1]的第一版，售价为10马克，不过我要留着它。目前，我仍然没有从这些交易中获得足够的利润，而且我们的情况很糟糕，因为与我父母的事务仍然完全不清楚。古特金德夫妇的处境似乎正走向灾难。由于他母亲的状况没有改变，埃里希几天前决定成为一名出售人造黄油的流动推销员，以养家糊口。我忍不住把这个决定和我自己（在1914年8月的头几天）的决定相比较：加入骑兵队。他的处境不是开玩笑的事。如果他要成功，上帝就必须帮他销售。

你的上一封信的稀疏文字与我的详细报道相比，多么缺乏吸引力。即使是刚刚到达的贺卡——我非常非常感谢你——也是简洁的。你不认为我愿意付出很多去听听《法兰克福汇报》对布洛赫的书②有什么评论吗？以及〔罗伯特·〕艾斯勒关于罗马教皇的？还有艾莎关于香烟的。我请求她更加紧急地追查丢失的大公爵③，因为她是寄它们的人，所以只有她而不是我才有资格去追查。——你，亲爱的格哈德，从来没有进行过任何书籍搜寻。你只会在生气和抱怨的时候提出评论，就像对昂格的书④那样。而且你可能还没有开始阅读我关于《亲和力》的论文，而这里大大小小的人都声称在等待它。我正在寻找新的出版商。我可以从发表这篇文章开始。⑤你有什么建议吗？

我希望你们一切都好。诚挚的问候。

你们的瓦尔特

① 阿格农的姐夫，当时他拥有一批重要的希伯来收藏品。他出版了一本希伯来语古版书的词典。

②《托马斯·明泽尔》，1921年，慕尼黑。在那里发表的负面评论是由齐格弗里

1 约翰·内斯特罗伊（Johann Nestroy，1801—1862），奥地利毕德麦耶儿及其稍后时期流行传统的歌手、演员和剧作家。

德·克拉考尔[1] 撰写的。
③ 显然是一种烟草或香烟的品牌。
④ 埃里希·昂格尔的小册子《论犹太民族的无国籍形成》(Über die staatslose Bildung eines jüdischen Volkes)(柏林，1922 年)，由 W. B. 寄来。
⑤ 它发表在《新德意志论稿》上，第 2 期（1924/1925 年）；见《本雅明文集》第 I 卷，第 55 页起。

112 致佛罗伦斯·克里斯蒂安·朗

柏林，1922 年 10 月 14 日

亲爱的克里斯蒂安，

你的来信恰逢一个至关重要的时刻，信中所述一切都是如此紧要，如果不是如此，我不会花这么长时间来回复你的信，而且，最重要的是，我不会花这么长时间来表示衷心的感谢。我的岳父被我们极端困难的处境所感动，为了和我的父母磋商，他已经在这里待了大约一个星期。我父亲前段时间宣称，任何进一步的援助都是以我去银行工作为条件的。我拒绝了这一点，因此彻底的决裂在即，此时由于我母亲的召唤，我的岳父出现了。从那时起，他一直在和我父母磋商。就我而言，我同意自己谋生，但有两个条件：第一，我这样做不会妨碍我未来的学术生涯，也就是说，在任何情况下，我都不会成为商业雇员；第二，我父亲立即给我一笔资金开设一家旧书店。因为无论如何我决心结束对父母的依赖。因为他们明显的小气和控制欲，它变成了一种折磨，吞噬了我所有的工作精力和生活中所有的快乐。这不仅对我来说如此，对多拉尤其如此。在过去的几周里，我做了一些涉及书籍的小生意，也取得了一定的成功。如果没有别的办

---

1 齐格弗里德·克拉考尔（Siegfried Kracauer，1889—1966），德国作家、记者、社会学家、文化评论家和电影理论家。

法，我就必须继续尽可能聪明和频繁地这样做。同时，我必须尽快完成我的教职论文，这样我们就不会在截止日期之前吃闭门羹。我的父母很可能会在我完成它后设法达成共识。谈判进展缓慢，以至于我们为最坏的情况做好了准备。我的父母现在的经济状况非常好，但他们的思维方式非常僵化。尽管我的父母很顽固，但我的岳父岳母不仅在道德上，而且，甚至在经济上以强有力的方式支持我们的决心也同样非同寻常，虽然他们的资产有限。——由于你在上一封信中接受了我们对未来的担忧，我可以对上述问题作出更详细的答复。我已经仔细考虑了一个公共图书馆的计划。在我看来，有两种可能性：要么我在城市的西部建立这样的机构，要么在城市的其他部分建立这样的机构。在西部，有来自百货公司的竞争，尤其是“阿梅朗”（Amelang），没有人可以与它们竞争。这需要大量的资金。然而，不仅在西部地区（舍内贝格［Schöneberg］等），特别是在城市的其他地区，普通读者只读考特斯 – 马勒[1]，至多是鲁道夫 · 赫尔佐格[2]。我对许多这样的小图书馆进行的调查证明了这一点，当时我正在四处寻找要买的书。这里将没有空间来培养对书籍的感觉和知识。相反，所需要的将类似于开一家鱼店，唯一的区别是，为普通人提供的公共图书馆必须考虑到，首先，市场不景气的可能性，其次，在城市较贫困地区隶属于公共图书馆的文具店的竞争。——当我仔细考虑这件事时，在我看来，旧书交易为我提供了迄今为止最好的前景。就其地点而言，根据你的建议，我一直在考虑与一家普通书店或古董店建立联盟关系，至少是一家现有的商店。我还没有和埃里希〔 · 古特金德〕讨论过这个计划，因为我岳父的出现把我束缚

1 黑德维希 · 考特斯 – 马勒（Hedwig Courths-Mahler，1867—1950），德国公式虚构浪漫小说作家。

2 鲁道夫 · 赫尔佐格（Rudolf Herzog，1869—1943），德国作家、记者、诗人和短篇小说家。

在了格鲁内瓦尔德。另一方面，我早些时候已经向他提出了这个计划的基本轮廓，当时他认为其他机会更有前途。在此期间，这些都被证明是徒劳的，谁会相信埃里希有当旅行推销员的潜质！

随着这一切的进行，我比以往任何时候都更加努力地探索我的取得大学教职的前景。因为我的父母越是顽固，我就越是被迫考虑获得这张官方认可的证书，这将使他们与我取得一致。虽然有了这些新的考虑，海德堡不再受到重视，但无论如何我将在 11 月初去那里以寻求确定性。当然，我非常期待拜访你。如果——似乎几乎是这种情况——我可以通过在纯哲学领域之外的工作来改善我的机会，我也会考虑提交一份关于后中世纪日尔曼语言文学的教职论文。——魏斯巴赫仍然没有消息。我已经暗中为《波德莱尔》设定了自己的截止日期。如果魏斯巴赫不能满足的话，我就要他把手稿还给我。我希望我能很快报告我已经建立了新的联系。但我要请你友好地记住天使，因为它发出了公告。无论如何，我都会这样记得他：这本不成文的杂志，如果存在的话，它对我来说不可能更真实和更珍贵了。但是今天——即使魏斯巴赫带着一台随时可用的印刷机来找我——我也不会再这么做了。因为我愿意为它作出牺牲的时候已经过去了。而且它很容易要求我牺牲我的教职论文。也许我能在未来的某个时候看到天使飞向地球。然而，就目前而言，一份我自己的杂志只能作为一个私人的，可以说是匿名的事业，在这种情况下，我愿意欣然跟随你的领导。——此外，我将对霍夫曼斯塔尔的偶尔合作感到非常高兴。我正在给海因勒的遗作写序言，我自然不再指望它的出版，但它仍然是现在我唯一的工作。但准备工作即将完成，写作可能不会超过一个月。

〔……〕

我们俩最诚挚的问候

你的瓦尔特

113 致格哈德·肖勒姆

拉恩河谷的布朗费尔斯，1922年12月30日

亲爱的格哈德，

我基本上又处在一个冒险的旅程中。至少在我身后的那部分是相当令人兴奋的。但是在（朗）这里，我没有太多时间来写信，而且，最好当面告诉你发生的一切。

我在各方面都感觉良好。当然，我不知道我是否有充分的理由这样做。但与我平时的情绪形成对比的是，最终我对未来充满信心。不是因为《天使》会出版——这是不可能的。我很惭愧地承认这一点，但我不能否认我在海德堡读了我撰写的广告的最终校样。暂时就是这样。此外，我在海德堡有过一些经历，目前不允许我考虑在那里写教职论文的可能性。莱德勒在我第一次参观他的研讨课后没有邀请我再去。当然只是因为他没有时间为我做任何事情。所有不愉快的意外事件让他晕头转向。但另一件事也同样不顺利。也就是说，（当我出乎意料地有机会发言的时候，我不得不决定做我想到的第一件事，并且）我给玛丽安·韦伯[1]的圈子做了一个关于抒情诗的讲座：我介绍了我在过去九个月里一直在写的文章中的想法。我花了整整一个星期准备讲座，几乎日夜工作，并完成了草稿。但它没有给听众留下深刻的印象。我不会因此而责备自己，因为如果我想做任何展示，我别无选择。它至少对我的文章有益。——我在那里写教职论文的前景也变得不太可能了，因为一个名叫〔卡尔·〕曼海姆[2]的犹太人预计将在阿尔弗雷德·韦伯[3]那里

1 玛丽安·韦伯（Marianne Weber，1870—1954），德国社会学家、妇女权利活动家，马克斯·韦伯的妻子。

2 卡尔·曼海姆（Karl Mannheim，1893—1947），20世纪上半叶一位有影响力的德国社会学家。

3 阿尔弗雷德·韦伯（Alfred Weber，1868—1958），德国经济学家、地理学家、社会学家和文化理论家，他的工作对现代经济地理学的发展具有影响。

取得大学授课资格。他是布洛赫和卢卡奇的熟人，一个和蔼可亲的年轻人，我常去他家做客。

关于法兰克福，我只想说我探访了〔弗朗茨·〕罗森茨维格。无论是因为你没有告诉我，还是只是附带告诉我，或者因为这对你来说并不重要，我只是从他的信中得知，同时也从第三方那里了解到他病得很重。中风已经侵袭了语言中枢，因此他只能说出非常难以理解的词语片段。他的妻子，我觉得非常漂亮，能够理解并翻译它们。我只能停留大约三刻钟。（在我访问结束的时候，〔欧根·〕罗森斯托克[1]先生来了，他给人留下的印象，证实了帕特莫斯[Patmos]圈子①中人物的名声。有人告诉我，罗森茨维格几年前接近改变宗教信仰；罗森斯托克应该是他最亲密的朋友，顺便说一下，他的妻子也这么说。——既然我已经开始偏离主题②了，那么在这里提到最新一期《火炬》杂志的第一篇文章③《来自大世界剧场的骗局》[Vom großen Welttheaterschwindel]并非不合适。当我读这篇文章时，它使我屏住了呼吸。同样的事情会发生在你身上。）那件事就写这么多。我和罗森茨维格谈到了他的书的影响、它的意义以及与之相关的危险；他在精神上是完全清醒的。只是当我对这本书还不太熟悉的时候，他总是让我采取主动，这使谈话变得困难。但随后，他以相当激烈的语气，把谈话转向了你。他似乎没有克服你们上次争论④时产生的分歧，他似乎把你视为敌对势力。因为我没时间了，当他最终开始谈论你对义务兵役的态度或行为（我不知道他指的是哪一个）时，我不得不打断我们的谈话，他说的话让我觉得很神秘。尽管如此，我真的很想再见到罗森茨维格。有人告诉我，他患的是脊髓灰质炎⑤，很快就会致命。我不知道这是不是真的。

---

1 欧根·罗森斯托克（Eugen Rosenstock，1888—1973），德国历史学家和社会哲学家，他的工作跨越了历史、神学、社会学和语言学等领域。

我从前天开始就在这里，现在正在尽我所能地休息。几天后，我要去维也纳和布雷滕斯泰因。

〔……〕

致以诚挚的问候，你的瓦尔特

① 维尔茨堡（Würzburg）帕特莫斯出版社的作者，其中一些是最著名的改变宗教信仰的犹太人。
② 关于改变宗教信仰。
③ 第 601—607 号，其中克劳斯写到了他的改变宗教信仰，附带宣布他退出教会。
④ 肖勒姆于 1922 年春拜访了罗森茨维格，当时他们对罗森茨维格的德国犹太人身份产生了非常激烈的分歧。
⑤ 这是一种特别严重的侧索硬化症。

114 致格哈德·肖勒姆

布雷滕斯泰因，1923 年 2 月 1 日

〔……〕我真的没有好消息汇报。我在法兰克福的努力似乎也没有多大希望，正如基于该地区散发出的难以逾越的沉默而得出的结论。我不知道我是否曾写信告诉你，〔戈特弗里德·〕萨洛蒙[1]博士在并非不利的预兆下将我的博士论文和关于《亲和力》的论文交给了舒尔茨教授①。〔……〕除此之外，留在德国变得更加不可能，我离开的前景没有任何改善。我在这里的逗留太局限于单纯的休息和放松，以至于我无法通过一些紧张的工作来远离这些观点的悲观情绪。我一回去，我就会回到海因勒遗作的序言上来，我有一种痛苦的感觉，那就是在我完成它的那一刻就不得不把它埋藏在我的书桌里。然后，我将完成我的教职论文，在再次徒劳

1 戈特弗里德·萨洛蒙（Gottfried Salomon，1892—1964），德裔美国社会学家和经济学家。

无功的努力之后，总有一天我将不再关心新闻业和学术界，不管我在哪里，我都将学习希伯来语。当我这样做的时候，我最终肯定会从我的努力中得到一些东西。鉴于这些前景，我保持着冷静，基本上甚至对这种可能性满怀信心。然而，我最大的愿望还是能够放弃我在父母家的公寓。

当然，你很快就会去巴勒斯坦，我感到非常非常难过[②]。我的小舅子[③]刚从那里来到维也纳。

你的瓦尔特

亲爱的格哈德，

两个小时前，我收到了沃尔夫·海因勒在 2 月 1 日，昨天下午去世的消息。

① 弗朗茨·舒尔茨（1877—1950）。
② 肖勒姆于 1923 年 9 月前往耶路撒冷，此前他曾在柏林和法兰克福与 W. B. 度过了大半年的时间。
③ 维克托·凯尔纳（Viktor Kellner），多拉·本雅明的弟弟，以色列本雅米纳村（Dorfes Benyamina）的联合创始人。

115 致佛罗伦斯·克里斯蒂安·朗

布雷滕斯泰因，1923 年 2 月 4 日

亲爱的克里斯蒂安，

鉴于我必须报告的不幸消息，让我简短地说一句：2 月 1 日星期四下午，沃尔夫·海因勒去世了。到目前为止，我还没有关于他的死亡的更多细节。但你当然知道我有多依赖他。你对我过去的历史很了解，足以衡量我的损失程度。他和他的兄弟是我所知道的最优秀的年轻人。

〔……〕

最诚挚的问候，你的瓦尔特

116　致佛罗伦斯·克里斯蒂安·朗

1923 年 2 月 24 日

亲爱的克里斯蒂安，

我们上次的两封信互相交错而过。我有那么多要报告的，甚至可能还有一些意见要提。令人高兴的是，我们很快就会见面。我现在再一次需要我**所有的**勇气才能抬起头来。我对自己的道路没有我希望的那么确定，而且，除此之外，外部生活的逆境有时像狼一样从四面八方包围着我，我不知道如何不让它们靠近。此外还有死亡：几个人的死亡，尽管这是不能比较的，但他们提供了衡量我自己生命的**标准**。我最近在爱伦·坡[1]那里读到了——我手头没有这一段，它是在一个短篇小说的开头——类似如下内容：有一种思维方式不是诡辩；有一种创造事物的方法不是模仿；有一种行为方式是未经事先考虑的。这几个价值观让我震惊，它们提醒我，曾经有人活着，他们的记忆与那些在他们活着或他们中的一个活着的时候对我来说非常独立的事物联系在一起，而且他们年轻时似乎真的来自另一个世界，尽管他们并没有活过青年时代。正如女性也许可以明白无误地且经典地投射美丽一样，我有时会对自己说，任何对高尚生活有着内在了解的人也会一眼就知道它存在于这两个年轻人中。

沃尔夫·海因勒没有看到你的来信。它是在他去世的前一天到达的，他已经虚弱到它不能被读给他听了。但是当我去哥廷根的时

1　埃德加·爱伦·坡（Edgar Allan Poe，1809—1849），美国作家、编辑和文学评论家。

候，我会很感激地读到它。在他生命的最后一天，他收到了一笔金额9万马克的单笔相当大的汇款，就好像这是要表达，即使是在那时，他与当代生活的完全荒唐的关系。它来自一个曾经（在青年运动时期）和他兄弟关系密切的人。

正如你可能已经从我自海德堡寄来的明信片中推断出，我们计划会面的日期对我来说非常合适。如果是3月8日或9日**在法兰克福**（不是在吉森［Gießen］），我会非常高兴。感谢你的邀请（在今天早上通过多拉收到的邮件中），在面对现在让人感受到压倒性和毁灭性的命运时，我将很乐意贡献我力所能及的一切以及能与我内疚的沉默相调和的一切。当然，在德国旅行的最后几天又把我带到了绝望的边缘，让我凝视着深渊。

〔……〕

真诚地祝福赫尔穆特。[①] 向你和你的妻子致以最诚挚的问候。

你的瓦尔特

① 赫尔穆特·朗（Helmut Rang），出生于1897年，佛罗伦斯·克里斯蒂安·朗的儿子。

117　致佛罗伦斯·克里斯蒂安·朗

柏林，1923年4月2日

亲爱的克里斯蒂安，

柏林各处都在窃窃私语你和布伯的到来，只有我们在如此丰富的消息中两手空空。根据你给奥托夫妇[①] 的消息，我们现在指望你在4月的第二个星期到达，并期待着它。在这里你会发现一件奇妙的东西，即我的《波德莱尔》的新印张，它显然是根据先验的时间标准开始出版。鉴于出版商给予你的可怕经历，这样的事情已经足以（不幸的是！）让我的出版商重新获得我对他的一点点好感。事实上，卡西尔[1]在研究了三个月后，把我关于《亲和力》的论文退了回来。由于技术上的困难，他不会发表它。尽管如此，我并没有为它的出路而绝望。

几天前我收到了会谈纪要。我完全不知道它们被复制和分发。说实话，我不清楚为什么要这样做。毕竟，像吉森那样的会面唯一重要的事情就是不要以如此原始的方式记录口头传递的活的话语。在诉诸于这种形式的信息披露时，你不要触及并保留你想要避免的许多事情，因为这些会谈纪要的传播很快就会以无法控制的方式进行。至少我在吉森所说的并不是为了这个目的；出于信念，我不想以这种方式公开这些事情。如果上一次在吉森的会谈纪要也将复印，那么就我而言，我必须紧急请求你只是确认我的出席就行了。无论如何，据我回忆，我并没有说什么重要的话。

〔……〕我非常愉快地几乎读完了向你借来的《于尔格·耶拿奇》(*Jürg Jenatsch*)。这本书的水平很高，但是它以我小时候读的航海或印第安人的故事影响我的相同力量让我着迷。我钦佩它的简洁线条和克制，这使它像一幅精湛的绘画。事实上，我不愿意去裁定，是否有一些虚假的“文艺复兴”的痕迹，黏附在那些最接近实际历史事件的段落上。

〔……〕在那之前，我俩向你和你的妻子致以最诚挚的问候。

你的瓦尔特

① 一对夫妇，都是建筑师，也是古特金德夫妇的朋友。

1　恩斯特·卡西尔（Ernst Cassirer，1874—1945），德国哲学家。

118　致佛罗伦斯·克里斯蒂安·朗

柏林〔1923年9月28日〕

亲爱的克里斯蒂安，

我将尝试把我们的通信从沉睡的命运中解救出来。似乎这里的一切都受到这种命运的支配，直到有一场可怕的觉醒。当然，我长期的沉默以它自己的方式见证了我们被拖入其中的越来越深的痛苦。多拉暂时必须承担更大的负担。从10月1日起，她将为一名美国记者工作，因此将整天忙得不可开交。就我而言，在法兰克福取得成功的任务也不是一件容易的事。它关系到推进一个主题难以处理、论证微妙的项目。我还不知道我是否会成功。不管怎样，我决心要完成一份手稿，也就是说我宁可丢脸地被赶走，也不要退缩。我也没有放弃希望，即考虑到大学明显的衰落，为了获得一个在某方面受到欢迎的讲师，人们可能会忽略许多事情。但另一方面，衰落的现象也会产生麻痹的效应。可以肯定的是，这次我为逃离德国而建造桥梁的有力尝试将是我的最后一次尝试，如果失败了，我将不得不尝试通过游泳来实现我的救赎，也就是说，不管用什么方式在国外勉强维持生活，因为无论是多拉还是我都无法忍受这种对我们所有的活力和世俗财富的缓慢侵蚀。你会发现它每天都在恶化，特别是在大城市。例如，在我们所在的地方，公共交通几乎完全消失了，多拉完全为了她的工作，不得不试图在城里为我们找到一套公寓。上个月我们花了整整一个月寻找一套公寓；目前，我们已经把搜寻工作交给了住房办公室。——我的《波德莱尔》的最终校样今天到了。它可能会成为目前最后出版的德国出版物之一，因为与图书贸易有关的一切都在衰退。这本书当然也将是限量的豪华版。我考虑过我在《新德意志论稿》刊文的前景。我现在在各方面都已经准备好拿着我的《亲和力》论文的手稿求助于霍夫曼斯塔尔，不管是通过你还是靠我自己。我在等你的指示。——两周前，肖勒姆前往耶路撒冷，他很可能迟早会在图书馆找到一个稳固的职位。

我希望，在你们隐居的日子里，时间会过得更愉快，事情进展顺利，并且收到来自达沃斯（Davos）的更好消息。我担心你在法兰克福朗读给听众的手稿的命运。它可能没有发表的机会。你可能也知道，布伯的文集将不会出版。我曾为它修改了我的论文。我仍然坚持创办一本私人杂志的想法，正如我们最初设想的那样，却没有看到任何实现它的可能性。我有时觉得“没有人能有任何影响的夜晚”已经降临。

请尽快让我听到一些令人安慰的话，多拉和瓦尔特向你和你妻子致以诚挚的问候。

〔……〕

119　致佛罗伦斯·克里斯蒂安·朗

1923 年 10 月 7 日

亲爱的克里斯蒂安，

鉴于我与日俱增的焦虑，最终从你那里得到如此鼓舞人心和详细的消息，真是令人欣慰。我希望你的手稿[①]能使我更加振奋。我有过一种奇怪的经历：我尝试传达其想法但在任何地方都没有得到积极的接受，更重要的是，不被理解。我认为这有两个原因：首先，现在每个知识型企业，以及每个拥有知识基础的经济型企业，如果它提出对德国进行改良，对于那些在过去十年中在真正的意识中遭受苦难的人来说，似乎都会被一个不祥的预兆所困扰；第二，你的请求的先决条件实际上包括个人关系，也就是说，共同经历过的磨难。可能，甚至极为可能，你的更原始的思想发展方式会说服一些人，而我斡旋他们的方法会失败。一旦我读了你的手稿，我会告诉你，我是否以及如何撰写后记。在我看来，这取决于我是否能表明允许我如此轻易地同意你的信念，以至于你为这个目的而分配给我的几行字会自然浮现。现在我必须避免真正沉浸在政治哲学中，尤其因为我还没有像我想的那样投入到自己的工作中。大力推进它的必要性让我在研究中一次又一次地停下来思考一个角度，从中我可以简洁地阐述我要说的一切。但考虑到该主题的难处理性，这个角度不会很快就显露出来。总的来说，我最初的主题"悲苦剧和悲剧"似乎再次出现在前景中。它将包括两种形式的对立，通过从寓言理论中演绎出悲剧的形式来实行和完成。总的来说，我将不得不从第二代西里西亚学派的作品中引用我的引文，部分原因是出于权宜之计，部分原因是为了不走入歧途。一再令人不快的是，我不得不在如此接近完成前不久中断关于抒情诗的项目，因为我被甩出了通常完成事情的学究般整洁方式的轨道。除了这两件事之外，不幸的是，早期的一些担忧仍然存在。不幸的是，首要的担忧仍然是多拉的健康状况。目前尚无法确定她是否能完全胜任刚刚接手的工作。除此之外，最近我们这一地区的公共交通几乎不能无用，但多拉在冬天必须依靠它。

〔……〕

我很高兴再次与你进行悠闲的交谈。出于这个原因，以及许多其他原因，我真诚地感谢你们再次邀请我。当然，只有当我为我的教职论文制定了一个精确的计划后，我才会考虑去法兰克福。无论如何，这在 12 月之前是不可能的。在我看来，你的政治预测完全有可能实现。只是在鲁尔河和莱茵河地区事情可能会有所不同。

你似乎忽略了霍夫曼斯塔尔在他的信[②]中表达了你暂时继续在我们之间进行斡旋的愿望。为此，请你把我将很快提供给你的手稿转寄给他，并代我附上几句话。我认为完全遵循霍夫曼斯塔尔的建议是合适的。关于《亲和力》的论文中的一段话也让我惶恐不安。在其中，我指出了（虽然是谨慎和非常温和地）我对最接近他的鲁道夫·博查特的看法。因为霍夫曼斯塔尔在这方面将——而且应该——不会心胸开阔。很快，你就会收到 1）我关于《亲和力》的论文，2）海因勒的一些东西，也许还有 3）我写的一些已经出版的东西。——一旦你听到关于你的《德国建筑棚》出版的确切消息，请立即通知我。

至于今天，我们俩对你和你妻子致以最诚挚的问候。

你的瓦尔特

① 佛罗伦斯·克里斯蒂安·朗，《德国建筑棚：向我们德国人讲述对比利时和法国的可能的正义以及政治哲学》（*Deutsche Bauhütte: Ein Wort an uns Deutsche über mögliche Gerechtigkeit gegen Belgien und Frankreich und zur Philosophie der Politik*），带有来自阿尔方斯·帕凯[1]、恩斯特·米歇尔[2]、马丁·布伯、卡尔·希尔德布兰特[3]、瓦尔特·本雅明、特奥多·斯皮拉[4]和奥托·埃德曼[5]等人的回复（莱比锡：桑纳茨，1924 年）。——关于本雅明的回复，请参阅本雅明 1923 年 11 月 23 日致朗的信件。

② 参见《雨果·冯·霍夫曼斯塔尔和佛罗伦斯·克里斯蒂安·朗：1905—1924 年的通信》，发表于《新评论》（*Neue Rundschau*）第 70 卷（1959 年），第 402—448 页，尤其是第 419 页以下。

120　致佛罗伦斯·克里斯蒂安·朗

柏林〔1923 年 10 月 24 日〕

亲爱的克里斯蒂安，

我用挂号邮件寄来的包裹里有《暴力批判》、一期《阿尔戈英

1　阿尔方斯·帕凯（Alfons Paquet，1881—1944），德国记者和作家。

2　恩斯特·米歇尔（Ernst Michel，1889—1964），德国天主教记者、社会和文化哲学家以及心理治疗师。

3　卡尔·希尔德布兰特（Karl Hildebrandt，1858—1925），德国物理学家兼校长。

4　特奥多·斯皮拉（Theodor Spira，1885—1961），德国的英国语言文学研究者。

5　奥托·埃德曼（Otto Erdmann，1896—1944），德国陆军军官，也是德国抵抗运动的成员。

雄》杂志、一篇《亲和力》的文章，以及弗里茨和沃尔夫·海因勒作品的精选，现在可能已经寄到你手上了，我希望这个包裹连同一些必要的附带的话一起转寄给霍夫曼斯塔尔。正如我所说，我采用这种方式将东西交给他，以此满足他什么都不能“简化”的愿望。我希望这个包裹不会消失在编辑的神话地狱里，而是很快就会有一个友好的回应。我必须补充一点，我需要所有这些东西最终寄还给我——**如果需要的话**除了《暴力批判》之外。这些物品中的每一个都代表了我仅有的或最后一个副本。我想六个星期肯定足够让他悠闲地阅读它们；在那之后，我想让它们回到我的身边。我想在寄我的十四行诗[①]样本之前最好等一下。

关于你那本书的柏林手稿，我还没有收到你的任何消息。我急切地期待着它。在此期间，出版商是否就其出版作出了决定？除此以外，你的家庭和你的写作进展如何？〔……〕就我而言，我一心忙于我的论文，更准确地说，我忙于为它做相关的阅读。我当然不想懈怠，而是将以某种方式完成项目。然而，在这样一种颓废的生活方式和生活条件的背景下，与学术地位相关的困难是显而易见的，它们让我觉得这是无情和不可避免的。即使是现在，这些困难仍不断地占据着我的思想。通过逃脱这种与空洞、毫无价值和残酷的事物之间令人沮丧的互动，拯救我的存在的独立和私人本质——这些对我来说是不可剥夺的——的想法，正逐渐变得对我来说是不言而喻的。唯一的问题是如何？目前，我偶然遇到了一种非常出乎意料的，而且对我来说，也是可行的方法。但是关于它我不打算说什么，正是因为我对它寄予了太多希望。顺便说一句，现在柏林尤其完全令人难以忍受；柏林人民既痛苦又无助，而且在过去的几天里，由于面包突然大面积短缺，他们的痛苦和无助都增加了。（古特金德夫妇再次占据了防守位置，是路佐广场［Lützowplatz］前面的齐格弗里德防线的一部分，我希望它不会以《凡尔赛条约》结束。）说到法国事务，为了扩大我的私人藏书，我坚定不移地、机智地待在我的岗位上。即使是现在，在真正令人生畏的市场条件下，我还是设法通过交换得到了司汤达和巴尔扎克的一大堆东西。此外，由巴辛施旺茨[1]于1768年首次翻译成德语的但丁作品（译成散文）。顺便说一句，我对巴洛克的研究几乎每天都会引起我对书目上的奇怪之处的关注。此外就再也没有什么好消息要报告了。多拉的健康使我一直担心。目前，她不想听到任何关于珍重的话，因为我们在经济上依赖于她的工作。但也许会有一个解决方案出现，因为她的老板似乎倾向于减少办公室开放的小时数，在这种情况下，多拉的工作只需要半天的时间。

请尽快告诉我有关你和我们的所有信息。我已经写信告诉过你，我译的《波德莱尔》已经出版了吗？我还没有收到赠阅本。

最诚挚地问候你和你的妻子

你的瓦尔特

① 关于C. F. 海因勒和丽卡·塞利格森（Rika Seligson）的死亡；手稿似乎丢失了。

121　致佛罗伦斯·克里斯蒂安·朗

柏林〔1923年11月8日〕

亲爱的克里斯蒂安，

我昨天才收到你的手稿。但是现在，一种新的可悲的事态出现了。鉴于我的项目目前的状态，我绝对不可能像你期望的那样在几天内读完你的手稿。因为阅读总是让我的问题变得非常活跃。更重

1　莱布雷希特·巴辛施旺茨（Lebrecht Bachenschwanz，1729—1802），德国作家兼翻译家。

要的是，我的教职论文对我的注意力提出了如此高的要求，以至于只有在我空闲的时候我才能做你要求我做的事情，并真正从中收获一些东西。其他任何事情都只是闲散地“记笔记”，毫无意义。我不知道你的计划是否允许你暂时不用这本稿子。如果可能的话，我请你允许我把它再保留一段时间。如你所知，这对我来说非常重要，不仅是为了让我清楚地了解你所写的内容，而且在你允许的情况下，我可以和亲密的朋友讨论某个重要的段落。

这是我的第一个请求。我不得不勉强地提出另一个请求，与第一个请求相反。几天前，我从法兰克福得到消息说，一个有影响力的人再次索要我关于《亲和力》的论文。甚至更早，在我寄给你手稿转交霍夫曼斯塔尔的前几天，我已经要求海德堡的一位熟人通过挂号信寄回我的另一份副本（第三份也是最后一份在巴勒斯坦的肖勒姆手中）。它至今没有到来。我再次提出请求，但我不得不担心出现最坏的情况（特别是考虑到邮政部门可耻的状况）。我别无选择，只能这样：如果海德堡的手稿没有在最短的时间内送达我的话，我非常遗憾地将不得不要求霍夫曼斯塔尔暂时以我的名义将他的副本寄给：

弗朗茨·舒尔茨教授，美因河畔法兰克福大学，日耳曼语系，**通过挂号邮件！**

而且我不得不再次请你做中间人。如果有必要，您将收到一封电报，其中只写有“手稿”一词。因为对我来说非常多的事情取决于我的文章及时到达法兰克福，所以遗憾的是，我不能让自己被对你或对霍夫曼斯塔尔的考虑所左右。当然，这种不幸之事对我来说是非常不愉快的。如有必要，请在收到电报后写信给霍夫曼斯塔尔，向他明确表示我真的请求他的原谅。

今天就到此为止。我正等着听你说关于《建筑棚》你想让我做些什么。

最诚挚的问候，你的瓦尔特

122　致佛罗伦斯·克里斯蒂安·朗

1923 年 11 月 18 日

亲爱的克里斯蒂安，

我原本也打算将此次通信限制在一张明信片上。但是考虑到你最近的信件以及它们所表达的深情关注，我现在决定给你写更多的信息。尽管我真的很想在给你写信的时候手头有你写给埃里希〔·古特金德〕的信。当然，我读过它，但我的记忆太像筛子了。首先，请允许我承认，我的情况在各方面都与埃里希的不同。现在让我仔细地看看来龙去脉，并把它概括地说一下：埃里希可能从来没有经历过正面的德国现象。相反，很久以前，非常不幸的是，他在他的第一本书（现在他已经超越了它）中，不顾一切地将自己献给了欧洲人。他这样做必然有一天会暴露出来，并且不得不暴露出来，对任何有眼睛的人来说都是一个错误。相反，对我来说，有限的民族性始终处于前景中：德国人或法国人。我永远不会忘记我与前者的关系以及这些关系有多深。鉴于我目前的项目，我将更不可能忘记这一点，因为没有什么比我打算做的“拯救”过去的作品更能让你深入、更能紧密地束缚你。当我思考我生活中的所有经历时，我的结论是，我不欠任何人一句解释的话，尤其是你这个对我的过往如此熟悉的人。然而，现在我必须提到一些情况，你似乎没有考虑到它们对我的重要性。让我从德意志的民族特性的现状开始。现在，当然，你代表着真正的德国性（事实上，冒着惹你生气的危险，我几乎想说，你是唯一一个做到这样的人，根据我对你的《建筑棚》令人遗憾的零碎阅读给我留下的深刻印象）。但这并不是你第一次听到我说，我只是极不情愿地、只是极有保留地，用我的犹太人自我，把你的追随者人数增加了一个人。这些保留不是出于机会主义考虑的结果，而是出于我不断意识到的一种令人信服的洞察：只有属于一个民族的人才会在这个民族最可怕的时刻被要求发言。不，更重要的是：只有那些在最非凡的意义上属于这个民族的人；他们不仅会说mea res agitur[1]，而且还可以表达propriam rem ago[2]。犹太人当然不应该毫无顾虑地说话。（拉特瑙之死的深刻必然性对我来说一直是显而易见的，而兰道尔[3]之死——他不是“说”而是“尖叫”——是对德国人更为严厉的指责。）他**也**应该有发言权吗？这也是你要求我撰写一篇回复在我心中唤起的一个问题，事实上，客观上是最重要的问题。并且在它所属的这种背景下，我难道不应该被允许说，任何一篇文章——其效果将用如此精细校准的砝码来衡量，正如必须发生在你的文章上的那样——对它本身是不公正的，如果它允许〔……〕马丁·布伯加入其随行人员。在这里，如果有任何地方的话，我们处在当前犹太人问题的核心：今天的犹太人甚至危及他们**公开**支持的最好的德国事业，因为他们公开的德国表达必然是为金钱而做的（在更深的意义上）。它不能出示真实性证书。德国人与犹太人之间的秘密关系可以通过完全不同的合法性来维持。至于其他方面，我相信我的原则是正确和恰当的：今天德国人与犹太人关系方面的一切产生了**明显的影响**，这样做对他们有害；此外，如今有益的共谋使两个民族中具有高尚品格的人有义务对他们的关系保持沉默。——回到移民问题，它只有在对你承诺尝试的防御性回答的意义上，与犹太人的问题有关。否则没有。相反，目前它对我的要求归结为一件事：学习希伯来语。无论我在哪里，我都不会忘记德语。虽然这也是必须要说的：在延长监狱般的禁闭的这个时刻，这个民族卓越的顽固不化的精神将逐渐，如果不是把它的精神财富活埋，也将使它们生锈、难以操纵和移动。当然，我们知道过去不是

1　拉丁语，直译为“我的生意”。
2　拉丁语，直译为“特别感谢”。
3　古斯塔夫·兰道尔（Gustav Landauer，1870—1919），德国无政府主义的主要理论家之一。

由博物馆里的皇冠珠宝组成的，而是由总是受到现在影响的东西。德国的过去现在遭受了苦难，因为这个国家与地球上所有其他民族的联系都被切断了。谁知道它能在这里作为一个活的实体被理解多久。就我而言，我已经达到了能够这样做的极限。不赘述精神问题，让我转向物质问题。即使就我的教职论文而言，我也没有看到任何可能性，将任何近乎全神贯注的注意力集中在我的课题上。任何在德国认真从事智力活动的人都会受到饥饿的最严重的威胁。我还没有谈论**饿死**，但我所说的是基于埃里希和我（在这方面，非常相似的情况和）的经历。当然，有各种各样挨饿的方法。但没有比在饿得要死的民族中间这样做更糟糕的了。在这里，一切都在消耗着健康，没有任何滋养。我的任务无法在这里完成，即使是在这里。我正是从这个角度来看待移民问题的。上帝保佑，可以找到一个解决方案。也许我会在几周后去瑞士或意大利。一旦我完成了摘录，我就可以在那里更好地工作，生活成本也更低。但是，当然，这不是一个解决方案。浮现在我眼前的可能性**模糊不清**，那么让我们把它们留到我们可以面对面交谈的时候。就巴勒斯坦而言，目前我既没有实际的可能性，也没有理论上的必要性去那里。

多拉正在考虑美国的可能性。目前，她只是在侦察这片土地，并写信询问她在那里找到工作的机会。她没能保住自己的工作，因为美国人裁减了这里的工作人员。她的健康状况最近有所改善。她终于能够借到一架钢琴，多年来第一次在家里弹奏。这让我们非常开心。一段时间以来，我在这里有一个小房间，迈耶奥托街（Meierotto Str.）6 号，加滕豪斯三世・鲁本（Rüben Gartenhaus III）家。自从我开始享受这种非凡的宁静以来，我的工作进展得好多了。这给我带来了两个问题，你对它们的意见对我来说非常重要。让我尽可能简洁地陈述这两个问题。第一个涉及 17 世纪的新教。我问自己，你应该把尤其是新教徒作家（事实上，西里西亚剧作家是新教徒，断然是这样）展示出**中世纪最高程度的**丰富思想——极端激烈的死亡观念、弥漫着死亡之舞的氛围以及历史作为伟大悲剧的观念——这一事实归因于什么。当然，我很熟悉这个时代和中世纪之间的差异，但我仍然要问，为什么正是**这个**高度中世纪的概念范围在当时能产生如此具有魔力的效果？——这是第一个问题。你的意见对我来说非常重要。我怀疑当时的新教状态——这对我来说是无法知晓的——会对这个问题有所启发。第二个问题涉及悲剧理论，我无法回避对此表达自己的想法。我从我们的谈话中知道，你对此有明确的看法。有没有办法让我知道它们是什么，至少是它们最重要的方面？我记得我们在这个问题上非常一致，但遗憾的是，在细节上（例如悲剧和预言之间的关系等）不够清晰。

我对霍夫曼斯塔尔最初的几行字很满意。我渴望阅读接下来的东西。——关于海因勒的诗，打字机版的文本是正确的。当我来布朗费尔斯时（什么时候？我仍然不确定这是否会在12月），我或许会给你带来一些沃尔夫·海因勒的东西，它们将给你一个新的见解。我特别想到的是那些你可能还不知道的童话故事。我期待着你的《建筑棚》的长条校样；手稿不容易阅读。我希望我很快能得到你对我在这封信中提到的一些事情的答复。请允许我对赫尔穆特的康复致以最诚挚的祝福，并向你和你的妻子致以最诚挚的问候。

你的瓦尔特

123 致佛罗伦斯·克里斯蒂安·朗

柏林，1923年11月23日

亲爱的克里斯蒂安，

回复[①]

我想把你建议的回复形式理解为对你的献辞，而不是理解对你所写内容的补充。因为如果我把讲座和几页校样给我的印象当作发表自己意见的机会，那将是轻率的。此外，无论你多么迫切地感觉到注释是必需的，它们也可能很容易损害你所写内容的奇特之美。当然，这种美不是本质的东西。但是，任何一个哲学家负责地论述的主题都不能否认它的相关性。如果用一种强调一件事而忽视其他事情的方式来分析，它的重要性就会降低。然而，有效果的希望最终取决于这种有些情绪高涨的讲话方式，而这种方式应该宣告结束。你知道我不赞同这种希望。但是，这里所写的内容以及它的发表，证明并非我一个人感受到的一些疑问是错误的。其他东西将占上风。但是，这一文本也将占上风，在它面前公开辩论的野蛮的欠考虑的举止暴露无遗。任何被一种抉择——即要么通过对克拉特运动（Clarte-Bewegung）的辉煌驳斥被那些唯唯诺诺的人所捕获，要么在和平主义的全国代表大会中否认他最好的知识分子信念——严重毁坏的人现在都将看到自己从这些选择中解脱出来。他也可以在没有欺骗和没有欢乐的气氛的情况下与外国人交谈。因为这部作品尊重民族之间的精神边界，正如它使它们的封闭变得可鄙一样。实现所有这一切需要的是隐藏在这些字句背后的一生的工作。因为它们证实了这样一个事实，即真理即使在政治领域也是清楚但不简单的。我很高兴地发现你引用了马基雅维利[1]、弥尔顿[2]、伏尔泰[3]和戈里斯。但是，当然，不是他们在我看来的这层意义上：作为经典论战文章的守护神，就像他们写的那些那样。即使是你也会同意接受他

1 尼可罗·马基雅维利（Nicolo Macchiavelli，1469—1527），文艺复兴时期的意大利外交官、政治家、历史学家、哲学家、人文主义者、作家、剧作家和诗人。

2 约翰·弥尔顿（John Milton，1608—1674），英国诗人、辩论家、文学家、英国联邦政府的公务员。

3 伏尔泰（Voltaire，1694—1778），法国启蒙运动作家、历史学家和哲学家。

们作为一个领域的地标，在这个领域，没有受过教育的政党政治家是不称职的。这不太可能使他不安，对他的良心的呼吁更不会使他不安。因为他不会为了一个回避这一呼吁的道德原则而不知所措。缺乏良知和缺乏想象力，加上原则的模糊普遍性，共同扼杀了思想的道德丰富性。你可能会高兴地看到，就我而言，我强调你的观念中没有任何东西来源于我们所谓的哲学原理，正因为它们不是从定理和概念中推导出来的，而是从思想的相互作用中产生的。正义、法律、政治、仇恨、谎言等思想。在谎言中，没有比顽固不化的沉默更是本质上的谎言。另一方面，你已经做到了十足的严谨和谦逊。对于伴随你的事业上的所有祝愿，请允许我补充这个温和的愿望：它不会给你带来任何困扰。

你的瓦尔特·本雅明

① 参见本雅明 1923 年 10 月 7 日致朗的信，附注①。

124　致佛罗伦斯·克里斯蒂安·朗

1923 年 11 月 26 日

亲爱的克里斯蒂安，

虽然在过去的几天里，我们从你那里听到的消息超过我在一封信里能回答的，但我还是很高兴我没有早点写，而是一再推迟发送给你我已经写完的那封信，因为它现在可以被并入一封新信了。最近有两个特定的任务花费了我几乎一整天的工作，结果却非常不显眼：附上的“回复”和今天给霍夫曼斯塔尔的微薄得多的信。你对作家的天性了如指掌，以至于我不必描述霍夫曼斯塔尔的几行字让我感到多么高兴（因为它们能够做到这一点而不以任何方式满足我的虚荣心)。它们的特殊之处在于，它们这样做时，没有那种附加的语调，而当某个名人写到一个不知名的人时，这种语调几乎是不可避免的:好像只有前者的赞扬才能使后者的成就合法化。我认为，有必要让我的答复既感激不尽又正式……事实上，他关于你的政治著作所说的话是出人意料的，而且非常迷人。考虑到他的思维方式和过去，他在这里所支持的这种观点对他来说将具有极其积极的意义。几乎没有其他任何东西能如此为他作证。关于我的回复，请允许我指出以下几点：我之所以如此回复，是以我自己的方式，或者更确切地说，从我自己的角度，感谢你所取得的成就，以及避免因任何理由让你陷入困境。这篇回复几乎说了我在这个场合要说的一切。例如，说得委婉一点，在这方面触及犹太人问题是恰当的。**在写这本书之前**，我必须考虑的一个主要顾虑是我在法兰克福取得在大学授课资格这个悬而未决的问题。个别教师对所讨论事项的敏感性几乎不会被高估。另一个因素是，我的特别赞助者是**极**右分子，而且这本书可能会出名，特别是在法兰克福。我并没有通过写作来克服这些顾虑，而是通过寄走它把它们放在一边。我希望向你表明，我对你忠诚无保留。**你在出版前**可能怀有的顾虑是另一回事。我想向你建议的最重要的一件事是：没有什么比从各个方向出发的一小队人最后跟随旗手从四面八方赶来更能损害你所写的东西了。忽略这个形象；它一点都不好。我说的是**非常**严肃的事情。你所写的东西不能忍受：1）削弱和保留（那托普[1]！）；2）老生常谈；3）关于政治的胡言乱语。是的，亲爱的克里斯蒂安，我承认：我对你的追随者的**圆滑**的信心并不是无限的。我认为在他们中间可能有些人能对事业造成不可估量的伤害，尽管他们可能是善意的。冒着被

1 保罗·那托普（Paul Natorp，1854—1924），德国哲学家和教育家，被认为是新康德主义马尔堡学派的联合创始人之一。

责骂为自命不凡的风险，我感受到的友谊要求我在这里发表自己的观点。与其用言语说“是”，却用语气否认，还不如没有任何回复。还有回复的**数量**的问题。在这面小旗帜后面行进的最低限度似乎是七个人。七个**正直的**公民。它不可能是别的。在我看来，少于七个**绝对**太少了！此外：在这个数字中，有多少可以是犹太人？不超过四分之一！这是我坚定的信念。不仅仅是因为对外界的影响，而是因为如果不这样，那么最好忽略这些回复，让这本书的影响顺其自然，而不是以一种扭曲和不充分的方式来预测它将是什么。结论：你会得到我的回复，但我请你在把它发表之前非常认真地考虑我所说的话。如果它对你来说似乎很容易是可有可无的，那么请忽略它，只是把它当作另一封私人信件。——请放心，我是你的《建筑棚》的成员。当然，就目前而言，这就是你所拥有的一切。我们的财务状况很糟糕，最迟一年左右，但可能早得多，我们将濒临破产。如果我的学术计划不能很快落实，我会开始做生意，可能是在维也纳。正如我可能已经写过的，多拉失去了工作，因为她办公室裁员了。她是否会去美国以及我们究竟是否会分开较长时间仍然不确定。我的岳父母总是会给斯特凡提供一个住处。顺便说一下，露西和埃里希〔·古特金德〕的财务状况也很严峻，连获得足够的食物都成了问题。正如我昨天才对露西说的，食物对埃里希的身体来说无疑是一个特别重要的优先事项。但即使有最好的意图，现在每个人都很难满足这一优先事项……关于你给埃里希的最后一封信现在我想补充几句，同时把你的柏拉图式的思考留到以后再谈，当我能够掌握它们的连贯性时。这在信中并不是很容易做到的。基本上，我认为最好把它们留到对话中去，因为这些想法处在通信不起作用而对话开始起作用的边界上。关于你给埃里希的信，我想说的是：其中有一点我完全同意，另一点我反对。你对“信仰的表白的风格”的看法在我看来是完全正确和恰当的。我对此也有同样的感受，而且我知道一个人现在需要完全明确的合法性才能在信仰的表白这个主题上表达一点异见，而不是保持沉默。对我来说，你关于不同的民族写的一切都发自内心。对我而言，对不同民族、语言和思想的热爱是同一事物的重要组成部分。这并不排除有时可能需要保持距离以拯救这种爱。就德国而言，我对它的热爱当然是根深蒂固的，因为我在那里拥有的所有重要的人生经历，因此我不能失去它。但我也不想成为这种爱的牺牲品。在我看来，你关于一个人的信仰表白所说的话是正确的，正如你说的其他东西是不清楚的一样。也就是说，为什么你会用生命和死亡的概念来限制对上帝的持续依赖，就好像死亡分享上帝的存在，而生命已沦落为被遗弃的牺牲品。更有可能的是，以这种方式提出这个问题，导致我们来到了犹太人和基督徒之间真正的冲突领域。在我看来，从犹太人的角度来看，《摩西五经》不太可能更容易被理解为死亡的奥秘，而不是生命的承诺。和你谈谈έδϛνη[1]的问题对我来说非常重要。到目前为止，我只是从语言的角度来看待这个问题，正如在我的波德莱尔译本的序言中我就是从这个角度着手深入研究的。我非常感谢你对新教的评论。它们给了我很多启发。最近几天我还没有回到悲剧理论上来……

125　致格哈德·肖勒姆

柏林西区，〔1923 年 12 月 5 日〕

亲爱的格哈德，

我选择了这一天写信给你，因为我不可能计算出什么时候我必

1　希腊语，意为“生命”。

须寄一封信让它真正在你的生日抵达你的手中。我双倍地祝福你，并致以双倍的感情，庆祝你的婚姻和你今天的生日。我希望，现在你只需要将这些美好的祝愿应用到你对外部情况的希望之中；我真诚地希望并相信你的内在情况是和平和清晰的。这就是为什么我更渴望很快能获得有关你的印象和你的近期计划的具体信息。我刚好在德国，此行我总是分心；我需要一个分离，一个外部的能量来源。另一方面，由于事态的总体情况，我们的财务状况在过去的几个月里变得如此惨淡，以至于在国外待几个星期，会让我回到家时在经济上破产，但也许并不沮丧。只在这里等待，我正在耗尽我剩余的资源。但是，如果在未来的日子里物价真的如预告的那样大幅下跌，我将留有一丝希望，能够养活自己直到春天，从而在更好的天气旅行。否则我会在圣诞节前后离开，但我的目的地仍然很不确定，因为如果可能的话，我宁愿不完全是一个人。恩斯特·舍恩可能会去荷兰。我甚至想到巴黎。另一方面，我也想过去南方。不说这些不确定性了，谈点别的吧。我在法兰克福的前景有了很大改善，但大学的未来是持怀疑态度的谣言的对象，当然，这些谣言也必须用怀疑的眼光看待。科尔夫[1]走了。我取得大学教职的问题已经在教师会议上提出，并且没有出现异议。他们在等我的论文。我以极大的强度一直在做的广泛的文学研究将在圣诞节前完成。然后我将开始真正的写作。我仍然无法确定地说这件作品是否符合我的标准。我相信我可以认为它足以满足它的目的。此外，《波德莱尔》也出版了。我会寄给你一本作为礼物。这本书装帧很好，看起来令人印象深刻，但似乎魏斯巴赫用他的伎俩伤害了我，以至于我得不到酬金，并且只有七本作者样书。我对此感到凄凉。在下一期霍夫

---

1 赫尔曼·奥古斯特·科尔夫（Hermann August Korff，1882—1963），德国日耳曼学学者和文学史学家。

曼斯塔尔的《新德国论稿》中，选修课程开始出现。我的关于《亲和力》的论文的第一部分将出现在下一期霍夫曼斯塔尔的《新德意志论稿》中。朗把它寄给了霍夫曼斯塔尔，然后后者在给朗的一封信中表达了自己简直是无限的钦佩。此外，在接下来的几天里，一部由朗撰写的政治作品也将付印，就是你们在法兰克福见面那天他所朗读到的。我极其欣赏它。在与它一起发表的“回复”中，你会发现一篇我的。

〔……〕

感谢上帝，斯特凡十分健康。我一周见到他两次——因为我不住在家里——当我在那里的时候，我总是有很多时间陪伴他。此外，我过着非常孤独的生活，甚至使我的工作根本地受到了影响。我从来没有机会真正地交谈。我经常看到恩斯特·舍恩，明天，经过一段很漫长的间隔之后，我会看到布洛赫。

我希望很快能听到你的很多消息。最后，让我最真诚地重复我在开始时说的话。

你的瓦尔特

附：为纪念将于明年庆祝的穆里大学成立五周年，将出版一本纪念文集《纪念穆里》（*Memento Muri*），并征求稿件。

① 赫尔曼·奥古斯特·科尔夫于1923年在吉森被任命为正教授。

126　致佛罗伦斯·克里斯蒂安·朗

1923年12月9日

亲爱的克里斯蒂安，

我衷心感谢你在敦促我重新审视我的“回复”的立场时表现出的忠诚。我遵照你的建议，直接与法兰克福取得了联系。你可能已经从我之前的沉默中推断出我也收到了那边的确认。当然，我没有得到“官方”消息来源的确认，但它确实来自熟悉情况的〔戈特弗里德·〕萨洛蒙，这就足够了。我最近在邮件中没有收到更多的长条校样：这是因为我已经把回复发给你了吗？或者因为这部作品的出版现在迫在眉睫？我希望是后者，因为我不仅迫不及待地感受它作为一个整体的印象，而且我在这里已经尽我所能唤醒人们对它最强烈的兴趣。我不知道在我上一封给你的信中，我是否提到霍夫曼斯塔尔对你的呼吁的支持所给予我的良好而深刻的印象。我只希望他信守他话中所包含的诺言。这对我的估计非常重要，尤其是对他和他如何被评判。今天早上，为了我关于悲剧的论文，我开始阅读《被拯救的威尼斯》(*Das gerettete Venedig*)。这是他多年前根据托马斯·奥特威[1]的一本书《被保存的威尼斯》(*Venice Preserved*)写的。你熟悉它吗？与此同时，当然，我已经肯定地回答了他，并将现在已经出版的《波德莱尔》寄给了他。所有那些与我亲近的人——当然最重要的是你——他们都有幸得到算得上是一种特权的东西，那就是必须等待他们应得的礼物。魏斯巴赫似乎真的开始打算（凭借第一流的法律诡计［书面描述它是不可行的］）欺骗我，骗走我几乎所有的赠书和全部的酬金。事情很快就会变得更加清晰。我给霍夫曼斯塔尔的一封信一寄出，我就开始怀疑它是否过于正式，尽管它表达了所有尊敬的感激之情。具体来说，在我的第一封信中，我仍然有所顾虑，没有谈到我对海因勒的论文的看法，以免显得固执，因为当然霍夫曼斯塔尔没有提及它们。如果他不能

1　托马斯·奥特威（Thomas Otway，1652—1685），英国王政复辟时期的剧作家，最著名的作品是《被保存的威尼斯》或《被发现的阴谋》（1682年）。

在不久的某个时间内向你或我提出这件事，我可以请求你在有机会的时候向他询问吗？而且在其他方面，我是否也可以请求你恢复你作为中间人的角色——请在你的**下一封信中**就这样做。你的任务包括帮我要回：1）《阿尔戈英雄》杂志的文章，尤其是 2）我的关于《亲和力》的论文，在出版之前我必须把它拿回来。也就是说，我在这里没有它，无论是手稿形式还是任何副本，并且**迫切**需要为我目前的项目参考它的部分内容。至于目前的这个项目，很奇怪的是，几天来，你在给我的最新的一封信中作为你自己深入研究这些想法的结果而提出的问题一直强烈困扰着我。无论如何，由于我的生活条件和我的项目主题所带来的一种孤独感，能够与你口头讨论它对我来说是无限宝贵的。具体而言，我一直关注的是艺术作品与历史生活的关系问题。在这方面，我已经得出了一个必然的结论：不存在艺术史这样的东西。例如，时序事件的串联不仅意味着对人类生活具有因果意义的事物。相反，如果没有诸如发展、成熟、死亡和其他类似范畴的串联，人类生活将根本不存在。但就艺术作品而言，情况完全不同。就其本质而言，它没有历史。将艺术作品置于历史生活背景中的尝试并没有打开让我们通向其最核心的视角，然而，例如对民族进行的同样尝试导致我们从世代的视角和其他基本的层面看待它们。对当代艺术史的研究总是仅仅涉及主题的历史或形式的历史，艺术作品仅仅为其提供了例子，以及可以说模型。根本不存在艺术作品本身的历史的问题。没有任何东西能以一种既全面又基本的方式将艺术作品联系起来，而在一个民族的历史中这种全面和基本的联系是世世代代的谱系关系。艺术作品之间的基本联系仍然很密切。在这方面，艺术作品类似于哲学体系，因为所谓的哲学“史”要么是无趣的教条史，要么甚至是哲学家史，要么是问题史。因此，总是存在这样的威胁：它随时将失去与时间延伸的联系，变成无时间性的、强烈的**阐释**。同样正确的是，艺术作品的特定历史性不能在“艺术史”中而是只能在阐释中揭示出来。因为在阐释中产生的艺术作品的相互关系是无时间性的，但并非没有历史意义。也就是说，在启示的世界（也就是历史）中变得具有爆炸的和广泛的时间性的力量，同样在沉默的世界（也就是自然界和艺术作品的世界）中强烈地表现出来。请原谅这些粗略和初步的想法。这些想法只是作为我们讨论的起点：与启示的太阳形成鲜明相比，它们是星星。它们不在历史的白天发光，而是在其中隐形地工作。它们只在大自然的夜晚闪耀。因此，艺术作品被定义为一种自然的构型：它不期待白天，因此也不期待审判日；它们被定义为一种既不是历史的舞台也不是人类的住所的自然构型。被拯救的夜晚。在这种考虑的背景下，批评（它与阐释相同，与所有当前的艺术欣赏方法相反）是一种理念的再现。思想密集的无限性把它们描述为单子（monads）。请允许我来定义它：批评是艺术作品的的耻辱。并不是说意识在它们身上得到了增强（浪漫主义的！），而是知识在它们身上占据了一席之地。哲学就是要为理念命名，正如亚当为“自然”命名，以便超越那些已经复归自然状态的东西。——我采用莱布尼茨[1]的单子概念来定义理念。你也乞灵于他，把理念等同于数字，因为对莱布尼茨来说，整数的不连续性是他单子学说的一个关键现象。因此，总的来说，莱布尼茨的概念在我看来似乎是包含了理念理论的总结：解读艺术作品的任务是将人类生活融入到理念中。界定到理念中。——如果这一切都不可理解，请原谅我。我真的已经明白了你的基本概念。归根结底，在你的洞察中，我可以看到，所有人类的知识，如果可以证明其合理性，不得采取阐释以外的任何其他形式；此外，这些理念是明确阐释的手段。现在重

1 戈特弗里德·威廉·莱布尼茨（Gottfried Wilhelm Leibniz，1646—1716），数学史和哲学史上著名的德国博学家和哲学家。

要的是建立一种不同类型文本的理论。在《会饮篇》(*Symposion*)和《蒂迈欧篇》(*Timaios*)中，柏拉图将其理念学的范围定义为由艺术和自然所界定；在任何从前的理念学中可能都没有对历史或神圣文本的阐释。如果这些思考——尽管它们是如此粗略——能让你对它们发表评论，我会非常高兴的。无论如何，我们必须经常回到这个话题上来。——我曾经预言过的〔欧根·〕罗森斯托克的失败现在已经成为现实。我从不欢迎在文本开头看他的名字。现在，他已经在道德上自己把它划掉了。我们诚挚地问候你和赫尔穆特。

你的瓦尔特

127　致佛罗伦斯·克里斯蒂安·朗

1923年圣诞节

亲爱的克里斯蒂安，

请允许我以一种特殊的方式回报你的圣诞问候，以符合我们共同的“爱的信仰”。这是一个基督徒在他昨天寄给我的问候中所使用的漂亮短语，尽管与他的谈话几乎从来没有触及过我们的宗教信仰，就像我们经常在交谈中所做的那样。今年我能够以一种特殊的方式回报问候，因为这可能是我第一年完全意识到我们之间的联系，以及我欠它的无数的东西，或者坦率地说，我欠你的。这也可能是我第一年意识到，我们相互称呼的“你”已经在我心中成长为最不可或缺的形式。在我们的谈话中，你了解的不同领域的知识——这对于思想家来说比对数学家来说要难以获得得多——再对我产生巨大影响。我指的是在坚实的基础上，在思想中迈出无可比拟的一步的洞察力，而不仅仅是随心所欲地向任何方向窥视。今年，我们彼此之间的谈话较少，而我们确实进行过的对话在我的记忆中变得非常生动。我一直迫切需要从它们那里汲取鼓励，这些鼓励对我来说将变得越来越不可或缺。因为思想者的被迫孤立似乎正在肆虐蔓延，在大城市里这是最难忍受的，在那里它必然完全是非自愿的。但是，这种问候值得注意的是，鉴于我们的良心禁止给予其更广阔空间的所有童年的圣诞节回忆，它触及了我生命中三四个不可剥夺的记忆中的一个，通过这些记忆，我的生命显然成形了。我不记得我当时多大了，也许 7 岁，也许 10 岁。就在分发礼物之前，我独自坐在一个黑暗的房间里，想起了《年复一年》（Alle Jahre wieder）这首诗，或者背诵起了它。我不知道当时到底发生了什么，任何描述它的尝试都只会导致一种扭曲。简而言之，即使在今天和此刻，我也能看到自己坐在那个房间里，我知道这是我生命中唯一一次宗教诗句或任何宗教话语在我心中成形，不管这种形状是看不见的还是只在一瞬间可见。①——我希望这几个星期——当你们对赫尔穆特健康的担忧得到缓解时——对你们来说将是一个美好时期的开始，我也希望你们度过一个愉快和满足的节日。

至于我，我再次完全同意你关于霍夫曼斯塔尔所写的内容。你现在可能要再次与他联系。因此，让我再次请你提出我的请求，要他尽快把我的手稿寄回给我。我还没有和他取得联系，但现在必须查阅文本的某些部分。如果我同时再提出两个关于信件的请求，请不要对我生气。我想满足你早先的要求，归还霍夫曼斯塔尔的信，这封信给了我很多乐趣；与此同时，我发觉，尤其是在一些谈话中，这封信在促进我的文学谈判方面会有很大的影响。因此，如果你有机会再给我寄一份信的原件，我将非常高兴。我会把它妥善保管，如果必要的话，会非常谨慎地使用它。第二个请求涉及我关于“理念”的最后一封信，在信中，我第一次概述了一些想法，在我的工作过程中可能需要参考它们。我还要请你帮我保管这封信，以备我使用……除了物质上的困难之外，令人恐惧的是知识分子的孤独感肉眼可见地越来越强了。风暴来临的信号。

祝你享受冬天风暴的庄严音乐。我也希望在我再次表达新年祝福之前，这一年将会有一个美好而富有成果的结局。我们诚挚的问候。

你的瓦尔特

① 参见《本雅明文集》第 I 卷，第 626 页及以下。

128　佛罗伦斯·克里斯蒂安·朗

1924 年 1 月 10 日

亲爱的克里斯蒂安，

我猜测我们最近的通信中断不仅仅是因为我的情况。更有可能你也专注于自己的工作。对我来说，这只在某种程度上是正确的。一方面，应该做的项目束缚了我；但事实上，由于它有时更多的是束缚我而非吸引我，因此我以各种分散注意力的形式遭受了挫折。但是，因为我最近让自己回到了正题，所以现在我在完成之前不能停顿。在几个月的阅读和反复思考中堆积起来的东西现在已经准备就绪，与其说是一堆积木，不如说是一堆巨大的引火柴，我应该把最初灵感的火花从其他地方带到那里，以一种隆重的方式点燃。因此，要想取得成功，把它写下来的工作就必须相当可观。我的基础显著地——确实，可怕地——狭窄：对一些戏剧的了解，远不是所有相关的戏剧。在我可用的极短时间内，对这些作品进行百科全书式的阅读，必然会在我心中引起无法克服的厌烦（dégoût）。对作品与它的第一灵感的关系的考察，使我清楚地了解了当前项目的所有细节，并使我得出以下见解：每一部完美的作品都是其直觉的死亡面具[①]。

至于你自己的工作，我希望你的出版商可能的拖拉不会给它带来太大的负担。事实上，要是它更早就出版了，这本书可能现在能引起更大的轰动。就我的海德堡雇主（！）而言，他没有使我最糟糕的预期成为现实，也许是因为我及早地告诉了他我的新赞助人霍夫曼斯塔尔。他现在似乎想真诚地解决酬金问题。不幸的是，他在我应得的样书的问题上采取了不同的立场。但是对于这种情况，恰当的谚语是，时间会带来智慧，如果我最亲密的朋友有点耐心，我就能设法拿出这本书，即使是姗姗来迟。现在，因为它已经出版，我认为，归根结底，一个作者公开他认为有问题的作品比公开他认为成功的作品更重要，因为比起后者，作者更需要从前者中解放出来，而这种解放是通过出版来实现的。我的翻译非常成问题，对此我不再有任何疑问。我完全没有考虑到与诗韵学有关的任何事情；我没有真正想到诗韵学。你早就向我指出了这一点，尽管只是试探性地。当然，这是无法弥补的。对我来说唯一合适的事情就是从头开始。我希望有一天这件事会成为可能。在某种程度上，我安心地看到霍夫曼斯塔尔对翻译有类似的保留意见，我打算按照这个逻辑给他写信。此外，我对**部分**的译文完全满意。请将随函附上的霍夫曼斯塔尔的信件寄回给我。当然，它们给了我极大的乐趣……

肖勒姆详细地写了信给我。他在耶路撒冷的图书馆任职，随后将被任命为其专门的希伯来语部门的负责人。他结婚了，在新的国家似乎很开心。古特金德夫妇正在认真考虑出境计划，即移民计划。但他们是否能拿出这笔钱是非常值得怀疑的……

尽管有很多麻烦，我最近感觉还不错。唯一不时让我感到沮丧的是我的私人藏书，可以说它已经生锈了，因为我无法进行任何新的收购。我最后一次甚至是不负责任的铺张浪费是在拍卖会上买了一本旧版的霍夫曼斯瓦尔多[1]作品。

我在鲍尔咖啡馆（Café Bauer）写这封信，这是柏林仅存的几家真正的老式咖啡馆之一。再过几天，它将被关闭并搬迁。

我和多拉向你和你的妻子致以最诚挚的问候。

你的瓦尔特

① 参见《本雅明文集》第 I 卷，第 538 页：《作品是构想的死亡面具》（Das Werk ist die Totenmaske der Konzeption）。

129 致雨果·冯·霍夫曼斯塔尔

柏林，1924 年 1 月 13 日

极受尊敬的冯·霍夫曼斯塔尔先生！

由于您对我的作品表现出的热情和浓厚的兴趣，您的来信使我充满了喜悦和感激，但我的答复却使您作为编辑的任务变得复杂。这种对比令我感到尴尬，我恳请您原谅，由于我的过错，朗先生的最后一封信给您带来的不确定性。请允许我把对外部事务的一些评论推迟到这封信的结尾，并从我最关心的事情开始。对我来说非常重要的是，您明确强调了在我的文学努力中指导我的信念，并且如果我理解正确的话，您分享这一信念。也就是说，坚信每一个真理的家园、它的祖先宫殿，都在语言中；而这座宫殿是用最古老的理性建造的；个别知识体系的见解仍然从属于以这种方式为基础的真理，只要它们随意地诉诸语言领域里的事物，可以说就像游牧民一样，时而在这里，时而在那里，被卷入了语言的符号性的观点，这

1　克里斯蒂安·霍夫曼·冯·霍夫曼斯瓦尔多（Christian Hofmann von Hofmannswaldau，1616 受洗—1679），巴洛克时代的德国诗人。

给其术语上留下了不负责任的专横跋扈的印记。相比之下，哲学知道一种系统安排的神奇功效，凭借这种系统安排，它的洞察总是努力寻找一些非常具体的词语。这些词语的表面在概念中已经硬化，但当它与这个系统安排的磁力接触时就会溶解，从而揭示出锁定在里面的语言生命的形式。但是对于作家来说，这种关系意味着在像这样在他眼前展开的语言中拥有自己智力的试金石的好运气。因此，多年前，我试图从术语的奴役中解放两个古老的词，**命运和性格**，并且本着德语的精神有效地重新夺回它们的原始生命。但正是这种尝试，今天以最清晰的方式向我揭示了每一次这样的推进必须面对的困难，以及尚未克服的困难。也就是说，当洞察被证明不足以真正溶解坚硬的概念甲壳时，它会发现自己企图不仅要挖掘而且要钻探作为这种尝试的根源的语言和思维的深度，以免再次回到公式化语言的野蛮行为。当然，这种强制的见解的单纯的书卷气优于其在今天几乎是非常普遍的搀假货的不受限制的诱惑。但是，这些见解是强制的这一事实肯定会减损这篇论文。请相信我是真的发现文章中某些晦涩的根源在于我自己。（同样的道理也适用于我关于《亲和力》的论文第三段的开头。）如果我回到这个早期项目的问题上来，正如可能表明的那样，这次我几乎不敢对他们进行正面进攻。相反，我会在题外话中面对问题，就像我在关于《亲和力》的论文中面对“命运”问题一样。今天，从喜剧的角度来阐明它们，我觉得这是最显而易见的事情。

本着我们日益增长的相互理解的精神——您如此友善地召唤其可能性——我将冒昧地给我译的波德莱尔加上几句话。因为，在这种理解的背景下，在简短的评论中分享我对自己作品的态度和分享作品本身同样重要。从我第一次尝试翻译《恶之花》到该书的出版已经过去了九年，这个时间让我有机会进行大量改进，但在最后阶段也使我深刻认识到某些东西是不充分的，但无法进行“改进”。

我在这里想到的是一个简单而重要的事实，即我的翻译在韵律上是幼稚的。我所说的这一点，不仅是指翻译本身的诗体形式，而且是指韵律并没有像翻译的直译主义那样构成一个问题。我的序言证明了这一点。与此同时，我已经清楚地意识到这个问题，以至于我有足够的动力来进行新的翻译尝试。我深信，最终只有通过更多地考虑到韵律，《恶之花》的另一个译本才能比我的更接近波德莱尔的风格。归根结底，这种风格比其他任何东西更让我着迷，而且我倾向于把它称为平庸的巴洛克风格，就像克洛岱尔称之为拉辛[1]风格和 19 世纪 40 年代记者风格的混合物一样。简而言之，我想再一次出发，试图踏入那些时尚表达遇上寓言化抽象（忧郁 [spleen] 和理念）的语言领域。同时，我希望在这个领域实现我相信我在希腊警句中听到的同样的清晰韵律，正如厄勒[2]新翻译的《伽达拉的米利迦的花环》（*Der Kranz des Meleagros von Gadara*）所传达的那样。① 几个月前，当我为两位海因勒的遗作写序言做研究时，我花了一些时间在那上面。

关于我的手稿② 及其在不莱梅出版社（Bremer Presse）的出版，③ 我已经让朗先生知道我希望再看一下手稿。但我没有立即告诉他您在第一封信中说了些什么，因此他并不知情。如果我现在不能从法兰克福拿回第二份副本，我会按照您建议的方式求助于威甘德博士。它不像人们想象的那么棘手，因为我只需要文章的第三部分很短的时间，并且可能它不急于排版。顺便说一下，威甘德先生的包裹里没有海因勒诗歌的抄本。当然，我有多份副本，当我知道它们在你手中时我会放心。《亲和力》论文的章节标题不用于出版。④

---

1 让·拉辛（Jean Racine，1639—1699），法国戏剧家，17 世纪法国三大剧作家之一（与莫里哀和高乃依一起），西方传统中的重要文学人物。

2 奥古斯特·厄勒（August Öhler，1881—1920），奥地利语言学家和诗人。

让我以再次向您保证我的感激不尽的忠诚结束

您的瓦尔特·本雅明

①《伽达拉的米利迦的花环》。由奥古斯特·厄勒（即奥古斯特·梅耶）编辑和翻译，《古代经典》（*Klassiker des Altertums*）第 2 辑，第 15 卷（柏林，1920 年）。

② 关于《亲和力》的论文。

③ 霍夫曼斯塔尔发行的《新德意志论稿》由不莱梅出版社手动印刷出版，该出版社于 1910 年由威利·威甘德[1]和路德维希·沃尔德（Ludwig Wolde）在不莱梅创立，并于 1921 年至 1939 年由威甘德在慕尼黑领导。

④ 标题保存在论文的手稿中（由肖勒姆所拥有）。给朱拉·科恩的献词在出版时也被省略了，因为霍夫曼斯塔尔不允许有任何献词。

130　致佛罗伦斯·克里斯蒂安·朗

柏林，1924 年 1 月 20 日

亲爱的克里斯蒂安，

经过长时间的停顿之后，在我再次精力充沛地将注意力从我的文学研究，转移到我自己的工作中，转移到我自己的思考和想法中的第一天，立刻让我回到你对这些想法的贡献中。因此，让我回到文献中，即使只是间接的。也就是说，找出有什么证据可以支持悲剧从古希腊戏剧中的人物之间的冲突（Agon）衍生出来——除了“主角”（Protagonist）这个词所暗示的证据——这对我来说非常重要。同样重要的是，在你看来，这个词的意思是否确定无疑是对演员来说的。另一个相关的问题是，在古代舞台中心的祭坛，以及逃离和围绕祭坛的古老赎罪仪式是否被当前学术界视为事实。此外，如果你碰巧对这个话题有所了解，那么到目前为止，人们普遍接受

1　威利·威甘德（Willy Wiegand，1884—1961），德国一位重要的印刷商，不莱梅出版社的联合创始人，以及后来的唯一负责人。

的关于这个事实情况的学术观点是什么？如果它与你自己的观点不同的话，我认为这是可能的。我认为你的另一个特别重要的贡献是你的笔记“阿贡和戏剧”（Agon und Theater）[1]的结束句，你寄给了我该笔记的一份副本。基于这个结束句，我会倾向于推断，一个悲剧的结局以某种方式已经脱离了人类-救赎-上帝原则的必胜信心，在那里甚至留下一种不明确感作为弦外之音。——当然，我只想简单地谈谈悲剧理论（无论好坏，它必须是我们的），但正是因为这种简洁，我必须努力追求精确。——我不知道，当它完成后，整体会是怎样的。唯一可以肯定的是，在不久的将来，我必须投入全部精力。

不久前，我非常详细地给霍夫曼斯塔尔写了信。我希望你收到了我的来信，这样我可以期待很快听到你的消息。

我俩向你和你的家人致以最诚挚的问候

你的瓦尔特

阿贡和戏剧

（摘自佛罗伦斯·克里斯蒂安·朗的日记）

阿贡的起源是为死者提供的牺牲品。如果被牺牲的人足够快，他可能会逃脱。从那时起，相信死者会献上爱的祝福的信念再次战胜了因为死者要求幸存者作为牺牲品而对死者产生的可怕的恐惧。或者不是对这一具体的死者，而是更高的死者的恐惧。这样，阿贡就成了神对人的审判，也成了人对神的审判。雅典的叙拉古（syrakusanisch）戏剧是一种阿贡（参见“竞争者”[Agonist]一词），事实上，在这种阿贡中，一个更高的救世主在对神的审判中被祈祷。对话是一场演讲比赛，也就是说，一场赛跑。不仅在两个

1 阿贡（Agon），古希腊体育及文艺方面的竞赛或古希腊戏剧中人物之间的冲突。

指责和捍卫人或神的声音之间，而且在两个逃向共同目标的人之间。这是对神和人的最新审判。在戏剧中，赛跑仍然是对死者的祭祀；参见王者执政官（Archon Basileus）的祭祀。在戏剧中，赛跑也是一个法庭，因为它代表着最终的审判。它把竞技场切成两半，进行任意一段时间的赛跑，并确定舞台的空间边界。参加比赛者从左边的诅咒之门跑出来。他们不间断地跑——通过混乱的媒介——穿过聚集在祭坛周围的半圆形的会众，最后进入右边的救赎之门。作为最后的审判，这场比赛吸收了人类神圣的过去；这场赛跑结束在已经完成比赛的死者高贵的形象中。会众承认牺牲和死亡，但同时也宣告人和神的胜利。

131　致佛罗伦斯·克里斯蒂安·朗

1924 年 1 月

〔1 月 28 日是朗的生日〕

亲爱的克里斯蒂安，

如果我这些天没有收到你写往格吕瑙的信，而且信中包含了有关赫尔穆特病情的令人欣慰的消息，你那时间有点长的沉默可能已经让我感到不安了。于是，在我看来，我们所有人为你的生日所怀有的愿望中最重要的部分已接近实现。我对实现另一个愿望的担忧要少得多：我希望你在未来的岁月里继续享有你的思想的力量和丰富，这样，收获思想的马车就可以继续像以前一样堆得高高地驶入。我们送给你的礼物可能有点像双驾马车。我相信这两匹马非常相似，因此在工作时会表现得温和而有礼貌。这驾马车可能也拥有一个相当令人满意的，或也是鲜为人知的和相当成熟的牵（吸）引力。那匹小马在车轭中如此松动，这不是我们的错。这是它可用的唯一条件。

但我在寻找礼物的过程中，有一次奇妙的经历。伯恩哈德①应我的询问提出了一个建议，他认为一部好版本的经院哲学著作可能对你有用。于是我前往大型的赫尔德（Herder）书店。过了不到五分钟，主管的先生就给了我可靠的信息，说无论是拉丁语还是德语，都没有任何经院哲学著作的存货！结果，整个商号充斥着小说和宗教宣传小册子。——我也从伯恩哈德那里听说，你的孩子们本来想送给你那本波德莱尔。但是，当然这事现在和将来都该由我负责，我会在不久的将来处理。

请原谅，即使在这封贺信中，我也会为我无聊的语文学问题腾出空间。但我如此渴望继续我的项目，以至于我先前无限期推迟的所有事情现在突然要求完成。在关于希腊戏剧的问题上，我现在和将来都将依赖你一个人。我真的想知道，在对话（特别是索福克勒斯[1]和欧里庇得斯[2]的）的逻辑推理形式，和阿提卡[3]的法庭程序之间，是否存在任何可以论证的关系，无论是历史上的还是纯粹事实上的，以及如果存在，该如何理解。我在文献中没有找到任何与此有关的内容。鉴于我自己缺乏专业知识，我无法解决这个问题，但这是一个显而易见的问题。——至于其他的，我现在已经收集了几乎所有的大量背景资料，很快就会把它们写到纸上。这将是一项艰巨的工作。

〔……〕

再次向你和你的妻子致以最衷心的祝福，祝大家度过愉快的一天。

你的瓦尔特

1 索福克勒斯（Sophokles，约公元前497/496—前406/405），三位剧本幸存下来的古希腊悲剧作家中的一位。

2 欧里庇得斯（Euripides，公元前480—前406），古代雅典的悲剧作家。

3 阿提卡（Attika），希腊半岛的一个地区，雅典所在地，古希腊文化中心。

① 伯恩哈德·朗（Bernhard Rang），佛罗伦斯·克里斯蒂安·朗的儿子。

戏剧和阿贡

〔转载自朗写给W.本雅明的信，日期为1924年1月28日〕

关于我的笔记“阿贡与戏剧”的最后一句话，你说得对：“基于这个结束句，我会倾向于推断，一个悲剧的结局以某种方式已经脱离了人类－救赎－上帝原则的必胜信心，在那里甚至留下一种不明确感作为弦外之音。”这也绝对是我的看法。每次发现的悲剧解决方案当然都是救赎，但这是一个有问题的解决方案，它在祈祷中假定，但没有以这样一种方式实现，即阻止它再次产生需要新的解决方案（= 救赎）的条件。或者——以赛跑的形式来表达它——：达到救赎之神即结束了一个行为，但这不是奔跑的灵魂的最终目标；每一次它都是一个短暂的、命中注定的恩典行为，但不是一个保证，不是完全的休息，不是福音本身；愤怒、对牺牲的需求以及灵魂从命运中逃脱，也总是可以在它的影响下重新开始。因此，有古代的三部曲或四部曲；它描绘了救赎奔跑的各个阶段。——在参考文献方面，我没有任何证据可以证明悲剧是从阿贡中衍生出来的。但是，除了“(Prot) Agonist”（主角）这个词外，让我提请你注意泰斯庇斯[1]的**马车**，它是伴随着星座天旋地转的驾（嘉）年华，但不是按照固定的（占星术的）秩序，而是（在过渡时期）在这个秩序的解体中，所以，在这里狂喜可以从恐惧中强有力地显现出来；自由的话语（dictamen）可以超越法律；新神（狄俄尼修斯）[2]可以战胜旧神。在此背景下，我请你参阅

1　泰斯庇斯（Thespis），公元前6世纪古希腊雅典诗人，悲剧创始者。

2　狄俄尼修斯（Dionysos），古希腊神话中的酒神。

我的关于狂欢节的文章。**悲剧是对占星术的破坏**，从而逃脱了由恒星运行决定的命运。——遗憾的是，我无法告诉你，专门研究考古学和宗教史的学科是否认识到这一切，以及它是否能够在古代文字的基础上证实这一切；但我非常怀疑这一点……另一方面，你也会意识到一个事实（当然，建筑师在金字塔、巴比伦阶梯式寺庙和哥特式大教堂的基础上已经详细证明了这一点），即占星术宗教文化圈（包括整个欧洲）的宗教建筑结构是天文学的：在某种意义上，它是宇宙的反映。既定命运的反映。现在，话题转向露天圆形竞技场——这无非是圆形赛跑在建筑上的固化，就像在领主的坟墓旁，或者在祭坛旁，作为对这个特定人的牺牲，他将自己从变成牺牲品的命运中解放出来，因为在那个骤变期，他赢得了最初作为一个苛刻的、带来诅咒和死亡的神面对他现在成为**救赎之神**的同一位神（祖神、英雄）——我是说提供了一个**离开**圆圈的出口的剧场的半圆形结构接近已经在占星术或命运的范围**之内**承认救赎的露天圆形竞技场。然而，这种人类牺牲的生死赛跑已经是一种阿贡：逃亡者和追捕者之间的较量；但只有当它导致自由的可能性，只有当它的行为是以自由的可能性为前提的，它才完全变成这样。在占星术的露天圆形竞技场**之内**，到达祭坛的人，当然不会被牺牲，但现在他的生命在神的束缚下，直到他死的那一天；而**逃离**它的人——在剧场的半圆形结构里——是一个自由人。然而，这是希腊阿贡在其不再是占星术阶段上的意义：人类对于战胜神职僵化的胜利意识。但是，我担心，对于古代剧场的结构——半圆形结构——的起源的历史，专门的建筑学研究还没有渗透到这些宗教研究领域。

遗憾的是，我也只能以非常笼统的方式回答你在今天的信中关于戏剧性的对话——特别是索福克勒斯和欧里庇得斯的——与阿提卡的法庭程序关系的性质的问题，而没有关于细节和参考文献的更精确的信息。古代的审判——特别是刑事审判——是一种对话，因为它是建立在原告和被告的双重角色的基础上（没有官方程序）。它有自己的合唱团；部分由宣誓成员组成（因为例如，在古克里特岛法律中，当事方由“宣誓者的保证人”，即品德信誉见证人开始陈述证据——最初也在武装战斗中，即通过神裁法——证明其当事方的忠诚和正义）；部分由请求法庭宽恕被告的被告同伴组成（参见柏拉图的《苏格拉底的申辩》（*Die Apologie des Sokrates*）；最后，部分由宣布判决的人民大会组成。然而，这种对话，实际上整个审判本身，最初是一种使用武器的战斗，一种对正义的**追求**；受害方用剑追捕造成伤害的人（在这里，民法和刑法没有区别）；正义只因自助（宗族对抗宗族）而成为人民的法律。然而，真正被起诉的，pro-cessus[1]——以及区分正义与复仇的——是将这一法律过程纳入星座的过程。日耳曼法律中的“议会”（thing）——但这是古雅利安人的，也适用于希腊——只能在日出到日落之间进行审判；判决必须推迟到日落，因为救赎者，捍卫者，仍然可能露面。“真正的议会”也符合月亮的进程；每月举行一次（我相信，在新月期间）。我不是非常详尽地知道阿提卡－古罗马的法律程序；但肯定的是，在那里法律程序也通过星体运行在宗教上受到了限制（因此某些星座会导致休息日［feriae］，不能开庭的日子，等等）。但对于阿提卡正义（罗马正义以其为基础）来说，重要且具有特色的议会甚至在这里也是酒神精神的突破，或者，用关于狂欢节的文章中的语言来说，是非凡超越平凡的胜利，也就是说，醉酒和狂喜的话语被允许突破阿贡的常规包围；受到仪式压迫的人性（通常在类似的几乎不人道的仪式中）被允许疯狂地爆发；一种正义产生于活生生

1　拉丁语，意为“进程”。

的语言的说服力，这种正义高于源自各宗族使用武器或使用**诗句**中的公式化语言作战的活动的正义。在这里神裁法由理性解放。归根结底，在我看来，这是雅典法律程序与剧场戏剧的关系。因为戏剧也是酒神推动的对仲夏之谜的庆祝。然而，索福克勒斯和欧里庇得斯在这里并不具有根本的重要性；他们只是延续了已经存在的东西。发展始于埃斯库罗斯[1]。

132　致格哈德·肖勒姆

1924 年 3 月 5 日

亲爱的格哈德，

我不认为这次在我给你回复之前流逝的很长一段时间应该成为我们通信的标准间隔。当然，归根结底，它的各种原因都要追溯到这里氛围的有害影响，将自己从它的阻碍中解脱出来仍然是我最重要的努力。魏斯巴赫无休止的拖延策略也直接促成了这种情况。起初，我从他那里得到很少的作者样书。我现在终于成功地让他给我寄了一些，你很可能会在收到这封信的同时收到这本书，虽然姗姗来迟，但仍然带着同样的善意。首先让我感谢你的最后一封信。我敢肯定，我漫长的沉默没有透露给你，你信中描述的直观性让我多么着迷。我很高兴看到我对你的美好祝愿如此可靠地得到了证实。与此同时，你肯定会看到你周围的新的、更精确的、同样值得交流的事物；我希望我们的通信能够找到一种节奏，以确保我们不会因为太多重要的事情而互相欺骗。由于这里的事情无法形容的拖拉，以及人们日益迟缓的性格，我给你的

1　埃斯库罗斯（Aeschylus，约公元前 525/524—前 456/455），古希腊悲剧作家。

信不那么容易受到这种危险的影响。由于完全相反的原因，你给我的信可能更容易受到这种危险的影响。因此，这一次我也可以用几句话来总结过去三个月发生的几件事。首先，从消极的方面来说，我还没有开始我的法兰克福项目，尽管我很久以前就把它进行到能够把事情写下来的程度。在这里，促进向实际写作过渡的干劲似乎不想露面，我计划在国外完成大部分工作。4 月初，我打算——想方设法——离开这里，在我力所能及的范围内，在一个更宽敞、更自由的环境中，在一种更轻松的生活的良性影响下，从一个更优越的位置迅速地完成这件事。我在为这个项目完成研究时的那种古怪的细致，将使这项工作成为可能，另一方面甚至促进这项工作（仅举一例，我拥有大约六百个引文，而且，它们组织得非常好，以至于你可以对此一目了然）。最后，由于这个项目形成的速度以及与我早期研究的**相对**脱离，它将始终保留一些鲁莽的越轨行为的性质，但它必然会为我带来大学任教资格。鉴于我的财务状况越来越令人沮丧，这也代表了我最后的希望，一旦我被任命为编外讲师，我就能够获得贷款。我的处境在其他方面也完全取决于在法兰克福会发生什么。在这种情况下，我仍然不清楚如何为我留居国外提供资金。在最极端的情况下，我甚至准备牺牲我的私人藏书中的一些书籍。当然，就目前而言，我通过偶尔大胆的购买来麻醉这种准备的痛苦。因此，令我非常高兴的是，半个小时前，我设法以 3 马克购得了《国家图书馆禁书》（*Enfer de la Bibliothèque Nationale*），这是纪尧姆 · 阿波利奈尔[1]和其他人于 1914 年出版的禁书目录。我不假思索地认为这是一个 Mezzie①。我对巴洛克寓意画集的热情（只在我们之

1　纪尧姆 · 阿波利奈尔（Guillaume Apollinaire，1880—1918），法国籍波兰－白俄罗斯血统的诗人、剧作家、短篇小说家、小说家和艺术评论家。

间说说，只要我有空，我就打算出版一本关于这个主题的相当长的插图著作，因为这样的出版物可以产生可观的收入）也促使我在这个领域进行了一次收购。我现在有两本寓意画册，是当地图书馆缺少的。然而，在其他方面，我正是要感谢这座图书馆给了我关于这些文献的全面概况。毫无疑问，较古老的儿童书籍中的插图与徽章学书籍中的插图之间存在着多种联系。〔……〕——继续我关于过去几个月的备忘录，朗关于赔款问题的著作出版了。《德国建筑棚：针对法国的哲学政治》（*Deutsche Bauhütte: Philosophische Politik Frankreich gegenüber*）。凭借这本书，他第一次用他的智力面貌在很大程度上可识别地标记了他的一部作品，而这本书的重要性与此挂钩。有机会你会从我那里得到一本，并在其中发现给我写给作者的献词。如果偶尔有外国人能理解这本书的话，我会感到非常欣慰，但他们的数量可能很少。朗1月份刚满60岁。——第一部分和第二部分目前正在《新德意志论稿》进行排版，并且将在短时间内作为下一期的主要内容出现，因为我已经阅读了初校样。第三部分将在后面的一期上发表。从作者的角度来看，这种在当地最为高雅的杂志中出版的方式对我来说绝对是非常宝贵的。从学术的角度来看，另一种出版模式可能更有益，但可能性不大。然而，就新闻效应而言，这正是我抨击格奥尔格及其门徒思想体系的适当场所。如果他们发现很难无视这种谩骂，很可能是因为这一场所的独特性。值得注意的是，霍夫曼斯塔尔并没有明显地对一句明确无误地针对他在《论稿》的主要合作者[②]的话语表示愤慨。后来，他甚至给我写了两封关于我的其他事情的信，他特别提到了《译者的任务》，并给予了最大的认可。目前，这些大量的霍夫曼斯塔尔的手迹让我从父母那里获得了一笔非常小的年金，但是，绝不足以让我们的生活站稳脚跟。此外，libelli mei[1] 开始经历 sua fata[2]。最近，我收到消息，我在伯尔尼所有剩余的已印刷好的论文都被烧毁了。因此，我将向你提供一个宝贵的提示，告诉你还有三十七本存货。如果你能得到它们，你就可以确保在旧书交易市场上占据王位。有关编辑的部分结束。——我发现你写的关于〔雨果·〕伯格曼[3]③的内容非常有趣、令人兴奋。我曾经在布雷滕斯泰因遇到过一个人，来自布拉格的一位工程师朗韦尔（Langweil），一个相当寒酸的人，他自称是伯格曼少年时代的朋友。伯格曼是如何得到他的职位的？——古特金德夫妇正在认真考虑离开他们在当地的处境。无论是现在的情况，还是未来的前景，他们的财务状况似乎一点都不有利。在弗拉托④的指导下，他们现在似乎不仅更加热情地学习，更重要的是，更加客观和谦虚地学习。无论如何，我的印象是弗拉托对他们的进步并没有不满意。然而，他以一种专一的态度投身于他们，在我看来有时候这对他有害，就他自己了解欧洲的尝试的进展而言。我越常看到他，我就越喜欢他。——这里有关于俄罗斯大屠杀危险的报道，这听起来令人难以置信地具有威胁性。你知道其中是否有真实性吗？我岳父写信给我说你们在一次聚会上见过面。如果你遇到其他也在我的视野里的人，我会很高兴你能把他们介绍给我。——在现阶段，我无法以任何书面信息回复你对我工作进展的兴趣。我最多只能简述一下它的编排。开头和结尾（在某种程度上是装饰性的旁白）将包含对文学系统研究的方法论观察，在此我想尽我所能地用浪漫主义的语文学概念介绍自己。然后是三章《论作为悲苦剧的内容的历史》；《论 16、17 世纪忧郁的神秘学概念》；《论寓言的本质

1 拉丁语，意为“我的书籍”。

2 拉丁语，意为“它们的命运”。

3 雨果·伯格曼（Hugo Bergmann，1883—1975），以色列哲学家。

和寓言的艺术形式》。在最好的情况下，这部作品仍然会带有其发展历程的痕迹，这种发展历程并非是自然而然的，也并非没有受到时间要求的压力。我还无法预见它的规模。我希望能够将它保持在合理的范围内。最后一章将通过论述书面符号与基本意义之间的关系，快速地通往语言哲学。当然，无论是作品所要达到的目的，还是它产生和发展的节奏，都不允许我以一种完全独立的方式来发展自己对这个主题的想法。这需要多年的反思和研究。但我确实打算呈现关于这个主题的历史理论，它以这样一种方式安排，以至于我将能够准备并勾画我自己的想法。在这方面相当令人惊讶的是浪漫主义者约翰·威廉·里特[1]，在他的《一个年轻物理学家的片段》（*Fragmenten eines jungen Physikers*）的附录中，你会发现有关语言的论述，他倾向于把文字作为一种自然的或具有启发性的元素来确立（两者与传统元素形成鲜明对比），正如文字对于语言神秘主义者来说一贯如此的那样。具体地说，他的推论不是从通常意义上的写作的绘画性和象形文字性出发，而是从书写符号是**声音**的符号而不是所指对象的直接符号这一原则出发的。此外，里特的书因其序言而无可比拟，对我来说，这本书揭示了浪漫主义的秘传性究竟是什么。相比之下，诺瓦利斯是一位受欢迎的演讲家。我从你的信中推断，除了阿拉伯语出版物⑤之外，你还准备致力于《光明篇》的词语索引。这是真的吗？所以这是你未来几年的工作？——当然，你会知道，作为罗森茨维格的继任者，布伯在法兰克福获得了犹太宗教哲学的教师职位。〔……〕——布洛赫有一本新书，基本上由以前发表过的东西组成，起了一个漂亮的标题：《穿越沙漠》（*Durch die Wüste*），

1　约翰·威廉·里特（Johann Wilhelm Ritter，1776—1810），德国化学家、物理学家和哲学家。

这个标题让人想起了卡尔·梅[1]。关于它的内容没有什么可说的。也许有趣的是，它对所有持反对意见的评论家明显血腥的处决。除此之外还有来自穆里的琐碎报告。〔……〕但这必须等待官方报告。另一方面，在此应该“从知识的殿堂”报告以下内容。我从当地图书馆认识的一位先生告诉我，最近（库尔特·希尔德布兰特[2]）对维拉莫维茨[3]的攻击以某种方式也引起了图书馆的注意。简而言之，他们想了解更多关于这件事的信息，于是把我认识的那位先生派到大学去，以确定这些谩骂是否真像他们所听说的那样源于**“莱茵河诗人格奥尔格的儿子”**！

今天我将以西方的日落而结束。你能越早让我听到你的消息，对我来说就越好。最诚挚的问候以及我对艾莎健康的最良好祝愿。

你的瓦尔特

① 意第绪语，意为“便宜货”。
② 鲁道夫·博查特。
③ 耶路撒冷犹太国家图书馆馆长，后来在希伯来大学担任哲学教授。
④ 古特金德的室友兼希伯来语老师，来自维尔纽斯的道·弗拉托（Dow Flattau）。
⑤《来自锡拉库扎的阿布·阿弗拉的棕榈叶之书：阿拉伯秘密科学的文本》（*Das Buch von der Palme des Abu Aflah aus Syrakus. Ein Text aus der arabischen Geheimwissenschaft*）（汉诺威，1927年）。

---

1 卡尔·梅（Karl May，1842—1912），德国作家，以美国旧西部为背景的历险小说而闻名。

2 库尔特·希尔德布兰特（Kurt Hildebrandt，1881—1966），德国精神病学家和哲学家。

3 乌利齐·冯·维拉莫维茨－莫伦多夫（Ulrich von Wilamowitz-Moellendorff，1848—1931），德国古典语言学家。

133　致格哈德·肖勒姆

卡普里岛，〔1924年5月10日〕

亲爱的格哈德，

由于我现在已经逃过了在背面一页上详细介绍的活动，我把这张明信片作为我唯一的收获带回家，并打算把它献给你，同时附上对该事件的简短描述。就我而言，不需要整个事件来使我相信，哲学家是国际资产阶级中收入最低的，因为他们是最多余的走狗；但我以前没见过的是，他们到处都以如此有尊严的寒酸来表现他们的劣势。他们都参加了〔那不勒斯〕大学七百周年庆典①（我刚刚注意到这张明信片的图案只提到了这一点；然而，我所说的是与之相关的国际哲学大会），在某些程度上，他们在其小组开会的礼堂中完全孤立，而激动的学生团体的噪音在大学里肆虐。还有一些全体会议。重要的是，没有任何一个享有声誉的哲学家做报告。事实上，几乎没有一个出席。就连意大利首屈一指的哲学家兼那不勒斯的教授贝内代托·克罗齐[1]也带着明显的疏远感参加了这次活动。在我听到的范围内，这些讲座显然只限于半个小时，都处于一个非常低的水平，旨在大众消费。似乎从来没有向其他学者发表演讲的问题。因此，整个活动很快就落入了库克斯（Cooks）旅行社的手中，他们输送外宾在全国各地进行了无数次“廉价旅游”。从第二天起，我与大会分道扬镳，然后前往维苏威火山。下午，我在一个大学生庆祝活动的庸俗但非常多彩的喧嚣中看到了庞贝城，昨天我参观了宏伟的庞贝国家博物馆②。这座城市再次以它的生活节奏使我倾倒。

我很可能会延长在这里的逗留时间，比我原来计划的更长。

1　贝内代托·克罗齐（Benedetto Croce，1866—1952），意大利唯心主义哲学家、历史学家和政治家。

我正准备在这里开始写我的教职论文。古特金德夫妇可能不会停留太久。长期逗留对我来说也是一个经济负担。但是，如果我在国内，情况也是一样，而且在这里我至少可以更便宜地生活，所以我宁愿在这里承受同样的困难。目前，请按背面所示的地址尽快给我写信。——我的被烧毁的博士论文，现在似乎要有起色了：在一篇题为《文学研究的现代趋势》(Neuere Strömungen der Literaturwissenschaft)[③]的文章中，它得到了详细的讨论；在一本荷兰杂志上，据说它得到了很好的评论[④]。〔……〕

除了阅读它的巨大乐趣之外，我还从你的最后一封信中得到了很多。你随后的每一封来信都会受到热烈欢迎。当然，所有的著述、特刊，等等也会受到热烈欢迎，无论它们是否为我做广告。在接下来的几天里，朗的书可能会寄到你那里。我现在最好引用你最后一封信中的以下句子还给你："我还打算在《犹太人》上发表一篇关于希伯来语诗歌翻译的笔记（论战性的）。它旨在揭露历史哲学的意识形态中刺杀希伯来文学的反犹太复国主义倾向（参考罗森茨维格等人[⑤]）。"我恳请你将这句话加上详细阐述后寄还给我。否则，我会考虑指责你有一种洪堡（Humboldt）式的甚至博尔特寡妇式（Witwe Boldt）的态度。如果是后者，你在穆里可能会遇到麻烦。

最诚挚地问候你和艾莎

你的瓦尔特

① 参见《本雅明文集》第Ⅱ卷，第77页。

② 位于那不勒斯。

③ 这个参考文献可能是W. B.的一个错误。

④ H. 斯帕奈（H. Sparnaay）在《新语文学》(*Neophilologus*)杂志中，第9期，第101页及下页。

⑤ 指罗森茨维格翻译的耶胡达·哈勒维的赞美诗，当时已经出版。

134 致格哈德·肖勒姆

卡普里岛，1924年6月13日

亲爱的格哈德，

事情再一次到了我可以给你写信的程度。这封信的借口是，我必须请你把我的《亲和力》论文的第三部分寄到我当地的地址。因为我确实需要借口。否则，我会有太多事情要做，以至于我几乎不可能花时间写一封信。我要是能做那么多就好了！对我来说，完成我的教职论文越来越难了。这有几个原因。第一个原因可能是，一方面，在任何情况下在时间压力下工作都是困难的；另一方面，我在思考和写作时越来越倾向于保持高度的谨慎。正如那些需要这种态度的主题，即哲学主题，对我来说变得越来越重要。这里有另一个障碍。很难〔确切地阐述〕[①]我在这项研究中的哲学思想，尤其是认识论思想，它必须呈现出一种稍微精致的外观。在我的阐述过程中，随着主题和哲学观点的紧密结合，它会变得更容易；引言仍然很困难。我目前正在写它，其中必须提供一些我最私密的隐蔽动机的迹象，而无法完全隐藏在主题的范围内。你会在这里再次发现一种类似于认识论的尝试，这是自我的论文《论语言本身和人的语言》以来的第一次。遗憾的是，我不得不写得太匆忙，这标志着它在许多方面是不成熟的，因为需要数年甚至数十年从容不迫的工作才能产生一个成熟的作品。至于其他方面，我只希望我能牢牢把握，在截止日期之前完成它，该日期基本上给了我充足的时间。总的说来，在写作阶段，同样的忧虑再次出现，正如当初确定计划阶段在我心中引起的忧虑那样，当时我正确地从一个前提出发，即必须在对我而言必不可少的阐述和项目目的之间达成妥协。你不会感到惊讶：这种忧虑会召唤懒惰的魔鬼。最后，不仅这里的生活的宏观方面会偶尔导致速度减慢，而且还有一些小的不便，从表面来看是非常微小的。

〔……〕

我昨天在咖啡馆开始写这封信，我坐在梅尔基奥尔·莱希特尔[1]旁边，几天前我在这里结识了他。一位和蔼的、并且非常高雅的老绅士，长着一张圆圆的、红色的娃娃脸。他走路拄着拐杖。随着时间的推移，特别是在古特金德夫妇离开之后，我在希迪盖盖（Hidigeigei）咖啡馆（除了它的名字，没有什么令人不愉快的）结识了一个又一个人。在大多数情况下收获很少；这里几乎没有任何值得注意的人。一位来自里加（Riga）的布尔什维克主义的拉脱维亚女士[②]，她是剧院演员兼导演，也是一位基督徒，是最值得注意的。这让我想到一个问题，你是否在那里和认识弗拉托女朋友的人交谈过。有一天，她经历了无穷无尽的纠葛之后到达这里。由于她到达时的情况和她本性的情况，她引发了一场如此大的灾难，以至于对古特金德而言，剩余的旅程都受其影响。然后她突然又消失了，没有和任何人联系，甚至连弗拉托也没有。这件事绝对令人难忘。这个女孩给我留下了深刻的印象。她的名字叫察瓦·格尔布卢姆（Chawa Gelblum），现在可能在考那斯（Kowno）。总的来说，古特金德夫妇旅行的整个过程都令人难忘，其特点是有一种明显的不幸倾向。甚至在返程途中——他们换了一张不同路线的车票——他们在博洛尼亚（Bologna）附近也卷入了一场火车事故，虽然没有人丧生，但埃里希受伤了，并且刚好伤在事故之前已经使他遭受了相当长一段时间痛苦的膝盖上。我想他们现在是在格吕瑙。自博洛尼亚之后，我就没有任何消息了。——〔阿道夫·冯·〕哈茨菲尔德[2]（我在你家看过他的诗的那个人）在这里已经好几个星期了。

今天是我写这封信的第三天。我和这位布尔什维克主义女士交

---

1 梅尔基奥尔·莱希特尔（Melchior Lechter，1865—1937），德国画家、平面艺术家和书籍装帧艺术家。

2 阿道夫·冯·哈茨菲尔德（Adolf von Hatzfeld，1892—1957），德国作家。

谈到12点半，然后我一直工作到4点半。现在是早晨，在多云的天空下，海风吹来，我坐在阳台上，这是卡普里岛最高的阳台之一，从那里你可以俯瞰城镇和大海。顺便说一句，引人注目是，那些来这里很短时间的人往往无法下定决心离开。同类事件中最伟大和最古老的发生在提贝里乌斯[1]身上，他三次放弃了已经开始的前往罗马的旅程，为了返回这里。这里的天气同样几乎没得说，我也希望你转达给艾莎。自从我到这里以来，最多下了四次雨，而且很短暂。——最近，我又有了一点钱，一旦我设法知道如何面对自己的良心，我将去那不勒斯——也许甚至到帕埃斯图姆（Paestum）。

我将很乐意浏览一本巴勒斯坦的旅游指南。我打算一有机会就这么做。然而，在那之前，不要担心你信中的任何内容是令人费解的。当我收到你的一封信时不明白的东西，我以后会明白的，而且会更加持久。关于采法特你说得很少。那里还有一所专门研究犹太神秘哲学的学校吗？根据你生动的描述，关于你似乎遇到的相当数量的令人难以置信的家伙，我想象了各种各样的事情——最重要的是，我想象，即使在巴勒斯坦的许多地方，事情都是以一种非常人性化的、比一个对巴勒斯坦一无所知的人所设想的还要不那么犹太人的方式进行的。此外，为了激励你更加坚定地沟通，下面有一份来自我最近视察过的知识中心的报告，也就是来自穆里的报告。（顺便说一下，我非常遗憾没有在那里遇到你）。在图书馆的收购目录中可以找到许多有趣的项目：《职业咨询协会文件第1卷：文字和图片中的德国荣誉博士》（*Schriften des Vereins für Berufsberatung Bd. I: Der deutsche Ehrendoktor in Wort und Bild*）——伊丽莎白·弗斯特－尼采，《葬礼和永久护理》（*Bestattung und Grabpflege*）第

1 提贝里乌斯（Tiberius，公元前42—37），第二位罗马皇帝，从公元14年到公元37年在位，接替奥古斯都。

6卷——迪特里希·谢弗[1]：《德国问题：沙梅还是铁砧？》(*Die Deutsche Frage: Chammer*③ *oder Amboß*？)——《完美的霍恩佐勒》(*Der perfekte Hohenzoller*)，按字母顺序分为两小卷：第1卷：《从让位到大吵大闹》(*Abdankung bis Krakehl*)；第2卷：《从兀鹫到王室专款》(*Lämmergeier bis Zivilliste*)——路德维希·冈霍弗尔[2]：《犹太军队牧师和木头小鬼》(*Feldrabbiner und Waldteufel*)(中篇小说集)。论文部分：《观点理论的绪论》(*Prolegomena zu einer Theorie der Gesichtspunkte*)——《关于弗里达·山茨[3]早年的新事物》(*Neues aus der Frühzeit von Frieda Schanz*)——《自路德以来的教会老鼠》(*Die Kirchenmaus seit Luther*)。——教义史研讨会：A.冯·哈纳克：《复活节彩蛋：它的优点和危险》(*Das Osterei: Seine Vorzüge und seine Gefahren*)。——顺便问一下，你熟悉"学院议事规则"吗？

〔……〕

听我说并感到惊讶吧！昨天我订阅了《法兰西行动》(*Die Action Française*)，这是由利昂·多代[4]和——特别是——查尔斯·莫拉斯[5]领导的保皇派报纸。它写得非常出色。尽管他们的政治基础在许多重要方面都是非常脆弱的，但在我看来，他们的观点最终似乎是唯一一个可以从中看到德国政治的细节而不被愚弄的观点。我的工作日程安排对我甚至提出这样一个多余的观察问题负有责任，因为该日程安排得益于我从阅读这份报纸中获得的巨大乐

1 迪特里希·谢弗(Dietrich Schäfer，1845—1929)，德国历史学家。

2 路德维希·冈霍弗尔(Ludwig Ganghofer，1855—1920)，巴伐利亚作家，以其家乡小说而闻名。

3 弗里达·山茨(Frieda Schanz，1859—1944)，德国青年读物女作家、出版人和教师。

4 利昂·多代(Léon Daudet，1867—1942)，法国记者、作家、活跃的君主主义者，也是龚古尔学院的成员。

5 查尔斯·莫拉斯(Charles Maurras，1868—1952)，法国作家、政治家、诗人和评论家。

趣。下午，我经常在咖啡馆里待上几个小时。

最诚挚地感谢你和艾莎的照片。我很高兴得到它们。我绝对完全同意你在带书的照片中所表现出的非人情味，但遗憾的是，我不可能同意你借机对我的私人藏书做出的其他评论。尽管它很荣幸地唤醒了你无私的贪婪④，但如果我能保持私人藏书的完整（在我来这里之前，我已经不得不卖掉一些好书——但不是重要的东西），我会很高兴地把我的书作为我存在的重要的墓志铭留给斯特凡。他必须对书籍采取最无条理的态度，我才不会这样做。我是否能保存我的图书馆取决于很多事情，但遗憾的是，还不能确定。在我看来，这几乎是不可能的。——我希望这些言论中隐藏得很差的感伤性质能阻止你进一步的抢劫企图。

最后，布洛赫在《新水星》杂志3月号上评论了卢卡奇的《历史与阶级意识》(*Geschichte und Klassenbewußtsein*)。这篇评论似乎是他在很长一段时间内所做的最好的事情，而且这本书本身非常重要，尤其是对我来说。当然，我现在不能读它。——昨天有人告诉我，他做了一笔很好的交易，把他的房子租出去一年，并且打算长途旅行。——我再次索要我的《亲和力》论文的第三部分，请用挂号信寄。

我希望这封长信不要寄给不值得的人。你的回复将决定这一点。

祝你和艾莎一切顺利

你的瓦尔特

① 原文这里遗漏了一些东西，例如："确切地阐述"。

② 阿西娅·拉西斯[1]。

③ 意第绪语，意为"蠢驴"。

④ 肖勒姆曾问W. B.，"一百二十年后"是否会把他的书留给耶路撒冷图书馆。

---

1 阿西娅·拉西斯（Asja Lacis，1891—1979），拉脱维亚女演员和戏剧导演。

135　致格哈德·肖勒姆

1924年7月7日

亲爱的格哈德，

尽管我们新生的信件交流充满活力，但是似乎你已经——出于某种神话式的情结或返祖现象——决定将它遗弃到你被忽视的信件的纸山中。但是，当我问自己为什么没有收到《亲和力》论文第三部分的手稿时，即使是基于神话的现成解释也失灵了。如果你还没有寄出去，就留着吧：我现在不需要它。

这里发生了各种各样的事情，但只能当面真正沟通，也就是说，如果我去巴勒斯坦旅行，或者可能更合理的话，如果你来卡普里岛旅行。发生的事情对我的工作而言，并不是最好的，它被危险地打断了；对资产阶级生活节奏而言，也可能不是最好的，这种生活节奏是任何工作都不可或缺的；而对生机勃勃的解放和对激进共产主义现实的深刻洞察而言，绝对是最好的。我结识了一位来自里加的俄国革命家，这是我见过的最杰出的女性之一。

此外，我也遇到了一些不幸，当然，与我在这片土地上逗留三个月所积累的越来越大的内部能量相比，这种不幸的分量并不太重。我逗留的时间长短绝对至关重要。首先，直到昨天，我已经在如此灾难性的财政困境中生活了三个星期，在德国，类似的情况会把我带到可以忍受的边缘。在这里，由于乐于助人的人们和温和的气候，许多事情变得容易。在6月初，《法兰克福汇报》发表了斯蒂芬·茨威格[1]对我译的《波德莱尔》一书的极其糟糕的评论，并把它放在了最显眼的部分——就在星期天早上的副刊。一旦我得知，通过一个编辑的阴谋，这本书从最初选中的评论员手中被抢走，并送

1　斯蒂芬·茨威格（Stefan Zweig，1881—1942），奥地利小说家、剧作家、记者和传记作家。

到在十五年前发表了第三糟糕的波德莱尔德语译本的茨威格那里，我就看到了所有即将发生的事。但我对此无能为力。书评显然是不足道的，但是……他用以下附加说明处理前言：……“翻译（如前言所示，作者意识到它的困难）。”最终该负责的人是善意的、粗俗的、自吹自擂的齐格弗里德，他姓克拉考尔。依靠他不合格的政治同僚们，他宣称自己愿意支付他无法筹集到的赔偿金。——海德堡盖斯贝格（Gaisberg）大街27号的恩斯特·西蒙[1]博士用一张明信片回应了我对《约拿书》①的请求，通知我它已经寄出。然而，手稿仍未到达（在三个月后）。你能敦促他把它寄往格鲁内瓦尔德吗？拜托了！

我不知道我会在这里待多久，也不知道我会去哪里。从昨天开始，我有了一个新的房间，我之前可能从未有过这样的用来工作的房间：从房间的比例来看，它有各种僧侣式的精致，可以俯瞰我能拥有的卡普里岛最美丽的花园。在这个房间里，上床睡觉似乎是不自然的，而辛勤工作的夜晚是不言而喻的。此外，我是第一个住在其中的人——至少在很长一段时间内，但我相信是第一个。这曾经是一个储藏室或洗衣房。墙壁粉刷过，没有挂图片，并将保持这样。

你对我写给你的那些关于穆里的事情有什么看法？向你和艾莎致以最诚挚的问候。我希望你们两个都很好，并继续在这片土地上拥有最有重要意义的经历。

你的瓦尔特

① 肖勒姆的关于《圣经·约拿书》的（未出版的）著作。

1　恩斯特·西蒙（Ernst Simon，1900—1988），德国犹太裔教育学家和宗教哲学家。

136　致格哈德·肖勒姆

卡普里岛，1924 年 9 月 16 日

亲爱的格哈德，

以下信件的完成——在这么长时间的沉默之后——将以政治盛况和仪式开始的一天为标志，因为墨索里尼[1]今天中午踏上了这个岛屿。各种各样的节日装饰都没能掩饰大家对这一事件的冷淡。大家惊讶的是这个人来了西西里岛——他一定有紧急的理由这样做——并告诉彼此，他在那不勒斯被六千名秘密特工包围，他们的任务是保护他。他看起来并不像明信片让他成为的风流男子：不正派、懒散、傲慢，好像他用腐臭油慷慨涂抹了一样。他的身体臃肿而线条不明朗，就像一个胖杂货商的拳头。让我首先记录卡普里岛发生的其他一些事情。自从我上次写信以来过去了一段时间，这个地方充满了吵闹的那不勒斯人，以及他们的孩子与穿着难以想象地多彩和丑陋服装的妻子；一些埃及人（他们在早些时候的洗浴季节蜂拥而至）也仍然在这里，而现在，就像春天一样，泥泞的日耳曼浪潮滚滚而来，冲上来的第一批人中有恩斯特和琳达·布洛赫（Linda Bloch）（这是我欢迎的）。在他启程前往西班牙、突尼斯和东方部分地区旅行之后——谁知道他本来是否也会去探索巴勒斯坦，以便带给你非常害怕的报告——地中海轮船公司收取的票价迫使他调整他的旅行计划。〔……〕很长一段时间以来，他第一次表现出了一个更友好，甚至是容光焕发、更高尚的一面，他的谈话有时对我非常有益。〔……〕如果我无视犹太笑语的不正经之处，并考虑到他比以往任何时候都更加吸收了慕尼黑的瓦伦丁[2]的诙谐，

1　贝尼托·墨索里尼（Benito Mussolini，1883—1945），意大利政治家，法西斯军国主义独裁者。在 1922—1943 年期间任意大利首相。

2　卡尔·瓦伦丁（Karl Valentin，1882—1948），巴伐利亚喜剧演员、歌舞表演者、小丑、作家和电影制片人。

他仍然是一个无与伦比的讲故事的人。〔……〕

你发出警报的那些危险确实对我的工作构成了潜在的威胁。就在几天前，我相信它们已经被驱散，我在这里度过了整整一个星期几乎无云的日子，而新的形势变化又一次使天空变得完全阴沉沉的。但我的自觉意志，即使在这件事上也相当坚韧，在任何情况下都不会放弃，也没有放弃。因此，在这几个月里，虽然并非总是那么容易，但我已经完成了我的著作的认识论序言；第一章《悲苦剧中的国王》(Der König im Trauerspiel)；以及几乎整个第二章《悲苦剧和悲剧》；我仍然要写第三章《寓言理论》和结论。因此，该项目将不会在原定截止日期（11月1日）之前完成。尽管如此，我希望在圣诞节前后交稿，虽然学术外交形势可能有所改变，但不会严重危及它的成功。至于这本书的价值，一旦我用更细微的构想制作一份誊清稿，我将能够更清楚地描绘其特征并做出判断。有一本关于同一主题的新书，《德国巴洛克风格的诗歌》(*Deutsche Barockdichtung*)，是由一位崭露头角的维也纳讲师〔赫伯特·〕西萨兹[1]撰写的。经过仔细研究，我认为它证实了我的作品从头到尾都充满了以最令人惊讶的方式照亮该主题的段落。西萨兹的文献资料和他的特定观点都没有错。然而，总而言之，他的著作完全屈从于这种材料对那些为了描述它而站在它面前的人所产生的令人眩晕的吸引力。因此，没有对主题的阐明，唯一突出的又是一点点后巴洛克风格（带有一个r！）；或者说：这是一种试图用精确科学的梳子将堕落的粗人的头发——也就是表现主义记者的风格——梳开的尝试！这种巴洛克风格的特点是，任何一个在研究过程中停止严谨思考的人都会立即陷入歇斯底里的模仿之中。这个家伙有时会想出很贴切的表述，在这方面我可以向他学习。我还缺少一些警句，

1 赫伯特·西萨兹（Herbert Cysarz，1896—1985），奥地利－德国日耳曼学研究者。

而其他华丽的警句已经准备就绪。

现在让我正式请求你允许我推迟探讨当今共产主义的对立问题。因为材料方面尚未成熟到足以作出决定，所涉及的个人动机也尚未成熟到适合传达。可能，或者极为可能，我在给你的信中写到，几个参考文献融合了：对卢卡奇的著作的一个参考融入了一个私人性质的参考。尽管从政治考虑出发，卢卡奇得出的原则至少在某种程度上是认识论的，而且也许并不完全像我最初设想的那样具有深远影响。这本书让我感到惊讶，因为这些原则对我产生了共鸣或证实了我自己的想法。〔……〕关于共产主义，“理论与实践”的问题在我看来实际上是这样的，即尽管这两个领域之间必须保持差距，但任何对理论的决定性洞察都完全依赖于实践。至少我清楚地知道，在卢卡奇那里，这个主张具有一个坚硬的哲学核心，绝不是资产阶级的和蛊惑人心的空话。由于我目前无法满足这一最困难的先决条件，因此我还必须在某种程度上推迟材料方面的内容。但很可能仅仅是推迟。顺便说一句，我想尽快研究卢卡奇的书，如果在与黑格尔辩证法的概念和主张敌对的对峙中，我的虚无主义的基础没有表现出来反对共产主义，我会感到惊讶。但这并不妨碍这样一个事实：自从我来到这里，我以一种与以往不同的眼光看待共产主义的政治实践（不是作为一个理论问题，而是首先作为一种有约束力的态度）。我想我已经写信告诉你了，到目前为止，我在思考这个问题时所取得的许多成果，都引起了那些和我讨论这个问题的人的极大兴趣，这些人中有一位优秀的共产主义者，自杜马革命以来一直为党工作。我想我也已经写信告诉你，我的《德国衰落的描述性分析》（Beschreibende Analysis des Deutschen Verfalls）[①]——我已经扩展了某些段落——今年冬天将发表在莫斯科的《红色警卫》（*Rote Garde*）杂志上。一旦我能认真考虑这件事，你就会听到我的消息。我的最后一张明信片以一种相当扭曲的方式表明了我思考的总趋势，而这里的几行字以一种非常零碎的方式呈现它。但是时间会过去，然后——或者更早——你也会听到围绕着这个时刻的事情，这些事情是可以交流的。但在此之前，如果你能和我分享一些你似乎不安地意识到的、而且你一直在密切关注的共产主义实践的事情，这对我是有益和有好处的。这一点尤为重要，因为我怀疑这些主题在来自德语区的信息中是否会将变得真正生气勃勃。

随函附上茨威格的评论。请在下一封信中将它寄回给我。同时或很快，我会给你寄一期杂志②，在其中你会发现一些新的波德莱尔翻译。目前，我还不能给你寄新的一期《H》杂志。更多的是出于软弱，而不是出于对其出版商〔汉斯·里希特[1]〕的恩惠，我为第一期翻译了特里斯坦·查拉[2]的一个笑话③，充满了令人尊敬的气势。通过几个星期的可怕的苦工，我已经翻译了《于絮尔·弥罗埃》（*Ursule Mirouet*）的第一卷④。我请你履行你的义务，立即将你提到的一期《基烈西费》（*Kirjath Sefer*）杂志⑤寄到我的地址。——你报告说你的《光明之书》的引言即将完成——我相信你在此期间已完成了它。在语文学领域内，它给了读者一个关于你对这个文本最私人的见解的视角；我的这一假设是否正确？你还打算用德语发表文章吗？

自从回家以后，朗一直病得很重，以至于我不知道有没有希望再见到他。他起初以为他的病是风湿病。然后它开始看起来像神经炎。然而，根据我的最新消息，医生完全无法诊断他的病情，它最终发展成几乎完全瘫痪伴随着持续发烧和可怕的消瘦。如果你有时间阅读他的书，我确信它使他离你更近了。他在这里时曾经非常热

---

1 汉斯·里希特（Hans Richter，1888—1976），德国画家、平面艺术家、前卫艺术家、电影实验者和制片人。

2 特里斯坦·查拉（Tristan Tzara，1896—1963），罗马尼亚和法国前卫诗人、散文家和表演艺术家。

情地谈到你。他的死将真正打击我，正如他的病让我感到悲伤一样。我已经有一段时间没有给他写信了，因为据我所知，他已经不能读懂信件了。我希望再次听到他的妻子传来的消息。她在其他方面也遭遇不幸：他们的儿子在达沃斯的一系列疗养和一些重大的手术之后，终于似乎奇迹般地逃离了他在战争中感染的结核病的魔掌，但是现在再次生病。——直到你写信告诉我，我才知道发生在阿格农身上的可怕事情⑥。我甚至无法想象能够忍受这样的事情，更不用说能够克服它了。

伯格曼可能还没有从伦敦或美国回来。有关大学计划的情况⑦，你有什么新消息可以告诉我吗？我已经收到了〔德·〕哈恩[1]被谋杀的消息⑧。但是，几乎比它更可怕的是你报告的这个事件产生的影响。最近，我在这里和一个基辅地区出生的俄罗斯犹太人交谈，他是一个直接来自巴勒斯坦的农民。我不记得他的名字了。他看起来不像随便哪一个普通人，并且吸引了我的兴趣，因为他坚信他曾在巴勒斯坦见过我。他也见过你并听说过你，但没有和你说过话。——

你可以想象，随着时间的推移，我在这里看到了很多东西，如果我明天去索伦托（Sorrent）南部的波西塔诺（Positano）远足——这还尚未确定——我将了解该地区除了伊斯基亚（Ischia）以外的所有著名景点。帕埃斯图姆神庙遗址给我留下的印象是无与伦比的。当我在疟疾季节的8月的一天看到它们的时候，我是独自一人，那时人们正在避开这个地区。在我看过的图片的基础上，与“希腊神庙”这个词联系起来的陈词滥调甚至没有接近现实。遗址所在的区域景观如此宏伟，文明形态如此荒凉。在离神庙不太远的地方，可以看到狭长的、燃烧着的蓝色海水带。它们据说是在雅典

1　雅各布·德·哈恩（Jakob de Haan，1881—1924），荷兰律师、法学家、记者和诗人。

以外可以看到的最壮观的神庙。这三座神庙——但只有两座是非常重要的——都大致属于相同的风格和相同的时期，甚至现在由于他们的生命力，也表现出几乎明显的、可感知的差异。由于它们彼此非常接近，因此其对峙是令人不安的。就在同一天，我看到了港口城市萨莱诺（Salerno）。第二次看到庞贝以及也许是第二十次看到那不勒斯。我收集了很多关于那不勒斯的资料，有一些值得注意的和重要的观察，我可能会将其加工成某种东西。我看到了波佐利（Pozzuoli）、阿马尔菲（Amalfi）和拉韦洛（Ravello）。整个夏天，这里的海滩上都会燃放烟花，夜复一夜，一场比另一场更精彩，不断有新的色彩和形状⑨。我一定写信告诉过你了。葡萄园也是这里夜晚的奇观之一。你一定经历过这样的事情：果实和叶子浸入夜晚的黑暗中，你小心翼翼地摸索硕大的葡萄，以免被人听见和赶走。但还有更多的东西，也许对《颂歌》的评论会对此有所启发。

我简直不敢相信——我越是焦虑不安，就越难以相信——我打算并将在十二天后离开这里，以便看到意大利的更多东西。我想在10月份去旅行，与其说想看看罗马，还不如说想看看佛罗伦萨、拉文纳（Ravenna）、阿西西（Assisi）和费拉拉（Ferrara），然后如果没有出现任何问题的话，我会去巴黎。但由于我的签证，我不知道这是否可行。11月1日，我会在柏林。请从现在起把你的信寄到我的家庭住址。它们将从那里转寄给我。

在那不勒斯，只要我的钱足够，我就抓住机会买一些新的法语书籍。所以只有很少。其中包括莱昂·布洛伊[1]的《老生常谈》（*lieux communs*）（两卷本）中的精彩评注⑩。几乎从来没有人针对资产阶级写过比这部著作更为尖刻的评论，或者说讽刺。顺便说一句，就语言哲学而言，这是对他们的习惯用语的非常深入的

1 莱昂·布洛伊（Leon Bloy，1846—1917），法国小说家、散文家、小册子作者和诗人。

评论。布洛伊一直是（保皇派？）天主教徒。我有很多他写的东西。然后，在那不勒斯，一本漂亮、稀有的德语儿童读物落入了我的手中。那么，为什么不能在耶路撒冷？请留意！我的柏林竞争对手、该领域的大师和我收藏的慷慨的推广者的著作，现已出版。卡尔·霍布雷克（Karl Hobrecker）：《古老的被遗忘的儿童读物》（*Alte vergessene Kinderbücher*）。我最近收到了书评用赠阅本⑪。这位老先生的写作风格颇具长辈风范，表现出一种天真的幽默，有时这种效果像一个失败的布丁。他对图片的选择有些问题，但只要它们是彩色的，就非常值得赞扬。我告诉过你，当出版商知道我的收藏及其与我的生活时，他没有把这项任务交给我，这很令人沮丧。

你在信中提到了一个我不明白的暗示，说〔理查德·〕威尔斯泰特[1]被邀请到你那里任教⑫。我不知道你说的是慕尼黑、柏林还是穆里：如果是后者，我们准备将薪酬提高到威廉二世先生年薪的最高限额，为您宝贵的精力，等等起见。

我想你的放大镜今天可以放假⑬。——我从这里的饮食中感染了败血症，先在腿上爆发，然后在手臂上，现在它又痛苦地威胁我。一个不愉快的故事。最近，我在使用蚊帐，两个月来蚊子每晚都把我啃到只剩下骨头，我希望现在情况会好转；因为叮咬可能也是感染的诱因。

我希望你不要模仿我的沉默，而是很快会给我一些生动而愉快的消息，告诉我发生在你身上的事情。向你和艾莎致以最诚挚的问候。

你的瓦尔特

① 在肖勒姆离开时，W. B. 将这份手稿以羊皮纸卷轴的形式交给了他。另一个版

1 理查德·威尔斯泰特（Richard Willstädter，1872—1942），德国化学家。

本以“德国通货膨胀之旅”（Reise durch die deutsche Inflation）为标题发表在《单行道》（*Einbahnstraße*）（“帝国全景图”［Kaiserpanorama］）中。

②《诗歌和散文》（*Vers und Prosa*）（由弗兰茨·赫塞尔[1]编辑），第 8 期，1924 年 8 月，第 269—272 页。

③《背面的照片》（Die Photographie von der Kehrseite）。见《初步塑造杂志》（*Zeitschufl für elementare Gestaltung*），1924 年 6 月。

④ 该巴尔扎克译本由罗沃尔特（Rowohlt）出版社出版（1925 年，柏林）。

⑤ 耶路撒冷图书馆出版的一本杂志，由肖勒姆编辑，其中有他最早的希伯来语的文章。

⑥ 阿格农住在巴特洪堡（Homburg v. d. Höhe）的房子烧毁了，他的手稿和私人藏书化为乌有。

⑦ 耶路撒冷希伯来大学的成立。

⑧ 具有政治背景。该男子及其谋杀案的故事构成了阿诺德·茨威格[2]的小说《德·维伦特回家》（*De Vriendt kehrt heim*）的主题（1932 年）。

⑨ 参见《本雅明文集》第Ⅱ卷，第 77 页。

⑩ W. B. 在 1932 年 3 月 18 日的《文学世界》（*Literarischen Welt*）杂志中发表了该评注节录的译本，并附有介绍。

⑪ 该书评发表于 1924 年 12 月的《古旧书店刊物》（*Das Antiquariatsblatt*）第 22 期。

⑫ 当一项重大的聘任由于反犹太教的原因被学院拒绝时，威尔斯泰特辞去了慕尼黑化学教授的职位。他的辞职引起了很大的轰动。据说，当时人们正在努力使他在耶路撒冷得到一个职位。

⑬ 这封信不像 W. B. 的大多数其他信件一样用极小的字体写成。

137　致格哈德·肖勒姆

1924 年 10 月 12 日至 11 月 5 日

罗马、佛罗伦萨

亲爱的格哈德，

1　弗兰茨·赫塞尔（Franz Hessel，1880—1941），德国作家、翻译和编辑。

2　阿诺德·茨威格（Arnold Zweig，1887—1968），德国作家、反战和反法西斯活动家。

现在轮到我不知所措了：我不知道你为什么没有回复我的上一封信。由于我现在可以说必须以我的上一份报告作为起点，那么自相矛盾的是，要想重新拾起“叙述的线索”是双倍地困难。来自你的几行字，本来会在作为任何旅程的一部分的深谷上架起一座体态轻盈的桥梁。因为在最后的时刻，这就是所发展起来的：一次旅行。在这次旅行中，我独自一人，但在金色的道路上自由自在地前进。我于10月10日离开了卡普里岛；我去了波西塔诺，然后去了——又一次比计划的时间长——那不勒斯，现在已经在罗马待了一个星期。不太有成品在手的安全感，这本书的第三部分和结论仍未完成，但它们已经准备好了，因为我已将材料组织完毕直到最后的细节。卡普里岛不再提供坚实的基础，我没有写完第二部分，我将不得不在柏林尽快完成它。当我着手制作誊清稿时，我将研究具有很大潜力的材料。正是在这里，我开始真正参与这个项目，我希望能够拥有完成这项任务不可或缺的宁静。许多段落将不再需要做任何改变。——在卡普里岛的最后一天，消息传来：朗去世了。过去两周我一直在为这个消息做心理准备，但这个消息现在才慢慢传递给我。多亏了你们短暂的相逢，他的形象也将保存在你的心中，这是件好事。当我在一封试图表达我对他的依恋之情的信中给他的妻子写到，尽管看起来很奇怪，但我对这个人的感激不仅是因为他对我的支持和认可，还因为我已经内化了的德国文化的最基本的元素时，我并没有夸大其词。不仅因为在这个领域我们坚定反思的主要论题几乎都是一样的。而且我也看到在这些伟大主题中栖身的生命只在他身上得到了人道的体现。当这种生命在德国其他地区的地壳下瘫痪时，它以更多的火山力量从他身上迸发出来。当我和他交谈时，我们不仅思想和谐，而且有机会让我——不受天气和身体状况影响——在他不可思议的、破裂的思想山脉中攀登。我总能走到一个山巅，使我对自己未开发的思想领域有了一个广阔的视野。他的精神交织着疯狂，就像山脉交织着深谷。但是，由于这个人的道德，疯狂无法获得控制他的力量。当然，我很熟悉他思想景观中令人惊叹的人文气候：那里总是有日出的清新。但是我也很清楚，在太阳落山之后，这片景观是多么的僵化。而且我一直在担心他作品的命运，却没有看到任何解决方案的前景。谁来接手它们？莎士比亚项目可能已基本完成。他的妻子不得不承受很多苦难。他们的第三个儿子（一个在战争中死亡）几个月前似乎终于从肺结核中康复，现在必须进行第二次手术。她独自一人住在一个小镇上，她丈夫在那里没有建立任何社会关系。

我是否写信告诉过你——我想是这样的——我在卡普里岛花了很多时间和布洛赫在一起？卡西尔正在出版一本年鉴，他需要在里面为布洛赫做宣传。通过发送电报等方式，我终于成功地将我对《乌托邦精神》的评论交付出版，这篇评论将在卡西尔的年鉴中姗姗来迟地获得应有的权利，为我的旅行赚取 1100 里拉。在一到两个月内，你将收到关于《亲和力》的论文的完整单行本。我最近的“波德莱尔百科”，与洛蒂·沃尔夫（Lotte Wolff）所做的事情相当。我不记得你是否见过她。然后，一旦我完成了一份誊清稿，《那不勒斯》（Neapel）将以拉脱维亚语发表，也许还用德语发表[①]。我仍然没有告别这座城市，即使我在罗马逗留的时候。罗马内敛的世界主义气氛使我感到寒冷，尤其是在那不勒斯极其热烈的生活方式之后。直到现在我才能真正认识到那不勒斯是多么东方化。我在这里主要寻找早期基督教的历史遗迹。我对古典时期如此无知，以至于只有在考古观察下才变得生动的废墟必不可少地给我留下了深刻的印象。今天，我彻底意识到，我与文艺复兴多么缺少一种不是通过研究来促成的关系。这发生在我参观博尔盖塞美术馆（Galeria Borghese），但没有看到一幅一千四百年前的画时。我把我在空寂无人的大厅里的漫步与我参观梵蒂冈画廊进行了比较，在那里，我在每一幅画前停下，就像一只蜗牛在每一块小石头前。明天我会再去那里。前几个大厅包含锡耶纳（Sienna）学派和 14 世纪其他学派的精美画作。你想一想当我到佛罗伦萨的时候我会期待什么。我不打算写任何关于米开朗基罗[1]的西斯廷教堂的事情，除了在第一眼看到它时，它对我中立无知的期望造成了致命的打击。它是无法形容的美丽和强大。目前我不能写任何关于它的事情。（一场可怕的暴风雨正在这座城市降临。）我不知道该如何理解拉斐尔的画作。

来自罗马的消息就这么多，我大约在 10 月 12 日在那里写了上面的内容。

今天是 11 月 5 日。我关于拉斐尔的幼稚陈述（幼稚，即使它是正确的）让我心情很不好，以至于我把这封信搁置起来。与此同时，发生了一些有趣的事情，也就是在这里——在佛罗伦萨——在一幅标有“拉斐尔？”的画前面，我大为吃惊地停下来。这对我来说当然非常典型，但问号决不是我停下来的原因。木板上描绘了一个令人毛骨悚然的年轻人。顺便说一句，布克哈特关于拉斐尔绘画中“恶魔般的虔诚”的评论并不是无中生有。但正是这个让我开始感到不安。你可能通过复制品熟悉小男孩约翰竖起一根手指的肖像，这是一个意味深长的手势。然而，《西斯廷圣母》（*Sixtinischen Madonna*）中描绘的男孩的类似含义对我产生了不同的影响。

自从前面提到的暴风雨以来，我大部分时间都在灰蒙蒙的天空下旅行，但我总是能短暂地看到阳光下的风景，除了阿西西。在那里，有浓密的秋雾降临，这对于欣赏圣弗朗西斯科大教堂的城堡式建筑并非不适合。但是我在那里度过的那一天，我几乎看不到教

1　米开朗基罗·博纳罗蒂（Michelangelo Buonarroti，1475—1564），文艺复兴极盛时期的意大利雕塑家、画家、建筑师和诗人，出生于佛罗伦萨共和国，他对西方艺术的发展产生了无与伦比的影响。

堂地下室里的任何壁画，无论天气如何，那里都是黑暗的。结果，我能够更好地研究教堂主体内乔托[1]的壁画。考虑到我孤独的闲逛，结果，我看了太多的画作，却没有足够的时间专注于建筑。因为我用一种完全归纳的方式去了解不同地方的地形，并在平庸、美丽或可怜的房屋的迷宫般的环境中探访每一个伟大的建筑，花费了太多的时间，因此我无法真正地研究相关的书籍。既然我必须放弃这一点，我只剩下对建筑的印象。但我确实对这些地方的地形有了很好的印象。你要做的第一件也是最重要的事情是摸索穿过一座城市，这样你就可以完全有把握地回到那里。如果你没有做好最充分的准备，那么你在这些地方的第一次有限的逗留不免会有些低劣。我只从少数画家那里获得了定义更明确的概念，或者至少是问题。尤其是从西诺莱利[2]那里，他绘制了奥维多（Orvieto）大教堂的一部分壁画，这些壁画与一百年后米开朗基罗的西斯廷教堂壁画的内在关系（可能还有一些直接的影响）早已被人们认可。顺便说一句，我没有写信告诉你任何关于梵蒂冈图书馆的装饰古朴华美的手稿的事情，这些手稿都保存在陈列柜里。有必要为了去翻阅它们而成为一名红衣主教。但也许你职业生涯的阶段会把你提升到一个可以让你这样做的位置。（当然，我想的不是弥撒用书和微型复制品，而是现存最古老的《圣经》、维吉尔[3]和泰伦提乌斯[4]的手稿。）法西斯主义在佛罗伦萨向我呈现了太多的东西。在我在这里的几天里，有不少于三个以展示最强大的权力为特色的节日。持续数小时的游行将

1 乔托·迪·邦多纳（Giotto di Bodone，约1267—1337），中世纪晚期佛罗伦萨的意大利画家和建筑师。

2 卢卡·西诺莱利（Luca Signorelli，约1450—1523），意大利文艺复兴时期的画家，尤其因其作为绘图员的能力以及他对透视缩小绘制法的使用而闻名。

3 维吉尔（Virgil，公元前70—前19），奥古斯都时期的古罗马诗人。

4 泰伦提乌斯（Terenz，公元前195至184—前159至158），古罗马时代最著名的喜剧诗人之一。

我限制在一个没什么可看的小小区域。无论是出于逆来顺受还是为了试图爆发，我加入了夹道欢迎的乱纷纷的人群。我每次都在关键时刻这样做，而那些更有经验的人站在他们的岗位上等待这一时刻已经很长时间了。因为我已经不耐烦地挤到第一排，我意识到这一时刻是一个完全悲惨的局面，但是，鉴于我暴露的位置，我不得不向它致敬。我至少看到了国王的军帽，他很矮。在另一个场合，我看到了德尔克鲁瓦[1]，一个在战争中被彻底摧毁，现在在法西斯政治中发挥重要作用的人。且不说青年的游行，所有的年轻人一断奶就参与其中。在佩鲁贾（Perugia），同样的事情也发生在我身上：那里有一大群人——法西斯民兵向国王宣誓——简而言之：如果我是《法兰西行动》的意大利通讯员而不仅仅是一个读者，我的行动不会有任何不同。

我最初的计划是从这里前往热那亚（Genoa），再从那里乘船前往马赛（Marseille），然后前往巴黎。但由于各种原因，这是不可能的。我只能在那不勒斯、罗马和佛罗伦萨购买法语书籍；大部分是新版本。我向你强烈推荐作家吉恩·吉拉杜[2]，我读过他的《少女求夫记》（*Juliette au pays des hommes*）。我今晚将去柏林，希望在那里很快能收到你的消息。

诚挚的问候，你的瓦尔特

① 发表于《法兰克福汇报》（1925 年 8 月 19 日）。

1　卡罗·德尔克鲁瓦（Carlo Delcroix，1896—1977），意大利军事家、政治家和作家。

2　吉恩·吉拉杜（Jean Giraudoux，1882—1944），法国小说家、散文家、外交家和剧作家。

138 致格哈德·肖勒姆

柏林，1924 年 12 月 22 日

亲爱的格哈德，

这张华丽的纸适用于我开始写这封信的晚间时刻，你也可以从手工锤打制作的纸张——这就是它们的名字——读出“巴洛克式”的图形。我想我多年来都没有在这种纸上写过信。在我漫长的沉默之后，这个 captatio benevolentiae[1] 对你来说不会显得多余，我希望它不会是徒劳的。原因：这次主要是我需要不惜一切代价完成我的项目。因此，几天前我做了安排。我完成了我打算提交的那部分的初稿。这是主要部分。我推迟处理引言和结论，两者都致力于方法论问题。我逐渐失去了对自己所做的事情的客观判断力。然而，如果寓言领域的有机力量没有作为巴洛克风格的根本源泉生动地显现，那我一定是搞错了。然而，目前最令我惊讶的是，我所写的内容可以说几乎完全由引文组成。这是你能想象到的最疯狂的镶嵌技术，因此，对于这类作品来说，这可能显得很奇怪，以至于我可能会润色誊清稿的某些地方。一些内在的缺陷对我来说是显而易见的。卡尔德隆[2] 基本上是这项研究的主题；我对拉丁中世纪的无知迫使我的某些段落深奥，如果精确了解资料来源，这一点本来会是不必要的。然而，如果像这样的作品完全基于原始资料，它可能永远不会产生。尽管如此，我想相信，它还是值得产生的！然而，我不敢完全肯定地预言，“寓言”——我最关心拯救的那个实体——是否会在某种程度上从整体瞬间完全跳出来。这本书可能看起来像这样（不包括引言和结论）：《德国悲苦剧的起源》作为标题。一、悲苦剧和悲剧。二、寓言和悲苦剧。这两部分各分为三个章节，起首将

1 拉丁语，意为“赢得好感的行为”。

2 佩德罗·卡尔德隆（Pedro Calderon，1600—1681），西班牙黄金时代的剧作家、诗人和作家。

有六个警句。没有人能收集任何更珍贵或更罕见的警句——这些几乎都是从近乎不可能找到的巴洛克文本中摘引的。——以下内容已发表：在《新自由新闻》(*Neue freie Presse*）中对我译的《波德莱尔》的一篇友好（杰出）的评论；我在古旧书籍杂志上对霍布雷克的一本名为《古老的被遗忘的儿童读物》的书籍的评论，他是我认识的一位柏林图书收藏家；在《莱比锡画报》(*Leipziger Illustrierte Zeitung*）中对同一本书的另一篇评论。①〔……〕现在，在完成了初稿之后，一本一流的书落入了我的手中，我将把它的书名告诉给你和犹太人国家图书馆（Jewish National Library)，如果这仍然是恰当的话。这是关于一个无与伦比的迷人研究领域的定论：帕诺夫斯基[1]和萨克斯尔[2]的《丟勒的〈忧郁 I〉》(*Dürers Melancholia I*)（柏林、莱比锡，1923 年；沃伯格图书馆的研究）。你应该立即得到它。在我完成誊清稿之前，我不太可能阅读众所周知的、臭名昭著的关于玫瑰十字会的书②。我希望以后我能更轻松愉快地这样做。我被《大自然的悲叹》(*De planctu Naturae*）彻底净化了。然而，我很久以前就开始研究“来自里尔的阿拉尼斯”，并注意到他与我的研究对象无关。——这本书不会由亚瑟·肖勒姆（Arthur Scholem）印刷，而是由……雅克·海格纳（Jacques Hegner）出版。最后，一种哥特式的字体也在召唤着我，这种字体在我看来特别适合该文本。所有这一切都是因为一周前我与当地一家新成立的出版社签订了一份为期两年的总合同，为此我同时担任审校人的职务（但没有任何义务或酬金)。此外，出版商将根据具体情况支付合理的费

---

1 欧文·帕诺夫斯基（Erwin Panofsky，1892—1968)，德国犹太裔艺术史学家，他的学术生涯主要在纳粹政权崛起后在美国进行。

2 弗里茨·萨克斯尔（Fritz Saxl，1890—1948)，奥地利艺术历史学家，他是沃伯格学院的指路明星，尤其特别是在其创始人艾比·沃伯格长期精神崩溃后，他继任院长期间。

用。它还将资助每年一次的出国旅行，而我必须通过记旅行日记向公众报告这些旅行。我无法估计这家企业会有什么结果。但是这个公司的老板，一个训练有素的书商，比我小十岁，给人留下的印象不坏。[③] 附加了一份杂志的计划——我的计划在各个方面都与我对《天使》的计划完全相反，并且以这个神秘的评论我将暂时放下这个问题。无论它是否实现，你都会听到它的消息，如果它对你有吸引力，请认为你已经收到了最好的合作邀请。我的工作暂时让我忙得不可开交。更迫切的是，我要告诉你，我希望在田园幻想的框架内，让穆里引起公众的注意。我正在准备（作为一种私人印刷品或作为一种供出售的出版物）《为朋友制作的小匾》（Plakette für Freunde）。（在法国，plaquette 是一种小册子式的、狭窄短小的、包含诗歌或类似的东西的特刊——书商的专门术语）。我打算在若干章节中收集我的格言、俏皮话和幻梦，每个章节都会以我身边某个人的名字作为唯一标题。穆里会在你的名字下面展开。——明年我可能被委托写一篇关于《新梅露辛》的文章。〔……〕我期待你寄给我：《基烈西费》杂志中的《炼金术和犹太神秘哲学》（Alchemie und Kabbala）。令我惊骇的是，自从我回到家以来，我一直无法找到你翻译的《颂歌》。另一方面，〔恩斯特·〕西蒙把《约拿》的手稿寄给了我。我还没能读它。我什么时候能得到你的出版物的副本？我想你将在 2 月份收到关于《亲和力》的论文的结论。如果我没有弄错的话，你所报告的文思枯竭往往完全只是紧张而重大地沉浸在工作中的症状。如果你，以及我希望，艾莎完全恢复了你的健康，我们可以放心，它现在或过去不代表任何其他东西。但正是因为这个原因，我非常欢迎听到更多关于这件事的细节。——不过，话题回到我的旅行，柏林的人们一致认为我发生了显著的变化。我在春天通过禁食和类似的锻炼来为这一变化做准备，以及在多拉的大力支持下我努力实现这一外部和内部的变化时的激昂情绪，都不是徒劳的。我希望有一天，共产主义的信号会比来自卡普里岛的更清楚地传达给你。首先，它们是一种变化的迹象，这种变化唤醒了我的意志，使我不再像以前那样用古法兰克人的方式掩盖我思想的现实和政治因素，而是通过试验和采取极端措施来发展它们。当然，这意味着对德国诗歌的文学注释现在将处于次要地位。这种注释本质上充其量只是在面对表现主义的扭曲时保存以及恢复真实的东西。只要我不设法从一个适合我的立场，即评论员的立场，来接近具有完全不同意义和重要性的文本，我将从自己的内心产生一种“政治”。有鉴于此，我对我与激进的布尔什维克理论的各种接触点再次感到惊讶。遗憾的是，我还不能预见到关于这些问题的连贯的书面陈述，在此之前，我可能仍然是你关于瓦尔特·本雅明和维尔纳·肖勒姆[1]④之间的亲和力的猜测的对象。然而，令人遗憾得多的是，我们无法当面交谈。因为关于这个特定的主题，我还没有任何其他的方法来表达我自己。值得注意和意料外的是，我们在卡普里岛的国际社交界的核心再次聚集在这里，但由于恩斯特·布洛赫的缺席而有所削弱，他仍居住在波西塔诺。〔……〕

埃里希·昂格尔和阿道夫·卡斯帕里（Adolf Caspary）发表了一篇长达三十页的文章，反对学校改革和支持人文主义的高级文理中学⑤。为了向路德维希·哈特[2]表示敬意，业余魔术师欧文·勒文松⑥为一本选集写了一篇关于演讲术的形而上学的文章。⑦大卫·鲍姆加特⑧在提交了关于《巴德尔和浪漫主义哲学》（*Baader und die romantische Philosophie*）的第四篇大学教职论文之后，终于成为了一名编外讲师。我没有看过这里提到的任何作品，但我热心地推荐它们，收取30%的附加费后，我愿意帮你买到它们。

1　维尔纳·肖勒姆（Werner Scholem，1895—1940），1924年至1928年德国国会的成员，也是德国共产党的领导成员。

2　路德维希·哈特（Ludwig Hardt，1886—1947），德国演员。

我没有朗的照片：我会看看能不能为你搞到一张。我早就打算告诉你，在一次关于“悬崖边上的磨坊”⑨的谈话中，他偶然提到了《埃达》（Die Edda），在那里磨坊作为阴间的象征发挥着作用。——昨天，在光明节的第一个晚上，斯特凡收到了一辆玩具火车，以及一套精美的印第安人装备，这是长期以来市场上最漂亮的玩具之一：彩色羽毛头饰、斧头、链子。由于有人碰巧在同一天送给他一个黑人面具，今天早上我看到他穿着华丽的装束跳着舞朝我走来。——请尽快给我写信。一旦我完成了我的项目，我的来信将再次变得更加频繁。也请写信告诉我阿格农的情况⑩。

我希望你一切都好，并致以诚挚的问候。

你的瓦尔特

① 在圣诞节那一期上。
② 哈格雷夫·詹宁斯[1]著。
③ 他的名字叫立陶尔（Littauer）。
④ 肖勒姆的哥哥，当时是国会的共产党代表，1927 年德国共产党斯大林化时遭到开除。
⑤《通过实用的“生活”的精神对高级文理中学的强奸》（Die Vergewaltigung des Gymnasiums durch den Geist des praktischen“Lebens”）（柏林，1924 年）。
⑥ 关于勒文松（1888 年出生于托伦，1963 年在特拉维夫去世），见 H. 特拉默（H. Tramer）的《柏林早期表现主义者》（Berliner Frühexpressionisten），发表于《利奥拜克研究所公报》（*Bulletin des Leo Baeck Instituts*）第 VI 卷，第 245—254 页。他过着非常孤僻的生活。
⑦《路德维希·哈特的朗诵：一种新的艺术类型》（Ludwig Hardts Rezitation: eine neue Kunstgattung），收载于《路德维希·哈特的演讲书》（*Ludwig Hardts Vortragsbuch*）（汉堡，1924 年）。
⑧ 鲍姆加特 1963 年在美国去世。直到 1933 年在柏林担任编外讲师。——在上述四人中，昂格尔、勒文松和鲍姆加特是 W. B. 的熟人。
⑨ 出现在《光明篇》中的一个比喻。
⑩ 阿格农回到了巴勒斯坦，住在耶路撒冷。

1 哈格雷夫·詹宁斯（Hargrave Jennings，1817—1890），英国共济会会员、玫瑰十字会会员、神秘主义和密教作家以及比较宗教的业余研究者。

139　致雨果·冯·霍夫曼斯塔尔

柏林，1924年12月30日

极受尊敬的冯·霍夫曼斯塔尔先生！

我不想让即将结束的一年完全过去，而不感激地提醒自己，在您的支持下，我的工作获得了认可。如果出于这种感激之情，我祝您新年快乐，我希望您不会觉得不得体。

过去的一年实现了我长久以来的愿望。一个是我在意大利待了很长时间，另一个是与一家出版社建立了更稳固的关系（为此我间接地要感谢《新德意志论稿》）。因此，回想起来，我自己也许可以称过去的一年是快乐的一年，如果它没有把我的朋友克里斯蒂安·朗从我身边带走。朗太太写信告诉我，他的一个儿子通知了您他的死讯。由于现在已经过了一段时间，我想和您，我尊敬的冯·霍夫曼斯塔尔先生，分享一下对这个人的记忆以及他非常痛苦和过早的死亡，即使郎太太没有要求我来通知您他的死亡。他永远不会被认为是一个生命“圆满”的人，但他给我的印象是一个注定要活到老年的人，并能在几乎所有方面都丧失尊严的时候恢复他的尊严。我们最后一次见面是在卡普里岛，他一边休息一边整理他的想法，他谈到他打算离开德国，避开它强加于他的政治问题，并移居瑞士（他想到了苏黎世），在那里他将致力于纯粹的哲学和神学项目。以他的“遗作集”的形式来抢救这些作品大量的初步研究似乎特别困难。正因为如此，您出版的《极乐的渴望》[①] 对于那些在精神上与他亲近的人有着特殊的意义。如果这些人不得不告诉自己，这个人一生中从未有过机会表达对他来说最重要的思想，那么他的死会使他们更加悲伤。您已经防止了这几乎要发生的命运。

我热切期待下一期的《论稿》；在上一期的文章中，我发现

〔卡尔·雅各布·〕布克哈特[1]的笔记②——您承诺将在下一期继续刊登——特别引人入胜。

致以真诚的敬意，我仍然是您非常忠实的，

瓦尔特·本雅明

① 见第一期《新德意志论稿》。

② 卡尔·雅各布·布克哈特的《小亚细亚游记》(Kleinasiatische Reise)。——参见《雨果·冯·霍夫曼斯塔尔和卡尔·J. 布克哈特书信集》(*Hugo von Hofmannsthal u. Carl J. Burckhardt: Briefwechsel*)(美因河畔法兰克福，1956 年)，第 168 及下页。

140　致格哈德·肖勒姆

美因河畔法兰克福

1925 年 2 月 19 日

亲爱的格哈德，

在写往卡普里岛的一封信中——我经常想到甚至引用过这封信——你告诉我，你非常关注我的处境，并且你认为，既然就外部因素而言，事情对我来说变得更容易了，我对获得大学教职的内心阻力将占上风。你的诊断是正确的。但我希望，你的预后是错误的。毕竟，我现在完成了计划提交的论文部分的草稿，也完成了其手写的誊清稿的三分之二。直到现在我才看到，它只是勉强到达完成的避风港。我担心，就像阿耳戈号（Argo）一样，这艘寻找巴洛克寓言的金羊毛的探险家的小船，也将从两个相连的岛屿（它们可能叫基克拉泽斯［Zykladen］群岛）获得它的信号，而精心策划

1　卡尔·雅各布·布克哈特（Carl Jacob Burckhardt，1818—1897），瑞士外交官和历史学家。

和打造的书目船尾和方向舵将不得不付出最终的代价。并不是说完全丢弃它。当然，这是根本谈不上的。但我必须把它润色一下，使它在参考文献的页码、书名等方面更加准确。否则我永远也不会完成，鉴于我想用一种堂吉诃德式的方式对这部作品的语文部分表示敬意。无论如何，我将远远超出出版商的交付日期——3月1日。毕竟，就像我将不会提交给法兰克福的引言的大部分一样，我的结论还没有写出来。这篇引言是装扮成思想理论的极度的胆大妄为——也就是说，它不多不少正是认识论的绪论，有几分像你所熟悉的我早期语言研究的第二阶段，(我不知道它是否是更好的阶段)。为此，我还打算再次通读我的语言论文。[①] 尽管如此，我还是很高兴写了这篇引言。它最初的警句是"跳过棍子和石头，但不要摔断你的腿"——而现在，歌德的一个警句代替了它（根据他的《色彩学》的历史部分)，会让人张口结舌的那种。然后有两个部分，一、悲苦剧和悲剧，二、寓言和悲剧，以及关于方法论的结论部分。一和二各分为三个部分，共有六个警句，读者不太可能将其视为笑料。结论的警句来自让·保罗[②]，但中间的六个警句都取自最非凡的、古老的、巴洛克风格的通俗小说作品。大声朗读几段样本短文，结果令人印象深刻。可以肯定的是，在这个项目的工作过程中，我已经失去了所有的分寸。现在还有一种新的悲剧理论；在很大程度上，它来自朗。它大量引用了罗森茨维格的话，这让〔戈特弗里德·〕萨洛蒙[③] 非常不满，他认为罗森茨维格关于悲剧所说的一切都已经被黑格尔说过了。也许这不是不可能的。我还没能读完整本《美学》(*Ästhetik*)。——但是这个项目对我来说标志着一个结束——我在任何情况下都不会让它成为一个开始。我向出版商承诺的下一个项目是关于《新梅露辛》。在其中，我打算回到浪漫主义，并且（或许已经）接着讨论政治问题；我想在极地气候中工作。这与我的巴洛克项目过于温和的气候非常不同，尽管它对其他人来说似乎没有那么温和。但就目前而言，我必须呼吸温热的空气：这就是我来这里的原因，并立即感染了讨厌的流感和伤风。在舒尔茨离开之前，我是否能把任何东西交给他还存在疑问；打字工作刚刚开始。无论如何，我很快就会向他介绍自己。情况并非不利：舒尔茨是系主任；在其他方面，有些事情也具有实际优势。我几乎都害怕所有这些问题积极解决带来的一切结果：首先，我害怕法兰克福，然后是讲课、学生，等等。那些要付出惨痛的时间代价的事情，特别是因为对时间的经济利用不是我的长处：与出版商打各种交道，我自己的作品——《新梅露辛》，然后是关于政治的书——必须要完成，最后，如果有时间的话，我很快就要开始认真对待希伯来语学习。目前，我正在密切关注当地可能出现的任何机会，并最终申请了电台杂志——或者更准确地说，是一份副刊——的编辑职位。这将是一份兼职工作，但对我来说可能不是那么容易得到，因为我们在酬金上很难达成一致。目前的情况是，恩斯特·舍恩几个月来在这里占据了一个重要职位。他是法兰克福“广播”电台的经理，他为我美言了几句。在这里，所有的大学教师都在无线电台，等等的场合喋喋不休。

我从报纸的讣告中偶然获悉了你父亲的死讯。这会改变你的处境吗？——我现在想把一部分注意力放在你的信上，另一部分放在我的工作上。就阿格农而言，我打算想方设法在一篇《新梅露辛》的文章中纪念《拉比加迪尔》，就像我们曾经在法兰克福考虑过的那样。虽然它可能不详细，但应该以对他有益的方式进行。还有穆里〔……〕最后：关于我写的关于巴洛克的书，你可以想象我是多么急切地让你拥有它。严格来说，并且仅限你我之间来说，随着朗的去世，它失去了真正的读者。因为谁能够对这些古怪的被遗忘的问题完全有兴趣？作为作者，我可能是今天最后一个能做到这一点的人（但从消极意义上说，不会如此）。但仍然剩下足够多的东西，对我来说，听到你对它的回复是非常重要的。有时我开始相信，整个事情——如果它存在的话——已经被证明是球状和奇特的。一个沉重的球，你可以用它击中所有九个瓶子，然后一切都结束了。遗憾的是，我再也不能考虑玫瑰十字会的因素了。

〔……〕

此外，我阅读得很少。说来令人难以置信：托马斯·曼的新书《魔山》（*Der Zauberberg*）是一本引人入胜的书，纯粹是因为它的精湛工艺。除此之外，还有安德烈·纪德的《科里登》（*Corydon*）——关于年轻男孩之间爱情的害羞的、纯净的对话，然而，他们都太缺乏妙趣横生的俏皮话。〔……〕卢卡奇出版了一本书：《列宁》（*Lenin*）。你知道吗？布洛赫在迦太基（Karthago）写作。所以请你爬上耶路撒冷的塔楼，环顾四周。

我的藏书癖奇怪地——但是可解释地——消退了。几个月来我什么也没买。我打算把我能省下来的钱存起来——到目前为止还不多——用于旅行，并尽可能地再挣一些。但我的最后一次购买是划时代的。来自云达的迪特里希[1]的《巴黎的德国塔索》（*Der deutsche Tasso von Paris*）（美因河畔法兰克福，1624年）。

我现在已经把我想说的都说了。用“富有同情心的”墨水书写，问候和美好的祝福将覆盖这一页的其余部分。如果我不得不等你的回复，那么威胁将会附上。

你的瓦尔特

① 事实上，他那篇当时未发表的语言论文中的句子，被逐字逐句地包含在《悲苦剧》一书中，主要是在结尾部分。

② 誊清稿中省略了该结论部分。

③ 萨洛蒙（1892—1964）当时是法兰克福的一名社会学编外讲师。

1 来自云达的迪特里希（Dietrich von dem Werder，1584—1657），德国翻译家、史诗诗人和赞美诗作家。

141 致格哈德·肖勒姆

柏林，1925 年 4 月 6 日

亲爱的格哈德，

尽管没有太多的新闻，而且这封信会——我希望——和你的信互相交叉而过，但我还是想让你再次听到我的消息。法兰克福是我肩上令人沮丧的一个负担，一部分是因为我必须在那里做的大部分机械工作，包括口述、书目和其他技术性的工作；一部分是因为这个地方在我看来特别令人讨厌的城市生活和城市风貌；最后是因为决定我的命运的主管机关并非出乎意料但却令人不安的不可靠性。这位在学术界名不见经传的舒尔茨教授是一位精明的久经世故的人，他可能比年轻的咖啡馆常客对一些文学问题有更好的嗅觉。但是随着这句关于他的伪知识分子的文化假象的短评，我已经说尽了所有关于他的话。在其他所有方面，他都是平庸的，无论他拥有什么样的外交技巧，都会被披着循规蹈矩的形式主义外衣的懦弱行为削弱。关于我的作品的接受情况，我还没有听到任何消息，或者更确切地说，任何好消息。当我在提交第一部分的一周后给了他第二部分时，我发现他冷淡而挑剔，顺便说一句，显然不是很了解情况。他可能只翻阅了引言，这是作品中最难处理的部分。之后，我来到这里，与此同时，他要么也离开了，要么沉浸在一种谨慎的隐居状态，甚至连〔戈特弗里德·〕萨洛蒙都无法找到他。——尽管在一年半之前他给了我理由非常明确的希望——即使他没有作出有约束力的承诺——如果我写一篇新的、相应的论文，他会支持我在文学史领域取得大学教职，但他现在已经打了退堂鼓，甚至在提交这部作品之前，并敦促我在美学领域获得大学教职。当然，如果是这样的话，他的投票将不会有完全相同的权威。尽管如此，除非他最有力地支持我，否则我不可能取得大学教职。尽管我那令人难以置信的准确的学术注释让他惊叹不已，但我不能保证得到这种支持，因为归根结底，成千上万的因素在起作用，其中包括抵触情绪。正如他对萨洛蒙甚至有点自嘲地说的那样，他唯一反对我的事情是，我不是他的门徒。迄今为止，萨洛蒙是唯一一个熟悉整个作品的人。他也不反对我的观点，即在我的论文的基础上可供六个人取得大学教职。认识论的引言，我只递交了更为温和的后半段。我最初决定执行的意图，即用一个构成类似的结论来搭配非正式的引言，可能无法实现，尽管对称性和结构的其他形式方面的要求会支持它。主要结论达到的高潮是不可超越的。赋予我计划将其用于我的“批评”思想的方法论部分，以继承这个结论所需要的力量，另外几个月的工作将是必要的。结果的重量可能会很容易地压垮整个建筑物。此外，手稿最终还得送到印刷厂去。这必须在几天内做好。——

你没有看到布洛赫。可以理解：他回到这里已经四个星期了，因为那个租他的房子、并通过支付过高的租金来资助布洛赫在非洲逗留的人退租了。所以你必须满足于〔恩斯特·〕托勒[1]。顺便说一句，就像你的信件没有一封没有充满希望的谜团一样，代表《穿越沙漠》的评论者的四点看法也让我陷入了悬念。有一刻我怀疑那个人是你。我希望这次的结果不会像我先前的一个猜测那样，我是被关于卡尔·克劳斯和犹太复国主义的神秘言论引导到那里的。我购买了1924年《火炬》杂志著名的（或臭名昭著的）8月号，我发现的不是你写给K. K.的一封虚构的信，而是一些关于巴勒斯坦的懦弱和平庸的笑话。我很高兴收到《炼金术和犹太神秘哲学》。结论何时发表？我可能已经写信告诉过你了，在“编辑定稿”之后，我再也不能把关于玫瑰十字会的任何内容整合到我自己的书中了。

---

1 恩斯特·托勒（Ernst Toller，1893—1939），德国左翼剧作家，以表现主义戏剧而闻名。

此外，我在学术尤其是书目方面的努力做得太多了，当然不是因为我思考的高标准或“深刻性”，而是由于扭曲的隐藏动机而产生的谨慎的准确性。奇妙的是，我也受到了灿烂的春日阳光诱惑的摆布。我去年给自己注射的旅行毒药现在——在我踏上旅途的一年之后——再次开始生效，我正在制定进一步的旅行计划。但它们的可能性并不确定。与此同时，我可能有——而且，无论如何，确实有——紧迫的工作摆在我前面。我的关于《新梅露辛》的论文必须准备好。霍夫曼斯塔尔要求我对《塔楼》（*Der Turm*）发表我自己的个人意见，那是他出版的卡尔德隆的《人生如梦》（*Leben ein Traum*）的版本；我计划在完成这项工作时发表一份书面意见。罗沃尔特出版社的一份新的文学评论杂志，希望我能定期撰稿，我想从提交一篇关于《塔楼》的评论开始。①〔……〕托马斯·曼在上一期的《新评论》上发表了一篇关于歌德的《亲和力》的短文②。我还没读过它。但它引起了我的注意，因为最近我一再碰到这位作者的作品。我几乎不知道该如何下笔告诉你，这个人，我讨厌的少数几位作家之一，由于他写的最后一部伟大的小说——我碰巧读到的《魔山》，简直让我感觉很亲近。这部小说的显著特点在于让我感动，并一直感动着我；它以一种我可以准确评估和承认的方式对我说话，而且在许多方面，令我不得不非常敬佩。无论这种分析多么无趣，我只能想象作者在写作时一定发生了内在的变化。事实上，我确信事实就是这样。——他是否了解我的关于《亲和力》的论文，我还不知道。无论如何，在他目前关于这本书的意见中，我再也看不到任何纯粹的随意性。除此之外，我不得不放下这个话题：它不适合在一封信里写。前天晚上在法兰克福，不莱梅出版社的经理威甘德博士来探访我，来说服我编纂威廉·冯·洪堡[1]的作

1　威廉·冯·洪堡（Wilhelm von Humboldt，1767—1835），普鲁士哲学家、语言学家、政府官员、外交官和柏林洪堡大学的创始人。

品选集。我告诉他，我有合同在先，而且我不能让自己跳进德国古典主义的深渊。我打算在不久的将来开始上希伯来语课。各种情况使我无法就此事与古特金德夫妇联系。说了这些之后，我希望我已经迫切地请求你给我一个可靠的人的名字，不仅在柏林，而且在法兰克福，一个我可以求助的人。无论是他自己教学，还是负责寻找一位合适的老师。如果可能的话，请回信时告诉我一些名字。

〔……〕

我希望你能回复我的来信，并给我一些关于大学开学的有教益的信息。

最诚挚的问候，你的瓦尔特

① 发表于1926年4月9日的《文学世界》(*Literarischen Welt*)。
② 1925年4月号，第391—401页。它没有受到W. B. 的想法影响。

142　致格哈德·肖勒姆

美因河畔法兰克福

〔约1925年5月20—25日〕

亲爱的格哈德，

我又一次坐在法兰克福，在一个无休止的等待期内，这是当地学术事业被分割成——如果不是溶解的话——的时期之一。我正式向学院申请大学教职已经一个星期了。我的机会如此渺茫，以至于我把申请推迟到了最后一刻。由于我的“预备性教育”，我在德国文学史领域的授课资格最终并且不可挽回地被宣布为不可能，我被迫进入“美学”领域，在那里，〔汉斯·〕科尼利厄斯[1]的反对威胁

1　汉斯·科尼利厄斯（Hans Cornelius，1863—1947），德国新康德主义哲学家。

再次出现。因为他在“通识美学”中拥有一个讲师的职位，这与美学被认为是同属一个学科。另一个因素是舒尔茨的不可靠性。他自然不想向我暴露他的弱点。因此，他对我的教职论文发表了几句简短、勉强的赞赏之词，但他不想费心。所以目前没有人能说出它的结果。我能够在系里找到一些仁慈、中立的先生，但我不知道谁会真正支持我的主张。如果我的申请被立即拒绝，我会在几天内知道。更有可能的是，一个委员会将坐下来讨论这篇论文，直到学期结束，如果这个问题能在暑假前决定的话，我将不得不感到高兴。当然，在这种情况下，我几乎不会一直坐在这里等待，相反，如果可能的话，我会在巴黎打发时间，或者将在柏林。无论从什么角度看，这件事都是可疑的，即使从物质的角度看。由于一千个理由，我进入大学生涯的可能性越来越小。此外，“美学”是这种职业生涯最糟糕的开端之一。而且，最终唯一可以预见的是，每月 180 马克的“津贴”。但是，在基本上对我失去了重要性之后，一切又变得有些重要了，因为我的财产情况，或者更确切地说，收入情况悲惨地转坏了。也就是说，我的出版商在没有出版一本书的情况下破产了。他的巨额债务达到了 55000马克，其中没有一笔被还清。其他人比我被骗得更惨。至少我从他那里得到了一些报酬，而他们却把钱丢给了一个鲁莽的年轻人，这个年轻人本可以靠运气有所成就，但是，由于运气不好，他失了智，以至于在公开宣布破产后，他找了一家恰当的疗养院。几个星期后，多拉将失去在主要工作之外从事的一份可以忍受的、有利可图的兼职工作。这一切都非常不幸。目前还没有更好的东西出现。考虑到所有这些，一些更微小的事情几乎不会产生什么影响：因此在几周之后你就可以在《法兰克福汇报》上读到一篇题为《那不勒斯》的文章。那是我和我在卡普里岛认识的一位女性朋友一起写的，现在排版中[①]。从 8 月份开始，罗沃尔特将以周刊的形式出版一本名为《文学世界》的杂志。我参与其中，不仅是作为关于最新法国艺术理论的定期专栏的撰稿人，同时也把它作为穆里的机关刊物。私人藏书的库存将与其他“提交审查的书籍”一起提交给它，实际上，在某些情况下，连同我将为此目的撰写的评论。② 这些评论以及一些标题对你来说都将是崭新的。例如，我从多布勒[1]式的旅行报告《阿托斯和无神论者》(Athos und Atheisten) 开始——它证明了所谓的无神论者不是否认上帝存在的人，而是阿托斯圣山的一个古老而虔诚的僧侣团体。我的新书的最后一部分将在夏季发表在卡西尔出版的一本年鉴中，标题为“悲痛的构成”(Konstruktion der Trauer)，其中还包括我对《乌托邦精神》的评论。我目前正在翻译一部奇怪的作品，《远征》(*L'Anabase*)，是一位年轻的法国作家用笔名写的。③ 里尔克最初被选为翻译这部作品的人，但我取代了他的位置。虽然他很欣赏这首诗，但他对翻译不再感兴趣，只是想在它出版时为它写一篇序言。我认为它不是很重要。翻译非常困难，但这是值得的，因为这首短小的“散文诗”将得到非常可观的报酬。岛屿出版社计划出版它。霍夫曼斯塔尔在巴黎出面为我谋得了这份翻译工作。(他春天在突尼斯，现在经巴黎返回。) 在我上次在这里逗留的最后几天，不莱梅出版社的负责人来看我 (在霍夫曼斯塔尔的指示下，可以这么说)。〔……〕这次碰面对我来说机会非常可贵，但我没有利用它就让它过去了。因为我那份现在已经毫无用处的合同，我当时却感到非常自信，甚至在我的谈话中和对霍夫曼斯塔尔意图的批评中，我都敢于走得太远。现在恢复关系对我来说非常重要，但我那样的行事方式使我的机会不是很好，我不知道我计划在这方面做出的各种努力会达到什么成果。这是我一生中不常见的愚蠢行为之一，我真的很后悔。我打算为不莱梅出版社的下一期杂志提供一篇

1　特奥多·多布勒（Theodor Däubler，1876—1934），德语诗人和文化评论家。

文章，关于蒂克的《金发艾克贝尔特》(Blonden Eckbert) ——可能只有几页长。

〔……〕

关于我的文学计划与我的经济计划之间令人深感郁闷的冲突，就写这么多。在我读过的书籍清单④中，我即将接近一千本大关。大约自从我高中毕业以来，我一直记录这份清单。最后的条目有：托马斯·曼的《魔山》;《历史与阶级意识》，这是卢卡奇政治著作的非凡文集；保罗·瓦莱里[1]的《尤帕利诺斯或建筑师》(*Eupalinos ou l'architecte*)。除了原作之外，这是我所知道的以柏拉图式对话的形式并以苏格拉底作为中心人物的唯一美丽而重要的作品。我将在《文学世界》上宣布它的出版。对我来说，一切都取决于出版界的情况。如果我在那里不能如愿以偿，我可能会加快参与马克思主义政治并加入政党——以期在可预见的未来前往莫斯科，至少暂时是这样的。无论如何，我迟早会采取这一步骤。⑤我的工作视野不再像过去那样狭隘，我不能人为地把它缩小。当然，首先发生的事情将是力量（我个人的力量）之间的巨大冲突。这一定是一个因素，以及我对希伯来语的学习。另外，我也没有预见到会做出一个根本性的决定，而是必须从一件事或另一件事开始尝试。只有在这两种体验中，我才能看到我的或明或暗被隐约意识到的地平线的全貌。——

在开始写这部分内容之前，我已经让好几天过去了。就我的个人情况而言，没有任何进展。这个问题可能会在今晚的一次教师会议上提出。我明显地降低了我的希望；谁拥有职权这个问题分量太重了。如果两年前有这样的情况，它会激起我最强烈的道德义愤。今天，我把这个机构的运作机制看得太清楚，以至于无法做到

---

1 保罗·瓦莱里（Paul Valery，1871—1945），法国诗人、散文家和哲学家。

这一点。几天前，我在一次聚会上结识了〔约瑟夫·〕霍罗维茨[1]教授，当然，你在巴勒斯坦与他交谈过。我不能和他说太多话，但他关于大学成立所说的很少内容和你报告很接近。你的信息让我非常感兴趣，尤其是你关于社会主义定居点和美国金融支持者之间冲突的评论。我将永远感谢你从这个角度考虑事件的任何进一步报告。在各种意义上，对我来说也很重要的一点是听到当你焦虑地等待资本主义殖民化的剧烈影响时，你将如何判断进一步的发展。你对“假死的”口传语言的评论——而这种语言在新一代人的口中作为活的和变形的希伯来语恐怕会让说它的人自食其果——对我来说并不是在每一个方面都那么清楚。也许你可以就这个话题多说点什么。请满足这个愿望，即使我无法通过回信对《感知的问题》(Wahrnehmungsproblem)⑥发表评论。首先，我已经很长时间没有从事这项工作了。我最近想读一本莫里茨·沙普的书⑦，你可能知道（在左翼时期），《感知的现象学》(*Zur Phänomenologie der Wahrnehmung*)；但我没有时间。我还需要知道你认为哪些段落最迫切需要解释。最后，我相信你对我在第三部分中所写内容的充满疑虑的思考和权衡的人性表达也是你对知识的渴望所固有的。让我再次要求你勇敢地承认这一点。——**请不要不给我《拉比加迪尔的童年故事》的注释**。如果《炼金术和犹太神秘哲学》的结论已经出版，请安排寄给我一本。我仔细阅读了第一部分；当然，由于这本书是语文学的，我没有从中得到那么多；它的实质超出了我的能力范围。但我想拥有它。对《光明之书》的（可以说是“综合的”的）反思——你想从中形成这本书的引言——可能已经暂时躲藏在标有“听得见的叹息”的文件夹里了？

我很快就要把我的《悲苦剧》一书的手稿寄给霍夫曼斯塔

1　约瑟夫·霍罗维茨（Joseph Horovitz，1874—1931），德国犹太裔东方学家。

尔。——目前，除了法语的翻译和偶尔出现的其他任务之外，我正在研究童话故事，为《金发艾克贝尔特》和《梅露辛》的项目做准备。我暗自持有这样一种观点：关于童话之美，一定有新的、令人惊讶的事情要说。到目前为止，几乎没有人深入研究过这件事。此外，这种智力生产力的特殊形式开始让我着迷。当你对项目所需的大量二级文献进行全景概览时，显露出来的大部分是贫瘠而多岩的土壤。你知道这方面有哪些书更有成效吗？韦塞尔斯基[1]的极好的文集，两年前在柏林出版的《中世纪的童话》(*Märchen des Mittelalters*)，在题材方面非常值得称赞，但缺乏任何理论维度。事实上，我会很感谢你给我的任何**值得注意的**童话理论著作的名称。——正如你可以想象的，我很高兴你展开访问的前景。我希望到那时你至少能享受到你被任命为大学讲师的成果。就我自己的任命而言，我所能期待的最多的是一朵火红的、晚开的仙人掌花。尽管有这样的期望，我可能会在本周末离开法兰克福，不管到那时是否已经做出了否定的决定，也不管我的学术魂灵是否必须启程穿越迷宫般的委员会会议。——我没有去听布伯在柏林的讲座。它值得注意吗？当然，你的评论让我得出肯定的结论。我由衷地回应艾莎的问候。我希望你神秘的文件夹有丰富的战利品，并致以诚挚的问候。

你的瓦尔特

恩斯特·舍恩也诚挚地问候你！

① 《本雅明文集》第 II 卷，第 72—82 页。

② 唯一发表的是匿名的《书籍流入》(Büchereinlauf)，《文学世界》杂志第 1 年，第 2 期。

---

1 阿尔伯特·韦塞尔斯基（Albert Wesselski，1871—1939），奥地利的故事研究者和翻译者。

③ 圣－琼·佩斯[1]。
④ 只有 W. B. 完整阅读过的作品才被列入这份他非常小心地记录的清单。
⑤ 本雅明从来没有那么做。参见他写于 1931 年 4 月 17 日（第 203 封）的信。
⑥ W. B. 的一份旧手稿。
⑦ 作者名为威廉·沙普[2]（1910 年出版）。

143　致雨果·冯·霍夫曼斯塔尔

柏林－格鲁内瓦尔德，1925 年 6 月 11 日

极受尊敬的冯·霍夫曼斯塔尔先生！

您最后一封信使新一期的《论稿》倍受欢迎，因为它宣布了《塔楼》的出版，也因为您亲切地鼓励我写下我对您这部作品的印象。您的信在这里已经几个星期了。我现在才回复的原因之一是我不久前刚刚听说您从非洲回来。我还不得不一次又一次地翻阅这部戏剧，以便超越阅读文本给我留下的深刻印象，赢得对其进行解释所需的空间。请允许我承认自己为这个解释做好了比其他一些任意选择的读者更好的准备，因此，我可以向您倾诉我在这部戏剧中看到一个越来越清晰地向我展示的精神领域的喜悦。我最近的研究使我非常接近这个领域。事实上，我把您的作品看作是最纯粹和规范的悲苦剧。与此同时，我感受到这种形式的最佳范例所具有的非凡的戏剧性力量，而这与公认的文雅的观点相反。在这一点上，与您的其他作品进行比较是不恰当的，但如果我把这最后一部作品看作是德国巴洛克风格更新和重生的至高无上的荣耀，同时也是舞台上一部极其权威的作品，那么也许我的感觉是对的。仅举

1　圣－琼·佩斯（St.-John Perse，1887—1975），原名亚历克西斯·莱热，法国诗人兼外交官，1960 年获得诺贝尔文学奖。

2　威廉·沙普（Wilhelm Schapp，1884—1965），德国哲学家和法学家。

一例——西吉斯蒙德（Sigismund）站在大厅壁龛前从母亲身边退缩的那一刻，一定会成为伟大演员最伟大的时刻之一。我马上要提到朱利安（Julian），他也应该能够激励任何人成为一名真正的演员，因为他奇迹般地被医生的拉丁文座右铭召唤出来后，在整部戏剧中忠实地保持着夜行的天性。接下来，在这个人物身上，最让我感动的是深深的软弱和深深的忠诚之间的精彩互动。一种不由自主的忠诚，只是源于软弱，但却与软弱美妙地和谐一致。因为这个男人直奔释放的决定，但是在他作为已经决定的事情的永恒仆人所站立的位置保持不动。我自己也觉得我的言语根本无法表达这个角色的神秘。在戏剧领域，我很难为他找到灵魂相契的人。巴西利乌斯（Basilius）——在我看来他是国王克劳迪乌斯（Claudius）的真正兄弟——是另一回事。在圣埃吉迪厄斯（Ägidius）日，从这个孤独的人的嘴唇发出的对夜景的宏大描述是多么奇妙：当它从这个男人的嘴唇发出时，它是多么戏剧化，离抒情的间奏曲相距有多么远。今天谁能说这些台词？十多年前，我听到保罗·韦格纳[1]以一种他和其他任何人今天都无法做到的方式朗读国王克劳迪乌斯的祈祷文。——研究和思考使我相信，我可以有一定把握地认为，您与卡尔德隆分享和想要分享的，不超过传说的纯粹内容。因此，没有一句比较的话语是非常合适的。然而，我也许可以告诉您，我在这部戏剧中破译了卡尔德隆非常奇特和哲学的方法，他在几乎所有的戏剧中都使用了这个方法：他将最深刻的东西结晶成一种公式，几乎像道德戏剧那样；他把它转向每一个方向，并且一个非常无忧无虑、轻松和仓促构建的表演在雕琢的本质中被反映为重要的东西。总而言之：卡尔德隆从材料中提取的只是他用于书名的公式。这个公式

1 保罗·韦格纳（Paul Wegner，1874—1948），德国演员、作家和电影导演，以其在德国表现主义电影中的先锋作用而闻名。

当然比在没有他的情况下所能想象的得到了更具哲学性的处理，但是他的戏剧不能比任何“剧本”更胜任材料中的戏剧性。它是“悲苦剧”的材料，您的戏剧中的西吉斯蒙德是一个比卡尔德隆的“山的朝臣”更为激进的“创造物”，实际上比我能说出的任何巴洛克戏剧中的主人公更为激进。我弄错了吗？如果在他身上我看到，作者把在莎士比亚那里以卡利班、阿里尔、半兽半人或任何一种原始精灵的名义构成喜剧的多彩边缘的东西推到了悲苦剧舞台的冷静的中心？因为对于我来说，孩子王最后如何贴近王子的问题，正是从这个角度解决的。当然，这是一种将年轻的人类生物与动物后代区分开来的孩子般的天性，而在西吉斯蒙德的情况中，它被剥夺了保护。作为孩童的状态现在在他内心成长，有时是内向的，有时是巨大的，有时是致命的；因为他缺乏与父母接触所产生的救赎节制。因此，他成为了一个不受贿赂的、极度纯洁的法官。很明显，他不能与女人有任何关系。但同样可以肯定的是，他早年在塔中沉闷的幽灵最终必定会推翻这个巨大的孩子。他为语言而奋斗是这方面的前奏。我发现它的所有戏剧性提示非常值得注意；我认识到这些段落中所解释的悲苦剧的一个基本主题，不仅是以一种无与伦比的果断方式，而且是第一次以一种戏剧上可理解的方式。对我来说，第三幕中带管风琴的有力场景正是属于这些段落；因为当然，悲苦剧的音乐总是把人类声音的悲哀音调投射在歌曲中，从意义和词汇中解放出来。所以在这里，在长号的声音中，音乐也拥有最终的“决定权”。当然，王子必须屈服。难道他不是基本上只屈服于死的东西的以及他害怕成为的猪的循环力量？在通常只是悲苦剧中的一个间奏曲的咒语中，这个幼稚地把它当作自己的最后手段的孩子摧毁了自己。在这里，悲苦剧必须具备的鬼魂与这个创造物最紧密地结合在一起。

如果这些话语让您觉得很陌生，如果其中反映出来的我的新书中的思想以一种不得体的方式遭遇到您作品的精神，这对我来说会很痛苦。我希望事实并非如此，并且希望这些想法不会阻止您在合适的时间瞥一眼我在同一邮件中寄给您的手稿。如果排印的前景是确定的，我不会用打字稿来打扰您。我把一个引文叠在另一个引文上的手法可能需要一些解释；但在这里，我只想指出，这部作品的学术意图只不过是我用这种风格进行写作的一个机会。实际上，这是我讽刺性地利用的一个机会。您可以把手稿愿意保留多久就保留多久。正如您所相信的那样，对我来说，不能向您发送手稿来占用您的丝毫时间是不言而喻的。

但是现在，尊敬的冯·霍夫曼斯塔尔先生，我首先要对您甚至在旅途中也想到我的好意表示最热烈的感谢。我通过一位正在巴黎访问的朋友，海伦·赫塞尔[1][①]夫人了解到，我之所以被委托翻译圣－琼·佩斯的《远征》要感谢您。我目前正在从事这项任务，并向您保证，我将尽我最大的努力，为您在巴黎的推荐增光。您为我所做的一切更像是天赐的，因为正好在那个时候，我与一家年轻出版社的一段愉快但非常短暂的关系结束了，困难迫使它进行清算。

关于格言的短小手稿的情况与《悲苦剧》一书的情况有所不同，前者将一起寄上或随后寄上。如果您能友好地瞥一眼这些格言，看看您是否愿意用您认为合适的一句或另一句填写《论稿》的一个空白页面，我将不胜感激。我知道其中包括一些个人的东西，如果以这种方式发表的话，会让人觉得很高雅。尽管如此，我请您把它只是作为一个谦逊的询问来接受。它是由威甘德博士在法兰克福的一次友好拜访引起的。我很少有机会和一位像他那样既高尚又有远见的人谈论文学和时事的问题。我们谈到《论稿》，威甘德先生

1　海伦·赫塞尔（Helen Hessel，1886—1982），时尚记者，作家弗兰茨·赫塞尔的妻子；他们的儿子是乌尔里希和斯特凡·赫塞尔。

谈到了您对我的项目持续的编辑兴趣。为此我也要对您表示感谢。

前段时间，我向威甘德先生提出了一项建议。他的回复今天早上到了。这项提议涉及德国传说，它们耗费了我很多时间。我的出发点是一系列我打算结合一篇关于歌德的《新梅露辛》的文章来论述的问题。多年来我一直在计划这个项目。在这篇文章中，我不打算以歌德的形象为背景来处理文学主题，正如我在关于《亲和力》的文章中所做的那样，而是要在民间故事的背景下提高这部现代童话的可见度。在这个过程中，我必须特别研究童话的形式。因为我设想了一个童话的定义，它将从其形式固有的细节中衍生出许多基本的方面。正是在这里，非常容易想到与传说的比较。当我写信给威甘德先生，提议出版一本传说集的时候，我把传说的风格——它在许多方面不同于童话故事的风格——以及引用格林[1]的话，其“史诗般的纯净”，设想为德语中最崇高、被低估的财产之一。基于这种观点，该文集将把许多传说作为完整的、有自身规律的散文文献汇集在一起。我的想法是，恰恰那些较短的、不显眼的作品——词源学传说或以害羞和匆忙的耳语传播的鬼故事——只有在这样的背景下才会受到最高的尊敬。这也许在后记中可以被证明是正确的。威甘德先生告诉我他打算与我讨论此事，这让我很高兴。我希望能在这里或在法兰克福见到他。也就是说，我可能会在月底再次前往法兰克福。关于我的学术计划的决定，以及与此同时，关于我的近期未来——无论它是多么脆弱——的框架，都将在那时做出。

我已经占用了您太多时间来谈论我自己了。另一方面，请允许我补充一点，朗的遗作目前在吉森，一位英国语言文学研究者[②]将负责完成有关莎士比亚的著作。——请把这封信的长度归因于我

1 威廉·格林（Wilhelm Grimm，1786—1859），德国作家和人类学家，与其兄雅各布·格林合称“格林兄弟”。

确信您对我所做的事有友好和仁慈的兴趣。

请让我向您保证，我持久的感激之情，您非常忠实的

瓦尔特·本雅明

① 以笔名海伦·格伦德（Helen Grund）而闻名；弗兰茨·赫塞尔的妻子。
② 特奥多·斯皮拉，当时是吉森的编外讲师。

144 致雷纳·玛丽亚·里尔克

柏林，1925 年 7 月 3 日

极受尊敬的里尔克先生！

我衷心地感谢您友好的信任，希望委托我翻译《远征》[①]。在我开始实际翻译之前，我一次又一次地阅读这本书，现在我对它非常熟悉。随信附上七章。赫塞尔夫人和最近的冯·明希豪森（von Münchhausen）先生[②]向我保证，您非常友好地宣布，如果我遇到困难，您愿意提出建议来帮助我。不乏这样的困难。我只挑出了极少数几个段落，并在页边空白处标上了问号，但这应该被理解为一个请求：每当您遇到令您反感的地方时，请在页边空白处极和蔼地指出。除了我标明的四个段落之外，其他一些段落让我觉得只是暂时性的。在这样的段落中，也许只有那些熟悉作者最终意图从而避免对文本施加暴力的人才可能得到正确的解决方案。除此以外，我希望对文本的忠实和研究在很大程度上使我免于犯下严重的错误。在过去的几周里，我对作品起源的气氛——从广义上讲——有了更清晰的理解。语言通过征服、权威和规范地进入梦境的方式，是超现实主义（它的一些意图在圣－琼·佩斯身上肯定也是明确无误的）特别让我感动的地方。这种韵律行为的更快速的呼吸，是我在

德语中首先试图捕捉的。

多亏了您的好意，我很高兴能以一种小小的方式促进德语和法语文学之间的联系。翻译作为通往这一目标的道路，尤其是翻译如此难以加工的文本，无疑是最困难的道路之一，但也许正是因为这个原因，它可能比新闻报道具有合法性得多。

作为我感激和忠诚的一个标志，我冒昧地将在下一封邮件中寄给您我最近发表的关于歌德的《亲和力》的论文。

我想提前向您保证，对于您提出的每一项改进我的文本的建议，我将给予您充分的关注和真诚的感谢。

致以最崇高的敬意和最忠诚的问候

您非常忠诚的瓦尔特·本雅明

① 里尔克最初被选为译者。在霍夫曼斯塔尔的建议下，W. B. 取代了他的位置。由 W. B. 和伯纳德·格勒森[1]合作翻译的版本宣布将于 1929 年出版，霍夫曼斯塔尔撰写了序言；然后并没有出版，可能是应作者的要求，而且他直到 1945 年才允许这首诗的法语新版本出版。该译本于 1950 年发表在一个“赫伯特·施泰纳[2]审阅和修订”的版本中，收载于《铅垂线》（*Das Lot*）杂志第 4 期（柏林，1950 年 10 月）。

② 唐克马尔·冯·明希豪森男爵（Thankmar Freiherr von Münchhausen），里尔克的朋友。

145　致格哈德·肖勒姆

柏林，1925 年 7 月 21 日

亲爱的格哈德，

这一次我不近人情地过了很长时间才写信。我非常感激地收到

1　伯纳德·格勒森（Bernhard Groethuysen，1880—1946），法国作家和哲学家。

2　赫伯特·施泰纳（Herbert Steiner，1923—2001），奥地利历史学家。

你6月份的来信，信中对巴勒斯坦的形势和你的工作情况进行了评论。这封信已经很久没有得到答复了。似乎我的悬而未决的事务没有得到解决，所以我推迟给你写信。现在是时候了：我希望你在此期间没有生气，并且现在一封详细的信会补偿你。但是，我无法让自己大篇幅地来写我想涉及的第一点，即我的法兰克福计划的失败。7月初，正当我应该第四次或第五次去法兰克福的时候，古罗马研究者〔马蒂亚斯·〕弗里德瓦格纳[1]的一封信通过我的岳父母传到了我的手中。他向维也纳报告了我正在采取的步骤完全没有希望。他对我岳父的友谊促使他去探明事态，结果发现，两个老朽的人科尼利厄斯和考奇[2]①，前者可能是善意地，后者则更可能是恶意地，声称一点儿也不理解我的论文。我立即转向萨洛蒙寻求更准确的信息。他无法查明任何事情，除了笼统认为我最好尽快撤回申请以免遭到正式拒绝。当然，舒尔茨（作为系主任）曾向我保证，无论如何，他都想让我避免这种情况。我没有收到他的信。我有充分的理由认为他极不忠诚。总之，我很高兴。沿着当地大学的车站的古法兰克人的邮政旅程不是我的道路——在朗去世后，法兰克福简直是最辛酸的沙漠。然而，与此同时，我并没有撤回我的申请，因为我倾向于将做出负面决定的风险完全留给学院。现在每个人都完全不知道事情将如何进展。当然，我修改它以使其可接受的机会也许可以完全排除，尽管由于最近教学人员的一些变化，文学史领域目前人手非常不足。如果我有机会修改它并且它被接受了，我要做的第一件事就是在冬天休假。——关于这项努力的最后阶段就讲这么多。它的先决条件在去年一个接一个地消失了。首先，我的父

1　马蒂亚斯·弗里德瓦格纳（Matthias Friedwagner，1861—1940），奥地利的古罗马研究者和罗马尼亚研究者。

2　鲁道夫·考奇（Rudolf Kautzsch，1868—1945），德国艺术史学家，20世纪上半叶研究德国中世纪建筑的主要历史学家之一。

母拒绝在我的教职论文获得批准后增加我的津贴；其次，我转向了政治理论；最后，朗去世了。这不能改变这样一个事实，即如果我仍然依恋这个计划，那么如此卑鄙地玩弄我的努力和成就会真正地激怒和困扰我。像我这样的项目被批准，然后以这种方式被忽略，是前所未有的。因为——我记得是在这个过程的倒数第二阶段，我一定写信告诉过你了——毕竟是舒尔茨，在全系教师面前，反对我在“文学史”领域取得大学授课资格，从而导致了目前的状况。在这种情况下，一封像我最近得到的那样的专家推荐将倍加珍贵。霍夫曼斯塔尔有我的论文的一份副本，并把它展示给了维也纳的日尔曼学教授〔瓦尔特·〕布莱希特[1]。他是某个西萨兹的老师，后者是我在文学史这个领域的直接前辈，偶尔也是显而易见的对手。布莱希特现在以最大的认可接受了这份论文，并愿意向任何出版商推荐它以示支持。霍夫曼斯塔尔在他那封非常乐于助人的、积极的信中主动要求做同样的事情。有机会的话，我可以寄给你一份副本。他谈到他自己的论文是如何最深刻地受到我的推论的影响。关于这本书，他说了很多美丽和友好的话，并指出，它“在很多部分完全是典范”。我非常渴望听到它在你的手中，以及你是否可以用它做点什么。

与此同时，我没有做太多的事情，而且，就我把时间花在文学上来说，我是通过阅读来做到的。我主要读的是法国的最新作品：一方面是保罗·瓦莱里的精彩著作（《文艺杂谈》[*Variété*]、《尤帕利诺斯》）；另一方面，超现实主义者的可疑书籍。面对这些文件，我必须逐渐熟悉评论的技巧。在一份将于秋季出版的《新文学》杂志中——我想我已经向你汇报过——我承担了各种各样的任

1 瓦尔特·布莱希特（Walther Brecht，1876—1950），德国文学历史学家和日耳曼学学者。

务，特别是一个关于法国新艺术理论的定期专栏。在同一个地方，穆里图书馆目录中最好的部分将在简短的书评中呈现。然后，你会收到这些和其他愚蠢的东西。今天，你能得到的只是《柏林日报》（*Berliner Tageblatt*）一段摘录。由于它们的印刷方式，这些论题[②]已经失去了很大一部分冲击力。因为它们照理应当印刷在两个对页的专栏中，每一栏的单独行要与对应的相邻行一起阅读，但也可以作为一个整体从上到下阅读，尤其是第二栏。最棒的是，我还不能把这张废纸赠送给你。相反，我必须请求你归还它，因为这些“论题”只发表在《日报》的号外版上，而且在出版日期的一周后，当我被告知它们已出版时，在柏林只能找到极少数的几份了。我已经按照这些论题的风格为将来的一本格言书勾画了一些初步的草图。然而，童话书的初步研究还没有取得很大进展。《那不勒斯》仍未出现在《法兰克福汇报》上。另一篇短文章，一个微不足道的东西，最近在那里被接受了[③]。童话书的初步研究与我对另一个项目的计划重叠，我现在正忙于这个项目的有问题的执行。我想到的是一本传说，德国传说的选集。它将基于两种方法：1）一个主题的阐述，总是以最简洁的方式，结合最重要的**语言上的**变体。我在这里关注的是传说**公式**的秘密，以及传说知道如何以不同而重要的方式暗示事物。2）选择非传统的且较偏的主题，无论它们是否真实。简而言之，我想到的是，从传说的语言本质出发，自格林以来第一次（据我所知）尝试接近整个复杂的事物，不受当地或历史限制的束缚。此外，从许多石头中敲击出火花，那是在格林之后人们继续从传说之山中挖掘出来的。在我看来，我计划的结构和简洁将产生奇效，并为解释提供客观的令人信服的线索。然而，我会写一篇后记，与其说是为了解释，不如说是为了关于传说的散文写点什么。

我还不知道它是否会实现。——你应该听到过马塞尔·普鲁斯特[1]的名字。我最近决定翻译他漫长的小说系列《追忆逝水年华》(*À la recherche du temps perdu*)中的主要小说。我将翻译三卷本的作品,《所多玛和蛾摩拉》(*Sodome et Gomorrhe*)。报酬并不是很好,但可以忍受,以至于我认为有必要接受这项艰巨的任务。此外,如果翻译成功的话,我可以指望作为译者被永久地认可,例如像斯蒂芬·茨威格那样。也许我们曾经偶尔谈到普鲁斯特,而我曾经断言他的哲学观点与我的有多接近。每当我读到他写的任何东西时,我都会觉得我们是志趣相投的人。我很想知道,现在当我密切地研究他的作品时,这种感觉是否会得到保持。为了一点微薄的报酬,我之前同意为罗沃尔特翻译巴尔扎克的《于絮尔·弥罗埃》。它将在三周后出版。由于工钱不足以弥补我花费的时间,所以我把第二部分的翻译转给了别人,只是审阅了一遍。我相信我已经写信告诉过你了,在里尔克的委托下,我翻译了超现实主义流派的一首全新的诗:圣-琼·佩斯(这是一个笔名——我不知道它背后的人是谁)的《远征》。我已经把译文样本寄到巴黎了。——最近,不莱梅出版社第二次找我帮忙,请我编纂威廉·冯·洪堡的作品选集。出于很多原因,我拒绝了第一次提议,却接受了第二次提议。具体细节还没有确定:我可能很快会和不莱梅出版社的经理会面,讨论所有的事情。也许你可以给我一些关于洪堡的宝贵建议——毕竟,你很可能研究过他的一些作品。这次提议特别令我高兴的是,这意味着相对于斯普兰杰[2]、利特[3]和其他也在考虑人选之中的大学教授,我被选中了。

1 马塞尔·普鲁斯特(Marcel Proust,1871—1922),法国小说家、评论家和散文家,因其不朽的小说《追忆逝水年华》而闻名。

2 爱德华·斯普兰杰(Eduard Spranger,1882—1963),德国哲学家和心理学家。

3 特奥多·利特(Theodor Litt,1880—1962),德国文化和社会哲学家和教育家。

基于我在文学上的收入，我希望能很快开始一次长途旅行。我计划从汉堡搭乘货轮经由西班牙和意大利前往西西里岛。货轮停靠西班牙所有主要港口，虽然大多可能只有几个小时。这应该是一种相对便宜的旅行方式，我希望通过这种方式能够实现我热切的愿望，让我今年夏天再次沐浴在欧洲最南端8月和9月的阳光下。我可能会独自一人。——布洛赫在里加处理有关遗产的事务。——古特金德夫妇被邀请8月去荷兰。我最近很少见到他们，但很快就会去拜访他们。——事实上，我没有给克拉夫特写信。当我们在意大利的时候，我觉得我们可以再次聚在一起。本着同样的精神，即使是现在我也可以想到，我不会反对把我们聚集在一起的机会。但我自己无法创造这个机会。

你真的读过卢卡奇的《历史与阶级意识》吗？德博林（Deborin）或其他任何人对卢卡奇一书的“终结”④还有德语或其他俄语以外的语言版本吗⑤？它会让我很感兴趣。也许你可以给我参考书目。

恩斯特·舍恩很高兴收到你的问候。他仍在法兰克福，但他正想尽一切办法从那里到这里。——顺便说一句，如果你年轻十二岁，并且仍然是一个崭露头角的历史系学生，我会向你推荐维尔纳·黑格曼[1]的《弗里德里克斯》（*Fridericus*）。它最近被寄给我，里面包含了处理这位君主的“伟大”的可以想象的最激进的尝试。它写得非常好，给读者留下了高度可靠的印象。诚然，它的形式是一种笨拙的对话，长度超过五百页，但即使这样也很有风格，它会让你想起英国人的哲学对话（霍布斯[2]的《利维坦》[*Leviathan*]）。除此之

1　维尔纳·黑格曼（Werner Hegemann，1881—1936），国际知名的德国城市规划师、建筑评论家和作家。

2　托马斯·霍布斯（Thomas Hobbes，1588—1679），英国哲学家，被认为是现代政治哲学的创始人之一。

外，这样那样的书籍出现在我的私人藏书中——尽管我真的一年来几乎什么也没买，因为我不得不考虑将我的资金用于其他用途。我弟弟送给我德语版列宁作品选集的第一卷。我急切地等待第二卷，其中将包含他的哲学著作，并将很快出版。我同意评论卡夫卡[1]的一些遗作⑥。正如我十年前所做的那样，我仍然认为他的短篇小说《在法的门前》（Vor dem Gesetz）是最好的德语短篇小说之一。我还得到了爱伦·坡文集的德语译本。除了施雷贝尔[2]的书和我们在慕尼黑购买的手册之外，最近一个新的偏执的世界和国家体系进入了我的私人藏书：《全球普遍国家》（Ganz-Erden-Universal-Staat）。一部不必羞于出现在公众面前的作品。⑦

我迫不及待地想要得到你写的东西。很难为你的《犹太神秘哲学的面相学传统》（*Die physiognomischen Traditionen der Kabbala*）找到一个出版商，这在我看来简直难以置信。我应该说，不可思议。——你与〔摩西·〕马克斯——以及他与欧福里翁（Euphorion）出版社——不再有联系吗？当然，我对犹太人出版社一无所知。但是你能简单地考虑一下学术著作出版商联盟（W. de Gruyter）吗？⑧此外：布伯与科隆的新马尔坎（Marcan）出版社有联系。关于这个主题本身，也许古法语文献中一部关于相面术的作品会令你感兴趣。我自己还没读过它。它发表于福尔默勒[3]出版的《罗马研究》（*Romanischen Forschungen*）杂志的1911年出版物（第29卷）。

---

1 弗兰茨·卡夫卡（Franz Kafka，1883—1924），讲德语的波希米亚犹太裔小说家，被公认为20世纪文学的主要人物之一。

2 丹尼尔·保罗·施雷贝尔（Daniel Paul Schreber，1842—1911），德国法官，患有当时被诊断为痴呆症的疾病（后来被称为偏执型精神分裂症或精神分裂症，偏执型）。

3 卡尔·福尔默勒（Karl Vollmöller，1878—1948），德国语言学家、考古学家、诗人、剧作家、编剧和飞机设计师。

我是否写信告诉过你，朗的两位法兰克福的朋友想要编纂他的书信选，与此同时追溯他的人生历程？根据昨天到达的朗夫人的一封信中的信息，这项必要和可喜的事业似乎不像我所希望的那样确定。

请尽快再写信给我。你现在对我正在做的事情（或者，我的无所事事）有一个相当详细的了解。在巴勒斯坦的人们和你对即将举行的犹太复国主义大会有什么看法？

把信寄到这个地址。

诚挚的问候，你的瓦尔特

附：我必须补充一下，两周前我在街上碰到了恩斯特·莱维。我们互相打招呼，他跟我说话。他给我的**第一个**信息是他已成为一名教授。（因为一段时间以来，他在柏林恢复了地位——但很可能只是作为名誉教授。）当我在施泰因塔尔[1]注释的版本⑨中阅读洪堡的关于语言哲学的著作时，所有这一切都浮现在我的脑海中。它包含了一篇关于洪堡风格的精致文章，揭示了莱维和他最喜欢的作家之间的密切关系。施泰因塔尔以非凡的坦率描写了洪堡的“深度”。

① 鲁道夫·考奇（1868—1945）。
②《反对势利小人的十三个论题》（Dreizehn Thesen wider Snobisten），《柏林日报》，1925年7月10日。现在见《本雅明文集》第I卷，第538及下页。
③ 也许是《法兰克福童谣集》（Sammlung von Frankfurter Kinderreimen）。发表于1920年8月15日。
④ 肖勒姆讽刺地使用了这个词语。
⑤ A. 德博林（A. Deborin），《卢卡奇及其对马克思主义的批判》（Lukacs und seine Kritik des Marxismus），以德语发表于《工人文学》（*Arbeiter-Literatur*）杂

1　哈基姆·施泰因塔尔（Hajim Steinthal，1823—1899），德国语言学家和哲学家。

志第10期（维也纳，1924年10月），第615—640页。这篇评论“揭露”了卢卡奇著作中的“理想主义甚至神秘主义倾向”。
⑥ 这是W. B. 对卡夫卡感兴趣的第一个迹象，这种兴趣一直保持到最后。
⑦ 在W. B.的私人藏书里有一小部分精神病患者的著作，他对此非常关注。这里特指丹尼尔·保罗·施雷贝尔撰写的《神经病患者的回忆录》（*Denkwürdigkeiten eines Nervenkranken*）（莱比锡，1903年）。
⑧ 这本书没有出版，因为肖勒姆开始怀疑其论题的有效性。
⑨ 柏林，1883年。

146 致雨果·冯·霍夫曼斯塔尔

柏林，1925年8月2日

极受尊敬的冯·霍夫曼斯塔尔先生！

今天当我正准备向您致以诚挚的谢意，感谢您对我的工作和我的处境的持续关注，以及您所表现出来的那种丝毫不减的热情，您31日的来信就到了。我很高兴您再次如此友好地向我提供进入《论稿》的特权，这让我更感激不尽。我相信您会理解并且在我的话语中没有发现任何虚伪的音调，如果我——可以说私下里——宣布我长久以来的希望：在将来某个合适的时刻，能够当面表达不仅是我的谢意，而且最重要的是您不断的关怀使我心中充满的感激之情。这正是我描述您倒数第二封信中的评论和建议的方式，就它们涉及我在法兰克福的努力而言。两天前，我和威甘德博士谈过这个问题。与此同时，他们差不多做出了一个负面的决定，并且有人建议我自愿撤回我的大学授课资格的申请。回顾这件事错综复杂的过程，我有充分的理由对内部和外部的信念感到高兴，这种信念越来越使我不能把当代大学作为一个富有成效的，尤其是公平的活动的场所来尊重。在任何其他情况下，我受到的那种对待都会在我心中激起许多无益的愤慨和怒气。毕竟，我是在最仔细地了解了情况之后——主要是通过在三年前最初提交了我的关于《亲和力》的论文——才在法兰克福一位大学教授的同意下，开始写作和提交我的关于悲苦剧的论文。当然，能够站在年轻人面前，并通过生动的演讲赢得他们的支持似乎是值得的（甚至显然是值得的）：但是这发生在哪里以及这些人是谁并不是无关紧要的。正如今天大学以外无疑没有人会为它的成果提供担保一样，在我看来，大学本身无疑也正在越来越玷污其教学资源的纯净。这种想法——我只是暗示——可以安慰我，因为即使是您设想的那种仁慈的说情在今天甚至更早的法兰克福也不会取得任何成果。与此同时，尊敬的冯·霍夫曼斯塔尔先生，您表示您愿意引起一家出版社对我的教职论文的兴趣。目前它仍在柏林的罗沃尔特出版社。我的朋友，弗兰茨·赫塞尔，罗沃尔特的审校者，向他们推荐了这本书。就我而言，这样一个想法，即宁愿找一家出版普通书籍的出版社，而不是纯粹出版学术性书籍的出版社——从这个词的狭义上讲——也在选择罗沃尔特中起到了作用。因为在当代意义上的“学术性的”立场，肯定不是我研究的重点。因此，从一个明显的学术性的出版商的角度来看，这可能会削弱文本的价值，而这正是我对它的兴趣所在。尽管如此——您的来信将促使我告诉您我与罗沃尔特谈判的结果；据我所知，罗沃尔特多次被告知您自己对我的书的看法。关于手稿，我恳求您继续用它来做任何似乎有益的事情。特别是，我很乐意将其提供给布莱希特教授[①]一段时间。

当威甘德博士在这里的时候，他和我讨论了不莱梅出版社计划的洪堡作品选。我将怀着感激和信念参加这个项目，威甘德博士用几句话向我明确提出：使大学生们习惯和准备好使用大全集的版本，这些版本现在不是展示我们的伟大的思想家和作家，而是将他们封存起来。我对洪堡的研究让我直接回到了我的学生时代，那时我在一个研讨会上读他的语言学著作，主持研讨会的人是一个非常古怪的人，并且与洪堡后期的沉思的天赋，几乎以一种近乎怪诞的方式意气相投。我或许可以被允许提及这一点，因为您可能知道这个人（我几乎可以肯定您知道）是一本小册子《老年歌德的语言》的作者。他是恩斯特·莱维，当时是柏林的芬兰－乌戈尔语教授。

我写一本关于传说的书的想法仍需要时间来成熟，并且必须首先在我收集的材料方面得到充分的发展。如果我走在正确的轨道上，我会在适当的时候从威甘德博士那里得到最亲切和最令人鼓舞的帮助——对此我毫不怀疑。当他在这里，我们进行了第一次长谈时，我再次感受到您要求我对他持有的信任的价值。

您在 7 月初的信中，提到了一批来自下奥地利的“悲伤”木偶戏的汇编。您称编者为基斯利克（Kislick）（？）和温特（Winter）。遗憾的是，我无法在这里买到这本书②。如果您有更准确的信息，我将非常感谢您在有机会的时候把它传递给我。我最近在柏林的一家报纸上读到，今天在蒂罗尔（Tiroler）农民中仍然上演着极好的农民戏剧。其中描述了慕尼黑的〔亚瑟·〕库彻[1]教授的研讨会远足去参观这样的表演。

怀着感激和忠诚，尊敬的冯·霍夫曼斯塔尔先生，我始终是

您的瓦尔特·本雅明

① 瓦尔特·布莱希特；因政治原因于 1937 年提前退休。霍夫曼斯塔尔的朋友和遗嘱执行人。

②《德国木偶戏》(*Deutsche Puppenspiele*)。由理查德·克拉利克[2]和约瑟夫·温特（Joseph Winter）编辑。维也纳，1885 年。

1　亚瑟·库彻（Arthur Kutscher，1878—1960），德国文学历史家和戏剧研究者。

2　理查德·克拉利克（Richard Kralik，1852—1934），奥地利作家和文化哲学家。

147 致格哈德·肖勒姆

那不勒斯，1925 年 9 月 21 日

亲爱的格哈德，

这里的雨季似乎开始了。我逃到一家咖啡馆开始写这封信。但天气在这封信中没有任何作用。即使天气炎热、阳光明媚，今天它也该写了——实际上早就该写了。如果我要按程序办事，我将不得不用旅行见闻报道来塞满它。你将收到我从科尔多瓦（Cordoba）或塞维利亚（Sevilla）寄来的明信片。在那儿度过的几天里，我用尽所有的力量去吸收西班牙南部的建筑、风景和习俗。在塞维利亚，我发现了一位强有力的巴洛克风格的画家，如果波德莱尔认识他的话，他就不会在《恶之花》的献词中被忽视！胡安·巴尔德斯·莱亚尔[1]①，他拥有戈雅[2]的力量，罗普斯（Rops）的态度，以及维尔茨[3]的主题。遗憾的是，在我逗留的最后几个小时里，突然降临的强烈不适感阻碍我获得任何复制品。我们经过非常接近直布罗陀（Gibraltar）的地方，看到了非洲海岸。三天后，我们停靠在巴塞罗那，这是一个未开发的港口城市，非常恰当地小规模地模仿了巴黎的林荫大道。在我去过的每个地方，我都在非常偏僻角落看到了咖啡馆和工人阶级社区，部分是因为我听任自己没有目的地散步，部分是因为我与船长和"高级船员"的密切联系。（这就是商船队的上层人员的名称。）这些人是我唯一可以与之交谈的人。他们没有受过教育，但并非没有独立的判断。而且他们也理解有教养的人和没有教养的人之间的区别——这是在陆地上不那么容

1 胡安·巴尔德斯·莱亚尔（Juan Valdez Leal，1622—1690），巴洛克时代的西班牙画家和蚀刻师。

2 弗朗西斯科·何塞·德·戈雅（Francisco Jose de Goya，1746—1828），西班牙浪漫主义画家和版画家。

3 安托万·维尔茨（Antoine Wiertz，1806—1865），比利时浪漫主义画家和雕塑家。

易找到的东西。在那不勒斯，船长不想让我离开，因此我想这个对我写的东西当然一无所知的男人，渴望得到其中的一部分。他将得到我翻译的《于絮尔·弥罗埃》，这本书可能在我离开柏林期间最终出版了。然后我们停靠在热那亚和利沃诺（Livorno）。我去了里维埃拉（Riviera）海滨度假区一天，沿着美丽的海岸公路从拉帕洛（Rapallo）步行到波托菲诺（Portofino）。我似乎有这样的印象，你是熟悉这个地区的。我们在利沃诺港待了很长时间，我有时间去比萨（Pisa）和卢卡（Lucca）。因为利沃诺本身没有任何东西，通过观察这个城市，你不会认为它有它的《光明篇》[②]，正如通过观察任何一种书籍商，你不会认为它有一个王冠。在我孤独地抵达卢卡的那天晚上，迎面而来的是最令人难忘的年市。现在我把它记下来，但不是记旅行日记，因为，由于立陶尔的破产，我可以在没有任何文学义务的情况下完成这次旅行。当然，普鲁斯特的翻译已经迫在眉睫了。我有没有写信告诉过你，在接下来的一个月里，我承担了翻译他的三卷本小说《所多玛和蛾摩拉》的任务，费用却不高吗？如果可能的话，我打算在巴黎完成这项工作。10 月份——在月底——我想经由马赛去那里。我还不知道这项任务会多么棘手：只有这样我才可能承担下来。可以想象得到的最吃力不讨好的任务，并且在看到对我所做过的最好的事情做出的反响之后有理由这样说，但是也许我可以从中获得很多好处。今年，我只会去卡普里岛几天，我甚至不打算在这里待太久。这座城市再次完全填满了我心中它去年所占据的全部空间。昨天，在一个炎热的星期天，我从不同的角度环绕整个城市走了一圈。我发现它的地形在制图学上是一项引人入胜的研究。顺便说一句，如果我不得到一张地形图，我的努力可能会徒劳无功。我付了 10 里拉，睡在一个非常简陋但干净的小房间里。——《那不勒斯》的副本终于在邮件中寄到了我这里。它出现在 8 月 15 日出版的《法兰克福汇报》上，几天前，这家报纸还刊登了我写的另一篇短文。目前，我不能把它们中的任何一个寄给你，因为只有一份校样被寄到我这里。晚些时候。——写信给我，让我知道在维也纳大会上是否发生了重要的事情。我对它一无所知。在我去火车站的两个小时前，我和柏林的恩斯特·罗沃尔特出版社签订了一份合同。它保证了我明年会有一个固定收入，罗沃尔特将出版《德国悲苦剧的起源》、我的关于歌德的《亲和力》的论文，以及《为朋友制作的小匾》。第三部作品是一本格言小册子，目前还不能确定它是否能够实现其预期的书名。〔……〕我写信告诉过你，我收到你的门德尔松[1][③]以及《里维耶尔》的喜悦。请不要迟延把你发表的所有东西都寄给我。我在这里要做的就是撰写评论。我打算在《文学世界》杂志中具名认领的地方——而我所写的很多内容将以笔名出现，并且是以一种非常不可预测的方式[④]——将由一篇对翁鲁[2]的《奈基之翼》(*Flügel der Nike*)的评论划定[⑤]。这篇书评一定是艰巨的。当然，这本书是德国共和国文学的糟粕。——你的最后一封信在我的旅途中陪伴我；我再次开始阅读它，并将采纳“较小的不朽”的概念，通向它的门——谁知道呢？——法兰克福的看门人当着我的面砰地关上了。它在我心中唤起的赞同，与我对原始人 / 黑人 / 白痴 / 艺术的简短论述在你心中唤起的深深的不满一样大。为什么？因为除了**一篇**自大的和不公正的论文外，一切都含糊不清。“没有阴影的人”产生了更具毁灭性的影响。我保证很快会用一张往**返**适用的签证把我的影子文件送到较小的不朽的地方。因为在这个阳光下，这个词是最大的侮辱。因此，我名望的晨光投下了如此长的影子，以至于它在杰鲁肖拉吉姆

---

1 摩西·门德尔松（Moses Mendelssohn，1729—1786），德国犹太裔哲学家。哈斯卡拉，18 世纪和 19 世纪的“犹太人启蒙运动”受惠于他的思想。

2 弗里茨·冯·翁鲁（Fritz von Unruh，1885—1970），德国表现主义剧作家、诗人和小说家。

（Jeruscholajim）来到了的我面前。Quod felix faustumque sit ![1]

最真诚的，你的瓦尔特

① 牟利罗[2]的继任者，塞维利亚学院院长（1622—1690）。
② W. B. 经常在肖勒姆家看到来自利沃诺的六卷本《光明篇》。
③ 门德尔松的《耶路撒冷》（*Jerusalem*）的第一个版本。
④ 他倾向于使用 A. 阿克曼（A. Ackermann）和安妮·M. 比伊（Anni M. Bie）（换音造词法！）等笔名，以及后来的 E. J. 梅宾（E. J. Mabin）。
⑤ 发表于第 21 期（1926 年 5 月）。

148　致雷纳·玛丽亚·里尔克

里加，1925 年 11 月 9 日

极受尊敬的里尔克先生！

如果您没有立即收到对您的电报的回复，我希望您能仁慈地原谅我。电报是经过漫长而迂回的路线才到达那不勒斯我这里的，它的到来也恰逢我临时搬家的准备工作。收到您对我的翻译感兴趣的这一宝贵标志我非常感激和高兴。我很清楚，由于文本的性质和决定译文的难度，许多段落都存在问题。在它排印之前，我希望得到一些有关某些细节的进一步信息和建议，无论是以您的指点的形式，还是通过在我即将在巴黎逗留期间与朋友一起简单讨论文本。当然，后者要到 2 月份才能发生，而您可能已经设定了一个更早的排印截止日期。我很想知道，是否已经有一份出版协议，以及是与谁签订的。如果我正确地理解了赫塞尔夫人，您将为德语版写一篇

1　拉丁语，意为“愿它美好、繁荣”。
2　巴托洛梅·埃斯特万·牟利罗（Bartolome Esteban Murillo，1617—1682），西班牙巴洛克风格画家。

序言。我最近从冯·明希豪森先生那里收到了拉博德[1]为俄文版撰写的前言。——如果我可以被允许再补充一件事，那就是我现在所有的时间都用于翻译《所多玛和蛾摩拉》。我越深入地研究文本，我就越感激那些使它被委托给我的事态！随着时间的推移，我从如此深入地研究这部伟大的杰作中获得的东西对我来说将变得非常明显。——最后，请允许我向您表达，尊敬的里尔克先生，我希望您的健康状况有所改善，并且当您有机会时，您可以用几行字告知收到我的来信。

〔结尾缺失〕

149　致雨果·冯·霍夫曼斯塔尔

柏林，1925 年 12 月 28 日

极受尊敬的冯·霍夫曼斯塔尔先生！

衷心感谢您从奥塞（Aussee）寄来的亲切的短信。这次，我不能立即响应您的建议，向您阐明我对莎士比亚使用隐喻的技巧的看法。我对此深感遗憾。每当我完成了一个重大项目，在相当长的一段时间内，我仍然不可能回到相关的主题和想法，而如果不这样做，我将不可能开始处理这个问题：当然，这个理由不见得能为我的拖延辩解。实际上，我对莎士比亚并不那么熟悉，只是偶尔地读到他。当然，另一方面，我通过与佛罗伦斯·克里斯蒂安·朗的接触了解了熟悉莎士比亚的意义，如果朗还活着的话，我早就会和他谈一谈您提及的话题了。我不知道莎士比亚和卡尔德隆的并置在这个例子中是否会像在其他许多例子中那样具有启示性。无论如

1　瓦莱里·拉博德（Valery Larbaud，1881—1957），法国作家和诗人。

何，卡尔德隆使用隐喻的技巧令人眼花缭乱，在我看来，它与莎士比亚的完全不同：如果是这样的话，它们肯定会被揭示为巴洛克式形象语言的两个截然不同的重要极点（莎士比亚的隐喻是动作和个人的“形象和比喻”，卡尔德隆的是言辞本身的浪漫主义强化）。但是现在我不得不停下来；如果我有机会执行一个老计划——写一篇关于《暴风雨》（*Sturm*）的评论，我相信您的问题将成为我研究的重点。此刻，我更加关注普鲁斯特使用的隐喻技巧。在他与蒂博代[1]就福楼拜的风格进行的一场有趣的争论①中，普鲁斯特干脆地宣称隐喻是风格的本质。或许伟大作家的通常做法是从近在眼前和无关紧要的事物中提取隐喻。我很钦佩普鲁斯特如何令人惊讶地将这种做法适应于今天的事物的状况，并且可以说调动了一整套陈旧的、众所周知的关系，为更深刻的表达服务。因此，普鲁斯特为最软弱无力的感知带来了一种美丽的、好战的简洁性，因为他将它们用于隐喻表达。除了翻译工作外，我还忙于写评论；但我越倾向于处理一些热门话题，尤其是巴黎超现实主义者的书籍，我就越敏感地意识到寻找某个地方刊登我转瞬即逝的、尽管可能不是肤浅的想法的困难。在这个意义上，我必须稍微降低我对刊文于《文学世界》的希望。——我希望并祝愿您，尊敬的冯·霍夫曼斯塔尔先生，能身体健康地开始新的一年，并有干劲地工作。如果在新年的前三分之一，即 3 月底或 4 月初之前的某个时间，新一期的《论稿》杂志出版，我在那里发表的我的《忧郁症》（*Melancholie*）的章节，肯定是它第一次出现在印刷品中，对此不会有任何异议（无论是罗沃尔特还是我）。②在任何情况下，如果您想要安德烈亚斯·切尔宁[2]的《忧郁自言自语》（*Melancolei redet selber*）（选自《德国诗

1 阿尔贝·蒂博代（Albert Thibaudet，1874—1936），法国散文家和文学评论家。

2 安德烈亚斯·切尔宁（Andreas Tscherning，1611—1659），沿袭了马丁·奥皮茨传统的德国诗人、赞美诗作家和文学理论家。

歌的夏季先锋》[*Vortrab des Sommers deutscher Gedichte*]，罗斯托克，1655年）的确切文本[③]，我随时听候您的安排。我相信我选择了文本中——在诗意的意义上，也是——最有力的段落，文本的某些地方有些笨拙。但总的来说，它是美丽而非凡的。顾虑更有可能在于，几年前在柏林出版的一本毫无价值的巴洛克抒情诗选中转载了它。——一段时间以前，我非常感兴趣地阅读了〔恩斯特·〕卡西尔的《神话思维中的概念形式》（*Die Begriffsform im mythischen Denken*）一书[④]。但是，对于我来说，这种尝试是否可行仍值得怀疑，即不仅试图在概念中——也就是说，批判性地——呈现神话思维，而且还可以通过与概念形成对比来充分阐明它。

致以诚挚的问候，您忠诚的

瓦尔特·本雅明

① 《新法兰西评论》杂志（1920年1月）。参看马塞尔·普鲁斯特的《阅读日：三篇文章》（*Tage des Lesens: Drei Essays*）（美因河畔法兰克福，1963年）。

② 实际上这一章直到1927年8月才在《新德意志论稿》中发表（第2集，第3期，第89页及以下）；书籍出版于1928年。

③ 这首诗在《悲苦剧》一书中被反复引用。

④ 莱比锡，1922年。

150 致格哈德·肖勒姆

柏林，1926年1月14日

亲爱的格哈德，

我早就打算给你写信了。就在今天，你给多拉的信到了。她一定会亲自回复你。我相信我可以向你透露，她很高兴收到它。关于斯特凡的更详细的报告很可能会包含在她的信中。他现在当然正在学希伯来语，但在他的选修课中可能没有多少成就，他唯一真正喜欢的是《圣经》故事，这是由另一位老师教的。说到这一点，我真的很想知道你是否知道有什么犹太读本（带有德语文本），我可以和斯特凡一起读。如果不是每天，那么肯定也是每周，我给他朗读几个小时，漫无目的地游荡在童话的大厦里，正如我们的书中所建议的那样。与此相反，我想给他朗读犹太人的历史或故事，归根结底，这些东西对我来说也更具吸引力——尽管我即将投入与童话有关的问题。但我不知道是否有什么东西可以满足这种模糊的目标。最近有一系列冰雹般的庆祝活动，对斯特凡来说，也是如此；光明节（在那之后，在我父母家过的圣诞节）和多拉的生日，他收到的礼物比他那间仍然陈设简陋的房间可容纳的还多。当然，他现在有自己的房间很长一段时间了：格蕾特在厨房旁边有一个房间，我弟弟以前住在那里。过几天，他就要娶一位可爱的年轻女子为妻了，①她是我妹妹的朋友，他已经把她培养成为一名共产主义者。因此，他的基督徒岳父母不得不吞咽双重苦果。顺便问一句，你的哥哥维尔纳是否像你曾经似乎预言的那样被“开除”党籍了？②——从我儿子出生的那天起，我就把他的“意见和想法”写在笔记本上。不用说，因为我经常不在家，它不是很长，但还是列出了几十个不寻常的单词和短语。我想请人把它打出来，为数不多的几本中的一本当然是给你的。恩斯特·舍恩圣诞节期间在柏林。他公开表态，开始为斯特凡预言伟大的事情。顺便说一下，光明节我的老木偶戏被展示出来，雷蒙德[1]的一部精彩的童话剧也为他和作为他朋友的儿童精英们完美上演了。我们三个人在舞台后面忙碌着。

最近几乎没有我的任何东西发表，除了《横截面》（*Querschnitt*）杂志上的一篇关于讽刺剧和戏剧的文章，③是我与一位熟

1 费迪南德·雷蒙德（Ferdinand Raimund，1790—1836），奥地利演员兼剧作家。

人伯恩哈德·赖希[1]合作撰写的。我很快就会寄给你一小捆我最近写的小玩意儿。我的“巴洛克之书”和关于《亲和力》的论文的校样正在印刷。我最近罪孽深重地阅读了很多东西，甚至连普鲁斯特也不翻译了。作为补偿，我现在可以说我对当前的法国事务很在行：我只需要把这个有破绽的事实编织成一个坚实的背景。除此之外，我还读了托洛茨基[2]的《英国往何处去？》(Wohin treibt England？)——一本非常好的书，《所多玛和蛾摩拉》——我终于读完了，更不用说一本重重地落在我书桌上的大部头书，C. A. 伯努利的《J. J. 巴霍芬[3]与自然的象征》(*J. J. Bachofen und das Natursymbol*)。从童话的角度来说，它与我更紧密相关。对巴霍芬和克拉格斯的分析是不可避免的；当然，有许多迹象表明这只能从犹太神学的角度来完全严格地执行。当然，这正是这些重要的学者嗅到宿敌的地方，而且并非没有原因。这位伯努利已经在“尼采-奥弗贝克”一书中证明了他在耸人听闻的学术垃圾方面的天赋，但他没有学到任何东西，也没有忘记任何东西。尽管如此，这本大部头确实很有启发性，耶路撒冷大学的“欧洲研究所”(？)应该得到它。关于这个：请开始在目录中为我在字母B下保留一个漂亮的空白页。〔……〕你可能比我更了解〔罗伯特·〕艾斯勒最近的遭遇。除了舒尔策-盖弗尼茨[4]之外，“智力合作研究所”(Institut de Cooperation intellectuelle)④(或不管它叫什么)已任命他为德国代表。⑤你可以想象德国学者对此有何看法。无论如何，他在巴黎，

1 伯恩哈德·赖希(Bernhard Reich，1892/1894—1972)，导演和戏剧评论家。

2 列夫·达维多维奇·托洛茨基(Lew Davidowitsch Trotzkij，1879—1940)，俄国革命家、共产主义政治家和马克思主义理论家。

3 约翰·雅各布·巴霍芬(Johann Jakob Bachofen，1815—1887)，瑞士古物研究者、法学家、语言学家、人类学家，1841年至1845年在巴塞尔大学担任罗马法教授。

4 弗里德里希·戈特洛布·舒尔策-盖弗尼茨(Friedrich Gottlob Schulze-Gävernitz，1795—1860)，德国经济学家。

如果我在2月底（按计划）到达那里，我会去看看他。

我现在正在回顾你的来信，看到我告诉你的都是老消息，至少，关于艾斯勒是如此，另一方面，我留下了一堆问题没有回答。所以：斯特凡就读于一所普通学校——而不是犹太人学校。埃米尔·科恩[1]显然与他的宗教教育毫无关系。在这种距离之下，我无法支持〔海因茨·〕普夫劳姆的普鲁斯特理论：我相信我已经发现他的书包含了许多来自法国严格的经院哲学最佳传统的东西，从笛卡尔到感觉论者。此外，这个主题对于书面交流来说太复杂了。这些书当然包含了相当重要的观点和命题。你越深入研究，整个事情可能会变得越有问题。顺便问一句，普夫劳姆现在怎么样？⑥如果你阅读我的普鲁斯特的译本，你可能不会走得很远。为了使其可读，必须发生一些不寻常的事情。这件事情非常困难，有很多原因让我只能投入很少的时间，最主要的原因是我的报酬太低。在某个时刻，我打算在《文学世界》上发表一些关于他的笔记，《关于翻译马塞尔·普鲁斯特》(En traduisant Marcel Proust)。——我一直期待着随函附上一份为《希伯来人的现实》(Wirklichkeit der Hebräer)⑦撰写的简介。但是我只能节后做了。我会读这东西的。我迫切地请你将你的评论的基本思想提供给我。这对我来说自然是非常重要的。这本书将比昂格尔的《反对艺术》(*Gegen die Kunst*)（莱比锡：迈纳[Meiner]出版社，1925年）更有趣，尽管后者很有见解。我也非常渴望阅读你在就职演说中以你成熟的晚年风格发表的声明，⑧我希望你的妻子能很快开始翻译。在此，我向你表示祝贺和最美好的祝愿。

好啦。出于外交上的原因，我今天不打算发布一份关于你非常感兴趣的幽灵之战的公告，因为善良的幽灵通过消极反抗暂时逃避了我的指挥。但是，在一次特别会议上，它们决定参加对你和你妻

1 埃米尔·科恩（Emil Cohn，1854—1944），德国物理学家。

子最真诚的问候。

你的瓦尔特

① 希尔德·本雅明[1]，后来作为民主德国的司法部长而闻名。
② 这发生在一年后。
③ 1925 年，第 1039—1043 页。
④ 国际联盟下属的。
⑤ 实际上是奥地利。引起的骚动是一样的。
⑥ 自 1925 年起普夫劳姆住在耶路撒冷。关于他的个性，参阅肖勒姆为他撰写的悼词，*Romanica et Occidentalia. Études dédiées à la mémoire de H. Peri* (*Pflaum*)（耶路撒冷，1963 年），第 7—11 页。
⑦ 奥斯卡·戈德伯格作。
⑧ 于 1925 年秋天作为希伯来大学的讲师。

151　致雨果·冯·霍夫曼斯塔尔

柏林，1926 年 2 月 23 日

极受尊敬的冯·霍夫曼斯塔尔先生，

您真是太好了，寄给我一份您给“铁匠”（Schmiede）的信件的副本。① 请允许我对您的友好信息（这也有望对出版商和他对我的普鲁斯特译本的立场产生决定性的作用）表示最衷心的感谢。一个多星期前，我收到了一份出版商寄给您的关于普鲁斯特业务的信的副本，在这封信寄出之后。不用说，我感到震惊，与其说是因为对您提出的与整个事情有关的要求，还不如说是因为提出这些要求的方式。某些段落让我几乎认为我需要明确向您保证，我完全不同意信中所述的“翻译原则”。在其他方面，出版商由于这种不中用的首次翻译尝试而遭受的失败，② 使我参与普鲁斯特的翻译工作更具有责任感和风险。在没有考虑翻译中的一般困难的情况下，在我

1　希尔德·本雅明（Hilde Benjamin，1902—1989），德国律师。

看来，可以达到的极限（肖特兰德[1]自然没有考察它）在这个例子中得到了特别严格的定义。这是因为普鲁斯特套叠的长句——由于它们和法语语言本身的语言精神之间存在的紧张关系——说明了原始文本特征的很大一部分。在我看来，它们在德语中不会有类似的暗示和惊人的效果。因此，当涉及普鲁斯特时，几乎不可能将对于德国读者来说最重要的东西翻译成他们的语言。可以肯定的是，还剩下很多本质的东西，因为当然，他以一种全新的方式来描绘生活，这体现在他把时间的流逝作为衡量标准。他天才中最有问题的方面是：在他对一切物质和精神事物的观察中，他对道德的彻底排除，以及他最至高无上的微妙之处。也许这可以部分地被理解为在这个巨大的实验室中的“实验程序”，其中时间被作为具有数千个反射镜，凹面和凸面镜反射的实验对象。在翻译过程中，我无法期望真正澄清普鲁斯特让我心中充满的深刻和矛盾的印象。但是很长一段时间以来，我一直希望收集我的一些观点，题目是“关于翻译马塞尔·普鲁斯特”。它们将采用格言的形式，就像它们在我工作时形成的那样。——您再次回忆起我为《塔楼》撰写的简介的善意让我非常愉快。我非常高兴能够记录下我可以在简介的规定范围内说出的一些话。我唯一担心的是，它的务实性，可能远远落后于您的戏剧在我心中唤起的思想。与此同时，我希望这份简介能够完成它的任务，而不必考虑到它发表的地方所带来的困窘。《文学世界》对于任何不那么专心致志于热门话题的陈述几乎惊慌失措的担心是荒谬的。在我还没有意识到这是该刊物的倾向之前，我在它创办时做的第一件事就是向出版商提出申请，要求他们允许我写一份简介，宣布《塔楼》的出版。我的请求被束之高阁，就像其他许

1　鲁道夫·肖特兰德（Rudolf Schottlaender，1900—1988），德国犹太裔哲学家、古典语言学家、翻译家和政治评论家。

多请求一样。当哈斯[1]主动接近我时，我显得更加犹豫，这是一种谨慎的姿态〔……〕如果现在它（在缺少您体贴的耐心的情况下）没有给出版商带来新的困惑，它甚至不值得一提。——我以最诚挚的忠诚问候您。

您的瓦尔特·本雅明

附：我最近第一次读到托肯堡穷人的"自然冒险"③，被它整体的美丽和无与伦比的结局所感动。您知道该作者关于莎士比亚的评论吗？根据他的自传推断，它们一定是相当引人注目的。

① 柏林出版社，出版了第一部不完整的普鲁斯特的德语译本。在由鲁道夫·肖特兰德翻译了第一卷之后，翻译工作被转给了 W. B. 和弗兰茨·赫塞尔。他们翻译的《在少女花影下》（*Im Schatten der jungen Mädchen*）由"铁匠"出版社于 1927 年出版；他们翻译的《盖尔芒特公爵夫人》（*Die Herzogin von Guermantes*）由皮柏（Piper）出版社于 1930 年出版；《所多玛与蛾摩拉》的手稿似乎已经丢失，如果它确实完成了的话。
② 威利·哈斯在 1 月份的《文学世界》上发起了关于肖特兰德翻译的民意调查。调查结果对于肖特兰德来说并不是很令人满意。
③ 乌利齐·布雷克[2]，《托肯堡穷人的传记和自然冒险》（*Lebensgeschichte und natürliche Abenteuer des armen Mannes im Tockenburg*）（1789 年）。

152　致朱拉·拉特

巴黎，1926 年 3 月 22 日

Juliette, bien-aimée, au pays de l' homme[3]①

1　威利·哈斯（Willy Haas，1891—1973），德国编辑、电影评论家和编剧。
2　乌尔里希·布雷克（Ulrich Bräker，1735—1798），瑞士作家，被称为"来自托肯堡的穷人"。
3　法语，大意为"亲爱的朱丽叶，在人类的土地上"。

ce qui signifie: mari en ce cas.[1] 请原谅我这个——无可否认，诱人的——开头，但是不得已它暂时必须保持不可理解的状态。在任何情况下，你都不应该向任何人寻求解释；如果你愿意的话，我会在下一封信中把译文补交给你，以换取价值 50 芬尼的邮票。好吧，我在巴黎，并打算在未来几天把这个消息正式通知 R. 家族②。现在我将进一步降低声音，形象地通过铅笔书写来表达。

下面的站点标志着我到达的过程：哈根（Hagen），我早上 5 点从那里出发；火车旅行，一个西班牙人、一个埃及人、一个柏林人和我玩扑克；华丽地到达，〔唐克马尔·冯·〕明希豪森在火车站；然后，两个小时后，圆顶咖啡馆（Café du Dôme）（位于蒙帕纳斯，俄罗斯人现在在那里建立了一个新的波希米亚社区——与我写这封信所在的蒙马特不同）；和几个人共进晚餐；紧接着，一个绝妙的舞厅，很少有人知道，叫作 Bal Musette，在柏林没有对应的东西。有大众区和男性专区。这里有一条小街，有这些狭小的酒馆和舞厅，除了我们以外，其中可能看不到一个外国人。以及诸如此类。最后，4 点钟，我们到了一个低级夜总会。因为有了这些，我立刻把巴黎完全吸收到我的指尖，第二天我就可以坐下来翻译了。多年来我没有这么早起过床了。但是没办法，如果我想晚上有空，我必须早起。当然，我没有时间可以放纵自己对普通文化的好奇心。当我不忙于写作时，我只能做一些我喜欢的事情。也就是说，我只是从外部接近这座城市：街道的位置、公共交通、咖啡馆和报纸是我关心的问题。有一次我在剧院看到了一部漂亮、干净、朴实无华的喜剧，这在德国是没有的。平均来说，午餐的价格和你所在的地方一样高，但有更多道菜——烹调得很好，就在我酒店旁边的一家马车夫常歇脚的小酒馆里。到目前为止，我还没有买过一本书：如果

1 法语，直译为“这意味着：在这种情况下的丈夫”。

你考虑到有一些街道上到处都是书，那么这说明了很多问题——当然，书籍数量庞大也是我没有购买任何书籍的部分原因。我更多地关注绘画。我受邀参加了“独立艺术家作品展览”的开幕式——这些是当地无评审团的艺术展——但这些画作太丑陋了。另一方面，我在许多画廊看到了一些不错的东西。当我沿着专门经营艺术画廊的街道行走的时候，每家商店我都进去待三分钟。

我不会搬到丰特奈（Fontenay）的赫塞尔家去。相反，我将继续舒适地住在一个整洁的——虽然很冷的——小房间里，以便充分享受居住在酒店的乐趣。请给这个地址写一封可人的信，这样我可以告诉你更多。确实有很多要说的——例如儿童剧院里的一场精彩的布袋木偶戏表演。把我的头[③]包好！再见。致以亲切的问候、朱拉，一切顺利。我的地址是蒙苏里公园大道 4 号米蒂酒店。

你的瓦尔特

① 暗示了吉恩·吉拉杜的书名，《少女求夫记》，W. B. 对其评价很高。
② 朱拉·科恩几个月前（1925 年）与弗里茨·拉特（Fritz Radt）结婚了。
③ 科恩于 1926 年初为 W. B. 制作的雕塑。

153 致格哈德·肖勒姆

巴黎，1926 年 4 月 5 日

亲爱的格哈德，

经过相当彻底的——虽然不是深沉的——沉默，我希望现在可以宣布我们的通信将更加可靠。也就是说，如果我以某种方式使自己在这里立足的计划取得成功。目前，我这样做的先决条件已经以一个非常干净和舒适的酒店房间以及一项尽管次等但稳定的工作的形式存在。我已经在这里待了十四天多了。我希望你的母亲在大约同一时间将我少量的一批手稿转给了你，并且你会仁慈地或者不那么仁慈地接受它。罗沃尔特将我的作品推迟到秋季出版，所以你不能指望我现在为你的私人藏书做出更可观的捐赠。我希望能在10月份寄给你一本格言书，以弥补这一点。我在这本书中的大部分评论对你来说都是新的。在这本书中，我的性格的早期方面与更近期的方面相交。这不会有利于该书的整体说服力和清晰度，但它确实让你，安静和敏锐的观察者，感觉更有趣——如果这不是说太多的话。除此以外，就没有出版什么作品了。最值得一提的是《悲苦剧》一书总共十行的序言，我写这篇序言是为了挖苦法兰克福大学，我认为它是我最成功的作品之一。我收到了一份奇怪的订单，很快就会迫使我挤出三百行。新的《俄罗斯大百科全书》（*Große Russische Enzyklopädie*）希望从马克思主义学说的角度，听到我对歌德的这么多行看法。接受这种委托所固有的神圣的狂妄吸引了我，我想我会设法编一些合适的东西。① 好吧，我们（或他们）会看到的。大量尚未出版的短作品——一篇巴霍芬的评论②、一篇翁鲁的评论、一篇霍夫曼斯塔尔的评论——都躺在《文学世界》。一如既往。我在巴黎贫乏的私人藏书主要由一些共产主义著作组成：卢卡奇在《工人文学》中的新闻稿（我至今还不能完全理解），以及《一般组织形态学》（*Allgemeine Tektologie*），③ 或者说作为一门被认为会取代以前所有的“哲学”的新的基础科学的组织学说。这本书是由列宁格勒的一位教授布哈林[1]撰写的。我最近研究了他对马克思主义普遍历史的第一次尝试，《社会和科学的发展形式》（*Die Entwicklungsformen der Gesellschaft und die Wissenschaft*）。这

1 尼古拉·伊万诺维奇·布哈林（Nikolaj Ivanovitsch Bucharin，1888—1938），布尔什维克革命者、苏联政治家以及革命理论的多产作家。

是一本非常零碎和令人不快的著作。

当然，我正在尽我所能使自己适应这里的环境。我去听论文朗读，在紧密的圈子里进行讨论，逐渐结识重要的人物。〔……〕这一切的结果还有待观察。最重要的是，我计划很快找到一个受过教育的年轻人，并指派他每周与我就学术话题交谈几次，因为在语言上我还有很多东西没有掌握。

布洛赫表示，他可能在未来几天内到这里来。他目前在法国南部的萨纳里（Sanary）。届时我会把伯格曼评论交给他。非常感谢艾莎的稿件！我什么时候能期待她翻译的你的就职演说？④——几天前，知识分子联盟（Union intellectuelle）接纳了〔汉斯·〕德里施[1]。他给人留下了很好的印象。人们很快就能期待在舍勒身上发生同样的事情。

你是否发生与阿格农的辩论过了？阿格农对于将他的一些东西翻译成法语会有什么反应？如果他同意的话，我可以很好地考虑这样的事情。他是否会同意在《商业》（*Commerce*）——一本诗歌杂志——上发表一些他的东西？当你有机会时，也许你可以探索他在这方面的想法。

请把艾斯勒在巴黎的地址寄给我，或者告诉我在哪里可以得到它。

你知道马克思是否仍然与欧福里翁出版社有关联吗？我最近得到了由欧福里翁出版的贝特格[2]令人作呕的《埃及日记》（*Ägyptisches Tagebuch*）⑤。但是，现在让我继续谈谈一些非常美丽的东西，你们应该阅读并向耶路撒冷的人们宣传。这本书名为《俄罗斯人在说话》（*Der Russe redet*）⑥，由三面具出版社出版。

1　汉斯·德里施（Hans Driesch，1867—1941），德国生物学家和哲学家。

2　汉斯·贝特格（Hans Bethge，1876—1946），德国诗人。

它由俄罗斯士兵之间的零碎对话和他们讲述的故事组成。这些都没有任何脚注、日期或名字，像在前线的一位志愿女护士把它们一一记录下来的那样。它可能是，很可能是战争带来的最坦率和最积极的一本书。

〔……〕

非常诚挚地问候你和艾莎。

你的瓦尔特⑦

我想复述一下睡美人的童话故事。

她躺在有荆棘的树篱内睡觉。然后，经过如此很多年之后，她醒来了。

但不是因为一个幸运王子的吻。

厨子在打帮厨的耳光时把她吵醒了。这一击，由于这么多年来保存的能量，在整个城堡响彻回荡。

一个漂亮的孩子睡在以下页面的刺树篱后面。

只是没有幸运的王子，穿着雪亮的学术盔甲接近它。因为在婚礼之吻时它会咬人的。

相反，作为主厨，作者保留了自己唤醒它的权利。这个旨在在学术殿堂里发出尖锐回响的耳光早就应该发生了。

然后，这个可怜的真相——当它在阁楼上违反禁令地想为自己织一件教授袍的时候，在一个老式纺锤上刺伤了自己——也会苏醒。

美因河畔法兰克福，1925 年 7 月

（《悲苦剧》一书的序言）⑧

① W. B. 关于歌德的文章的德语原文保留在后来修订的更详细的版本中。

② 这是指对伯努利的巴霍芬一书的评论；评论发表于 1926 年 9 月 10 日。

③ 指的 A. A. 波格丹诺夫[1]的《一般组织学说：组织形态学》(*Allgemeine Organisationslehre: Tektologie*) 第 1 卷（柏林，1926 年）。
④ 该演说仅以希伯来语发表。
⑤ 由 W. B. 在 1926 年 6 月 11 日的《文学世界》中评论。
⑥ 索菲亚・费多特琴科[2]（1923 年）作。由本雅明在 1926 年 11 月 5 日的《文学世界》中评论。
⑦ 以下内容在另一页上。
⑧ 这篇序言未发表。

154　致朱拉・拉特

巴黎，1926 年 4 月 8 日

最亲爱的朱拉，

我的上一封信没有太多内容。它所有的能量都投入到了消除误解所需的措辞中。当我们通过电话交谈时你误解了我：现在我写信给你了，我希望你能更好地理解我。〔……〕——我已经独自一人在巴黎待了一段时间。我不指望赫塞尔夫人，因为首先，她非常专心于自己的事务。当她碰巧露面时，除了锻炼社交手腕之外，对我来说通常没有其他的东西，这并不总是很有趣，即使它是成功的。她有时候会有一种与我调情的滑稽兴致，而我坚持不积极回应她，并且从中至少得到了同样多的乐趣。我和明希豪森相处得更好；我们有过很多次愉快的晚餐，白天和夜间一同散步，最后是前往尚蒂利（Chantilly）和森利斯（Senlis）的奇妙汽车之旅（所有这些都是在他当地的情人陪伴下进行的，一个不太重要但一点

1　亚历山大・亚历山德罗维奇・波格丹诺夫（Alexander Alexandrowitsch Bogdanow，1873—1928），俄国和后来的苏联医生、哲学家、科幻作家和革命家。
2　索菲亚・费多特琴科（Ssofja Fedortschenko，1888—1957），俄罗斯护士、作家和儿童作家。

也不烦人的画家，他的丈夫以一种无法描述的方式溶化到了背景之中）。这张信笺仍然见证着森利斯的大瑟夫酒店（Hôtel du Grand Cerf）。我写信告诉过你，我在森利斯内心受到的冲击，当时明希豪森在大教堂告诉我德国人在1914年曾到过那里。然后你必须提醒自己开始从巴黎撤退意味着什么，这是半天的行军路程。——现在看来，时髦的戈伊姆（schicke Gojim）① 是我的命运。当我们两个在一起的时候总是最愉快的。但事情不会这样继续下去：友好但绝不时髦的赫塞尔先生即将到来。此外，布洛赫一听到我在这儿，就宣布他要来巴黎。但与此同时，他已经迟到了。令人高兴的是，他打算不带他的妻子来，她将继续在萨纳里画画。明希豪森离开前为我搭建了一些有用的桥梁。例如，他把我介绍给波达尔斯伯爵[1]。十四天后，我将在他家里听一场关于斯特凡·格奥尔格先生的法语讲座。他有一间沙龙，里面摆着昂贵的家具，点缀着零星几位面相最可怕的女士和先生，你只有在普鲁斯特的作品里才可能遇到类似的面相。我最近参加了我在那里的第一场讲座。活动大约在下午3点举行。它对我的影响是，当有人在朗诵但丁·加百里·罗塞蒂[2]的作品时，我几乎在最糟糕的势利小人中间睡着了。坐在我旁边的明希豪森只有通过调情才艰难地使自己保持清醒。我最近还在巴黎最著名的一家餐馆出席早餐会。它是由巴夏诺（Bassiano）侯爵夫人为七个人举办的，其中包括明希豪森和我。它从大量的鱼子酱开始，并以这种方式继续下去。烹饪是在房间中央的炉子上完成的，在上菜之前，所有的东西都陈列了出来。参加这次聚会的人中甚至有一位真正的意大利革命家。出席的还有《新法兰西评论》的主编，他给人留下了极好的印象，

1　盖伊·德·波达尔斯（Guy de Pourtales，1881—1941），瑞士作家。

2　但丁·加百里·罗塞蒂（Dante Gabriel Rossetti，1828—1882），英国诗人、插画家、画家和翻译家，也是罗塞蒂家族的一员。

以及坐在我旁边的伯纳德·格勒森。我相信阿尔弗雷德〔·科恩〕在柏林听过他的演讲。——顺便说一句，我在这里很勤奋，至少在翻译方面是如此，最令人惊奇的是，它对我来说变得非常容易。当然，我已经发现了一种能神奇地吸引小精灵来帮忙的生活方案。它包括我早上一起床就坐下来工作，不穿衣服，不用一滴水润湿我的手或身体，甚至不喝任何东西。在完成我为这一天设定的任务之前，我什么都不做，更不用说吃早餐了。这引起了可以想象到的最奇怪的副作用。下午我可以做我想做的事或者只是在街上闲逛。我经常在完全放松的状态下沿着码头散步；真正的收获在那里变得非常罕见，看到无数本普通的书籍，倒不如说使我具有要节俭的心情。在街上闲逛也很容易让人暂时摆脱阅读的习惯，至少在我看来是这样。我去剧院看各种各样的东西——我去任何有免费票的地方。因此，我刚刚看完〔格奥尔格·〕凯泽[1]的《谣传》(*Kolportage*)的一场演出回来。这是他的戏剧中我唯一能忍受的一部。它在巴黎失败了。首先，它是法国人无法理解的，其次，它没有得到很好的表现。它在莱辛（Lessing）剧院的首场演出更好。我所看到的先锋戏剧是可怜的。这是一部超现实主义的夜场戏，在蒙马特的一个小型私人剧院里，面向邀请来的观众。但是没有比年市更好的东西了，关于这个城市所有的艺术和所有的活动，最好的一点就是它不会从原始和自然的残余物中夺走光彩。这些集市像炸弹一样落在城市的一个或另一个区域：如果你愿意的话，你可以每周找到一些林荫大道，在那里你会看到以下事物一个接一个排成一串：射击馆、丝绸帐篷、肉店、古董店、艺术品经销商、华夫饼摊。我在火腿和废铁市场购买了一些奇妙的玻璃球，里面有纷纷扬扬的大雪落下。本周的某个时候我将去姜饼市场。

1 格奥尔格·凯泽（Georg Kaiser，1878—1945），德国著名的表现主义剧作家。

我会在那里给你买一个漂亮的姜饼屋，它会立在我的书桌上，直到我们再次见面。不是“书”桌，而是一件非常坚固的家具，它可能是整个酒店唯一能找到的真正的桌子。亲爱的朱拉，我本打算给你写一封真正的信，页面从上到下满满的。一些你可以拿在手上、放在桌子上以及传阅的东西。如果你满意的话，请写信给我，并记住，这种炎热的假日阳光不会像你根据这封信所推断的那样每天都照在我身上。展览进展如何？

祝一切顺利，你的瓦尔特

① 对犹太成语“schikkere（即喝醉的）Gojim”的戏仿。

155　致朱拉·拉特

巴黎，1926 年 4 月 30 日

亲爱的朱拉，

用这些话，我进行了一次双重剪彩仪式：一支新的自来水笔和这些纸张，可以肯定的是，我只有在给你写信的时候才把它们当作信纸，否则它们是我最珍贵的手稿纸。它们的色调是我一直在寻找的，这种色调把我最好的思想从我心中引诱出来。我们好久没见太阳了，但经过几个星期的寒冷天气，街道上突然笼罩着夏季的闷热。随着温暖天气的到来，我又一次在城市和生活中非常缓慢地浮出水面。过去几周我在可怕的抑郁中度过。当然，这也是你没有收到我来信的一个原因。是的，我还没去过姜饼市场，我的书桌上仍然没有给你的姜饼。连续几天下雨，去那里完全不可能。但是当你读到这封信时，一切都会得到妥善处理。但是，我必须说，我所想到的姜饼屋更多地是要被理解为一种人造的、巨大的东西，而不是像你所想的那样被狼吞虎咽的东西（是的，这就是我所说的：狼吞虎咽）：它并不是我即将回归的标志（如果你拿到它的时候它像石头一样坚硬，对我来说没有任何区别）。我常常想起你，而且最重要的是，我常常希望你在我的房间里。它一点都不像卡普里岛的房间，但对你来说它会非常合理——而你在其中会**对我来说非常**合理。但是暂时我不想回来。相反，我非常耐心地想要测试对这座城市持续求爱的功效。这样的求爱会把时间变成它的盟友。事实上，这种耐心让我几乎太懒惰了。我几乎没有看见所有那些“必须被看见”的东西。我做的事情比我能做的少，到目前为止，除了我的翻译我没有做多少工作。当然也有一些例外。我和任何一个巴黎人一样熟悉文特斯（Ventes）酒店（这是巴黎的大型城市拍卖行，一个在柏林没有对应物的机构）。我参加过许多书籍拍卖会（还有其他类型的拍卖会在那里举行），因为我买得很少，所以我学到了更多东西。然后，当我感觉最糟糕的时候，我把所有与普鲁斯特有关的事情都推到一边，完全只为我自己工作，并写了一些我非常喜欢的笔记：首先是一篇关于水手的极美的笔记（他们如何看待这个世界），一篇关于广告，其他的是关于女报贩、死刑、年市、射击馆、卡尔·克劳斯[①]——全是苦涩的，苦涩的药草，我现在在菜园里热情地培植它们。——现在，就像《一千零一夜》里的公主一样，你将冈多夫的头颅和我的头颅安放在你城堡的城垛上[②]，在它们背后，你在从事你的老把戏（为了不打断你，我会给你一个快速的吻）。不过，也许现在你会告诉我一些关于冈多夫在柏林逗留的日子的事情（当然，我没有厚颜无耻到要求你透露秘密，而只是谦恭地请求一些美丽的谎言）。我想打电话给你，但人类技术还不够先进，无法从巴黎到柏林打长途电话。〔……〕——我已经开始和一个巴黎高等师范学院（École normale）的学生上法语会话课了，但是对我来说，这些课程太贵了，我可能很快就会四处寻找其他人。现在，对我来说，重要的是了解这些学生的生活方式（他们二十出头）。因此，我将继续学习这些课程。也许改天我再告诉你一些关于它们的事。我在这里获得了一种对孤独的需求，这是我以前从未体验过的。虽然听起来很奇怪，但这当然只是我在这儿很寂寞的另一面。赫塞尔令人愉快的以及恩斯特·布洛赫有问题的陪伴自然改变不了什么。布洛赫是一个非凡的人，我尊敬他是我的作品的最佳鉴赏家（他甚至比我自己更了解这些作品是什么，因为他不仅对我多年以来写过的所有内容，而且对我说过的每一句话都了如指掌）。然而，尽管我不得不完全沉醉于巴黎生活的现象，加米施（Garmisch）小镇始终是他时常向往的地方。当然，也出现了其他各种各样的人物。前天我和瓦莱斯卡·格特[1]交谈，下周的某个晚上她将在这里跳舞。卡尔·克劳斯在这里，我不关心他。——〔……〕——〔欧根·〕瓦拉赫（[Eugen] Wallach）寄给你的我的评论，发表在《法兰克福汇报》上③。——朱拉，请给我写一封非常有用的信，我可以向巴黎展示。我什么时候可以向巴黎展示你？（顺便问一下，你能给我一个关于你们的结婚礼物的暗示吗？当然，对于我这个恶棍来说，共同给你们两个人一些东西是不容易的。给我一个建议。）〔……〕太阳照在这页信纸上，我现在将结束这封信，这封信来自于过去几天阴云密布的巴黎。最后，让我向你致以一个俗气的铃兰般的问候。

你的瓦尔特

① 所有作品均收载于《单行道》一书。
② 她还制作了一个冈多夫的头部雕塑。
③《小照明》(Kleine Illumination)，发表于 1926 年 4 月 14 日《法兰克福汇报》。

---

1 瓦莱斯卡·格特（Valeska Gert，1892—1978），德国犹太裔舞蹈家、歌舞艺人、演员和画家模特。

156　致格哈德·肖勒姆

巴黎，1926 年 5 月 29 日

亲爱的格哈德，

正如你已经可以从格式中推断的那样，我正准备写一封详细的长信。不过，我承认，我对于几乎无法回答你最想问的问题感到有些不安。正因为如此，我想在一开始就做出我的这一无用的尝试。我基本上很难对自己做一个假设性的描述，因为我关于这些问题的书（如果它实现的话）还没有成熟。它目前的情况似乎越来越显示出试图离开纯理论领域的迹象。从人的角度来说，这只能通过两种方式实现，包括宗教或政治仪式。我不承认这两种仪式在本质上存在差异。但我也不承认它们之间的调解是可能的。我在这里谈到的是一种同一性，这种同一性只表现在一种仪式突然矛盾地转变为另一种仪式（无论朝哪个方向），不可或缺的前提是对行动的每一次观察都是足够无情地、带着激进的意图进行的。正是由于这个原因，任务不是一劳永逸地做决定，而是每时每刻都要做出决定。但要**决定**。这些领域可能存在（并且肯定存在）超出实际突变的另一种同一性，但这另一种同一性会导致我们当中那些此时此刻寻找它的人严重地误入歧途。如果有一天我加入共产党（另一方面，我听凭偶然的最后推动），我的立场就是在最重要的事情上永远表现得激进而从不前后一致。我是否有可能留在党里，只需通过实验来决定。比我是否会加入这个党更有趣和更成问题的是我会在这个党待多久。某些无可辩驳的见解（例如，认为唯物主义形而上学，或者甚至唯物主义历史观都是无关的）的厚颜无耻的武器，在紧急情况下可能与共产主义合作而不是反对共产主义，可能会在实践中取得同样多的成就，甚至更多。如果像你所说的那样，我真的“支持一些（当时我不知道的）原则”，那么我首先“支持”这一原则：我们这一代中的任何人，如果把他在这个世界上存在的历史时刻，感觉并理解为不仅仅是文字，而是一场斗争，他就不能放弃学习和实践事物（和形势）与群众相互作用的机制。除非在犹太教中，这样的斗争为此目的是以完全不同和异类的（从不敌对的）方式来组织的。这并没有改变以下情况："正义的"激进政治，正是出于这个原因，其目的只是为了政治将永远为了犹太人的利益工作，而更为重要的是，总会发现犹太人积极支持它们。但是，一旦提出了这种命题，你就已经脱离了具体的问题，变得令人尴尬。我毫不保留地认为，你——因为你现在的生活和你必须做出的决定——比我——因为我的生活和决定——在具体的领域里更精通。正因为如此，如果我没有弄错的话，你仍然可以欣赏我的几点评论：特别是，为什么我不想"声明放弃"我曾经支持的东西；为什么我不为自己"早期的"无政府主义感到羞耻，而是认为无政府主义的方法毫无用处，共产主义的"目标"是无稽之谈和不存在的。这并没有丝毫减少共产主义行动的价值，因为它是对其目标的纠正，也因为它没有意义深远的**政治**目标。

可以肯定的是，不能苛求你或是其他任何人从一些书评或旅行笔记中推断出这种持续的反思（一个错误的结构，但没关系！）。随函附上的或者你在同一天的邮件中所发现的内容，不应被视为神秘的，而应仅仅看作我计划如何赚取零用钱的信息。当然，我去年在卡普里岛勤奋地撰写"翁鲁"的评论。它直到现在才发表（略有删节），因为海因茨·西蒙[1]①亲自干预了《文学世界》，为了先前在那里出现的温和得多的抨击发出了可怕的威胁。我花了半年时间才得以实现这篇评论的出版，这可能会使我失去作为《法兰克福汇报》撰稿人的工作。

现在来谈谈我的生活的外部情况。我在巴黎没有一个明确的计

1　海因里希·西蒙（Heinrich Simon，1880—1941），德国记者和出版商。

划，不过是由于一些外部环境。首先，要完成并审阅普鲁斯特的翻译，当然，在这里可以找到某些便利条件。此外，这里的生活费用是柏林的一半或三分之一。另一方面，当然，如果可能的话，我想通过一些作品让自己在这里出名。然而，由于我还没有掌握足以原样出版的像样的法语，我不得不依赖翻译，这使得整件事变得如此困难，以至于成功是值得怀疑的。我的人脉既不好也不坏。相反，正如当你第一次在异国他乡的某个地方的通常情况下，有很多的人你可以愉快地与之交谈一刻钟，但没有人非常渴望与你有更多的关系。吉拉杜是外交部的新闻秘书，作为小说家我非常喜欢他。我曾经向他咨询过与我的护照有关的事情，结果很好。后来我向他请教了一些与翻译有关的事情，但运气不佳。这很能说明问题。为了与语言保持最亲密的关系，我甚至安排与巴黎高等师范学院的一名学生定期交谈，这是在拿破仑一世统治期间成立的一所国立学生教育机构，精英们靠公费在此寄宿。然而，我需要的是一种只有在语言是非受迫性的时候才有可能的节奏和温度。事实上，在我与当地出版商和印刷商〔弗朗索瓦·〕伯努瓦[1]的对话中，这确实发生过几次，他正在出版完整的《塔木德经》（!）和《圣经》的豪华双语版。它们已经开始多年了。我打算写一篇关于普鲁斯特的文章（《关于翻译马塞尔·普鲁斯特》）。我能否成功地把它以及其他一些我已经完成的东西在这里出版，还有待观察。然而，即使没有这一点，我的物质环境目前还是令人满意的，因为从1月份开始，在一年的短暂时间内，我一直靠我的书从罗沃尔特出版社获得按月摊付的款项。另外，目前我的翻译费已经到了。

除了这个最迟应该在7月中旬完成初稿的翻译之外——校对将

1　弗朗索瓦·伯努瓦（François Bernouard，1884—1949），20世纪初的法国出版商、诗人和剧作家。

是一项艰巨的工作——我只在一个我不愿意称之为格言书的笔记本上撰写（如果撇开我现在必须写的关于凯勒的简介等较小的东西不谈②）。最新的标题——它已经有过不少——是“道路封闭！”。在此背景下，让我再次回到为俄罗斯写的文章——除了歌德，还有一些较新的法国作家，关于他们我应该写一些简短的文章，让我们俩都等着看看会发生什么。据我所知，“文学史”，至少是较新的一种，没有太多的理由去夸耀它的方法论，以至于对歌德的“马克思主义的”研究只是即兴发挥的另一个原因。我必须自己确定这种研究包括什么以及它教导什么。如果（我很倾向于这样假设）严格意义上的“文学史”，从马克思主义的角度来看，与从其他任何理性的角度来看一样都没有什么现实性的话，这并不排除我从这样一个角度来研究一个主题的尝试——一个我在一般情况下几乎不会研究的主题——可能会导致一些有趣的东西，在最坏的情况下足以被编辑委员会理直气壮地拒绝。

当你报告你的项目时，看到“没有普遍感兴趣的”这句话是相当令人痛苦的。即使我的兴趣是完全无力和无效的，它也是对你的项目真正意义上的兴趣，不是泛指。因此，当你有机会的时候，你可能想给我更多关于它们的信息。出于一种忠诚感，我最近请人为我翻译了雨果·伯格曼对布洛赫的评论，因为我错误地以为是你写的。你可以想象我最初是多么惊讶。签名让我平静下来。〔……〕译者是梅尔·维纳[1]，他现在住在这里。③他不喜欢伯格曼的希伯来语，因此，他更乐于回忆起你当时在《犹太人》中给予他的教学法的痛打。关于布伯，《法兰克福汇报》④刊登了〔齐格弗里德·〕克拉考尔对他的《圣经》译本进行的评论，似乎完全切中要害，只要在不懂希伯来语的情况下就有可能判断这一点。该评论还纳入

1　梅尔·维纳（Meir Wiener，1893—1941），波兰－奥地利作家和意第绪语的文学学者。

了我就此主题当面对他说过的一些事情。我会看看：如果我还持有它，我会随函附上。如果没有，我会告诉你在哪里找到它以及（多余的）副本和备份。

我无法用这封信创建一个小人国。不过，为了弥补这个不足，我想告诉你，我在克鲁尼博物馆（Musée Cluny）的希伯来区发现了写在一张纸上的《以斯帖记》(Das Buch Esther)。它包含的文本不到现存文本的一半。也许这将加快你的巴黎之行。

现在，我最衷心地祝贺你信中提到的关于你的美好而重要的事情。事实上，未来不可能更亲切地向你微笑。目前，我不敢展望比我的作品出版截止日期还远的未来——这将是在 10 月。一旦我能开始自己的工作，我就会开始写我的关于童话的书，这本书多年来无疑一直萦绕着我的信件。

在我的上一封信公布消息之后，你可能不会对布洛赫在巴黎感到惊讶。赫塞尔也是如此，由于普鲁斯特的翻译、他对这座城市的了解以及许多共同的反应，这些天我与他有了一些更密切的接触。昨天，恩斯特·舍恩离开了；他和妻子在圣灵降临节期间在这里待了几天。我越发不缺少和我不那么亲近的人。所有这些都是我至今还没有下定决心四处寻找艾斯勒的原因。特别是布洛赫的状况目前没有给我带来快乐。〔……〕无论发生什么：上帝知道，你不能指望我有一个“唯物主义的系统（！）”。

你看，像你最后一封这样长而精彩的信在我身上并没有浪费。我非常希望很快能再次收到你的来信，并且更加详细；也许那时我们可以相互看清对方，即使没有公开声明。

向你和艾莎致以非常诚挚的问候。

你的瓦尔特

①《法兰克福汇报》的所有者。

②《文学世界》，1927 年 8 月 5 日。
③ 希伯来语和意第绪语文学历史学家（1893—1941）。肖勒姆在《犹太人》杂志上的文章《犹太神秘哲学的抒情诗？》（Lyrik der Kabbala？）是针对一本来自希伯来语的表现主义翻译作品。
④ 1926 年 4 月 27 日和 28 日；重印于克拉考尔的《大众装饰品》（*Das Ornament der Masse*）（美因河畔法兰克福，1963 年），第 173—186 页。

157　格哈德 · 肖勒姆

阿盖（瓦尔），1926 年 9 月 18 日

亲爱的格哈德，

今天，你从采法特[①]寄出的信经由柏林到达我这里。我很高兴收到它，至少有三个原因。首先，你亲眼看到了采法特。其次，你不一定严格遵守通信中的交替顺序。第三，在我即将给你写信的那一刻，你的信到了。如果这个题外话及其数学特征看起来像是我的书信中的新事物而分外显眼，你可以将它归因于我沉浸在《项狄传》（*Tristram Shandi*）[②]的第三卷中。与此同时，你会发现，我迟早会跟进你对阅读内容的建议；我希望你不是在试图计算（但是，如果你在计算，我希望你的计算结果不正确），假设比率保持不变，我什么时候开始阅读斯坦海姆[③]。这封信，甚至是写这封信的信纸应该告诉你，我也突然做出了一些决定。因此，我不打算等到我回到家里，把堆积起来的事件拆散再进行排列。相反，我将在这里的海滩开始。首先，我隐退到这里阅读《项狄传》，因为我的神经处于糟糕的状态（改善的前景令人怀疑），我需要一些平静和安宁。但无论如何，我不能在这里待太久，最迟必须在 10 月中旬回到柏林。所以暂时请往那里给我写信。目前，我的健康状况使我无法更详细地安排我的模糊的冬季计划。然而，我的柏林—巴黎的

椭圆形生活方式很可能会在明年继续下去，因为据我推测，事情将是这样发展的：赫塞尔和我将进行整个普鲁斯特的德语翻译（弗兰茨·赫塞尔，因为他的书籍或我的信件，你可能听上去有点耳熟，他是我宝贵的、愉快的、友好的合作伙伴）。我们可能会重新翻译第一卷（!）。由其他人进行的原始翻译导致了大量的负面宣传和一场重大的评论惨败。我们一个月前完成了第二卷。我们将重新翻译（由另一个人完成的）第三卷，因为提交给出版商的译本无法出版（它太糟糕了）。我翻译的第四卷的手稿已经放在出版商那里很长时间了。我提到的每个“卷”实际上都包含了按照图书馆定义的两个或三个卷。关于这项工作本身，可以说很多话。请让我补充，1）从某种意义上说，它让我感到恶心。对一位作家的非创造性研究——他如此卓越地追求与我自己的（至少是以前的）目标相似的目标——不时地会在我身上引起类似肠道中毒的症状。然而，请让我补充，2）这项工作的外在利益值得一提。酬金是可接受的，而且工作不依赖于特定的地点（当然，在紧要关头总是有必要回到巴黎），但在法国作为普鲁斯特的译者来介绍自己是非常愉快的。天知道我已经考虑了写一篇名为《关于翻译马塞尔·普鲁斯特》的东西有多久，而刚刚马赛的《南方杂志》（*Cahiers du Sud*）承诺会发表它。不过，把它写下来还需要相当长的一段时间。它基本上并不会包含很多关于翻译的内容；它将探讨普鲁斯特。——在此之际，请允许我插入我对布伯争议还要说的，或者更确切地说，还要问的话。我想知道你的立场是基于什么。这对我来说自然是最重要的。不言而喻，我认为自己，更何况克拉考尔，在这个问题上是不能胜任的。我只能臆测一些我没有战术入口（我无法理解）的东西。相反，我从远处和上方，仅从一个角度，即从德语语言精神的山脉，看到它在我面前展开。〔……〕我不知道在这个时候，将《圣经》翻译成德语可能涉及什么，或者世界上有哪些人可以顺理成章地被关注。眼下，当希伯来语的内容近来被更新的时候；当德语，就其本身而言，处于一个高度有问题的阶段的时候；最重要的是，在我看来，当这两者之间的富有成效的关系似乎只有潜在的可能，如果有可能的话，——这一翻译不会导致事物可疑的展示？并且一旦展示出来，从德语的观点来看不会立即失效，就像现在一样？正如我所说，根据我所熟悉的文本的段落，这个问题对我来说变得更加紧迫。如果你能够至少给我一些关于你当时④对这个问题的看法的暗示，那就太好了。〔……〕所有与法兰克福有关的事情都让我觉得完全是一团糟：我的翁鲁评论显然没有引起任何反响，除非你想提到那个贵族的朋友很快就会在《文学世界》发表并伴随着我的第二次答辩的一个回应，尽管这个回应由于其纯粹的愚蠢已经被冷却了。但是，我很难再次对整件事情说些什么。你可能会更高兴地看到我为黑贝尔[1]逝世一百周年所写的简短笔记。当你收到这封信时，它将已经发表在《文学世界》中了。与此同时，我为报纸写了另一篇关于同一主题的笔记⑤。最重要的是，我的《单行道》一书现在已经完成——我已经写信告诉过你了吗？它已经成为我的一些“格言”的一个奇特的安排或结构，一条旨在展示如此陡峭深度视野的街道——不要隐喻地理解这个词！——也许就像帕拉第奥[2]在维琴察（Vicenza）著名的舞台布景：《街道》（*Die Straße*）。它应该在圣诞节前出版。希望如此。罗沃尔特一再违反合同，推迟我的关于《亲和力》的论文以及巴洛克之书的出版日期，当然，我一直渴望让你读到后面这本书。出版的确切日期将在10月份确定。因此，正如你所看到的，我几乎所有的作品的出版都悬而未决（在

1 约翰·彼得·黑贝尔（Johann Peter Hebel，1760—1826），德国作家、神学家和教育家。

2 安德烈亚·帕拉第奥（Andrea Palladio，1508—1580），活跃在威尼斯共和国的意大利建筑师。

圣诞节之前你可能还会得到的唯一的东西就是普鲁斯特的《在少女花影下》(*À l'ombre des jeunes filles en fleurs*)，而你的作品，谢天谢地（但是又不幸的是），可能只有在从我是否收到它们的角度看才是悬而未决的。因为我既没有你的关于彼列[1]的文章，也没有你的关于科恩兄弟（雅各布和艾萨克·科恩）对恶魔汇编的文章⑥(如果在此期间已经出版了)。请立即将你完成的所有东西寄到柏林我这里。但是，我特别期待收到《犹太神秘主义的沉思和狂喜》(Kontemplation und Extase in der jüdischen Mystik)，如果这篇报告用我直接或间接可以理解的语言发表的话。你确实按计划做了这个报告，对吗？另外，你对亵渎犹太神秘哲学者（保利[2]？）的评论一旦发表，请你把它寄给我。⑦——我想要紧紧抓住能和你一起在巴黎度过一段时间的希望。在紧急情况下，你是否仍然可以拿出这笔钱，就像是为了学术旅行一样？到我们见面的时候，我希望《悲苦剧》一书能够已经出版了。序言给我带来烦恼。我没有采纳你提出的唯一可行的方法，即明确的客观评论，因为我为了逃避“拒绝”而撤回了这篇文章（可能非常愚蠢！）。因此，我仍然拿不定主意该怎么做，因为我真的不希望它没有任何关于它的起源和早期命运的评论就出版。

〔……〕

如果我来柏林，我的计划包括在最终必须更新的卡片目录的基础上对我的私人藏书进行一次全面的审核。我想丢弃很多东西；我基本上想把自己局限于德国文学（最近对巴洛克风格有一定的偏好，但是由于我的财务状况这变得非常困难）、法国文学、神学、童话和儿童读物。在最后一个类别中，没有多少新的出版物，但我

1　彼列（Beliar），《圣经》中的恶魔形象。

2　让·德·保利（Jean de Pauly，1860—1903），《塔木德经》部分法语版的译者，也是《光明篇》的第一个完整版的译者。

相信它们几乎都值得你关注。特别是 50 年代的三部惊险小说——有彩色插图！——非常美丽和罕见。我最近在一次交换中获得了其中两部。具体来说，我是用布克哈特的《君士坦丁大帝的历史》（*Geschichte Konstantins des Großen*）的第一版换的。——上周日我在普罗旺斯地区的艾克斯（Aix-en-Provence）。如果你途经马赛来到法国，你一定要乘坐两个小时的有轨电车，来看看到这个被冻结在时光中的美丽得无法形容的城市。下午我在城门外观看的斗牛比赛似乎很不适当，而且有点悲惨。——最后，我想告诉你，在带来你的来信的同一批邮件中我也收到了《文学世界》的邀请，要我评论布伯的《关于教育的演讲》（Rede über das Erzieherische）和《名字之书》（*Das Buch Namen*）（？？）以及罗森茨维格的《圣经与路德》（*Die Schrift und Luther*）。我不必告诉你，我一定会拒绝的，因此我期待着早日收到你的指示和消息。

我诚挚地问候你和艾莎

你的瓦尔特

① W. B. 将其写作“Saafed”。加利利（Galiläa）的采法特——犹太神秘哲学家的圣城。肖勒姆在那里度过了暑假。

② 该拼写是“Shandy”和博德（Bode）在他的德语译本中使用的“Schandi”的混合物。

③ S. L. 斯坦海姆，《根据犹太教堂的教义的启示》（*Die Offenbarung nach dem Lehrbegriff der Synagoge*）（1835—1865 年出版），是犹太宗教哲学的一部重要作品。

④ 在 1926 年 4 月给布伯的一封长信中。肖勒姆的疑虑是在一个完全不同的方向上。有关更多信息，请参阅肖勒姆在他的《犹太文物》（*Judaica*）一书中对这一译本的讨论（苏尔坎普藏书系列 [Bibliothek Suhrkamp]，第 107 号），第 207—215 页。

⑤《本雅明文集》第 II 卷，第 279—283 页。

⑥ 肖勒姆用希伯来语写的论文。

⑦ 对保罗·武利奥[1]的《犹太教神秘哲学》(*La Kabbale Juive*)(巴黎，1923年)的评论，肖勒姆1925年发表于《东方文学报》(*Orientalistischen Literaturzeitung*)，第494及以下几栏。让·德·保利是《光明篇》法语译本的作者，肖勒姆对该译本的评价也不是很高。

158 致雨果·冯·霍夫曼斯塔尔

柏林，1926年10月30日

亲爱的和极受尊敬的冯·霍夫曼斯塔尔先生！

您的每一封信都在重新鼓励我，因为我意识到能够指望您支持我的工作，无论是从本质方面还是从外部方面来说。然而，您的最后一封信更加鼓励了我，因为尽管有我的甚至最终使我自己感到压抑的沉默，您却能关于我和我的书找到如此亲切的，以及如您所知，令人愉快的话语。在过去的这个夏天，事情对我来说并不顺利，即使我似乎暂时克服了最糟糕的情况，但是一段漫长的不安的日子也留下了一种缩减了的幸福感。我父亲7月去世了。在过去的几周里，由于与这件事有关的义务，我无法给您写信，尽管它一天天地变得越来越迫切了。说到底，我本来会更快地回复您关于出版事宜的极其重要的建议，如果罗沃尔特在我回来的整个期间中都没有离开过。首先，请接受我最衷心的感谢，感谢您的建议所包含的有益的鼓励。在没有与罗沃尔特再谈一次的情况下，我现在还不能完全下定决心。在这件事上，我还欠他一个最后通牒。(此外，我希望——只要有可能——看到我所有的东西都在同一个出版商那里出版，这一愿望也共同在起作用：我的新的笔记书或格言书不会轻易被学术书籍的出版商所接受。另一方面，罗沃尔特接受了它。)

1 保罗·武利奥(Paul Vulliaud，1875—1950)，法国作家、翻译家和画家。

然而，决定因素仍然是巴洛克之书无论如何必须在几个月内出版。如果罗沃尔特无法做出坚定的承诺，我会感激并信任地将我的下一步行动托付给您的判断。在这个意义上说，请向〔瓦尔特·〕布莱希特转达我的谢意。

9月份，我经由巴黎去了马赛，我得以欣赏到这座美妙的城市，以及更加壮丽的艾克斯，并在地中海边度过了十四天。我在这里已经有一段时间了，并打算待到圣诞节。我将忙着再翻译一两个月，但之后我会停止这项活动一段时间。我也在组织、审核和整理我的私人藏书，并在这个过程中照例有一些令人吃惊的发现。因此，我不无惊讶地了解到直到上世纪中叶文学史是如何还在书写的。我惊讶地发现朱利安·施密特[1]撰写的三卷本《莱辛逝世以来的德国文学史》（*Geschichte der deutschen Literatur seit Lessings Tod*）[①]有多么强有力；它的轮廓有多么清晰，就像一条结构精美的带状雕刻。我们可以看到，当这类书籍被当作工具书来组织时，它所失去的东西，以及近来学术技术的（不可否认的）要求如何与获得一个文化表相（即传记）是不相容的。同样令人惊讶的是，这种倔强的编年史作者的思想的客观性如何随着历史的距离而增加，而近来文学史作品中严谨和冷淡的判断方法不得不表现为当代品味的平淡和冷漠的表达，正是因为它缺乏可能起到纠正作用的个人因素。碰巧的是，就在过去的几天里，我不得不写一篇关于瓦尔策尔[2]的《文字艺术品》（*Wortkunstwerk*）的评论，这是一本在这个意义上典型的现代书籍，但也是较好的一本。在我的评论中，我试图表达这些想法以及其他一些想法。[②]促使我以这种方式回到某个特定时期的德国文学史写作的工作既有吸引力又是一种责任和困难：

1　朱利安·施密特（Julian Schmidt，1818—1886），德国文学史学家。

2　奥斯卡·瓦尔策尔（Oskar Walzel，1864—1944），奥地利－德国文学学者。

我必须为一本俄罗斯百科全书写一篇关于歌德的文章。可以肯定的是，如果我能在一个相对较小的空间成功地给出一幅歌德的画像，并在今天的俄罗斯读者身上留下它的印记，那么我会认为这几乎是一个奇迹；然而，原则上，在我看来，这不仅是可能的，而且也是非常有益的。

不管结果怎样，我的笔记书可能会受益于其出版的无理延迟，并且已经吸收了不少在马赛和这里新写的内容。我不无焦虑地希望，很快有一天，它会来到您的手中。因为它呈现出一种异质的东西，或者更确切地说是一种极性的东西。从这种张力产生的某些闪电可能会过于刺眼，而从这种张力产生的某些爆炸可能会过于狂暴。（我只希望您不会在书中的任何地方遇到舞台雷鸣的人为声音。）

我很高兴出版《忧郁症》章节预印本的计划再次启动，不仅是为了我自己，而且因为我认为这是《论稿》杂志可能延续的好兆头。使这一章节符合编辑关于长度的要求并不困难。如果您能好心地在适当的时候把手稿寄给我，我会立即删去一些内容后把它归还给您，但让我的思路的本质和引文保持原样。——如果我说我对您赞美我的风格的话语感到非常高兴，我希望您不会觉得我虚荣。我确实“付出了很大的努力”来写它，首先是因为我不可能用其他方式；然后，基于这样一个原则，即思想领域的最高纲领的成功执行通常与严格执行的风格的最低纲领相称。最后，让我惊讶的是，您的信提到了这部作品真正的但非常隐蔽的核心：凭借其对一篇名为《关于悲苦剧和悲剧中的语言》的长达三页的青少年习作的字面提醒，我对图片、文本和音乐的阐述实际上是这部作品的原始细胞。当然，更深层次的探讨要求我离开德语的领域，进入希伯来语的领域，尽管我有最好的意图，但我至今尚未涉足其中。幸运的是——我甚至不能为此感谢您——您正在进行创造性的实验，分析属于过去的德国戏剧的一个状态（但只是肤浅和表面的）。带着加倍的不耐烦，我在等待着《塔楼》的上演，以及它的新的最终版本。因此，你写的东西给我带来了回音，我几乎以为会被拒绝给予的回音。说实话，在我写这本书的时候，我知道我所有的朋友中，即使是我最亲密的朋友，唯一一个愿意承认这本书的“mea res agitur”[1]的人就是朗。这本书中的许多细节也要归功于他的来信。当他去世时，我起初想知道的，不是谁会读它，而是谁会真的很欣赏它。我感谢您让这个问题得到了解答。因为您，它将以各种方式到达，即使不是很多人，也将到达所有那些它打算和能够到达的人。除了〔瓦尔特·〕布莱希特的同情之外，也许以后我还能希望得到围绕〔阿比·〕瓦尔堡[2]的汉堡圈子的兴趣。无论如何，我首先希望在该圈子的成员中找到具有学术资格、同时有同情心的评论者（我本人与他们没有联系）；至于其他人，我不期待有太多的善意，特别是来自学术界的官方代表。

诚挚的问候。您的感激的和忠诚的，

瓦尔特·本雅明

附：我会通过挂号邮件寄这封信，因为我不知道地址是否足够准确。

① 从第五版（1866 年）开始，以此标题出版。
② 发表在 1926 年 11 月 7 日《法兰克福汇报》的文学副刊（第 59 卷，第 45 号）。

1 拉丁语，意为“我的存在”。
2 阿比·瓦尔堡（Aby Warburg，1866—1929），德国犹太裔艺术史学家和文化理论家，瓦尔堡文化研究图书馆的创始人。

159 致朱拉·拉特

莫斯科，萨多瓦亚·图里姆法尔纳亚

1926年12月26日

亲爱的朱拉，

希望你能收到这封信。然后很好地回答我。我到现在才敢写信，因为自从我到达以来，我刚收到来自德国的第一个消息。因此，我认为我所有的信件都丢失了。但是邮局似乎很可靠。我已经给你写了一张明信片。——你千万不要以为从这里发出消息很容易。我需要对我看到和听到的东西加工很长时间才能让它为我呈现某种形状。处于这种环境中——即使只是短暂的——也具有非凡的价值。一切都在建造或改建的过程中，几乎每一刻都在提出非常关键的问题。公共生活中的紧张关系——在很大程度上几乎具有神学的特征——是如此之广泛，以至于在不可想象的程度上，它们封锁了一切私人生活。如果你在这里，你可能会比我惊讶得多；我记得今年夏天你在阿盖所说的关于“俄罗斯”的一些话。——我无法评价每件事；基本上，这些环境——当你身处其中的时候，你可以而且必须对它们采取某种立场——在许多方面甚至可能是负面的；从外部来说，你只能观察它们。这一切将给俄罗斯带来什么后果是完全无法预测的。也许是一个真正的社会主义社会，也许是完全不同的东西。决定这个问题的斗争一直没有间断地进行着。客观地与这些事件联系起来是非常有益的——出于基本的考虑因素，我不可能参与其中。然而，我能在多大程度上与这里的发展建立实质性联系，仍有待观察。各种情况使我有可能从现在开始从国外向俄罗斯报刊提供更详尽的文章，并且我可能会扩大我对“百科全书”的参与。这里有很多工作要做，而且在人文科学方面，难以想象地缺乏有经验的撰稿人。——另一方面，我仍然不知道关于我在这里的逗留我会写些什么。我可能已经告诉过你，我首先以日记的形式收集了很多资料。①——我在俄国式铜茶炊的美妙嗡嗡声中摆脱了对平安夜的恐惧。还有许多其他美丽的事物：乘坐雪橇穿过俄罗斯的冬季树林去探望一个漂亮的小女孩②，在这过程中，我见识了一家一流的儿童疗养院。我经常去剧院——关于它的最怪诞的观念一直在流传。事实上，在我迄今为止看到的所有东西中，只有梅耶荷德[1]的演出才是真正意义重大的。即使天气很冷（低至－26℃），如果我没有筋疲力尽的话，在城市里散步也是非常愉快的。但是由于语言的障碍和日常生活的严酷，我经常感到筋疲力尽。一年中这个季节住在这里对健康非常有益，说到底，我已经很久没有感觉这么好了。但东西是无法想象地昂贵。莫斯科大概是地球上最昂贵的地方。——我回来后会告诉你更多更具体的事情。你有没有请斯通③拍摄大头照？你好吗？伊尔莎④在柏林吗？弗里茨怎么样？请把所有的答案整齐地写在你的几张尊贵的薄的半透明信纸上。你可以用拉丁字母写地址。但回信时一定要给我一个迷人的答复。我祝你除夕和新年遇到仁慈和友好的恶魔。

你的瓦尔特

① 这本日记被保存下来。
② 阿西娅·拉西斯的女儿。
③ 萨沙·斯通（Sascha Stone），著名摄影师，也为W. B.的《单行道》设计了封面。这张大头照被保存了下来。
④ 伊尔莎·赫尔曼（Ilse Hermann），收信人的朋友。朱拉·科恩－拉特的柏林工作室在伊尔莎·赫尔曼的父母家。

---

1 韦沃洛德·埃米吉维茨·梅耶荷德（Vsewolod Emilewitsch Meyerhold，1874—1940），俄罗斯导演和演员，著名戏剧理论家。

160 致格哈德·肖勒姆

柏林，1927年2月23日

亲爱的格哈德，

明天，我回到柏林已经三周了。我有很多工作要做。我推进得不够快；我设法完成的每一个小成就都包装在大量的懒散中。刚刚从我到达时感染的流感中恢复过来，我正忙着写一篇关于莫斯科的文章[①]。你会在《文学世界》中看到我的一些小文章，或者你将在下一期中找到它们[②]；写一些比较连贯的东西，而不陷入八卦的深渊是非常困难的，因为在追求这样一个项目的过程中，几乎每走一步都会在你面前敞开这样的深渊。我无法控制的某些具体细节有时会对我在莫斯科的行动自由产生不利影响，以至于我没有像我希望的那样多地四处走动。但是，在这两个月里，我不得不以这种或那种方式在这座城市里挣扎以及与这座城市斗争，这让我对我几乎无法以任何其他方式了解的事情有了一些了解。我很快就从这个角度以及与当地人交谈的基础上确定了这种情况。有可能我会成功地（尽管我不确定我会）在我现在正在写的关于莫斯科的笔记中，为像你这样感到嫌恶的读者阐明其中的一些事情。

我为《俄罗斯百科全书》撰写的关于歌德的文章运气不太好。当然，它不会出版的事实可以用另一种方式来解释。可以说，我提交的文章中所包含的那种简述对于这些人来说太激进了。面对欧洲学术界，他们以精致的亚里士多德的方式被恐惧和怜悯所震撼。他们想要一个马克思主义学术的典范著作，但同时又想要创造一些在欧洲引起十足钦佩的东西。尽管如此，我相信这一简述是如此有趣，以至于在适当的条件下，它可以在未来的某个时候在其他地方发表。

〔……〕

多拉和我诚挚地问候你们。

你的瓦尔特

①《创造物》，1927年，第71—101页。现在见《本雅明文集》第II卷，第30—66页。
②在1926年12月3日和1927年2月11日这两期中。

161 致马丁·布伯

柏林，1927年2月23日

非常尊敬的布伯先生，

我在莫斯科逗留的时间比我预期的要长一些。当我最终到达柏林后，我不得不克服的第一件事就是流感。现在我已经在这个项目上工作了好几天了，但仍然无法在2月底之前把手稿①寄给您。您会好心地写信告诉我，您什么时候离开德国吗？我将尽一切努力在大约八天前把手稿交给您。您向我推荐的维蒂希[1]的作品很有价值，很有说服力。有一件事我可以绝对向您保证——一些消极的事情——所有理论都会远离我的阐述。我希望我能成功地让"造物"为自己说话，只要我能成功地理解和掌握这种非常新的、令人晕头转向的语言，这种语言通过一个完全改变的环境的声音面罩大声回响。此时此刻，我打算呈现一幅莫斯科市的图像。在这幅图像中，"一切事实都已经是理论"，因此它避免了任何演绎抽象、任何预测，并且在一定范围内，甚至任何判断。我坚信，在这种情况下，所有这些东西结合在一起只能基于经济事实而不是基于"精神"数据来传达。即使在俄罗斯，也很少有人对这些事实有充分的把握。以概要的形式，莫斯科在这一时刻揭示了各种可能性：尤其是革命失败和成功的可能性。然而，在这两种情况下，都会

---

1 约瑟夫·维蒂希（Joseph Wittig，1879—1949），德国神学家、作家和格拉茨县的乡土学者。

有一些不可预见的东西，它们的外观将与对未来的任何程序化描绘有很大的不同。这一轮廓今天在人们和他们的环境中残酷而清晰地显现出来。

今天就写到这里。致以最良好的祝愿，我仍然是您忠诚的

瓦尔特·本雅明

① 为《创造物》杂志撰写的《莫斯科》(Moskau)。

162 致雨果·冯·霍夫曼斯塔尔

帕尔迪贡（Pardigon），1927年6月5日

极受尊敬的冯·霍夫曼斯塔尔先生，

我想自从我上次写信给您已经快一年时间了。在此期间我去过俄罗斯。我在莫斯科度过的两个月里没有给您写信，因为当这种陌生而紧张的生活给我留下第一印象时，我无法报道任何事情。后来我推迟了写信，因为我希望能在给您的第一封信中附上我在俄罗斯逗留的描述。然而，尽管长条校样已经完成了相当长的时间，但它仍然没有出版。在这部作品中，我试图描绘最深刻感染我的具体生活现象，就像它们本来那样，没有任何理论上的附带讨论，虽然不是没有对它们采取个人立场。当然，因为我不懂俄语，所以我无法超越一个特定的、狭隘的社会阶层。但是，比起视觉体验，我更专注于节奏上的体验。就节奏体验而言，我发现，那里的人民生活的时间，以及原始的俄罗斯节奏与革命的新节奏交织在一起形成一个整体的时间，比我预想的更加无法按照西欧的计量单位进行测量。——我在这次旅程中非常附带地想到的一个文学项目被证明是不可行的。《俄罗斯大百科全书》编委会是一个

由五位最终权威组成的组织。它包括极少数有能力的学者，无论你怎样想象，它都无法实现这项庞大的计划。我亲眼目睹了这里的人们在马克思主义学术计划和在欧洲赢得声望的企图之间摇摆不定的无知和机会主义。但是，隆冬季节在莫斯科逗留的困难和严酷，像这种个人的幻想破灭一样，与一个城市给人留下的强烈印象是无法相提并论的，这座城市的所有居民仍然被每个人都曾经以这样或那样的方式参与其中的伟大斗争所震撼。我结束了在俄罗斯的逗留前，参观了谢尔盖圣三一修道院（Sergejero-Lawra），这是帝国第二古老的修道院，也是所有封建贵族和沙皇朝圣的地方。我在气温 −20℃的房间里穿行了一个多小时，房间里满是宝石镶嵌的白色法衣；一排排望不到头的以鲜明图案装饰的福音书和祈祷书，从阿索斯僧侣的手抄本到 17 世纪的手抄本；各个时期的无数的带有镀金饰边的圣像画，圣母玛利亚的脑袋好像从中国式的头枷向外窥视。它就像一个冰柜，在革命的三伏天里，将一种古老的文化冰封着。在接下来的在柏林的几周里，我的工作基本上包括从这次旅行的日记中提取那些可以传达的东西。这是十五年来我第一次写旅行日记，而且写得很详细。当我回到德国时，我翻译的普鲁斯特的《在少女花影下》出版了，并且我确认出版商在我不在的时候把它寄给了您。如果您已经有机会看它一眼，我希望它没有让您感到太厌烦。它广受评论家的好评。但这意味着什么？我想我已经认识到，任何不是为了最高和最紧迫的实际目的（如《圣经》翻译，作为一个典型的例子），或者不是为了纯粹的语文学研究的目的而进行的翻译工作，一定都有一些荒谬的东西。如果在此案例中这一点不太突兀和明显，我会很高兴的。——乍一看，这封信的长度，尊敬的冯·霍夫曼斯塔尔先生，将提醒您把它放在一边，直到您有一些空闲时间；考虑到这一点，并意识到您对我的真正兴趣，我才有勇气告诉您更多关于我自己的事情。

我目前的工作主要是致力于巩固我在巴黎的地位。我将努力通过报道文学主题和其他更为次要的项目来支持我在这里的逗留——这几天我和我的妻子在土伦（Toulon）附近的帕尔迪贡过五旬节。可以肯定的是，我最初体验的有效性——您自己也强烈地证实了这一点——被反复确认：与法国人建立联系，并能够与他交谈超过十五分钟，这是非常罕见的。但是随着时间的推移，我也被诱惑接近现代形式的法国精神，完全不考虑它不停地以它的历史伪装困扰着我，而且我决意在某个时候就此公开说出自己的意见，即关于它较古老的表现形态。我有时会考虑写一本关于法国悲剧的书作为我的《悲苦剧》一书的对应物。最初，我对后者的计划是以对比的方式阐明德国的悲苦剧和法国的悲剧。但必须添加一些东西。考虑到我的活动和兴趣，我觉得在德国，我与我这一代人完全隔绝。此外，在法国，却有一些个别现象——作为作家是吉拉杜，特别是阿拉贡[1]——作为运动则是超现实主义——我在其作品中看到一些也吸引我的东西。在巴黎，我为那本笔记书发现了一种形式。很久以前我给您寄了一些很不成熟的摘录。我希望能够在这里以翻译的形式发表一些摘录，以及我在莫斯科的报告的部分内容。相比之下，我对德国的情况并不十分满意。罗沃尔特如此肆无忌惮地违反了我们合同的精神，以至于目前我无法决定是否给予他巴洛克之书的出版许可。我知道这些没完没了的拖延最终可能是灾难性的。但我必须尽快决定是继续留在罗沃尔特，还是寻找其他出版商。与此同时，几周前，我收到了《论稿》杂志中《忧郁症》章节的初校样。在我处理这件事的同时，我给威甘德先生发了一封长信。没有听到威甘德先生的任何消息，这对

1　路易·阿拉贡（Louis Aragon，1897—1982），法国诗人，法国超现实主义运动的主要声音之一。

我来说是不可理解的，而且终究是令人不安的。我不知道如何解释他的沉默。在帕尔迪贡，我正在写一篇我计划了很长时间的文章，它是凯勒作品的评注版的简介。（在进行这项工作的过程中，我偶然发现了他关于法国悲剧说的一些话：它们以其卓越的洞察力而与当时关于这个话题的一切流行话语相区别。）我真的从这个项目中获得了很多乐趣，我打算一出版就把它寄给您，希望它也能给您带来一些乐趣。最后，我想向您保证，听到您的消息对我来说意味重大，无论您的言语多么简短。怀着诚挚的敬意和问候，我始终是

您非常忠诚的，瓦尔特·本雅明

163　致马丁·布伯

巴黎，1927 年 7 月 26 日

非常尊敬的布伯博士，

您不会对我有好感的：您已经很久没有收到我的消息了。几个月来，我一直不知道该去哪里找您。在此期间，您肯定已经从巴勒斯坦回来了。然后，当这期杂志出版时，关于它我想给您写几句话。我花了很长时间才把它消化吸收。它是作为一个整体逐渐向我呈现出精确、明确特征的。我不需要告诉您，我是多么高兴能在这期杂志里出现在朗的旁边。这封信[①]是我对他所知道的最为集中的表明信仰的声明之一。令我无比的遗憾是，他成熟的精神体验与我最近的事实经历——狂热崇拜与共产主义活动——之间的对峙仍然纯粹是虚拟的，甚至在我自己的心中也完全没有实现。这个人——我早就知道这一点了——本来是我的朋友中唯一能够在与我交谈时迅速而果断地解决这些问题的人。《莫斯科》本来会更清楚

地呈现您在上一封信中提到的更个性化的重点，如果我能带着那些在我在那里逗留之前、期间和之后感动我的东西去找他。尽管如此，我希望一些读者已经清楚地认识到，这些“视觉”描述已经被引入了一个思想的网格中。如果您听到过任何关于《莫斯科》的意见，我很想知道是谁的意见，以及是什么内容。——维蒂希的作品很奇特，或者我想说令人不安，因为它们的论断的真实性以及它们提出的问题。我相信，存在以一种新的和令人信服的方式来表达这些简单但无限难以把握的经验的可能性已经很长一段时间了。我很想知道朗和维蒂希是否相互认识。——对于未来，我想再次明确地向您保证，我愿意为《创造物》撰稿。如果我发现一个与我自己的工作有关、并且可能被认为是适当的主题，我会告诉您。——肖勒姆将在未来几天与妻子一起来到巴黎。

致以最诚挚的问候，

您非常忠诚的瓦尔特·本雅明

如果您碰巧有个建议，那就更好了。

① 致瓦尔特·拉特瑙。

164　致雨果·冯·霍夫曼斯塔尔

图尔（Tours），1927年8月16日

亲爱的和极受尊敬的冯·霍夫曼斯塔尔先生，

我很高兴收到您从门多拉（Mendola）寄来的亲切的话语。但是，您对我宣布打算关于凯勒写一些东西的意图反应出的困惑的保留，对我也很重要，并且我相信，是可以理解的。与此同时，这篇文章已发表在8月的第一期《文学世界》中，您迟早会

看到它。今天，我想尽我所能对它说一两句话：当然，谈论一个刚完成的项目总是最困难的。我再也记不清最初是什么让我被凯勒吸引了；当我 1917 年去瑞士的时候，我对他的喜爱已经很明确了（我碰巧记得这一点，是因为在我到达那里几周后，我和妻子进行了一次非常生气勃勃的谈话）。然后，我和恩斯特·布洛赫就凯勒的著作进行了一次思想交流，我记得我们对《马丁·萨拉德》（*Martin Salander*）的研究让我们俩在不同的时间，甚至也许出于不同的原因作出定论。阅读《绿衣亨利》时，我感受了凯勒这个名字在您心中唤起的所有反感，但在《马丁·萨兰德》中，我想我能看到这个世界的另一个极点，它具有完全不同的精神氛围。（只有在我完成这篇文章之后，我才在阅读时发现它完全没有提到《绿衣亨利》。在我看来，这是一个决定性的考验，如果我可以这么说的话。因为喜爱这位作家的平庸人士往往聚集在《绿衣亨利》周围，如同聚集在旗帜周围。）然而，我仍然意识到有必要以一种完全不同的方式彰显出一种统一，这种统一是由于有限和冷酷的东西与深远和慈爱的东西在这个人身上以一种真正的瑞士人的方式交织在一起的结果。在我看来，我所写的仅仅只是绪论——它指向另一个被忽视的凯勒，并没有从他表面上如此不同的两个半拉重建这个作者。目前，我不敢开始这样的项目。我希望能在这篇文章写完后找到这样做的决心，即使只是通过阅读里卡达·胡赫[1]写的关于凯勒的“岛屿”小册子①来营造一种对比的情绪；但是我对这堆油腻、短小的句子的反感是如此强烈，以至于我从中什么也没有得到。——我正在图尔给您写这些话。在没有真正了解这个国家的法定假日的情况下，我感受到巴黎在一年中的这个时候向其居民传达的离心力（8 月 15 日是圣母升天节），我实现了

1　里卡达·胡赫（Ricarda Huch，1864—1947），德国作家、诗人、哲学家和历史学家。

长期以来的计划，进入法国内陆。自从多年前我读过佩吉的关于奥尔良（Orleans）和卢瓦尔河（Loire）地区的几行文字以来，我内心的一个地方已经乐于接受这些图像。当然，现在，它们比我想象中的更加美丽和生动地填满了那个地方。尤其是图尔市，它没有侵占河流的绿色河岸和岛屿，而是似乎真正用桥梁抚摸着河流。只要作为一个孤独的访客并没有剥夺一个人对这类事物的评判标准，我相信我也在慢慢地培养一种观察大教堂的眼光，因为我在探究每座教堂隐藏的美，无论它们是独特的还是典型的，暂时没有争取更多的东西。因此，在其他方面没有任何辉煌之处的奥尔良大教堂的唱诗班，将给我留下难忘的印象。它在一个低矮的、缓缓攀爬的基座上升起，就像在枕头上升起一样。我对城堡印象深刻的是它们对文艺复兴形式的可喜的保留态度：它们很少炫耀活泼的元素，至少在建筑物的正面，并且平民的和军人的生活方式共存，没有任何中介。当我第二次来到这个地区的时候——但愿很快能实现——我希望能够了解更多，装备更好。事实上，我将花一些时间研究这个时代（16和17世纪）的法国文化，看看我是否正在更加接近写一部关于法国悲剧的作品，我相信我在上一封信中提到了这一点。至于今天，我向您致以最诚挚的问候，并祝您在奥地利度过一个愉快的秋天。这一次，我计划在冬天来维也纳，如果我在那里发表演讲的打算得以实现的话。如果这能把我们聚在一起，并最终使我有机会超出我的信件的局限向您表达我的感激和敬仰，我将非常高兴。

您的瓦尔特·本雅明

① 里卡达·胡赫，《戈特弗里德·凯勒》（*Gottfried Keller*）（莱比锡，1914年）。

165 致马克斯·赖赫纳[1]

巴黎，1927年10月18日

非常尊敬的先生，

请允许我对您的建议表示衷心的感谢。最值得注意的是，它正好符合我自己的意图。它似乎让我有机会在您的杂志①上就德国小说的现状联系上下文发表评论。这正是让我超越某些顾虑的原因，到目前为止，这些顾虑使我无法表达我对德国小说的重大保留意见。我已经熟悉您的杂志很长一段时间并且非常重视它。我也非常重视它提供的为瑞士读者写作的机会，从根本上说，瑞士读者对德国知识分子运动有一个更开放和更为批判性的眼光。我要表达的唯一疑虑是关于最后期限。除了因为我的两本书即将排印而对我的时间有很多要求外，您有权期待的那类文章还需要一定的空闲时间。因此，我想问您是否愿意等到年底左右。

请允许我补充一下，我多么重视您对我关于凯勒的文章的回应，以及听到您说它具有的影响令我多么高兴和备受鼓励。我在瑞士生活过两年，我想我对它有所了解。在一些段落中，您无疑可以从字里行间读到瑞士人的什么本性让我倾心。如果允许我这么说的话，那么我尝试的是对边界进行一个小而明了的调整，有利于瑞士－德语的土地，而不利于德意志帝国的土地。

我在这里见到了〔费迪南德·〕哈德科普夫[2]，我们谈到了您。我非常高兴地在9月的《横截面》杂志上读到您的诗。我将在未来几天去柏林。请将您的亲切回复寄到我在那儿的地址：柏林－格鲁内瓦尔德，德尔布吕克街23号。

---

1 马克斯·赖赫纳（Max Rychner，1897—1965），用德语写作的瑞士作家、记者、翻译家和文学评论家。

2 费迪南德·哈德科普夫（Ferdinand Hardekopf，1876—1954），德国记者、作家、抒情诗人和翻译。

顺致崇高敬意和问候

您忠诚的瓦尔特·本雅明

①《新瑞士评论》(*Neue Schweizer Rundschau*)。

166　致雨果·冯·霍夫曼斯塔尔

柏林-格鲁内瓦尔德，1927年11月24日

亲爱的和极受尊敬的冯·霍夫曼斯塔尔先生，

邮局错误地将附有您的信件的不莱梅出版社的包裹转发到了巴黎。它在我的旅馆里待了一个星期才被送回。尽管如此，您本来会早点收到我的消息，但我回来后不幸患了黄疸。即使现在它仍然困扰着我。出于这个原因，让我请求您宽容地原谅我这封迟来的信——我刚刚收到您在22日写的明信片。

除了我的病，一切都在好转。终于，《悲苦剧》一书似乎将在圣诞节前不久出版。现在，从某种意义上说，我不再考虑它，请允许我再次向您表示衷心的感谢，感谢您在有时令人沮丧的等待期间给予我的支持。如果我没有您这第一个、最具理解力和同情心的读者——从这些词的最佳意义上说——我不知道这本书今天会在哪里，我也几乎不知道我对它的态度会是什么。

〔……〕

尽管如此，今天我把我关于凯勒的文章呈送给您时有些犹豫(它将通过同一个邮件发送给您，也许您已经注意到了它)。如果现在，我仍对您隐瞒多年来一再吸引我的这个领域，我会认为这几乎是缺乏坦诚。我想知道它在您手中，即使您宁愿在沉默中对它不予理会。

〔……〕

今天，我向您致以最诚挚的问候。我希望我能很快给您寄些新的东西。

您诚挚和忠诚的瓦尔特·本雅明

167　致雨果·冯·霍夫曼斯塔尔

柏林－格鲁内瓦尔德，1927年12月4日

亲爱的和极受尊敬的冯·霍夫曼斯塔尔先生，

请接受我对您的慕尼黑演讲稿①以及随附的说明表示衷心的感谢。您在演讲中对德国人类型的集中描述深深地触动了我。我相信我能从他身上看到朗的特征，以及其他许多东西。因此，您在演讲中所说的内容使我再次有意熟悉阿尔弗雷德·布鲁斯特[1]这个人物。您指明为这类人的认知和预感方面的一切都在他身上强化到痛苦的程度。我不仅从《新德意志论稿》中来了解布鲁斯特。正如您一定知道的那样，朗在生命的最后时期与他通信过。我想要做的第一件事是阅读《失落的地球》(*Die verlorene Erde*)②。(这样做的令人高兴的原因是我将为《新瑞士评论》撰写近年来最重要的小说的概述。)但是后来，博查特风景书中帕萨格[2]的精彩作品又把我引向了北欧。我很快会寄给您这本书的评论③。

〔……〕

祝您年末愉快。诚挚地问候，您忠诚的

瓦尔特·本雅明

1　阿尔弗雷德·布鲁斯特（Alfred Brust，1891—1934），德国作家。

2　齐格弗里德·帕萨格（Siegfried Passarge，1866—1958），德国地理学家。

① 雨果·冯·霍夫曼斯塔尔:《文学作为民族的精神空间》(Das Schrifttum als geistiger Raum der Nation)(慕尼黑,1927年)。
② 莱比锡,1926年。
③ 对鲁道夫·博查特编辑的《风景中的德国人》(*Der Deutsche in der Landschaft*)(慕尼黑,1927年)的评论,发表在1928年2月3日《文学世界》(年集4,第5期),第5页。

168 致格哈德·肖勒姆

柏林,1928年1月30日

亲爱的格哈德,

这封信可能无比地长。你应该把它看成连环闪电,几天之后,紧接着是以一大包书籍的形式出现的一阵隆隆的雷声。你需要等多久将直接取决于风暴眼到圣地的距离。愿这封信可以在阁下头部的山谷中找到响亮的回声!

再次写信"宣布"我的书出版是完全不可能的。最后到了1月底,这两本书才出版。现在我终于可以简单地说,"它们在这里"。作为大学图书馆的保护者,你将同时收到两部作品的第二份副本,作为同样重要的我职业生涯的保护者,你将收到《悲苦剧》一书的第三份副本,其中包含给马格尼斯[1]① 的题词。

不管这些礼物周围还有什么以珍贵图书缘饰的方式保护它们的东西,都是亲切地为你准备的,并与各种美好的祝愿交织在一起。

因为这还不够,让我宣布一个补充包裹,其中包含一些即将出版的《文学世界》的文章;《莫斯科》——给马格尼斯的——我必须先从布伯那里要回来;以及你要求的《新德意志论稿》的安德里

1 犹大·莱昂·马格尼斯(Judah L. Magnes,1877—1948),美国和巴勒斯坦托管地的一位著名的改革派犹太教祭司。

安[1]特刊。目前我也没有它的副本。另一方面，至于我的《亲和力》一文，我很抱歉不得不令你失望。我的手写副本绝对是我剩下的唯一副本。我不指望我为马格尼斯提供副本的努力会成功。我请你帮我个忙，把你的借给他。我也无法寄给你《论语言本身》，因为我只有这篇文章的一个副本。我觉得非常遗憾，因为它对我们的研究非常重要。当然，归根结底，如果你认为这是至关重要的话（考虑到其他作品的数量以及它们与《悲苦剧》一书前言的关系，我对此表示怀疑），我可以请人复制一份。

现在，就在开始的时候，让我谈谈我在这方面的计划。这也许是我最后一次机会，致力于希伯来语的学习，以及我们认为与之相关的一切。但这也是一个非常有利的时机。首先，就我准备好承担这项任务而言，是全心全意的。一旦我以这样或那样的方式（因为我从未冒过如此大的失败风险写作过）完成了我目前正在认真并临时性地进行的项目——非常奇特且极其棘手的文章《巴黎拱廊：辩证法的仙女剧》（Pariser Passagen: Eine dialektische Feerie）——一个生产周期，即《单行道》的生产周期，对我来说将会接近尾声，与《悲苦剧》一书结束日耳曼语言文学的生产周期的方式大致相同。在这个项目中，《单行道》的世俗主题将在地狱般的强化中列队经过。至于其余的，我还无法透露任何关于它的事情，甚至对它的规模也没有一个确切的概念。无论如何，这是一个只需要几个星期的项目。②

虽然罗沃尔特提出延长我的合同，但条款如此不利，以至于我暂时拒绝了这个提议。另一方面，海格纳（Hegner）有兴趣和我签订独占合同。但只有当水没到我的脖子的时候我才会这样做。因为，正如你一定明白的那样，这家出版社的天主教倾向（尽管有布

1 利奥波德·冯·安德里安（Leopold von Andrian，1875—1951），奥地利作家兼外交官。

伯!）确实违背我的意愿。

既然前面的道路已经明确，那么，对我来说，没有什么比做出果断的决定，致力于希伯来语更显而易见的了。我是自由的，但不幸的是，在这个词的双重意义上：没有义务，但也没有收入。如果你和马格尼斯目前正在就我进行认真讨论，请向他解释事情的准确情况：我需要财政援助，或者更确切地说，需要安全保障，如果我现在要从虽然行动缓慢但行驶在德国作家的职业道路上的马车跳下来。如果事情发展到他问你一个数额的程度，告诉他在整个加速研究期间是每月 300 马克。他自己最能估计出，以我完全独立于其他义务和兴趣为前提，这样一个研究的速度。

关于此事就写这么多。这事非常重要，而且形势如此严峻，以至于我想知道他在这个问题上的立场，并且越早越好。我正尽可能地拖延与出版商的谈判，因为我基本上不想做这个，**而是想学习希伯来语**。因此，我希望尽快得到答复，这样我就不会失去在这里的机会，因为在某些情况下，我可能还需要依赖它们。尽管如此，在我看来，重要得多的是你要完全按照你的判断去行事，即使这意味着我必须在不确定的状态中多待一段时间。

非常感谢你对我们关于符号概念的对话所做的笔记。目前，我甚至无法尝试将这一词语索引与我的其他作品结合起来。所以我必须把它归档，但总有一天你会看到的。我希望这将是一项交换程序的一部分，在这项交换中，我将得到你对约伯和约拿的评论。关于布伯 50 岁生日的纪念文集[③]。我最近得到了〔恩斯特·〕乔尔博士提交的一篇文章的描述——你不太可能认识他。他为纪念文集贡献的这份稿件是一位癫痫病患者关于他经历的天启的记录。它们看起来相当引人注目。

我自己从柏林的学生时代起就认识这个人，当时他是所谓的社会福利办公室[④]的负责人。我在 1914 年 5 月接任主席时的演讲中正式向他宣战。他和我那个时代的另一个反对者，通过上帝或撒旦的安排，奇迹般地改变了自己，并且变成大门旁的女像柱，通过这扇大门我现在已经两次进入大麻的领域。也就是说，这两位医生在进行毒品实验，他们希望我成为他们的研究对象。我同意了。我部分独立地、部分遵循实验方案所做的记录，可能会成为我的哲学笔记的非常值得一读的补充，它们与之最为密切相关，甚至在某种程度上我在毒品影响下的体验也是如此。但我想确保这条信息将被锁在肖勒姆家族内部。

请允许我顺便说一下，就该家族的柏林分支而言，我有理由不满意。你的兄弟〔埃里希〕让我把我所有的东西都展示给他，然后把它带走，只是为了让他尽可能地脱离它。当然，到了最后一刻，他寄来一些他在印刷工场里私印的内部出版物为自己恢复名誉。但是我仍然没有看到他绝对想出版的你的《字母表》(*Alphabet*)[⑤]，也没有看到应该寄给我的那些长条校样。——弗兰茨·布莱现在正在发行一本新的、糟糕的、所谓的讽刺杂志。令我遗憾的是，他没有发表穆里手稿，但会发表一些摘录，并注明资料出处。

我仍然不知道我的书的接受情况。〔……〕你会有兴趣听到，霍夫曼斯塔尔因为知道我很重视与瓦尔堡的圈子建立联系，于是贸然地将包含《悲苦剧》一书预览的一期《论稿》杂志连同一封信寄给了〔欧文·〕帕诺夫斯基。这个意在让我受益的好心行为——on ne peut plus —échoué（失败了，可不是吗！）。他给我寄来了帕诺夫斯基对他的包裹冷淡、充满怨恨的回信。你能明白这是怎么回事吗？

在过去的几天里，我有一次愉快的经历。安德烈·纪德在柏林，我是他同意接见的**唯**一德国记者。他给了我**两小时**的采访时间，采访非常有趣。你可能会在《文学世界》里读到一篇关于它的报道。[⑥]当然，该报道在供公众阅读前将被大幅删改。你不太可能从中推断出采访很精彩，以及它意味着什么。因为即使在法国，纪德也不同意接受采访。在这次谈话中，他曾两三次请我多待一会儿，并告诉我他对我们的会面很满意。他后来甚至对别人也这么说。除了对我们谈话的详细描述之外，我还根据纪德的特殊要求为《德意志汇报》（*Deutsche Allgemeine Zeitung*）撰写了采访报告（出于某些明智的理由，纪德特别想要这份报纸）。他没有举办他最初为此来到这里的新闻发布会，并希望以另一种半官方的方式向公众介绍自己。采访今天发表。我希望这次采访能大大提高我在巴黎的地位（无论如何，我都会回到巴黎，也许是在 4 月；我在那里一样可以学习希伯来语）。

两个月前，在赫塞尔的安排下，沃尔夫斯基尔[1]拜访了我。会见非常迷人，但 sans aucune importance[2]。几天后，我再一次在赫塞尔家看到他，并进行了愉快的交谈。

艾莎对戈伊泰因[3]⑦的评论令我很感兴趣。事实上，它给了我很大的启发，某种程度上我可以在不了解正在讨论中的作品的情况下断言这一点。多拉的那本书的命运尚未确定。但她写了很多，目前还正在做一系列的广播讲座。

我想我已经用这份详尽的报告为自己恢复了名誉。另外，让我提一下，自有记忆时起，我就已经知道并重视黑格曼的《弗里德里克斯》，但最近由海格纳出版的同一作者的《拿破仑》（*Napoleon*）⑧应该不会那么好。

我将这封信中报告和考虑的一切交付给您批评和保管，但最重要的是它的主题。我期待很快收到对开头提到的包裹的恭敬的感

1　卡尔·沃尔夫斯基尔（Karl Wolfskehl，1869—1948），德国犹太裔作家和翻译家。

2　法语，意为“没有太大的重要性”。

3　什洛莫·杜伯·弗里茨·戈伊泰因（Schlomo Dob Fritz Goitein，1900—1985），阿拉伯语学者和东方学家。

谢，并向你致以最诚挚的问候。

你的瓦尔特

① 犹大·莱昂·马格尼斯博士（1877—1948），耶路撒冷大学校长，肖勒姆曾安排他与 W. B. 在巴黎会面，进行了富有成效的讨论。
② 希伯来语最终在与《拱廊计划》项目的冲突中输了。《巴黎拱廊计划研究》，W. B. 未完成的主要作品，在这里第一次被提到（但在 1927 年的一次谈话中已经被如此称呼）。
③《来自未知的著作》（*Aus unbekannten Schriften*），1928 年。
④ 自由学生团体的。
⑤《穆里首要州立大学哲学系的官方说教诗》（*Amtliches Lehrgedicht der Philosophischen Fakultät der Haupt- und Staats-Universität Muri*），宗教和哲学学院的学舍管理员格哈德·肖勒姆著。第 2 版，根据最新认可的哲学成果进行修订。穆里大学出版社。作为内部出版物发行，柏林 1928 年。
⑥ 1928 年 2 月 17 日号。现在见《本雅明文集》第 II 卷，第 296—304 页。
⑦ S. D. 戈伊泰因的希伯来语戏剧《普赛琳娜》（*Pulcelina*）。该文章发表在《犹太人评论》（*Jüdischen Rundschau*）上。
⑧《拿破仑或跪拜在英雄面前》（*Napoleon oder Kniefall vor dem Heros*），1927 年。

169　致雨果·冯·霍夫曼斯塔尔

柏林－格鲁内瓦尔德，1928 年 2 月 8 日

亲爱的和极受尊敬的冯·霍夫曼斯塔尔先生，

您现在肯定拥有我的两本书了。

当我正在写作《单行道》的时候，我几乎无法告诉您任何关于它的消息，现在这本书本身就摆在您面前，这就困难得多了。然而，我有一个非常接近我内心的请求：您不要把这本书的内部和外部设计中所有引人注目的东西看作是对“时代潮流”的妥协。正是就其古怪的方面而言，这本书即使不是内心斗争的战利品，也是一

份关于这场斗争的文件。它的主题可以表述如下：将现实性视为历史中永恒的背面，并将奖章隐藏的这一面留下印迹。此外，这本书很大程度上归功于巴黎，这是我第一次尝试接受这座城市。我将在第二本名为《巴黎拱廊研究》的书中继续这项工作。

随信附上两份剪报。如果我对《风景中的德国人》的评论能让你和威甘德先生了解一些我从阅读博查特这本书所得到的快乐和收获，我将感到非常高兴。

正如您一定知道的那样，纪德来过柏林。我坐在他对面，聊了两个小时，内容广泛、引人入胜，遗憾的是，这是一个一次性的活动。因为他毫无保留地谈到了我们所触及的所有文学问题，但另一方面，由于他在法国的地位是如此不稳定，我们的谈话中只有一些零碎的内容可以发表，我不得不把他说的许多重要的话留在我的私人笔记里。随信附上的剪报是我应纪德的要求为《德意志汇报》所写的采访的一个版本。一旦有一份详细的描述发表在《文学世界》上，我将立即把它寄给您。纪德具有一种彻底辩证的性格，其特点是几乎令人困惑的大量保留和设防。与他当面交谈有时会加深这种已经由他的作品以自己的方式投射出来的印象，时而达到了崇高的程度，时而达到了有问题的程度。

顺便说一下，上周我在阅读列斯科夫[1]的主导影响下度过。自从开始阅读贝克（Beck）出版社的他的全集的新版本，我很难把他放下。〔……〕

感谢您给我寄来帕诺夫斯基的奇怪信件。我知道，“就职业来说”，他是一位艺术史学家。但是，根据他对肖像学的兴趣的性质，

1 尼古拉·谢苗诺维奇·莱斯科夫（Nikolai Semyonovich Leskov，1831—1895），俄罗斯小说家、短篇小说作家、剧作家和记者。

我认为我可以假设他是和例如埃米尔·马勒[1]一样的人，一个对重要事物感兴趣的人——如果说程度有所不同——即使它们与他的职业在所有表现形式上都毫无关系。现在，除了为我的不合时宜的请求向您道歉之外，我没有什么可以做的。〔……〕

昨天我第一次看到了《塔楼》的最终版本。我还没有读过，但我期待着能够以这一版本为契机在《文学世界》中再次探讨这部戏剧。

致以最诚挚的问候。请代我向您女儿克里斯蒂娜问好。

一如既往，您忠诚的瓦尔特·本雅明

170 致雨果·冯·霍夫曼斯塔尔

柏林－格鲁内瓦尔德，1928 年 2 月 24 日

亲爱的和极受尊敬的冯·霍夫曼斯塔尔先生，

我担心您在这里的停留可能即将结束，并且柏林在过去的几天里如此专横地向您提出要求，以至于您将没有一小时空闲的时间去我在格鲁内瓦尔德的房间探望我。我想用这封短信抢先一步，请您在接下来的几天内给我打电话——如果您有时间的话——以便我们可以安排一次会面。

〔……〕

今天就到此为止。诚挚的问候。

您感激和忠诚的瓦尔特·本雅明

---

1 埃米尔·马勒（Emile Male，1862—1954），法国艺术史学家，也是最早研究中世纪、主要是法国宗教仪式艺术，以及东欧肖像画对其影响的学者之一。

171　致格哈德·肖勒姆

柏林，1928 年 3 月 11 日

亲爱的格哈德，

谢谢你极好的来信，我将对此作出详细的答复。对我来说，关于你的信至关重要的是，它涉及的犹太人的事情具体化了，以及这是如何做到的。也就是说，在你的信中最让我感到高兴的是，你认为，我暂时不应该剥夺我思想中固有的犹太人世界的防护——如果和只要它从隐藏中显现出来。此外，我应该用我对法国和德国事物的有益研究——或者随便你怎么称呼它——的保护性外衣包围它。这完全符合我自己最深切的愿望。我必须承认，到现在为止，我自己都没有意识到这一点，而且我很感激你们对我的处境所表现出的敏锐和体贴。

现在，我将立即跳到最表面的事务上去，并且可以再次谢天谢地，你已经给了马格尼斯一些暗示：在为我的学术资格获取学院担保时可能出现的不确定性。然而，让我从一些积极的事情开始。霍曼斯塔尔是可以信赖的。自从我最后一次写信给你以来，我当面见过他。他在柏林待了很短的一段时间，我们见了两次面，第二次是在我家。出于与我们现在讨论的实际目的无关的考虑，我一开始就决定对霍夫曼说几句话，关于我与犹太人的关系，以及与希伯来语的问题的关系。这并不是我唯一一次清楚地意识到他以惊人的速度和真正的关心了解了我的想法。（当我开始谈论我的《巴黎拱廊研究》项目时，我更加惊讶于这一点——这篇文章可能会比我想象的更广泛，而《单行道》中关于邮票的段落初步为它定下了基调。）我几乎不可能在一封信中告诉你，我的处境有时有多困难。这种处境允许他这么多真正的理解与迁就和我这么多不能让与的保留——尽管我很钦佩他——汇合到一起。另一个因素是，当他看到自己被所有人完全误解时，有时他几乎有点像老糊涂。尤其是当他谈到自己最好的东西，他最珍爱的东西时。我要当面告诉你他自己极有启发性的计划。当我们谈论我的《拱廊计划》项目时，他告诉了我这些。鉴于形势变得更加明朗，我将于明天或后天往罗道恩（Rodaun）写信，他现在在那里。

〔……〕

来自多拉的诚挚问候。

你的瓦尔特

172　致雨果·冯·霍夫曼斯塔尔

柏林－格鲁内瓦尔德，1928年3月17日

亲爱的和极受尊敬的冯·霍夫曼斯塔尔先生，

因为您已经——希望如此——身心健康地回到了罗道恩，现在让我重拾我们的谈话，几乎正好从我们上次不得不打断它的地方。我现在倍感高兴的是，我抓住机会告诉你一些关于我内心意图的事情，并谈论似乎比我预料的更快地成形的外部事务。简而言之，耶路撒冷大学打算在可预见的未来增设一所人文学院。我必须说，他们考虑任命我为现代德语和法语文学教授。条件是，在两到三年里，我扎实地掌握希伯来语。这并不意味着绝对固定我的研究领域。相反，目的是以非常有机的方式使我接触犹太人的事物，而在何种程度上可以做到这一点，是非常开放的。至于我，我发现自己能够谈到一种罕见的情况——我的愿望在这种形式下几乎仍然是无意识的，从一个角度为为我确定。对我内心来说，没有什么比被我以前的项目保护性地包围着，最初作为一个学习者只着手语言问题（即技术问题）而让其他一切都暂时搁置更有吸引力的了。

我的朋友肖勒姆，耶路撒冷大学的犹太神秘哲学教授，去年

秋天安排我在巴黎会见大学的常任校长马格尼斯博士。我们进行了非常深入的对话，之后，我致力于希伯来语的计划第一次呈现出一种确定的形式，您所了解并鼓励的那种形式。马格尼斯博士现在非常倾向于通过对这样的事情的可行途径之一为我搞到一笔补贴。这就要求我学习希伯来语；然而，就像所有类似的情况一样，他需要一些证明我资质的介绍人，而且除了补贴问题，他还需要这些介绍人，以便能够考虑我未来的教授任命。肖勒姆博士写信告诉我，从这个意义上说，您的意见非常有价值，他建议我让马格尼斯博士有机会向您提出有关我的资质的书面询问。现在让我请求您允许我这样做。我这样做的内心信念是，我请求的不仅仅是一次服务，实际上是真正重要的帮助。我也深信您将因此更加确定地满足我的请求。我估计在可预见的未来您会收到马格尼斯博士的一封简短的信函。

最狭义的学术证明人问题给我带来了困难。因此，我允许自己列出布莱希特教授，以及其他一些日耳曼学研究者和哲学家。

〔……〕

我一直在想当您在这里的时候，您对我说过的关于《拱廊计划》项目的话。您所说的话是基于您自己的计划，很有帮助，并使我的想法更加精确，同时使我最应该强调的东西变得更加清晰。我目前正在研究贫乏的资料，这些资料迄今为止构成了从哲学上阐述和探索时尚的所有努力：历史进程中这种自然而完全不合理的时间尺度到底是怎么回事。

我深感遗憾的是，当您在这里时，我错过了一件事。我本来很想和您谈谈阿尔弗雷德·布鲁斯特。不仅因为我从《新德意志论稿》和〔威利·〕哈斯那里了解到您对他感兴趣并对他表示同情，而且因为我们本来可能还会触及朗和布鲁斯特之间的友谊——当然，他们很可能从未见过面。然而他的作品对我来说是陌生的，并且可能会永远如此。我已经开始阅读《朱特与朱拉》（*Jutt und Jula*）①，并意识到这个人应受到最大的尊重。我也感受到书中在起作用的力量，尽管它既危险又有敌意。也许我只看到过一次这样的力量被驯服并且转化成真正的天才，具体地说是在朗的身上。

我请您宽容地接受这封信所附有关《塔楼》的几句话。

致以最诚挚的问候

您真正忠诚的瓦尔特·本雅明

附：您在罗道恩写的包含关于〔瓦尔特·〕布莱希特的好消息的亲切短信刚刚到了。有机会时，请代我向他致谢——或者更好的是，在他的评论发表之后，我自己可以借此机会与他建立联系。但是请原谅——一件事当然不会排除另一件事。

我衷心祝您春天的几个星期美好、幸福。

① W. B. 在1928年3月30日的《文学世界》（年集4，第13期）第5页评论了这本书，标题为《一首新的诺斯替教派爱情诗》（Eine neue gnostische Liebesdichtung）。

173　致阿尔弗雷德·科恩

柏林，1928年3月27日

亲爱的阿尔弗雷德，

我现在将——尽管姗姗来迟——通过一个小包裹出现在你的假日营地。以下是如何使用它的必要说明：首先，建议你学习基础知识〔?〕，在这之后，我希望你能加倍高兴地把它添加到你的私人藏书。然后拿起法国三流作家的作品，并在你庆祝完与它们的相识之后，把它们送回给我。如果你愿意的话，可以替茹格莱[1]①写一封

1　勒内·茹格莱（René Jouglet，1884—1961），法国作家。

推荐信或一封乌利亚斯信[1]，这样我就能知道我应该怎么看待他，以及他是否真的重要到值得讨论。这正是我对班达[2]的书所做的，尽管我关于这本书写的东西②——如果有的话——会发表在一个不光彩的地方，你应该尽可能地看到它。

写信告诉我，你在做什么，以及你现在怎么样。

来自我方的相应消息可能足够雄辩地表达友好的请求：尽快把10马克还给我。——

可惜你不在这里：我在一天的晚上写信给你，这一天我再次能够看到作为帝国首都的柏林的喉咙内部。事情是这样的：昨晚克劳斯朗读了《巴黎生活》（*Pariser Leben*）作为他的奥芬巴赫[3]系列讲座的第四部分也是最后一部分。这是我从他那里听到的第一次轻歌剧讲座，我在这里不太愿意写信告诉你它给我留下的印象，因为这一刻，它启动了一大堆想法——你知道从哪个领域——使我很难追踪自己的想法。附加的诗节中有一副对联，结尾一句是"从每一座城市，我把恶棍——带出来"。很明显，指的是克尔[4]。在第一次幕间休息前不久，克劳斯站着宣读了一篇短文，其大意是"我在这里公开称克尔为一个恶棍，目的是看我是否能以这种方式迫使他起诉我。我手上有证据表明，克尔在1916年向最高军事当局告发我是一名犯有叛国罪和失败主义的作家"。——正如我所说，在本次讲座中我想到了一些我绝对想写一下的东西。当然，我不想用魔法驱除这个"事件"，而是把它作为当晚的动态核心简要介绍。一个上午的努力的结果是我发现关于这个讲座的报告在任何地方都无法刊登。

---

1 Urias-Brief，指给送信人带来不幸的信。

2 朱利安·班达（Julien Benda，1867—1956），法国哲学家和小说家。

3 雅克·奥芬巴赫（Jacques Offenbach，1819—1880），德国－法国作曲家、大提琴家和浪漫主义时期的演出主办人。

4 阿尔弗雷德·克尔（Alfred Kerr，1867—1948），一位有影响力的德国犹太裔戏剧评论家和散文家，绰号为"文化教皇"。

我不会因此放弃撰写我的简报，但我几乎没有希望看到它出版[③]。

柏林就是这样。

顺便说一句，克劳斯给我留下了比以往任何时候都更强烈的印象。也就是说，由于他找到了合适的主题，他变得更加大方而自信，变得更加正直和放松。

遗憾的是，今晚我还有很多事情要处理，我必须结束了。波茨坦大桥（Potsdamer Brücke）旁的一家书店今天布置了一个特别橱窗展示我的作品，朱拉制作的头部雕塑就在中间。向你和格蕾特致以诚挚的问候。

你的瓦尔特

① 也许是勒内·茹格莱的《新的海盗船》（*Le nouveau corsaire*）（德语译本于 1927 年出版）。
② 也许是《知识分子的背叛》（*La trahison des clercs*）。该评论发表在《洪堡日报》（*Humboldt-Blättern*）（1928 年 5 月）。
③ 一个版本，其中关于克尔的部分被编辑部删改，发表在《文学世界》（1928 年 4 月 20 日）。

174　致马克斯·赖赫纳

柏林，1928 年 4 月 22 日

非常尊敬的赖赫纳先生，

在一个星期天上午雨天的宁静中，我会控制自己的羞惭到能够给您写信的程度。我本应该立即意识到，去年秋天您向我提出的可敬而诱人的建议，由于其规模之大，对我来说是令人生畏的。我在构思计划时如此拖拖拉拉——请原谅我这样说——以至于我不太可能找到一个在真正意义上具有代表性的主题，也就是说，在一群读者面前探讨过去两年的德国文学，很长一段时间，在我看来，他们是所有德语期刊的读者群中最重要的。

另一方面，我认为一个既定的事实是——假设您最终同意——我的第一件尚未被预定的重要作品将属于《新瑞士评论》。我所想到的是一篇文章《巴黎拱廊研究》的部分内容，我在这上面已经工作了几个月，并且必须在我即将返回巴黎之前完成。

如果您，非常尊敬的赖赫纳先生，在6月份到巴黎来，能够结识您对我来说将是非常宝贵的。我刚刚非常高兴地读到您对霍利彻[1]和凯瑟林[2]的评论。我在巴黎的地址是巴黎十四区蒙苏里公园大道4号米蒂酒店。另一方面，我有可能在秋天来到瑞士。在那之前，我满怀信心地希望已经对您弥补了我在文学上的不可靠性。

带着特别的尊重，

您非常忠诚的瓦尔特·本雅明

175　致格哈德·肖勒姆

柏林，1928年4月23日

亲爱的格哈德，

我现在收到了你3月22日和4月12日的来信。还有《犹太人》特刊[①]，你在信中一提到它，我就通过埃维尔（Ewer）书店订阅了。我没有刊登着你关于阿格农的笔记[②]的《犹太人评论》（*Jüdische Rundschau*）。如果可能的话，请立即把这个寄给我。已

1　阿瑟·霍利彻（Arthur Holitscher，1869—1941），匈牙利剧作家、小说家、散文家和旅行作家。

2　赫尔曼·冯·凯瑟林（Hermann von Keyserling，1880—1946），来自凯瑟林克家族的波罗的海德国哲学家。

经无法在当地商店买到它了。你为什么不把我的好榜样牢记在心呢？我从未以书目形式“指示”你到《文学世界》中找到我的东西。相反，我用实物为你提供任何还算重要的东西。

这也适用于今天。你将从我同时寄出的哈斯的文章中看到，我的编辑是如何想向我表示敬意。尽管存在一些高度可疑的遗漏，但对这篇评论仍有可能感到满意。在我看来，将近结束的时候，它说了一些非常聪明的话。顺便说一句，最早支持《悲苦剧》一书的评论来自匈牙利。在科学院的援助下出版的一本语文学杂志上，一位我之前从未听说过的先生对我进行了极好的评论。该机关刊物的出版者从他那方面告诉我，他已经在布达佩斯的讲座中推荐了这本书。如你所知，一些重要的声音尚未被听到。其中包括理查德·阿莱温[1]先生的声音，他的判断预计将发表在《德国文学报》(*Deutschen Literaturzeitung*) 上。③这个名字对你来说和对我来说一样新，但他在这里备受尊敬。

我对〔弗里茨·〕斯特里奇[2]的来信感到非常高兴。④现在事情越是进入决定性阶段就越好。6月初我将在巴黎。请给我一封致大拉比或其他可能推荐希伯来语老师的主管机关的介绍信。我当然希望在我离开柏林之前能再收到马格尼斯的来信。无论如何，我会安排自己在董事会会议上见到他。按照你的建议，如果布伯5月份不来这里的话，我将经由法兰克福前往巴黎。我马上给他写信。下一期的《文学世界》将包含我对《来自未知的著作》一书的简介，其中突出地提到了你和你的稿件⑤。我，Amhoorez⑥，没有更多的荣誉可以授予。另一方面，我真的觉得，在背地里，我可能也必须对《犹太人》特刊皱起眉头。但是当然，你的文章出现在里面，让

1 理查德·阿莱温（Richard Alewyn，1902—1979），德国日耳曼学研究者、文学评论家和大学讲师。

2 弗里茨·斯特里奇（Fritz Strich，1882—1963），德国－瑞士日耳曼学研究者。

它再次舒展。文章非常漂亮。⑦ 我想起了我们在巴黎蒙帕纳斯火车站附近的凡尔赛（Versailles）咖啡馆的谈话，在那里我第一次听到了这些钟声。我相信这篇文章是你思考的铁路网中的一个枢纽；至少我感觉到可通行的路线向四面八方辐射。

至于我，我不想错过告诉你，我仍然忙于《巴黎拱廊研究》。我可能已经偶尔口头或写信告诉过你，这件作品的成形有多缓慢，以及它面临的障碍。但是，一旦我设法控制了一切，我思想中一个古老的、有点叛逆的、半虚构的省份将真正被征服、殖民化和管理。还缺少很多东西，但我确切地知道缺少什么。无论如何，我将在巴黎完成它。然后，我将测试在历史哲学的背景下，在多大程度上可能是“具体的”。没有人能在背后议论说，我让事情变得简单了。

与此同时，一封来自莫斯科的信到了。突然之间，那里的人们似乎经过重新考虑，在非常可接受的条件下，向我提供为《大百科全书》撰写一篇关于歌德的文章的工作，长度为一个印张。我当然会接受的。

关于《犹太人》杂志推出的纪念文集，请我允许再说一句。我读了马格尼斯亲切的文章。另一方面，我非常不喜欢〔马克斯·〕布罗德[1]的文章。我觉得不可理解，怎么会有人想到出版罗森茨维格的信件这一不幸的想法。它们肯定会涉及一些不能**以这种方式**进行公共说明的事情。我还没有勇气去读路德维希·施特劳斯的那篇文章。然后，我会看看我是否理解〔恩斯特·〕穆勒（[Ernst] Müller）关于希伯来语的论文，到那时我可能已经受够了。

如果你将给或者已经给萨克斯尔⑧写过信，那就太好了。至

1 马克斯·布罗德（Max Brod，1884—1968），一位讲德语的犹太裔捷克人，后来加入以色列籍；作家、作曲家和记者。

于〔H. H.〕舍德尔[1]，我宁愿等到他对我的书的评论出现在《新瑞士评论》中。这是我可以用一封信来表明我的存在的恰当时机。它可能会来不及对卡西尔产生任何影响。但不管怎样，我都看不到可行的方法。因此，除了等待，我没有什么可以做的。你一旦听到那里的消息，请立即写信告诉我。

无论如何，尽快写信。向你和艾莎致以诚挚的问候

你的瓦尔特

① 为了纪念布伯 50 岁生日。
②《关于 S.J. 阿格农的故事》(Über die Erzählungen S. J. Agnons)，刊登于 1928 年 4 月 4 日的《犹太人评论》。
③ 它从未发表过。
④ 马格尼斯博士正在征求日耳曼学研究者的推荐信，以支持聘请 W. B. 到耶路撒冷大学的计划。
⑤ 1928 年 4 月 27 日。
⑥ 希伯来语，意为“无知的人”。
⑦《关于萨巴提主义的神学》(Über die Theologie des Sabbatianismus)，重印于《犹太文物》(1963 年)，第 119—146 页。
⑧ 弗里茨·萨克斯尔，瓦尔堡图书馆馆长，也是关于丢勒《忧郁 I》的著作的合著者。

176　致雨果·冯·霍夫曼斯塔尔

柏林－格鲁内瓦尔德，1928 年 5 月 5 日

亲爱的和极受尊敬的冯·霍夫曼斯塔尔先生，

非常感谢您的明信片。我很高兴您现在掌控了这件事，并希望事情能如我们所愿。还有人向慕尼黑的〔弗里茨·〕斯特里奇教授

1　汉斯·海因里希·舍德尔(Hans Heinrich Schaeder，1896—1957)，德国东方学家和伊朗学家。

征求意见，他应该说了一些非常亲切的话。马格尼斯很可能也会接洽布莱希特。当然，我不知道细节。但我确实在简历的末尾列出了他的以及其他人的名字，因为我必须提供学术证明人。

我继续忙于《巴黎拱廊研究》的工作，几乎不干别的。我对我想要实现的东西有一个清晰的概念，但这里恰恰是事情变得格外有冒险性的地方，因为它想要展示理论观点与思维附件的快乐统一。事实上，我不仅要召唤经验，而且要用一种意想不到的方式来验证一些对历史意识的重要洞察；如果允许我这样说，我会把您几个世纪以来的“神学院学生”之旅想象成一个拱廊。

在这项工作的间歇现在只插入我对一本书的评论，这两者并非格格不入。当我第一次快速浏览这本书时，我觉得这本书非常值得注意：米尔格勒（Mirgeler）的《历史与教条》（*Geschichte und Dogma*），刚刚由海格纳出版。①

我们现在享受的美妙的初夏，还有国家图书馆，把我留在这里，我不知道今年什么时候会离开。

致以最诚挚的问候，一如既往您忠诚的，

瓦尔特·本雅明

① 该评论未发表。

177　致格哈德·肖勒姆

1928年 5 月 24 日

亲爱的格哈德，

随函附上我的简历以及我今天寄往伦敦马格尼斯那里的陈述的副本。我希望你对此感到满意。你会从我写给马格尼斯的信中看到，关于巴黎什么都还没有发生，今年是否以及何时会发生什么我自己也不知道。因为我觉得很难离开柏林。首先，这里有我的房间，更确切地说是一个新的房间——因为现在我不住在格鲁内瓦尔德，而是住在帐篷内大街蒂尔加腾公园（Tiergarten）的最深处——在这个房间里，透过两扇窗户看到的只有树木。它是美妙的，而且距离国家图书馆只有十分钟路程，这是吸引我留在这里的椭圆的另一个焦点。《巴黎拱廊研究》的工作正在露出越来越神秘和紧迫的面孔，如果我白天没有在最遥远的泉水给它饮水，它会像一头小野兽一样嚎叫着闯入我的夜晚。天晓得，如果有一天我释放它，它会做出什么。但这种情况在很长一段时间内不会发生，虽然我可能已经不断地凝视它在其中追随着自己的本质的房屋内部，但我几乎没有让其他任何人看看里面。

无论如何，它占用了我全部的精力。因此，在得知苏联俄国扪心自问，并在最后一刻委托我为《百科全书》撰写关于歌德的文章时，我心情复杂。这也足以让我暂时留在这里。我真的不能让自己去想除了这个项目以外的所有项目的最后期限，尤其是一些关于法国文学运动的长篇文章。最近，《新评论》邀请我撰稿。我先前答应为最受尊敬的杂志之一《新瑞士评论》，对近期的德国文学进行详细的回顾，现在我不得不再次取消。

我很高兴霍夫曼斯塔尔的答复如此恰当和切题。一个非常幸运的巧合是，通过我们在他上次访问柏林时进行的交谈看出，他在一定限度内掌握内情——当然只是在我的**希伯来语**计划方面。除此之外，我刚刚得到了〔瓦尔特·〕布莱希特的极好回应。非常感谢！

我坚决把秋季访问巴勒斯坦列入年度计划。我希望马格尼斯和我在那之前，就我的学徒期的财务条款达成协议。衷心感谢你们的邀请，当然，我很高兴和你们一起住几个星期，如果你们可以这样安排的话。

事实上，我打算在我完成当前项目后暂时停止实际生产，以便我可以**只是**学习。我希望能够将罗沃尔特为了一本规划中的关于卡夫卡、普鲁斯特等人的书籍支付给我的快速定金运用于《拱廊计划》项目。顺便说一句，在这项工作中，我以自己的方式遇到了马克斯·布罗德，他以1913年出版的一本小册子《论丑陋图片的美丽》(*Über die Schönheit häßlicher Bilder*) 的形式向我展示了自己。值得注意的是，十五年前他是如何首先用手指敲击琴键，而我现在正努力为它写一首赋格曲。

你的第一本卡夫卡书籍对你来说是一种天赐之物，由于以下事实更具有启发意义，因为我——一位德国作家——不得不在书店一本接一本地陆续购买，因此仍然没有拥有《城堡》(*Das Schloß*) 和《美国》(*Amerika*)，更不用说稀少、绝版的《观察》(*Betrachtung*) 了。这是我唯一缺少的卡夫卡早期作品。

赫塞尔和古特金德夫妇（用良好的瑞士德语）非常感谢收到你的《字母表》。你兄弟也给我提供了足够数量的副本。

古特金德在这儿的几个犹太人圈子里煽动了一场关于“通往仪式之路”的辩论，我已经被列入黑名单，因为我还没有站到他那一边。明天将又有一场盛大晚会，如果我没有像我热切希望的那样获赠一张新剧目的戏票，我将出席犹太人魔术表演。

随信附上《文学世界》中的一些琐碎的东西。请尽快写信，并且寄到德尔布吕克街。我将在6月初再次搬到那里。

向你和艾莎致以诚挚的问候，你的瓦尔特

178　致格哈德·肖勒姆

美因河畔法兰克福，1928年6月2日

亲爱的格哈德，

我母亲的叔叔，数学家〔阿瑟·〕舍恩弗利斯[1]，去世了。在过去的几年里，我经常见到他并与他相处得很好。你可能知道，当我的法兰克福的事务正在进行期间，我还曾住在他家。我来这里参加葬礼。葬礼 5 月 31 日举行。

昨天，6 月 1 日，我根据你信中的提醒去了黑彭海姆（Heppenheim）。此刻那里正在举行某个宗教社会主义团体的会议。会议不是由布伯召集的，但他似乎对此很感兴趣。因此他没有多少时间陪伴我。但这实际上可能让事情变得更容易了。我们在他的公寓里半小时的谈话非常明确而且非常积极。不必怀疑，布伯事实上会支持我的事业，正如他向我保证的那样。他甚至向我询问了涉及的金额，我对此感到特别高兴，我的报价是在咱们之间经常提到的 300 马克。

马格尼斯打算 6 月 17 日到黑彭海姆。但是，由于布伯（他不参加董事会会议）直到 20 日左右才从瑞士之行回来，所以尚未决定他们是否会见面。顺便提一下，一般说来，布伯比我设想的更掌握内情一些。

由于马格尼斯的计划是这样的，我希望在 6 月中旬他旅行经过柏林的时候和他谈谈。那时我会告诉他，在秋天之前，把基本事项定下来对我来说是非常重要的。

不要反感我的字迹。现在是清晨，我正在床上用糟糕的墨水写信。我去了柯尼施泰因（Königsstein）一天，因为我的情绪很低落。这里非常漂亮，我唯一的遗憾是今晚必须回到法兰克福。

在回程中，我可能会在魏玛停留，在那里，为了进一步推动我的百科全书文章的进展，我将重新熟悉我十多年没有看的歌德文集。

---

1 阿瑟·舍恩弗利斯（Arthur Schönflies，1853—1928），德国数学家，因其对结晶学的贡献而闻名。

请尽快写信。向你和艾莎致以诚挚的问候。

你的瓦尔特

179　致格哈德·肖勒姆

柏林，1928年6月18日

亲爱的格哈德，

在收到这封信之前，你可能已经从马格尼斯那里了解到我们在柏林商谈的结果。在他来访之后不久，我母亲就中风了（多拉和斯特凡刚刚去了帕尔迪贡，我们去年夏天去过那里）。最初的症状有所减退，但仍存在半身瘫痪和严重的语言障碍。我现在再次住在格鲁内瓦尔德（我把房间转租给了恩斯特·布洛赫）并且在我来这里的最初几天我当然没有找到写作所需的平静。

我们的谈话持续了大约半个小时。马格尼斯因为迷路和错过约会度过了艰难的一天，有一段时间我担心，我到底是否能够联系到他。当我们最终聚在一起时，他非常友好而且表述非常清晰。我们达成以下认识：首先，马格尼斯既不希望也不能够代表学校本身做出承诺，无论是作为资金来源还是作为学术研究所。但他确实说我的推荐信非常出色，而且如果在伦敦会议上成立的人文学院在未来两年内得到预期的扩充，他绝对确信能为我在那里获得某种形式的讲师职位。其次，他承诺，独立地和毫不迟延地，为我提供一笔学习希伯来语的津贴。〔……〕

他似乎认为我在这里和〔利奥·〕拜克[1] 商议此事非常重要，并向我保证会促使他和我联系。令我感到惊讶的是，这还没有发

1　利奥·拜克（Leo Baeck，1873—1956），20世纪的德国犹太教祭司、学者和神学家。

生。我应该采取主动吗？〔……〕马格尼斯告诉我，你对拜克十分敬重。〔……〕

关于此事就写这么多。我希望我与马格尼斯的谈话不会给你造成任何麻烦。当然，如果不是知道他现在想与你讨论这些事情，我会自己写信给他。〔……〕

从魏玛回来后，我写了一篇很短的文章，《魏玛》（Weimar），我希望你很快就能看到，而且，可以肯定，不是在《文学世界》上。② 然后，我带着一个在截止日期的刺激下蔑视死亡的人的态度，着手苏联的歌德。我不必向你解释在一个印张上从唯物主义的角度描写一个大众化的歌德这一无法解决的矛盾。这样的项目多晚启动都不为过。事实上，即将到来的收稿截止时间是我唯一的缪斯。顺便说一句，我再次求助于我最喜欢的关于歌德的书籍，这是耶稣会的亚历山大·鲍姆加特纳[1]的无法形容的三卷本著作，我正在用比我写关于《亲和力》的论文时更加成熟的收获，并且更加仔细地审阅它。布兰德斯[2]怪诞的《歌德》（*Goethe*）也在我的书桌上，而埃米尔·路德维希[3]的那本将由出版商罗沃尔特赠送给我。我们不会从这种来自地狱的发酵果汁中提取花蜜，但可能是浅浅的一碗极好和中等的祭酒，洒在列宁的陵墓前。

在过去的几天里，一本书深深地打动了我：安雅[4]和格奥尔格·门德尔松[5]的《笔迹中的人》（*Der Mensch in der Handschrift*）。③ 读完之后，我要找回我大约十年前丢失的对不同类型笔迹的感觉。

---

1 亚历山大·鲍姆加特纳（Alexander Baumgartner，1841—1910），瑞士诗人和文学史作家。

2 格奥尔格·布兰德斯（Georg Brandes，1842—1927），丹麦评论家和学者，他对19世纪70年代到20世纪初斯堪的纳维亚和欧洲文学产生了极大的影响。

3 埃米尔·路德维希（Emil Ludwig，1881—1948），德国－瑞士作家，以其传记和对历史"伟人"的研究而闻名。

4 安雅·门德尔松（Anja Mendelssohn，1889—1978），德国笔迹学家和作家。

5 格奥尔格·门德尔松（Georg Mendelssohn，1886—1955），德国手工艺人。

这本书的方向和我研究笔迹时基本上感受到的，但是当然没有发现的方向完全一样。直觉和理性在这一领域从未有过更大的发展。它包含对克拉格斯的简短而中肯的讨论。

我希望你们一切安好。我很久没有收到你的消息了。请尽快写信，致以诚挚的问候。

你的瓦尔特

① 利奥·拜克，一位在柏林的拉比。
② 发表于《新瑞士评论》（1928 年 10 月）。见《城市风景》（*Städtebilder*）（美因河畔法兰克福，1963 年）。
③ W. B. 在 1928 年 8 月 3 日的《文学世界》中评论了这本书。

180 致格哈德·肖勒姆

柏林，1928 年 8 月 1 日

亲爱的格哈德，

我已经决定了我的巴勒斯坦之旅，并且打算严格遵守贵国教廷阁下所规定的学习进程。此外，我还要声明，这个充满敬畏的本信署名者在踏上以色列的土地之前，将能够读懂该国通用的文字符号。另一方面，为了可能发生的向当局提交的申请书，他首先考虑利用公共抄写员的帮助。根据旅行者的报告，这些抄写员存在于东方，随处可见，特别是在耶路撒冷的“百倍之地”（mea schearim）①地区。在这样一位抄写员的帮助下，他首先计划向马格尼斯教授提出支付部分津贴的请求，无论是一个月还是几个月，本信署名者将得到的数额马格尼斯可以自行决定。

这封信的正式部分，亲爱的格哈德，就到此为止。现在我们来谈谈相关的细节。首先是我到达的日期。它可能要推迟到 12 月中旬。首先，这取决于我是否可以下定决心在离开欧洲之前完成《拱廊计划》项目。其次，取决于我秋天是否会和一位俄罗斯女朋友在柏林相聚。[②]两者都还未定。前者将在几周后在巴黎予以明确。也就是说，我打算在大约十到二十天内去法国，首先在利穆赞（Limousin）大区——利摩日（Limoges）、普瓦捷（Poitiers）等地——旅行两周，然后去巴黎。在那里我可能还会学习如何阅读希伯来语。为此，请给我一封致大拉比的介绍信。将它以及其他所有邮件发送到我在格鲁内瓦尔德的地址。

由于我打算在耶路撒冷逗留至少四个月，甚至可能更长，所以我到达的日期当然不会像我只逗留几周时那样至关重要。如果必要的话，我可能不得不在你学期中间的时候到来。所有这些日期的问题将在几周内澄清。

关于我的财务状况，我必须指出，除了来自或通过马格尼斯那里得到的津贴之外，我仍然可以指望《文学世界》的小额收入。但我也必须考虑到，多拉目前没有任何固定收入，而且尚无法预见她的物质形势将如何发展。你可能知道，她工作了一年的“集市”已经倒闭了。我现在对罗沃尔特没有任何期待。因此，请让马格尼斯在9月1日寄来一些东西。那是当我们在这里交谈时，我要求他开始付款的日期。

你在给我的倒数第二封信中关于《单行道》所说的话，以一种几乎其他任何人所没有的方式，确认了我的努力。它恰逢报刊中偶尔发表的评论。我渐渐地开始越来越频繁地读到年轻的法国作家的段落，它们在追寻自己的思路的同时，只暴露出波动、错误以及扰乱他们的罗盘的磁极的影响。我正朝着它直行。我的同时代人对这些影响的敏感程度对我来说越明显，换句话说，我越明白我打算做的事情的严格的现实意义，我就越迫切地听到自己内心加快完成它的警告。真正与时势有关的东西总是及时到达。或者更确切地说，直到最后一位客人来了，社交聚会才开始。也许这会把我们带到一个历史哲学的阿拉伯式花纹，它围绕着那句美妙的普鲁士谚语："晚上越晚，客人越漂亮"，但所有这一切并没有让我忘记，我在这个项目上承担的风险比以前任何时候都大。

你关于萨克斯尔和霍夫曼斯塔尔的信件③的消息非常令人高兴。我要等多拉回来才能享受它的细节和技巧。她打算几天后和斯特凡到这里。他们从奥地利回来，在那里他们和我的岳父母共同生活。你想了解对我书籍的评论意见的最新消息的愿望让我感到荣幸。关于这一请求，我现在只能答应带着我的全部档案（因为我正在收集所有的东西）在耶路撒冷现身。然而，请允许我预先这样说：《法兰克福汇报》在7月15日的文学副刊发表了对这两本书的长篇评论，而《福斯日报》（*Vossische Zeitung*）则在8月1日刊登了对《单行道》的详细评论。前者是由克拉考尔撰写④，后者由布洛赫。

最后提到的作者不久将第三次结婚。他和第二任妻子离婚了，你很可能认识她，他现在要和一位来自罗兹（Lodz）的非常年轻的犹太女子结婚。

À pure titre d'information[1]，让我报告一下，普鲁斯特又开始动弹了，但可能只是为了在狭窄的审判通道中呼出他的德国化身的残存而脆弱的生命。更清醒和更慎重地表达：铁匠出版社已将其作品的版权以及翻译手稿出售给出版商皮柏。他对待我们如此恶劣（粗鲁和吝啬），以至于我们试图通过争议版权的转移让他意识到错误。一方面，这意味着在可预见的未来我不会从中得到任何钱。另一方面，因为该项目极具吸引力的本质，它严重影响了我自己的写作。鉴于此，我对版权转移的争议表达了我只有在不太可能得到满足的

1　法语，意为"纯粹是为了获取信息"。

条件下才回到项目中，或者根本不回到项目中的意愿。

我还想提两本书。一本，是由于一个奇怪的事实，即多年来没有任何印刷品让我感到如此厌恶；另一本，是由于它很精彩，我想推荐给你。首先：阿尔弗雷德·克莱因伯格[1]的《社会条件下的德国诗歌》（*Die deutsche Dichtung in ihren sozialen Bedingungen*）。⑤这是第一部规模可观的唯物主义文学史。关于这本书，唯一辩证的事情是，它恰好位于愚蠢开始变成卑鄙的地方。因为我的《歌德》，我不得不阅读这种平庸理想主义和唯物主义的深奥而令人厌恶的混合体。并且再一次认识到，这——也就是说，我的文章——是没有人可以提供帮助的事情，并且除了凭借有利的不知羞耻之外，它根本无法实现。因此，我离完成它的目标仍然很远。

关于《卡多佐》（Cardozo）⑥的最后一段，我将当面与你谈谈。由不知情产生的误解的确在句法上是可以想象的——但我自己永远不会想到这一点。对于那些知情人士来说，这已经足够了，当然，最后这几行文字不可能针对其他任何人。

最后，我对古特金德夫妇或者在仪式和灵修分支中发生的新鲜事一无所知。他们从维尔纽斯寄来一张明信片。如果我推断的没错，他们在那里拜访了弗拉托。十天后，我往格吕瑙打电话给他们，被告知他们在巴黎。我会在棕榈树下告诉你古特金德和昂格尔之间的一场令人难忘的辩论⑦，如果到那时我还没有在我的雪地一样的信笺上这样做了的话。

请向我未来的老师艾莎致以尊敬的问候。学院院长向你致以诚挚的问候。

你的瓦尔特

---

1 阿尔弗雷德·克莱因伯格（Alfred Kleinberg，1881—1939），捷克－德国语法学校的教授，也是犹太血统的纳粹反对者。

① 肖勒姆居住的地区。
② 她的出现与未来两年的事态发展，有着比写给耶路撒冷的信中所显示出来的更大的关系。
③ 致马格尼斯，肖勒姆曾给他寄了一份副本。
④ 现在见《大众装饰品》（美因河畔法兰克福，1963 年），第 249 页起。
⑤ 柏林，1927 年。他忘了提及名字的第二本书显然是科默雷尔[1]写的。
⑥ 肖勒姆在 1928 年 4 月 23 日的信中提到的文章，其最后的句子包含了针对奥斯卡·戈德伯格论战的暗示。
⑦ 关于《摩西五经》中的仪式。埃里希·昂格尔代表了奥斯卡·戈德伯格的观点。

181　致格哈德·肖勒姆

柏林，1928 年 10 月 30 日

亲爱的格哈德，

我躺在床上，以便及时避免黄疸的发作。让我列出我——至少在外面——摆出的静物画的道具：一个书桌垫，米尔格勒写的《历史与教条》，它最终要求被评注。在朱利安·格林[2]的两本书《蒙特·西奈》（*Mont-Cinère*）和《艾德丽安·梅苏拉特》（*Adrienne Mesurat*）的双重山丘矗立着一座书山，这些书不会让我休息，直到我背负起评论这两本书的承诺①。现在我已无计可施了。为了向我的身体不适致敬，最后是一本地道的小说，《约瑟夫寻求自由》（*Joseph sucht die Freiheit*），作者是赫尔曼·凯斯滕[3]，有些人认为他很重要。

然而，我相信我已经向你提到过格林，而且我的任何一个朋友都无法绕过《艾德丽安·梅苏拉特》（当然，我没有发现它，但它

1　马克斯·科默雷尔（Max Kommerell，1902—1944），德国文学史家、作家和翻译家。
2　朱利安·格林（Julien Green，1900—1998），美国作家。
3　赫尔曼·凯斯滕（Hermann Kesten，1900—1996），德国小说家和剧作家。

在欧洲已经很出名)。既然我们现在正在讨论这些问题，我希望我在过去几个月里彻底停止所有出版工作，这一点得到了各方的赞赏。这将更加值得向往，因为尽管我有所有良好的愿望，我仍然不能坚持这一决定。我最近带着一些手稿与《文学世界》的编辑联系了，就在这帮人忙着制造为我准备的定时炸弹的时候。

我仍然不知道我最近完成的一些东西何时以及如何发表。尽管如此，我一一列举如下：苏联版的歌德;《马赛》(一系列非常简短的素描)②；来自马赛的一份神秘报道，你将在某一天亲自收到；对新版歌德《色彩学》的评论③；一本全新的小说理论，声称可以获得你最高的认可，以及在卢卡奇旁边占有一席之地。④

在可预见的未来，我绝对不会启动任何更大的项目。我开始学习希伯来语的道路是敞开的。我只是在等待我朋友的到来，因为我在接下来的几个月里将在哪里逗留取决于她。这不一定是柏林。当然，我的希伯来语必须通过我的更精选的项目来实现的真正飞跃，这现在将影响我在《拱廊计划》上的工作。但奇怪的是，这与另一种情况趋同。对超现实主义运动过于炫耀的接近可能会对项目造成致命的影响，虽然这种接近可能是可以理解的和有根据的。为了摆脱这种情况，我不得不继续扩展项目的思想。因此，我必须使它在其最特殊和最微小的框架内如此普遍，以至于它将纯粹暂时地继承超现实主义的**遗产**，而且，事实上，拥有哲人福廷布拉斯[1]的全部权威。换句话说，我大大地推迟项目的预计完成日期，冒着手稿可能会经历类似于《悲苦剧》一书的可悲的时间延迟⑤的风险。我相信，现在已有的内容已经足够多，并且处于一种足够不完美的状态，使我能够接受在扩展主题的同时放慢工作速度所带来的巨大风险。〔……〕

1　福廷布拉斯(Fortinbras)，威廉·莎士比亚的悲剧《哈姆雷特》中的一个小角色，挪威王子。

《魏玛》与此信同时发出，我也以无限期特别借用契约的形式向你发送《歌德》（附带条件是，如果需要，我可能会要求你返还副本）。在俄罗斯或德国，它可能会无法以你将有幸看到它的形式问世。我会确保你那封优秀的戈德伯格信件⑥受到尊敬，首先通过以隆重的方式传阅它。我特别想到法兰克福，因为我可能很快会在那里待一段时间。

现在我想我会在明年春天来。气候因素对我来说并不重要，所以，让我们简单地忽略会影响到那个日期的与气候有关的事情。但是，其他还有什么要考虑的因素，当你有机会的时候，一定要写信告诉我。在那之前有充足的时间。

关于克劳斯－克尔⑦——是的，事情变得相当热闹，et moi-même j'y suis pour un tout petit peu[1]。与此同时，又增加了一个新的怪诞的转折点（切尔诺夫策［Czernowitz］疯子的事件——保罗·魏尔伦－策希[2]）⑧，这是一个值得纪念的转折点，是由你忠实的仆人预言的，虽然我没有估计克劳斯压倒性的尴尬程度。（并且，为了向他表示敬意，让我们说这是一个应受的尴尬。）有一段时间，我在《单行道》中增补了一个关于克劳斯的新笔记。这是《战争纪念馆》（Kriegerdenkmal）⑨的对应物，它试图勾勒出他的犹太人面容。

今天就到此为止。向你和艾莎致以诚挚的问候。

你的瓦尔特

① 这两篇评论发表在《文学世界》（1928 年 11 月 16 日）或《国际评论》（*Internationalen Revue*）（1928 年，第 2 期，第 116 页）。
②《新瑞士评论》（1929 年 4 月）。现在见《本雅明文集》第 II 卷，第 67—71 页。
③ 在 1928 年 11 月 16 日的《文学世界》中。
④ 不清楚他指的是哪个作品。

1 法语，大意为“而我在这里有一点点”。
2 保罗·策希（Paul Zech，1881—1946），德国作家。

⑤“构思于 1916 年，写于 1925 年。”
⑥《致奥斯卡·戈德伯格的〈希伯来人的现实〉的一位读者》(An einen Leser von Oskar Goldbergs *Wirklichkeit der Hebräer*)(未发表)。
⑦ 卡尔·克劳斯和阿尔弗雷德·克尔之间的论战，发生在《火炬》杂志和《柏林日报》上。
⑧ 克劳斯曾发表过切尔诺夫策的一名医生在疯人院的一个病人身上发现的诗歌，并给了其中一些最高的赞誉。真正的作者们很快就出面了，并不完全令克劳斯高兴。见《火炬》的第 781—786 号，第 800—805 号。
⑨ 见《单行道》。

182　致马克斯·赖赫纳

柏林－格鲁内瓦尔德，1929 年 1 月 15 日

非常尊敬的赖赫纳先生，

随函附上我的小册子《马赛》的定本。

您关于普鲁斯特的问题使我感到尴尬。我为德国感到羞耻，我为这种情况感到羞耻，它们使得这个项目从一开始就处于漠不关心和无知的人的手中（即使这个项目现在发现自己处于新的人手中，也不会有更好的头脑伴随）。您一定明白我说的是出版商。你几乎不能责怪读者。因为他们甚至还没有拿到这些东西。首先是肖特兰德翻译的那一卷，一次可笑的初次亮相。然后是我和赫塞尔翻译的那一卷，以完全不同的，但不一定熟练的方式。因此，两卷作为译本，既没有外部也没有内部连续性，然后一切都完全停止了。正如您可能知道的那样，最近出现了一位新的出版商，他和他的前任一样无法理解普鲁斯特只能作为一个全集，而不是作为单独的卷在德国取得成功。考虑到我们对他的作品（直至并包括《所多玛和蛾摩拉》）的翻译已经完成多年，您会明白我们是多么同情您的不满，以及我们是多么感激您将您的《评

论》杂志打造成几乎唯一一个一次又一次提到普鲁斯特的舞台。当然，还有很多工作要做。同样当然的是，我也考虑过为普鲁斯特的注解做出贡献。但我仍然离整个项目太近，而且它仍然显得太宏大。我会等到我能看到细节。然后我会把它们用作墙壁的凹凸爬上去。我们德国的普鲁斯特研究看起来无疑会与法国的非常不同。在普鲁斯特身上还有很多比“心理学家”更伟大、更重要的东西，据我所知，前者几乎是在法国谈论的唯一话题。如果我们能够有点耐心，我相信有一天您会很高兴收到并发表关于德国和法国普鲁斯特注解的比较研究，无论它来自哪里。

今天，让我以最真诚的问候结束，您忠诚的

瓦尔特·本雅明

183　致阿尔弗雷德·科恩

〔1929 年 2 月〕

亲爱的阿尔弗雷德，

我今天迫不及待地想祝贺你邮寄的东西。它们还没有交给编辑，但它们当然会出版。我会对此负责，就好像它们是我自己的一样。如果我告诉你，即使考虑到我对你的洞察力和表达能力最坚定的信心，这些评论也比我有权期待的更好，请不要生气。我很高兴在这个绝望的流放地，即《文学世界》，终于有了一位流放的同伴。

特别是对卢森堡传记的评论是一篇完美的作品。

请接受我的歉意，因为我承诺的潘菲罗夫[1]的《赤贫者的工会》

1　费奥多尔·伊万诺维奇·潘菲罗夫（Fjodor Iwanowitsch Panferow，1896—1960），苏联作家。

(*Die Genossenschaft der Habenichtse*)[1]一书还没有到。最初我以我的名义接受并最终保留了它，因为我的俄罗斯朋友与潘菲罗夫关系非常好。她已经在这里待了一段时间，并打算告诉我关于他的各种各样的事情，我想在评论中利用这些东西。

自从我知道你打算得到那本羊皮纸书以来，我就更加勤奋了，至少在这方面是这样，并且在那本书上写下了纵横交错的文字[2]。事实上——为了在这个话题上耽搁一会儿——我指的是你在曼海姆送给我的带有柔软的羊皮封面的大笔记本。使用它给我带来了一个可耻的弱点，对这种非常薄、半透明而又精致的纸张的嗜好，但很遗憾我在这里的任何地方都找不到。你知道我可以从哪一个渠道大量购买它吗?

我打算确保让编辑现在直接地和尽可能地定期地把书寄给你。我想向编辑们建议，在第二期专门介绍法国的杂志中，刊登福楼拜的《庸见辞典》(*Dictionnaire des idées reçues*)[3]中的三十行。关于这件事我会写信给你。如果你对关于超现实主义的那篇文章[4]感兴趣，你最好等到它全部发表后再阅读。也就是说，分期连载的划分不可能比现在更荒谬了。

今天就到此为止。最后请允许我致以最良好的祝愿，祝你身体健康，并向格蕾特和孩子们致以诚挚的问候。

你的瓦尔特

附：我对布尔舍尔在《文学世界》中实际题为“红字”(Rubrik)的文章一无所知。请写信告诉我更多详细信息。至于其余的，我希望随着时间的推移，一切都会自行解决。

① 出版于1928年。W. B. 在1929年3月15日的《文学世界》中进行了评论。

② 这本带有羊皮纸封皮的书由肖勒姆所拥有。它是阿尔弗雷德·科恩的遗物之一。里面密密麻麻地写满了极小的字体。
③ 摘自《布瓦与贝居榭》(*Bouvard et Pécuchet*)。
④ 发表于 1929 年 2 月 1 日、8 日和 15 日的《文学世界》。

184 致格哈德·肖勒姆

柏林，1929 年 2 月 14 日

亲爱的格哈德，

我想首先承认，鉴于我骇人听闻的行为，因为这种行为在你看来无论如何就是这个样子，我发现你的最后一封信——我特此立即回复的——是非常体面的。

现在来解释一下产生这种行为的环境。其中最重要的是由我向你（以及我自己）保证我将在春季来到巴勒斯坦导致的数周的思想斗争；而现在我无法做到了。我现在第二次推迟了我的到来，并不得不考虑到你不再认真对待我的危险。当然，目前有两个非常迫切的理由。让我马上从对你来说较微弱的、但对我来说较强劲的理由开始。这个理由就是，我试图通过上百种招数来规避的《拱廊计划》项目（附件可以证明），将不再允许自己被推到一边。我还不知道这是否意味着直接和立即的完成，我甚至不相信它会。但我必须牢牢抓住我内心正在呈现的东西，如果不想让整个计划以失败告终。

所以我别无他法，除了让我立即开始在柏林学习希伯来语，作为纯粹的语言学习，并同时进行两项任务，即最紧张的语言学习和最紧张的写作。我完全意识到阻碍这一点的上百个顾虑。但是我的两个计划中的每一个本身都充满无法估量的风险，以至于同时执行这些计划再次体现了我对危机的理解。请通过回复邮件告诉我，能让我接受希伯来语教学的柏林主管机关。我知道你以前这样做过，但我现在找不到那封信。

外部原因是我母亲的重病——她三个月前中风了，几天来她的病情危险地恶化了。因为她可能会死，所以我有充分的理由不要离家太远而且不要太久。

我的未来计划包括秋季前往巴勒斯坦，尽可能和你在一起，如果你从欧洲返回那里。在那之前，我计划在巴黎度过几个星期。除此以外，绝对没有旅行计划。

现在谈谈你的工作。我怀着极大的兴趣（唉，如果我也能说“有收获地”，那就好了，但是天晓得，我现在还不能这么说）阅读了《犹太神秘哲学的起源》（Entstehung der Kabbala）①。你所完成的东西建立起了空虚混沌（Tohu wa Bohu）概念，你的论文从那里开始。然后，我希望对你关于戈德伯格的非凡信件有所帮助。在我把这封信读给赫塞尔时得到的巨大成功的鼓舞下，我把它传给了一个你肯定认识的人，犹太学院的〔列奥·〕施特劳斯[1]博士②，以供复制并在不信教区域进一步分发。我不否认，他唤起了我的信任，并且我觉得和他意气相投。我很快会在国家图书馆再次截住他，那时我希望得到他的战场报告。顺便说一句，戈德伯格那帮人已经把他们的活动引导到一个可控的轨道，作为一个“哲学团体”每周在广告柱上邀请公众参加他们周二的活动。

我有一些关于我的著作的更多书目信息，也就是说，一篇文章《魏玛》发表在了《新瑞士评论》上。它最迷人地展现了我的雅努斯[2]之脸转过去不面对苏维埃国家的一面。但我可能已经寄给你了。如果没有，请向我索要。在《马赛》出版之后，雅努斯之

1　列奥·施特劳斯（Leo Strauß，1899—1973），德国－美国政治哲学家和古典主义者，专门研究古典政治哲学。

2　雅努斯（Janus），古罗马的两面神。

脸将完整地展示自己，即使只是一个缩影；为了对应起见，我想看到它在同一份杂志上发表。这很可能发生。当你读到《超现实主义》(Surrealismus)，一个放置在《拱廊计划》项目前的不透明屏风时，你会非常清楚最近吸引我注意的其他事情。在我正在写的文章中，有一篇我希望用它引起一些冒犯:《德国文学评论的低点》(Tiefstand der literarischen Kritik in Deutschland)。此外，署名者还翻译了茹昂多[1]的长篇小说《乡村新郎》(*Le marié du village*)。它的命运仍然未知。③ En demeurant[2]，他相信他已经引起了你对这位作家的注意，在法国小圣器室的污浊空气中，幻象出现在这位作家的面前，而隔壁最精明的圣徒们看到这些幻象会赶快跑开。在第二期专门介绍法国的杂志中——可悲的是——你会发现更多的琐碎的东西。

《犹太人评论》想要了解我什么？你为什么不让自己参与其中？——但我很清楚答案，愿上帝为此保佑你。

〔……〕

带着最大的谦虚，我想向你索要你对〔卡尔·〕克劳斯和哈拉卡[3]的评论。不知怎么的，我觉得我没见过它们。我自觉不记得听你说过任何关于它们的事。从针对克尔的大型《火炬》杂志开始，他在柏林的行动中表现得如此笨拙，以至于他搬迁到这里的计划不太可能有任何进展。

我现在已经写了很多——即使不一定令人愉快——而且我将继续这样做。请尽快回复，无论多么简短。向你和艾莎致以诚挚的问候。

你的瓦尔特

1 马塞尔·茹昂多(Marcel Jouhandeau，1888—1979)，法国作家。

2 法语，意为“总之”。

3 哈拉卡(Halacha)，整个犹太法律和传统体系。

〔……〕

① 在《关于创立犹太人科学学院的协会的通讯刊物》（*Korrespondenzblatt des Vereins zur Begründung einer Akademie für die Wissenschaft des Judentums*）中（柏林，1928 年），第 5—23 页。

② 后来在芝加哥大学担任政治学教授，出生于 1899 年。

③ 1931 年发表出现在《欧洲评论》（*Europäischen Revue*）中（第 VII 卷，第 105—131 页），标题为“乡村新郎”（Der Dorfbräutigam）。

185 致格哈德 · 肖勒姆

1929 年 3 月 15 日

亲爱的格哈德，

我很高兴地听到你可能不会来欧洲。这也许使我有可能在秋天之前开始我的巴勒斯坦之旅。

昨天我和布伯谈过。我向他详细解释了情况，并从他那里了解到，马格尼斯博士现在不在这里，但预计几天后会回来。我会去找他。韦尔奇[1]①已经离开去巴勒斯坦了。布伯告诉我，他已经推荐我去犹太青年学校讲课。然而，就目前而言，我更容易看到自己坐在其中一张课桌前，而不是站在讲台上。

Optime, amice[2]，你问我的关于超现实主义的文章背后可能隐藏着什么。（我想我已经把它全部寄给你了，请写信告诉我，你是否收到。）事实上，这篇作品是放置在《巴黎拱廊研究》前面的一扇屏风——我有很多理由对其背后发生的事情保密。但我仍将只为你透露这么多：这里的问题正是你读过《单行道》后曾经触及过的东

1 罗伯特 · 韦尔奇（Robert Weltsch，1891—1982），记者、编辑和著名的犹太复国主义者。

2 拉丁语，意为“最好的朋友”。

西：为一个时代获得最极端的具体性，正如它偶尔在儿童游戏、建筑或生活处境中表现出来的那样。这是一项性命攸关、惊心动魄的事业，并非无缘无故地——也因为与希伯来语的可怕竞争——在整个冬天一再推迟，因此有时使我不能正常活动，现在它刻不容缓，正如当时不可能完成那样。

因此，我将立即学习希伯来语，同时在《拱廊计划》项目上取得足够的进展，以便在巴勒斯坦我可以再次把它放在次要位置，而不会对它造成任何伤害。最好的事情将是它突然结束。但我不能指望这一点。我一旦开始我的课程，就会写信给马格尼斯。

我为下一期专门介绍法国的《文学世界》撰写了一系列评论，目前正在纺织一些关于普鲁斯特的阿拉伯式花纹②。那篇关于超现实主义的作品为我赢得了一封来自沃尔夫斯基尔的愉快、高兴甚至兴奋的信，以及一两个友好的短评。我希望能够在短时间内寄给你一篇名为《马赛》的作品，以及另一篇名为《短影》(Kurze Schatten)③的作品。但请尽快告诉我，在所有这些或我的其他作品中，你认为哪些是属于我的“以实验为基础的恶魔学”。

我之前提到过的〔列奥·〕施特劳斯，已经从我的视线中消失了。但是，由于他带走了大量关于童话本质的参考书目，我会发出通缉令逮捕他。这可能也会推进你的戈德伯格信件的事业，这封信仍然在他手中。顺便说一句，戈德伯格的圈子周二在诺伦多夫广场(Nollendorfplatz)定期开展活动。讲座晚会：我只在海报上欣赏它们，对于我来说，它们只是在糟糕的 Ponems 上严重的 Zores 的蒙太奇照片。④

事实上，我觉得柏林犹太人社区的匆忙令人遗憾。⑤ Que faire？[1] 现在已画出起跑线。你必须把跑道保持在视线范围内。你

1　法语，意为“还能做些什么呢？”。

将不断获得更多消息。

最诚挚的问候，你的瓦尔特

你关于国会和阿拉伯问题所写的内容⑥让我觉得很有说服力，而且可能非常必要。请继续通过寄给我这样的东西，让我感觉到你的存在。首先，我急迫地请求得到你关于克劳斯的马赛克风格语言的起源的笔记——哈拉卡之争。

① 罗伯特·韦尔奇，《犹太人评论报》的主编。
② 发表于1929年6月21日至7月5日的《文学世界》。现在见《本雅明文集》第II卷，第132—147页。
③《新瑞士评论》（1929年11月）。现在见《本雅明文集》第II卷，第13—22页。
④ 意第绪语，意为“丑陋面孔上的严重担忧”；意思是真正的问题在这里被错误的人探讨。
⑤ 这已不可理解。
⑥ 在1929年2月8日的《犹太人评论》的一篇文章中。

186 致格哈德·肖勒姆

〔1929年6月6日〕

亲爱的格哈德，

我现在随即回复你的来信。

我给马格尼斯的信——我将随信附上一份副本供你参考——将在明天打字完成后立即发送。

不幸的是，我根本无法反驳你的责备；它们是完全正当的，我正面临着一种真正病态的倾向，在这件事上拖延。不幸的是，我偶尔在其他方面也会遇到这种倾向。不过，你似乎误解了我给你的最后一封信的简短。那是因为我急于告诉你，这件事情①**终于**开始了。当然，当前的障碍越复杂，这一点就越显著。(顺便说一句，你只是部分知道那些障碍的形式和范围，并且只要它们纯属私人性质，就必须保留给口头交流。)

我在秋天的到来完全取决于我的经济状况。不取决于别的，在身体健康的条件下。另一方面，你可以放心，既然我已经开始了，我绝对会继续学习希伯来语，无论是在这里还是那里，完全不受我何时去巴勒斯坦的影响。

顺便提一下，虽然受限于任何经验非常有限的人的保留条件，然而，我必须着重指出：我有学习的心情，而且即使希伯来语不容易，但也不像我担心的那样极难学习。在一定限度内，我甚至乐在其中。我认为迈耶②的方法是非常好的：把大量的书面作业翻译**成**希伯来语。

正如我所说，我每天都上课，而且我总是随身带着语法教科书。目前，我们仍局限于此。但迈耶计划不久就朝阅读迈进了。〔……〕你必须承认，尽管我已经欠你关于这些事情的消息很长时间了，但它现在已经尽可能完整了。我想谈谈其他的一些话题。〔……〕我正在为《法兰克福汇报》撰写《歌唱的花朵或新艺术运动的秘密》(Die singende Blume oder die Geheimnisse des Jugendstils)。

我结识了一些值得注意的人物。第一个例子，与布莱希特[1]的密切交往（关于他本人以及我们之间的交往有很多话要说）。第二个例子，与波尔加[2]的交往，他是赫塞尔亲密圈子的一部分。赫塞尔发表了《在柏林漫步》(*Spazieren in Berlin*)③。我会让他寄给你。——舍恩已成为法兰克福广播电台的艺术总监以及一位重要人物。

1 贝托尔特·布莱希特（Bertolt Brecht，1898—1956），德国戏剧从业者、剧作家和诗人。

2 阿尔弗雷德·波尔加（Alfred Polgar，1873—1955），奥地利作家、格言家、评论家和翻译家。

我在柏林至少要待到8月1日，也许会更长一些。我最初的计划是，然后去巴黎几周，再从那里经马赛前往巴勒斯坦。

请随时通知我你的决定。向阿格农致以诚挚的问候；我会写信给他。我很高兴收到他的短信。

让我们在秋天再次谈论巴德尔，我会尽力保存那么久。[④]

我工作很忙。从现在起，你将定期收到我的东西，只要它们发表在《文学世界》上。特此，但最重要的是通过上述沟通，我希望已经净化了我们通信的天空，并承诺进一步稳定的东风。

bracha gam le[⑤] 艾莎。

你的瓦尔特

① 希伯来语课程。

② 他的老师马克斯·迈耶（Max Mayer）博士（出生于1887年），后移居于海法（Haifa）。

③ 由W. B. 在1929年10月4日的《文学世界》中评论。

④ 指W. B. 的弗朗茨·冯·巴德尔著作的副本，肖勒姆打算为耶路撒冷的大学图书馆获得这些著作。

⑤ 用希伯来文字书写。（“也问候……”。）他在7月份中断了希伯来语的学习，几乎没有再恢复。

187　致马克斯·赖赫纳

柏林，1929年6月7日

非常尊敬的赖赫纳先生，

对于您4月份友好的短信，我可能应该用简短的“同意”回答。至少我从我至今还没有收到任何校样的事实推断出这一点。但是，我当然——同意。正是在这些附注的背景下，我并没有对《美丽的恐慌》（Schöne Entsetzen）[①] 给予任何决定性的重视——尽管我因为它的起源经历非常喜欢它。然而，为了不鲁莽地为这些阴影召唤九位缪斯女神，我现在邮寄一个新的来填补空缺的地方，我们将保持在十位。

如果我没有为了学习希伯来语参加了一个新的学习小组，从而占用了我所有的时间和精力，您肯定会更早收到我的消息。我只能见缝插针地为我的其他项目找点时间。我将在柏林至少待到 8 月初。但是，既然您无法给予我你将出现在这片特定土地上的任何希望，您应该知道，在那之后我将在巴黎短暂停留。

致以亲切的问候，并特别感谢您寄给我的 C. F. 迈耶[1]的著作，它对我来说非常有价值。

您的瓦尔特·本雅明

①《短影》中的一个章节。

188　致雨果·冯·霍夫曼斯塔尔

柏林－格鲁内瓦尔德，1929 年 6 月 26 日

亲爱的和极受尊敬的冯·霍夫曼斯塔尔先生，

也许这封信会和我请维森塔尔太太转达的亲切问候同时到达您的身边。比起随函附上的各种东西，用这种方式能更好地弥合我的沉默造成的鸿沟。

我一直在为您保存这些小作品，我总是很高兴能够留存一些东西，我告诉自己，您可能在某个合适的时刻读到它们。我的关于普鲁斯特的文章旨在推荐其他所有东西。我希望我有充分的理由认为它会让您对几年前在巴黎吸引我注意力的东西，以及您也感兴趣的

1　康拉德·费迪南德·迈耶（Conrad Ferdinand Meyer，1825—1898），瑞士现实主义诗人，创作了（特别是历史）短篇小说、长篇小说和抒情诗。

东西有所了解。正是出于这个原因，我一直等到出版后才让您看到它。《超现实主义》是这篇文章的姊妹篇，其中包含了一些我们曾经在我的住所讨论过的《拱廊计划》项目的绪论。《魏玛》是我为《俄罗斯百科全书》撰写的《歌德》的副产品。它究竟是否会出版，我不知道。唯一可以肯定的是，它只有在被扭曲得面目全非的情况下才能进入百科全书。一年前我到过魏玛。这座城市给我的印象使这篇文章的一些段落受益匪浅，我正是为了这个目的在那里逗留的。然而，我试图在这两页纸上抓住它的本质，而不受描述性上下文的束缚。《马赛》[①] 是它们的姊妹篇。它可能很弱，但它对我来说是心爱的——出于最不着边际的原因，那就是我从未和任何一座城市如此挣扎过。你可以说，从中费力争得一个句子要比从罗马获取一整本书都难。

在过去的两个月里，我终于把我的计划付诸实施：我正在学习希伯来语。我无法使我工作中的这个重大转折点也成为我的人生阶段中外部和显著的转折点，就像您在我们第一次讨论这个话题时如此令人信服地建议我的那样。我不能离开柏林。然而，我在这里找到了一位非常优秀的老师，一位对我的处境有着令人钦佩的理解力的老人，却拥有迫使我吸收词汇和语言形式的必要权威。总的来说，在我目前的情况下，我唯一的困难是语言学习和文学活动之间的不断切换。我可以想象一系列只有语法的最美好的日子。更何况，目前我无法回到我提到的《拱廊计划》项目。然而，在我上次见到您之后的几个月里，它在素材和基础方面都有了很大的发展，我可以把它搁置几个月而不会危及它。

我可能在 9 月份离开，去巴勒斯坦待几个月。我将在 8 月 1 日结束在柏林的活动，不幸的是，我也将放弃我曾经能够接待您的那间漂亮的房间。我要做的第一件事就是去巴黎。

亲爱的冯 · 霍夫曼斯塔尔先生，请把这封信不仅看作一份工作总结报告，也看作我渴望在您的记忆中继续活着的一种表达。

诚挚的问候，您忠诚的

瓦尔特·本雅明

附：《魏玛》和《马赛》未随信附上。几个月前我已经请赖赫纳直接把它们寄给你。

《追忆逝水年华》第三卷的出版被推迟了很长时间，因此这封短信的邮寄也被推迟了。现在我可以添加一些更明确的信息。我将于9月17日从马赛出发，途经君士坦丁堡（Konstantinopel）和贝鲁特（Beyrouth）前往雅法（Jaffa）。我想在10月初到耶路撒冷，在那里我将把冬季的三个月份专门用来继续学习希伯来语。即使现在它也占去我很多的时间和精力，以至于我无法考虑承担大型项目，而且完成小项目也比平常要花更长的时间。尽管如此，再过几周，我希望能给您寄一份关于新艺术运动的非常简短的研究报告，它应该会发表在《法兰克福汇报》上。在那之后，我将写一篇关于“为什么讲故事的艺术即将终结”的问题的文章——也就是，口头叙事的艺术。

我再次向您致以最诚挚和最忠诚的问候。

W. B.

①《新瑞士评论》(1929年4月)。现在见《本雅明文集》第II卷，第67—71页。

189　致格哈德·肖勒姆

沃尔泰拉（Volterra），1929年7月27日

亲爱的格哈德，

你爱怎么说就怎么说：但总而言之，我的信件不是那么稀疏，而且也很少是简短的。而我冒昧地告诉你的我的欧洲通信状态，只应该更好地向你表明我在国际通信中的美德。其中一个美德是我不知疲倦地努力为你提供变化无常和罕见的日期。至少在这个意义上，甚至你面前的这封信也可以要求得到你的注意力。因为这封信来自伊特鲁里亚文明的一个中心，让我们说来自它的边缘，假如三个小时的博物馆参观刚刚弥补了我三十七年来对这些东西的一无所知。来自沃尔泰拉。不为人知，并非没有理由；甚至受到邓南遮[1]的歌颂也没有受到任何损害；非常宏伟，位于一种无雪的非洲的恩加丁的中间——其周围广阔的荒野和光秃的山脉是如此清晰。

在我的正上方，古老的城堡般的市政厅的风向标像修建屋顶的工人一样四处移动。

以下是我如何来到这里。〔威廉·〕施派尔[2]邀请我和他一起开车去意大利。他住在马尔米堡（Forte dei Marmi）的朋友们家。我们计划后天一起开车回去。我接受了他的提议。在迈耶博士去巴德艾宾（Bad Eibing）温泉疗养三天后，提出了这个建议。我们商定我将定期把我的书面作品寄给他。我已经开始这样做了，但是函授学习仍然有些岌岌可危。简而言之，我在圣吉米尼亚诺（San Gimignano）待了一个星期，今天来到这里。明天我要去锡耶纳（Siena）。在那里，时间会有点紧。但施派尔的安排是灵活的。〔……〕

我不会给你写任何关于圣吉米尼亚诺的事情。我也认为你不是第一次听到这个名字。也许以后会读到我关于它写的一些东西①。在最糟糕的情况下，你将不得不满足于德兰[3]的照片；在最好的情况

1　加布里埃尔·邓南遮（Gabriele D'Annunzio，1863—1938），意大利诗人、记者、剧作家和第一次世界大战期间的士兵。

2　威廉·施派尔（Wilhelm Speyer，1887—1952），德国作家。

3　安德烈·德兰（André Derain，1880—1954），法国艺术家。

下，你会亲自看看这个地方，并且肯定会成为那里唯一一个来自巴勒斯坦的人，就像我是唯一的德国人一样。

现在谈谈我即将到来的安排。有人答应邀请我从 8 月中旬到 9 月初在蓬蒂尼（Pontigny）度过一段时间。去参加所谓的“第二个十年”，也就是最著名的法国作家的年度聚会，从纪德开始，它吸引了大多数伟大的小说家和诗人。不幸的是，存在一些纯粹技术性质的困难。〔……〕令我的计划变得更加悬而未定的是，一项法律诉讼[②]以及我母亲的健康状况。我们担心她出现最坏的情况。然而，除非有意外，我想 9 月在马赛登上拉马丁（Lamartine）号，并于 10 月 3 日抵达雅法。因此，在我即将发生的返回后，我很快就会去法国，然后在我启程之前不再回到柏林。

霍夫曼斯塔尔的死让我感到难过。我不确定他在去世前是否收到了一封附有我的大量作品的信件。它是在灾难发生前两周寄出的，但在罗道恩的习惯是根据霍夫曼斯塔尔的健康情况把邮件呈送给他。德国讣告的傲慢令人厌恶。

请写信告诉我你在做些什么。在圣吉米尼亚诺，我的双手被乔治花园里一丛玫瑰的荆棘划伤了，那丛玫瑰的部分花朵绽放得惊人地美丽。我指的是这本书，《诗人作为德国古典时期的领导者》（*Der Dichter als Führer in der deutschen Klassik*）。它的作者是科默雷尔，我的评论的标题是《反对杰作》（Wider ein Meisterwerk）。[③]

现在我将登上公共汽车，当我回到柏林时，你可能已经收到了这份对你和艾莎的最诚挚的问候。

你的瓦尔特

① 在 1929 年 8 月 23 日的《法兰克福汇报》中。现在见《本雅明文集》第 II 卷，第 83 及下页。

② W. B. 的离婚。

③《本雅明文集》第 II 卷，第 307—314 页。

190 致格哈德·肖勒姆

柏林－格鲁内瓦尔德，德尔布吕克街23号，1929年8月4日

亲爱的格哈德，

就在我被尘埃笼罩，被堆积如山的板条箱包围，忙着腾出我十年甚至二十年的住所，离开这间公寓的那一刻，我偶然发现了《悲苦剧》一书的手稿。它看起来并不漂亮，[①] 甚至可能都不太完整。但即使是这本书也有它的瑕疵，因此在这方面它们属于一体。当这份手稿用这些话语，在你的门槛上清了清嗓子，并抖落岁月的尘埃时，我希望你能亲切地接纳它。一旦这些日子被克服了，并且我对接下来几个月的计划，或者更具体地说，对我的巴勒斯坦之行有了一个大致的展望，我会写更多的内容。寄往格鲁内瓦尔德的邮件将转寄给我。

最诚挚的问候，你的瓦尔特

① 手稿是用微小的字体书写的，有许多东西被划掉了。

191 致格哈德·肖勒姆

柏林，弗里德里希·威廉街15号，赫塞尔家

1929年9月18日

亲爱的格哈德，

昨天我给你发了一封无线电报，作为这封短信的100匹马力的牵引车。它确定我将在11月4日抵达。我现在可以坦率地说，那里的事件[①] 在这一个月的延期中没有起到任何作用。这与我对报纸信息的深刻不信任有关。但是你的来信迫使我承认，从另一个意

义上来说，这次不幸的是，我的这种不信任是不适宜的。不，延期的真正原因是我之前提到过的开庭日期，除此之外，还有一个与施派尔——威廉·斯派尔，小说家和剧作家——合作的项目，这对我来说可能具有一定的经济利益。我现在不会主动偏离这个新日期。我母亲的病情也有所好转。

我不知道我是否已经写信告诉你，一位朋友，拉西斯夫人，在德国已经待了大约一年时间。她正准备回到莫斯科，但是前天，她再次受到脑炎急性发作的侵袭。至少我是这么认为的。昨天，由于她的病情还勉强允许，我把她送上了去法兰克福的火车，在那里认识她并曾经治疗过她的〔库尔特·〕戈德斯坦正在等着她。我也会很快去法兰克福，如果可能的话，在我出发去马赛之前，而我将在马赛搭船。在过去的几周里，我曾在法兰克福电台做过三到四次讲话。这些讲座中最重要的或许是关于朱利安·格林的详细介绍，它将出现在我带来给你看的论文中，如果在那之前它还没有发表的话。[②]

我最近做了大量的工作，但不是希伯来语。在没有老师的情况下，我无法强迫自己学习希伯来语，因为我正在做的事情既有内在的也有外在的紧迫性。在迈耶博士离开后，似乎并不值得为四个星期寻找一位新老师。我目前决定在巴勒斯坦逗留三个月，在此期间，我基本上只想学语法。

请写信告诉我，你是否还想购买那本巴德尔。如果是的话，我会马上寄出。你可以等我到了再付钱给我。

我会在这封信的同时或之后不久寄给你两篇我的短文。关于霍夫曼斯塔尔我没有写任何东西，也无法写；我会当面告诉你原因。我最近为《法兰克福汇报》写了一篇新的《黑贝尔》(Hebel)[③]，我的第三篇。以《浪子回归》(Die Wiederkehr des Flaneurs）为标题，我发表了一篇由《拱廊计划》的联想组成的短文，这是由对赫塞尔的柏林书籍的评论引发的。我写了一篇关于罗伯特·瓦尔泽[1]的敌对文章④以及一部中篇小说。我现在正从事我在圣吉米尼亚诺撰写的长篇评论的最终编辑工作。它涉及过去几年来格奥尔格圈子中最令人惊讶的出版物：科默雷尔的《诗人作为德国古典时期的领导者》一书。

与此同时，"演出季"已经在嚎叫和牙齿打架中开启。有一出梅林[2]的难以形容的东方犹太人戏剧，由欠考虑的皮斯卡托[3]非常勇敢地上演；这出戏实际上和我在为《法兰克福汇报》撰写的评论⑤中讽刺的一样糟糕透顶，这篇评论我可能已经寄给你了。布莱希特的新剧也没有赢得多少荣誉，而且其他的演出也没有免费赠送门票。

在狂风暴雨的日子里，我第一次拿起了《犹太人评论》。在我看来，那里有一个非常胆怯的、多事的花招正在进行，但也许我太天真了，无法带着正确的理解阅读这份刊物。柏林报纸上最后和最新的报道都在《日报》，倒不如说是令人不安的。当然，你的来信非常富有教益。我想，任何站在理性方面的人都属于少数，即使是在犹太人中间，所以你的处境可能很困难。

最后我列出我目前的阅读清单。用马克思主义的术语来说，我的活动部分"反映"在其中：克鲁普斯卡娅[4]的《列宁回忆录》(*Erinnerungen an Lenin*)；科克托[5]的《可怕的孩子》(*Les Enfants Terribles*)(非常接近《拱廊计划》)；冈察洛夫[6]的《奥勃洛莫夫》

1 罗伯特·瓦尔泽(Robert Walser，1878—1956)，讲德语的瑞士作家。

2 弗朗茨·梅林(Franz Mehring，1846—1919)，德国时事评论员和政治家。

3 欧文·皮斯卡托(Erwin Piscator，1893—1966)，德国剧场经理、导演和戏剧教育家。

4 娜杰日达·康斯坦丁诺夫娜·克鲁普斯卡娅(Nadeshda Konstantinowa Krupskaja，1869—1939)，俄罗斯布尔什维克革命家、政治家，弗拉基米尔·列宁的妻子，从1898年直到他1924年去世。

5 让·科克托(Jean Cocteau，1889—1963)，法国诗人、剧作家、小说家、设计师、电影制片人、视觉艺术家和评论家。

6 伊万·亚历山德罗维奇·冈察洛夫(Iwan Alexandrowitsch Gontscharow，1812—1891)，俄罗斯作家。

(*Oblomow*)。

请注意，这次我回复很快，请为此报答我。

你的瓦尔特

① 1929年8月巴勒斯坦发生的严重骚乱。

② 发表于《新瑞士评论》(1930年4月)。现在见《本雅明文集》第II卷，第152—158页。

③《法兰克福汇报》的文学副刊（1929年10月6日）。

④ 发表于《日记》(1929年)，第1609页起。现在见《本雅明文集》第II卷，第148—151页。

⑤ 1929年6月23日。

192 致马克斯·赖赫纳

柏林，1929年11月21日

尊敬的赖赫纳先生，

首先，我要感谢您对我的《黑贝尔》一文所说的亲切话语。我非常感激在瑞士的岁月，让我了解了阿勒曼尼德语的本质，以致于我可能敢于尝试用二氧化硫把埃马廷格[1]和他的同类那样的干幽灵熏死，以此来报答它。我特别高兴的是您发现埃马廷格是如此明确的目标。多年前，由于一次不起眼的研究经历，我明白了这个人的本性。当时我正在撰写我的《凯勒》——准确地说，首先在柏林，然后在巴黎。为了力求熟悉最新的研究成果，我在柏林期间曾研究埃马廷格版的凯勒的生平与书信，后来在巴黎才知道贝克特霍尔德(Bechthold）版的，而在这里却没有另一个版本。然后，以前一直朦胧和模糊的一切——我自己也不知道埃马廷格书中的哪些组织元

1 埃米尔·埃马廷格（Emil Ermatinger，1873—1953)，瑞士日耳曼语言学教授。

素、脚注或气氛可能导致了这一点——突然变得清晰了。

你是否读过格特鲁德·科尔马[1]① 在最后一部“岛屿”年鉴中的第二首诗？我第一次在那里看到它，它给我留下了很深的印象。

请您查看我随函附上的东西。这份手稿② 是我的关于“小说和短篇小说”的论文的完成被推迟并可能继续推迟一段时间的原因。如果您不熟悉朱利安·格林的现象，并认为他很重要已有很长一段时间了，我会感到非常惊讶。因此，如果看到我深刻地描述这种现象的尝试会在您那儿得到妥善的接待我将很高兴。

Cela dit[2]，也许我可以告诉您，另一份杂志（我觉得它比您的杂志吸引力要小得多）再次对这份手稿感兴趣。这就是我——相当不情愿地——请您尽快告诉我您的决定的原因。

我热切期待着舍德尔的霍夫曼斯塔尔一书的出版。

今天就到此为止。您真诚的，

瓦尔特·本雅明

① 她是 W. B. 的表妹。
②《朱利安·格林》。

193　致格哈德·肖勒姆

巴黎，1930 年 1 月 20 日

亲爱的格哈德，

你可能会认为我疯了，但我发现很难结束我的沉默，并写信告诉你我的项目。我觉得它如此之难以至于如果不求助于法语，我可

1　科尔马·格特鲁德（Gertrud Kolmar，1894—1943），德国抒情诗人和作家。
2　法语，意为“尽管如此”。

能永远也办不到，这对我来说是写这封信的借口。

我不能再自欺欺人了，我拖延了这么久的问题可能会变成我一生中最严重的失败之一。首先，我要说，在我的离婚最终定下来之前，我根本无法考虑我的巴勒斯坦之行。看起来这种情况不会很快发生。你会明白这个话题对我来说是如此痛苦，以至于我不想谈论它。

〔……〕我想，只要我在德国，我必须彻底放弃学习希伯来语的希望，这有两个原因。一方面，提供的工作机会和紧急的投稿请求来自四面八方，另一方面，我的经济状况太不稳定，我无法拒绝所有这些请求。

此刻，我正在回顾过去的两年，也就是我不在巴黎的那段时间，并开始意识到在那几个月里所取得的成就。主要有两件事：首先，我已经在德国为自己树立了声誉，尽管比较微小。我为自己设定的目标还没有完全实现，但我终于接近它了。我的目标是被视为德国文学的最重要的评论家。问题在于，文学评论在德国不再被认为是一种严肃的流派，并且这样已经有五十多年了。如果你想在评论领域树立声誉，这最终意味着你必须把评论作为一种流派重新塑造。其他人在这方面取得了重大进展，但我尤其如此。情况就是这样。我希望很快能把我的作品提交出版。罗沃尔特倾向于将我精选的一些论文作为一本书出版，就像你在给我的最后某封信中友好地建议的那样。我正在为这本书准备两篇新的论文，具体来说，一篇关于新艺术运动，一篇关于评论和理论的现状。

但我现在主要想谈的是我的《巴黎拱廊研究》一书。我真的很遗憾，当面交谈是探讨与这本书有关的任何事情的唯一可能方式，而且，说实话，它是我所有冲突和所有想法的舞台，根本不适合用通信来表达它们。因此，请允许我仅限于指出，我打算在一个不同于我先前计划的层面上进行该项目。到目前为止，我一方面由于文献问题，另一方面又由于形而上学的问题而受到阻碍。我现在看到，我至少需要研究黑格尔的某些方面以及马克思[1]的《资本论》（*Kapital*）的某些部分，才能取得任何进展，并为我的工作提供坚实的脚手架。现在似乎可以肯定的是，对于这本书以及《悲苦剧》一书来说，一个讨论认识论的引言是必要的——特别是对于这本书，对历史知识理论的讨论是必要的。这就是我将要找到海德格尔的地方，我预计，从我们看待历史的两种截然不同的方式之间的剧烈对抗中，会迸发出火花。

我在巴黎的实际停留时间会相当短，也就是说，我将在2月初返回柏林。后天，我将去法兰克福旅行两天。我在这里和一些或多或少重要的人物重新开始联系。我也结识了很多我以前不认识的人。令我担心的是，这次我似乎不会遇到纪德。在我遇到的那些人中，最有趣的是埃马纽埃尔·伯尔[2]和马塞尔·茹昂多。我想我已经和你谈过后者了。他撰写了关于法国外省天主教日常生活的研究报告；这些研究报告都充满了强烈的神秘主义并且"散发出浓烈的同性恋气味"，正如前几天有人对我说的那样。在这些生动的场面中，同样的人物总是重复出现，事实上，有一种虔诚和邪恶的混合，接近于恶魔崇拜。我竭力推荐以下几本书：《平森格兰》（*Les Pincengrain*）、《普鲁登斯·豪特考姆》（*Prudence Hautechaume*）、《蛋白石》（*Opales*）、《亚斯她录》（*Astaroth*）。伯尔在超现实主义中首次亮相，并没有完全与它断绝关系。他写的小说我不熟悉，而且可能不太重要。他与众不同的地方在于，他有一种相当罕见的批判性敏锐度，他首先在一本名为《资产阶级思想之死》（*Mort de la pensée bourgeoise*）的书中进行了运用。这本书注定是一系列小

1　卡尔·马克思（Karl Marx，1818—1883），德国哲学家、经济学家、历史学家、社会学家、政治理论家、记者和社会主义革命家。

2　埃马纽埃尔·伯尔（Emmanuel Berl，1892—1976），法国记者、历史学家和散文家。

册子中的第一本，其中的第二本《资产阶级道德之死》（*Mort de la morale bourgeoise*）已经开始出现在《欧洲评论》上。这些著作惊人地接近我自己的观点。但由于他严格地把自己限制于“批判”，作者似乎没有意识到，一旦你试图在此基础上构建，就会产生的困难。无论如何，他是犹太人。

不过，我确实又见到了格林。你读过《艾德丽安·梅苏拉特》吗？我写的一篇关于格林的文章将出现在接下来的某一期《新瑞士评论》。然后，我打算将我在巴黎的日记的节选提交出版，这些日记是我为《文学世界》勤勉地记录的。

我到巴黎的时候，正好能够密切关注超现实主义者之间爆发的一场令人不快的争吵，这场争吵的受害者似乎是他们的主要领导人之一安德烈·布雷顿[1]。你会在《文学世界》找到我对整个事件的观察。

我以一种压抑的感觉结束这封信，这种压抑感几乎和在信的开始时压在我心头的相等。让我更加急迫地请求你尽快回复，并让我知道你目前正在做些什么。

你什么时候来欧洲？祝一切顺利。

瓦尔特

194　致格哈德·肖勒姆

巴黎，1930 年 1 月 25 日

亲爱的格哈德，

我刚从一个短途旅行回来，发现你的最新的一封信，是从柏林转寄来的。正如你所看到的，它恢复了我使用母语的能力。当我这

1　安德烈·布雷顿（André Breton，1896—1966），法国作家、诗人和反法西斯主义者。

样说的时候，我的意思是，我从未像今天早上读到你的来信时那样，如此感受到一年甚至更长时间以来你在整个这件事中证实的非凡体贴和深厚友谊。这并不是说我之前没有意识到这一点。

因为我听说你将就〔弗朗茨·〕罗森茨维格的去世发言，所以我对昨天在法兰克福给予《法兰克福汇报》的答复倍感安心。他们邀请我写一些关于罗森茨维格的思想世界的内容，甚至给我提供了特别优惠的经济上的条件。我决定拒绝邀请。昨天我意识到这样一个项目会花费我多少精力。另一个因素是它完全超出我目前的兴趣范围。今天我还设想了，结果会是什么样的，以及在你的致辞旁边它会是多么的微不足道，因为你的演讲会是非常完整的。我当然希望听到它，即使不能理解它。没有翻译成德语的可能性吗？[①]

我在法兰克福举行了两次广播讲座，现在回来后，我可以专注于一些更有用的事情。我首先想到的是对弗朗茨·梅林的文学评论作品的简介。此外，我希望很快能够尽可能减少我仅仅是为了谋生所做的工作，至少是新闻工作。你知道这是为了什么。我很高兴我已经成功地将自己从组织和技术事务中分离了出来，因为我不再记录下大多数必须被视为仅仅为了谋生而做的工作，无论是在杂志上还是在广播中。相反，我只是口授这样的东西。你明白，这种做事方式甚至给了我一些道德上的解脱，因为我的手正逐渐被恢复为我身体中较高贵的部分之一。

我还没有告诉你我在巴黎最值得纪念的一晚。它是在艾伯特先生（Mon Albert）的陪伴下度过的。艾伯特先生是马塞尔·普鲁斯特的艾伯丁（Albertine）的对应物。[②] 我和他共进了晚餐。在我们的谈话中有许多值得注意的时刻，但没有任何东西能与我在圣拉扎尔街（St. Lazare）的一间同性恋小浴室里第一眼看到这个男人的时刻相媲美，艾伯特先生从一个平台上管理浴室。在平台上有一张桌子，上面放着洗浴用具、惊喜袋（pochettes-surprises）和门票。尽管三周前我开始写一本手写的巴黎日记，但它的材料已经激增到如此程度，我可能只有在我的秘书的帮助下才能继续写下去。我要请人制作一份和艾伯特先生在一起的那天晚上的打字副本，专门送给你，作为礼物，如果没有这份礼物，我——如果没有这个承诺，我——不想把这封信寄给你。③

就写这么多。你是否兴趣听到恩斯特·布洛赫正在维也纳访问卢卡奇，并试图在变化很大的条件下与他重新展开看似毫无结果的年代久远的辩论？

祝一切顺利，你的瓦尔特

① 肖勒姆的悼词仅以希伯来语发表，但其中包含的思想部分并入另一篇文章（《犹太文物》，第 226—234 页）。
② 早些时候，他可能是普鲁斯特小说中朱皮安（Jupien）的原型。
③ 这份报告，《与艾伯特先生共度的一个晚上》（Abend mit Monsieur Albert）被保存下来。一个删节版发表在 1930 年 4 月的第 16/17 号《文学世界》中。这次访问发生在 1930 年 1 月 21 日。

195 格哈德·肖勒姆致瓦尔特·本雅明

耶路撒冷，1930 年 2 月 20 日

〔……〕也许我们不妨澄清一下我们各自的立场，因为在你最后几封信中，尤其是第一封——它在我心中唤醒了一种非常罕见的焦虑感——你以一种我认为绝对明白无误的方式对我们之间一个严重的问题展开讨论。三年前，你认为，而且我也同意，你已经到了这样的地步：对犹太文化富有成效的深入研究似乎是你工作取得积极进展的唯一途径。基于这一我们俩似乎都很确定的洞察，我做了我所做的一切，旨在让你有可能实现你的意图。①

从那时起已经过去三年了，现在根据你的立场和工作似乎自己有了答案的问题是这样的：你是不是早已放弃了你过去所持有的并向马格尼斯阐述和呈现的观点？事实上，你在实践中证明，一方面，你所从事的问题的复杂性，另一方面，你所赢得的，或者无论如何，我确信你能够赢得的最卓越的文学评论家的地位，将继续富有成效并以完全积极的方式满足你的要求，甚至违背你自己的解释，也完全远离我们当时所考虑的犹太人世界。我觉得我们不妨弄清楚这一点，即使只是为了让我在耶路撒冷不陷入尴尬的境地，因为我不能简单地年复一年地声称，你正处在一件实际上你永远不会去做的事情的边缘，而这在我看来越来越有可能。然而，正如我俩从长期的经验中都了解得太清楚的那样，由于首先是你的内在抑制引起了你的外部保留，所以对我们来说问题是：难道这些抑制作用——现在它们已经决定了你在这些问题上的立场大约十二年了，即使在你生命的每个时期都是以不同的精神或身体的形式表现出来——不是明显地如此具有根本性，以至于我们最好面对你在那个世界之外存在的现实（对我来说仍然是一种令人感到压抑的，但至少是一个明确的现实），而不是沉溺于深入研究犹太文化的虚假幻想？这是永远不可能真正发生的事情，但我们已经把它作为我们的共同事业将近十五年了。显而易见的是，从现在吸引你的问题出发，你还会遇到其他问题。同样显而易见的是，你三年前所表达的观点被证明是夸大和错误的；该观点就是，如果你没有走上通向希伯来语的道路，那么唯一一条对你来说可以想象并足够干净的道路将是离开文学走向纯粹的政党政治。最后显而易见的是，无法设想走上通向希伯来语的道路的**必要性**，特别是从你作为德国文学唯一真正的评论家的假定立场的角度来看。考虑到这些因素，我想促使你不仅与自己达成协议——我有这样的印象，对此你几乎不会反驳，这个问题上，你不喜欢这样做，尤其不是充满激情地这样做——而且要以我向你展示的同样坦率的态度向我解释你的立场。我相信在这个问题上，我有权期望你比在任何其他问题上都更坦诚，这样无论发生什么，我们都不会用关于我们履历中差异的私人启示录来欺骗对方。我当然是能够带着镇定——也许还有一些过得去的理解——忍受的人，如果事实证明，在这一生中（除了在我们友谊的媒介中）你不能，也不会再考虑与犹太文化真正相遇。我有时候会相信，在谈到这些问题时，你更多地考虑到我而不是你自己——尽管听起来也许很荒谬，但我确实相信在某些时刻这是对你态度的准确描述，而且如果我没有因为这种情况而受苦，我不会感觉到我对你的感觉。我有时会说，出于与我的友谊，瓦尔特不敢清楚地说明他的处境。他避免“理解地深入问题的核心”[②]——但我向你保证，无论从道德意义还是象征意义上来说，这不能也不应该是一个有效的理由。对我来说，了解你真正的位置远比了解你在未来某个时候希望去的地方要重要得多，因为当然，考虑到你的生活是如何构成的，你将永远比其他任何人更多地到达你想去的地方以外的地方。但如果我在这个想法中完全弄错了——当然，我不相信这是事实——那么好吧，我把它说出来反而更好。因为无论如何，在过去的十年里，你的履历为这些错误提供了充分的理由，甚至在你的朋友中也是如此。因此，我们必须更加希望，你生活中外部环境的危机[③]——我不得不从你信中的暗示推断，当然没有权力干预它——至少会为你澄清你所属的地方和你所处的位置。

我本着友谊的精神，从内心深处写下了这封信。

你的格哈德

① 肖勒姆为他搞到一份助学金，这将使他能够把一年时间完全投入到希伯来语

的学习。

② 引自 W. B. 的一篇文章。

③ 本雅明的离婚。

196 致格哈德·肖勒姆

柏林，梅尼克（Meineke）街 9 号，1930 年 4 月 25 日

亲爱的格哈德，

我再次阅读你 2 月 20 日的信的最后一页。而且我不得不再次推迟对它提出的问题作出明确的答复。当然，不会持续太久。并且不是没有告诉你，它在一个方面——涉及我们关系的方面——是无法以二者择一的形式解决的。除了你以外，我绝对没有以其他任何形式认识活生生的犹太文化。我与犹太文化的关系问题，始终——我不想说是我和你的关系如何的问题（因为我的友谊在这里将不再取决于任何决定）——是我和你在我身上所接触到的力量的关系如何的问题。但无论这一决定取决于什么，它都将很快做出——无论多大程度上，一方面，它被嵌入似乎完全陌生的环境中，另一方面，它被嵌入到拖延中，这种拖延已经被拉伸到了极限，而且每当涉及我生命中最重要的情况时，已经成为我的第二天性。一旦开始在一个地方解开我生活中极其纠缠不清的结——多拉和我已经离婚——这个“戈耳狄俄斯之结”（Gordischer Knoten），正如你曾经无可非议地如此称呼我与希伯来语的关系，也必将被解开。

因为我毕竟无法在我 22 岁奠定的辉煌基础上构筑我的整个一生，在拖延了七年之后，我至少必须确保在我 40 岁之前开始新的生活。因此，现在我完全沉浸在这个新的开始当中，从我住的地方到我如何谋生，被迫采取权宜之计。我已经没有私人藏书近一年了

（它存放了起来），我看到前面有相当大的困难，其中程序上的困难可能是微不足道的。无论如何，关于我的居住地，在本页之后我不打算进一步考虑。

鉴于目前一切都是暂时措施，请允许我请求你把这封信看作是过渡性的。一切都归结为一个不能推迟太久的决定。如果结果是积极的，这只能意味着我将在年底前来到巴勒斯坦，当然，最初是无限期的。

我给你寄了一些印刷品。〔……〕

我与罗沃尔特的关于一本论文集的合同已经敲定。为此我必须再完成相当数量的作品，目前正在写一篇《卡尔·克劳斯》（Karl Kraus）①，其规模应该与《格林》相当。研究克劳斯文献的各个方面是非常有趣的。我最近的一篇短文题为《来自布莱希特的评论》（Aus dem Brecht-Kommentar）②，我希望它能发表在《法兰克福汇报》上。这是我最近与布莱希特非常有趣的交往的第一个产物。我会在出版后立即寄给你。我们计划，夏天在布莱希特和我的领导下，在一个非常紧密的批判性读者圈中粉碎海德格尔。然而遗憾的是，布莱希特感觉非常糟糕。他将很快离开，我不会独自做这件事。

这时，我惊恐地想起压在我的书桌上的巨大的新书。如果我提到华生[1]的《行为主义》（*Behaviorismus*）摆在左手边，而克劳斯的《精神和生活》（*Geist und Leben*）在右手边，你会对我的意思有一些概念。

你的工作怎么样？

无论发生什么，就我而言，我希望过去的两个月是我们通信中

---

1 约翰·布罗德斯·华生（John Broadus Watson，1878—1958），美国心理学家，他建立了行为主义心理学派。

的最后一次长时间中断。我将以这些话结束，其中包含一个精心包装的请求。

祝一切顺利，你的瓦尔特

① 发表在1931年3月10日、14日、17日和18日《法兰克福汇报》的文学副刊中。现在见《本雅明文集》第II卷，第159—195页。
② 发表在1930年7月6日的《法兰克福汇报》的文学副刊中。

197　致格哈德·肖勒姆

索波特（Zoppot），1930年8月15日

亲爱的格哈德，

是的，我在柏林收到了你的书[①]，谢谢你。现在你已经用你的名字占领了语文学真正的堡垒——脚注，从现在起，你可以完全有把握地让你的思想在用大写字母印刷的葡萄园和田地里兴旺发达，得到滋养。

在可预见的将来，你会再用德语创作一些东西吗？为了使——可以这么说——我在收到你的希伯来语作品时所感觉到的冷羞耻，会再次被我在阅读你的作品时所经历的热羞耻感所跟随。

现在是清晨，大海正在窗外咆哮。我已经到达了我的旅程的终点或倒数第二站——也就是说，索波特。尽管我身后的长途旅行如此美好——一路穿越北极圈，进入芬兰北部——但它太孤独了，无法让我完全休息；我在船上也做了很多工作。然而，在这里，我和一位朋友以及他的妻子[②]在一起，慢慢地开始休养。在我看来，这似乎是多年来的第一次。编辑们在抱怨，因为我什么都没做。但是我必须充分利用我一生中为数不多的偷懒的机会。这并不妨碍我纠缠于各种琐碎的事情。我制作了一组名为《北欧

海》(Nordische See)[③] 的作品，当然你可以很快看到它。我在船上翻译了茹昂多。然后，在整个旅程中，我致力于最新的神话学。你可能已经有一篇在你面前，〔埃里希·〕昂格尔的《现实、神话、知识》(*Wirklichkeit, Mythos, Erkenntnis*)。另一方面，我不知道在耶路撒冷是否已经讨论过克拉格斯的主要作品《精神作为灵魂的对手》(*Der Geist als Widersacher der Seele*)。至于我，我相当粗略地翻阅了第一卷；规规矩矩地仔细研读它要花上好几个星期。毫无疑问，这是一部伟大的哲学著作，尽管它的作者背景可能现在是并且将来继续是令人怀疑的[④]。如果我想在这里向你暗示它是关于什么的，那将是完全没有意义的。我还没有对书中的内容采取自己的"立场"。无论如何，我都无法想象，构成克拉格斯著作基础的那种笨拙的形而上学二元论，可以与真正崭新的、意义深远的概念相结合。自从我在这里居住以来，我花了很多时间在昂格尔的书上，现在已经设法硬吞下去了三分之二。我彻底而完全地失望：在哲学阐述中，我很少遇到如此多的笨拙和如此多的枯燥结合在一起。当然，把对批判主义的系统考察作为神话世界概念的基础也许并非不可能，但这是一个如此深奥的过程，以至于哲学思想达到它的目的，就像一个饥饿艺术家正在做出无法形容的努力，寻找赫斯帕里得斯花园（hesperischen Gärten)，以便在那里展示他的艺术。在语言上，这本书不值一评。我们永远不可能忽视，在这本书成功地履行了手续之后，作者是多么渴望开始他的魔法，从而尽可能地弥补失去的时间。与昂格尔早期的著作相比，这本书似乎没有包含任何新的内容。但是那些早期的作品通常更简洁和原创。考虑到读者，他不允许这些品质在这里展示。〔……〕

我想尽快收到你的来信，特别是关于上面提到的书籍。我还想知道，自从〔弗里德里希·〕沃尔特斯[1]发表令人厌恶的胡言乱语⑤以来，你是否还成功地研究了更新的德语作品。既然我已经提到了沃尔特斯——当然，我没有达到你的英雄主义水平来完整地阅读他——那么请允许我说，这本书中对我来说唯一有用的东西——我必须承认，从非常特别的观点来看——是关于舒勒[2]的评论。我还让人寄来一小册未完的遗作⑥，以便我可以秘密地赞叹。他的大部分遗作是在克拉格斯手中。

向你和艾莎致以诚挚的问候。

你的瓦尔特

① 对耶路撒冷犹太神秘哲学手稿的描述。
② 弗里茨和朱拉·拉特。
③ 在1930年9月18日的《法兰克福汇报》中。现在见《城市风景》，第47—54页。
④ W. B. 完全清楚他的反犹太主义观点；参见1926年1月14日的信。
⑤《斯特凡·格奥尔格和艺术刊物》（*Stefan George und die Blätter für die Kunst*）（柏林，1930年）。
⑥ 来自阿尔弗雷德·舒勒的遗作。

198 致格哈德·肖勒姆

柏林，摄政王街66号，〔1930年10月3日〕

亲爱的格哈德，

来自沉默的情况报告，只是为了让你不认为它是遗忘的沉默。它更可能是各种准备和苦恼的沉默。当然，即使是后者也会在沐浴在阳光下的漂亮墙壁的背景下失去影响，比如那些包围我的——遗

---

1 弗里德里希·沃尔特斯（Friedrich Wolters，1876—1930），德国历史学家、抒情诗人和翻译家。
2 阿尔弗雷德·舒勒（Alfred Schüler，1858—1938），德国画家。

憾的是，这可能是非常临时的——新公寓的墙壁。我想我还没有从这里给你写过信。这是生活第一次使我流落到一间工作室，但在气候和视觉方面，它完全没有这样的住宿地早些时候让我怀疑的寒冷。除了所有可以想象的优点——尤其是最深沉的宁静——之外，它还有一些最值得注意的建筑学上的邻居，无论是内部的还是外部的。一方面，街上有一座新的犹太教堂，直到罗什哈沙那（Rosch ha Schanah）[①]为它举行落成典礼之前，我都把它当作新教神学精神在教堂建筑中的畸形产物；另一方面，我的一个表兄——一位医生[②]——连同他的妻子，和我住在同一条走廊上，我与他们关系很好。

〔……〕很多年前，你是如此密切地参与了我计划中的《新天使》杂志，以至于你是唯一一个我想向其透露一些事情的局外人，我希望，这些事情不会过早地越过你的嘴唇。因此，它涉及一本新杂志，而且是唯一一份克服了我根深蒂固的信念的杂志，即我再也不能参与任何类似的事情，至少不能以它在计划阶段假定的形式。我为该计划获得出版商罗沃尔特的认可铺平了道路——通过任命自己为该杂志组织和业务上的解决方案的代表，而该解决方案是我和布莱希特在长时间交谈中共同制定的。它在形式上的立场将是科学性的，甚至是学术性的，而不是新闻性的，它将被称为《危机和评论》(*Krisis und Kritik*)。因此，我完全赢得了罗沃尔特的支持；现在出现的一个大问题是，是否还有可能将有话要说的人们团结在一起，并代表有组织的，尤其是受监控的项目征募他们。除此之外，还有与布莱希特合作的固有困难。当然，我认为，如果有人能做到的话，我就是那个能够应对它的人。为了给这些有点平淡的暗示添加一些佐料，我将附上布莱希特尚未出版的一本新书[③]中的一页，这是给你（和艾莎）的独家信息，我请你通过回复邮件立即寄回给我。

《卡尔·克劳斯》正慢慢发展成一个足月婴儿。我确信，包含他与《文学世界》的通信的最后一期《火炬》杂志，已经在你手中。在其中，哈斯为我们提供了一个真正的德国先发制人的战争的例子，这种战争意味着一种威慑力。顺便说一句，在我写这封信的时候，克劳斯的奥芬巴赫讲座开始了，我差点出席了。但我想通过参加将于11月在电台播出的《泰门》(Timon)[1]的讲座来安慰自己。我指望它对我关于克劳斯和莎士比亚都有相当大的启发。〔……〕

你提到的〔马克斯·〕皮卡德[2]让我感到很好奇。我会搞到他的书。此外，他可能与几周前在《法兰克福汇报》的文学副刊中编辑发表了非常引人注目的有关推荐的皮卡德是同一个人。我现在经常为罗沃尔特写类似的东西。确切地说，我正在为他的定期审稿人向他推荐的手稿提出最终建议。这件事必须严格地不向外传；我写信告诉你，主要因为我是这样偶然碰到什马利亚·莱温[3]的自传④的一个德语译本。但是，提供给我的只有片段。如果可能的话，请告诉我一些关于这本书的特点和价值的信息。

〔……〕

这是很多简短的新闻，值得用巴勒斯坦的情况报告尽快答复。

祝你和艾莎一切顺利，并致以新年的良好祝愿。愿它们能持续的年数和迟到的日数一样多。

你的瓦尔特

① 犹太新年。

② 埃贡·维辛（Egon Wissing）医生——现在在波士顿——和他已故的妻子格特(Gert)，娘家姓费斯（Feis）。

③《实验》(*Versuche*)，第2期（1930年）。

---

1 泰门（约公元前320—前230)，希腊哲学家。

2 马克斯·皮卡德（Max Picard，1888—1965)，瑞士医生和文化哲学家。

3 什马利亚·莱温（Schmarja Lewin，1867—1935)，犹太复国主义政治家、时事评论员和作家。

④《流亡中的童年》(*Kindheit im Exil*)。

199　致格哈德·肖勒姆

柏林，1930 年 11 月 3 日

亲爱的格哈德，

我很高兴收到你的来信。你关于作为自我邂逅的预言的文章①的单行本随着你的来信到了。你很难想象我看到你论述戈德伯格的作品时的感受。我真的聚精会神地阅读了那几页。真正让我兴奋的是，你所写到的资料来源中对神秘事实进行分类或辩论的冷静方式。我还没有把这些相关的纸稿带到中欧自我邂逅办公室②，但我计划在接下来的几天内这样做。

在我的下一个包裹中，您将收到一份名为《危机和评论》的新杂志的纲领和章程，该杂志将由伊林[1]通过罗沃尔特出版社双月出版。我的名字将作为共同编辑和布莱希特以及其他两三个人的名字一起出现在扉页上。〔……〕

我现在必须告诉你，我的母亲在经历了漫长而严重的疾病之后于昨天去世，从而我的境况已经到达了 stretta[2]，在此期间必须做出关于未来的决定。〔……〕

我再次阅读你在突尼斯的读者的来信。作者和读者都做得多么漂亮，做得多么好。给我写信的总是只有疯子。

我相当关心地阅读了你对结束巴尔弗[3]政策③的看法。它们增强了我多年以来的猜测，这一猜测也已经得到了艾莎报告的支持：

1　赫伯特·伊林（Herbert Ihering，1888—1977），德国戏剧家、导演、记者和戏剧评论家。

2　音乐术语：加快结尾段。

3　阿瑟·詹姆斯·巴尔弗（Arthur James Balfour，1848—1930），英国政治家和保守党政治人物，1902 年至 1905 年担任英国首相。

这一直觉就是，你已经定居在犹太复国主义唯一永久的避风港。今天这封简短而亲切的信就写到这。

你的瓦尔特

① 摘自1930年《犹太历史与科学月刊》(*Monatsschrift für Geschichte und Wissenschaft des Judentums*)。
② 恩斯特·布洛赫，在他的《乌托邦精神》中，这个概念发挥了作用。
③ 英国政府破坏在巴勒斯坦的犹太复国主义政策的努力于1930年正式开始，虽然该政策是由英国政府自己于1917年开创的。

200 致贝托尔特·布莱希特

柏林－威尔默斯多夫（Wilmersdorf），〔1931年2月底〕

亲爱的布莱希特先生，

您应该已经从布伦塔诺[1]那里听说，我已经辞去了杂志的联合编辑职务。当然，我本来很希望再次和您商谈一切。但是，在前天向〔伯纳德·冯·〕布伦塔诺索要了第一批手稿后——布伦塔诺的《总攻》(Der Generalangriff)、库雷拉[2]的《哈尔科夫大会》(Der Kongreß von Charkow)、普列汉诺夫[3]的《唯心主义和唯物主义》(Idealismus und Materialismus)——我告诉了他我读到这些手稿时的决定性保留意见。他认为我必须立即将我的决定传达给罗沃尔特，以免他以后利用这个借口来反对这项事业。

1 伯纳德·冯·布伦塔诺（Bernard von Brentano，1901—1964），德国作家、诗人、剧作家、讲故事者、小说家、散文家和记者。

2 阿尔弗雷德·库雷拉（Alfred Kurella，1895—1975），德国作家兼东德德国社会主义统一党（SED）的官员。

3 格奥尔基·瓦连廷诺维奇·普列汉诺夫（Georgij Valentinowitsch Plechanow，1856—1918），俄国革命家、马克思主义理论家。

您一定还记得我12月份离开前不久我们的谈话，在谈话中，我和您讨论了撤回我作为共同编辑的名字的打算。当时我给出的理由——从我的观点来看——对您来说似乎是合理的。但是当然，在采取进一步措施之前，我想先看看这份杂志朝着什么方向发展。然而，在阅读了提交的手稿之后，任何进一步的拖延都会导致模棱两可。当我将这些手稿的立场与从该杂志最初的章程中得出的立场进行比较时，以下内容变得清晰：

该杂志原计划作为一个机关刊物，其中来自资产阶级阵营的专家将对科学和艺术的危机进行描述。这样做的目的是向资产阶级知识分子证明，辩证唯物主义的方法是由他们最特有的必要性——智力生产和研究的必要性以及生存的必要性——所决定的。该杂志旨在通过将辩证唯物主义应用于资产阶级知识分子被迫承认是他们最特有的那些问题来为辩证唯物主义的宣传服务。我也告诉过您，在您的作品中，这种倾向对我来说是多么明显。与此同时，我告诉过您，您的作品在多大程度上向我证明了，这种代表了德国文学中某种全新东西的稿件生产很难与新闻现实的要求相协调。现在这些要求变得越来越明显。第一期应该在4月15日出版，提交的三篇文章中没有一篇可以声称是由专家权威撰写的，不管它们在其他方面多么有价值。普列汉诺夫的那一篇曾经能够提出这样的主张，但那是二十五年前的事了。

我的合作意愿完全没有改变。我从罗沃尔特那里听说，他认为让我参与第一期很重要；因此我将为第一期写些东西。但遗憾的是，考虑到我的工作方式，我需要更长的时间来为期刊提供我想要的那种文章。只要我无法贡献这样的基础作品，只要它们无法从其他来源提供，那么我的共同编辑身份就等同于签署一份号召。但我从未打算做这类事情。

亲切的问候，您的瓦尔特·本雅明

201 致马克斯·赖赫纳

〔本雅明将此信的副本发送给肖勒姆，并附有以下开场白："我把这封信写给《新瑞士评论》的发行人，是在看过他的文章《资本主义和美丽的文学》(Kapitalismus und schöne Literatur)(对布伦塔诺同名著作的评论)之后。这篇文章是和格言'Dic,cur hic？'[1]一起寄给我的。瓦尔特"〕

柏林－威尔默斯多夫，1931 年 3 月 7 日

Cur hic？——亲爱的赖赫纳先生，hic（这个）是一个广阔的范围；我不确定你是否会看到我出现在由于布伦塔诺的作品您所想到的领域。我自己的领域倒不如说是与布伦塔诺的相反，但是，当然，仍然在同一个圈子里。如果我试图向您解释是什么导致我使用唯物主义的方法，那将远远超出书面陈述的可能性。即使我成功了，这种方法的真正本质仍然是一个悬而未决的问题。但有一点我想立即提出以供讨论：对唯物主义方法可以想象的最有力的宣传不是以共产主义小册子的形式传达给我的，而是以"有代表性的"作品的形式；后者是在过去的二十年中，在我的专业领域——文学史和评论——中，在资产阶级方面所揭示的。我与学术流派在这里所取得的成就几乎没有关系，就像我与冈多尔夫或伯特伦[2]所建立的纪念碑没有关系一样——并且为了使我尽早和清楚地与这个官方和非官方活动的可恶荒地划清界限，并不需要马克思主义的思维方式，我其实是很晚才知道这种思维方式的。这一点，我必须感谢我的研究的形而上学的基本方向。我的《德国悲苦剧的起源》一书已经测试了严格遵守纯正的学术研究方法能在多大程度上导致一个人远离资产阶级和唯心主义学术活动的当代立场。没有任何一位德国学者认为值得对其进行评论的事实证明了这一点。这本书当然不是

---

1 拉丁语，意为"请告诉我这是为什么？"

2 恩斯特·伯特伦(Ernst Bertram，1884—1957)，德国人文学者和作家，他与诗人斯特凡·格奥尔格周围的圈子很接近。

唯物主义的，尽管它已经是辩证的。但是，在我写这本书的时候，我所不知道的事情，很快就变得越来越清楚了：也就是说，从我的非常特殊的语言哲学的立场，到辩证唯物主义的看待事物的方式之间存在一座桥梁，无论这座桥梁是多么的勉强和有问题。但是没有桥梁通往资产阶级学术的自鸣得意。

Cur hic？——不是因为我会成为唯物主义“世界观”的“信仰者”；而是因为我正努力把我的思想引向那些此时真理似乎最密集的主题。今天，这些主题既不是“不朽的理念”，也不是“永恒的价值”。在您的文章中的一处地方，您非常友好地提到我的关于凯勒的文章，这让我感到荣幸。但是，您无疑会同意我的观点：在这篇文章中，我的关切也正是在洞察我们当代存在的真实情况的基础上使对凯勒的洞察合法化。这可能是一个真正非唯物主义的表述——说有一个衡量历史伟大程度的指标，在此基础上，每一个对历史伟大的真实感知都成为感知者个体的历史哲学的——而不是心理的——自我认知。但这是一种经验，它将我更多地与对弗朗茨·梅林的笨拙和粗鲁的分析联系起来，而不是与对今天源于海德格尔学派的思想领域最深刻的解释联系在一起。

您知道，面对您的轻微质疑，我不能保持沉默，尽管我很清楚，每一次以不得要领的信件形式进行书面交流的尝试都肯定暴露出与其包含的字一样多的弱点。这是没有办法的。也许我还可以假设，当您问我这个问题时——我在这里所说的一切与之有着非常松散的联系——您至少悄悄地为自己考虑了一些解答方案。其中，对我来说最熟悉的一个解答方案将是，不是把我视为作为教条的辩证唯物主义的代表，而是视为一个研究者，对于他来说，在所有使我们感动的事物中，唯物主义者的**立场**在学术和人道方面似乎比唯心主义者的更有成效。如果我可以简明扼要地表达一下：我从来没有能够在任何意义上进行研究和思考，除了——如果我可以这么说——在神学的意义上，也就是说，符合《摩西五经》每一段中关于四十九层意义的塔木德教义。也就是说，根据我的经验，最陈腐的共产主义陈词滥调比当代资产阶级的深奥思想具有更多的**意义的层次结构**，后者总是只有一个意义，那就是辩护。

请您原谅我的即兴而作的时候——与沉默相比，它只有一个优点，那就是礼貌——我可能会被允许同时告诉您，对于您提出的问题，您可能会在我的《卡尔·克劳斯》一文的字里行间——这篇文章可能很快就会发表在《法兰克福汇报》上——找到比我今天所能 expressis verbis[1] 给出的更缜密的答案。

亲切的问候，您的瓦尔特·本雅明

202　格哈德·肖勒姆致瓦尔特·本雅明

耶利哥（Jericho），1931 年 3 月 30 日

亲爱的瓦尔特，

我在耶利哥待了一个星期，忙于无所事事和类似的事情，除了为下周我母亲和兄弟预定的耶路撒冷之行做准备；明天早上，我要去死海做一次短途旅行，这些年来我从未去过那里。你给布莱希特和赖赫纳的两封信的副本——由此代替了“原始信件”——在我的闲散中送到了我这里。给布莱希特的那封信证实了我一直以来的怀疑，也就是说，你写信告诉我的那份杂志不会有任何结果，尽管我在不了解细节的情况下不能对此多说什么。另一方面，我想谈谈另一封信，我觉得这封信在某种程度上也把我作为共同收信人而指向我。我很遗憾不了解赖赫纳的文章，其中可能包含

1　拉丁语，意为“明确地”。

真正的见解。但是关于你的信能说些什么可能并不依赖于此——无论如何，dic cur hic？这个问题表达得很好。我请你以同样的仁慈精神考虑我的简短评论，正如你有理由期待那封信的读者具有的一样。

自从我意识到从你的笔下出现的、本着辩证唯物主义的精神看待文学问题的、或多或少广泛的实验以来，我明确和肯定地认为，你在这项活动中进行着一种罕见而强烈的自欺欺人。尤其是你那篇关于卡尔·克劳斯的令人钦佩的文章（遗憾的是，我没有带到这里来）最意味深长地为我证明了这一点。你所表达的期待——即一个像赖赫纳先生这样明显富有洞察力的读者，无论如何应该知道怎样在这篇文章的“字里行间”找到你对辩证唯物主义的同情的理由——在我看来完全是虚妄的。很可能情况恰恰相反，我的意思是：在我看来，你的作品的任何一位公正的读者都会清楚地知道，在过去的几年里，你一直在——原谅我这么说——狠命地用极其接近共产主义的措辞来表达你的见解，这些见解部分地是非常深远的。然而，似乎也很清楚的是——对我来说这似乎很重要——你真实的和你所声称的思维方式之间存在令人惊讶的疏离和脱节。也就是说，你不是通过严格运用唯物主义的方法来获得你的见解，而是完全独立于它（在最好的情况下），或者（在最坏的情况下，如在过去两年的一些文章中）通过玩弄这种方法的模棱两可和干扰现象来获得你的见解。正如你自己非常准确地写给赖赫纳先生的那样，你自己的坚实知识源于——简而言之——语言的形而上学。这是一个最合适的主题，在这个主题中，你可以以不虚伪的清晰度成为批判性思想史上非常重要的人物，成为哈曼[1]和洪堡最富有成果和最纯正传统的合法继承人。另一方面，你将这些结果装入一个框

1 约翰·格奥尔格·哈曼（Johann Georg Hamann，1730—1788），德国哲学家和作家。

架中的表面上的努力——在这个框架中，它们突然装扮成唯物主义观念的外观上的结果——带来了一个完全陌生的形式元素，任何聪明的读者都可以很容易地使自己与之保持距离。它还给这一时期的作品盖上冒险、暧昧和不光明正大的印记。你必须明白，我不会毫不犹豫地使用这种表态性的表达方式。但是，例如，当我想到，在一篇卓越而关键的文章，如关于克劳斯的那篇文章中，在真正的方法和根据术语设想的方法之间，存在着简直惊人的差异时；当我想到，在那里所有的事情突然开始一瘸一拐地前进，是**因为形而上学者对资产阶级语言的洞察**，我们甚至可以说，对资本主义语言的洞察，以一种人为的、过于简单透明的方式，**与唯物主义者对社会经济辩证法的洞察等同起来**，而且它们是以这样一种方式等同起来，以至于它们似乎是从对方长出来的！——我非常惊愕，以至于我必须告诉自己，这种自欺欺人之所以是可能的，只是因为你渴望它，更重要的是，它只能在没有对其进行唯物主义考验的情况下持续下去。如果你想在共产党内部发表你的文章，我完全肯定你的文章会发生什么，这是相当令人沮丧的。我几乎相信你希望这种悬而未决的状态，尽管如此，我还是不得不欢迎一切手段来结束它。在你被辩证论者同伴揭露为典型的反革命分子和资产阶级的那一刻，一件事情将变得毫不含糊和爆炸性地清晰，那就是，你的辩证法不是你试图接近的唯物主义的辩证法。这一时刻将是不可避免的。只要你为资产阶级写资产阶级的东西，那么你是否想沉迷于与他保持一致的错觉，对于**真正的**唯物主义者来说，可能结果是完全一样的，我甚至可以说是无所谓的。另一方面，从辩证的角度来说，他实际上应该对加强你的这种错觉很感兴趣，因为他也认识到了，你的炸药在**那个**地带可能比他的威力更大。（请原谅这种比较，但举例来说，这堪比唯物主义者在德国鼓励某些精神分析的布尔什维克，如埃里希·弗洛姆[1]，而如果他们在莫斯科，他会立即把他们送到西伯利亚。）在他自己的阵营里，他不需要你，因为在那里你们的领域的纯粹抽象的划等号必然会随着你们朝中心迈出的第一步爆炸。因为，在某种程度上，你自己现在从另一个角落对你们的非法关系的某种悬而未决的状态感兴趣，所以你们相处得很好；为了把这一点说得恰如其分，唯一的问题是，你的见解的道德——你最宝贵的财富之一，在这种模糊的关系中可以保持健康多长时间。因为事实**并非**如你所认为的，以至于你要问自己，你试验唯物主义者的立场能走多远，因为你显然从未在你的创作方法中以任何方式采取过这种立场。作为一名老神学家，我相信我可以说，你也完全无法成功地做到这一点。我相信我可以假设，在这种特定情况下，你有一定程度的坚定果断。因此，可以想象你会将——正如你恰当地所说的那样，在神学活动中获得的——知识，粗略地投射到唯物主义的术语上，带有一些不可避免的错位，而要描绘的内容中没有任何与这些错位对应的东西——dialectica dialecticam amat[2]——因此，你们可以一起这样走很长一段时间，也就是说，只要环境允许你们保持在你们的模棱两可中。鉴于目前的历史条件，这可能会持续很长时间。因此，我不同意，正如你对赖赫纳所说的那样，某些事情导致你运用唯物主义的观点，而你所生产的东西实际上并没有对此做出真正的贡献。然而，我也明白，你已经得出了一个自欺欺人的结论：在形而上学中引入某种倾向和术语——其中阶级和资本主义出现，即使相反的概念几乎没有出现——会使你的观察成为唯物主义的。当然，我只能讽刺地向你推荐一种可靠的方法来证明我的观点是完全正确的，那就是让你加入德国共产党。严格遵守真正唯物主义的研

---

1 埃里希·弗洛姆（Erich Fromm，1900—1980），美国德裔精神分析学家、哲学家和社会心理学家。

2 拉丁语，意为“爱的辩证法逻辑”。

究方法离形而上学－辩证法的学术活动的理想立场有多远（为了改变你的表述）的试验——作为你的朋友，我不能爽快地建议你进行这项试验，因为它只能以你生活的 capitis diminutio[1] 而告终。我更倾向于认为这种联系有一天会像它开始时一样出乎意料地结束。如果我在这一点上弄错了，我担心这个错误的高昂代价将由你承担。虽然这是自相矛盾的，但它只会符合随后产生的情况：当然，你不会是最后一个，但也许是**最不可捉摸的**宗教和政治的混乱的牺牲品，没人能期待比你更清楚地解决它们之间的真正联系。但是，正如古老的西班牙犹太人常说的，时间能做到的，理性也可以。

关于其他事情我下次再写。我总是在等你的来信。这一封也许会把你的钢笔带到论战的旋转状态！

最诚挚的问候，你的格哈德

203　致格哈德·肖勒姆

柏林－威尔默斯多夫，1931 年 4 月 17 日

亲爱的格哈德，

我今天不可能回答你的长信，正如我不可能再不确认已经收到它。我惊叹它的是手写信所透露的慷慨；这告诉我你甚至没有为自己保留这份文件的副本。因此，我会更加小心地保管它。请不要把这理解成我要“隐藏”或“埋葬”它。不，情况更像是这样，只有当我有计划地准备答复，我才有机会胜任这封信为我设置的任务。要做到这一点，第一步必须是与一些与我亲近的人一起简

1　拉丁语，意为“失去公民权”。

单讨论你所写的内容。首先，这些人包括古斯塔夫·格吕克[1]，你还不认识他。他不是作家，而是一名高级银行职员。此外，可能还有恩斯特·布洛赫。顺便提一下，如果你能好好看看布莱希特的《实验》的整体，它可以拓宽我的一直都很窄的基础。基彭霍伊尔[2]出版了这些文章，并将在未来几天拜访我。届时我会设法给你搞到续篇。顺便说一下，几个星期前我寄给你《实验》中的一篇关于歌剧的非常重要的文章，但是对此你还没有任何评论。我之所以提到这些事情，是因为你的来信无意超越 ad hominem[3] 的辩论，穿透了我自己的立场，并像一枚炮弹一样，正好落在目前被一个小但最重要的先锋派占领的立场的中心。使我越来越团结一致地支持布莱希特的作品的许多东西正是你在信中提到的；但这指的是作品本身的许多东西，而你还不熟悉这些东西。

从这封短信的语气中，你会注意到，你显而易见的期望，即你的来信会引起我的论战，是不可能实现的。正如你的信根本无法引起我的任何宽泛或情绪化的反应，因为我的处境太不稳定了而无法做到这一点。尽管如此，即使在我最狂野的梦中，我也没有想到在必要的、典型的、有成效的虚假之外的任何意义上，宣称它是绝对正确的，甚至仅仅是正确的。（通过这样的句子能完成的事情很少，但我必须尝试——因为你从这么远的地方清楚地看到了这里发生的事情的大局——让你知道次要的、反射性的泛音，可以这么说。）尤其是，你不应该认为我对我在党内写作的命运，或者对我可能的党籍的持续时间抱有丝毫的错觉。但如果不把这种情况看作是可以改变的，那将是短视的，即使条件必须是一场德国的布尔什维克革

1　古斯塔夫·格吕克（Gustav Glück，1871—1952），奥地利艺术史学家，几本关于荷兰艺术的重要著作的作者。

2　古斯塔夫·基彭霍伊尔（Gustav Kiepenheuer，1880—1949），德国出版商。

3　拉丁语，意为“诉诸人身的”。

命。这并不是说一个胜利的政党会改变它对我目前作品的态度，但它也许使我有可能以不同的方式写作。也就是说，无论情况如何，我都决心做我的事情，但在每一种情况下，这件事并不总是一样的。相反，它是与环境相适应的东西。对错误的情况正确地——也就是说，用一些“正确的”东西——做出反应，并不属于我的天性。只要一个人作为个体存在并且决心作为一个个体存在，那也是绝对不可取的。

同样必须有条件地表达另外一些东西：周围环境的问题。我的生产基地在哪里？它在——我对此也不抱有丝毫的错觉——柏林西区。西区的西部，如果你愿意的话。最先进的文明和最“现代”的文化不仅是我个人舒适的一部分，而且在某种程度上简直是我的生产手段。也就是说，我不能将我的生产基地搬迁到柏林东区或北区。（我能够迁移到柏林东区或北区，但只能做一些与我在这里做的不同的事情。我承认，出于道德原因，可能需要这样做。但目前，我不会默许这样的要求；我会说，这对我，特别是我以及其他许多立场与我相同的人来说，是非常困难的。）但是，你真的想要阻止我——我的小写作工厂位于西区中间纯粹是出于迫切的必要性——把我自己与我有充分的理由必须容忍的周围环境区别开来吗——你想用只不过是一块破布的评论阻止我从我的窗口悬挂红旗吗？如果有人已经在写“反革命”的文章——正如你从党的角度对我写的那些文章所做的非常恰当的描述一样——那么这个人是否也必须明确地把这些文章交给反革命处理呢？难道这个人不应该使它们像酒精一样变性，使它们——冒着不适每个人的口味的风险——绝对和可靠地不适反革命的口味吗？一个人与他所发布的信息有什么区别，语言与产生它的以及你在生活中越来越学会避开的人有什么区别，这难道不是太清楚了吗？是不是更有可能，在我的著作中，这种清晰度不够明显，除了共产主义，这种清晰度还能通过向其他方向发展而得到加强吗?

如果我在巴勒斯坦，事情很可能会看起来完全不同。你在阿拉伯问题上的立场证明，在那里有一种和在这里完全不同的方法，明确地将你自己与资产阶级区别开来。这里不存在这样的方法。这里连一个都不存在。因为你有一定的权利，可以把我称之为一清二楚的东西称为模棱两可的顶点。很好，我达到了一个极致。一个遭遇海难的人，爬到已经风化的桅杆顶端，在残骸上继续漂流。但是他有机会从那里发出求救信号。

请仔细考虑所有这一切。如果可能的话，请向我提出一个反建议。

我不想让你再等了，所以今天就到此为止。致以最诚挚的问候。

你的瓦尔特

204　格哈德·肖勒姆致瓦尔特·本雅明

耶路撒冷，1931 年 5 月 6 日

亲爱的瓦尔特，

你的短信让我有些尴尬，因为在最后，你要求我对你所表达的内容采取立场。我不能这样做。你再次描述了你的处境。嗯——这不完全是我想要讨论的内容。我既不否认你在资产阶级世界中的处境的特殊性，也不否认你在历史决策中站在革命一边的（不言而喻的）权利，也不否认你周围的环境或弱点或随便你想称之为什么存在的悲惨现象。当然，你说的没错，你的信没有回答我提出的问题：也就是说，你不是在战斗，而是在伪装战斗；在你的作品中，你越来越多地展示出一种唯物主义的转变，但这种转变你根本无法兑现，而这正是因为你所拥有的或自身就是的最真实和最实质的东西。当然，我并不否认一个人可能会像列宁那样写作。我只是在抨击那些在做完全不同的事情时假装这样做的假设。我坚持认为，确实有可能生活在这种模棱两可的紧张状态中（事实上，这正是我所担心的），但是，非常坦率地说，这样做的人将要毁灭，因为——这是我认为与你有关的最重要的一点——在这种存在中实现的任何见解的道德必定堕落；而这种财富恰好至关重要，在任何情况下都不能被中和。你写道，我的信不仅关系到你，也关系到你倾向于与之讨论的其他人。好吧，我只能对此表示欢迎，而且我也很清楚，这封信关系到恩斯特·布洛赫，正如你可能已经从我写给你的关于他的《痕迹》（*Spuren*）一书的内容中看出的那样。〔……〕你写道：提出一个反建议。我只能建议你承认你的天才，而你有时候毫无希望地试图否认这一点。自欺欺人太容易突变成自我毁灭，而上帝知道，你的毁灭对于正统的革命观念的荣誉来说是太高的代价。比起从你的许多著作中可以看出的对寂寞的恐惧，你对集体的渴望，即使它是革命的世界末日的集体，使你面临的危险更大。我真的准备好把更多的赌注放在前者上面，而不是放在你关于自己的使命自欺欺人的使用隐喻的技巧上。

最诚挚的问候，你的格哈德

205　致格哈德·肖勒姆

柏林，1931 年 7 月 20 日

亲爱的格哈德，

我想利用一个平静的星期天晚上和一个更平静的心态让你再次听到我的消息。当然，我有点担心你会再次抱怨省略和简洁的措辞、不充分的信息和有破绽的论点。虽然我现在没有你的最后一封信在我面前——但是，在寄出这封信之前我会再次阅读它——我确实记得它交织着对这样的风格和思想上的缺陷的不满的提示。无论这些事情的真相如何——暂时让我们假设它正是你所看到的那样——尽管如此，你仍然必须具有足够的洞察力来对自己说，这些关系和发展——生活环境和岁月的产物——从远处操纵是无限困难的，投射到远处也是无限困难的。上帝知道，我这么说不是为了退到控制的屏风后面，更不是为了逃避你的友谊。我将随时准备向你讲述我自己直到最后。但是，以书面形式这样做是不可能的——正如任何一个孩子应该知道的那样——因为就我而言，这绝不是一个纯粹的观点问题。相反，这是一个发展的问题，实际上是在最困难的紧张局势中进行的发展。我指的不是私人性质的内部紧张（不，就这一点而言，我很少得到像过去几个月那样多的内心平静），而是政治和社会环境的紧张局势。没有人，尤其是作家在他的工作中，可以忽视这些，更不用说在三四页的信中充分说明它们。就在今天，我确保布莱希特的《实验》已经邮寄给你。我将通过以下提示回答你关于它们可能与我们的通信主题有什么关系的问题，即我们不能指望通过通信进行的正式辩论产生真正的结果。我们必须尽可能地从诚实、客观的信息入手，因此，布莱希特的《实验》中的信息具有非常特殊的意义。原因是这些论文是第一批——准确地说，在诗歌或文学论文中——我作为评论家不带有（公开的）保留意见所拥护的。这是因为我在过去几年中的一部分发展是在深入研究它们的过程中发生的，并且因为它们比任何其他文章更敏锐地洞察了像我这样的人在这个国家进行工作的精神状况。除此之外，你对人们在这里工作的社会和政治条件只能有一个不完整的概念。更不用说物质条件了，随着时间的推移，它使我的存在——没有财产、没有稳定的收入——变成了一个悖论，看到这一景象，有时我自己陷入了惊愕的昏呆状态。简而言之，现在是我们再次相见的时候了，鉴于您的欧洲之行，我希望在未来的一年里，这方面的前景会比你此刻建议的更好。与此同时，如果你至少把你的德语作品的副本寄给我，那将是非常可取的；我已经很久没有收到任何东西了。

〔……〕

目前，我正着手评论卡夫卡的一本遗作，这非常困难。我最近几乎阅读了他的所有作品——有些是第二遍，有些是第一遍。在这方面，我嫉妒你的耶路撒冷巫师；这似乎是一个值得考考他们的问题。也许你会给我一个提示。毫无疑问，你偶尔也会对卡夫卡有自己独立的见解。

〔……〕

这是一个很大的遗憾，这所大学没有钱了。如果我有一些——我现在已经把我以前的关系解决到这样一种程度，以至于移民到巴勒斯坦的决定对我来说并不比走出门更困难。这将是正确的时刻。但不幸的是，我的“正确的时刻”几乎总是根据阿波罗分割的法则，从外面分割我的命运之路。如果我能离开德国，我认为这将是时候那样做了。根据我所知道的一切——而且我得到的信息通常非常准确——我认为内战开始的时间是否会晚于秋天是非常值得怀疑的。如果你在德国有事情要处理，考虑到这一点可能会很好。德国现在是否会获得二十亿的贷款，可能改变不了什么，因为数额太小了。

对刚过去的犹太复国主义大会应如何评判？我在《法兰克福汇报》上看到这则消息只是因为它给了我免费订阅。

既然我现在已经谈到了我生活中最荒谬的细节，我想今天结束了。我希望很快能收到你的来信。

最诚挚的问候，你的瓦尔特

206　致格哈德·肖勒姆

〔1931 年 10 月 3 日〕

亲爱的格哈德，

我完全明白：我必须最终让你听到我的消息，以免让你陷入一种名正言顺的坏心情。当然，时代的情况使人们的生活变得越来越困难。另一方面，你最近的信件本身提供了大量的话题。你在回答我关于犹太复国主义状况的问题时提供的信息极大地感动了我；这是一封 media in vita 的信件，来自生活的中间，其中已成为现实的事物的特写镜头已经在计划的事物的长远视野中可见，而对已计划的事物的长远视野在已实现的事物的特写镜头中仍然可见。在我写完这封短信之前，我会再次阅读它。在过去几周——还是已经几个月了？——有一天，我在图书馆遇到了〔海因茨·〕普夫劳姆，他给我口头描述了这些事情。他的叙述的清晰度无法与我从你那里得到的书面信息相提并论。〔……〕

然后几天前，在我收到一个希伯来语的包裹——对此我非常感谢你——之后，你关于罗森茨维格的论文①到了。我怀着极大的兴趣阅读了它，并且——如果我作为 am haaretz[1] 被允许使用这个词——完全赞同它。如果我没有弄错的话，向德国读者提供这样的总结性的意见——其中很可能你在德国学徒期间的决定性的酵素将始终存在——可能是恰当的，即使这些意见不涉及德语书籍。我还向列奥·施特劳斯提供了你之前寄来的一些东西，其中你讨论了一位较晚的——我相信，是英国——学者对犹太神秘哲学的神秘主义研究。你，不像我，可能认识汉斯·科恩[2]本人②。他现在为《法兰克福汇报》报道俄罗斯。他的关于俄罗斯宗教状况的最新报告缺

1　希伯来语，意为“这片土地上的人”。

2　汉斯·科恩（Hans Kohn，1891—1971），美国哲学家和历史学家。

乏——在我看来——与众不同的思想。

如果你能在可预见的未来在柏林待十到十二天的时间，你遇到的奇观可能不会比其他人在莫斯科遇到的少。但它们更阴郁，无论从总体上，还是从我自己的角度看。德国的经济秩序就像大海一样不稳固，紧急法令就像波峰一样相互冲突。失业现象即将使革命纲领过时，就像经济和政治纲领已经过时一样。因为显然，这里失业大众事实上的代表是国家社会主义者；到目前为止，共产党人尚未与这些大众建立必要的联系，因而也没有采取革命行动的可能性。另一方面，代表工人利益的任务，由于这一惊人的后备大军，在每一个具体的意义上，都越来越多地变成改良主义的任务，并且共产党人解决这一问题的方式可能与社会民主党人的没有什么不同。今天任何仍在工作的人，由于这个简单的事实，已经属于工人贵族的一员了。与此同时，一个庞大的领取养老金的阶层（自然数额是微乎其微的）显然正在失业人群中形成；一个无所事事的小资产阶级，其生活元素是赌博和懒散，其日子过得和不讲究的赌徒在温泉浴场度过的日子一样，具有庸俗的精确性。

〔……〕

令我非常满意的是，最终获得普鲁斯特版权的皮柏出版社破产了。与这些人合作是不可能的，我的拖延行为现在占了上风。因此，我倾向于捣鼓不值钱的小物件，比如评论，我正在读特奥多·海克尔[1]的《维吉尔》（*Vergil*），海格纳在被出版华莱士（Wallace）的戈德曼（Goldmann）重组后出版了这本书③。尽可能多的救赎历史被塞进这本薄薄的书中；作者坦诚地为那些不那么虔诚和有天赋的人说话的一些世俗的段落，因此更令人愉快。然后，什马利亚·莱温的《流亡中的童年》的长条校样也在我旁边，当然

1 特奥多·海克尔（Theodor Haecker，1879—1945），德国作家、翻译家和文化评论家。

是德语译本。你想让我把它们送给你吗？只是请你同时写信告诉我，我暂且应该拿它们做什么？评论？阅读？（后两个问题，我请你不要理解为两者择一的。）深不可测的书目研究把我引向以下参考文献：A. 肖勒姆的《德国体操运动员的大杂烩》（*Allerlei für Deutschlands Turner*）（柏林，1885 年）。我很想知道这是否是一次与你父亲死后的相遇？④

既然我们谈到了书目问题，最后让我传递一个令人愉快的、但要以最大的慎重对待的事实：德国最大的利希滕贝格的收藏家正每月为我支付一笔津贴，以完成他已开始但尚未结束的利希滕贝格的书目。你应该看看我创建的卡片目录。至少我对犹太人的一种热情——不幸的是，最无足轻重的——是通过这种方式得到自己该得的东西，而且你必须承认，是在最有价值的主题的基础上。我相信该目录将是一个可以在犹太人中公开展示的奇迹，就像一座用秸秆制成的犹太教堂。我也许不需要再说什么来让图书馆订阅一份副本，我保证会为此提供有价值的题词。

这张纸上还有很多空间，但附言也需要呼吸的空间。

非常诚挚的问候，你的瓦尔特

附：人类思考——但永远不够长远。当我正准备再次阅读你的最后一封信并写附言时，我已经开始的那张纸在家里，现在只有这张。因此，如果没有别的，你会得到两个极端的概念，我的信纸的品种在这两个极端之间移动。⑤——我理解你对卡夫卡的看法。在我更加积极地参与这个主题的几个星期里，我也有和你非常一致的想法。我试着把它们的临时总结写在一个简短的笔记里，但后来搁置了此事，因为现在我没有精力完成它。与此同时，我清楚地认识到，我可能会从关于卡夫卡的糟糕的第一本书中获得最后的推动力，某个约翰内斯〔·约阿希姆·〕舍普斯[1]⑥，布罗德圈子的一员，应该正在写这本书。一本肯定会令我的解释更容易的书；它越糟糕，越好。在上述几周内进行的一些谈话中，布莱希特对卡夫卡作品的完全积极的态度使我感到惊讶。他甚至似乎狼吞虎咽了那本遗作，但其中的一些东西至今仍在抵制我的努力，因为我在读这本书的时候受到了巨大的身体折磨。顺便说一句，我缺乏令人愉快的阅读，以及——除了和斯特凡的一些会面——其他一切令人愉快的事情。

〔……〕此外，我的生活和写作空间（更不用说我的思考空间）的收缩变得越来越难以承受。铺得很开的计划是完全不可能的。每一篇较长的文章都是与其价值几乎不成比例的全神贯注的产物，有几天甚至几周，我对该做什么完全不知所措。

我停下来再次阅读你对犹太复国主义局势的描述。我怀着极大的兴趣读了它，而且我相信，带着你所能希望的尽可能多的理解。无论如何，我都会将你的这些文字⑦视为一种历史文件。如果不是我从你那里得到的每一条相当详细的信息都准确表达了我对你的立场⑧的赞同，我会感到惊讶。事实上，我很容易想象，这些问题将导致我们在其他问题上产生令人惊讶的意见一致，后者只是在表面上与前者没有任何关系，而且一段时间以来，一直是我们之间的痛点。请允许我最迫切地请求你，让我尽可能经常地了解你在这些事情上的经历，无论是通过信件还是仅仅通过给我发送文件。

现在，再一次，让我衷心地祝愿你一切顺利。

① 对《救赎之星》（*Sterns der Erlösung*）的评论，在肖勒姆的《犹太文物》中重印。
② 科恩住在耶路撒冷，直到1933年。

1 汉斯·约阿希姆·舍普斯（Hans Joachim Schoeps，1909—1980），德国犹太裔宗教和宗教哲学史学家。

③ 由 W. B. 在 1932 年 2 月 5 日的《文学世界》中评论。现在见《本雅明文集》第 II 卷，第 315—323 页。
④ 确实如此。肖勒姆的父亲多年来一直活跃在柏林体操协会，直到反犹太主义在那里盛行。
⑤ 非常漂亮的手工纸和极薄的半透明纸。
⑥ 汉斯·约阿希姆·舍普斯，现任埃尔兰根大学教授。
⑦ 这是一封非常长的信，几乎是唯一一封保留了副本的信——除了前面的三封，即第 195、202、204 封之外。
⑧ 肖勒姆是巴勒斯坦一个由老犹太复国主义者组成的团体的积极成员，但他们正致力于重新定位针对阿拉伯人的犹太复国主义政策，因此遭受了猛烈的抨击。

207　致格哈德·肖勒姆

〔1931 年 10 月 28 日〕

亲爱的格哈德，

你的上一封日期为 20 日的信如此强烈而快乐地感染了我，结果就是这个迅速的回复——这在我们的通信中确实有些激动人心。当然，你是我作品的鉴赏家，最重要的是，你是一位文献学家，足以想象我与自己作品的关系，尤其是与我的知名度的性质的关系，即使我从未向你提及过。我面对我的某种“文集”计划时的疑虑有时甚至令我自己感到不安，它与我保存和编目我所有出版物的档案精确度相对应。此外，如果不考虑作为一个作家的经济方面，我可以说，我的作品发表的少数几家杂志和小报纸，对我来说，它们代表着一家私人印刷厂的无政府主义的产物。因此，我的大众传播策略的主要目标是把我写的所有东西——除了一些日记条目——不惜一切代价都发表出来；我可以说，我已经能够做到这一点——但愿老走这种好运——大约四五年了。除了恩斯特·布洛赫〔……〕，你可能是唯一知道我的全部作品的人。因此，你在最后几封信中，对于我的作品里最不惹眼的内容——这些少数书信体笔记——所表达的真诚赞赏，作为一种肯定，对我来说具有无可比拟的价值。[①]如果能增强这种肯定，它将源自你的关于教学法的评论，以及它在我的表现手段中导致的危机的评论中。当然，提到《拱廊计划》项目是很痛苦的——你认识到，我的关于摄影的文章[②]是从它的绪论发展而来的；但是，除了绪论和附录之外，还有什么呢；只有保证两年不间断的工作，我才能设想完成这个项目。几个月来，我甚至没有得到不间断工作两个星期的保证。尽管如此，当然——并且尽管我对“未来会发生什么”一无所知——我很好。我可以说——当然，我的物质上的困难也与此有关——我这辈子第一次感觉自己像个成年人。不只是不再年轻，而且成熟了，因为我几乎实现到了我固有的多种生存方式之一；我最近拥有了自己的公寓也是其中的一部分。我已经达到了一个——可能是短暂的和暂时的——时刻，我不再需要咨询任何人，并愿意遵守各种动员令。它目前的表现只不过是我同时进行的五花八门的荒谬的项目。那一系列的信件将继续下去；一个更详细的面相学的尝试来描述康德的（老年）痴呆症和他的哲学之间的联系[③]；另外，对海克尔的《维吉尔》的一篇毁灭性的评论；在有声电影剧本有奖竞赛中担任评委，我每周阅读和评判大约一百二十份草稿；对保罗·瓦莱里的简短研究[④]，你可以在我的下一个包裹里找到；我不知道这份清单是否完整。如果你补充说，孤独是富裕的或至少经济上有保障的生活的特权，那么你就会明白，我的空闲的夜晚很少令人愉快，而我有预约的夜晚并不总是令人愉快。（我最近大约一年最接近的人是国家信用社[Reichskreditgesellschaft] 外国司司长古斯塔夫·格吕克[⑤]。你会在我寄给你的《破坏性角色》[Destruktiven Charakter] 中发现他的某种——要有保留地理解的——肖像素描。你没有提到它？）

既然我们现在谈到了观相术，我想看看行家如何看待我公寓里陈列的图片。并不是所有的东西都挂起来了，但我已经惊恐地发现，在我的共产主义者的牢房中——除了斯特凡作为生日礼物送给我的一幅小油画——只有圣像画挂在墙上：一幅你知道的旧的三头基督；一幅拜占庭象牙浮雕的复制品；一幅来自巴伐利亚森林的特技图片，根据你观察它的视角，圣人有三种不同表现形式；一幅塞巴斯蒂安（Sebastian）；以及作为犹太神秘哲学唯一使者的《新天使》；更不用说《奇迹的呈现》（*Vorführung des Wunders*）了，这也是克利的作品。你让〔查诺克·〕莱因霍尔德（[Chanoch] Reinhold）⑥先生对此有所准备，这可能是一个好主意。此外，他会得到很好的招待，很长一段时间没有人带着如此好的推荐信来找我。也许他也能告诉我有关犹太复国主义局势的一些有价值的东西，但最重要的是，你所有的报告无疑会得到我最热心的关注。此外，你也许已经记不起你在倒数第二封信中相应的报告了；它非常深入地研究了这个问题。我愿意寄给你一份副本：我可以想象它对你很重要。随函附上我对赖赫纳的答复的副本——阅后请将其寄回；我希望对海克尔的评论将包含所有相关的想法，但形式更为简洁。

现在是午夜了，我将在这里结束。你会再次发现这封信非常简短，但你应该看到，一百年后，当《法兰克福汇报》的员工翻阅构成我们通信的一系列信件中的第九百九十九封时，在他的手中，包含你的那一卷显得多么薄，而包含我的那一卷显得多么厚。

非常诚挚的问候，你的瓦尔特

① 这是刊登在《法兰克福汇报》上的第一批“信件”，后来概括在《德国人》（*Deutsche Menschen*）一书中。

② 发表于 1931 年 9 月 18 日、25 日和 10 月 2 日的《文学世界》。现在见《机械复制时代的艺术作品》（*Das Kunstwerk im Zeitalter seiner technischen Reproduzierbarkeit*）（美因河畔法兰克福，1963 年）。

③《关于伟大的康德的各种人性化的事情》（Allerhand Menschliches vom großen Kant）（《文学世界》，1931 年 12 月 11 日）。

④ 在 1931 年 10 月 30 日的《文学世界》中。

⑤ 后任美因河畔法兰克福德累斯顿银行（Dresdner Bank）董事会成员。
⑥ 后任以色列教育部总干事。他曾在耶路撒冷拜访肖勒姆。

208　致格哈德·肖勒姆

〔1931 年 12 月 20 日〕

亲爱的格哈德，

圣诞节又快到了，或者无论我们按照犹太历如何称呼这一时间，并且与我的最佳意图相反，我们的通信中断了很长时间。尽管如此，为了使我的报告之间的这样的 Intermundien[1]〔!〕在信息上是可开垦的，你可以放心地认为它们是一场激烈的生存斗争的场景。事实上，搬进我自己的公寓让我面临着一些经济方面困难的任务。虽然我的卧室看起来仍然不像我希望的那样——当〔伊娃·〕博伊（[Eva] Boy）① 把这套公寓转让给我，她的浅色家具还在里面放着时，比我不得不用有些是借来的古董和深色家具来装饰它时更漂亮——好吧，让我们谈谈书房，它的装饰也还没有完全完成，但它是令人愉快和宜居的。我所有的书籍现在都在这里，甚至在这些时候，它们的数量也随着时间的推移从一千两百本——尽管我远远不是把它们都保留了——增加到了两千本。这个书房确实有一些特殊之处：首先，它没有书桌；多年来，由于一系列的情况——不仅因为我已经习惯了经常在咖啡馆写作，而且还因为一些与我在旧书桌上书写的记忆有关的概念——我现在只在躺着的时候写作。从我的前任那里，我接收了一张沙发。由于它的特性，它最适合作为工作场所——对于睡觉而言它毫无用

1　根据伊壁鸠鲁的学说，它指无数的世界之间神灵居住的空间。

处。有一次，我从她那里听说，它以前是为一位年老、瘫痪的女士制作的。因此，这是第一个特殊之处，第二个是它可以全景式俯瞰用土填平的过去的威尔默斯多夫沼泽，或者，也叫施拉姆湖（Schrammschen See）——几乎是 l'atelier qui chante et qui bavarde[1]——此外由于现在天气很冷，可以看到有两个溜冰场，以及一年中任何时候都可以看到一只大钟；特别是这个大钟随着时间的推移将成为不可或缺的奢侈品。不幸的是，这套公寓的租金就好像所有这些视觉陈设都包含在价格中一样。

这简直是一种地狱般的讽刺：我刚写下这几行字，一架在今天之前从未听见它发出过声音的钢琴——也许只是在最近才出现那里——开始在我的书房正下方响起。这真是太可怕了。然而，尽管我很惊慌失措，但我别无选择，只有继续写信。我要做的第一件事是向你推荐一本书，并迫切地请求你尽快给出意见。在过去的两三天里，为了腾出时间来读这本书，我把所有的事情都放在一边，并且已经读到了最后几页。在你收到这封信的时候，这本书也许已经在你们那边也能买到。书名是《犹太教的灭亡》（*Der Untergang des Judentums*）。作者奥托·海勒[2]在这里的共产主义报纸《柏林晨报》（*Berlin am Morgen*）的编辑部工作。除此之外，我对他一无所知，也许你对他更了解。虽然这本书在党派意识形态方面是无可挑剔的正统，但据说官方当局正在给作者制造一切可能的麻烦。无论你对这本书有什么看法，你会发现，在这种情况下，我打破我对犹太学阅读的禁欲是合理的。对于犹太宗教的唯物主义分析的荒谬和深奥，作为这本书的一部分，最终甚至在我看来也是显而易见的。但是对我来说，这一点通过该书阐明苏维埃俄国犹太人政策的最新

1 法语，意为“唱歌和聊天的工作室”。

2 奥托·海勒（Otto Heller，1897—1945），奥地利作家、记者和抵抗纳粹主义的游击队员。

发展得到了补偿，因为它不仅提供了对犹太人事件的全新见解，而且还提供了对俄罗斯事务的全新见解。它甚至在地图材料的基础上涉及地理信息。很明显，作者完全抛开了有关犹太人文化政策的所有问题，更不用说他们的精神承诺了；但另一方面，他的预测和人口统计数据中含有很多——当然不是新的——引人沉思的东西。我认为，我的这些问题和疑虑足以将这本书介绍给你，如果它不是已经在你的手中。

为了继续关于写作和阅读的小插曲的话题，我通过发送给我的出版商，遇到了最伟大、最感人的 Documents humains[1] 之一：认识裴斯泰洛齐[2]的人的眼中看到的他的生活。如果不回想起这种人相，那么肯定很难谈论资产阶级教育。有人告诉我，在他著名的教育学的小说中，这种人相几乎没有任何明显的表现；相反，关于它的一切都体现在他的个人影响和他的不幸中——他在生命的尽头将自己与约伯相提并论。

但是现在，我必须用另一种语气着重指出，你——与犹太人和基督教长期受苦的灵魂相反——是贪得无厌的，而且在多亏了我的无数次干预，刚刚收到你的布莱希特书籍（我特此追溯性地郑重宣布这是生日礼物）之后，已经在尖叫着强烈要求得到我的评论了。冒着帮助你令人厌恶的附庸风雅得到最大限度满足的风险，我实际上会在下一个包裹中把我关于史诗剧场（Epische Theater）的手稿寄给你（当然，请你随即寄回），这篇文章已经在《法兰克福汇报》待了九个月了。我拒绝任何在这个方向上的进一步请求，尽管如此，我还是会向你介绍布莱希特的《实验》第一卷，因为它连同我详细的手写词汇表，在我的私人藏书中可以随时供你使用。我还打

1 法语，意为“人类的文件”。

2 约翰·海因里希·裴斯泰洛齐（Johann Heinrich Pestalozzi，1746—1827），瑞士教育家。

算寄回你关于犹太复国主义的信件的副本，从而要求提供更多有关此事的信息。

另一方面，对于你有关共产主义教条与数学物理科研成果之间关系的极其尖锐的问题，今天我只想指出，自从我在里加遭遇令人极度沮丧的经历以来，我就一直意识到这个问题，当时我试图掌握布哈林的关于共产主义的初级读物。我不知道答案，因为当然，庸俗唯物主义对于国民教育的某些方面的有用性并不是一个充分的答案。辩证唯物主义是如何能够将那种庸俗唯物主义纺成如此细的纱线，甚至连你我这样的稀有鸟类都被它抓住了——我不知道。只是有时我想，《浮士德第二部》中的“四个灰女人”是纺纱女工，她们会把最粗的亚麻也纺得很细。

让我衷心祝你在十二个异教徒的夜晚一切顺利！

你的瓦尔特

① 伊娃·范·霍博肯（Eva van Hoboken），娘家姓霍梅尔（Hommel），作为女艺术家自称伊娃·博伊。

209　致格哈德·肖勒姆

〔伊比沙岛（Ibiza）〕，1932 年 4 月 22 日

亲爱的格哈德，

毫无疑问，这个信封会激起你的惊讶，特别是如果你能辨认出邮戳。就在你转向欧洲大都市的时候[①]，我已经撤退到最偏远的角落。与你很久以前所恰当地认识到的事情保持一致，也就是说，大多数与我有关的事情都以一种令人惊讶的方式发生，我之所以在这里也是如此。这首先是我的经济状况的结果，由于意外的收入和长期的干旱，我的经济状况得到了显著的滋养。简而言之，歌德年的

商业景气意外地为我提供了赚几百马克的机会，同时，我从诺格格拉斯那里了解到这个岛，他正计划和他的家人一起出走到这里。因此，在 4 月 7 日，我再次——就像我六年前所做的那样——登上卡塔尼亚号（Catania）货轮，开始了去巴塞罗那的旅行。它持续了十一天，起初暴风雨很大。从那里我来到这里，在这里我找到了诺格格拉斯。我来到这里是多么的惊险；我们两个人进行这次旅程的最终推动力如何来自一个男人，不久证明这个人是被警察通缉的骗子，他把岛上一幢他甚至不拥有的房子租给诺格格拉斯——这对于诺格格拉斯和我来说，并不是没有严重和不愉快的后果——所有这些都是坐在壁炉前比在信中能更好地传达的东西。尽管如此，今天是我在这里的第三天，我希望你尽快按如下地址给我写信。

我余下的夏天将如何度过，很可能基本上取决于经济因素。无论如何，这是我摆脱柏林的报酬和谈判屈辱的唯一机会，归根结底，这是一种难以想象的压力。由于害怕减少我贫乏的资源，更不用说官僚主义的麻烦，这次旅行甚至不能推迟一天。你会明白，如果我告诉你，我独自一人住在一所房子里，包括三顿非常乡土风味的饭菜和各种当地葡萄酒——但总的来说，它们很美味——并且所有这些东西每天只要支付 1.80 马克。从这一点可以明显看出，这个岛屿真的是远离国际贸易，甚至远离文明，所以人们不得不放弃任何一种舒适的现代化设备。人们可以轻而易举地做到这一点，不仅是因为经济上的独立带来的内心的平静，而且是因为这片风景带来的心情；这是我所见过的最原始状态的风景。这里的农业和畜牧业仍以非常古老的方式进行。在岛上可以找到的奶牛不超过四头，因为农民坚持他们传统的山羊经济。看不到农业机械，田地像几百年前一样由骡子转动的水轮灌溉。室内布置同样古老。入口对面，沿着房间墙壁的三把椅子，可靠而厚实地映入陌生人的眼帘，就好像克拉纳赫[1]或高更的三件作品靠在墙上；椅背上的宽边墨西哥草帽比珍贵的织花挂毯更加华丽。最后，还有人们的安详和美丽——不仅仅是孩子们——以及几乎完全没有陌生人，这一点必须通过对有关该岛的信息极为吝啬来保护。不幸的是，由于伊比沙岛的港口正在兴建一家酒店，所有这些事情的结局都令人担忧。然而，它还远没有完工，而且我们不是在该岛的首府，而是在一个小而偏僻的地方。诺格格拉斯与他的妻子和儿媳以及他的儿子在这里，他的儿子正在为加米尔舍格[2]〔?〕写一篇关于岛上的方言的论文。在骗子的骗局被发现后——这并没有花费很长时间——诺格格拉斯获准在一栋石头农舍免费住一年。它几乎是一片废墟，他必须自费把它修好。他的陪伴非常可人，一点也不讨厌。他自己随着岁月失去了一些东西。

明天我可能会开始工作。我受到上述罪犯的影响，因为我把我的公寓租给了他；现在它是空的——因为刑事警察在追捕他——我必须自己筹措房租。我在这里待多久部分取决于我工作的可能性。我也许不应该高估它们，至少只要我住在一个铁匠铺附近，这就是我目前的处境。最近出版的所有东西都将和这封信同时发送给你；你还必须注意两部较长的广播剧：《德国人在他们的经典作家写作时阅读什么》（Was die Deutschen lasen während ihre Klassiker schrieben）和《卡斯佩尔周围的喧嚣》（Radau um Kasperl）；两者的上演都取得了巨大的成功。现在，我受柏林广播电台（Berliner Rundfunk）的委托写一部《利希滕贝格》（Lichtenberg）。我打算从那个以利希滕贝格命名的月球陨石坑开始（因为的确可能有这样一

1　卢卡斯·克拉纳赫（Lukas Cranach，约 1472—1553），德国文艺复兴时期的画家、木刻和版画家。

2　恩斯特·加米尔舍格（Ernst Gamillscheg，1887—1971），德国－奥地利古罗马研究者和语言学家。

个)。现在不得不再次手写所有的东西，让我感觉很奇怪，但正如你所看到的，我将通过写源源不断的信件来完成我的训练。

这里还不热；真正的炎热应该到8月才开始。我想那时你会在柏林，也许我们会在那里见面。此外，我可以设想，我们可以安排在6月的某个时候，在都灵（Turin）和尼斯（Nizza）之间的某个地方，甚至就在都灵会合。为什么巴塞罗那没有任何犹太教神秘教义的手抄本？无论如何，请立即写信告诉我你的计划。

我现在已经被锤子的叮当声和公鸡的啼叫声弄得完全精疲力竭，将以最诚挚的问候结束此信，条件是能够添加一个附言。

你的瓦尔特

附：亲爱的格哈德，我现在才能再读一遍你的最后一封信，你在罗马又不得不等了这么久，让我感觉很沉重。如果你能想象我最后一次从柏林脱离的困难，甚至出发前的最后一小时也不得不交给我在《文学世界》的编辑工作，以便处理必要的事务。然而，我仍然希望，我祝你旅行**愉快**的真诚的祝愿还为时不晚。我希望这对我们双方都有好处。我会怀着什么样的期待接近非凡的奥科（Oko）先生[②]和神奇的朔肯[③]。我正在第二次阅读《帕尔马修道院》。我希望你也能在某个时间第二次阅读这本书。几乎没有比这更出色的了。——但是暮色正在降临。我想在蜡烛到来之前结束这封信，如果有的话。

① 1932年4月至11月，肖勒姆参观了收藏有犹太神秘哲学手稿的意大利和西欧图书馆。

② 阿道夫·奥科（Adolph Oko，1883—1944），辛辛那提（Cincinnati）的一名图书图书馆管理员，当时访问了巴勒斯坦，并在欧洲度过了一段时光。

③ 萨尔曼·朔肯（Salman Schocken，1877—1959），当时是一家大型百货商店集团的老板和重要的犹太人收藏家，他刚刚开始建立朔肯出版社，后来在犹太人出版业中发挥了突出作用。

210　致格莱特尔[1]

〔伊比沙岛，1932 年〕春天

亲爱的格莱特尔·卡尔普鲁斯，

有时候事情就是这么巧——在我给您的最后一封信发出十二个小时后，我收到了您的信，因此感到无限的欣慰。也许这只是我无法忍受一系列无云的日子，就像它们的来临那样，导致了我最后一封信中萦绕的那种焦虑的问题。当然，如果没有某种酒店式的舒适的现代化设备在这片土地和我们之间进行调停，那么需要很长时间才能适应这种如此陌生的气候。通过随信附上的小照片您可以看出，在这里我们距离那些舒适的现代化设备有多远。经过数周的工作，我的朋友们使这栋小屋在多年的衰败之后又恢复了生机，并成功地把它变成一个完全适合居住的地方。最美的是从窗口望向大海的景色，还有一座岩石岛屿，它的灯塔在夜晚照进我的房间。此外，还有房客之间相互保持的隐私，这是通过巧妙的空间安排和和几乎一米厚的墙壁做到的，没有声音（也没有热气）可以穿透这种墙壁。我过着百岁老人作为秘密向记者吐露的那种生活：7 点钟起床，在海里洗澡，岸边四处看不到一个人影，至多在与眼睛同高的地平线上有一艘帆船，然后，靠在森林里柔顺的树干上，晒日光浴，它的治疗效力通过纪德的讽刺作品（《帕吕德》[*Paludes*]）的棱镜扩散到我的头上。然后是漫长的一天，弃绝所有数不胜数的东西——与其说是因为它们缩短了生命，还不如说是因为它们不存在或如此糟糕以至于它们被高兴地放在一边——电灯和黄油、烧酒和自来水、调情和报纸阅读。毕竟，审阅迟到一周的《法兰克福汇报》的副本有一种更具史诗色彩的特征。如果您加上这个事实，即

1　格莱特尔·阿多诺（Gretel Adorno，1902—1993），德国化学家和法兰克福批判理论学派的知识分子。

我所有的邮件都发给了维辛——而他到现在为止还没有给我发过一篇文章——您会发现我并没有夸大其词。很长一段时间，我的阅读和写作使我久坐不动。只有在最近几天，我才把自己从海岸漫游中解放出来，并几次独自长途跋涉到更广阔、更偏远的地区。直到那时，我才清楚地意识到自己在西班牙。这些景观在所有可以居住的景观中，肯定是我见过的最荒凉、最原始的。很难清楚地传达它们的概念。如果我最终成功了，我不会对您保密的。目前，我还没有就这一点做很多笔记。另一方面，让我感到惊讶的是，我再次使用了《单向街》的表现形式来处理与该书最重要内容相关的一些主题。当我回到柏林时，也许我可以向您展示一些相关信息。那时我们也可以谈谈科西嘉岛（Korsika)。我觉得您看到它真是太好了；那里的风景确实有很多西班牙风情；但是，我相信，那里的夏天还远没有为这片土地雕刻出如此坚硬有力的线条。我希望您在阿雅克肖（Ajaccio）的一家极其安静而老派的豪华酒店也住了几天。您还必须详细告诉我维森格伦德在马赛的详细情况。我相信在接下来的几个星期里我将再次经过马赛，但我永远无法真正决定确切的日期。当您考虑到我在这里可以得到一小部分我在柏林所需要的生活时，您就会明白这一点；因此，我将尽可能延长我在这里的逗留时间，并且在8月初之前不会回来。但在那之前我还是非常希望能收到您的来信。

事实上，在您的来信鼓励下——它真的使我感到很愉快——如果我可以要求一份小礼物，那就是您将一小袋（信封）可吸的烟草作为“免税样品”寄给我——〔……〕岛上完全没有任何可吸的烟草。

我也收到了达加（Daga）的一封信，在我启程前不久，还收到了她母亲阿西娅·拉西斯的一封。顺便说一句，十四天我完全沉浸在俄罗斯的事情中：我刚刚读了托洛茨基的二月革命史，现在我打算读完他的自传。我想我已经好几年没有带着如此令人窒息的兴奋读过任何东西了。毫无疑问，您必须阅读这两本书。您知道革命史——十月革命——的第二卷是否出版了吗①？我很快就会再次拾起葛拉西安[1]，并且可能会写一些关于它的东西。

衷心祝您一切顺利。

您的瓦尔特·本雅明

① 直到1933年才出版。

211 致格哈德·肖勒姆

伊比沙岛圣安东尼奥市

1932年6月1日

亲爱的格哈德，

我焦虑地注意到，你在你的图书馆里开设了一个关于天主教神学的部门。我怀疑，这对于在我的公寓著名的“出租”之后，我的私人藏书的剩余库存不是什么好兆头。如果我没有弄错的话，有一些东西我不想暴露在你善于游说的欲望之下。然而，由于——根据7月15日的警告标志（如果你注意到它的话，它将允许你进入斯特凡的尊贵的、也许是排他性的社交聚会）——显露出任何固执的行事方式可能是不明智的，我宁愿表达焦虑的和真诚的不确定性，例如，我们何时以及如何一起检查这些相关的书籍，以及我们之间的口头协商究竟如何能在今年夏天进行。你很敏锐地意识到这是一个经济问题。只要看一眼我的财务状况，你就会知道问题有多严重。

〔……〕

让我们换一个话题，谈谈你不屈不挠地提出的“小质询”，这

1 巴尔塔沙·葛拉西安（Baltasar Gracian，1601—1658），西班牙耶稣会信徒和巴洛克风格的散文作家和哲学家。

样的不屈不挠配得上议会质询的这个种类[1]：科伦布什[2]的信①已经出版。正如我所说，在那些你没有的东西中，这是我很遗憾不能或目前还不能提供给你的一件。太糟糕了，因为你本来会在其中发现一些关于科伦布什的罕见信息。

〔……〕

我一点也不觉得你在耶路撒冷的尼采经历令人惊讶。我还没来得及研究在紧急情况下从他的作品中能得到什么意义的问题。如果我倾向于研究这个问题，我会参考克拉格斯所说的“尼采的心理成就”。在你提到的评论中②，暂且我还没有确定我对尼采本身的看法。

我现在必须说，关于你的小房子的消息是耸人听闻的，正如诺格格拉斯出现的消息一样，但是以一种完全不同的方式。让我向你表示最诚挚的祝贺。如果让我对这所房子说一段 Broche③ 的话，它会包含这样一个愿望：它连同它的书籍和朋友，能在下一次世界大战中幸存下来。当然，它也许能够完全靠自己抵制以税负、破产等形式出现的世界末日。——我想我现在已经有效地回应了你关于手写的信件未到的可疑抱怨，并将以最诚挚的问候结束。

你的瓦尔特

① 塞缪尔·科伦布什写给康德的信被本雅明视为他在书信文化领域最伟大的发现之一；1918 年，他曾经以无法模仿的面部表情，并且在某些地方提高了声音，向肖勒姆朗读这封信。参见《德国人》（1962 年），第 26 页。

② 在 1932 年 3 月 18 日的《文学世界》中。

③ 意第绪语，意为“祝福”。

---

1 议会质询是议会向联邦政府提出的质询，可分为大小质询。对于大质询（Große Anfrage），联邦政府必须在三周内做出答复，并且在议会加以辩论；对于小质询（Kleine Anfrage），联邦政府要在十四天内答复，可不列入议会的辩论议题。所有议会质询均得有某一议会党团或 20% 的议员签字。

2 塞缪尔·科伦布什（Samuel Collenbusch，1724—1803），德国《圣经》直译主义者，也是贝吉斯－莱茵地区虔信派的重要代表。

212　致格哈德·肖勒姆

尼斯，1932年7月26日

亲爱的格哈德，

我收到你在米兰写给我的美丽信件时，我还在伊比沙岛。我在那里停留的时间比计划的长了一个星期。甚至还举行了一场相当即兴的庆祝活动，其活力与其说归功于你所认识的全部剧目中的人物，还不如说归功于两个新出现的法国人——一对我觉得令人非常愉快的已婚夫妇[①]。因为这种好感是相互的，所以在我离开之前，我们一直在一起，只有短暂的中断。他们的陪伴是如此迷人——直到7月17日午夜，我的船要驶往马略卡岛（Mallorca）——以至于当我们最终到达码头时，舷梯已经被撤回，船已经开始启动。当然，我已提前将行李存放在船上。与我的同伴们从容地握手后，在好奇的伊比沙人的帮助下，我开始攀爬移动的船体，并成功地翻过了船舷栏杆。

〔……〕

这让我了解了你的生日贺信[②]中的重要见解。它们不需要我的任何评论——除了关于“反革命”的概念。我希望有机会你能让我明白作为对我更深刻见解的描述，它的确切含义。我当然可以想象这个概念可能意味着什么；尽管如此，我发现它是意义模糊的。但是，我先讲这些话，只是为了充分说明我完全同意你其余的陈述。但是接着，你的如下论断也具有了重要意义，即你认为我的希望成真机会渺茫。我们俩都应该面对这一事实——有鉴于此，你的巴勒斯坦干预的失败确实是灾难性的。如果我这样做的时候有一种近乎绝望的冷酷，那肯定不是因为我对自己在寻找出路和补助金方面的足智多谋缺乏信心。相反，正是这种足智多谋的培养，以及与之相对应的生产，最严重地危及每一个合乎人的尊严的项目。我的思想在过去十年中为自己所创造的文学表现形式完全由某种预防措施和矫正方法决定，我不得不用它们来对抗由于这些意外事件不断地威胁着我的思想的解体。尽管我的作品中有很多——或者不少——都是小规模的胜利，但它们却被大规模的失败所抵消。我不想谈论那些必须保持未完成、甚至未触及状态的项目，但无论如何要在这里列举四本书，它们标志着真正的废墟或灾难的地点，当我让我的目光在我生命的接下来的几年里游移时，我仍无法测量其最远的边界。它们包括《巴黎拱廊研究》、《文学论丛》（*Gesammelten Essays zur Literatur*）、《信件》以及一本有关大麻的高度重要的著作。没有人知道这最后一个话题，暂时它应该是你我之间的秘密。③

关于我就写这么多。它没有告诉你什么新东西。但是，通过看到我有时能够相对平静地清楚描述我的处境，它可能会使你以一种全新的眼光来看待它，并给你一些思考的东西。现在，我在这里列出恩斯特·舍恩的地址，你当然应该向他转达我最诚挚的问候。当然，你在法兰克福还会遇到其他各种各样值得注意的人，也许甚至还有编外讲师特奥多·维森格伦德，他在上个学期举办了关于我的《悲苦剧》一书的研讨会。

我会准时地催索我的礼物。

祝一切顺利，你的瓦尔特。

① 让·塞尔兹（Jean Selz）。

② 这是本雅明的 40 岁生日。

③ 来自这些研究领域，一篇较长的文章发表在《法兰克福汇报》（1932 年 12 月 4 日）中：《马赛的大麻》（Haschisch in Marseille）中。现在见《照明》（*Illuminationen*）（美因河畔法兰克福，1961 年），第 344—350 页。

213 致特奥多·W. 阿多诺

波韦罗莫（马里纳迪马萨），1932年9月3日

亲爱的维森格伦德先生，

我等您的信等了这么久，现在信到了，它给我带来了极大的快乐。主要是因为其正文的某些部分与书信的附件——《戏剧自然史》(Naturgeschichte des Theaters) 的结尾部分①——关系非常紧密，那是一个真正的证明实力的最高成就。让我衷心感谢您的题词。整个系列源于对舞台及其世界的高度原创和真正巴洛克风格的洞察力。事实上，我想说，它包含了"巴洛克剧场任何未来历史的绪论"之类的东西，我特别高兴的是，在您的题词中，您特别强调了这个秘密的主题关系。此外，我几乎没有必要向您确认，正是这件作品最终获得了圆满的成功。然而，《门厅》(Foyer) 系列中也有一些非常好的东西，比如两个钟表盘的形象和关于在这段幕间剧期间斋戒的非常睿智的思想。我希望我也能很快在霍克海默[1]档案②中看到您的文章，如果允许我表达这个愿望的另一个变体，那么我希望，连同这篇文章，我也能收到该档案本身的第一期，我自然对它有着浓厚的兴趣。这里有充足的时间阅读。当然，我五个月前离开的时候随身带来的一小批私人藏书现在也已经快读完了。您会感兴趣地听到，它再次包括了四卷普鲁斯特③，我经常阅读。但现在我想提请您注意我在这里得到的一本新书——罗沃尔特已经出版了亚瑟·罗森伯格[2]的《布尔什维克主义的历史》(*Geschichte des Bolschewismus*)④，我刚刚读完。在我看来，它在任何情况下都不能被忽视。至少就我自己而言，我必须说，它让我对许多事情

---

1 马克斯·霍克海默（Max Horkheimer，1895—1973），德国哲学家和社会学家，以其作为社会研究的"法兰克福学派"的成员的批判性理论研究而闻名。

2 亚瑟·罗森伯格（Arthur Rosenberg，1889—1943），德国马克思主义历史学家和作家。

顿开茅塞，包括那些政治命运影响个人命运的领域。各种各样的情况，以及您最近提到的西萨兹[⑤]，让我有理由反思后者。我一点也不反对与他建立联系，然而，我仍然不太明白，如果他也有这样的愿望，他为什么不——无论是直接地还是通过一封格拉布[⑥]给我的信——主动与我联系。我毫不怀疑，就我而言，在类似的情况下，并在他的职位上我也会这样做。当然，顺便说一句，让我犹豫不决的不是声望的原因，而是我的某种经验，即在一段关系开始时的错误往往会在随后的事情中成比例放大。例如，我认为西萨兹的影响力足以让我得到布拉格某个适当的团体或学会的演讲邀请。也许有机会您可以告知格拉布此事。然而与此同时，请允许我对您在研讨会会议报告中附加的邀请表示最诚挚的谢意。[⑦]我知道没有必要向您保证我多么想来，也没有必要向您保证我多么重视对到目前为止的课程文件的深入了解。当然，如果我们能一起做这件事，那将是非常值得向往的。但是——这也关系到我出现在法兰克福的可能性——我现在比以往任何时候都不能掌握我的决定。我既不知道我什么时候返回柏林，也不知道从那里事情将如何发展。我几乎肯定会再在这里待上几个星期。在那之后，我可能不得不回到柏林：一方面为了处理住房问题；另一方面，因为罗沃尔特现在似乎坚持要出版我的论文。[⑧]就其本身而言，在德国长期逗留的诱惑力肯定不是很大。到处都会遇到困难，那些来自广播电台的困难可能会让我在法兰克福出现的机率降低。如果您碰巧知道舍恩的情况，请务必写信告诉我。我没有听到他的任何消息。今天就到此为止。我唯一还想说的是，我正在撰写一系列与我的早期记忆有关的札记。[⑨]我希望我能在可预见的未来向您展示其中的一些东西。

最诚挚的问候，您的瓦尔特·本雅明。

附：我非常高兴地发现了您的“漫画”。—— 在我的评论中，沃尔夫斯基尔是这样说的：“难道我们不应该说那些招魂术者在海的那边（*Drüben*）捕鱼吗？”⑩

① 参见特奥多·W.阿多诺：《门厅：关于戏剧的自然史》，发表于《黑森州州立剧院报》（*Blätter des Hessischen Landestheaters*）第8期（达姆城［Darmstadt］，1932/1933年）第98及以下几页；又见他的《关于戏剧的自然史：片段》（Zur Naturgeschichte des Theaters.: Fragmente），出处同上，第9期（1932/1933年），第101及以下几页，以及第13期，第153及以下几页。——当时尚未发表的结尾部分的手稿包含了献给本雅明的题词。现在参见特奥多·W.阿多诺《好像一首幻想曲一样》（*Quasi una fantasia*）的完整文本，《音乐作品》（*Musikalische Schriften*）第2卷，（美因河畔法兰克福，1963年），第94—112页。
②《关于音乐的社会状况》（Zur gesellschaftlichen Lage der Musik），发表于《社会研究杂志》（*Zeitschrift für Sozialforschung*）第1卷（1932年），第103及以下几页，以及第356及以下几页。
③ 本雅明告诉阿多诺："他不想再多读普鲁斯特的一个字，除非出于翻译的实际需要，否则他会变得依赖上瘾，这对他自己的生产来说……是一个障碍。"（特奥多·W.阿多诺，《在少女花影下》［Im Schatten junger Mädchenblüte］，发表于《创作与追求：苏尔坎普出版社的年度展览》［*Dichten und Trachten. Jahresschau des Suhrkamp-Verlages*］第4卷［美因河畔法兰克福，1954年］，第74页。）
④ 柏林，1932年。
⑤ 西萨兹后来暴露出自己是德国大学教师中最坚定的纳粹党追随者之一。即使在今天，他的名字也经常与极右翼的组织和出版物联系在一起。
⑥ 赫尔曼·格拉布·冯·赫尔曼斯沃斯（Hermann Grab von Hermannswörth，1903—1949），哲学及法学博士；社会学家和音乐家；阿多诺的一位密友，阿多诺给他介绍了本雅明。
⑦ 作为编外讲师，阿多诺在法兰克福大学的夏季学期举办了一次关于美学新著作的研讨会。其中包括本雅明的《悲苦剧》一书。
⑧ 该版本并没有实现。
⑨ 这是指《1900年前后的柏林童年》（*Berliner Kindheit um 1900*）的文本。
⑩ 参见本雅明对汉斯·利布斯托克尔[1]的评论，《基于我们的时代的秘密科学》（*Die Geheimwissenschaften im Lichte unserer Zeit*）（维也纳，1932年），发表于1932年8月21日《法兰克福汇报》的文学副刊。——由于排字错误，这个印刷版本使这一警句丧失了效果——这也要归咎于弗里德里希·冈多夫——它写成了"im Trüben"（在黑暗中），而不是"im Drüben"（在海的那边）。

1 汉斯·利布斯托克尔（Hans Liebstöckel，1872—1934），奥地利记者。

214 致格哈德·肖勒姆

〔柏林，1933年1月15日〕

亲爱的格哈德，

我很高兴地确认你的上一封信包含了很多值得了解的信息。尽管如此，许多事情仍然令人不满：我太晚才知道我早就应该知道的事情，例如你的关于汤姆·塞德曼-弗洛伊德[1]①的消息，你明目张胆地使这些消息秘而不宣，而我毫不知情地把我对她的书籍的评论②寄给你了；那么多值得了解的事情，在我对它们的渴望完全得到满足之前，就中断了，比如你对马格尼斯的暗示，关于他的对手——他们是谁，他们想要什么，他们住在哪里——我希望能有一个更清楚的了解。

尽管有如此严重的缺陷，在我的眼睛里赋予你的信宽宥的东西，是你关于我的《柏林童年》写下的真正使人振奋和贴切的句子。③当然，"贴切"不是指你给予它的赞扬，而是指你在我的作品中为这个系列保留的位置，以及你对《性觉醒》(Erwachen des Sexus）这篇文章中投入的非常特殊的思想。④你的想法使我信服，我会进行相应的处理。此外，你说事实上，时不时地某些段落似乎与你自己的童年有关，你几乎不可能说什么比这更鼓舞人心的话了。因此，你的来信与以下事实有很大关系，即我再次开始从事这个项目，以便增加几个章节。然而，在这里，我缺乏广阔的海滩和偏远的住所提供的宁静，我必须加倍地谨慎行事。

《法兰克福汇报》很有可能很快就会开始印刷整个系列。顺便提一下，在这一点上变化即将发生，但我无法预测它们的发展方向。因此，我最近尝试建立新的联系，并在这一过程中，一方面接

1 汤姆·塞德曼-弗洛伊德(Tom Seidmann-Freud，1892—1930)，奥地利画家、儿童书籍作者兼插画家。

触到了《福斯日报》，另一方面接触到了法兰克福的《社会研究杂志》。后者给了我一些任务，还答应给我其他任务。所以，我可能很快就会收到并评论一本关于巴洛克时期的社会关系和意识形态的大部头书，这本书是由某个名叫〔弗兰茨·〕柏克瑙[1]人撰写的，据说他做了一些非常出色的工作。

〔……〕

就我而言，我迫切希望收到你的关于《在我们这个时代的犹太人的信仰》（*Jüdischen Glauben in dieser Zeit*）致舍普斯的公开信。与此同时，我非常感谢你给我寄来的《犹太神秘哲学》（Kabbala）。⑤虽然在这个领域从我无知的深渊不会产生任何判断，你仍然应该知道你的阐述的光线甚至可以穿透这个深渊。但除此之外，我不得不满足于蜘蛛网般稀薄的秘密知识；而且，目前——为了一部关于招魂术的广播剧——我即将查阅相关的文献。当然，不是没有——完全秘密地，以及为了我的私人乐趣——在这些问题上构建一个理论，我打算在一个遥远的夜晚，一面喝着一瓶勃艮第葡萄酒，一面向你阐明这一理论。你应该将我最近的一些作品——如《手帕》（Taschentuch）⑥或删节过的《仙人掌树篱》（Kaktushecke）⑦——视为源于与幽灵讽刺（Geister revue）〔?〕相同的明显动机。我把它们寄给你只是为了尊重你的档案，即使是我自己承担费用。

请告诉我，你在争取教授职位的过程中所进一步发生的一切，并接受——不〔仅仅〕是为了它——我最衷心的祝愿。

你的瓦尔特

① 卓越的儿童书籍插图画家，她曾在慕尼黑与肖勒姆住在同一个女房东家。
② 1930 年 12 月 13 日和 1931 年 12 月 20 日的《法兰克福汇报》。
③ W. B. 给他寄去了手稿。

1 弗兰茨·柏克瑙（Franz Borkenau，1900—1957），奥地利作家和政治评论家。

④ 肖勒姆曾要求保守它们的秘密。
⑤ 来自《犹太文物百科全书》(*Encyclopaedia Judaica*),第9卷,第630—732页。
⑥ 1932年11月24日的《法兰克福汇报》。
⑦ 1933年1月8日的《福斯日报》。

215 致格哈德·肖勒姆

柏林,〔1933年2月28日〕

亲爱的格哈德,

我正在利用一个安静的深度抑郁时刻,再写一页信给你。直接的原因是我收到了你发表在《巴伐利亚犹太社区报》(*Bayrischen Israelitischen Gemeindeblatt*)上的非常了不起的文章[①],我今天早上才收到的——从柯尼斯堡(Königsberg)的马克斯(Marx)小姐那里,连同你的介绍信,以及她将到来的通知。这一天的其余时间都在工作,口授一部广播剧。《利希滕贝格》,按照一份合同,我现在必须交付,合同的大部分早就已经履行了,这使我逃往巴利阿里群岛(Balearen)变得容易。

我的圈子中的人们在面对新政权时所能集中起来的那种小小的镇定很快就耗光了,人们意识到空气几乎不再适合呼吸了——这种情况当然会失去意义,因为人们无论如何都会被勒死。这首先是在经济上。广播电台不时提供的机会,总的来说也是我唯一确实的机会,可能会彻底失效,以至于即使是《利希滕贝格》,虽然是受委托撰写的,也不再能确保演出。《法兰克福汇报》的混乱仍在加剧。它的副刊主编已被解除职务,尽管就在不久之前,他通过以一种荒谬可笑的极低的价格购买了我的《柏林童年》,至少表现出一些商业才能。现在海因里希·西蒙似乎掌管着那里。我作品的发表已经停顿了十四天以上。

看到它出版成书的前景正在消失。每个人都意识到它是如此出色，以至于它将被称为不朽，即使是以手稿形式。人们印刷更迫切需要的书籍。顺便说一句，几个星期以来，如果我愿意的话，我可以认为文本已经完成了，因为随着最后一篇文章的写作完成——按顺序则是第一篇，它作为初始部分已成为最后一篇《驼背小人》（Das buckligen Männlein）的对应部分——篇幅数量达到了三十篇。其中不包括按照你的建议封存的那篇。

当我没有被利希滕伯格的迷人思想世界所迷住时，我被接下来几个月所带来的问题吸引。我不知道怎样才能渡过这几个月，无论是在德国国内还是国外。在有些地方我可以挣到最低的收入，在另一些地方我可以靠最低的收入生活，但没有一个地方同时符合这两个条件。如果我现在告诉你，尽管有这样的情况，一种新的语言理论[2]——包含四张手写小纸稿——已经产生，你不会拒绝给予我应有的敬意。我无意发表这些纸稿，甚至不太确定它们是否适合制作成打字稿。我只想指出，它们是在我为《柏林童年》的第一篇文章做研究时记录下来的。

即使不熟悉舍普斯的作品，我想我也能看出你观察的视野，我完全同意没有什么比消灭犹太教中那些可怕的新教神学教义先驱更必要的了。但是，与你的文本中给出的和我非常敬重的启示录的定义相比，这是一个小问题。“绝对具体的事情永远无法实现”——当然，关于卡夫卡的这些话（抛开神学的观点），是这个舍普斯直到他的生命结束时都无法理解的。马克斯·布罗德同样无法理解这一点，而且我在这里发现了一句可能最早和最深刻地嵌入你的思考的格言。

如果我能很快收到你的消息，那就太好了。我安心地寄出这封简短的信件，因为我确信马克斯小姐的讲述将成为趣闻逸事的补充。

最衷心地祝你一切顺利，你的瓦尔特。

仔细阅读你的上一封信，我明白我必须写一小段附言。我是在那种最精致的纸上写的，那是十五年前，我在萨尔嫩（Sarnen）徒步旅行时经过的一家小文具店里，从一位名叫纳齐斯·冯·阿赫（Narziß von Ach）的先生那里买的，我对他的记忆比对一位同名心理学家的记忆要珍贵得多。因为这种纸张通常是留给我最深刻的思考的，所以请把它当作一种尊敬的标志。

我关于卡夫卡的文章还没有写出来，原因有两个。首先，我过去很想——并且现在仍然很想——在我开始这项工作之前，无论如何要阅读舍普斯所预告的文章。我预期舍普斯的文章集成了所有被误导的观点，这些观点都是从布拉格派对卡夫卡的特别解读中提炼出来的，而且，正如你所知，这样的书一直赋予我灵感。但即使是出于第二个原因，这本书的出版对我来说也不是不重要的。因为不言而喻，我只有在受人委托的情况下，才能承揽撰写这样一篇文章的工作。这样一个委托会从哪里突然冒出来呢？除非你在巴勒斯坦为我搞到一个。在德国，这样的事情最有可能以对舍普斯的评论的形式出现。但话又说回来，我不知道这本书是否会出版。③

至于你为你的档案室提出的其他请求，即我的广播剧：就连我自己也没有成功地收集到所有的作品。④此外，这些广播剧大多数都是与其他人合作完成的。从技术的角度来看，值得注意的也许是去年在法兰克福和科隆播出的一部儿童作品；我也许可以在某个时候给你一份副本。它的名称是《卡斯佩尔周围的喧嚣》。

如果你没有在合理的时间内从维森格伦德那里收到《克尔凯郭尔》（*Kierkegaard*）⑤，我将很荣幸为你提供一份我所拥有的校样。

① 反对 H. J. 舍普斯的《在我们这个时代的犹太人的信仰》的“公开信”（柏林，1932 年）。
②《论模仿能力》（Über das mimetische Vermögen），《本雅明文集》第 I 卷，第 507—510 页。
③ 它没有出版。1936 年，一篇关于卡夫卡的文章出现在他的小册子《在历史转折点的人物们》（*Gestalten an der Zeitenwende*）中。
④ 在本雅明的遗产中保存了一小部分。
⑤ 阿多诺的取得在大学授课资格的论文，于 1933 年初发表。

216　致格哈德·肖勒姆

巴黎，伊斯特利亚（Istria）酒店

1933 年 3 月 20 日

亲爱的格哈德，

那么，我们即将再次开启我们通信中的一个新篇章，这一篇章在我这方面就邮戳和地址而言，无疑不会是单调的。这些天你从基蒂·马克斯那里听到的关于我的消息，肯定会为你提供一个关于我的内部和外部环境的真实画面，然后一些事件困扰并再一次彻底改变了它们。但在我告诉你更多相关信息之前，我不能不指出，非常令人痛惜的是，一次告别访问——如果我可以这样称呼它——竟然构成了一段相识的开始，这段相识本来会很有吸引力的。由于这封信将紧跟着她抵达耶路撒冷的脚步，我希望在这封信本身所承载的沉重的消息之上，为她献上一束谦恭的欢迎花束。

你是否已经与 3 月 15 日前后离开德国的人交谈过，我对此表示怀疑。只有特别鲁莽的人才会通过书信给你发送消息。因为在没有精心伪装的情况下从那里写信会非常危险。由于我拥有自由，我可以清楚地和更加简洁地表达自己。整体的文化状况比针对个人的恐怖统治更能传达出局势的气氛。关于后者，很难获得绝对可靠的信息。毫无疑问，有无数的案例，人们在半夜被拖出床铺，遭受拷打或杀害。也许更重要的，但更难以调查的是囚徒们的命运。关于这件事，最可怕的传闻正在流传。〔……〕

就我而言，不是这些——很长一段时间以来或多或少可以预见的——情况，促使我仅仅在一周前以不确定的形式最迅速地做出离开德国的决定。相反，是因为一种几乎数学般精确的同时性，手稿从所有可能的地方被退还，正在进行或接近成熟的谈判被中止，并且询问没有得到答复。针对任何不完全符合官方的态度或言论的恐怖统治，几乎达到了无法超越的程度。在这种情况下，我长期以来有充分的理由保持的极度政治克制可以保护当事人免受系统性迫害，但不能使他免于饥饿。尽管如此，我很幸运能够将我的公寓租给一个可靠的人为期一年。我至少可以肯定，我没有出于恐慌冲动行事：德国的气氛让人无法忍受，你看到人们的翻领，然后通常就不想再看他们的脸。相反，是纯粹的理性，它催促一切可能的匆忙。在我身边的人中，没有人做出不同的判断。

然而，在我离开的那一刻，他们中并没有多少人还在德国。布莱希特、克拉考尔和恩斯特·布洛赫及早离开了〔……〕恩斯特·舍恩曾被逮捕，但随后获释。〔……〕

这封短信的目的是让你大致了解我的处境以及我采取的措施。〔……〕

我是否写信告诉过你，我在柏林写了一篇非常短小而且或许奇特的、关于语言的文章——非常适合装饰你的档案？

尽快回复，并与艾莎分享我最诚挚的问候。

你的瓦尔特

217　致格莱特尔·阿多诺

伊比沙岛圣安东尼奥市，1933年4月15日

亲爱的菲丽齐塔丝（Felizitas）①，

我本来早就想告诉你一些关于我自己和我的境遇的消息，如果在过去的十天里，除了睡眠我还能得到片刻的休息。本来即使是现在我也不会去写信，如果我没有在世界上最悲惨的照明下开始的勇气——也就是说，不是蜡烛，而是一盏昏暗的电灯，悬挂在遥不可及的高高的天花板上。我花了八天的时间从巴黎来到这里——在巴塞罗那和伊比沙岛逗留——但是在抵达后立即卷入了搬家行动。去年的房子，今年冬天还在我的幻想中扮演了不小的角色，却在我到达之前的几个小时被诺格格拉斯夫妇转租出去了。即使他们保留了它，由于自那时以来进行了各种各样的改建，在这里面也不会有适合我的住处。

因此，带有昏暗灯光的天花板是在另一栋房子里。与旧房子相比，它的优点是拥有四分之一或八分之一的舒适的现代化设备，但在另一方面，它的缺点是位置不方便和建筑学上的平庸。它是由一位后来不得不搬走的当地医生在圣安东尼奥郊区建造的，距离我在那里度过上一个夏天的美丽的森林地区有四分之三小时的路程。然而，这只是我私人生活的标准发生的巨大和公开变化的缩微描述。也就是说，尽管圣安东尼奥的建筑并不优美，但目前几乎找不到任何栖身之所。与此相关，价格再次上涨。因此，自去年夏天以来发生的经济和景观的变化保持了平衡。当然，与非常有利的总体水平相关，这两件事都不算太痛苦。该地区人口的增长是一个完全不同的问题。去年夏天的孤立状态不仅因为地形环境，而且因为“夏季客人”的出现而变得困难，在他们当中，你并不总是能够准确地区分旺季和暮年。

不管怎样，这并不是真的有必要，因为关于人们的出身和性

格，有时候在这里几天内了解到的信息，比在柏林几年内了解到的更多。因此，如果你几个月内到这里来，我可以保证带你在当地的命运公园进行一次相当富有教益的旅行。此外，各种纠缠的一个新节点正在形成，一位法国人——我告诉过你的那对夫妇的兄弟——正在伊比沙岛开设一家酒吧，就在港口旁边。它逐渐显现的空间造型有望提供非常舒适的去处。

我收到了马克斯〔·霍克海默〕发自日内瓦的一封内容详尽的信，我至少可以从中了解到，那本杂志将继续出版，并继续期待我的合作。不言而喻，他们首先期望我写的法国文学的社会学研究，正是那种在这里并不容易写的东西。尽管如此，我还是尽我所能在巴黎为它打下了基础。② 之后，我似乎可以指望再写一些评论。目前，我也在为其他媒体撰写这些文章，但对手稿不确定的编辑命运并不抱有任何幻想。我可以就此向你提出一个请求吗？我从巴黎委托我的女仆把《法兰克福汇报》寄给我的道滕代[1]书信集的评论副本转寄到我这里。③ 它至今还没到，很快拿到它对我来说很重要。你可以打电话问一下吗？顺便说一句，有人写信告诉我，我对维森格伦德一书的评论发表在 4 月 2 日或 9 日的《福斯日报》的文学增刊上。④ 我还没有收到这些清样，如果你能寄给我两份副本，或者让人把有可能正躺在我的公寓里的副本转寄给我，我将非常感激。

不言而喻，我希望很快能听到一些自 4 月 1 日以来你的活动的进展情况的准确信息。不仅如此，还有你的健康状况。以及最后，维森格伦德的项目进展如何。我几乎可以肯定，他现在倾向于接受我最后的口头建议。你必须告诉他，马克斯在上述信件中有点担心地问起他。对我来说，你的活动的关键点在于你的夏季度假旅行及其目的地的问题。如果你看不到我们在西区（Westend）长谈的前

1 马克斯·道滕代（Max Dauthendey，1867—1918），德国诗人和画家。

景，我会非常沮丧。但我相信，你会像我一直了解的那样，明智而准确地处理所有事情。写信告诉我有关此事的详细情况。

我已经认真地开始学习西班牙语，借助于三种不同的系统：一本老式的语法教科书，一千个基本单词，最后是一种新的、非常精巧的暗示方法。我认为这将在可预见的未来产生一些结果。明天是复活节——我打算在这片土地上进行第一次较长的漫步。但是较短的漫步已经使我确信，该地区古老的美丽和孤独只能在与房子相距半小时脚程以外的地方找到，我希望这次我不必独自完成所有的探险旅行。此外，白天有时非常炎热，晚上却很凉爽，就像一年前一样。

自从开始写这封信以来，我对新房子的印象已经变得清晰起来。我非常体面地住在一个房间里，甚至还有一个更衣室，在长时间加热锅炉后，你甚至可以在浴缸里洗个热水澡：对于伊比沙岛来说，这是一种完全童话般的东西。它之所以很有用，还因为在四至六个星期之前，我很难考虑在海里游泳。此外，家具包括一个书架和一个橱柜，这样我可以非常整洁地安放我周围的一些东西和文件。

非常感谢恩斯特〔·布洛赫〕的地址。这些天我会寄给他一张明信片。自从来到这里以后，我还没有从外界听到多少消息。为此我也期待着用你的下一封信来弥补我。

今天就写到这里，衷心祝愿一切顺利。

德特勒夫（Detlef）

① 本雅明在流亡期间对格莱特尔·阿多诺的称呼。

② 参见《论法国作家的当代社会地位》（Zum gegenwärtigen gesellschaftlichen Standort des französischen Schriftstellers），《社会研究杂志》第3卷（1934年），第54—77页。

③ 马克斯·道滕代：《世界喧嚣中的一颗心：给朋友们的信》（*Ein Herz im Lärm*

der Welt: Briefe an Freunde）（慕尼黑，1933 年）。——本雅明对该书的评论以化名发表在 1933 年 4 月 30 日《法兰克福汇报》的文学副刊上。

④ 它发表于 4 月 2 日。

218 致格哈德·肖勒姆

伊比沙岛，1933 年 4 月 19 日

亲爱的格哈德，

如果我没弄错的话，你一定已经收到巴黎方面的确认，你寄往柏林的信已经转寄到了那里。几天前，我收到了你寄往伊比沙岛的第一封信。然而，为了首先在第一封信上多停留一会儿，我希望将你有关〔古斯塔夫·〕施泰因施耐德在你家小住几天的消息变成一个小小调查的对象。正如你将要读到的那样，在苏醒的德国从眼睛里揉出的沙粒中，还有一个叫哈努森[1]的千里眼表演者。据媒体报道，他的真姓据说是施泰因施耐德。如果他也是古斯塔夫本已显著的家族的一员，请务必告诉我。①如果古斯塔夫也享有这个推定的亲戚的才能，那么我预计你的犹太教神秘教义研究将会出现巨大的繁荣，因为它可能会省去昂贵的手稿拍摄。

正如我可能已经告诉过你的那样，你的关于舍普斯和布吕尔的消息对我来说非常有价值。在这种情况下，我现在倍加迫不及待地想收到他的关于卡夫卡的书。因为，对于照看卡夫卡作品被毁坏部分的天使来说，还有什么比把钥匙藏在粪堆下更符合他的性格呢？是否可以从关于卡夫卡的最新论文中得到类似的启示，我不知道。它可以在 4 月号的《新法兰西评论》中找到，由伯纳

1　扬·哈努森（Jan Hanussen，1889—1933），奥地利犹太裔政治评论家、江湖骗子和千里眼表演者。

德·格勒森撰写。一旦我看过之后，你就可以选择作为其他读物的交换得到它。

尽管在这里已经集合了三十到四十卷的小型家庭藏书，部分来自诺格格拉斯的库存，部分来自去年我遗留下来的东西，但它的基础仍然很薄弱。具有讽刺意味的是，恰恰是现在我受《社会研究杂志》的委托写一篇关于当代法国文学的社会学研究的文章，该杂志社设法带着资金和设备逃到日内瓦。我必须写这篇文章，因为我至少可以指望他们付钱。〔……〕我现在特别庆幸我在柏林把布莱希特的一本书[②]（如果我没弄错的话，还有其他几本借来的书）交给基蒂·马克斯带走，因为我希望这样，它们能在不太长的时间内回到我的手里。顺便说一句，也许你会感兴趣，在我非常仔细地筛选了自己的档案——因此在这里只剩下一小部分，在政治上完全无害的东西——之后，在最后一刻，一个念头抓住了我，把布莱希特的一本极具挑衅性同时写得很好的作品塞进我的行李箱；它尚未出版，只存在于长条校样中。它的标题是《三个士兵》（Die drei Soldaten），并且当然也已经找到或将来有一天会找到通往巴勒斯坦的道路。

当你对德国犹太人命运的预言到达这里时，它们已经兑现了。不用说，它们与我的一致。早在三个星期前，我就让多拉把斯特凡，如果可能的话，送到她在巴勒斯坦的兄弟[③]那里。然而，就目前而言，她似乎还未考虑采取这一行动。

〔……〕

我将为你复制有关语言的论文。虽然它可能篇幅很短，但各式各样的顾虑和想法会在我的手写之下感觉到缰绳和辔头，并且在几周之内不会让你拥有这两三张纸。

你的瓦尔特

附：你13日的信就在这个时候到了。我现在刚好可以确认收到了它，以及基蒂·马克斯的附言。我也试图思考德国的事件对犹太人未来历史的影响。收效甚微。无论如何，犹太人的解放站在了一个新的视角中。

① 他确实是施泰因施耐德家族的一位远亲。
②《母亲》（*Die Mutter*）。
③ 维克多·凯尔纳。

219　致基蒂·马克斯－施泰因施耐德

伊比沙岛，1933 年 5 月 1 日

亲爱的马克斯小姐，

在您倾向于写信给我之前，您已经规定了条件。任何对它们的讨论都会使它们得到满足，因为当然，这种讨论只能在通信中进行。因为所有这些，您可以认为这封信的最初几行字已经是我归顺的证据。但是，您越读下去，不悦就越有可能在您的额头浮现——当您注意到连我的宽宏大量也有极限的时候。首先，在这一页的底部。此外，当它面对我无可挑剔的记忆时，其中树立着一块方尖碑，上面有您承诺给我写信的古代象形文字，但是丝毫没有设置在一个条件的基座上。第三，怀疑在您的行为背后，可能隐藏着格哈德·肖勒姆的硬拳，他将欢迎在暴力行为中赢得了一个盟友，他以这种行为向我勒索信件作为贡品。

因为我希望上述说明最低限度地降低您对我的来信的满意度，我可能会被允许请求您更加注意这精美的信笺，那是我多年来一有机会就从巴黎订购的。它甚至一次都没有得到过格哈德·肖勒姆的认可。关于您今后将以回信寄送给我的消息，我本人愿意放弃对您的信笺进行特别检查和鉴定，条件是这些消息包括：

关于您抵达圣地和在圣地住宿的完整信息——您对犹太人的总体印象，特别是对格哈德·肖勒姆的印象——很快把《母亲》寄回给我的承诺——关于您对它的看法的信息——对您的日常活动优美和坦率的描述——一份气象报告。

后者作为一种安慰，因为这里通常很冰冷（因此，我希望您那里也是）。此外，我真诚地祝愿您的生活和工作环境比这里更好，这里是一栋被阵风摇动的嘈杂房子。我还没有能够开始处理任何较大的项目，但我正在悄悄地计划一篇关于葛拉西安的评论①，为此我在这里收集了一些他的版本和有关他的著作。这是一位耶稣会教士，根据要求，格哈德·肖勒姆会一边喝茶一边为您做一点讲解。您暂时应该坚持这一点，因为这篇评论会有什么结果现在还不确定。目前，我正忙着写一篇关于小说的相当奇特的文章，一旦发表，它可能会作为最后一批小船之一，驶入肖勒姆档案室的港口。

我现在正在阅读托洛茨基的第二卷；除了散步之外，这是我唯一的娱乐活动。因为这里很少能听到一句理性的话，更不用说被说出来了。国际象棋游戏是社交活动的罕见高潮。所以，亲爱的基蒂·马克斯，请您尽快让我高兴起来。

您的瓦尔特·本雅明

① 关于葛拉西安《智慧书》（*Handorakel*）。

220 致格哈德·肖勒姆

1933 年 5 月 23 日

亲爱的格哈德，

你 5 月 4 日的来信已经到了。我有更多的时间来回复它，因为与德国通信者的书信往来变得越来越稀疏。可以理解，那里的人们并不急于为了交流想法而把自己置于危险之中。5 月 4 日你还没有看到我的最后询问。但你确实听到了关于你哥哥的悲伤的消息[①]。你在信中写道，你无法想象他为什么会这样做。我对我弟弟也有同样的感觉。我动身前和他通了电话。当时，关于他死亡的传言在他居住的威丁区（Wedding）已经两次浮出水面。与此同时，我要你帮我查一下的传闻已经被证明基本属实。五周前，他落入了冲锋队（S. A.）的手中，此后一直关押在州立医院。〔……〕

我非常期待《母亲》。如果你想读穆西尔，你可以保留它，尽管只是暂时的。我对它失去了兴趣，告别了它的作者，得出的结论是他太自以为聪明了，不利于他自己。

现在有一句话，会让你皱起眉头。但必须说。在仔细考虑向你发送关于语言的新笔记的计划时，我意识到，无论如何，这个高度大胆的项目，只有当我能把这些笔记与我早期的《论语言本身和人的语言》进行比较后，它才是可行的。然而，后者当然是遥不可及的，因为它是我在柏林的论文之一。另一方面，我知道你有一份副本。因此，我迫切地请求你以挂号邮件方式尽快将其发送到我现在的地址。不要浪费时间；那么你会更快收到我的新笔记。

基蒂·马克斯收到了一封我从这里发出的长信。我尊敬和欢迎，一个肯定使这个光芒四射的事件在她眼里黯然失色的理由[②]，但只有当她在较小程度上欣赏前者时，我才可以自己告诉她这个。在德国书商阅读之前，请尽快为她订购《单行道》。

克拉夫特在汉诺威有什么职位？他还和你通信吗？他发生了什么事？他会发生什么事？

尽快写信！请再次用附件装饰你的信件，就像我为此非常感激的《犹太人评论》。

你的瓦尔特

① 维尔纳·肖勒姆当时被捕，并在拘留审查和集中营中度过了七年，直到他于1940年在布痕瓦尔德（Buchenwald）集中营被杀害。
② 她与古斯塔夫的兄弟卡尔·施泰因施耐德的婚事。

221　致格哈德·肖勒姆

1933年6月16日

亲爱的格哈德，

你23日的来信到达已经有几天了——它在路上也花了很长时间。当它最终抵达时，我碰巧离开了几天，因为我现在抓住每一个机会背弃圣安东尼奥。如果你仔细观察，你就会发现在它的周围已经没有任何安静的角落，也没有任何安静的时刻，那里已经被定居者和投机者的活动伴随的所有可怕的事物侵袭了。即使是最便宜的住宿也太贵了，如果这一价格包括了完成任何工作的可能性，所以我搬到城里只是几天的事情，虽然在伊比沙岛找到一个既负担得起又可以忍受的地方非常困难。

与此同时，我正利用这种情况作为深入岛屿内部的长途探险徒步旅行的推动力。我最近在保罗·高更的孙子非常令人愉快的陪伴下进行了一次，他继承了他祖父的名字。我们让一个捕龙虾的渔夫把我们送到海边一个荒无人烟的地方——不是没有先观察他的手艺——然后从那里进入山区。昨天我和我的法国朋友们一起旅行了十四个小时。一旦你听不到构成圣安东尼奥氛围的爆破声和锤击声、流言蜚语和争论声，你就会再次感觉到脚下的土地。我长期持有的对开发商事业的不信任——这是我在格吕瑙作为古特金德家的客人首次认识到的——在这里，诺格格拉斯的房子里，得到了对我来说过于彻底的确认。再加上村民们相当令人不愉快的性格。简而言之，我现在已经向往那些饱和的阴影，破产之翼将用它们在短短几年内埋葬这整片杂货商和避暑者的辉煌的天堂。

伊比沙岛也有它的缺点，但其中不包括这样的氛围。现在我再次回到我的上一封信，告诉你我多么肯定地希望很快就能得到你的有关语言的论文的副本，以便能够在审阅之后抄写我的新论文并把它发送给你。除了你的库存即将来临的这一扩充之外，现在应该已经发生一个较小的扩充——我至少在一周前寄给你一个装有新作品的信封，其中包含了德特勒夫·霍尔兹（Detlef Holz）[①]写的第一批作品。但即使是他的乐于助人也是有限的；因此，我必须放弃他对我目前正在写的一篇文章的帮助，因为这篇文章会立即损害他的名字，就像他前任的名字受到损害那样。两本出版社送给评论者评论的赠书让我陷入了非常不愉快的困境，不得不现在，在德国读者面前，谈论斯特凡·格奥尔格[②]。我想我已经注意到了这一点：如果上帝曾经通过实现一位先知的预言来打击他，那么乔治就是这种情况。

我很可能写信告诉过你，我完成了一部关于“法国作家的当代社会地位”的长篇作品，并且非常荣幸地为它在逃到日内瓦的法兰克福档案馆找到了一席之地。他们现在又给了我一项新任务，它可能更难，而且肯定更不令人愉快。然而，令人感到非常奇怪的是，邀我撰稿的请求，仍然从德国抵达这里，来自迄今为止对我没什么兴趣的刊物。例如，《欧洲评论》请我就可能的合作提出建议。

但是，我向你提供这些简短的信息，主要是为了让你大致了解我的预算状况，即使只是在向你证明完全不可能编制预算的意义上。自从离开柏林以来，我平均每月可以挣得大约 100 马克，这是在最不利的环境下。尽管如此，我不想说不是偶尔连这个小小的数目也无法达到。但可能不会很久。恰恰相反：我认为从长远来看，我的收入会增加，也就是说，如果我没有完全脱离所有的生产手段，就像我在这里那样。我可以说得更多——但也只是试探性地——如果我对即将出台的德国新闻法有更多了解。

所以，我参与了我从你的信中了解到的讨论。但我不想否认我有更多话要说。首先，我应该声明，这样的讨论无论如何不会让我无动于衷。它对我来说甚至非常重要。但是，如果我不是极其谨慎地对待它所包含的改变的纯粹可能性的想法，我就不会是 40 岁了。我告诉自己，我可能会在一种模棱两可的光线下出现在这片新的海岸上。现在已经有成千上万的知识分子到达你们那里。有一点把他们和我区别开来——乍一看，这似乎对我有利。但是随后——正如你所熟知的那样——完全对他们有利，即：他们是一张白纸。没有什么能比我的一种态度更具灾难性的后果了，这种态度在那里可以被理解为：在公共灾难的背后寻找私人灾难的掩体。这是一件需要考虑的事情，因为我什么都没有，也不依恋什么。在这种状况下，你必须回避每一种可疑的情况，因为它可能带来不成比例的严重后果。如果你或其他有关人士认为，我可以到巴勒斯坦来并且不会引起这种情况，我将很乐意并完全准备好这样做。而且在我看来，同样的前提条件可以用以下问题来表述：对于我来说——对于我所知道的和我能做的来说——在那里是否比在欧洲有更多的空间？因为不是更多，就是更少。这个命题不需要解释。最后一个命题也是如此：如果我能在不放弃我已有成就的情况下在那里增加我的知识和能力，那么我就不会在采取这一步骤上有丝毫的犹豫。

我弟弟在一座集中营里。天知道在那里他要经历什么。但是，关于他的伤口的传闻至少在一个方面被夸大了。他并没有失去一只眼睛。我最近从我的妹妹那里了解到这个。我只是通过你才得知埃里希·巴伦[1]的死讯③。

我让基蒂·马克斯的问候对我产生影响。她给我的第一封信的

1 埃里希·巴伦（Erich Baron，1881—1933），德国犹太裔法学家、记者、政治家和抵抗纳粹主义的斗士。

故事似乎彻底地以《项狄传》的风格展开。有了这一论断，我们同时能够最正确地评价这封信是否会实现的完全不确定性。

今天就写到这里，衷心祝一切顺利，你的瓦尔特。

① 本雅明的笔名，1933 年之后仍有时用它在德国写作。
② 以笔名 K. A. 斯特普夫林格（K. A. Stempflinger）发表在 1933 年 7 月 12 日的《法兰克福汇报》上。现在见《本雅明文集》第 II 卷，第 323—330 页。
③ 露西·古特金德夫人的兄弟，被纳粹杀害。

222 致马克斯·赖赫纳

〔《科隆报》（*Kölnischen Zeitung*）的副刊编辑〕

圣安东尼奥，1933 年 6 月 25 日

亲爱的赖赫纳先生，

直到今天，我还欠您 5 月 9 日的非常亲切的短信一个感谢。但是，我想通过一个附件来表达我的谢意，无论它多么短。但是在我写信给您之后的几天，我不得不去日内瓦待了一段时间。因此，我还没有抽出时间写我一直计划的有关“小说家和说书人”（Romancier und Erzähler）文章。

我希望随函附上的短文①因其简洁而赢得您的青睐。

现在让我用这封信再提出一个问题：您是否能以编辑身份，通过时不时地向我发送新出版物，来鼓励我的合作？或者我可以偶尔在这方面采取主动吗？例如，在过去的几天里，我收到了一本相当厚的书，莱奥·韦斯杰伯[1]的《语言在整体文化建设中的地位》（*Die Stellung der Sprache im Aufbau der Gesamtkultur*）（海德堡：冬季大

1 莱奥·韦斯杰伯（Leo Weisgerber，1899—1985），德国语言学家和凯尔特学家。

学书店出版社，1933年）。尽管这本书并不完全属于你的任何常任评论员的知识领域，但它可能是一本适合评论的书。

我的稿件的签名将是您在随附的手稿的开头找到的名字，这个名字有时已经很受尊敬了。

由于我的离开，您刊登《短影》的2月25日期刊的副本当时没有收到。您想必一定已经寄出了。如果您愿意寄一两份该期杂志到这里供我存档，我将非常高兴地感激您。

希望很快能听到您的好消息，并致以非常诚挚的问候。

您的瓦尔特·本雅明

① 可能是《中国风》（Chinoiserie）。

223 致格莱特尔·阿多诺

〔1933年6月〕

亲爱的菲丽齐塔丝，

我让音乐的微风摇晃松树的顶端，我坐在松树脚下，画了四片叶子的感谢。您可以把它摘下来作为您的最后一封信的回报。我本来更希望您在圣灵降临节能得到一些波罗的海沙丘的干枯而多刺的草茎。是的，我很难过您必须把头埋在熊掌[①]下，而不是把它浸在海浪中。请尽快告诉我，您什么时候敢再抬起头。

但令人欣慰的是，熊宝宝的代理人站在了问题孩子的代理人一边。只要在这样做的时候，为您自己准备的那个不会完全丢失。〔……〕您实际上可以不时为自己的启蒙而做事情，以及问题孩子消失后您现在看到的是谁。最后这句陈述是要表达我对《克尔凯郭尔》的清样的衷心感谢；另外请注意，编辑删去了评论中——接近末尾的——一个重要段落[②]。我还没有听到《欧洲评论》的任何消息。

我一直在努力工作，写了一篇题为《法国作家的当代社会地位》的文章，有四十页打字纸。在写这篇文章的时候，我不得不依靠伊比沙市的人们对我的热情款待。因为在此期间，在圣安东尼奥这里，所有早就预示来临的地形上的不快之事已经以这种方式生效了，以至于我搬进那个城市已成为一件既定的事情。那里不可避免地会有一些超出我在这里的费用。但是，在我不是没有创造性地试验了所有技术上的可能性之后——它们可能会在这里给我提供一个差不多不受干扰地工作的地方——我不得不做出决定，因为没有一个试验取得成功。我已经期待着当面向您详细述说这所房子的生理学以及在圣安东尼奥逐渐形成的定居者氛围的秘密。

对我来说，这是最令人厌恶的气氛，因此，一段时间以来，我抓住一切借口摆脱它。最近以这种方式向我展示了岛上最美丽和最偏远的地区之一。我刚准备好独自一人在月光下漫步到岛上的最高点，圣何塞的阿塔拉亚（Atalaya von San Jose），这时我房东家的一位相识不深的熟人出现了。他是一个斯堪的纳维亚小伙子，在有外国人的地方很少露面，住在一个隐蔽的山村里。顺便说一句，他是画家保罗·高更的孙子，他的名字和他祖父的完全一样。第二天，我对这个人物进行了更深入的了解，他绝对和他的山村一样迷人，在那里他是唯一的外国人。我们早上 5 点和一个捕龙虾的渔夫出去，首先在海上漂荡了三个小时，在那里我们彻底了解了捕龙虾的方法。当然，这主要是一个忧郁的景象，因为在六十个捕虾篮中总共只捕获了三只龙虾。当然，它们是巨大的，当然，在其他日子里往往多得多。然后我们被送上一个隐秘的海湾。在那里，呈现出一幅如此不可动摇的完美画面，以至于在我内心发生了一些奇怪但并非不可理解的事情：也就是说，我实际上根本没有看到它；它没有给我留下任何印象；因为它的完美，它存在于无形的边缘。

海滩上没有建筑物；背景中有一间站在一旁的石头小屋。四五艘渔船已被拉到高高的岸上。几位妇女站在这些船只旁边，她们全身罩着黑色的衣服，只露出严肃的、呆滞的面孔。就好像她们存在的神奇性质已经与她们行列的非凡程度互相达成平衡，因此仿佛指针指向了零，而我什么也没注意到。我相信高更知道事情的底细；但沉默不语是他的特点之一。就这样，我们几乎完全沉默地爬了一个多小时山路，就在我们到达目的地的村庄之前不久，一个男人胳膊下夹着一具小小的白色儿童棺材朝我们走来。下面的石屋里有一个孩子死了。刚才罩着黑衣的女人们是送葬者，她们在履行职责时，也不想错过一艘机动船到达这个海滩如此不寻常的奇观。简而言之，为了让这个奇观引人注目，你必须先了解它。否则，你会像观看费尔巴哈[1]的一幅油画一样，无精打采和漫不经心地看待它。面对这样一幅油画时，你也会下意识地认为，岩石海岸上的悲剧性人物是很正当的。

在山区内，你会发现岛上最肥沃的耕地景观之一。土地上非常深的水渠纵横交错，然而，这些水渠是如此狭窄，以至于它们常常在最深绿色的高草丛下无形地流动很长的距离。这些潺潺的流水声几乎像吮吸的声音。角豆树、杏树、橄榄树和针叶树生长在山坡上，谷底覆盖着玉米和豆类植物。悬崖边上到处都是盛开的夹竹桃。这是我从前曾经在《灵魂之年》中曾经爱过的那种景观。今天，它以绿色杏仁的纯净和稍纵即逝的味道，更亲密地渗透着我，那是另一个早晨的6点钟我从树上偷的。你不能指望早餐；这是一个远离所有文明的地方。对于这样一个地区，我的同伴是你能想到

1　安塞姆·费尔巴哈（Anselm Feuerbach，1829—1880），德国画家。

的最完美的陪伴者。同样远离文明，同样有高度教养。他让我想起了英年早逝的海因勒兄弟中的一个，而且他的步态常常让人觉得他随时都会消失。他声称正在努力抵抗高更的画作对他产生的影响；换了其他任何人我都不会那么轻易相信。对于这个年轻人，我完全可以理解他在说什么。

转向完全不同的东西：从大约三周前，《苏黎世画报》（*Züricher Illustrierten*）开始刊登一本书的长篇连载，其中某个叫特拉克斯·哈丁（Trax Harding）的人，关注了1925年在巴西原始森林失踪的福塞特[1]上校。我读了它的开头，并且相信那个声称写了这本书——而且极为可能确实写了这本书——的流浪汉兼牛仔，是一位非常重要且前所未有的天才作家。如果您已经阅读了第一章——它一定刊登在5月的第一期或4月的最后一期中——那么您就会了解情况了。您会搞到有关期数的《苏黎世画报》，激动得喘不过气来地阅读这个长篇连载，然后发送给我。是吗？

作为回报，只要我有了单行本，您就会收到我的贝内特[2]评论③的副本。

我有理由一再感谢您准时地并按照2.7这一相对有利的汇率支付的汇票。对我来说，它们中的每一个都代表了一个安全生存的小模型，也许它们与建筑师的比例模型具有相同的意义，这些模型通常看起来比之后真实建筑中的实物更加迷人。现在您要开始考虑我的生日。我已经思考了很长时间，只想把您和我最梦寐以求的愿望联系起来。当然，马克·奥兰[3]说，对于一个40岁的男人来说，实际上没有比穿上新西装更大的庆祝了。到现在为止一直都还不

---

1 珀西·哈里森·福塞特（Percy Harrison Fawcett，1867—1925或之后），英国地理学家、炮兵军官、制图师、考古学家和南美洲探险家。

2 阿诺德·贝内特（Arnold Bennett，1867—1931），英国作家。

3 马克·奥兰（Mac Orlan，1882—1970），法国小说家和歌曲作者。

错——但我现在已经快41岁了，在这种情况下，慰藉比庆祝更重要。是的，我想在这一天让蓝色烟雾从我的烟囱冒出来。但我的屋顶上已经很久没有青烟缭绕了，在我给您的最后一封信里所附的照片是烟雾造就的最后一批照片。如果您把一些高贵的木柴放到我的壁炉上，那么我最快乐的时光应感激您，并且我屋顶上的烟迹将在15日吹向您。

亲爱的菲丽齐塔丝，今天就到此为止。当然，我的书应该留在您那儿。只是请您交出手稿；这些，为了简单起见，请全部交出。除非您恰好特别看重其中某一个作品。但这会冒犯其他作品，所以我很难接受。——我的信纸用完了，而且我无法搞到那种对我来说已经变得很珍贵的——我希望，对您来说也是如此的——信封。尽管如此，敬请笑纳这封在您手中显得更加粗陋的短信。

一如既往，您的德特勒夫。

附：来自《欧洲评论》的一封友好的信函刚刚抵达。

① 格莱特尔·阿多诺当时工作的手套厂的商标。

②《创作与追求：苏尔坎普出版社的年度展览》（美因河畔法兰克福，1962年，第20卷，第47页）重印这篇评论时，本段得以恢复。

③ 本雅明对阿诺德·贝内特的《康斯坦茨与索菲或老妇人们》（*Konstanze und Sophie oder Die alten Damen*）（慕尼黑，1932年）的评论，该评论以笔名发表在1933年5月23日的《法兰克福汇报》（年集77，第378/379期）上。

224　致朱拉·拉特

〔1933年7月24日〕

亲爱的朱拉，

非常高兴收到你的来信。因为它刚好出现在我的生日那天，当然，这样甚至比你记得我的生日更好。因为事实证明，为了我的荣誉，你的潜意识被万国邮政联盟控制了。

但是你的消息也令人高兴。你们现在为了在边疆的沙质土壤中扎根所做的一切都令人钦佩，虽然可能不适合所有人模仿。但是，如果在我写这封信的时候，你从或者可以从我的肩膀上看过去，你会发现松针的阴影在巴黎的信纸上闪动，这是我多年以来喜欢和使用的信纸。你无法将这些松针与勃兰登堡边疆的松针区分开来，如果你直视前方，你不会看到大海，尽管它距离我夏天的藏身处只有三分钟的路程。

也就是说，自从在海湾已开发的对岸不那么幸运的首次亮相，我设法重新获得前一年几乎未开发的海岸之后，我带着我的躺椅再次搬进这样一个地方。在那之前，我的生活方式更加不稳定，在圣安东尼奥不理想的工作条件和伊比沙有时非常引人注目的分心之间分配。但是随后，一次业务上必需的帕尔马（Palma）之旅，打断了我在这里的逗留。今年我通过徒步旅行和乘车游览更广泛地了解了马略卡岛。但是，尽管这个岛很美，我在那里看到的东西却加强了我对伊比沙岛的依恋，后者有着更为含蓄和神秘的景观。我房间的无玻璃的窗洞从这片风景中剪出了最美的图画。我的房间是尚未进行室内外装修的建筑物中唯一勉强适合居住的房间，该建筑物仍须加工很长一段时间，在完成之前，我作为唯一的房客独自拥有它。通过搬到这个地方，我已经把我的生活需要和生活费用降到了几乎不可能再低的最低限度。但迷人之处在于，一切仍然是合乎人的尊严的，如果说我在这里缺少某些东西，它在人际关系方面比在舒适方面更可感觉到。

构成了这座岛屿的编年史的这些关系，对我来说通常是非常迷人的，但有时也会令我失望和不满意。当然，在这种最糟糕的情况下，它们给我的工作和学习留下了更充裕的时间。

遗憾的是，你对我的《1900 年前后的柏林童年》的理解如此之少，而其中有很多东西需要理解，现在它增加了为数不多但很重要的章节。一篇关于斯特凡·格奥尔格的文章——也许是唯一一篇为了庆祝他 65 岁生日所发表的——表达了我在这个场合代表我最亲密的朋友们所要说的话。我想它会引起你的注意。但是，我几乎不敢希望，曾经把我们联系在一起的思想，由于同样的经历，在我们身上变得成熟；当然，在解决这种不确定性方面，你的更详细的陈述对我来说是非常有价值的，以至于我必须请你分享给我。

我继续阅读〔阿诺德·〕贝内特，在他身上，我越来越认识到一个人，他的立场与我现在的立场非常相似，而且他有助于坚定我的立场：也就是说，对于这个人，对世界将要走向何方的普遍缺乏幻想和根本不信任，既不会导致道德狂热，也不会导致抱怨，而是导致极其狡猾、聪明和精致的生活艺术。这使他从自己的不幸中获得机会，从自己的邪恶中获得少数值得尊敬的行为方式，而这些相当于人的一生。在某个时候，你还应该得到由莱茵河出版社（Rheinverlage）出版的两卷本小说《克莱汉格》（*Clayhanger*）。

你可以想象，我的邮件很少给我带来令人愉快的消息。感谢上帝，迄今为止相对最好的消息与斯特凡有关，他现在正和我的妻子进行一次汽车之旅，这将带他穿过奥地利和匈牙利，到达特兰西瓦尼亚（Siebenbürgen）和罗马尼亚。来自巴黎的朋友们的消息令人沮丧，他们中的一些人的情况如此绝望，以至于已经完全停止了写信。我自己对巴黎有什么期望是非常有问题的。无论如何，对《柏林童年》的卓越翻译将成为一个不错的开端，这是一位巴黎朋友在我的帮助下在这里进行的。但进展非常缓慢。

从你信中的字里行间可以看出，阿尔弗雷德仍在坚持过去的、有男子气概的方式。我希望他能在这里；他是我在岛上这些困难但并非没有收益的环境下能想象的少数几个人之一。但更好的是，你不要告诉他这件事，只是向他，还有弗里茨，转达我诚挚的问候。

就我们而言，信件也许是我们在一起的最佳机会。因此，你收到了这封非常诚挚的信，并真诚地请求你的下一封信。

瓦尔特

我对《康斯坦茨与索菲》的评论以《在壁炉旁》（Am Kamin）为标题发表在1933年5月23日的《法兰克福汇报》上。

225　致格哈德·肖勒姆

圣安东尼奥，1933年7月31日

亲爱的格哈德，

你作为我的书信领域无可争议的权威，看到这个信笺应该足以让你意识到有什么不对劲。这一事实至少免除了我三周以来部分时间的责任，我让这三个星期过去，而没有感谢你美丽的生日贺信。然而，最重要的是，它免除了我对于你有权得到却持续缺席的语言笔记的责任。

因为我生病了大约两个星期。而且，由于（本身并不严重的）疾病的爆发，正好赶上了7月酷热的爆发（也许不是巧合），我忙得不可开交，为了在这种困难的情况下让自己勉强继续前进。我能做到这样，一方面，是通过动用所有可用的侦探小说的储备，另一方面，是通过密集恢复我在《1900年前后的柏林童年》上的工作。我在先前的文章中添加了一篇新文章，让我暂时离开了任何其他工作。在《凉廊》（Loggien）的标题下产生了几个页面，我只能宣布它们非常棒，并补充说，它们包含了我能够给自己画的最准确的肖像。我希望你能在不久的将来看到这件作品的发表。

当然，有了它，我扔在我的生命之火上的德特勒夫木头，会或多或少地最后一次燃烧起来。新的新闻法已经形成，在它们生效后，我在德国媒体上的露面将需要一个比以前更难以穿透的伪装。

〔……〕

我与所有的书籍和论文分开了，因为它们在圣安东尼奥。如果我有合适的书籍，我至少可以在《法兰克福汇报》的委托下，为维兰德[1]诞辰两百周年写一些东西①，虽然我几乎完全不了解他。但我只是偶尔得到一些少得可怜的文献。相比之下，《柏林童年》的法语翻译正在取得进展。我们每天都在从事这项工作。译者②一点儿德语都不懂。你可以想象，我们使用的技术相当艰难。但结果几乎总是非常出色的。

正如我告诉过你的那样，真正的炎热天气在这里已经开始了。熟悉其影响的西班牙人，把它当作一种很常见的现象，称之为“八月疯狂”。我觉得观察它在外国人身上的表现非常有趣。他们的数量在增长，正如你可能很容易想象的那样，在他们的队伍中有一些十分值得注意的家伙。

〔……〕

尽管你现在需要再等一段时间才能得到语言笔记，但我希望很快能收到你的朔肯手稿的副本，尤其因为，正如你将看到的那样，我愿意交换所有那些你很友善地从我的作品存档中转让给我的东西。除此之外，我的关于斯特凡·格奥尔格的文章现在可能也在你手中。根据别人告诉我的话，似乎有一些聪明的头脑，他们知道如何看待“斯特普夫林格”。我非常想知道你对这篇文章的看法。

今天就写这么多。致以最诚挚的问候。

你的瓦尔特

① 以笔名 C. 康拉德（C. Conrad）发表在 1933 年 9 月 5 日的《法兰克福汇报》。现在见《本雅明文集》第 II 卷，第 330—342 页。

---

1 克里斯托夫·马丁·维兰德（Christoph Martin Wieland，1733—1813），德国诗人和作家。

② 让·塞尔兹。

226 致格莱特尔·阿多诺

〔未注明日期〕

亲爱的菲丽齐塔丝，

昨天，一个装有一些印刷品的信封寄往了你在吕根岛的地址。最重要的是，你应该结识我的《回顾斯特凡·格奥尔格》(Rückblick auf Stefan George)；我很抱歉，我甚至必须在这件微不足道的包裹上附加一个限制性请求，请你将这篇《回顾》寄回给我；我还没有它的副本。

你知道，我要感谢你这么多，以至于这封信很难开始，如果我以表达感激之情着手。开头提到的包裹当然并不代表这样的表达。相反，我希望在你最预料不到的时候，我会带着我的感激之情在一个偏僻的巴黎小酒馆里伏击你。那时我会确保我没有恰巧穿着你送给我的那套西装，它可能更容易让我有自由去做其他许多事情，而不是表达感激之情。然而，暂时请接受这封短信的防风雨包装中包含的感激之情。

我很高兴你在度假，希望这会是一个非常愉快的假期。无论如何，就保卢斯[1]而言，你将完全徒劳地等待我的同情；尽管我以前对类似的案例不遗余力地表示同情，但在这个案例中——由于他的背景，这是如此的不同——我发现嫉妒切题得多。现在盘问他的乐趣，在我看来，不是度假计划中最糟糕的部分。毕竟——我希望有更好的部分，并且其中之一是公开朗读《汤姆》(*Tom*)①。如果我

1 保罗·田立克（Paul Tillich，1886—1965），德国－美国新教神学家（教条主义者）和宗教哲学家。

能在这里看到手稿，我当然会很高兴。这并不是说我在这里缺乏读物：但我对它非常感兴趣。

但是，就上述“读物”而言，我对阅读的兴致有时与其紧迫性成反比。例如，法兰克福委托我写一篇纪念维兰德诞辰两百周年的文章，而我不得不请人把雷克拉姆（Reklam）版的他的作品的很大一部分寄到这里。在此之前，我不熟悉他的任何作品，在短时间内——当然，也是在最短的篇幅内——在这个问题上说些得体的话，需要的更多是运气而非才智。然而，在我完全消失于此阅读中之前，我仍然希望为我的《柏林童年》完成另一件作品，称为《月亮》（Der Mond）。你注意到的《凉廊》和《发烧》（Fieber）之间的相似性，当然，确实存在。然而，这两件作品以不同的方式接近我：最先列举的作品，我把它看作是一种自画像，比之前的作品接近我得多。我可能会把它放在书中的第一位，取代包含在《姆姆类仁》（*Mummerehlen*）中的关于摄影的作品。法语翻译进展缓慢，但非常有效。

非常衷心地感谢你为我搞到一些《信件》的副本所做的努力。我很高兴至少有这些。〔……〕

最后，让我再次回到这封短信开头的小包裹，《中国风》[②]涉及的正是伊丽莎白[③]对你讲述的小故事。我很清楚它理应得到另一个标题，但我还是给了它发表的那个标题。关于《橱柜》（Schränken），事情更为复杂且不那么令人愉快，作者姓名是任意选择的，而且我自己很晚才看到这篇文章。[④]如果我不是时间越久越准确地知道，对于像《柏林童年》这样的研究，现在应得到多少保密，该系列的出版的命运有时会让我感到绝望。然而，现在，事情已经到了这样的地步，这种命运只会加强我的信念，即这种东西的发展需要披上保密的外衣。这种信念反过来帮助我暂时抵制完成工作的诱惑。值得注意的是，添加的较少是长期计划的作品，相反，大多是那些我在开始工作之前不久才想到的那种作品。根据我昨天收到的关于巴黎住宿问题的信件，我几乎不可能在9月15日前离开这里。你可以想象，我会在没有任何幻想的情况下启程到巴黎去。到目前为止，知识分子的状况并不包含许多有助于理解我的作品的因素。〔……〕

我希望很快能再次收到你的来信。我希望你的假期能带给你一种宁静的日子，就像我有时会在我工作的灌木丛中的藏身处度过的那种。

非常诚挚的问候，你的德特勒夫

① 特奥多·W. 阿多诺的小歌剧《汤姆·索亚》(*Tom Sawyer*) 的歌词，其乐曲从未完成。
② 发表在1933年7月22日的《科隆报》上。
③ 伊丽莎白·维纳 (Elisabeth Wiener)，格莱特尔·阿多诺的朋友。
④ 该文本是《柏林童年》的一部分，以笔名C. 康拉德发表在1933年7月14日的《法兰克福汇报》上。

227　致格哈德·肖勒姆

巴黎，1933年10月16日

亲爱的格哈德，

即使这些祝贺对犹太新年来说太晚了，它们至少会及时赶上你长期以来一直在寻求而现在正式确立了的学术职务，更不用说教授的头衔了。在我谈到我们上次通信中的这件或那件事情之前，让我简单地描述一下我的情况。我到巴黎时病得很重。这意味着我在伊比沙岛上根本没有康复，而我最终出发的那一天恰逢一系列严重发烧的第一天。我在难以想象的条件下度过了这段旅程。在我抵达这里之后，立即被诊断为疟疾。此后，强有力的奎宁治疗让我的头脑清醒了，尽管我的体力还没有完全恢复。我在伊比沙岛的多种多样的艰难生活——尤其是糟糕的饮食——大大削弱了它。

〔……〕

我的档案，至少就手稿部分而言，大部分由朋友带到了这里。在手稿中，缺失的基本上只有海因勒的遗作。就保护我的私人藏书而言，主要是钱的问题。

〔……〕

我仍怀着某种不安的心情等待你的确认，你是否已经收到了我从伊比沙岛以打字机副本寄给你的语言笔记。你应该在 9 月 19 日，也就是你最后一封信的日期后不久收到了。就我而言，我期待着你在朔肯《年鉴》中的文章[①]。我再次读了你关于《新天使》的诗，钦佩之情丝毫不减。我会把它列入我所知道的最好的诗歌之中。我饶有兴趣地阅读了《单行道》的题词[②]，这种兴趣被基蒂·马克斯－施泰因施耐德最近的书面消息所激活。下次有机会请向她转达我最诚挚的问候。

〔……〕

①《从西班牙驱逐出境后》（Nach der Vertreibung aus Spanien）。
② 致卡尔和基蒂·施泰因施耐德的题词诗。

228　致基蒂·马克斯－施泰因施耐德

巴黎，1933 年 10 月 20日

亲爱的收信人，如果我像您可能相信的那样在称呼上煞费苦心，这封信还会耽搁很长时间。然而，我不想这样，即使仅仅是因为您在您的上一封信中给了我关于我甚至不敢问格哈德的事情的如此刚毅的信息。当然，我不会隐瞒这样一个事实——如果这还需要声明——即我对布莱希特作品的认可代表了我整个立场中最重要和最站得住脚的一点。我能够在文学上改写它，至少经常是近似的，即使从来不是全面的。而且，我想进一步假设，在巴勒斯坦，这些不完美的改写比它们提到的内容充实的《实验》更能找到同情的眼睛。前者可提供给您。遗憾的是，我不认为它们对您的影响会超过对格哈德的影响。它们只能把他带到一个意味深长的沉默中，如果我没有弄错的话，甚至不是去获取文本。我们关于它们的讨论可能只是推迟了，当然就我而言，绝对应该推迟。不过，我敢肯定，你和我有同样的想法，也就是说，我们不会自己着手这件事。因此，我本来会安心地转向对巴黎的一些看法，只要它们多少能让人感到愉快。到目前为止，不能说这是真的。相反，我更倾向于表达我对您的满腔敬佩，因为它们显然拥有为了使自己获得满足所需要的神奇力量。因为我极度悲惨地抵达这座城市，难道不是您上一封信向我保证的“轻微嫉妒”的结果吗？我到达的时候得了严重的疟疾。我已经从发烧中恢复过来了，它给我留下的疲惫让我有足够的力量意识到我的绝望处境，但绝不足以克服它，因为我甚至无法爬上我不得不选择作为我的住所的廉价旅馆的楼梯。在这里犹太人所做的和为犹太人所做的一切，或许可以最好地描述为粗心大意的慈善事业。它把最高程度的羞辱和很少被兑现的施舍的前景结合在一起，对于资产阶级的前成员来说，研究这种与犹太人有关的善行的独立堡垒永远是意义重大的。现在，这也是你忠诚的仆人最明显的当务之急，而且，尽管他与犹太人金融寡头保持着充满希望的通信，但迄今为止还没有从他们那里得到一分钱、一张床垫、一根木柴。

我避免看到德国人。我还是更喜欢和法国人交谈，虽然他们几乎不能或不愿意做任何事情，但是他们有一个很大的吸引人的特性，那就是不谈论自己的命运。然而，当这种行为声称是由于试图克服距离造成的，它更加不可原谅，因此我不打算继续谈论我的命运。

因此，我们必须耐心等待，直到轶事再次在我的生活中占有一席之地。在那之前，我想您仍然有充足的时间和机会来问候我。

致以最亲切的思念，您的瓦尔特·本雅明。

229 致格莱特尔·阿多诺

巴黎，1933 年 12 月 30 日

亲爱的菲丽齐塔丝，

这些问候——如果不是在新年，那么一定——将在你返回柏林的那一刻送给你。因为我认为你新年仍然在法兰克福。我再次要因为很多事情感谢你——包括你关于法兰克福的劝告，更不用说其他更重要的事情了。我已经对这些事情采取了一些措施。我还没有听到任何消息，并且完全有理由相信它们一直是徒劳的，正如从一开始就预料到的那样。当然，预测到这一点不会使随之而来的后果更容易接受。

因此，不能否认的是，我不仅到了岁末，而且一筹莫展。可以肯定的是：正如我可能写信告诉过你的那样，我最近在这里赢得了我的第一个委托，一篇关于塞纳河省长奥斯曼[1]的文章①，他在拿破仑三世的统治下重建了巴黎。此外，我也有零碎的事情要做。所有这一切都无法抵消我黯淡的前景和现在包围着我的更加黯淡的孤独

1　乔治－欧仁·奥斯曼（Georges-Eugene Haußmann，1809—1891），1853 年至 1870 年担任法国塞纳河省长，并被认为是巴黎的城市规划师。

感。我首先要找到做出决定的力量，而决定就是离开这里。我仍然需要在这里等待一些事情发生。我仍然盼望——首先——你的到来。我仍然害怕丹麦的冬天，害怕不得不在丹麦完全依赖一个人，这很容易成为另一种形式的孤独。我也害怕不得不依靠一种我根本不懂的语言，如果你不得不自己处理所有的日常琐事，这是令人沮丧的。

新的学校法让我为斯特凡担心。

目前，我的工作对我来说几乎缺乏任何肯定的力量，因为我无力承担最吸引我的项目——《柏林童年》的续篇。

关于《汤姆》下次再谈。我高兴地读到了《四只手》（Vierhändig）[②]。虽然听起来很奇怪，但我当然也应该在某个时候冒险尝试类似的回忆。我甚至为这样一个项目做了一些初步研究，但还没有到那个程度。

〔……〕

尽快给我写信。并衷心祝愿你新年快乐。

你的德特勒夫

① 受《世界报》（*Le Monde*）的委托，然后石沉大海。但请参阅《社会研究杂志》第3期（1934年），第442及下页，以及《本雅明文集》第I卷，第419—422页。

② 特奥多·W.阿多诺的一篇文章，《四只手，再一次》（Vierhändig, noch einmal），发表在《福斯日报》（1933年12月19日）上。

230　致格哈德·肖勒姆

巴黎，1934年1月18日

亲爱的格哈德，

这种怪僻的格式使我有勇气准备写一封较长的信。首先，感谢你 12 月 24 日的来信和那本书。你知道我非常感兴趣地阅读可得到的阿格农的一切著作。我刚刚读完了这本，我将经常回顾它。[①] 现在，我尽可能地将它纳入谈话。在他的作品中，我还没有找到比《大犹太教堂》（Die große Synagoge）更美的，我认为这是一部伟大的典范。然后，关于书籍守护者的故事在我看来具有特别重要的意义。阿格农在每一件作品中都堪称典范，如果我成为"以色列的一名教师"——但我也可以同样轻而易举地成为一只蚁狮——那么我就不会去听关于阿格农和卡夫卡的讲座。（顺便说一句，即使有朝一日我重新拥有我的私人藏书，卡夫卡的《审判》[*Der Prozeß*]也将丢失。它很久以前就被偷走了。如果你能设法搞到一个副本，那么那个骗子当时给我的住处造成的最严重的破坏将得以修复。另一件不可替代的作品——第一版的布莱希特的《家的训诫诗》[*Hauspostille*]，现存只有二十五个副本——我在这里通过艰难的谈判，设法从作者那儿争取到了。）

提起卡夫卡，促使我写信告诉你，我在这里与维尔纳·克拉夫特取得了联系。他在国家图书馆（Bibliothèque Nationale）看到我，于是写信给我。我很惊讶地阅读了他的几篇我不得不赞同和尊敬的文章。其中两篇是试图对卡夫卡的短篇作品进行评论，克制并且绝对不是没有洞察力。毫无疑问，他对此问题的领会远远超过马克斯·布罗德。——在歌德的遗作中发现的《格言和思考》（人们可以从其中最重要的一些猜测，他为什么没有发表它们）中，有一句话很有意思："烧伤的孩子害怕火；一个经常被灼伤的老人害怕取暖。"我提到它是为了用三言两语来表达一种情绪，我经常不得不连续几个星期与这种情绪抗争，以便采取一些主动行动，争取让我的作品在某个地方发表。最近，克服这些情绪，除了证明我的顾虑是正确的之外，几乎没有其他任何结果。

〔……〕

我是否写信告诉过你，我弟弟在圣诞节前后从松嫩堡(Sonnenburg)集中营被释放出来了？但据我所知，有关他的叛国罪的审理仍在进行中。在经济上，如果遇到紧急情况，他和他1岁的儿子可以得到他的岳父母的资助。此外，我认为几乎可以肯定的是，他会以这种或那种方式恢复非法工作。当然，这是绝对保密的。另外，你可以从这段话中推断出，绝不是害怕审查——什么审查？——使我偶尔以简洁的方式谈论自己的事情。导致我这样做的是极度令人沮丧的境遇。而且我说的不只是外部环境。我几乎从来没有像现在这样孤独。如果我寻找机会与流亡者一起坐在咖啡馆里，这将是很容易得到的。但我避开它们。回想一下，我在柏林的最后几年里，决定了我的生活的圈子是多么重要，同时又是多么微小。自从布莱希特的女秘书霍普特曼[1]去了美国之后，构成这个圈子的中心的人物没有一个在这里，构成它的外围还剩下两个在这里。我推迟了丹麦之行，不仅仅是因为季节。尽管我和布莱希特很亲密，但我确实有一些顾虑，一旦我在那里，就不得不完全依赖他。此外，当你完全穷困潦倒时，能够寻求一个大城市所提供的匿名性是件好事。

〔……〕

①《在虔诚者的社区：六个希伯来语故事》（*In der Gemeinschaft der Frommen: sechs Erzählungen aus dem Hebräischen*）（柏林，1933年）。其中三个故事由肖勒姆翻译。

---

1 伊丽莎白·豪普特曼（Elisabeth Hauptmann，1897—1973），德国作家，与德国剧作家兼导演贝托尔特·布莱希特合作。

231 致格莱特尔·阿多诺

巴黎，1934 年 3 月 3 日

亲爱的菲丽齐塔丝，

我终于有未来几星期的轻松日子可指望了。

为此我要感谢你。但是感谢——尤其是当它来自如此遥远的地方——是一种无力的表达。我们还要依赖它多久？——你帮我摆脱了一个非常可怕的处境。从你提供的帮助，我可以看出，你了解情况，但是不想给我一个更详细的说明。

我现在要把我通过你和泰迪获得的新的主动意识投入到两个方向上。关于其中一个——现在再次使我很忙碌的《拱廊计划》项目——的详情，下一次再谈。另一个是基于有人想要提供我使用一个非常小的艺术沙龙来举行一些讲座。我将在那里用法语为法国听众举行一个根据我所做研究的系列讲座；也就是说，我将在一个自成一体的系列讲座的框架内谈论卡夫卡、恩斯特·布洛赫和其他一些人。当然，这是否真的会实现还尚未确定。我只能说，我非常希望它会发生，并正在努力调动我在这里的所有联系，使它发生。

到目前为止，我与法国老熟人的平均经历几乎没有鼓励我恢复以前的交往。尽管如此，纯粹为了这个系列讲座的计划，我也必须将我的顾虑放在一旁。在接下来的几天里，我将求助于我在这里最老的熟人。我不知道你对前出版商弗朗索瓦·伯努瓦[①]是否有概念。在经历了各种各样的起伏之后，现在他再次拥有了一家印刷厂。他还为自己重新创造了一个——实际上是有点问题的——文学情境，因为他任命自己为一家文学俱乐部“1914 年的朋友”（amis de 1914）的文体活动组织者。我很可能要在某个星期二到那里露面；但在我这样做之前，我必须通过一次私人访问确定风向。

出于类似的考虑，我最近拜访了乔伊斯[1]的出版商西尔维娅·比奇[2]，我偶尔提到过她。她在这个区有拥一家英语租赁图书店。只是——至少她是这么告诉我的——巴黎不再有英国人了。事实上，她的店铺相当安静，我得以极其坦然地细看挂在她的墙上的沃尔特·惠特曼[3]、奥斯卡·王尔德[4]、乔治·摩尔[5]、詹姆斯·乔伊斯和其他人的漂亮肖像和手稿。英语环境提醒我告诉你，我希望你真的很喜欢读明天我将寄给你的毛姆[6]侦探故事。最近，我碰巧在《阅读》(*Lu*) 上读到了这位老人的自传体回顾。他现在在尼斯，追忆他取得的许多成功。这个总结听起来非常忧伤。不过，你还是可以从中推断出，他曾为情报部门工作，因此他的阿申登先生(Mr. Ashendon) 部分是基于作者的生活经历。

非常感谢你打算寄来的图书的清单。顺便问一句：你是不是也有《幻象》(*Trugbilder*) 以及另外一两本同类的书？不——我又看了一遍清单——我只缺少《幻象》(一本在彩色图版上富于有趣的光学错觉的书)。顺便说一句，它并不是非常重要。

我很高兴，阿格农和你如此亲近。是的，我最喜欢的两个故事是《书籍守护者》和《大犹太教堂》。后者本来应该是大约十五年前我的《新天使》(我策划出版的杂志) 第一期的稿件之一。

〔……〕

---

1 詹姆斯·乔伊斯 (James Joyce，1882—1941)，爱尔兰小说家、短篇小说作家、诗人、教师和文学评论家。

2 西尔维娅·比奇 (Sylvia Beach，1887—1962)，美国书商和出版商，第一次世界大战和第二次世界大战之间巴黎文学界的中心人物。

3 沃尔特·惠特曼 (Walt Whitmann，1819—1892)，美国诗人、散文家和记者。

4 奥斯卡·王尔德 (Oskar Wilde，1854—1900)，爱尔兰诗人和剧作家。

5 乔治·摩尔 (George Moore，1852—1933)，爱尔兰小说家、短篇小说作家、诗人、艺术评论家、传记作家和剧作家。

6 威廉·萨默塞特·毛姆 (William Somerset Maugham，1874—1965)，英国剧作家、小说家和短篇小说作家。

因此，即使是老熟人也会中途退出，留下来的极少数人的价值变得越来越明显。然而，有了这个，我已经回到了这封信的起点，对我来说唯一剩下要做的就是最后提醒你，要非常听话地跟随齐安（Zian）并很快写信给我。

祝你拥有一切旧日和珍贵的东西，你的德特勒夫

① 本雅明于 1929 年 6 月 21 日在《文学世界》上发表了一篇关于他的文章。

232　致贝托尔特·布莱希特

巴黎，1934 年 3 月 5 日

亲爱的布莱希特，

豪普特曼[①]给我写了一封信，信中除了向您问好外，还有几行文字与您有关。尤其是关于那本诗集：

“诗集[②]已经出版了吗？我真的非常需要它。出于纯粹的无奈，这里还在放映《库勒·旺贝》（*Kuhle Wampe*）[③]。布莱希特在这里可能大受欢迎，但我身边没有他的任何东西。如果他过来的话，他可以毫不费力地快速而广泛地获得承认。”

维辛从柏林回来了。〔……〕不过，有一点是肯定的：我的书已经被寄送出去了，涉及我的私人藏书的大约一半，然而是较重要的一半。我希望它们此时已经在海上了。当货物到达斯文堡（Svendborg）时，请您务必立即通知我。整个运输已经付清费用；最多在斯文堡可能会有一些卸货费用要缴纳。如果您愿意在必要时垫付这笔钱，我将非常感激。我几乎不必说这些书是您可以立即使用的。

至于关于奥斯曼的那篇文章，情况是我无法下定决心为《世界报》写作。在第二次商谈中，他们给我留下的印象是太不可依赖

了。另一方面，我绝对拥有这件作品所需的全部素材，所以我可以在任何地方写作，而无需查看任何书籍。但我已经想到了另一个主意，以获得一些收入。

在我能接触到的和其他一些法国圈子里，我宣布了一个系列讲座，“L'avantgarde allemande”[1]。该系列共五场讲座——必须为整个系列预订入场券。我会从不同的文学活动领域各选取一个人物，在这些人物身上，权威性地揭示当前的形势。

1）小说（卡夫卡）

2）散文（布洛赫）

3）戏剧（布莱希特）

4）新闻（克劳斯）

在这些之前会有一个介绍性的讲座，称为“Le public allemand”[2]。

关于我目前的项目就写这么多。

您收到我寄给您的威尔[3]采访了吗？

祝您与艾斯勒[4]的合作一切顺利，并致以诚挚的问候

您的瓦尔特·本雅明

① 伊丽莎白·豪普特曼，布莱希特的合作者之一。
② 也许是《歌曲、诗歌、合唱》(*Lieder, Gedichte, Chöre*)，于1924年在巴黎出版。
③ 布莱希特的电影。

---

1 法语，意为"德国先锋派"。

2 法语，意为"德国公众"。

3 库尔特·威尔（Kurt Weill，1900—1950），德国犹太裔作曲家，自20世纪20年代起活跃于他的祖国，晚年在美国。

4 汉斯·艾斯勒（Hanns Eisler，1898—1962），奥地利作曲家。

233 致格哈德·肖勒姆

1934 年 5 月 6 日

亲爱的格哈德，

这，亲爱的格哈德，并不代表第一次尝试回复你的上一封信。但是，如果重复的努力指向了一个困难，那困难不在于你索取的信息的内容，而在于你索取的形式。你把它装扮成一个——也许是修辞疑问句——的问题：“这难道是一个共产主义的信条吗？”

在我看来，这样的问题往往会在横渡大洋的途中吸收盐分，然后对被提问的人来说有些苦涩。我不否认这发生在我的身上。我无法想象，相关的这篇文章究竟能告诉你什么关于我的新东西。让我非常惊讶的是，你现在竟然想在该文本中找到一个总结性论文或者你所说的信条。

我俩都从经验中知道我们从多年的分离中费力争得的意义重大的通信所需要的那种谨慎。这种谨慎绝不排除涉及困难的问题。但这些只能被视为非常私人的。在这种情况下，有关的信件——这一点你可以肯定——会妥善保管在我的“内部档案室”中。但我不能对你的最后一个问题做这样的承诺：在我看来，它与其说是来自我们的通信，倒不如说是来自一场论战。

显然，我们不能以论战的方式进行通信。如果在我们的交流过程中出现了表明这种处理方式的项目，在我看来，对于其合作伙伴来说，除了求助于每个人心中拥有的对方的生动形象之外，没有别的办法了。我相信，我在你心目中的形象，不是一个轻易且不必要地信守“信条”的人。你知道，我的作品无疑始终符合我的信念，但我很少尝试，而且只是在谈话中，表达这些信念在它们各自的表现形式中所发源的完全矛盾的基础。

对法国文学作品的总览应该给我提供这样做的关键词吗？！——据我记忆所及，我的确曾有一次机会在那个关键词下写下一些东西。至少，它可以被认为是这样的，因为它是在一场论战的背景下发生的。我发现它是以几年前马克斯·赖赫纳写给我的一封信的形式。[①] 如果你当时收到了我寄给你的我的答复的副本，我不会感到惊讶。如果没有，我现在无法弥补。这封信和其他文件一起在柏林。但即使是那封信能告诉你什么新东西呢？！在所有可能的形式和表达方式中，信条是我的共产主义所诉诸的最后一件事；即使以正统性为代价，我的共产主义也绝对只不过是我在思想和生活中某些经历的表达；现在科学事业不可能为我的思想提供空间，正如现在的经济形式不可能为我的生活提供空间，它是一个激烈而且并非无益的表达；它代表了一个完全或几乎完全被剥夺任何生产资料的人在他的思想和生活中宣称自己对这些资料的权利的明显和理性的尝试——它是所有这一切以及更多，尽管在每种情况下都是两害相权取其轻（参见克劳斯写给那个谈论罗莎·卢森堡的女地主的信）——我真的有必要对你说这些吗？

当然，如果你在这些话中发现任何即使轻微地类似于撤回声明的东西，我会感到惊愕。两害相权之轻者——与我们周围的那些相比——是如此之轻，以至于它应该在每一个实用的、富有成果的形式中得到肯定，除了不实用的、没有效果的信条的形式；而这种实践——在被你指责的文章的情况下是学术性的——给理论（信条，如果你愿意的话）留下了比马克思主义者所预料的大得多的自由。遗憾的是，在这种情况下，你似乎赞成他们的天真无知。

你强迫我声明，那些显然是你忧虑的原因的替代方案，在我眼里并没有一丝活力。这些替代方案可能很流行——我不否认一个政党有权宣布这些方案——但没有什么能促使我接受这些方案。

相反，如果可以描述布莱希特的作品对于我的意义——你提到的是他的作品，但据我所知，从来没有向我作出过评价——那就是：它没有提出任何对我来说无关紧要的替代方案。如果说卡夫卡的作品具有同样的重要性对我来说是显而易见的，那么尤其是因为他没有采取任何共产主义有理由反对的立场。

关于你的问题就写这么多。这是过渡到你的来信所包含的考虑——对此我非常感谢你——的恰当时刻。我不需要说，受委托写一篇关于卡夫卡的文章对我来说有多重要。但如果我必须明确地探讨他在犹太文化中的地位，那么来自其他方面的指点无疑对我来说是不可或缺的。我不能鼓励我的无知在这种情况下即兴发挥。然而，到目前为止，没有听到任何关于韦尔奇的消息。

你在朔肯那里的努力是徒劳无功的，我为我们俩感到遗憾，但并不觉得令人惊讶。

〔……〕

我当然很乐意为斯皮策[1]编辑的小丛书②工作；只是迄今为止我还没有想到合适的主意。另一方面，我将为我们两人省去列举许多为我在这里的生存奠定基础的尝试，其中有些尝试显然是低级的。它们没有妨碍我写一篇稍长的文章——《作为生产者的作者》(Der Autor als Produzent)③——评论当前的文学政策问题。我还不知道它是否会出版。

格林的《空想家》(*Visionnaire*)使我大失所望。目前，我正忙于一项关于福楼拜美学的可怕研究，该著作由某位保罗·宾斯万格[2]撰写，并由法兰克福的克洛斯特曼（Klostermann）出版社以一种非常自命不凡的形式出版④。另一方面，我喜欢布莱希特的新政治剧《圆头党和尖头党》(*Die Rundköpfe und die Spitzköpfe*)，几天前我收到了这部剧的最终手稿。

1 莫里茨·斯皮策（Moritz Spitzer，1900—1982），以色列印度学家、出版商和犹太复国主义活动家。

2 保罗·宾斯万格（Paul Binswanger，1896—1961），德国文学学者和散文家。

我请你至少暗示一下，你建议我在这里拜访列夫·舍斯托夫[1]，是出于什么想法。根据我在《创造物》等杂志中所读到的他的文章，我并没有足够的依据来迈出这一步。在我的记忆中，我找不到任何关于他的具体事实。

〔……〕

致以最诚挚的问候！你的瓦尔特

① 参见 1931 年 3 月 7 日的信件和紧接着的信件。
② 朔肯丛书，1933 年至 1938 年间德国犹太人生活中最重要的现象之一。它是由莫里茨·斯皮策博士（现在耶路撒冷）编辑的。
③ 未发表。保存在遗作中。
④ 由本雅明在 1934 年 8 月 12 日《法兰克福汇报》的文学副刊中进行了评论。

234　致罗伯特·韦尔奇

巴黎，1934 年 5 月 9 日

非常尊敬的韦尔奇博士先生，

怀着深深的感激和通过回函，我确认收到您 5 月 4 日的来信，这封信经由我的旧地址昨天才抵达这里。

我非常感谢您的邀请，尤其感谢您建议我对卡夫卡发表评论①。我无法想象一个更值得向往的主题；但是，我也不会低估在这种情况下必须考虑的特殊困难。我认为非常简短地指出这些是诚实和适宜的。

第一个困难也是最重要的，是实质性的。几年前，当马克斯·布罗德因为无视卡夫卡遗嘱中的某些规定而遭到埃姆·韦尔

1　列夫·舍斯托夫（Lew Schestow，1866—1938），俄罗斯犹太裔存在主义哲学家。

克[1]的攻击时，我在《文学世界》中为马克斯·布罗德辩护。② 但这并不妨碍我在**解读**卡夫卡的问题上与马克斯·布罗德的立场完全不同。尤其是，我不希望以任何方式将对卡夫卡的直接神学解释用作我的方法（我很清楚，那是很容易容易想到的）。当然，我一点也不想用论战的阐述来加重您建议的文章的负担。然而，另一方面，我想我必须向您指出，我的探讨卡夫卡的尝试——这并不是昨天才开始的尝试——把我引向了与他的准“官方”接受方式不同的路径。

第二和第三个困难涉及技术问题。这在很大程度上取决于截稿日期。如果我在前面所说的话并不妨碍您把这个项目委托给我，我将请您尽量推迟我的交稿日期。这样的一篇文章，给我带来了不可忽视的与书目有关的困难，因为不幸的是，我在这里没有自己的私人藏书供我使用。当然，如果您，非常尊敬的韦尔奇先生，认为有可能通过《犹太人评论》的编辑部以短期出借的方式向我提供一些很难在这里找到的作品——《审判》、《乡村医生》（*Der Landarzt*）、《变形记》（*Die Verwandlung*）和《美国》——这个问题将会大大简化。

我不是全国作家协会（Reichsschrifttumskammer）的成员。正如我没有从相关的名单中被删除：也就是说，我根本从未加入过任何作家组织。

希望尽快收到您的回复

致以崇高的敬意，您非常忠诚的

瓦尔特·本雅明博士

① W. B. 的文章发表在 1934 年 12 月 21 日和 28 日的《犹太人评论》中。完整文本收载于《本雅明文集》第 II 卷，第 196—228 页。

② 1929 年 11 月 22 日的《文学世界》中的《骑士道德》（Kavaliersmoral）。

1　埃姆·韦尔克（Ehm Welk，1884—1966），德国记者、作家、教授和成人教育中心的创始人。

235　致贝托尔特·布莱希特

巴黎，1934 年 5 月 21 日

亲爱的布莱希特，

我花了很长时间才对这里的事情一目了然。我想告诉您一些确定的事情，因此我一再推迟写信。我甚至没有给您写信谈谈《圆头党和尖头党》，虽然我认为它是非常重要和完全成功的。

〔……〕

几天前，我看到了汉斯〔·艾斯勒〕。他认为，我必须明确地写信告诉您，在伦敦上演这部戏剧在我看来有多重要。我认为这一重要性是不言而喻的，因为对于观众来说，关于这一主题，没有比您提供的更有说服力、更有趣和更易于理解的表达了。因此，我跳过了这出戏的所有其他品质，当然，这些品质也包括在这个事实中。

您知道围棋吗？一种非常古老的中国棋类游戏。它至少和国际象棋一样有趣——我们应该把它引入斯文堡。在围棋中永远不会移动任何棋子，只是把它们放置在棋盘上，而棋盘在游戏开始时是空的。在我看来，您的剧本也有这种性质。您把您的每一个人物和文本**放置**在正确的位置，从那里它们就可以独立执行正确的战略功能，而不必采取行动。我相信，您在这种处理方法中表现出的非常轻快和可靠的手法，会比戏剧艺术追求类似目标通常采取的策略，给观众——特别是英国观众——留下深刻得多的印象。

我听到了一些新歌，我非常喜欢。

在《作为生产者的作者》的标题下，我试图在题材和篇幅方面为我的关于史诗剧的老作品创作一部姊妹篇。我会把它给您带来。

我将很快见到您，致以诚挚的问候

您的瓦尔特·本雅明

236　致格哈德·肖勒姆

斯文堡，1934年7月9日

亲爱的格哈德，

我刚收到你6月20日寄往巴黎的短信。我从中推断出的第一件事是，我的记忆中似乎有一个薄弱点。实际上，你提到的质问信[①]似乎完全从我的脑海中消失了。〔……〕

你会同意我的观点：通过不充分的书面解释的尝试来减少口头交流意见的可能性是不明智的，尽管这种交流可能还很遥远。

除了直接途径外，还有许多间接途径可供我们采取。因此——踏上其中一条路径——我不回避重复我的请求，请你告诉我你对卡夫卡的一些想法。[②]我的这一请求更加合理，因为我自己对这个问题的思考现在摆在你面前。尽管我已经阐明了它们的主要特征，但自从我抵达丹麦以来，它们一直令我全神贯注，如果我没有弄错的话，这还将继续一段时间。这项工作是由你间接促成的；我看没有比这更适合我们通信的主题了。在我看来，你不能拒绝我的请求。

〔……〕

请尽快写信。致以诚挚的问候和对艾莎进一步康复的所有美好祝愿

你的瓦尔特

① 以上刊登的肖勒姆的1931年3月30日的信件。
② 在1934年5月15日的一封未发表的信件中。

237 〔来自肖勒姆给瓦尔特·本雅明的一封信，日期大约为1934年7月10日〕

连同一份卡夫卡的《审判》的副本

我们完全和你分开了吗？
主啊，在这样的一个夜晚，
难道没有你一丝和平的气息，
也没有你的信息为我们准备吗？

在锡安山的空虚中，
你的话语能否如此慢慢消失——
还是它甚至没有渗入
这片由表象组成的魔幻世界？

世界大骗局
现在已经彻底完成。
主啊，求你赐他醒来
那被你的虚无所击穿的人。

只有那样，启示才会
在拒绝你的时候闪耀。
只有你的虚无才是
它有权拥有的对你的体验。

因此，只有突破表象的教义
才能进入记忆：
隐秘的审判的

最确凿的遗产。
我们的立场已经在
约伯的天平上进行了精确的测量，
我们被彻彻底底地看透
像最后的一天一样绝望。

我们的本质反映在
无限的实例中。
没有人知道整体的道路，
它的每一部分已经让我们失明。

没有人能从救赎中受益，
这颗星太高了，
如果你也到了那里，
你还是会挡住自己的路。

放弃权力，
咒语不再有约束力，
没有生命可以展开，
而不会陷入自身。

从毁灭的中心
有时也许会有光线射出，
但没有一个指出
法律命令我们采取的方向。

自从这种悲伤的知识

不容置疑地摆在我们面前，
面纱突然被撕裂，
主啊，在你的威严面前。

你的审判是在地球上开始的；
它会在你的宝座前结束吗？
你不能得到辩护，
因为这里不适用任何幻想。

在这里谁是被告？
你还是创造物？
如果有人问你，
你只能陷入沉默。

能提出这样的问题吗？
答案是不确定的吗？
哦，我们仍然必须活着，
直到你的法庭审问我们。

238　致格哈德·肖勒姆

斯文堡的斯科夫博海滩（Skovbostrand）

1934年7月20日

亲爱的格哈德，

昨天，期待已久的《卡夫卡》的接收回执到了。它对我来说非常有价值，特别是因为随附的那首诗。多年来，我没有对目前仅限于书面交流所强加给我们的限制感到如此巨大的不足。我相信你理解这种不足感，并且不会认为我可以放弃那些只有在谈话中才成为可能的多种多样的表达方式的试验，同时仍然能对这首诗说些决定性的话。只有“神学解释”的问题相对简单。我不仅直截了当地承认这首诗中本身的神学可能性，而且还坚持认为我的文章也有其广泛的——当然，是在阴影中的——神学的一面。我的言论是针对那些神学“专业人士”令人无法忍受的姿态，他们——你不会否认——支配着迄今为止对卡夫卡的所有解释，同时给了我们最自以为是的声明。

为了至少更详细一点地表明我对你的诗歌的立场——从语言上来说，它丝毫不输给我在《新天使》上给予很高排名的那首——我只想说出我毫无保留地认同的诗节：七至十三。在此之前还有几点。最后一个诗节提出了这样一个问题，即我们如何在卡夫卡的意义上，想象最后的审判对世界历史的投射。这个投射是否把法官变成被告？把诉讼程序变成惩罚？它是致力于改善法律，还是草草掩埋它？我认为，卡夫卡对这些问题没有答案。但是它们向他展示自己的形式，以及我试图通过对他的书中场景和手势元素的作用的阐述来确定的形式，包含了一个世界状态的迹象，在这种状态下，这些问题不再有一席之地，因为它们的答案远非富有教益，而是使问题变得多余。卡夫卡寻求——有时好像在梦中瞥见——这种使问题变得多余的答案的结构。无论如何，不能说他找到了它。因此，在我看来，对他的作品的洞察，除了别的以外，还与一个简单的认识联系在一起，即他是失败的。“没有人知道整体的道路 / 它的每一部分已经让我们失明。”但是当你写道“只有你的虚无才是 / 它有权拥有的对你的体验”时，我可以用以下几句话将我的诠释努力恰好与这段诗节联系起来：我试图展示卡夫卡如何在这种“虚无”的背面，可以说在它的衬里，寻求摸索他的救赎之路。这意味着，任何战胜这种虚无的胜利，正如布罗德周围的神学解释者所理解的那样，对他来说都是令人厌恶的。

我相信我写信告诉过你，这项工作有望继续让我关注一段时间；这也是我要求归还我的手稿的主要原因。你手上的那份现在已经在一些重要的地方过时了；因为，正如我已经写信告诉你的那样，我在这里继续忙于这项工作。但我愿意答应向你提供一份最终版本的手稿以供存档。

〔……〕

我想我写信告诉过你，我已经开始为《新法兰西评论》准备一篇关于巴霍芬的文章①。这意味着我将第一次亲自阅读他的作品；以前我主要是一直依赖于伯努利和克拉格斯。

斯文堡上好的便利设施包括一个无线电广播，你现在比以往任何时候都更需要它。因此，我可以听到希特勒[1]在德国国会大厦的讲话，因为这完全是我第一次听到他的声音，所以你可以想象那种效果。

今天就写这么多。因为《卡夫卡》中的故事②来源仍然是我的秘密，你只有亲自到场才能解开谜底，当然，在这种情况下，我可以向你保证，会有一系列同样美丽的故事。向基蒂·马克斯转达我的问候，并向她指出，她通过没有回复我的最后一封信而射中我的那支箭仍然插在我的胸口。

最诚挚的问候，你的瓦尔特

① 直到 1954 年，才由莫里斯·萨耶[2]修改后，发表于《新文学》(*Les Lettres Nouvelles*)，第 28—42 页。本雅明唯一用法语撰写的文章。

②《关于波将金》(Über Potemkin)(《本雅明文集》第 II 卷，第 196 及下页)。

1 阿道夫·希特勒（Adolf Hitler，1889—1945），德国政治家和纳粹党领袖。

2 莫里斯·萨耶（Maurice Saillet，1914—1990），法国作家、评论家和学者。

故事出自普希金[1]的《轶事》(*Anekdoten*)；在普希金那里，文书的名字是佩图什科夫（Petuschkow），而不是舒沃尔金（Schuwalkin）。

239 致维尔纳·克拉夫特

斯文堡，〔1934 年 7 月底？〕

亲爱的克拉夫特先生，

衷心感谢您的两封信和附件。

在这里，世界政治是人们最关心的问题，因此通过您了解巴黎有关文学的情况对我来说是非常有价值的。因此，您所写的关于茹昂多的内容促使我四处寻找《巴黎的图像》(*Images de Paris*)。顺便说一句，关于这位诗人，让我再次向您推荐中篇小说《勒达》(*Leda*)，它应该在《普鲁登斯·豪特考姆》(*Prudence Hautechaume*)一书中。

〔……〕听到我在不影响另一主要工作的情况下仍然忙于卡夫卡，您不会感到惊讶。我与肖勒姆的通信提供了外部诱因，他已经开始与我讨论这项工作。但是，这些看法仍然在不断变化，无法作出最终判断。无论如何，您会感兴趣的是，他把自己对这件事的观点写在一首神学说教诗里，如果我们在巴黎再次见面，我肯定会和您分享。以一种完全不同的方式——正如您可以想象的那样——我与布莱希特就同一主题进行了讨论，我的文本也反映了这些对话。

此外，这样的或类似的讨论目前并不是那么频繁，因为我们

1　亚历山大·谢尔盖耶维奇·普希金（Alexander Sergejewitsch Puschkin，1799—1837），俄罗斯浪漫主义时代的诗人、剧作家和小说家，被许多人认为是俄罗斯最伟大的诗人和现代俄罗斯文学的创始人。

一起度过的夜晚完全被收听广播所消耗。我仍然处于昨天午夜播出的斯塔海姆伯格[1]的政府声明的影响之下，它代表了对于从尤维纳利斯[2]到克劳斯的整个讽刺文学的极大嘲弄。顺便说一句，关于克劳斯的立场，相当有根有据但几乎令人难以置信的消息正在流传，大意是他已经接受道尔福斯[3]的政策作为两害相权之轻者。（尽管如此，对于这一点的保证并非无懈可击，所以我请您严格保守秘密！）

在我看来，这里正是对您在上封信中的一个表述说几句话的地方。您承认，您暂时不想接受共产主义“作为人类的解决方案”。但是当然，问题恰恰在于通过这一制度的切实可行的认识来消除对人类解决方案的无益的自命不凡；事实上，在于放弃对“总体”社会制度的所有过分苛求的视角，并且至少试图以一个理性的人睡了一个好觉后开始他的一天那样宽松的方式来构建人类的时代。

关于此事就写这么多。我很高兴您喜欢《女主顾》（Käuferin）①。我非常渴望您对刚刚完成的《三毛钱小说》（*Drei-Groschen-Roman*）的评价。最后，说一下我正在做的事情，目前我主要忙于研究巴霍芬。我在这里找到的部分书籍对我很有帮助。这个人是一个令人着迷的现象；我会很高兴有机会在《新法兰西评论》中描绘他。

〔……〕

① 布莱希特的一首诗。

1 恩斯特·鲁迪格·冯·斯塔海姆伯格（Ernst Rüdiger von Starhemberg，1899—1956），奥地利民族主义者和政治家，在二战之前帮助引入了奥地利法西斯主义并在奥地利建立了一个神职人员法西斯独裁政权。

2 尤维纳利斯（Juvenal），古罗马诗人，活跃于公元1世纪末和2世纪初。

3 恩格尔贝特·道尔福斯（Engelbert Dollfuß，1892—1934），奥地利政治家。

240　致格哈德·肖勒姆

1934 年 8 月 11 日

亲爱的格哈德，

我利用对《卡夫卡》作可能是最后润色的这一时刻，明确地回答你的一些反对意见，并附上一些关于你的立场的问题。

我说“明确地”，因为新版本在某些方面隐含地做到了这一点。它已作了相当大的修改。正如我之前说过的，你手中的手稿已经过时了。我每天都在期待它。由于技术上的原因，在我拿到原件之前，我不可能把修改过的寄给你。

首先，有一些紧急请求：1）如果可能的话，尽快向我提供比亚利克[1]的《哈迦达和哈拉卡》（Hagadah und Halacha）①；我需要阅读它。② 2）把你提醒我的致舍普斯的信②寄给我，作为我们现在悬而未决的讨论的基础。

现在有几个要点：

1）我想试着把我的文章与你的诗的关系描述如下：你把“启示的虚无”，即预定审判程序的救赎历史角度，作为你的出发点（参见下文）。我以渺小、荒谬的希望为出发点，也以这种希望所针对的、而另一方面又反映这种荒谬的造物为出发点。

2）如果我把耻辱描述为卡夫卡最强烈的反应，这绝不会与我的其他解释相矛盾。相反，原始世界——卡夫卡的秘密现在——是将这种反应从个人状态领域中提升出来的历史－哲学指数。因为《摩西五经》的工作——如果我们遵守卡夫卡的说法——遭到了挫败。

3）正是在这种背景下，《圣经》的问题才出现的。不管是学生们失去了它，还是他们无法解读它，归根结底是同一件事，因为没

1　哈伊姆·纳赫曼·比亚利克（Chajim Nachman Bialik，1873—1934），犹太诗人、作家和记者，用希伯来语和意第绪语写作。

有属于它的钥匙，《圣经》不是《圣经》，而是生活。就像城堡所在的山脚下的村庄里的生活。正是在试图将生活转化为《圣经》的过程中，我领悟到了“反转”的含义，卡夫卡的许多寓言都试图实现这一点——我选取《下一个村庄》（Das nächste Dorf）和《骑桶者》（Kübelreiter）为例。桑丘·潘沙（Sancho Pansa）的存在是典型的，因为它实际上主要在于重读自己的存在——不管它是多么愚蠢可笑和堂吉诃德式的。

4）我从一开始就强调，那些“失去《圣经》”的学生不属于异教世界，因为我立即把他们列为那些造物的助手，用卡夫卡的话说，这些造物拥有“无限的希望”。

5）我不否认卡夫卡作品中的启示成分，这一点已经从我——通过宣称他的作品是“扭曲的”——承认其弥赛亚的方面得到了证实。卡夫卡的弥赛亚范畴是“反转”或“研究”。你猜对了，我不想阻碍神学解释本身——我自己也如此实践——而只想阻碍来自布拉格的放肆和轻浮的解释。我撤回了基于法官的行为的论证，认为这是站不住脚的（甚至在你的意见到来之前）。

6）我认为卡夫卡对法律的一贯坚持是他作品停滞不前的地方，这只意味着在我看来，作品不能从那里向任何解释的方向移动。事实上，我不想详细阐述这个概念。

7）我想请你阐明一下你的释义：卡夫卡“代表了从那个视角看到的启示世界，在这个视角中它被送回自己的虚无”。

今天就写这么多。祝艾莎早日康复，祝你一切顺利。

你的瓦尔特

① 大诗人哈伊姆·纳赫曼·比亚利克（1934 年逝世）的这一重要文章，由肖勒姆在《犹太人》杂志第 IV 期（1919 年）第 61—77 页从希伯来语翻译过来。

② 参见 1933 年 2 月 28 日的信（第 215 封，第 559 页）。

241 致格哈德·肖勒姆

1934 年 9 月 15 日

亲爱的格哈德，

我必须承认，我实际上是打算等到我得到你已收到我的上一封用数字编排的对卡夫卡的评论的信件后再回信。但是现在，我对收到巴德尔一文的支票应表示的感激的确认禁止我再推迟这封短信。我也要感谢你的〔艾萨克·〕布鲁尔[1]评论①的单行本和给舍普斯的信的副本。

〔……〕

这并不是说《卡夫卡》本身已经结束了。相反，我打算通过我在此期间一直在进行的一系列思考进一步充实它，而你在给舍普斯的信中，一个非凡的表述有望为我在思考中提供更多的启示。它说："没有什么……从历史时间的角度来看，比……这个……启示话语的'绝对具体性'更需要具体化了。绝对具体的事物永远无法实现。"这肯定说明了一个和卡夫卡绝对相关的事实，并因此可能打开了一个视角，使他失败的历史方面第一次变得清晰了。但是，在这些和其他的思考成形，以便我可以明确地表达它们之前，可能还需要一段时间。你会更容易理解这一点，因为你反复阅读我的作品，以及我在信中的评论，一定让你明白，正是这一主题最适合成为我的思想不同路径的十字路口。顺便说一句，在更精确地标记那个位置的过程中，我肯定无法避免参考比亚利克的文章。你不能找到相关的一期《犹太人》并把它借给我吗？

〔……〕

是的，最新的一期《火炬》也落入了我的手中②。但是在这样

1 艾萨克·布鲁尔（Isaak Breuer，1883—1946），德国哲学家和正统犹太教的重要代表。

的接触之后，即使是加利西亚人的手也会失去它们的夸夸其谈，更不用说我的嘴唇了。一个新的泰门真的在这里崛起了，他带着讥讽的笑声把一生的收获分给了虚伪的朋友！

最后：你这么好，还记得《柏林童年》的法文译本。完成了五个章节；但是我不能考虑使用它们，因为我和我的合作者闹翻了，原因富有诗情画意，但不适合用书信描写——而且顺便说一句，这与所讨论的工作无关③。但也许事情会再次好转，我可以在某个宁静的夜晚向你讲述去年夏天在伊比沙岛上的壮丽和悲惨。

今天就写这么多……

你的瓦尔特

①《神秘主义的政治》(Politik der Mystik)，发表于1934年的《犹太人评论》，第57号。

② 1934年7月的890—905号大型《火炬》杂志，标题为"为什么火炬不出现"(Warum die Fackel nicht erscheint)。

③ 请参阅译者让·塞尔兹在1961年10月8日的《新苏黎世报》上发表的《回忆本雅明》(Erinnerungen an W. B.)。

242　致马克斯·霍克海默

斯文堡的斯科夫博海滩，1934年9月16日

亲爱的霍克海默先生，

我不知道您会在哪里收到这封短信，但是万一您收到的话，我想简要地向您介绍一下我的暑天。

通过〔弗里德里希·〕波洛克[1]先生，您肯定会了解到，我们——在一个异常的项目之后——已经就一项工作达成一致，对

1　弗里德里希·波洛克（Friedrich Pollock，1894—1970），德国社会科学家和哲学家。

《新时代》(*Neuen Zeit*) 进行文化－科学和文化－政治的盘点。当然，不仅是一个幸运的情况，即该杂志可以当场完整地提供给我，使我同意这个提议。相反，有两个促成因素。

首先，在我看来重要的是，通过一个实际例子来说明，文献的集体成果如何特别适合于唯物主义的处理和分析，并且实际上只能在这样的过程中进行理性评价。一本《新时代》这种地位的杂志是这方面的典范。但是其次，我打算通过这样一个项目——其文献兴趣，完全撇开作者的立场，是可保证的——也从技术方面，为“社会研究所”(Instituts für Sozialforschung) 的目的服务。

虽然我将以 1914 年的上半卷结束我的研究——当然，战争期间，文化政治在杂志中的作用显著下降——我需要研究的材料分散在三十二卷中（几乎都是双倍的卷数）并且相当广泛。因此，我还远没有完成材料的收集，并将继续延长我在这里的逗留时间。

尽管如此，这只有在有限的范围内是可能的，因此我很想知道您的图书馆或日内瓦的其他图书馆是否有这本杂志，无论是全部还是大部分。我确信，通过您友好的斡旋，我以后能够获得梅林的《社会民主主义史》(*Geschichte der Sozialdemokratie*) 和其他一些我必须用来补充我的材料的著作。

如果您在可预见的未来再次踏入欧洲，我们将——正如我当然希望的那样——见面，然后可以根据我收集的材料讨论这项工作。如果我们能在日内瓦会面，那可能是合适的，而且这对我来说也并非完全不可能，因为如果情况允许，我将在瑞士和我儿子见面。在这种情况下，我会从这里直接去瑞士。但这些计划仍不明确；尽管如此，我仍然很乐意尽快听到您的计划。

您是否也会写信告诉我，您是否可能经过巴黎以及什么时候？

我希望您和研究所在美国的情况完全如人所愿。就我而言，我有理由对我的夏天感到满意。可以肯定的是，菲英岛 (Fünen) 的南端是可以想象到的最偏远的地区之一。它未开发的状态有的不仅仅是优点，但是通过各种各样的来客和一台好的收音机建立了与广阔世界的联系。当然，尤其是今年夏天，绝对离不开它。从一开始就收听奥地利政变——事实上，它始于维也纳广播电台——正如我碰巧所做的那样，是一次真正难忘的经历。

〔……〕

向您和您的妻子致以诚挚的问候和良好的祝愿

您的瓦尔特·本雅明

243　致维尔纳·克拉夫特

斯文堡，1934 年 9 月 27 日

〔……〕我还不能评论《火炬》中长篇阐述①的细节，事实上，我必须把此事搁一搁，暂不作决定我有朝一日是否能够做到这一点。对奥地利法西斯主义的投降，对针对维也纳工人的白色恐怖的粉饰，对和拉萨尔[1]势均力敌的斯塔海姆伯格的雄辩术的钦佩（我自己碰巧在广播中听到了他的话）——所有与此相关的段落，我都读过，使我没有义务分析其他段落，无论我现在是否决定研究它们。对我来说事情已经分解为这个问题：现在究竟还有谁会改变信念？一种苦涩的安慰；但是在这条战线上我们不会有其他能和这个相提并论、值得一提的损失。魔鬼比人或非人更强大：他无法保持沉默，所以他——在自我背叛中——发现了魔鬼的灭亡。——如果您能给这个地址寄来关于我的《卡夫卡》的评论，以及您答应我的

1　费迪南德·拉萨尔（Ferdinand Lassalle，1825—1864），德意志联邦的作家、社会主义政治家，也是早期德国工人运动的代言人之一。

其他语言学的注释，我将不胜感激。

① 它涉及卡尔·克劳斯采取的政治立场。

244　致格哈德·肖勒姆

斯文堡，1934 年 10 月 17 日

亲爱的格哈德，

《卡夫卡》正在稳步前进，因此我感谢你最近的评论。当然，我是否能在某个时候拉满弓，把箭射出去，还有待观察。但是，尽管我的其他作品往往很快找到我和它们分手的时限，我暂时不会完成这部作品。弓的形象暗示了原因：在这里我同时面对两个目标，即政治的和神秘主义的。顺便说一下，这并不是说我过去几周一直在致力于这篇文章。相反，你拥有的版本将保持一段时间的有效性不变。我仅限于准备一些材料供日后思考。

〔……〕

社会研究所要迁移到美国，这不是好兆头。结果很容易就是我和它的负责人关系的结束或者至少是松动。我不想详细说明这意味着什么。——顺便说一句，如果你已经阅读过柏克瑙的书[①]，那么你可能比我更了解该研究所的活动。因为根据你的报告，我现在几乎再也无法想象我会收紧到目前为止从远处环绕这本厚厚的书的轨道。

我离开这里两个星期，去哥本哈根和外省的一个小镇，在那里我遇到了一位来自德国的朋友。不幸的是，我外出的大部分时间都卧病在床。至少，我在哥本哈根发现了一家纹身艺术家的商店，并且能够给我的小型画幅收藏（我与儿童读物分离后开始收藏）增加

一些由大师亲手绘制的精美的原始纹身图案。〔……〕

我希望很快能见到布洛赫。因为我三天后离开这里。事实上，我将去见多拉，她在圣雷莫（San Remo）接管了一家商店。斯特凡还在德国，但明年春天也应该下来。我在一个冰冷的房间里用麻木的手指写信，不能再添加太多的东西了。如果你看到克拉夫特，请感谢他的来信。我姗姗来迟地但衷心地回报你的新年祝福，并且有更充分的理由祝你拥有能想到的最佳的健康，因为你——用你的话说——想要在生病时阅读雅各布小说[②]。

你的瓦尔特

①《从封建到资产阶级世界观的过渡》（*Der Übergang vom feudalen zum bürgerlichen Weltbild*）（巴黎，1934年）。肖勒姆对此发表了非常批判性的评论。

② 托马斯·曼著。

245 致马克斯·霍克海默

圣雷莫〔1934年〕

亲爱的霍克海默先生，

您的信在我离开巴黎的那一刻寄到我这里。衷心感谢您的询问！我非常感谢和欢迎有机会到美国工作，无论是在您的研究所还是在与您有关的研究所进行研究。事实上，请允许我说，我预先同意您认为适宜的任何安排。

尽管我非常感激您的来信，因为您的询问为我打开了一个——虽然不确定的——前景，但我同样难以接受我们的会面必须推迟很长时间。您将从我的上一封信中推断出，我希望这次会面能够在即将到来的冬天触手可及。——首先，这对我的工作来说是非常值得向往的。如果我们能一起研究我从《新时代》的大约四十个双卷本中收集的大量材料，肯定会对它有好处。我非常注重选择可以用多种方式处理的材料。事实上，我不希望在与您详细讨论这一问题之前就确定一个最后的文本。另一方面，由于该杂志还持有我关于语言社会学的长篇专题报告集的手稿[①]，因此我关于《新时代》的文章可能会被指定一个让我们有时间进行口头讨论的最后期限。

尽管这个项目对我来说很重要，但它当然很难代表我和您讨论的唯一的甚至首先想到的主题。当您上次春天经过巴黎时，我们都指望能早点再见面。当时，您还把话题转到了我的经济状况上，并向我保证，即使在您不在的时候，您也愿意提供帮助。就我而言，我向您承诺，除非绝对必要，否则不会利用您的提议，而且我遵守了我的承诺。在此期间，我向波洛克先生求助过一次，根据我的请求，他向我提供了资金，用于我移居到丹麦，并将我的一部分私人藏书运到那里，现在已经运到了。与此同时，我成功地依靠我的小额年金度过了整个夏天，并且通过出售我的私人藏书里的一部分，我甚至能负担得起我现在正在进行的漫长而昂贵的旅行，而巴黎只是其中的一个阶段。

也就是说，尽管我很遗憾，但我不能留在这里。本来，对我来说没有比这更值得向往的了。自从今年夏天我为杂志工作的最后机会消失了——因为任何人都不再可能从德国获得汇款——没有什么会妨碍我着手处理我在许多场合和您讨论过的那本长篇的书，那本书将基于我多年来对巴黎的研究。我在夏天对这些材料进行了更多的研究，现在我对这本书的结构有了清晰的认识。根据一位巴黎朋友的判断，本地出版商很可能对此作品感兴趣。然而，目前我甚至无法决定自己的居住地点。

事实上，尽管这个项目迫切需要巴黎，我也很高兴能在蔚蓝海岸（Côte d’Azur）待上一两个月。这种可能性之所以存在，因为我的前妻在那里开了一家小型膳宿公寓。正是由于这个原因，我不必用一个请求来结束这封短信。但是，我面前只有一到两个月的这种喘息时间，当您收到这封信的时候，四分之一的期限已经过去了。

亲爱的霍克海默先生，我给您这样的描述是为了表明我完全同意您的询问。当然，如果我来美国的可能性暂时无法实现，我很快就得再和您商量一下我的谋生手段了，因为我切断了所有来自德国的资助来源，即使是最微薄的来源。

向您和您的妻子致以最衷心的祝福，并向所有人致以问候。

您的瓦尔特·本雅明

① 发表于《社会研究杂志》第 4 期（1935 年），第 248—268 页。

246　致维尔纳·克拉夫特

圣雷莫，1934 年 11 月 12 日

亲爱的克拉夫特先生，

我们的通信在过去的几个月里让我亏欠您很多。即便如此，我推迟给您提供更详细的信息，直到一个更平静的时间点的到来，现在我相信那一刻已经到来，但我仍然不能像我想的那样深入到所有的细节。当然，就最重要的事情而言，只是一个延期的问题，尽管它可能是一个相当长的延迟。我把您最近的几封信和那些文件一起保存，现在我将再次转向那些文件，因为我将再次开始撰写我的卡夫卡论文。

我不知道我是否写信告诉过您，在这个项目“最终”完成时，我实际上已经决定再次对其进行深入的研究。几种情况汇聚起来招

致了这样的决定。首先，我的经验是，这项研究使我的思想和思考走到了十字路口。对它投入更多的思考，对我来说，有望如同使用指南针在未知的地带指引一个人的方向一样。此外，如果这一观点需要一个证明的话，那么对我来说，它的形式就是这篇文章从我的朋友那里唤起的各种生动反应。您熟悉肖勒姆对这篇文章的见解；我很惊讶你准确猜中了布莱希特对这个项目的反对意见，尽管您几乎无法理解它偶尔会达到的激烈程度。当时，我已经把夏天在这个问题上发生的最重要的争论书面记录下来[①]。您可能迟早会发现它们反映在文本本身中。此外，当然，您在某种程度上已经赞成这些反对意见。确实可以认为我的文章形式有问题。但是在这种情况下，其他形式是不可能的，因为我想放开手脚；我不想结束。从历史上讲，现在可能也还不是结束的时候——尤其是在卡夫卡被视为一个预言性作家的时候，就像布莱希特做的那样。如您所知，我没有使用过这个词，但是对此有很多话可以说，我仍然可能是这样做的人。

当然，我的文章越近似于一个富有教益的演讲——顺便提一下，我相信，即使在以后的版本中，这种情况也只能在有限的范围内发生——其中的主题就越清楚地暴露出来，您很可能会发现比当前的形式难以接受得多。我首先思考的是卡夫卡失败的主题。这与我对卡夫卡的绝对务实的解读有着非常密切的关系。（或者更确切地说，这种思考方法主要是一种本能的尝试，旨在避免非批判性评论的虚假深刻性，它是将卡夫卡的历史与非历史性相结合的一种解释的开始。前者在我的文本中仍然过于简短。）实际上，我相信，任何——与卡夫卡自己的感觉相反，在这种情况下，是廉洁和高尚的感觉——从对他所实现的神秘主义作品的假设出发，而不是从作者自己的感觉、他的正直以及不可避免的失败的原因出发的解释，都将错过整个作品的历史节点。只有在这一节点上，一种思考才是可能的，它使合法的神秘主义解释具有合法性——而这种解释不应被认为是对他的智慧的诠释，而是对他的愚蠢的诠释。我实际上并没有这样做；不是因为我离卡夫卡不够近，而是因为我离他太近了。尽管如此，当肖勒姆指责我忽略了卡夫卡的“法律”概念时，他已经非常清楚地意识到即使是我现在的版本也不愿超越的界限。以后的某个时候，我将尝试说明，为什么——与“教义”的概念相反——卡夫卡的“法律”概念主要具有一种虚幻性质，实际上是一种仿冒品。

我希望这样暂时就足够了。很抱歉，我无法为您提供当前版本的副本。我为此感到更加遗憾，因为当然，可能丝毫看不到这篇文章以这种或任何其他形式发表的前景。因此，它甚至在外部意义上占据了一个极端的位置，并且非常适合引导我时不时地回到“文章”的思考方法。顺便说一下，我希望这篇文章标志着这种思考方法的终结。感谢您提到玛格丽特·苏斯曼[1]的文章。②如果您能把您对《一页陈旧的手稿》(Ein altes Blat) 的评论寄给我，我将更加感激您。③

您的提议是正确的，我们不再以书面形式对克劳斯发表意见。但是，我想提醒您注意一个小小的单行本④，其中朋友们在克劳斯 60 岁生日之际表达了感激和忠诚，因为我不知道您是否看过它。(也许您可以通过维也纳的贾雷 [Jaray] 获得该私人印刷品。) 其中有维尔特尔[2]非常美丽的沉思；此外，还有布莱希特的一首诗。

是的，请写信告诉我，您对蒙田[3]的理解。我不太了解他，但

1 玛格丽特·苏斯曼（Margarete Susman，1872—1966），德国记者、散文家和诗人。

2 贝特霍尔德·维尔特尔（Berthold Viertel，1885—1953），奥地利编剧和电影导演，以在德国、英国和美国的工作而著称。

3 米歇尔·德·蒙田（Michel de Montaigne，1533—1592），法国文艺复兴时期最著名的哲学家之一，以将随笔作为一种文学类型而闻名。

是我对卢克莱修[1]比较熟悉，他确实是一个非常出色的人物。我很感激他给了我童年以来最愉快的阅读时间。那是两年前的夏天，每天早晨6点半，我从伊比沙岛荒凉海滩上的房间，走向大海去游泳，然后在森林中一个人迹罕至的地点，坐在一片苔藓上，不受已经炎热的阳光的照射，在我去吃早饭前，阅读一个小时卢克莱修。而且卢克莱修提供了对好些像箭一样的阳光的抵御。他的关于爱情的章节无疑是世界文学中关于这一主题引人注目的事物之一。

我会很高兴很快听到您的好消息。当然，我也对您能告诉我的、您对巴勒斯坦的一切感知和思考感兴趣。——遗憾的是，我不得不担心，德国的新外汇管制条例并没有使您的个人状况变得更加轻松。您会暂时留在那边吗？您可以在下面找到我的地址。我可能会在蔚蓝海岸待上几个月，无论是在这里，还是在法国。

在我结束之前，我还想向您推荐我最近读过的一本鲜为人知的书，就它对我的重要性而言，我对它的排名几乎超过了所有伟大的小说，紧随《帕尔马修道院》之后。它是史蒂文森[2]的《巴兰特雷公子》(*Der Junker von Ballantrae*)。如果可能的话，一定要搞到它。

① 记录了这些对话的笔记本保存在本雅明的文件中。布莱希特说，这篇文章宣扬了“犹太法西斯主义”。

②《弗兰兹·卡夫卡的约伯问题》(Das Hiob-Problem bei Franz Kafka)。发表于《早晨》(*Der Morgen*) 杂志 (V. 1，1929年)。

③ 收载于卡夫卡的《乡村医生》中。

④《关于卡尔·克劳斯在60岁生日的评论》(*Stimmen über Karl Kraus zum 60. Geburtstag*)，维也纳，1934年。其中包括布莱希特的《论〈火炬〉第888号(1933年10月)中十行诗的意义》(Über die Bedeutung des zehnzeiligen Gedichts in der 888. Nummer der Fackel [Oktober 1933])。

---

1 卢克莱修(Lukrez，约公元前97—约前55)，古罗马诗人和哲学家，继承了伊壁鸠鲁主义。

2 罗伯特·路易斯·史蒂文森(Robert Louis Stevenson，1850—1894)，苏格兰小说家和旅行作家。

247　致阿尔弗雷德·科恩

圣雷莫，1934 年 12 月 19 日

亲爱的阿尔弗雷德，

我很高兴在指定的地方找到你的来信。我花了一些时间全神贯注地阅读它，并从中推断出，你是用多么巧妙的笔触，来保护柔弱的希望的火焰，使其免受当前历史事件的狂风侵袭。我祝你有一个设备齐全的家用壁炉，在某个美好的日子，那火焰将被点燃。

那么我的情况怎么样呢？事情是如此糟糕，以至于我真的不愿意告诉一个像你这样老于世故的人这一切。如果有人告诉我，我可以感谢我的幸运之星，让我生活在最美妙的地区——圣雷莫确实格外美丽——并且能够在散步或写作时追寻我的思想，而无需担心我的日常生活，我该如何回应？如果另一个人站在我面前，当着我的面告诉我，这是一种不幸和耻辱，仿佛在我自己过去的废墟中筑巢[①]，远离了所有的任务、朋友和生产资料——在这个人的面前，我更有可能陷入尴尬的沉默中。

当然，我不缺乏日常工作。但是，现在应该再次从更广阔的角度，以及从整体上来定义我的工作；在开始认真而系统地进行我的关于《拱廊计划》的研究之后，我已经意识到，在多大程度上情况是这样的。遗憾的是，在可预见的将来，没有丝毫机会可以自由选择我的居住地点；我将不得不满足于能够离开这里。至于这是否意味着我将再次北上，也值得怀疑。自从布莱希特去伦敦以来——他显然仍然逗留在那里——没有收到他的任何消息。

简而言之，我非常羡慕你与资产阶级社会交往的机会，我在这里完全没有这种机会。未来几天，斯特凡的到来将使我得到补偿。他将在这里度过圣诞假期，以便，如果可能的话，在复活节期间转到当地的一所学校。

我非常喜悦地听到，你仍然不能戒掉你送给我礼物的老习惯。

我真的很想再次当面对你表示感谢——或者说得更准确些，当场收到那张画幅——但对于海岸是否会把我一路引导到你这里②，相当令人怀疑。另一个因素是，伊比沙岛的轮廓深深地刻在我的脑海里，最近收缩成痛苦的形状。这些话不仅是指而且不是首先是指让·雅克·诺格格拉斯（Jean Jacques Noeggerath）③的死亡——但是因为他的生命之线恰好与我自己的一个生命之结相交，所以他的死对我的影响比按照我们交往的性质所能设想的要大得多。

关于文学，我今天没什么要告诉你的。我仅从传闻中得知，奥普雷赫特和赫尔布林（Oprecht und Helbling）出版社——其编辑是伯纳德·冯·布伦塔诺——出版了布洛赫的新书。据说，这本书包含和我的难堪和恶意的争论④，正如一位当然并非绝对可靠的消息人士告诉我的那样。让我们拭目以待吧！布莱希特的小说⑤由阿勒特·德·兰格（Allert de Lange）出版社在阿姆斯特丹出版。我读了西默农[1]的一本新书《自杀》(*Les suicidés*)，我很喜欢。你可能已经注意到了，三个月来我一直在不厌其烦地谈论史蒂文森的小说《巴伦特雷少爷》，我几乎没有必要向你推荐它。——你可能有兴趣知道，赫塞尔翻译了格林的《空想家》，我是从《法兰克福汇报》中获悉的。

这次就写这么多。如果我不必等太久就能收到你的新消息，那就太好了。向你和格蕾特致以最诚挚的问候

你的瓦尔特

① 本雅明住在他的前妻经营的维尔德膳宿别墅（Pension Villa Verde）中。

② 当时，阿尔弗雷德·科恩作为商人居住在巴塞罗那。

③ 菲利克斯·诺格格拉斯的儿子。

④《这个时代的遗产》(*Erbschaft dieser Zeit*)，1935 年。关于本雅明的内容，主

1　乔治·西默农（Georges Simenon，1903—1989），比利时作家。

要参见第 275 页及以下。
⑤《三毛钱小说》，1934 年。

248 致卡尔·蒂姆[1]

圣雷莫，1934 年 12 月 25 日

亲爱的蒂姆先生，

很长一段时间以来，我一直想表达我最诚挚的谢意，感谢您的体贴的多重而重要的证明。现在，您最近寄来的包裹和即将到来的新年——对此，您可以确信我对您的特别殷切的祝福——给了我这样做的双重理由。

要表达我的感激之情，没有比对您重要的西方教育史[①]做出详细回应更合适的方式了。作为一种书面表达的，并受这种表达条件制约的感激之情，它将因此被证明是非常不完整的。尽管如此，但愿我在与您进行口头讨论——这是我真心希望的——之前所说的几句话，得到您的欢迎！

让我从一件似乎很遥远的事情开始：我越读您的信，尤其是当我读到您对现代虔信派（devotio moderna）的评论时——它照亮了整个最后一部分——我就越经常想起我过世已久的朋友佛罗伦斯·克里斯蒂安·朗。在漫长的对话中，虽然几乎从不涉及神学的对象，但他使我熟悉了一个神学思想的世界，显示出与您自己的有着深刻的关联。我只能认为，您完全熟悉他的名字，并且早就知道他的《德国建筑棚》[②]。您再也无法见到这个人了，在我看来仍然令人痛惜。对他来说，整个西方文化继续被犹太教-基督教启

1　卡尔·蒂姆（Karl Thieme，1902—1963），德国历史学家和政治学家。

示的内容及其历史所滋养。您的著作证实了这也是您的立场。在一篇范围广泛的评论中——那无疑是《圣经》诠注中最杰出的作品之一——他想证明甚至在文艺复兴诗歌的鼎盛时期——在莎士比亚十四行诗中——这一点仍然是有效的。

在第一次阅读您的作品之后，很明显，对于自从人文主义以来一直占据着主导地位的教育理念的神学分析尤其使我着迷。在我看来，您的“共同真理”的概念为您开启了极为深远的见解。我感觉您对新的人文主义和古典主义的分析是完全透彻的；我非常激动地阅读了这些书稿。在说这些的时候，我几乎不需要提醒您，我的“共同真理”的概念——我承认这样一个概念！——和您的不一样；如果我再补充什么的话，我只会指出穿过您在人文主义教育的僧侣城墙上凿开的缺口的道路有多宽阔。

我不可能指出所有那些您经过时竖起了小小的里程石标的地方，精心构建的清晰的智力景观或者是被一道洞察力的光线照亮的裂缝展现给任何在那里逗留的人：您精彩地把耶稣会教士风格描述为冷静建立的被容许的世俗快乐的前景；您从“该诅咒的”责任和义务的概念出发阐明路德的罪恶学说；您从神学上把世界的驱动力描述为加尔文主义内部的对抗，例如“未被询问的”加尔文主义与第一批被邀请回答这个问题的基督徒的对抗；或者是您对信徒的“工人战士”出身的漂亮证明。

每个半清醒的读者都能从您的语言中感觉到，您在所要说的话上所花费的谨慎和力量从来没有白费。然而，并不是所有人——也正因为如此，我才允许自己指出——都会注意到——就像我碰巧做到的那样——您在某些地方对这个主题进行了过分深入的研究，以至于过时的措辞也浮出水面。例如，虔信派的措辞，在塞缪尔·科伦布什身上表现出无与伦比的形式[③]，并且在您的第136页上可以再次听到他本人的措辞：“取代路德的信徒为感谢上帝的仁慈救赎而行善，有信徒为爱而行善……”

我已经说了足够多的话，来完全表达我对您的感激之情，感谢您在自己著作的上下文中想到了我的书；但它不足以——我很清楚这一点——使今后的讨论变得多余，甚至不那么紧迫。我觉得有必要进行这样的讨论，正是出于这种感激之情。考虑到这一点，我也许可以向您——当然，只是作为权宜之计——指出一篇较长的文章《弗兰茨·卡夫卡》的片段，这篇文章刚刚发表在《犹太人评论》中。刚刚预先通知我要给我副本，所以很遗憾，我无法和这封信一同寄给您。

我唯一剩下要做的就是告诉您，我怀着极大的兴趣读了您寄给我的关于当代抒情诗的前四篇报告④。我发现它们有很多有趣的地方，但是我必须说我也有一些异议。我非常坚决地同意您对自然现状条件（tel quel）学说提出的反对意见——特别是在关于伊丽莎白·朗格瑟[1]的章节中——您在关于圣弗朗西斯[2]的文章⑤中如此有力地重复了这一点。

我很可能会在圣雷莫逗留相当长的时间。从绝对意义上讲，那里的工作条件当然是不利的，但从相对的角度来看，它们是完全可以接受的。您也许不太可能会在可预见的将来，来到我的身边，因此，我将更加高兴地收到您的来信。

致以诚挚的问候

您的瓦尔特·本雅明

①《古老的真理：西方教育史》(*Das alte Wahre: Eine Bildungsgeschichte des Abendlandes*)，1934年。

1 伊丽莎白·朗格瑟（Elisabeth Langgässer，1899—1950），德国女作家。

2 阿西西的弗朗西斯（Franz von Assisi，又称圣弗朗西斯，1181/1182—1226），天主教方济各会的创始人。

② 发表于 1924 年。
③ 本雅明在《德国人》一书中的科伦布什给康德的书信的序言中论及了科伦布什。
④《法兰克福汇报》上的评论集合（1934 年 9 月 21 日、10 月 11 日、11 月 27 日和 12 月 5 日）。
⑤《天主教行动的赞助人》（Der Patron der katholischen Aktion）。发表于 1936 年第 12 期的《方济各会的生活》（*Franziskanisches Leben*）。

249　致格哈德 · 肖勒姆

圣雷莫，1934 年 12 月 26 日

亲爱的格哈德，

你寄往丹麦的信终于在两周前转到了我这里。但其中提到的一篇德语文章却并非如此，它肯定已经丢失了。我非常希望你能很快再寄给我一份。否则，我将不得不得出结论，一个更高的力量正在煞费苦心地使我脱离神秘主义文献的源头，不仅是纯粹的，而且是混浊的源头。例如，布洛赫的《这个时代的遗产》已经出版好几个星期了。但是你认为我见到过这本书吗？我只知道这一点，即不安和争吵即将在忠诚分子的队伍中爆发，因为他们既对文本中向我展示的敬意表示祝贺，又对它针对我的谩骂进行辩护，据称这些辱骂包含在展示敬意的相同段落中。我甚至收到来自作者本人的一封信。我所缺乏的只是会让我弄明白这一切的材料本身。

但是，当我向你吐露，我已经落入真正的魔法犹太人的总部时，你尤其不可以犹豫向我提供真实的文件。因为〔奥斯卡 · 〕戈德伯格已经在这里定居，他把他的弟子卡斯帕里派往咖啡馆，把《希伯来人的现实》委托给了当地的报摊，而他自己——谁知道呢——可能是在赌场里测试他的数字占卜术[①]。不用说，我没有和这帮人谈过话。谈不上不言而喻，但不幸的是，实际上，在这里我

没有，也不能预见其他交流的机会。

〔……〕

你上一封信中提到我的处境的话不能说是错的。最糟糕的是我越来越疲倦。这与其说是我的无保证的生活对我的直接影响，倒不如说是生活的变迁使我置身其中的孤立的直接影响。这种孤立几乎从来没有比现在更加彻底，在泳客和游客中间，我很难指望从他们那里得到任何有益的东西，但是，在当前情况下，我不得不每天重新调整和他们的距离。

不需要太多东西使巴勒斯坦之行对我具有吸引力；实际上，没有什么比我们一起检查我们通信的基础更合适的了，这些年来，我们的通信已经发展成为一座摩天大楼。如果往返的费用能在足够长的时间内分摊，我甚至可以最终筹集到交通费。如果有机会，请更详细地写信告诉我，你如何构想旅程的安排，我是否可以将其与讲座相结合，等等。

正如你肯定看到的那样，《卡夫卡》的第一部分最近已经发表，萌发这么久的东西现在至少结出了可以接受的果实。该出版物将促使我在不久的将来打开我的卷宗，其中包含其他人提出的建议以及我自己的想法，这些——与我的惯常做法不同——是我专门为这篇文章创建的。我的关于语言理论的长篇专题报告集——我作为新手写的，你可能会比我希望的更早注意到这一点——可能也将在可预见的未来，发表在《社会研究杂志》上。无论如何，我从这种公开的学习过程中受益匪浅，而且实际上是最近通过与卡尔·布勒[1]的《语言理论》（*Sprachtheorie*）相识而受益。

〔……〕

你的瓦尔特

1　卡尔·布勒（Karl Bühler，1879—1963），德国心理学家和语言学家。

① 指戈德伯格的早期著作《摩西五经，一座数字大厦》（*Die fünf Bücher Mosis, ein Zahlengebäude*）（柏林，1908 年）。

250　致特奥多·W. 阿多诺

圣雷莫，1935 年 1 月 7 日

亲爱的维森格伦德先生，

我推测您回来了，我将着手回复您 12 月 17 日的长信。并非没有犹豫——它是如此重要，并且切中问题的症结，以至于我不可能在一封信中恰当地处理它。因此，更重要的是，在做任何其他事情之前，我再次向您保证，您对我的深切关心让我无比高兴。我不仅阅读了您的信，还研究了它；它要求被逐句思考。由于您对我的意图[①]了如指掌，所以您指出我哪里出了错是至关重要的。这首先适用于您对我缺乏对古语的掌握的评论；因此，它完全适用于您对远古和遗忘问题的保留意见。至于其他方面，我很乐意接受您对“试验规定”一词的异议，并会参考您对无声电影所做的非常重要的评论。您如此特别着重指出《一条狗的研究》（*Aufzeichnungen eines Hundes*）这一事实给了我一个暗示。正是这篇小说——可能是唯一一篇——即使在我撰写《卡夫卡》论文的过程中对我来说仍然是陌生的。我也知道——甚至对菲丽齐塔丝说过——我仍然需要发现它的真正含义。您的评论解决了这一期望。

现在，两个部分——第一部分和第三部分——已经出版，修订版的道路是畅通的；但它是否会达到出版的目标，以及朔肯是否将以书籍形式出版扩展版，还是一个疑问。就我现在所看到的，这次修订将主要影响到第四部分，尽管在它上面放置了很大的重点，或者也许是由于放置了太大的重点，使得即使像您和肖勒姆这样的读者也无法发表意见。顺便说一句，在迄今为止听到的声音中，布莱希特的并不缺席；因此，总的来说，他周围已经形成了一个乐音音型，通过聆听，我仍然可以学到一些东西。目前，我已经收集了一系列的反思，但我还不关心如何将其投射到原始文本上。这些反思围绕着“比喻－符号”的关系，在这种关系中，我相信捕捉到了定义卡夫卡作品的二律背反，并且这种关系比“寓言－小说”的对立更能体现他的思维方式。到目前为止，尚不存在对卡夫卡小说形式的更精确定义。我同意您的看法，这是必要的，但只能通过迂回的方式来实现。

我希望——而且这并不是完全不可能的——其中一些问题仍然是开放的，直到我们下次见面。也就是说，如果从菲丽齐塔丝的暗示来看真的有理由抱有希望，根据这一暗示，您正在考虑在复活节期间前往圣雷莫旅行。如果真是这样，我将非常高兴——是的，比您猜想的还要多，因为您无法评估我目前的孤立状态。然而，此刻，我的孤立状态即将短暂中断；我期待着维辛，因此我可能会成为他在柏林的最后几个月的间接见证人，而您直接经历了它们的尾声。这也使我希望与您相会。

我没有考虑复活节以后的问题。布莱希特再次邀请我去丹麦，而且是马上。无论如何，我可能不会在5月前离开圣雷莫。但另一方面，我不允许我在这里无休止地逗留，尽管对我来说它是宝贵的避难所，因为从长远来看，我与朋友和工作方法的隔绝将使它成为对我耐力的危险考验。当然，另一个因素是，我不得不尽我所能生存下去，我每时每刻觉得这是一种沉重的束缚。回复您在去年12月提出的友好询问，我对此表示衷心的感谢——尽管鉴于当地情况，研究所的100瑞士法郎并不能消除我为生存而挣扎的需要，但实际上，我仍然没有理由带着我的个人问题向外人求助。尽管恰恰在这个时候，可以用最少的资金为我提供最低限度的行动自由，从而提供很大程度的主动性。但是如何实现呢？

另一方面，您从经验中知道，要用外语写第一篇文章，必须调动最大程度的主动性。从我目前为《新法兰西评论》杂志撰写的《巴霍芬》（Bachofen）一文上，我可以感觉到这一点。这将为我们提供机会，就最接近我们的事情说很多话。对于法国来说——在那里没人知道巴霍芬，他的作品没有一部被翻译过来——我必须把信息性放在首位。但是，说到这里，我不想忘记告诉您，我完全同意您 12 月 5 日的信中，关于克拉格斯和荣格[1]的评论。出于与您所说的完全相同的观点，我认为有必要进一步了解荣格。您是否碰巧有他对乔伊斯的研究可供支配？

请告诉我这句话的来历："几乎没有什么全都顺利"②？您不想将您间接提到的关于伦敦车票的文章寄给我吗？无论如何，我希望尽快阅读您有关留声机唱片的文章，其中涉及了如此重要的背景。

寄给我的布洛赫的书的第一个副本一定是错过我了；出版商已经保证，第二本正在路上。我感到非常惋惜的是，布洛赫肯定并不亚于我们中的任何一个需要内行的朋友的指引，但他似乎在界定自己宽阔的旅行圈子时没有考虑到他们，并满足于让他们享受他的论文的陪伴。

您读过《三毛钱小说》吗？在我看来，它是一个圆满的成功。请写信告诉我您对它的看法。此外，请给我非常详细的信息，不要忘记包括您自己的工作情况。

今天就写到这里，致以最诚挚的问候。

您的瓦尔特·本雅明

---

1 卡尔·古斯塔夫·荣格（Carl Gustav Jung，1875—1961），瑞士精神病学家和心理分析学家，他创立了分析心理学。

① 在关于卡夫卡的文章中。
② 摘自阿多诺的《汤姆·索亚》。

251 致贝托尔特·布莱希特

圣雷莫，1935 年 1 月 9 日

亲爱的布莱希特，

在丹麦我将做什么尚不完全清楚。霍克海默写信告诉我，他打算在美国为我搞到一份奖学金，使我能够在那里度过一年。整个事情仍然悬而未决。但是当然，我写信说，我会接受的。

很可能什么都不会发生，在这种情况下，我很乐意来丹麦。——此外，就外部环境而言，这里是完全可以忍受的。另一方面，我与人、信息和工作手段的隔绝常常超出了我所能承受的范围。

您在英国的情况不一样。我想更详细地了解您是如何做到的？还有关于您的戏剧和小说在那里做了什么决定？

现在，我阅读了印刷版的《三毛钱小说》，并且在许多段落中一再重新感受到乐趣。这次，我对沃利（Walley）情有独钟。——在我看来，这本书经得起时间的考验。我还听格哈德说，他认为这是一个圆满的成功。

为了便于我撰写简介①，我请克劳斯·曼[1]把迄今为止发表的新闻评论寄给我。了解别人对这本书的看法可能是有用的。他写信告诉我兰道尔[2]把所有东西都寄给您了。您能把剪报借给我八天吗？我会用挂号信把它们还给您。

---

1 克劳斯·曼（Klaus Mann，1906—1949），德国作家。
2 卡尔·兰道尔（Carl Landauer，1891—1983），德国的社会民主党人，也是比较经济体制的理论家。

关于摄影的书②仍然是手稿。我不知道是否有副本。它涵盖了从世纪之初到世纪之交的所有内容。如果您想要，我可以写信给作者。

我肯定会在这里待到复活节；然后斯特凡会在当地的学校上学。

您读过布洛赫的《这个时代的遗产》吗？他在里面提到了您。

下一期《社会研究杂志》将刊登我的一篇关于语言学的专题报告。此外，我即将完成我的第一篇用法语写的长篇论文《巴霍芬》。我在巴黎度过的时间的唯一成果就是与《新法兰西评论》的编辑会谈。流亡者们意志消沉；克拉考尔尤其如此。一些人，例如海因里希·曼和凯斯滕，已组织了一次内部迁移到尼斯。

汽车怎么样了？如有必要，您可以以我的名义在它冷却的发动机上敬献花环。

最诚挚的问候，并请转达给海莉（Heli）[1]和孩子们

您的瓦尔特·本雅明

① 本雅明为克劳斯·曼出版的《文集》（*Die Sammlung*）杂志撰写了一篇关于布莱希特的《三毛钱小说》的评论；虽然文章已经排版，但它并没有发表在那里；参见分别致肖勒姆和布莱希特的第257和258封信。它可以在《贝托尔特·布莱希特的三毛钱的书》（*Bertolt Brechts Dreigroschenbuch*）（法兰克福，1960年）中找到，第187—193页。

② 可能是吉泽尔·弗伦德[2]的《19世纪的法国摄影》（*La photographie francaise au XIXe siecle*）（巴黎，1936年）。本雅明在《社会研究杂志》第7期（1938年）第296页进行了评论。

1 海伦·威格尔（Helene Weigel，1900—1971），德国著名的女演员和艺术总监，布莱希特的第二任妻子。

2 吉泽尔·弗伦德（Gisèle Freund，1908—2000），德国出生的法国摄影师和新闻摄影家，以她的纪实摄影作品以及作家和艺术家的肖像而闻名。

252 致维尔纳·克拉夫特

圣雷莫，1935年1月9日

〔……〕有关《三毛钱小说》您为什么不再给我写信？在我所处的世界角落——它也许是时尚的中心，但至少在文学上很偏僻——我完全不知道这本书被所有人接受的情况。由于我自己目前正在撰写它的评论，因此我请布莱希特让我看看报纸都说了些什么。顺便说一下，就他为克劳斯的纪念文集写的那首诗而言，我碰巧知道，如果不是过于粗鲁，这首诗是不可能被撤回的。然而，从布莱希特不想表现出如此粗鲁的事实中很难得出深远的结论，因为他有着不同寻常的礼貌。①

然而，您在上一张明信片中表达的猜测，即您的来信中对我的《卡夫卡》的保留意见可能伤害了我，甚至更不合理。在不冒我现在对您做同样事情的风险的情况下，我可以向您保证，与已经提出的其他反对意见相比，您的反对意见看起来像是迫击炮弹中的羽毛箭（我决不想暗示它们是有毒的箭）。但是，围绕这篇作品胜过围绕其他任何作品所产生的争议，无非是证实了当前思考的许多战略要点存在于它的领域中，而我进一步加强这一思考的努力并非徒劳。

很久以来，您一直在向我保证告诉我您对巴勒斯坦的感想。我将怀着极大的兴趣阅读它们，我希望很快。——佐伊梅[1]是资产阶级最令人钦佩的人物之一，他的一些书信确实无与伦比。——我已经有很长一段时间没有得到像《日冕》（*Corona*）这样精致的东西了，除非您能把这期杂志借给我，并把它放在我一开始请求的包裹里。无论如何，您可能会很友好地告诉我编辑部的地址。

您见过恩斯特·布洛赫的《这个时代的遗产》吗？它包含了一个关于我的简短章节，但是当然，正如作者在给我的信中及时向我

1　约翰·戈特弗里德·佐伊梅（Johann Gottfried Seume，1763—1810），德国作家。

保证的那样，它的观点并不完整。

附：某个朱利叶斯·克拉夫特[1]出版了一本书，题为《人文科学的不可能性》（*Die Unmöglichkeit der Geisteswissenschaften*）。他是您的亲戚吗？②

① 布莱希特和克劳斯之间的分歧可以追溯到克劳斯的小册子《为什么火炬不出现》（《火炬》杂志 890—905 号）。布莱希特以《论善良无知者的迅速堕落》（Über den schnellen Fall des guten Unwissenden）这首诗作为回应。
② 不是。

253 致海伦·威格尔

圣雷莫，1935 年 2 月 3 日

亲爱的海莉，

我很高兴收到您的来信。我当然想知道您和布莱希特在伦敦的情况如何。不过，我可能还得继续依赖住在那里的通信者提供的有关这方面的贫乏信息。您看到舍恩了吗？

从最重要的事情开始：没有人陪我玩 66。这里的人太有教养了，不会打牌。这对我来说是一个教训：一个人不应该渴望超越自己的圈子！当然，我现在已经远离我们老顾客的固定餐桌，并且肯定要过一段时间才能再次出现在它的边缘。如果日内瓦研究所不请我去美国，那我可能会在夏天来。遗憾的是，布莱希特没有寄给我任何关于那部小说的剪报。为了我目前正在撰写的评论，我本来很想知道其他人对这本书的看法。我没有看到任何评论，因为我只阅读法语和意大利语的报纸。也许您还可以寄给我一两篇重要的文章。

1　朱利叶斯·克拉夫特（Julius Kraft，1898—1960），德国社会学家。

您询问的那本书叫作

亨利·达马耶（Henri Damaye）：《精神病学与文明》（*Psychiatrie et Civilisation*）（巴黎，阿尔坎［Alcan］出版社，1934年）。

然而，它并不涉及**群体性**精神病，而是涉及作为个体精神病的病因的细菌。特别是，作者断言，某些形式的科赫杆菌不会引起结核病，但会引起精神病。

请阅读伊尔夫和彼得罗夫[1]的《在苏联的百万富翁》（*Ein Millionär bei den Sowjets*），如果有德语版本的话。我正在阅读法语版，发现里面有些很有趣的东西。

最诚挚的问候！

您的瓦尔特·本雅明

254　致阿尔弗雷德·科恩

圣雷莫，1935年2月6日

亲爱的阿尔弗雷德，

尽管发烧感冒，我今晚还是要打起精神，以感谢你的最后一封信。如果你们那里2月的天气和这里的相似，带孩子们健康地度过难关会面临无尽的麻烦。阳光普照的上午非常温暖。一旦下午太阳消失了，马上就开始阴冷，我已经忍受了一个星期其令人不快的后果。

你的上一封信谈到了相对可以忍受的处境，特别是谈到了改善的前景。如果它们现在已经兑现了，那就太好了。与此同时，这里

1　伊里亚·伊尔夫（Ilya Ilf，1897—1937）和叶甫根尼·彼德罗夫（Yevgeny Petrov，1903—1942），两位苏联散文作家。

的一切对我来说都没有改变，除了春天的最后期限逐渐临近，超过此期限，我可能不会延长我的逗留时间。与此同时，我将不得不在这么长的时间里，屈从于密不透气的隔绝状态，这是我为目前相对宜人的外部生活环境付出的代价。这种隔绝状态远远超出了它可能对我的工作有利的程度，我把自己局限在以半手工的方式不紧不慢地拼凑出一篇又一篇作品。另外，任何相对集中的工作，部分由于空间条件，部分由于气温，一般只能在床上进行，实际上我有时会完全撤退到床上。这是我最终能够完成我的第一篇法语长篇论文《巴霍芬》的唯一方法，并且我打算用同样的方式撰写《三毛钱小说》的评论，我刚刚开始为《文集》杂志写这篇文章。

与此同时，德国的稳定似乎已经取得了巨大进步。如果某种布吕宁[1]政权——不受社会民主党抱怨的干扰，并服从于德国国防军——不久就在那里成立的话，我不会感到惊讶。最黯淡但可能也是最适当的未来愿景。在这种情况下，我与德国所剩无几的私人联系，都将被彻底松开。我与格吕克的联系是个例外，我虽然没有与他通信，但我肯定希望今年与他再次见面。与此相反，没有朱拉和弗里茨的任何消息。另一方面，我只是偶尔从一位共同的女性朋友那里听到有关恩斯特的任何消息。值得注意的是，在英国而不是其他任何地方，一个类似中心的东西似乎已经为我们形成了。订购法国的土地有多困难，我们都还记忆犹新。然而，除了一次又一次地重新开始之外，我别无选择，有时我会问自己，今年冬天我不应该不惜任何代价留在巴黎吗？我相信我必须为错过的机会而责备自己。另一方面，为了不高估自己的机能缺失症状的程度，我最近自娱自乐地整理了一份“过去两年中我的错误和失败清单”，使人稍

---

1 海因里希·布吕宁（Heinrich Brüning，1885—1970），德国中间政党政治人物和学者，他在 1930 年至 1932 年的魏玛共和国期间担任德国总理。

微感到安慰的是，前者并非总是后者的先决条件。

然而，我在伊比沙岛的第一个移民时期越是后退到过去，它就越是沐浴在绚丽的微光中。我这样说是为了向你特别提出以下有关伊比沙岛的问题。也许你可以根据自己的调查至少部分地回答它们。也就是说，我非常想知道：1）诺格格拉斯夫妇是否还在岛上；2）他们的所在之处；3）他们是否仍然拥有自己的地产，或者甚至可能已经在上面建造房屋；4）雕刻家约基什（Jokisch）在伊比沙岛的情况如何；以及 5）盖伊·塞尔兹（Guy Selz）在港口是否还拥有他的酒吧？

现在来谈谈你自己的问题①，我不认为通过肖勒姆来收集你想要的信息是合适的途径。当然，我也不知道有什么直接的途径。但是，我的较亲密的一个朋友——你熟悉他的名字，并且我会给你他的地址——也许能通过他在那里的亲戚或朋友为你查明一些东西，如果你详细地写信给他，并且明确地提到我。你知道，他本人不是商人，而是图书管理员。因此，你必须毫不怀疑，你并不是因为他的个人能力（在这方面是缺乏的）而求助于他，作为通向可能的专家的渠道。维尔纳·克拉夫特，耶路撒冷里哈维亚区（Rechavja），本迈蒙街（Ben Maimon）37 号，由罗森伯格转交。这上面的墨水还没有干，他的新地址到了：里哈维亚区，阿尔法西街（Alphasi）31 号。

我尽可能经常离开这里去尼斯。并不是说那里有很多人陪我，但至少有一个或两个。然后是合心意的咖啡馆，书店，储备丰富的报摊——简而言之，在这里以任何方式都找不到的一切东西。在那里，我还给自己储备了侦探小说。我需要很多，因为我在这里的晚上通常从 8 点半左右开始。除了西默农，皮埃尔·韦里[1]最近被证明是非常好的。此外，我读过伊尔夫和彼得罗夫的

1　皮埃尔·韦里（Pierre Very，1900—1960），法国小说家和编剧。

《在苏联的百万富翁》，第一部分非常有趣，但后面的较弱；德里厄·拉罗谢尔[1]的《查尔斯罗伊的喜剧与其他故事》(*La Comédie de Charlesroi*)，其中包括中篇小说《逃兵》(*Le Déserteur*)，在里面我惊讶地发现了我自己的政治立场的确切描述；蒙特朗[2]的《单身汉》(*Les célibataires*)，我早些时候可能向你大力推荐过；盖埃诺[3]《一个40岁的男人的日记》(*Journal d'un homme de quarante ans*)，我们这一代人的一些经历在其中得到了很好的表达。当然，不如维兰德·赫兹费尔德在夏天意外地看到我出现在哥本哈根的一个小郊区时做的那样出色："嗯，本雅明。您也是属于20世纪20年代的人？我们还会经常见面。因为，您知道，我们这一代，它是这样的：那些体质更纤弱的人早在1914年之前就已经消失了；那些愚蠢的人在1914至1918年间消失了。那些剩下的人还会继续存在一段时间。"

你会收到我寄给你的布洛赫的新书。如果你能让我听听你对它的看法，我将不胜感激。我使出许多花招，一次又一次地推迟关于此事给他写信这件吃力不讨好的极其困难的任务，但是现在，我无法更长时间地绕开它。我必须对这本书提出严厉的批评（尽管不是对作者），那就是它决不符合它所出现的环境。相反，它就像一位视察被地震摧毁的地区的绅士大人那样格格不入，他到达后首先没有什么更迫切的事情要做，而是立即让他的仆人们铺开带来的——顺便说一下，已经有点虫蛀的——波斯地毯；摆好——已经有点失去光泽的——金银器皿；给他自己裹上——已经有点褪色的——锦缎长袍。显然，布洛赫有很好的意图和相当的洞察力。但是他不知

1　皮埃尔·德里厄·拉罗谢尔（Pierre Drieu La Rochelle，1893—1945），法国作家，以小说和政治文章见长。

2　亨利·德·蒙特朗（Henry de Montherlant，1895—1972），法国散文家、小说家和剧作家。

3　让·盖埃诺（Jean Guéhenno，1890—1978），法国散文家、作家和文学评论家。

道如何周到地将它们付诸实践。他过分的要求阻碍了他这样做。在这种情况下——在一片苦难的土地上——绅士大人别无选择，只有把他的波斯地毯当作毯子捐赠出去，把他的锦缎剪成外套，把他的华丽器皿熔化。

随函附上一份刊登“信件”的报纸编号清单。遗憾的是，由于过去几年的动荡，我自己只能保存两个完整的系列，我至少必须保留其中一个，只要有最渺茫的希望，将它作为一本书出版。遗憾的是，许多期已经绝版了。因此，在这个问题上，我无法进一步帮助你，尽管本来我是最有可能这样做的人。

关于卡夫卡的评论也许下一次。但是，当然不是在我收到一份关于你的情况的较长报告之前；赋予我在这方面坚强的权利，在我眼中，是上述内容的价值所在。

致以最诚挚的问候

你的瓦尔特

① 关于巴勒斯坦的商业机会。

255　致马克斯·霍克海默

圣雷莫，1935 年 2 月 19 日

亲爱的霍克海默先生，

衷心感谢您 1 月 28 日的来信。

最重要的是，我很高兴能在不久的将来与您进行口头探讨。

但我今天就想告诉您，您关于福克斯[1]一文①的迫切希望对我

1　爱德华·福克斯（Eduard Fuchs，1870—1940），德国马克思主义文化历史学者、作家、艺术收藏家和政治活动家。

来说有多么重要。根据您的来信，对我来说显而易见的是，它应优先于所有其他项目。如果说此刻这还没有发生，那是因为在我的未来计划仍不明了的时候，我对催促福克斯寄来新书有顾虑——我在去年夏天研究过几本。正如我已经写信告诉您的那样，遗憾的是，我是否能在复活节后留在这里是非常成问题的，我甚至还不敢想接下来会发生什么。

如果我能在巴黎进行这项工作，该项目将极大地受益。不仅为了让我在写这篇文章的时候，和福克斯保持联系——尽管这也很有价值——而且为了要给这篇文章一个您自己在信中概述的广泛的比较基础。留在巴黎也将使我能够探究福克斯的根源，当然，这将最终使我们全面了解他的方法。

我已经能够在这里完成一些重要的项目，例如，最重要的是，我用法语撰写了一篇相当长的关于巴霍芬的文章，但是现在，我发现自己所处的隔绝状态也开始以书目的形式体现出来。尽管如此，接下来的几周也不会是损失，因为我正在准备一篇关于法国文学的文学专题报告。

我甚至时不时地会设法从德国——《法兰克福汇报》——获得任务。我提到这一点不仅是为了 à titre de curiosité[1]，而且为了要告诉您，我正在尽一切所能来应付情况。

〔……〕

您问及的那篇《卡夫卡》的文章已经发表在《犹太人评论》上，但它过于零散，如果您感兴趣的话，我宁愿在我们见面的时候把整个手稿交给您，也不愿现在就给您这篇文章的剪报。

我可以自己阅读语言社会学专题报告的校样吗?

亲爱的霍克海默先生，请让我立即了解您的欧洲项目的每一个

1 法语，意为“作为一种新奇的事物”。

更详细的形态，因为我想尽可能地调整自己的计划与之相适应。

衷心的紧密联系，您的瓦尔特・本雅明

①《爱德华・福克斯，收藏家和历史学家》（Eduard Fuchs, der Sammler und der Historiker），《社会研究杂志》，第 6 期（1937 年），第 346—380 页。现在收载于《机械复制时代的艺术作品》，法兰克福，1963 年，第 95—156 页。

256　致马克斯・霍克海默

尼斯，1935 年 4 月 8 日

亲爱的霍克海默先生，

非常感谢您 3 月 19 日的亲切来信。

我延迟了一段时间才收到它，其中的故事同时也简要地体现了我的故事的最后阶段。因为，比我原先预计的要早得多，我不得不离开在圣雷莫的避难所。然后，我想去巴黎（我已经指示将我的邮件转发到那里）。如果需要的话，我本可以在巴黎我妹妹家找到住处。然而，到了我该走的时候，她患上了重病。

如果说我忽略了给您所有这些消息，那是因为我也想避免出现再次明确寻求您帮助的情况。这是因为我相信，您无论如何都会尽力而为，而您的上一封信向我证实了这一点。为此我向您表示最诚挚的谢意。对我来说，没有什么比把我的工作与研究所的工作尽可能紧密和富有成效地联系起来更为迫切的了。

可惜您不来欧洲。另一方面，我认为您的不可或缺性很好地表明了研究所在美国赢得了重要性。在复活节周，我将与波洛克先生详细讨论我的工作计划，为此目的，我将和他大约在同一时间前往巴黎。我希望能留在那里！在与波洛克先生的谈话中也必须澄清这种情况发生的可能性。

我的专题报告集的校样将在接下来的几天内寄给您。

我认为，您的有关权威和家庭的论文①将发表在研究所的文集中。它什么时候问世？我的关于巴霍芬的论文不太可能包含很多对您来说是新的东西。它的目的是向法国人介绍巴霍芬，他在法国完全不为人所知，他的作品也没有被翻译过。考虑到这一点，我试图更多地描绘他本人而不是描述他的理论。

请您和您的妻子接受我最诚挚的问候！

您的瓦尔特·本雅明

①《有关权威和家庭的研究：社会研究所的研究报告》（*Studien über Autorität und Familie: Forschungsberichte aus dem Institut für Sozialforschung*）（巴黎，1936年）。

257　致格哈德·肖勒姆

1935年5月20日

亲爱的格哈德，

你很久没收到我的来信了。你也许已经猜到了原因。随着移居巴黎，一个极其关键的事件再次发生，外部的失败突显了这一点。《新法兰西评论》拒绝了《巴霍芬》，把它转给了《法兰西信使》（*Mercure de France*）杂志，我现在看到它躺在那里；我解除了与克劳斯·曼的短暂的、但仍然很长的文学关系，我曾为他评论过《三毛钱小说》，而他退还了已经排版的评论，当我拒绝了他那不堪说出口的稿酬。还有一些类似的事情：我的文学生涯的 novissima[1]，在我的市民生涯中它们早已被超越。

1　拉丁语，意为“末尾”。

然后，在短暂的喘息之后，又出现了一种情况，使我的整个通信中断了。日内瓦研究所索取《拱廊计划》的概要，但没有任何承诺。是出于礼貌，我甚至会说。我时不时地窃窃私语这部作品，但从未透露太多。由于这恰逢国家图书馆的年度闭馆时间，所以我真正多年来第一次单独从事关于《拱廊计划》的研究。由于创造性事物往往越重要，就越不可预测，因此结果是，随着我没有经过深思熟虑就答应的这份概要，该项目进入了一个新阶段，第一次使它——从远处——接近一本书。

我不知道我的一些草稿可以追溯到多少年前，这些草稿最初旨在为《横截面》杂志撰写一篇文章，但这篇文章从来没有写成。(假如这本关于巴黎的著作问世的话）如果是经典的九年，我不会感到惊讶，那将超过我为《悲苦剧》一书拉弓准备的时间。但是当然，这是个大问题，因为我不是我的工作环境的主人。真正引起日内瓦研究所对这本书感兴趣的前景微乎其微。这本书不允许任何方面的让步，如果我对这本书有任何了解，那就是没有一个学派会急于宣称它是自己的。

此外，我偶尔屈服于一种诱惑，即在这本书的内部结构中，想象它与“巴洛克之书”的类似性，尽管它的外部结构明显偏离后者。我想给你一个提示：在这里，重点还将放在一个传统概念的展开上。如果说在“巴洛克之书”中是悲苦剧的概念，那么在这里很可能是商品的拜物教性质。如果说“巴洛克之书”调动了自己的认识论，对于《拱廊计划》来说，至少在相同的程度上也是这样，尽管我无法预见它是否会找到一种独立的表现形式，也无法预见我在多大程度上可以成功地进行这种表现。“巴黎拱廊”这一名称最终被废弃，草稿的标题是“巴黎，19 世纪的首都”（Paris, die Hauptstadt des neunzehnten Jahrhunderts）①，私下里我称之为“Paris, capitale du XIXe siècle”。这暗示了一个进一步的类比：正如《悲苦剧》一书从德国的角度论述17世纪一样，这本书将从法国的角度揭示19世纪。

不管我对这些年来所做的研究有多高的评价，现在我多少更加清楚地认识到我实际上应该做些什么，我对它们的评价却大大降低了。许多问题仍未解决。但是，我对相关文献非常熟悉，并且一直深入到它们的bas fonds[1]，所以迟早会找到问题答案的依据。在我不得不面对的难以置信的困难中，我有时会带着反思的快乐停下来沉思以下问题：在这些反复中断、十年来不断恢复并被推到了最偏远的地区的研究中，苦难和磅礴的辩证会起什么反应？如果这本书的辩证法被证明同样坚实，那么它将得到我的认可。顺便说一句，总体规划现在摆在我面前这一事实，可能也是我与研究所的一位主任会面的间接结果，这次会面是在我抵达巴黎后立即举行的。其结果是，我暂时可以生活一个月而不受普遍的日常问题的困扰。但是这一个月已经过去了，我仍然完全不知道下一个月会怎么样。如果我现在必须着手进行关于〔爱德华·〕福克斯的文章——说实话，我甚至还没有开始——那对我来说无疑将是双重令人讨厌的。但另一方面，如果研究所真的对那本关于巴黎的书产生了实质性的兴趣，那将是一种幸运，虽然我完全不能指望。

我现在希望自己能在图书馆工作几个月，然后在我的研究或多或少最终完成后，于10月或11月前往耶路撒冷。但是，即使很少有事情在世界大事上留下的痕迹比我的愿望更少，我们仍然应该共同握紧这两个愿望中的第二个。在适当的时候，我也许可以在这里通过一些花招来筹集旅费。

我热切期待你宣布的书：首先是你的关于《光明篇》的小册子②。我担心这对于布洛赫来说太晚了，我的书也会是这样，如果它被写

1　法语，意为“基础知识”。

下来，更不用说出版了。

我对列奥·施特劳斯的书③也很感兴趣。你告诉我的关于他的事，与我一直对他的令人愉快的印象很吻合。——尽管我目前只阅读原始资料，但最近一本书落入我的手中，你曾偶尔向我指出它的作者，舍斯托夫的《钥匙的统治》（*Potestas Clavium*）。我不能更详细地研究它，而是只能确定其中所包含的反对柏拉图式唯心主义的论战，比通常这种类型的事物更具娱乐性。你的上一封信提到的别尔嘉耶夫[1]，我没有读过。

是的，斯特凡即将开始在圣雷莫上学。与此相反，我的弟弟仍在德国，他的妻子在苏联驻柏林的贸易代表处拥有一个待遇优厚的职位。从集中营释放后，他曾出国一次，但只是作为休养旅行者。他有一个儿子，根据我看过的照片，非常英俊。你哥哥的处境如此悲惨，真是太不幸了。但是谁的视野不充满这样的景象！

克拉夫特给我写了一封几乎感人的信，在信中他表示愿意为我动员一位有影响力的法国人。当然，我不能利用这一点，因为这种非常有问题的组合的前提是，与我现在所从事的事情相距太远的工作。他似乎已经深入到这个国家的中心地带旅行，并给我寄了一份很好的报告。

如果有机会，请写信告诉我，你需要哪些信息来为我的到来做准备。

向你和艾莎致以最诚挚的问候，你的瓦尔特

①《本雅明文集》第I卷，第406—422页。
② 参见本书第685页。
③《哲学与法律》（*Philosophie und Gesetz*），柏林，1935年。

1 尼古拉·亚历山德罗维奇·别尔嘉耶夫（Nicolaij Alexandrovitsch Berdjajew，1874—1948），俄罗斯哲学家。

258　致贝托尔特·布莱希特

巴黎，1935 年 5 月 20 日

亲爱的布莱希特，

六周前，通过阿兹亚，我向斯特芬[1]通报了与克劳斯·曼的不幸事件，这件事使我无法发表对您的小说的评论。同时，我把我的手稿寄给她，希望它能在您逗留俄罗斯期间传给您。

现在的情况是，我没有收到您或她的任何消息，所以我不确定通过阿兹亚进行的联系是否有效。

简而言之，在丝毫没有高估我的作品市场价值的倾向的情况下，我认为对于受编辑部委托撰写的十二页手稿所提出的 150 法国法郎的酬金是一种侮辱。在一封简短的信中，我要求 250 法郎，并拒绝以更低的价格把手稿给他。于是，尽管它已经排好版了，还是退还给了我。

如果我预见到了结果，我显然会忍受曼的无理要求。我证明自己对于这个世界来说是不够聪明的，而且在一个聪明对我来说意义重大的时候。

评论的手稿将通过同一邮件发送给您。另一份被发送到《新德意志报》(*Neuen deutschen Blätter*)。然而，我认为它不太可能现在仍然能在那里发表。另一方面，我问自己，由于那本书即将用捷克语出版，现在是否没有把我的文章翻译成捷克语的可能性。您和您的译者有私人联系吗？

我仍然完全不知道今年丹麦将会发生什么。首先，我必须知道您的计划。夏天您会在斯文堡吗？——但是还有另一件事：在巴黎待了几个星期后，我得出结论，我的书——我曾经告诉过您的那本

1　玛格丽特·斯特芬（Margarete Steffin，1908—1941），德国女演员和作家，是贝托尔特·布莱希特最亲密的合作者之一，也是多产的俄语和斯堪的纳维亚语的翻译家。

很长的书——尽管它与形成文本仍然相距甚远，但至少比我曾经认为的接近得多。我已经为它写了一份详细的概要。在此基础上，我必须了解很多事情，而这些信息只能在国家图书馆获得。因此，我必须不惜一切代价留在巴黎，尽管这是极其困难的。无论如何，请写信告诉我您从 7 月底开始的计划，如果您已经制定了一个。

《写真话的五大困难》(Fünf Schwierigkeiten beim Schreiben der Wahrheit) ① 具有干燥性，因此具有绝对经典著作的无限保存性。它是以散文形式写成的，类似的东西在德语中至今还不存在。多姆克 ② 打算为此写信给您。

向海莉问好，并向您致以最诚挚的问候

您的瓦尔特 · 本雅明

① 它被非法刊登在《我们的时代》(*Unsere Zeit*)(1934 年）上。
② 马丁 · 多姆克（Martin Domke），1892 年出生，柏林律师；后来生活在巴黎和美国；利希滕贝格的收藏家。

259　致维尔纳 · 克拉夫特

巴黎，1935 年 5 月 25 日

亲爱的克拉夫特先生，

我真的必须感谢您的几封来信，而且要谢的不仅仅是信件。

令我感动的是，我的一点暗示使我的处境在您看来如此真切，以至于尽管您自己的处境困难重重，您还是为此花了心思。

在您看来，似乎自相矛盾的将是，像我有如此境遇的一个人不去寻求每一种可能性，无论它是最模糊的还是最遥远的。但是，有一些非常特殊的原因导致我无视您乐于助人地指明的道路，尽管我对您的乐于助人表示非常衷心的感谢。我将向您解释这些原因，因为它们通向我当前的创造力状况的中心。当然，在这样做的时候，我必须勉强接受一个事实，即它们也将再次触及我的物质状况的中心。

目前，我无法判断我偶尔的、当然是最不明确的暗示，是否告诉了您，很多年我一直在悄悄地沉溺于一个项目，该项目将在一个有限的主题里总结散布在我的作品中的观点和问题。我可能从未提到过这个项目。构成其基础的研究范围非常广泛。但这并不是多年来阻碍其创造性渗透的原因。甚至经济上的困难也不是唯一的原因。相反，它们向我敦促一种工作技巧，使我能够在最长的期限内保持对这个项目的兴趣。

这个项目阴郁的速度的最深层原因在于大量的思想和形象必须经历的彻底磨合的过程。它们起源于遥远的过去，那时我以纯粹形而上学的甚至神学的角度来思考，而磨合是必要的，这样它们才能用它们所包含的全部力量来滋养我现在的状态。这个过程是悄悄进行的；我自己对它了解甚少，以至于当我最近在外界的推动下，短短几天就写下了作品的概要时，我感到非常惊讶。让我在此指出，肖勒姆知道这个项目的存在，但在巴勒斯坦没有其他人知道。我想请您不要对**任何人**透露我的计划。如果我在冬天去巴勒斯坦——这是有可能的——您会听到更多关于它的消息。目前，我只能告诉您标题。从中您可以看出，当前这个专横地主宰我思想家业的主题距离法国古典悲剧有多远①。它被称为“巴黎，19 世纪的首都”。

不管我的研究取得了多大的进展，或者有一天会取得多大的进展，这部作品的实际写作也许只有在巴黎才有可能。在这种情况下存在经济上的困境：我不知道我能为我在巴黎的逗留提供多长时间资金。为此目的，我欢迎任何间歇和临时的工作。但是在这样的方向上，我认为您和我都无法向〔查尔斯·〕杜·博斯[1]寻求建议。

---

1 查尔斯·杜·博斯（Charles Du Bos，1882—1939），法国散文家和评论家。

我甚至更不太可能让他理解上述工作项目。它——不是在天空，而是在地面——远离他的思想世界。当然，这并不妨碍知道他现在在哪里对我来说非常重要，事实上，如果他在巴黎，您告诉他我的下落是非常重要的。因为以某种方式有用的、或者甚至只是令人愉快的与法国人的交往越来越少了。

《新法兰西评论》没有采用《巴霍芬》，我并不感到意外。这是一个由第三方提出的过于廉价的善行，我顺从该请求，违背自己的见解，开始写这篇文章。现在这篇文章躺在《法兰西信使》杂志那儿，不是我，而是《新法兰西评论》的编辑将其提交到了那里。

我请您原谅这封信前半部分的难看形式。我是在一家不适合写东西的咖啡馆里，伴随着收音机的喧闹声开始写的。但是，现在，在继续之前，我想对您寄来的一包杂志表示感谢。我浏览了《日冕》，除了荣格尔（Jünger）的那篇文章。我还没来得及这样做。一如既往，或者几乎一如既往，我只喜欢弗里茨・恩斯特[1]的文章②。他所报告的拉赫尔[2]在歌德死后所说的话几乎是无与伦比的。此外，了解卡夫卡早期写给布罗德的贺信对我来说也非常有价值。关于纪念刊物③的总体印象，您已经说了所有该说的话，您还找到了恰当的词语来形容与克劳斯・曼的事件，就我而言，我将补充以下格言："因为人对于这个世界来说不够聪明。"④

我想，我可以在不久的将来寄给您一份我对《三毛钱小说》评论的副本，如果不是和这封信同时。布莱希特的《写真话的五大困难》发表在明岑贝格（Willi Münzenberg）的《我们的时代》杂志的4月号上，该杂志在布拉格和巴黎出版。这是一篇经典的文章，也是我所知道的他写的第一篇完整的理论散文。

1 弗里茨・恩斯特（Fritz Ernst，1905—1963），德国历史学家。

2 拉赫尔・瓦尔哈根・冯・恩泽（Rahel Varnhagen von Ense，1771—1833），德国作家，在18世纪末和19世纪初主持了欧洲最著名的沙龙之一。

您提出的战争期间应该居住在哪里的问题很难回答，因为我几乎无法指望外部环境允许我在此时此刻做我认为正确的事情，在这样一个时刻，无论采取什么行动，可能都为时已晚，但是当然必须在几个小时内采取行动。从我的北欧之旅中，我知道一个地区，那里生活艰苦，但在那里，人们有理由感到安全，不仅可以免受战争行动的影响，也不受饥荒的影响。⑤ 对于欧洲或地中海文明圈中的任何地方，我都不会有这种感觉。

既然我们谈到了政治话题，至少让我补充一点，我刚才读到了自 1933 年 3 月以来德国第一次大罢工的新闻。开姆尼茨市(Chemnitz)〔……？〕的工厂有六千名工人罢工。

您上一封信所附的那首诗在我听起来特别纯净，源于真正幸运的语言成就。⑥ 我为此感谢您，也感谢您让我有机会在我有便时再次将注意力转移到《寂静的炉灶》(*Stillen Herd*) ⑦ 上。

① 克拉夫特曾建议本雅明写一本关于该主题的书，作为《悲苦剧》一书的姊妹篇。
②《拉赫尔的梦想》(Rahels Traum)。现在见《散文》(*Essais*) 第II卷（苏黎世，1946 年），第 211—227 页。
③ 在卡尔·克劳斯 60 岁生日之际。
④ 摘自布莱希特的《三毛钱歌剧》(*Dreigroschenoper*)。
⑤ 本雅明想到了罗弗敦群岛（Lofoten）。它们于 1940 年成为战场。
⑥《湖滨花园》(Garten am See)。收载于《希望图》(*Figur der Hoffnung*)（海德堡，1955 年）。
⑦ 克拉夫特的手稿。

260　致特奥多·W. 阿多诺

巴黎，1935 年 5 月 31 日

亲爱的维森格伦德先生，

如果说这封短信让您稍微等了一会儿，现在它——连同随附的的东西——将带给您有关我的工作以及我的内部和外部状况的最完整信息。

在简要探讨该概要的内容之前，让我谈谈它在我与研究所之间的关系中所起的作用。这可以很快说完。因为，就目前而言，它的作用仅限于这种情况，即起草它的推动力来自于我与波洛克在4月底进行的一次谈话。显然，这是一种外在的、异类的推动力。但正是由于这个原因，它才能够将一种干扰引入到多年来受到精心保护免受任何外界影响的一大堆材料中。这种干扰使结晶成为可能。我必须强调的是，外部和异质因素的重要性已经随着这种情况而耗尽，而这种情况在该项目的总体经济中是合法和富有成果的。您在信中表达的担忧促使我强调了这一点。我认为这些担忧是可以理解的，也是您最友好的同情的表达，甚至——在我们长达多年的对话中断了这么长时间之后——是不可避免的。它们还在今天早上抵达的菲丽齐塔丝的一封信中找到了忠实的回声。〔……〕

我知道这是最真诚的友谊的语言，不亚于导致您如此断言的友谊，即您认为如果布莱希特对这项工作产生影响，这将是真正的不幸。请允许我回应以下内容：

如果我曾经把我的葛拉西安格言付诸实践，也就是说，“在所有事情上争取时间站在你这边”，我相信我在坚持这个项目的方式上做到了这一点。一开始是阿拉贡的《巴黎的农民》(*Paysan de Paris*)，晚上，躺在床上，我从来无法阅读超过两到三页，因为我的心跳变得如此剧烈，以至于我不得不把书放下。好一个警告！表明我和这样的阅读之间必须花费的一年又一年的时间。然而，《拱廊计划》最初的笔记是在那时产生的。——然后是柏林时代，在与《拱廊计划》项目有关的许多对话中，我与赫塞尔的友谊中最美好的部分得到了滋养。当时产生了——今天不再使用的——副标题，

“辩证法的仙女剧”。该副标题表明了我当时想表达的东西的狂想曲特征，其残余物——正如我今天意识到的那样——在形式上或语言上都没有任何充分的保证。然而，这个时期也是一个无忧无虑地、古雅地探讨哲学问题的时期，它全神贯注于自然之中。使这一时期得以终结的是我在法兰克福与您进行的对话，尤其是在瑞士小屋里的“历史性”对话，以及此后，与您、阿兹亚、菲丽齐塔丝和霍克海默一起围坐在桌边的绝对历史性的谈话。这是狂想曲式的天真烂漫的终结。这种浪漫的形式在发展的 raccourci[1] 中已经被超越，但是那时和以后的几年我都没有其他形式的概念。顺便说一句，正是在这些年中，外部困难开始出现，它们让我觉得内部困难已经预先敦促我采取一种观望而拖拉的工作方式简直是命中注定的。之后是与布莱希特意义深远的相遇，以及与该项目有关的所有难题的最高点，即使是现在，我也没有与之脱离。从这个最新的时期可以为该项目获得的意义——它并不是微不足道的——但是，在这种意义的界限被明确地固定在我的内心之前，也就是在从那里来的“指令”完全从我的思考中消失之前，它是无法成形的。

我在这里提到的一切都将——特别是对您来说——清楚地反映在概要中，我现在要补充几句。该概要在哪里都没有否认我的构想，但是当然，在所有方面，和它们还不是完全等价的。正如在“巴洛克之书”中，对其认识论基础的单独描述放在先前的材料证明了其价值之后，在这里也是如此。但是，我不想保证，这次它也将以单独一章的形式出现，无论是在结尾还是开头。这个问题仍然是开放的。但是，概要本身包含对这些基础的重要引用。您将是最后一个忽略它们的人，您将在其中重新发现您在上一封信中提出的主题。此外，这本书与“巴洛克之书”之间的相似性类比比该项目的

1　法语，意为“捷径”。

先前任何阶段都明显得多（这甚至令我感到惊讶）。在这种情况下，您必须允许我看到对重熔过程的特别重要的确认，该过程把整个最初由形而上学推动的大量思想引向一个聚合状态，在该状态下，辩证法的观念世界受到保护，免受形而上学挑起的所有反对。

在这个阶段（当然，也是在这个阶段第一次），例如，我可以冷静地看待这部作品的方法可能会受到正统的马克思主义方面什么样的反对。相反，我相信，从长远来看，在马克思主义的讨论中，它是有坚实基础的，即使仅仅是因为历史形象这一关键问题在这里第一次得到了全面的探讨。由于一部作品的哲学不仅与术语有关，还与它的立场有关，因此我确实相信该概要是菲丽齐塔丝所说的“伟大的哲学作品”的概要，尽管这一名称在我看来并不是最令人信服的。如您所知，我最关注的是“19 世纪的史前史”。

在这项工作中，我看到了真实的、如果不是唯一的，不要在生存斗争失去勇气的理由。我只能在巴黎写这本书，从它的第一个字到最后一个字——这一点今天在我看来已经很清楚了，尽管大量的准备工作已经为其奠定了基础。当然，一开始只用德语。我在巴黎每月最少需要 1000 法郎；波洛克在 5 月给了我这么多钱，6 月我应该再次得到相同的数额。但是为了能够继续工作，我需要在一段时间内维持这个数目的收入。无论如何，困难是足够明显的；剧烈的偏头痛发作时常让我想起我岌岌可危的生活方式。研究所是否有兴趣出版这部作品，以何种标题出版，以及在某些情况下是否有必要通过其他项目提供其感兴趣的线索，您可能在与波洛克的谈话中比我更容易澄清这一点。我愿意做任何工作；但是每一个重要的项目，尤其是有关福克斯的项目，都要求我在撰写它们期间将《拱廊计划》搁置。（目前，我不想考虑我的关于《新时代》的文章。关于此事有机会再谈。）

我远没有相信这部作品会被研究所“按照本来构想的方式”出

版，以至于我在4月份已经口头上向波洛克保证了相反的情况。然而，另一个问题是，它的新颖而敏锐的社会学观点——这种观点为解释性支撑提供了一个安全的框架——在多大程度上可以为研究所对这部作品的兴趣奠定基础。没有这种兴趣，它就不会成为现实，无论是以这种方式还是以任何其他方式。因为在现阶段，其草稿与定型之间的距离可能会给以后的任何阐述带来极大的危险。另一方面，框架草案并不总是包含那些构成基础的哲学定义，但是在我认为至关重要的段落中确实存在。如果尤其是您感到缺乏许多关键词——长毛绒、无聊、“幻术”的定义——那么正是这些东西是我只需要给它们指定适当位置的主题；它们的定型，我在某种程度上已经取得了相当大的进展，不属于这个概要。这与其说是因为它的外部目的，还不如说是因为它的内部目的：我多年来获得的新的存货，将渗透到旧的确定的存货之中。

我请您毫无例外地不要把您收到的提纲给任何人看，并很快寄还给我。它只对我自己的研究有用。另一份提纲，不久就会完成，而且有多个副本，稍后将发送给您。

圣雷莫不太可能成为我们今年见面的地方。您不能安排从牛津经巴黎前往柏林吗？请仔细考虑一下！

我希望看到罗特·莲娜[1]和马克斯·恩斯特[2]。如果您能安排点什么，您保证会得到我的同意。

听说您的书[①]即将出版，我非常高兴。要了解更多关于它的信息，我必须等待我们的谈话吗？

〔……〕

1 罗特·莲娜（Lotte Lenja，1898—1981），美国奥地利裔歌手、朗诵艺术家和女演员。

2 马克斯·恩斯特（Max Ernst，1891—1976），德国画家、雕塑家、平面艺术家和诗人，1948年归化为美国人，1958年归化为法国人。

请接受我最诚挚的问候！

您的瓦尔特·本雅明

① 该书于 1956 年才首次出版，标题为《对认识论的元批判》（*Zur Metakritik der Erkenntnistheorie*）。

261 致马克斯·霍克海默

巴黎，1935 年 7 月 10 日

亲爱的霍克海默先生，

我早就急切地想把与这封信同时寄出的概要寄给您。虽然您可能已经从波洛克先生那里得到了一些关于它的提示，但是由于他的过早离开，我无法像我们原来打算的那样与他一起讨论它。

〔……〕

让我补充一点，在波洛克先生的敦促下，我同时请人制作了一份为这个项目撰写的研究报告的影印副本。它存放在一个安全的地方，随时可以供您使用。

就目前而言，我不想对概要本身做任何实质性的补充。自 5 月中旬以来，我一直在国家图书馆和铜版画展室（Cabinet des Estampes）刻苦工作，以完成我的文献汇编。多亏我的处境在过去几个月里得到了缓解，为此我要感谢您和波洛克先生，我在完成文献汇编方面取得了相当大的进展。

当然，在 8 月初前后，如果我没有收到您的任何其他指示，我将再次搁置该书，以撰写有关福克斯的文章。在我最后一次和他会面的时候，我听到了很多关于他的有趣的事情，当时反社会主义非常法仍然有效。为了这篇文章和我的书的利益，我将尝试尽可能在巴黎待久一点。

〔……〕

我很高兴在上一期杂志上看到您关于哲学人类学的文章[①]。在它的许多重要的表述中，给我留下最深刻印象的是关于自私的本能结构和对形而上学的保证的需求之间的关系。〔……〕

我从法维兹（Favez）夫人[②]那里听说，您将离开纽约一段时间，如果您还没有这样做的话。我祝您能真正持久地休养。

致以诚挚的问候，您的瓦尔特·本雅明

① 马克斯·霍克海默:《关于哲学人类学的评论》（Bemerkungen zur philosophischen Anthropologie），发表于《社会研究杂志》第 4 期（1935 年），第 1—25 页。
② 在日内瓦的社会研究所的女秘书。

262　致阿尔弗雷德·科恩

巴黎，1935 年 7 月 18 日

亲爱的阿尔弗雷德，

如果说我几乎是立即回复了你 12 日的来信，那主要是因为，我不想让我的衷心反馈离你的生日祝福和它们针对的那天太远。请写信告诉我，我记得你的生日是 21 日，这是否正确。如果不正确，请告诉我你们在哪天庆祝它。

毫无疑问庆祝我的生日时我也在享受舒适的公寓，我更满足了。我妹妹最近出外旅行了——她在马略卡岛——她让我在她离开的那几个星期里拥有了她的公寓。说到这里，我看到了你信中的一段话，里面包含了一份最漂亮的生日礼物：我指的是你们邀请我搬进那间空房间。如果说我暂时不能欣然接受这个邀请，一方面是因为我答应了我妹妹我不会让她的公寓空着，另一方面是因为我现在不能中断我在国家图书馆的工作，但我还是想带着比我诚挚的谢意更多的东西来回复你，这感谢也适用于格蕾特。我想以一个问题的形式来回复你，即你是否认为我拜访你们的可能性在9月下半月前后仍然存在。我很清楚，你现在几乎无法明确地回答这个问题。至少，你应该知道，在那个时候在我这方面无疑存在来巴塞罗那看你们的可能性，而且我不必告诉你我有多想那样做。

我希望那时基本上已经完成了现在把我和图书馆绑在一起的研究。由于这个项目已经接近尾声，现在我已经开辟了另外两个工作领域。一个是铜版画展室，我试图在其中根据图片检验我在书籍的基础上形成的对事物和关系的看法；另一个是国家图书馆《禁书目录》[①]——获得使用它的官方许可是我在这个国家能为自己取得的为数不多的成功之一。这是非常难以获得的。

我当然很高兴向你介绍这项工作。我应该已经告诉你，几周前我为它写了第一份概括的草稿。我还请人复印了我的研究报告以备保管。另一方面，我没有向我的文学同事，甚至朋友透露有关这个项目的任何事情：没有透露任何更详细的内容。在现在这个阶段，它特别容易遭受所有可以想象的考验和磨难，尤其是盗窃。你会理解布洛赫的《19世纪的象形文字》（Hieroglyphen des 19ten Jahrhunderts）[②]让我有些战战兢兢。

顺便说一下，我和他进行了讨论。如果说我面临着艰巨的任务，那就是要使我们的关系摆脱过去几年的危急状况，而又不让他对我关于他上一本书的基本消极、甚至是非常消极的态度一无所知，由于他有了不可预知的、迟来的反应——我只能希望我已经完成了面临的艰巨任务。当然，这也需要他的高度忠诚，我很高兴我发现了这种忠诚。

很高兴你能想到我的《信件》，尤其是能想到《1900年前后的柏林童年》。但事情很可悲。各种各样的“感兴趣的人”——他们都应该去见鬼——除了夺走我所有的副本之外，什么也没有实现。我只剩下一份我的私人副本，我没有钱请人再复制一份。

我相信，自从反法西斯作家“拯救文化”代表大会在这里举行以来，我还没有给你写过信。为了这个场合，布莱希特也在这里，正如你可以想象的那样，和他会面对我来说是这次活动中最令人愉快的——几乎是唯一令人愉快的元素。布莱希特本人的收获要大得多；这也不足为奇，因为他多年来一直在策划一部关于知识分子的长篇讽刺小说③。对我来说，能深入地当面结识单个作家无疑是很有趣的。比其他任何人都有趣的是**纪德**，他在大会上的外表和举止，不仅在他讲话时，而且在他沉默时也受到了所有细心的观众的赞赏。但是，也可以去学习〔阿尔弗雷德·〕坎托罗维奇[1]这样的从容人物，你可以很准确地从人群中认出他。

你写的关于罗森茨维格的内容使我非常着迷。当然，可以肯定的是，他是一个非常值得注意的现象。他的信件④还没有落入我的手中，但我会记住这本书的。我想对你在这种情况下对布伯的看法持保留态度。在我和罗森茨维格的关系中——我曾经对他的《救赎之星》非常感兴趣，而且我经常从肖勒姆那里听到他的消息——最值得一提的是，他和布伯的友谊从来没有能够破坏我对后者那非同一般、根深蒂固的反感。我们以后也许还会想到讨论这些事情。

祝贺你有了一个朋友。自从伊比沙岛以来我就再也没有建立过任何重要的友谊。在我最近遇到的人中，甚至很少能结识一个令人愉快的朋友，就像我不久前认识的约翰·哈特菲尔德[2]⑤。我和他就摄影的话题进行了很好的交谈。关于新读物我更没有什么好报告

---

1 阿尔弗雷德·坎托罗维奇（Alfred Kantorowicz，1899—1979），德国犹太裔法学家、作家、时事评论员和文学研究者。

2 约翰·哈特菲尔德（John Heartfield，1891—1968），德国视觉艺术家，他率先将艺术用作政治武器。

的，因为我的时间完全用于阅读《拱廊计划》项目的材料。唯一的例外是布雷德尔[1]的小说《考试》(*Die Prüfung*)，那是马利克出版社寄给我的。这本书当然值得一读。为什么作者在描述集中营方面没有取得完全成功的问题给我们提出了有益的思考。

我剩下唯一要做的就是祝你事业早日取得成功，尤其是持久的成功；祝格蕾特——我真诚地回报她的问候——孩子们和你身体健康；祝我们大家都保持勇气。

最诚挚的问候，你的瓦尔特

① 国家图书馆的仓库，里面存放着“有伤风化的”书籍。
②《这个时代的遗产》(1935 年)，第 288 页起。
③ 所谓的“图伊小说”(*Tui-Roman*)。
④ 弗朗茨·罗森茨维格，《信件》(1935 年)。
⑤ 维兰德·赫兹费尔德的哥哥。

263 特奥多·W. 阿多诺致瓦尔特·本雅明

黑森林的霍恩贝格（Hornberg i. Schwarzwald）

1935 年 8 月 2 日

亲爱的本雅明先生，

今天，让我最终试着对您说一些关于概要的事情，我对它进行了最深入的研究，并再次与菲丽齐塔丝进行了讨论，她也完全赞同我的观点。在我看来，与主题的重要性保持一致——如您所知，我对其评价非常高——的是，我以完全坦率的态度发言，没有前奏就着手探讨我认为事实上从同样的意义上讲对我们双方都至关重要的

1 威利·布雷德尔（Willi Bredel，1901—1964），德国作家，也是柏林东德意志艺术学院的院长。

问题，但并非不给我的批判性讨论中加上这样的开场白：在我看来概要似乎已经充满了最重要的概念，即使，由于您的工作方式，大纲和“思路”很难传达出它们的充分印象。其中，我只想指出那些关于生命作为留下的痕迹，关于收藏家的尖锐句子以及将事物从有用的诅咒中解放出来的精彩篇章〔……〕。同样地，波德莱尔一章的提纲作为对诗人的诠释，以及新生事物范畴的引入（第418页①）在我看来也得到了完美的实现。

您将由此推断出您在任何情况下都会期望的结果，也就是说，对我而言，问题再次回到了以下关键词所描述的复合体：19世纪的史前史、辩证的意象、神话的结构和现代主义。如果我因此不去区分“物质”和“认识论”问题，那么这很可能——如果与概要的外部组织不完全符合——至少符合它的哲学核心，当然，在其运动中，那种对立应该消失，正如在最近的两份传统辩证法提纲中所做的那样。作为出发点，让我来看看第408页上的座右铭：Chaque époque rêve la suivante[1]。在我看来，这似乎是一个重要的工具，因为辩证意象理论的所有动机都围绕这个句子形成结晶，而在我看来，这些动机基本上都要受到批判，并且是**非辩证法的**；因此，通过消除这个句子就能成功地澄清理论本身。因为这句话暗示了三层含义：把辩证意象看作是一种——尽管是集体的——意识内容；它与作为乌托邦的未来的直线的、我几乎想说成发展史的关系；作为意识内容的从属的、自成一体的主体的“时代”概念。我认为，在这个可以称之为内在的辩证意象的版本中，非常重要的是，不仅概念的原始神学力量受到威胁，还引入了一种简化方法，它不攻击主观的细微差别，而是攻击真理的内容本身——而且，正因为如此，矛盾中的社会运动就丧失了，为此您要献上神学的牺牲。

1 法语，意为“每个时代都梦想着下一个”。

如果您将辩证意象作为“梦”转移到意识中，那么该概念不仅被祛魅并变得易于接近，而且正因为如此，它也丧失了在唯物论上可以将其合法化的客观解放力量。商品的拜物教性质不是意识的事实，而是在产生意识的非凡意义上是辩证法的。然而，这意味着，意识或无意识不能简单地将其描摹为梦，而是以同等程度的欲望和恐惧来回应它。但是，正是通过——sit venia verbo[1]——您当前的辩证意象的内在版本的复制现实主义，拜物教性质的辩证力量丧失了。回到《拱廊计划》辉煌的第一份草稿的语言：如果辩证意象不过是集体意识理解其拜物教性质的方式，那么圣西蒙[2]关于商品世界的概念就可以被揭示为乌托邦，而不是其反面，也就是说，19 世纪地狱般的辩证意象。然而，只有这样，才能正确地传达黄金时代的意象，而正是这种双重含义，对于奥芬巴赫的解读来说，可能是极其关键的：即，阴间和阿卡迪亚[3]的解读——两者都是奥芬巴赫的明确范畴，可以一直追溯到奥芬巴赫编曲的细节。因此，您在草稿中放弃了地狱的范畴，尤其是放弃了关于赌徒的绝妙段落——关于投机和赌博的段落无法替代它——在我看来，这不仅丧失了光彩，而且也丧失了辩证法的连贯性。我是最不可能对意识内在性对 19 世纪的意义判断错误的人。但是，辩证意象的概念不能从意识的内在性中得到。相反，意识内在性本身作为“内饰”就是作为异化的 19 世纪的辩证意象；在那里，我还必须将关于克尔凯郭尔的第二章②作为新游戏的赌注。因此，我们需要做的不是把辩证意象作为梦转移到意识中，而是要通过辩证构造摆脱梦，并把意识内在性

1　拉丁语，意为“如果您允许我这么说”。

2　克劳德·亨利·德·圣西蒙（Claude Henri de Saint Simon，1760—1825），法国政治和经济理论家和商人，其思想在影响政治学、经济学、社会学和科学哲学方面发挥了重要作用。

3　阿卡迪亚（Arkadien），希腊南部地区，在诗歌和小说中常用来指代世外桃源。

本身理解为现实的星座。或多或少仿佛地狱在人类中游荡的天文阶段。在我看来，只有这样的漫游的星空图，我们才有可能把历史看作史前史。——让我尝试从极端的相对极重申完全相同的反对意见。本着您的辩证意象的内在性版本的精神（为了说一些积极的话，我想将其与您以前的**模型**概念进行对照），您构造了最古老的和最新的之间的关系——当然该关系在第一份草稿中已经很重要——作为“无阶级社会”的乌托邦式参照之一。因此，古老的变成了补充的添加物，而不是“最新的”本身；从而被去辩证化。然而，与此同时，同样是非辩证地，无阶级的意象被追溯到神话中，而不是作为地狱的幻术变得真正透明。因此，在我看来，古代与现代融合的范畴，与其说是黄金时代，远不如说是灾难。我曾经指出，最近的过去总是呈现为仿佛它被灾难摧毁了。此时此刻，我要说的是：然而，在这样做的过程中，它将自己呈现为史前史。正是在这一点上，我知道我自己同意你《悲苦剧》一书中最大胆的部分。

如果说将辩证意象祛魅为“梦”是对它进行心理学分析，那么出于同样原因，这种尝试也落入资产阶级心理学的魔咒。谁是梦的主体？在19世纪，当然只有个体；然而，作为直接的映像，无论是拜物教性质还是它的历史遗迹都无法从个体的梦境中推断出来。因此，得求助于**集体意识**，当然，在目前的版本中，我担心它不能与荣格的集体意识区分开来。批评来自两个方面：从社会过程的角度来看，它使古老的意象实体化，在这种意象中，商品性产生了辩证意象，但不是在古老的集体自我中，而是在异化的资产阶级个体中；从心理学的角度来看，正如霍克海默所说，大众自我只在地震和大规模灾难期间存在，而除此以外，客观的剩余价值恰恰在各个主体中占主导地位，并与之相对立。集体意识的发明只是为了从真正的客观性及其相关概念，即异化的主观性转移注意力。我们有责任使这种“意识”在社会和单一主体之间辩证地两极分化和消散，而不是将其作为商品性的隐喻的相关概念加以激发。这应该是一个明确和充分的警告，即在做梦的集体中，各个阶级之间没有任何差异。

然而，“黄金时代”这个神话般古老的范畴，最终也对商品范畴本身造成了灾难性的后果——在我看来，这正是在全社会中至关重要的。如果在黄金时代，决定性的“模棱两可”（顺便说一句，这个概念本身非常需要理论支撑，在任何情况下都不能停滞不前），即与地狱有关的“模棱两可”被隐瞒了，那么作为时代实质的商品简直就会因此变成地狱，并以某种方式被否定，这种方式实际上会使原始状态的直接性表现为真理：因此，辩证意象的祛魅直接导致了纯粹的神话思维，正是在这里，克拉格斯宣布自己是危险的，就像荣格之前所做的那样。但是，您的草稿在其他任何地方都没有比在这里提供更多的补救措施。这里将是收藏家学说的关键所在，收藏家将事物从有用的诅咒中解放出来；如果我理解正确的话，奥斯曼也属于这里，他的阶级意识正是通过在黑格尔的自我意识中完成商品性，引发了幻术的爆炸。将商品理解为辩证意象还意味着将商品理解为其毁灭和“扬弃”的动机，而不是单纯地回归旧事物。一方面，商品是使用价值在其中消亡的异化客体；另一方面，它是异化后幸存的客体，经受住了它的直接性。我们在商品中而不是为人类有永生的承诺，并且——为了继续向前推动您正确建立的与“巴洛克之书”的关系——物神是19世纪不忠诚的最后意象，只有骷髅头可与它相提并论。在我看来，这就是卡夫卡决定性的认识论特征所在，特别是在奥德拉德克[1]身上，作为无用地幸存的商品：超现实主义可能在这个童话故事中终结，就像悲苦剧在《哈姆雷特》中所做的那样。然而，在社会内部，这意味着单纯的使用价值的概念决不足以作为对商品性的批判，而只是回到劳动分工之前的阶段。

1 奥德拉德克（Odradek），卡夫卡的短篇小说《家父之忧》中的一个神秘而意义模糊的形象。

这一直是我对贝尔塔（Berta）[3]的真正的保留态度。因此，我一直怀疑她的“集体”以及直接的函数概念本身是作为“倒退”。基于这些考虑——它们的实质内容恰恰涉及您的概要中可能与贝尔塔相符的范畴——您也许会明白，我对它们的反对并不是对独立艺术或任何类似事物的孤立救援尝试，而是与我们哲学友谊的那些我认为是原始的动机进行了最深刻的交流。如果允许我大胆地总结我的批评轨迹，它就必须包括极端。怎么可能是另外的样子呢？神学的恢复，或者更确切地说是将辩证法激进化到神学灼热的核心，必须同时意味着社会－辩证法的，甚至经济的、动机的极端尖锐化。该动机也必须从历史上加以论述。19 世纪**特定的**商品性，即工业化的商品生产，必须从实质上更清晰地进行突出，因为当然，自资本主义开始以来，即制造业时代，特别是巴洛克时代开始以来，商品性和异化就已经存在了——正如另一方面，现代性的“统一”正是从那时起就存在于商品性之中。但是，只有对工业化的商品形式进行精确的定义，使其在历史上与旧形式形成鲜明的区别，才能产生出 19 世纪完整的“史前史”和本体论：所有与商品形式“本身”的关系都会赋予该史前史某种在这场危机中无法容忍的隐喻性特征。我猜想，如果您完全听任自己的做事方式，在不预先判断的情况下处理材料，则可以取得最大的解释结果。相比之下，如果我的批评是在某个抽象的理论领域内进行的话，这无疑会带来困难，但是我知道您不会将其视为世界观的问题，因此不会理会我的保留意见。

尽管如此，请您允许我再提出一些更具体明确的意见，当然，这些意见只有在那种理论背景下才有意义。我想建议以下标题：“Paris Hauptstadt des neunzehnten Jahrhundert”，而不是“Paris, die Hauptstadt des neunzehnten Jahrhunderts”，除非“拱廊”这一标题和关于地狱的章节一起复活。把这部作品按不同的人物分为几章，我觉得并不十分恰当；它导致外部结构具有某种强制性的系统化，我对此不太满意。之前，不是按照“长毛绒”“灰尘”等材料对各个章节进行分组吗？尤其是傅立叶[1]——拱廊之间的关系不太清楚。我可以把适当的布置想象成一个由各种城市和商品材料组成的星座，在后面的章节中，这种布置将被同时解读为辩证意象及其理论。——在第406页的格言中，“portique”[2]一词很好地传达了“古希腊罗马时期及其文化”的主题；也许这会是一个从把新的作为最古老的东西的基本角度讨论帝国形态学的地方（就像在“巴洛克之书”中讨论了忧郁）。无论如何，在第407页，有必要完全清楚地表明，国家作为帝国中目的本身的概念是纯粹的意识形态。当然，根据您的后续言论，这似乎是您的看法。建筑的概念没有任何解释。这个概念，作为与物质的异化和对物质的掌握，已经非常辩证了，而且我认为，还必须立即辩证地加以解释（它与当前的建筑概念有着明显的区别；可能正是19世纪的术语“工程师”提供了这样做的借口！）此外，关于集体无意识概念——我已经对其进行了一些基本评论——的介绍和阐述，在这里并不完全清楚。——关于第407页，我想问一下，铸铁是否真的是第一种人造建筑材料（是砖！）；总的来说，我有时对“第一”这个词感到不是很舒服。一个补充的表述可能是：每个时代都梦见它被灾难摧毁。——第408页：鉴于我对作为倒退的辩证意象的批判，对我来说，“新的东西渗透旧的东西”的提法是非常可疑的。不是追溯到旧事物，而是最新的事物，作为假象和幻术，本身就是旧事物。在这里，我也许可以唐突地提醒您注意，在我的关于克尔凯郭尔的作品的内饰章节中的一些表述，同样是关于模棱两可的。我想在此补充：作为模型的辩证意象不是社会产品，而是社会状态在其中表现自身的客观星

1 查尔斯·傅立叶（Charles Fourier，1772—1837），法国哲学家，有影响的早期社会主义思想家和空想社会主义的奠基人之一。

2 法语，意为“柱廊”。

座。因此，永远不能期望辩证意象具有任何意识形态的或社会的“成就”。我反对您对具体化的纯粹否定论述——反对您在草稿中对“克拉格斯”的批判——主要是基于第408页关于机器的段落。对机器技术和机器本身的高估一直是资产阶级回顾性理论所特有的：因此，对生产资料的抽象引用掩盖了生产关系。——黑格尔非常重要的第二天性概念——此后被格奥尔格·卢卡奇等人采纳——出现在第409及下页。《巴黎恶魔》（*Lediable à Paris*）很可能通向地狱。——关于第410页：我非常怀疑工人会“最后一次”作为点缀品之类的出现在他的阶级之外。——关于报纸副刊的史前史的想法非常令人着迷，您的《克劳斯》为此做出了巨大贡献；这本来也是海涅[1]的立场。在这里，我想到一个取自记者行话的古老表达：陈词滥调风格。应该调查它的起源。文化史或思想史上使用的“生活态度”一词非常令人反感。——在我看来，您深信不疑地接受技术的原始外观，与您对古代本身的高估有关。我记下这样一句话：神话不是真正的社会的无阶级渴望，而是异化的商品本身的客观特征。——第411页：把19世纪的绘画史构想成从摄影术的一种逃避（顺便说一句，它严格地对应于音乐从“平庸”的逃避）是相当精彩的，但也是非辩证的，也就是说，未纳入商品形式的生产力在绘画作品中的作用，不能用这种方法具体地把握，而只能从它的痕迹的负片来把握（这种辩证法的准确焦点可能是马奈[2]）。在我看来，这与概要的神话化或复古化倾向有关。在一定程度上，绘画作品作为过去的文物，变成历史哲学的恒星图像，生产力的作用从中消散了。辩证法的主观作用在美杜莎[3]的非辩证的、神话般的凝视下消失了。——第412页的黄金时代可能是向地狱的真正过渡。——

1 海因里希·海涅（Heinrich Heine，1797—1856），德国诗人、作家和文学评论家。

2 爱德华·马奈（Édouard Manet，1832—1883），法国现代派画家。

3 美杜莎（Medusa），希腊神话中蛇发而恐怖之女妖，见到她的人被变成石头。

在我看来，国际博览会与工人阶级之间的关系并不清楚，它听起来只是一种推测；当然，只有在极为谨慎的情况下才能断言。——幻术的宏大定义和理论当然属于第412及下页。——第413页对我来说是一个Mene Tekel[1]。和菲丽齐塔丝一起的时候，我还记得土星引文给我们留下的令人倾倒的印象；引文并没有在我的幻灭中幸存下来。土星光环不必变成铸铁阳台，但阳台必须变成真正的土星光环。我很高兴在这里不必给您提供任何抽象的东西，而只提供您自己的成功：《童年》无与伦比的月亮章节，其哲学内容将属于这里。在这里，我想到了您曾经说过的关于《拱廊计划》项目的话：它只能从疯狂的领域中攫取：从它弹回的土星引文的解释证明它已经远离，而不是征服这个领域。这是我真正反对的地方。〔……〕鉴于事情非同寻常的严重性，在这里我必须如此粗暴地讲话。——商品的拜物教概念必须由发现它的人的适当段落来支持。您可能也有这个想法。——同样出现在第413页并指向静态人类学等有机物的概念，可能也是不成立的，或者只是说它仅存在于物神本身之前，因此它自己是历史的，就像“风景”。——奥德拉德克的辩证商品主题可能属于第414页。——工人运动在这里的作用似乎又有点像天外救星；当然，正如在一些类似的形式中一样，概要的简略风格可能是罪魁祸首——这是对我的许多保留意见的保留。关于时尚的段落：在我看来，它非常重要，但在其结构中，它可能应该与有机物的概念分离，并与活着的东西相关，因此，也就是说，它不应该与一个更高级的“天性”相关——我想到的另一件事是Changeant，即闪光织物的概念，它可能对19世纪具有表达意义，可能也与工业过程联系在一起。也许您会探究此事，赫塞尔夫人——我们一直饶有兴趣地阅读她在《法兰克福汇报》上的报道——无疑知道这一

1 希伯来语，意为“警告”。

切。——关于第414页，我对您过于抽象地使用商品范畴持特别的保留意见:好像它本身在19世纪“第一次”出现似的（让我插一句，同样的反对意见也适用于我的《克尔凯郭尔》中的内心世界的内饰和社会学，正是在这一点上，我对您的概要反对的一切也适用于我自己的早期作品）。我认为，商品范畴通过世界贸易和帝国主义等特别现代的范畴已经可以变得非常具体。例如：作为集市的拱廊，以及作为临时世界贸易市场的古董店。取得远方的意义——也许是赢得漫无目的的社会阶层的问题以及帝国的征服。我只给出我想到的事情；当然，您可以从您的材料中挖掘出无比多的更有说服力的证据，并定义19世纪物体世界的特定形式（也许从它阴暗的一面，也就是从它的碎屑、遗迹、废墟的角度）。——关于办公室的段落可能也缺少历史的确定性。在我看来，办公室与其说是内饰的直接对立面，不如说是旧式房间的遗迹，可能是巴洛克风格的房间（参见里面的地球仪、挂图、栅栏和其他材料形式）。——关于第415页中的新艺术运动理论：如果说我同意您的观点，即它意味着对内饰的决定性冲击，那么对我来说，这就排除了它“调动所有内心世界力量”的可能性。相反，它试图通过“外部化”来拯救和实现它们（这是理论的地方，尤其是象征主义理论，首先是马拉美[1]的内饰，它与克尔凯郭尔的具有完全相反的含义）。在新艺术运动中，性取代了内心世界。它之所以诉诸于性，正是因为只有在性方面，私人个体才会作为肉体的而非内心的，面对自己。这适用于从易卜生到梅特林克[2]和邓南遮的所有新艺术运动的艺术。毕竟，它起源于瓦格纳，而不是勃拉姆斯[3]的室内乐。——在我看来，混凝土不

1 斯特凡·马拉美（Stéphane Mallarmé，1842—1898），法国诗人和评论家。

2 莫里斯·梅特林克（Maurice Maeterlinck，1862—1949），比利时剧作家、诗人和散文家。

3 约翰尼斯·勃拉姆斯（Johannes Brahms，1833—1897），德国浪漫主义时期的作曲家、钢琴家和指挥家。

是新艺术运动的特征，而可能是1910年前后引人注目的真空的一部分。我还认为，真正的新艺术运动可能与1900年左右的严重经济危机同时发生；而混凝土属于战前繁荣时期。——第415页：我想提请您注意魏德金的遗作中对“建筑大师”索尔尼斯（Solness）的极其引人注目的解释。我不了解关于觉醒的精神分析文献，但我会去寻找。然而，精神分析——它解释梦境并唤醒，明确地和论战性地将自己与催眠术分离（弗洛伊德[1]讲座中的文献）——本身不是在时间上与它重合的新艺术运动的一部分吗？这可能是一个头等问题，也许会带我们走得很远。作为对我的原则上的批评的纠正，我想补充一点：如果说我拒绝使用集体意识，那当然不是为了留下“资产阶级个体”作为实际的**基础**。必须将其内饰透明化为社会功能，并且必须将其整体性揭露为假象。然而，作为一种假象，不是相对于实体化的集体意识，而是相对于真实的社会过程本身。因此，“个体”是一种辩证的中星仪，它不可以被去神话化，而只能被扬弃。——我想再次着重强调关于“把事物从有用的束缚中解放出来”的段落，这是辩证地拯救商品的光辉转折点。——在第416页，如果收藏家和内饰的理论作为容器能得到尽可能广泛的阐述，我将很高兴。——在第417页，我想提请您注意莫泊桑的《夜晚》（*La nuit*），在我看来，它是爱伦·坡的《人群中的人》（*Mann der Menge*）的辩证的尾声，是它的基石。我觉得关于作为面纱的人群的段落很精彩。——第418页是批判辩证意象的地方。无疑，您比我更清楚，这里提出的理论仍然不能满足该主题的巨大要求。我只想补充一点，不是模棱两可把辩证法转化成意象，而是意象的“痕迹”，其本身首先必须被理论彻底辩证化。我似乎记得在我的《克

1　西格蒙德·弗洛伊德（Sigmund Freud，1856—1939），奥地利神经病学家和精神分析学的创始人。

尔凯郭尔》一书的内饰章节中对此有一个有用的句子。在第418页，也许是《禁诗六首》(*Pièces condamnées*)中伟大的《被诅咒的女人》(*Femmes damnées*)的最后一节。——虚假意识的概念，在我看来，必须最谨慎地去使用，而且在没有诉诸黑格尔〔!〕起源的情况下决不再使用。——假绅士（Snob）最初根本不是美学概念，而是社会概念；它是通过萨克雷[1]产生的。假绅士和花花公子（Dandy）之间必须进行最明显的区分；假绅士本身的历史可能也值得调查，鉴于您对普鲁斯特的研究，您当然有最出色的材料。——在我看来，第419页关于l'art pour l'art（为艺术而艺术）和总体艺术作品的论题，在这种形式下是行不通的。确切地说，总体艺术作品和唯美主义是试图逃避商品性的截然相反的尝试，而且并不完全相同：因此，波德莱尔与瓦格纳的关系就像他与妓女的关系一样辩证。——第419及下页，投机理论完全不令我满意。一方面，缺少的是赌博理论，该理论在《拱廊计划》的草稿中如此宏伟地呈现出来；另一方面，缺少的是投机者的真正的经济理论。投机是资本主义理智反理性的否定表达。或许您也可以通过“外推到极端”查寻到这段话的根源。——在第420页也许应该有一个明确的透视理论；我相信原始段落中有一些关于这个的内容。它包括1810至1820年间发明的立体镜。——奥斯曼一章中很好的辩证法构想在您的阐述中也许可以比在概要中更清晰地展现出来，对于后者读者必须首先进行领会。

我必须再次请您原谅这些评论的吹毛求疵；但我认为我至少欠您一些我的基本批评的具体例子。〔……〕

在真正的友谊中。

① 在以下内容中，手稿的页码已替换为《本雅明文集》第I卷印刷本中的页码。

1 威廉·梅克比斯·萨克雷（William Make-Peace Thackeray，1811—1863），英国小说家、作家和插画家。

② 阿多诺的《克尔凯郭尔》一书。
③ 贝托尔特·布莱希特的代号；这封信是从德国寄给巴黎的收件人的。

264　致格哈德·肖勒姆

巴黎，1935 年 8 月 9 日

〔……〕

我度过了数周在图书馆的紧张工作。它们极大地促进了我这本书的文献资料汇编工作。但我现在不得不暂时中断这些努力，而不是完成它们。现在不再有上帝能救我摆脱对福克斯的研究。是的，我比以往任何时候都更有理由表明我愿意遵从研究所的建议。因为我在 5 月份的谈判中获得的妥协没有实现，除非我必须向我的合作伙伴披露我在巴勒斯坦消失几个月的前景，并免除他对我的救济。你可以想象，对他来说，这是一个诱人的前景，而我现在面临着一个充满疑虑的任务，那就是必须消除它。此外，出于更好和更友善的理由，我很遗憾看到我们的会面被推迟，这不会令你感到惊讶。我们无法保证在欧洲的重聚——无论如何只能是非常短暂的——会给我们带来在巴勒斯坦的几个星期会给我们的东西。对我来说，让我了解你的工作及其情况；对你来说，让你了解我的作品，它的特性是完全不可能在书信中传达的，即使在谈话中，只有在这种交流不是过于偶尔和零星的情况下，才是可行的。不过，这对我们两人来说都将有益得多，因为我正在以不同寻常的谨慎对待这本书，而且在现阶段，我在这本书上的工作越是孤寂，我就越愿意和有能力将源于友好对话的所有咨询意见都用于富有成效的用途。我相信，它的构想，无论其起源是多么个人的，都涉及我们这一代人决定性的历史利益。不需要更多的语言来表明我是多么想让你熟悉它。

事情基本上可以概括如下：为研究所撰写的概要——我想说用于肤浅的，甚至是最肤浅的用途——已经完成了相当长的一段时间，这份概要使我自己意识到建设性的工作（同时需要决定文学形式及其潜在的成功）将要从其开始的确切地点。这一天还没有到来。如此令人讨厌却使我成为帮凶的境遇延迟了它。但是，如果我仍然能活着看到它，我就不会再抱怨太多了。

我不想在离开这个话题之前不告诉你，你对它所做的二选一的推测都是正确的。这部作品既体现了超现实主义的哲学应用——从而也体现了对它的扬弃——也在存在的最不显眼的角落——可以说历史的碎屑——保留了历史意象的尝试。

如果我没记错的话，我已经在我的上一张明信片中告诉过你我妹妹的地址，此地址目前也是我的地址。尽管我不知道当马克斯－施泰因施耐德夫人回来时我是否还会住在这里，但我请求你把这个地址通知给她。〔……〕

巴黎目前的气候非常宜人；社交气氛则不那么宜人，因为少得可怜的熟人都离开了。甚至流亡者们也拿着他们可怜的几个钱去度暑假。

〔……〕

所以，让我尽快收到你的来信，并接受我对你伟大希伯来事业的最衷心的祝愿。向你和艾莎问好。

你的瓦尔特

265　致格莱特尔·阿多诺

1935 年 8 月 16 日

亲爱的 F.，

我相信我寄给你这封短信是对的。它并不包括对你们2日那封意义重大的长信的深入研究。我将把这留给以后——当然不是留给一封信，而是我们通信过程中的一系列信件——希望我们的通信流过许多河流和溪流，在不太遥远的某一天，会注入我们团聚的河床。不，这封信不是深入研究，而是，如果你们愿意的话，收到你们来信的通知。但这份通知不仅要宣布是这双手接受了这封信，也不仅是我的头脑和我的双手一起接受了这封信。相反，在涉及单个问题之前，我想首先向你们保证，我是多么高兴收到你们的来信，因为它证实了我们的友谊，并使我们许多的友好对话重新开始。

你们的来信的非凡之处，以及考虑到你们提出异议的所有准确性和紧迫性，对我来说如此特别和有促进作用的是，它始终以与我所经历的思想生活息息相关的方式对待该主题；你们的每一个思考——或几乎每一个思考——都指向作品的创造性核心，没有一个错失目标。因此，无论你们的思考会以何种形式继续在我心中发酵，而且尽管我对这种持续性影响所知甚少，在我看来仍然有两件事是肯定的：

1）它们的影响只会是有益的，

2）只会证明和加强我们的友谊。

如果由我来决定，这就是我今天要说的全部，因为，就目前而言，任何更多的事情都可能轻易把我们引向不清楚和无节制的领域。但是，由于我只是不想让这封短信在你们看起来很生硬，因此，我将敢于提出一些非常临时性的并且非常少量的意见——尽管并非没有风险。作为讨价还价的一部分，你们必须接受它们更多地具有自白的性质而不是纯粹客观的性质。

因此，让我首先说，尽管你们的信中如此强调《拱廊计划》的“第一份”草稿，但必须指出，我没有放弃这“第一份”草稿的任何内容，也没有丢失一个单词。摆在你们面前的，如果我可以这样说，不是“第二份”草稿，而是**另一份**。这两份草稿具有正反相对的关系。它们代表了这部作品的正题和反题。因此，这“第二份”草稿对我来说决不是一个结论。它的必要性是基于这样一个事实，即“第一份”草稿中包含的见解不允许直接成形——除非是未经许可的“诗意”成形。于是，在初稿中早已废弃的副标题，“辩证法的仙女剧”。

我现在握住了弓的两端——但还没有足够的力量来拉伸它。我只有经过长期的训练，才能获得这种力量，我对原始材料的研究代表了其中的一个因素。我的悲惨处境带来了这样一个事实，即在该项目的第二个时期，其他因素迄今为止必须退居上述因素的后面。我知道这一点。我以一种拖拉进行的方式来顾及这一认识。我不想让任何错误有机会影响我的计算。

这种训练还包括哪些其他因素？结构的因素。如果说 W. 对章节的划分持保留意见，那么他已经切中要害。这种安排缺乏结构的特征。我将搁置一个问题，即你们所建议的方向是否是我应该采取的正确方向。有一点是肯定的：结构特征对这本书的意义就像点金石对炼金术的意义。此外，我目前唯一能说的是：它必须以一种新颖、扼要、非常简单的方式，总结该书与先前和传统的历史研究的对立。怎么样？如何做到这一点还有待观察。

阅读了这些内容后，你们不可避免地会怀疑，类似任性的东西与我对其他保留意见的反对混合在一起。在这件事上，我不知道还有什么其他离我更远的恶习。而且，我会忽略许多我同意你们的观点，并保存下来以备日后查看。（我很少像赞同 W. 在“黄金时代”主题上所做的思考那样赞同任何东西。）不——目前我在想的是你们的来信中关于土星的段落。我根本不想否认“铸铁阳台必须变成土星光环”。但也许我不得不解释一下：完成这个转变绝不可能是一个单一考虑——尤其是对格兰维尔[1]相关画作的考虑——的任务；相反，这完全是**该书作为一个整体**的责任。恰恰是这本书在任何地方都丝毫无法要求我的《柏林童年》提供给我的那些形式：在我心中巩固这一认识是第二份草稿的重要功能。在门口玩耍的孩子的眼神中反映出的19世纪的史前史，与刻在历史地图上的标记中的相比，有着完全不同的面貌。

这些完全初步的意见仅限于一些一般性问题。在没有用脚步测量它们的周长的情况下，它们忽略了所有细节。以后有机会时，我会涉及其中很多内容。不过，最后，请允许我提及一个对我来说至关重要的问题，即使冒着以自白的形式来这样做的风险。在提出这个问题时，我表明两件事：在我看来，W. 把辩证意象定义为“星丛”是多么贴切；同样，在我看来，我指出的这个星丛的某些元素是多么不容置疑：也就是那些梦中的人物。辩证意象并没有摹画梦幻——我从来没有打算断言这一点。但在我看来，它确实包含了这些实例，包含了觉醒降临的时刻，而且事实上，它正是从这些时刻中产生它的形象，就像从发光点产生星丛一样。因此，在这里也必须拉伸另一张弓，并克服一个辩证法：在意象和觉醒之间。——

266　致马克斯·霍克海默

巴黎，1935 年 10 月 16 日

亲爱的霍克海默先生，

非常感谢您 9 月 18 日的来信。当然，我很高兴收到它。自从

1　让·伊格纳斯·伊西多尔·格兰维尔（Jean Ignace Isidore Grandville，1803—1847），法国讽刺画家。

我流亡国外以来，能当面证明我工作的人越来越少。另一方面，岁月的流逝和我的生活处境，使这项工作在我的经济生活中占据着越来越大的空间。因此，您的来信使我特别高兴。

正是因为您对我的概要的意见是如此重要，并给了我希望，所以我本来宁愿避免在这封信中讨论我的处境。但是，因为我希望有一个“奇迹”，而如此希望在这种情况下是情有可原的，所以我将推迟写到它。然而，由于我从我为瑞士报刊撰写的一些小故事[①]中获得的收益，总计是我屈指可数的几个瑞士法郎，因此一封完全局限于我工作的信已经成为我负担不起的奢侈品。上次与波洛克先生交谈时，我告诉他，在绝望的情况下求助于您的可能性，对我来说，比目前任何帮助的意义都大。他理解这一点，而且尽管研究所最近的决定为我提供了整整三个月的真正有意义的救济，但我希望并相信，这不会阻止您按照我当时对波洛克先生所说的话来考虑我的情况。

我的处境和任何不涉及债务的财务状况一样困难。我这样说，并不是要把一点点功劳都归功于我自己，只是想说，您对我的任何帮助都会立即减轻我的负担。与4月份我回到巴黎时相比，我已经大大减少了生活开支。因此，我现在作为二房客和一些流亡者住在一起。除此之外，我还设法获得了吃包伙的午餐的权利，这是为法国知识分子组织的。但是，首先，这个许可是暂时的，其次，我只能在我不在图书馆的日子里使用它，因为饭馆离图书馆很远。我只是顺便提一下，我必须更新我的身份证，但没有更新所需的100法郎。由于要交纳50法郎的费用，我也尚未能够加入外国人新闻界（Presse Étrangère），虽然出于行政管理的原因，有人敦促我这样做。

关于这种情况的自相矛盾的事情是，我的工作可能从未比现在更接近于对公众有用。在您的上一封信中，没有什么比它在这方面所说的更能鼓舞我了。对我来说，您的认可的价值与我无论是在好日子还是在坏日子里坚持这个项目的毅力成正比。它现在开始呈现出我计划的特征，并且最近以一种特别确定的形式呈现。

波洛克先生在这里的时候，他给了我写下概要的动力。现在，您的最后一封信是让我搁置已经暂时确定的这部作品的历史意象的诱因，因为这有利于将要决定作品全貌的结构性思考。就它们而言，这些结构性思考，以我把它们记录下来的形式，可能是非常临时性的。尽管如此，我可以说它们在唯物主义艺术理论的方向取得了进步，而这种进步就它而言将远远超出您所熟悉的草稿。这次的问题是要指出我的历史构造将要参考的当代的确切位置，就像参考它的没影点一样。如果说这本书的主题是 19 世纪艺术的命运，那么这种命运之所以对我们说些什么，仅仅是因为它包含在一个钟表装置的滴答声中，而它的钟鸣声刚刚传入**我们的**耳朵。我的意思是，艺术的决定性时刻已经为我们敲响，我已经在一系列初步的思考中捕捉到了它的特征，题为“机械复制时代的艺术作品”[②]。这些思考试图赋予艺术理论的问题一种真正的当代形式：并且是从内部出发的，避免一切与政治的**突然**联系。

这些笔记几乎没有援引任何历史资料，而且内容并不广泛。它们仅具有基本的特征。我完全可以想象杂志是适合它们的地方。就我而言，毋庸置疑，我更希望看到由您发表我的这一劳动成果，而不是其他任何人。我决不想在没有听到您对它的意见的情况下就将其发布。

如果您考虑到上述工作从时间上在我的日常安排中处于次要地位，而该安排的主要部分是由我对福克斯的研究决定的，以及此后我要为日耳曼研究所（Institut des Études Germaniques）准备一篇演讲，那么您会发现我的时间塞得满满的。为了让我在这种情况下有一个参照点，如果您自己给我的福克斯手稿提出一个截止日期，那就太好了。

您的欧洲之行将是我另一个重要的参照点。我确信，届时我们将有机会进行深入的讨论。我在当地生活中遇到的困难之一是无法与在场的任何人就这个项目中最重要的想法进行交流。鉴于它们目前的发展阶段，我不能让自己轻率地对待它们。因此，我没有向这里的任何人展示过这份概要。您的信中关于“不可省略”的内容的一句话特别引起了我的注意。我希望能从您那里听到更多关于这个的信息，最好是当面地。

我非常急切地期待您的有关辩证法的文章，并希望从中学到很多东西。《新法兰西评论》的最后两期都有一篇关于同一主题的文章。〔……〕

愿这封信传达我的希望和最诚挚的问候。

您的瓦尔特·本雅明

① 本雅明在 1935 年 9 月 26 日的《巴塞尔新闻报》(*Basler Nachrichten*)中的《警告》(Die Warnung)和 1935 年 11 月 6 日的《新苏黎世报》(*Neue Zürcher Zeitung*)中的《拉斯塔利如是说……》(Rastelli erzählt...)。

②《社会研究杂志》第 5 期(1936 年),第 40—66 页(皮埃尔·克洛索夫斯基[1]的译本)。现在收载于《本雅明文集》第 I 卷,第 366—405 页。

267　致玛格丽特·斯特芬

巴黎，1935 年 10 月末

亲爱的格蕾特，

我这次回信花了较长时间，但是从我收到您的第一封信到今天，发生了太多事情。首先，我又搬家了，您可以在信的末尾找

1　皮埃尔·克洛索夫斯基(Pierre Klossowski，1905—2001)，法国作家、翻译家和艺术家。

到我的新地址。还有一些特别的困难，尽管是最常见的那种，以及由这种情况促成的我周围的一些物体的暴动：首先，我住在七楼，电梯却罢工了；然后是我在意的几件家当的大规模外流；最后是一支非常漂亮、对我来说不可替代的钢笔的消失。这是巨大的不幸。

现在，在我写信给您的时候，虽然情况没有任何改变，但我的痛苦已经消散了，也许被日复一日在我住所高处周围呼啸着的发狂的秋季风暴吹走了。如果您的烟草在这段时间内到达，那将是一种安慰。但是不能再指望我收到它们了，也不要作进一步的尝试，否则海关官员将永远无法戒烟。但是非常感谢您的坚持不懈！

然后，我甚至不知道我是否已经感谢了您为我制作的《什么是史诗剧？》的出色副本。我很高兴您以这种方式使我获得了这份重要的手稿。

现在来谈谈关于布莱希特的事情。首先，我收到了他的《中国表演艺术评论》(Bemerkungen über die chinesische Schauspielkunst)。很明显，这是一篇非常优秀的文章。它包含一些无与伦比的表述，例如关于把脸作为用表情在上面书写的空白页的表述；关于描绘邻座而非观众——以及其他，等等。现在不幸的是，我关于描绘临座而非观众在这里与任何译者都没有私人联系。另一方面，阿德里安娜·莫尼耶[1]，《标准》(*Mesures*)——我真的很想看到这篇文章在那里发表——的女发行人，一个德语音节都不懂。最令人担忧的是她的经纪人对所有德国作品的怀疑。综上所述，我只是想说我将被迫以曲折的方式前进，并且不确定我是否会到达。无论如何，这种尝试绝对是值得的，我将在下次有机会时去做。

1　阿德里安娜·莫尼耶（Adrienne Monnier，1892—1955），法国书商、作家和出版商，在20世纪二三十年代的巴黎现代主义写作界颇具影响力。

很高兴亲眼看见布莱希特以戏剧寓意的形式，利用他在中国舞台上的经历来造福自己的事业。事实上，在我看来，最后一个是同类作品中最完美的。关于您针对场景的两个版本向我提出的问题，我完全没有理由在表达我的意见时犹豫不决

〔结尾缺失〕

268　致格哈德·肖勒姆

巴黎，1935 年 10 月 24 日

亲爱的格哈德，

尽管有最良好的意愿，但我未能遵从你的 8 月份来信结尾的建议，即让你很快得到我的消息。我周围的事情太黯淡和不确定，以至于我不敢从我工作中剥夺可怜的内心平衡的几个小时。同一时期发生了新的搬家，以及在这种情况下，在它之前和之后的一切。最终，我在某种可能性中找到了一些安慰，即通过基蒂·施泰因施耐德向你传达口头问候。

今天写信给你的最直接原因是为我刚刚收到的《光明篇》的一章[①]感谢你。我谈不上——除了你的前言外——从头到尾读了这本书。但是我确实已经读了足够多的内容，能够对你所取得的成就表示最高的祝贺。而且，我可以做到这一点，是在我丝毫不能判断这一译本所代表的——无疑是巨大的——技术工艺的情况下。因为在它旁边明白无误地存在你的意图所成功表达的杰出人性，你的意图就是要使这样一个封闭的文本最有效同时最惊人地接近于未受学校教育的。因此只能依靠自己的专注的智力来达成。翻译你手头的这个文本肯定不比翻译一首完美无瑕的诗更容易。但是诗歌的译者通常不具备简朴的能力，而简朴在这里既是成功的前提，同时也给

出了将翻译与评论结合起来的有条理的指令。就此而言，我认为你的翻译超出了手头材料的界限，堪称典范。

我希望你不会惊讶地听到我说，我仍然很关心这些材料，即使你可能没有从这个意义上读到在伊比沙岛上找到了表达的那篇短文——《论模仿能力》。无论如何，在那里发展的非感官相似性的概念在《光明篇》的作者将语音的构成——更可能是文字——视为宇宙联系的沉积物的方式中找到了多方面的例证。当然，他似乎想到的是一种不归因于任何模仿起源的对应关系。这可能与他对流溢学说（Emanationslehre）的依恋有关，而我的模仿理论实际上对此提出了最强烈的反对。

我已经注意到许多段落需要与你讨论。我想了解更多关于克鲁维姆（Keruwim）的《小面孔》（*Kleinen Gesichter*）。我想知道你对第 80—81 页上非常奇特的月球理论的起源的看法。此外，研究地狱学说将非常重要。在序言中，我对关于摩西 · 德 · 莱昂[1]的阐述特别感兴趣。然后是《光明篇》的恶魔学中有关原始和民俗方面的段落。

〔……〕

你没有将你的卡夫卡一诗的印刷版本②寄给我，我希望得到它。如果说我很长一段时间都没有寄给你任何东西，那是因为，首先，几乎没有发表任何东西，其次，由于当前的危机，报社——例如《新苏黎世报》——往往只提供一份清样。

尽管有这些情况，我还是写了一小叠中篇小说，只是为了宁可在这里也把我的工作量增加两倍或三倍。要是我没搞错的话，其中一篇应该轻松找到一个地方发表，届时我会把它寄给你。有时，我梦见落空了的图书项目——《1900 年前后的柏林童年》和《书信

1　摩西 · 德 · 莱昂（Mose de Leon，约 1240—1305），西班牙拉比和卡巴拉派教士，被认为是《光明篇》的创作者或修订者。

集》（Briefsammlung）——然后我很惊讶我是从哪里得到力量启动一个新的项目。当然，在这样的情况下，它的命运甚至比我自己的未来可能采取的形式更难预测。另一方面，它就像当外面的天气变得太恶劣时，我要走到屋檐下面。户外天气严酷的部分原因是福克斯。但是随着时间的推移，我逐渐磨炼自己不再怕他的文本，并且我只有在采取了各种防护措施的情况下，才会继续使自己暴露在他的文本之下。此外，我重视他的著作是仅就他探讨 19 世纪而言。因此，他不会让我离原来的工作太远。

最近，一些具有艺术理论性质的基本发现决定性地促进了这项工作。与我大约四个月前起草的历史纲要一起，它们将——作为系统的基线——形成一种网络，所有进一步的细节都必须记入其中。这些反思将 19 世纪的艺术史锚定在它目前的、被我们体验到的状况的认识中。我将这些反思严格保密，因为它们比我的大多数想法适合偷窃得多。它们的初步记录标题为“机械复制时代的艺术作品”。

2 月，我将在日耳曼研究所举行关于《亲和力》的演讲。鉴于所有情况，我不知道我的抵抗力能维持多久，因为我每个月**最多**只能得到两个星期的生活必需品。每一次最微不足道的购买都取决于奇迹的发生。相反，几天前我丢失了我的钢笔——那是一件珍贵的礼物，更确切地说是传家宝。这一点儿也不奇怪，不如说是最深层次的恶劣情绪的最自然的结果，此外，它富有教育意义地证实了一句谚语，即一无所有的人将被剥夺他所拥有的。

看来今天我找不到回到更愉快的思考的道路，所以这封信并非太早结束。尽快给我写信，并接受我对你和艾莎的最诚挚的问候。

你的瓦尔特

①《创造的秘密——〈光明篇〉的一章》（*Die Geheimnisse der Schöpfung, ein Kapitel aus dem Sohar*），柏林，1935 年。

② 收载于《犹太人评论》中。1935 年 3 月 22 日。

269 致基蒂·马克斯–施泰因施耐德

巴黎，1935 年 10 月 24 日

亲爱的朋友，

您的信昨天到了，我想一刻也不耽误地谢谢您。您很清楚，在这样的事情上“成功”决不是感恩的尺度。因此，您将能够理解我的感激之情。

我是否有机会同时告诉您，我们的长谈在我的记忆中仍然特别鲜活？

我很高兴听到您说，您进行这次对话时针对当前问题采取了所有有益的谨慎态度；当然，在我将该问题带给您之前，我已经完全确定会是这种情况。实际上，我将带着不是减少的，而是增加的悬念，等待您迟早会进行的解密。

就我的总体处境而言，最近没有任何变化。在过去的几周里，我一直忙着写下一些有关艺术理论的深刻思考。它们的出发点是那天早上我在酒吧和您丈夫的谈话。就好像这些在日暮之初一直隐藏着的思考，只有在被引诱到正午的光线中之后，才变得对我可见。考虑到这一点，请向您的丈夫转达最美好的问候。

请尽快再次给我写信，只要您愿意且能够这样做。像您发送的有关布伯的新闻，我总是会拼命竖起耳朵听的。

致以最诚挚的问候

您的瓦尔特·本雅明

270 致维尔纳·克拉夫特

巴黎，1935 年 10 月 28 日

亲爱的克拉夫特先生，

我有几个原因，使我确认您最近的消息和包裹没有我希望的那么快。至少它们中的第一个会为我辩解。它可以归因于我生存中的特殊困难，这些困难现在已经开始颇具威胁性地堆积起来。我将避免向您详细描述它们的影响；反正，其中之一会以我变更后地址的形式使您获悉。

正如您很容易理解的那样，这种境遇需要它们自己的营养学，因此我很难以该种通信方式所要求的那种自发性来回复您的最后一张明信片。

我首先回到您的那首诗[①]上，它给我留下了深刻的印象。这首诗的前四节在我看来太完美了，以至于它应该可以承受我不得不提出的针对第五节的反对意见。这首诗以“结束”一词结束。在我看来，您用来结束这首诗的问题，无法填满前面各诗节所建立的低沉的共鸣板。

此外，我对这些诗句中所包含的悲伤的兴趣当然不亚于对它们的艺术形式。这就引出了一个问题，即您是否可能给我一份相对实用的报告，介绍您在那边的生活，或者那边普遍的生活，我坦率地承认，我已经期待您这样做很久了。在此背景下，您也可以用一句话告诉我您在那边找到了什么样的工作。〔……〕

此外，我几乎没有屈服于要强制对世界现状做出总体解释。在这个星球上，已经有许多文明在血腥和恐怖中灭亡。当然，我们必须祝愿地球有一天能经历一个超越这两种东西的文明——事实上，就像希尔巴特一样，我倾向于假设地球正在等待这一切。但是，**我们**是否能在地球1亿或4亿岁生日之际，向它赠送这份礼物，却是一个非常值得怀疑的问题。如果不是这样，那么地球最终将让我们受到惩罚，作为他怠慢的庆贺者，接受末日审判。

就我而言，我正努力将我的望远镜穿过血腥的薄雾，对准一个19世纪的海市蜃楼，而且我正努力临摹它的特征，将在未来从魔法中解放出来的世界状态中展示它。当然，我必须首先自己制造这架望远镜，并且在这项努力中，我是第一个发现唯物主义艺术理论的一些基本原理的人。我目前正准备通过一篇简短的纲领性文章来阐述它们。

我正在为2月份在索邦大学（Sorbonne）的日耳曼研究所的一次演讲做准备。我短暂地拜访了几位教授，他们给我留下了形形色色的印象。〔亨利·〕利希滕贝格[1]是给我留下最缺乏善意的印象的人。

此外，没有什么新鲜事。最重要的是，实际上几个月以来我都没有阅读，因为这项工作占用了我的全部时间。布莱希特的新教育剧本《霍拉斯人和库里亚人》（*Horatiern und Kuriatiern*）是一个例外，最近我以手稿形式读完。它代表了对中国戏剧某些技巧的出色运用，那是他上次访问莫斯科时所认识的。非常感谢您对我关于《三毛钱小说》的评论的意见！并且请您很快详细写信回复。

①《妄想问题》（Wahnes Frage），收载于《希望图》中。

271　致维尔纳·克拉夫特

巴黎，1935年12月27日

亲爱的克拉夫特先生，

我非常诚挚地感谢您11月9日内容丰富、很有价值的来信。它第一次使我了解了您在巴勒斯坦的情况，尽管只是以概述的形式。

我祝贺您为朔肯书库所做的选集工作。我可以很容易地想象，它给您带来愉悦，并且会从中产生一些非常好的东西。另一方面，

1　亨利·利希滕贝格（Henri Lichtenberger，1864—1941），法国学者，专门研究德国文学。

我丝毫不感到惊讶，您以“秘密的反抗”响应许多事件和许多要求。尽管我对巴勒斯坦的物质和精神状况缺乏足够的了解，但我仍然可以从各种征兆中看出，巴勒斯坦的精神生活空间比其相对舒适的政治状态所暗示的要狭窄得多。

您提到——与您那首优美的诗歌有关——列夫·舍斯托夫。我很有可能不久后见到他。《约伯的天平》（*Auf Hiobs Wage*）就在我旁边的书架上。当然，我还没有找到适当的时间开始阅读它。在这种情况下，如果我今天不回顾您的这首诗，请不要将其理解为肤浅。我已将其——希望没有违反您的意愿——借给一个朋友，以便他可以复制。〔……〕

最后，我想说的是，我已经完成了一篇关于艺术理论的纲领性文章。它的标题为“机械复制时代的艺术作品”。就内容而言，它与我提到的我正在计划的那本长篇著作没有关系。然而，在方法论上，二者有着最密切的联系，因为在从事任何历史著作，特别是声称从历史唯物主义的角度来写的历史著作之前，必须准确地确定要呈现其历史的对象在当代的位置：……19 世纪艺术的命运。

272　致特奥多·W. 阿多诺

巴黎，1935 年 12 月 27 日

亲爱的维森格伦德先生，

在我转达〔马克斯·〕霍克海默的口信之前——该口信为我提供了写下这封短信的第一动力——请允许我说，昨天当我听到阿尔班·贝尔格[1]去世的消息时，我怀着深切的同情，想到了您。

1　阿尔班·贝尔格（Alban Berg，1885—1935），奥地利第二维也纳乐派的作曲家。

您知道，当我们谈论音乐时，这个领域通常与我的兴趣领域相去甚远，只有当他的作品成为谈话的主题时，我们才能达到与我们讨论其他领域的主题时相同的强度。特别是，您肯定也还记得歌剧《伍采克》（*Wozzek*）上演后我们的谈话。——

马克斯请求您，在任何情况下，您离开欧洲大陆之前，必须先通过电报告知他在您横渡大洋之前在哪里可以与您联系上。对他来说，在欧洲与您交谈是非常重要的，无论是在荷兰还是在巴黎。（您可以想象，如果是在巴黎，那么对我来说将会非常令人愉快。）

他特别希望您向我提供这些信息，因为他将使我随时了解他的住址以及他在荷兰的逗留时间（从本周末开始）的最新信息。

顺便说一下，马克斯当然也知道我多么希望我们三个在巴黎聚在一起聊聊。

向您和菲丽齐塔丝致以最诚挚的问候。

您的 W. B.

273　致阿尔弗雷德·科恩

巴黎，1936 年 1 月 26 日

亲爱的阿尔弗雷德，

我衷心感谢你在两个简短的通知中预告了一封信的到来。遗憾的是，它们在新的一年里还没有任何结果。现在，我将在你来信之前抢先说几句话。

几天前，我的思绪才再次转向你——更确切地说，是在我收到消息称，诺格格拉斯将在巴塞罗那举行讲座之后。当然，此消息来自不可靠的来源，或者至少来自缺乏绝对保证的来源。我还未能得知更多细节——但不可能是在大学里讲课；否则舍勒的学生，P. L. 兰德斯伯格[1]——巴塞罗那大学的讲师，我向他询问过诺格格拉斯的事——肯定会知道这一点。

无论如何，我想让你知道诺格格拉斯在这座城市的存在。我确信，他会记得早年在慕尼黑的格蕾特，并且他很乐意与你们建立联系。当然，我无法确定这是否也是你们的想法。这很可能也取决于他的情绪状况，不幸的是，当我离开伊比沙岛时，他的状况并不是很令人鼓舞。同时，我也被告知他已经永久离开了该岛。这是我预料可能会发生的事情。几乎是由于随一大群人参观了他偏僻的建筑工地迫使我产生了这个想法，而那块地是他为岛上住宅购买的。如果他现在离开了，那么我的预测在几年后就实现了。

就我自己而言，我还是经常回想起那个岛。但我怀疑，如果我再次离开巴黎一段时间，我的道路是否会将我引向南方。相反，也许我今年夏天会去丹麦。但是，我对事情还没有一个明确的概念；我只是感觉到，在一个地方待了这么长时间——这对我来说是不寻常的——换换环境是值得欢迎的。

目前，我不会离开巴黎很长一段时间——除非政治环境迫使我这样做——因为我正在写的书继续使我依赖于国家图书馆。尽管如此，我将暂时中断我在那里的研究，以便着手该书的一个或多个完整草稿。我的有关“机械复制时代的艺术作品”的文章现已完成。它确定了当代的位置，其事实和问题将为我回顾19世纪设定标准。这篇纲领性的文章将以法语发表在研究所的杂志上。这篇文章的翻译工作将交到一个特别胜任的人手中；尽管如此，在这件事上，它几乎不会在不损害文本的情况下实现。但是，另一方面，鉴于我在这里的处境，用法语发表这一文本对我来说是非常值得向往的。

---

1 保罗·路德维希·兰德斯伯格（Paul Ludwig Landsberg，1901—1944），德国哲学家。

大约在我意识到我必须至少暂时放弃直接用法语来记录我思想的同一时间，我的处境似乎在其他方面有所改善。一方面，这与研究所决定在法国采取更为密集一些的行动有关；另一方面，这与阿德里安娜·莫尼耶在当地文学界的重要性日益提高有关；随着时间的推移，我和莫尼耶建立了一种非常接近从德国人的意义上讲友好的关系。你可能还记得我一直对她表示的非同寻常的好感。

她在过去一年中采取的政治立场增强了这种好感。《星期五》(*Vendredi*)创立于该年下半年，你可能遇到过它。《星期五》是一份非常便宜的周报，今天应该已经有三十万份的发行量。它是长期以来首次尝试全面动员的左派的文学创作。总的来说，它做得非常成功。据我所知，纪德非常积极地参与了这项实验，无论是在技术建议方面还是在资金支持方面。当然，一个非常重要的事实，即法西斯主义几乎缺乏任何文学先驱者，并不局限于法国。然而，在法国，该事实是第一次被正确地揭示出来，甚至可能是仍然及时地被揭示出来。这是《星期五》最重要的成就。除了刚才提到的说明之外，这份报纸最好的事情是证明这里即使在自由主义的知识先锋中也不再存在对共产主义的恐惧。在像纪德或罗兰这样的作家记述其政治立场的同一个地方，你会遇到像朱利安·班达、阿兰[1]和朱尔斯·罗曼[2]这样的人，他们发出几乎同样坚决的，至少是明确的声明。此外，《星期五》针对路易斯·伯特兰[3]、卡米尔·莫克莱尔[4]、亨利·贝劳德[5]和保罗·莫兰德[6]等人进行的激烈论战，对于我们这

1 阿兰（Alain，1868—1951），法国哲学家、新闻工作者和和平主义者。

2 朱尔斯·罗曼（Jules Romains，1885—1972），法国诗人和作家，也是一体主义流派的创始人。

3 路易斯·伯特兰（Louis Bertrand，1866—1941），法国小说家、历史学家和散文作家。

4 卡米尔·莫克莱尔（Camille Mauclair，1872—1945），法国诗人、小说家、传记作家、旅行作家和艺术评论家。

5 亨利·贝劳德（Henri Beraud，1885—1958），法国小说家和新闻工作者。

6 保罗·莫兰德（Paul Morand，1888—1976），法国作家。

些完全渴望针对德国纯文学中隐蔽的法西斯主义的政治反应的人来说，是非常令人高兴的。阿德里安娜·莫尼耶不时为《星期五》工作，扮演着一个很难被称为次要的角色，尽管实际上她并不是编辑委员会的成员。

以一条不那么重要的信息来结束这些有关文学的信息：请不要错过阅读西默农的《皮塔德》(*Les Pitard*)，如果这本书落入你的手中。这是一部一流的通俗小说。

转向离我们最近的话题：你知道恩斯特〔·舍恩〕是否去了莫斯科或者列宁格勒？顺便说一下，前面提到的纲领性文章目前正在莫斯科的一家出版社手中，我非常急切地想知道它是否会在俄罗斯发表。这是可能的。然而，一个积极的决定会比一个消极的决定更让我惊讶。

布莱希特即将离开美国。我听说，《母亲》(*Die Mutter*) 的演出在那边取得了巨大的成功。我还不知道更具体的信息。我认为我来信的事实已经说得足够迫切，几乎能够让我免于最后请求你尽快回信的必要。因此，今天，请只接受我最诚挚的祝愿和问候。

你的瓦尔特

274　致维尔纳·克拉夫特

巴黎，1936年1月30日

亲爱的克拉夫特先生，

我今天将只写几行字。我写这封信是为了感谢您的最后一封信，特别是感谢那首优美的诗，并简单地向您介绍一下我自己的情况。

我对您写的关于海涅和布莱希特的内容很感兴趣。我相信您说的话很有道理，尽管我想不出海涅的任何诗句可能特别让人联想到布莱希特。这是可以理解的，因为我对海涅的了解有限。当您就布莱希特探讨诗人能否在传统之外创作的问题时，我不太能听从您。布莱希特的作品中当然有传统。只是我们必须在一个不太熟悉的方向寻找它：我首先考虑的是巴伐利亚民间诗歌；更不用说可以追溯到南德巴洛克风格的说教和寓言式布道的明显特征了。

巧合的是，我现在正准备以自己的方式涉足海涅。我正在读这篇散文，只要它涉及法国的情况。如果您愿意告诉我，他的诗歌中哪些地方也体现了对这些情况的关切，我将不胜感激。

至于您对我关于语言理论的论文的评论，该论文的范围是由其形式规定的：它对语言的"形而上学"没有任何预先判定。我组织这篇文章的方式，尽管一点也不清楚，但是它准确地通向我自己的语言理论开始的地方——几年前，我在伊比沙岛将其记录在一篇非常简短的纲领性笔记中。我很惊讶地发现该理论与弗洛伊德的论文《心灵感应与精神分析》（Telepathie und Psychoanalyse）之间存在显著的关联，您可以在1935年的《精神分析年鉴》（*psychoanalytischen Almanach*）中找到这篇文章。

我的论文《机械复制时代的艺术作品》首先将以法语发表。这项工作现在交给了一位被认为是非常出色的译者；但即使对他来说，困难也将是非同寻常的。我可以在哪里发表德语文本尚未确定。目前，我正忙着为这篇文章写一些注释。

目前，只要我能为我的书找到时间，我就将其投入到在铜版画展室的研究中。在那里我偶然发现了巴黎城最伟大的肖像画家，查尔斯·梅里翁[1]，一个与波德莱尔同时代的人。他的铜版画是一座城

1　查尔斯·梅里翁（Charles Meryon，1821—1868），法国艺术家，由于患有色盲症，他几乎只从事铜版画工作。

市曾经激发过的最令人惊叹的作品之一；由于梅里翁的怪念头，让波德莱尔的按语伴随它们印刷的计划没有付诸实施，这是一个巨大的损失。

今天，希望您满足于此页面。

附：我正好及时想到告诉您，我是多么热切地希望收到您关于语言的笔记。

而且非常感谢马拉美的优美句子。①

① 根据亨利·德·雷格尼尔[1]在他的回忆录《唐克》(*Donc*)(巴黎，1927 年)一书中的引用。

275　致维尔纳·克拉夫特

巴黎〔1936 年春天〕

亲爱的克拉夫特先生，

带着诚挚的感谢，请允许我确认收到您关于埃尔斯·拉斯克-舒勒的特别出色的文章。① 阅读这篇文章时，我越来越感到，从来没有人如此充满爱和洞察力地来评论这位女诗人。在文章的一开始，您就对这一人物的不足之处有一个恰当的（辩证的）把握；但在这种情况下，这意味着您掌握了她最深刻和最生动的东西。因此，在您的描述中，妇女的诗歌成就获得了某种类似极乐的东西，就像通过克服地球引力找到自己位置的飞行员那样。

有机会时，我将设法获得《音乐会》(*Konzert*)②，但是同时我相信，在其中没有什么会证明比在您的文本的背景下的引文更

1　亨利·德·雷格尼尔（Henri de Régnier，1864—1936），法国象征主义诗人，被认为是 20 世纪初法国最重要的诗人之一。

美。我尤其感到抱歉，不能为它的出版做任何事情。至于《社会研究杂志》，它是一份专业机关刊物，每年出版三期，具有明确划定的兴趣范围，而本文仅就其主题而言，与这一范围没有任何共同之处。〔……〕

衷心感谢您 2 月 15 日的来信。我会把它放在我的工作底稿中，以便随着我的研究进展，可以利用它关于海涅的许多宝贵提示。

在同一封信中，您提到了我对布莱希特和传统的看法。一方面，由于可能只有几行字，另一方面，由于我完全忘记了其中所包含的内容，所以，如果我请您把我信中的那几行字复制一份给我，可能不会给您带来太大的负担。在我提出这一要求的同时，我特别抱歉不得不让您的关于布莱希特对我卡夫卡论文的态度问题没有得到答复。但是，要回答这个问题，将意味着必须复制我的丹麦日记——其中包含我在 1934 年夏天与布莱希特进行的最重要的对话——中的十几页！[③] 我希望能在某个时候当面告诉您有关此事的信息。

很不幸，杜·博斯又病得很重。他不得不取消他的讲座和招待会。——我在一些朋友的家里听到保罗·瓦莱里精彩的朗读。除其他外，他还朗诵了《蛇》(*Le Serpent*)。关于发生在很久以前的、在类似的场合下与纪德的相遇，我同样更愿意当面告诉您。

〔……〕

附：我刚收到您那首美丽的诗《长笛》(*Die Flöte*) [④]。最衷心的感谢。

① 重印于克拉夫特的《词语与思想》(*Wort und Gedanke*)(伯尔尼，1959 年)。
② 1932 年在柏林出版。
③ 发表于瓦尔特·本雅明《布莱希特实验》(*Versuche über Brecht*)(美因河畔法兰克福，1966 年)，第 117—135 页。
④ 未发表。

276 致特奥多·W. 阿多诺

巴黎，1936 年 2 月 27 日

亲爱的维森格伦德先生，

我本来希望能早点把我的论文和这封附信寄给您。但是在法语翻译完成之前，我无法腾出一份德语副本。如果我现在发送的这份带有翻译工作的痕迹，那么我深表歉意。

此外，如果该翻译工作在各个方面都最终完成了，那么您将同时收到德语和法语文本。就目前情况而言，尽管后者已经付梓，但我必须将它留在这里一小段时间，以便最后一次与译者进行讨论。

由于这些情况，我也不得不推迟表达对您寄给我关于阿尔班·贝尔格逝世的纪念文章[①]的感谢。如果我实际上不是在十四天内，整个白天和晚上的大部分时间里，不得不紧跟着我的翻译，您应该早就听说我对这些非凡作品的看法了。您知道，这些文章中的第二篇更容易理解，因为它的领域对我来说更为熟悉。因此，我把大部分时间都花在了它上面，事实上，在我看来，它异常美丽。它的许多段落让我感到很沉着。

例如，在您对“冷酷而精致”的特征的描述一开始，它便非常奇妙地对应着一个死亡面具；然后，一个真正令人惊异的句子，好像在直接对我说话：“他用他幻想的绝望削弱了世界的消极性”——在这个视角，我与《沃采克》音乐的邂逅再次变得十分突出。至于其他一些句子，我会让自己走得这么远，以至于想象您在写它们的时候可能隐约地想到了我。当然，首先在您提到“食人者的友善”时，对于您引用贝尔格关于铜管演奏者的和谐的一句话的上下文，我也感到非常高兴。

我希望我不必等太久就收到您的来信。无论等待时间有多短，我都一定会不耐烦。和我的译者一起在非常紧张的工作中度过的两个星期，使我与德语文本有了一定的距离。通常我只有在更长的时间之后才能做到这一点。我这样说丝毫不是为了使自己与之脱离联系，相反，由于我只是在这个距离上发现了文本中的一个元素，我特别希望看到您作为读者能给它以公道的评价：具体来说，例如食人者的文雅，以及在破坏行为中一定的小心和谨慎。我希望这会显示出一些您对最熟悉的事物的热爱。

我正在等待马克斯〔·霍克海默〕的论文集[②]。我被委托翻译它们。一旦这项工作开始了，我敢肯定，我们会在这里见面。我认为并希望这很快就会发生。

致以最诚挚的问候，您的瓦尔特·本雅明

①《露露交响曲》(Zur Lulu-Symphonie) 和《生命的回忆》(Erinnerung an den Lebenden)；这两篇文章都以化名赫克托·罗特维勒 (Hektor Rottweiler) 发表在维也纳音乐杂志《23》上，1936 年 2 月，第 24/25 期。
② 该版本并没有实现。

277　致基蒂·马克斯－施泰因施耐德

巴黎，1936 年 4 月 15 日

亲爱的朋友，

我希望我们的关系是，我这么长时间的沉默没有引起您丝毫没有根据的怀疑。或者最多是偶尔对我的境况产生怀疑，这并不一定总是毫无根据的。另一方面，如果我选择一个风平浪静的时间来告诉您我的情况，那也不会令您感到惊讶。这些风平浪静的时间并不常见，也不必如此。

春天已经到了；然而，生命的小树根本不理会季节，连最细小的花蕾都不肯绽放，最多结出小小的果实。一些大自然爱好者会仰望这些中的最后一个，当然，那已经向您宣布过了。它会以法语文本包装的形式大约在一个月内送达您的住处。至于大自然爱好者，它是一个杂色小团体——包括一些流亡者、一两个法国业余爱好者、一个对局势摇头的俄罗斯人，以及一些不同出身和性别的人，他们对果实的好奇程度不如对小树的。

通过这幅小寓意画，您将对我当前的生产条件有一个相当准确的认识。其实说起来，首先，我对异常困难的翻译工作的监督，然后，清理编辑和技术上的复杂问题，在过去两个月中占据了我的大部分精力（如果不是我的时间）。对于几乎总是与此类干预相关的许多烦恼，我通过观察与对这种工作的最早反应有关的吸引力得到了补偿。从特征上看，它们往往比后来的、可以说官方的反应要高明。我几乎有理由从这些反应得出结论，在俄罗斯，官方反应，影响是最小的。另一方面，在这里，事情正在进行中，以适合的方式向纪德、保罗·瓦莱里和其他法国最重要的作家呈现这部作品。我的论文将附有一个纲领性的文本，我现在正在撰写它。

此外，我受委托正忙着写一篇关于俄国诗人列斯科夫[1]的文章。我之所以同意这样做，是出于一些不愉快的情况。他是一个鲜为人知但非常重要的陀思妥耶夫斯基的同时代人。——您知道他吗？他的作品经常被零星地翻译成德语。我是为《东方与西方》（*Orient und Okzident*）写的这篇文章，这是一份由前波恩神学家弗里茨·利布[2]领导的杂志[①]。这位利布是瑞士人，曾是卡尔·巴特[3]的学生，也是我在这里遇到的最好的人之一。他还是一个勇气非凡的人，曾在1918年瑞士起义中发挥作用。我现在正在阅读

1 尼古拉·谢苗诺维奇·列斯科夫（Nikolaj Semjonovitsch Ljesskow，1831—1895），俄罗斯作家。

2 弗里茨·利布（Fritz Lieb，1892—1970），瑞士改革宗的神学家和斯拉夫语言文学研究者，被认为是俄罗斯思想史专家。

3 卡尔·巴特（Karl Barth，1886—1968），瑞士福音派改革神学家。

他的作品《布尔什维克主义的精神面貌》(Das geistige Gesicht des Bolschewismus),这应该可以为我提供他后来的发展的钥匙,这些发展同样有趣和吸引人,并且有时令人着迷。

此外,由于我根本没有兴趣从事俄国文学史的研究,因此,我将把一匹旧的木马从马厩中拉出来讨论列斯科夫。利用它,我将尝试我经常重复的关于小说家和讲故事者之间的对比的研究,以及把我以前对后者的偏爱应用于他。

此外,就您对文学建议的请求而言,列斯科夫是否对您有用,我不太确定。但是,如果您碰见他的一本或另一本中篇小说集,您无论如何都应该把它顺便买下。顺便说一句,在提供合理的建议方面,我发现自己真的很茫然。这不足为奇。一方面,我正在阅读的东西或多或少是由我的工作规定的,其中大多数都位于国家图书馆的储藏室中很少使用的区域。另一方面,这使我可以自由地追求作为读者的简单乐趣,而不受所有文学研究因素的影响。由于个人品味总是在这种简单的乐趣中发挥作用,而且是不小的作用,因此推荐这样的读物并不比推荐吃什么更可靠。在这样的保留意见下,我想让您知道——我不是已经这样做了吗?——我正在阅读乔治·西默农的每一部新小说。我认为他的最新著作中最好的是《皮塔德》(*Les Pitard*)、《房客》(*Le Locataire*)和《逃犯》(*L'évade*)。正如您可能想象的那样,我几乎没有读过目前"比较高雅"的文学作品。然而,有些冒险小说早已能够与高雅文学匹敌。我最近遇到的最精彩的冒险小说之一,是菲利普·麦克唐纳[1]的《死亡沙漠》(*Tod in der Wüste*),但这本书早已为人所知,并由克努尔(Knaur)出版社出版了德语译本。(一部以此为基础拍摄的电影并非完全配不

1 菲利普·麦克唐纳(Philip MacDonald,1900—1980),英国小说和剧本作家,以惊悚小说而闻名。

上这本书。）

您不要以为我会定期收到《犹太人评论》。而且，在您最狂野的梦里，您也不应该想象我在那里读到的东西能够甚至略微与您在一页信纸上能写给我的关于巴勒斯坦的事情一样使我感到关注。当然，在提出问题方面我也有困难。因为我一直对同一件事感兴趣：除了让数万名犹太人，甚至数十万名犹太人勉强维持生存之外，唤醒巴勒斯坦的希望去了哪里？这种情况，尽管是不可免除的，但可能不会不了了之，而不被证明是在威胁犹太民族的所有危险之中，一种新的灾难性的危险。

（您所阅读的我对语言哲学理论的讨论肖勒姆也收到了，但我没有听到他关于这件事的一句话。我最近写信给他，还向他宣布了我的新的艺术理论论文，并不无坦率地告诉他，我是如何审慎地判断受到他好评的可能性。他稀少消息的暗淡色彩和消息之间长时间的停顿，除了他本人必须面对的困难之外，我几乎不能用别的办法来解释。今年他来欧洲旅行的前景——去年他似乎指望着这一点——可能也会因此变得不确定，更不用说我们聚会的前景了。）

我已经一年没有离开巴黎了，我非常需要休养。如果可能的话，我想在一个月内前往丹麦拜访布莱希特。但是否如此，目前还很不确定。单单因为政治局势，我就非常高兴能够在丹麦度过夏天。在这里，有时我已经感到非常不舒服。从那里，我将向您发送报告，这些报告将向您证明，一旦有必要，在高纬度地区追求“和平与钓鱼”的可能性，绝对比不逃避您的“命运”更为明智。

但是，既然我们谈到您的命运，我们就应该假设您命中注定要做的下一件事就是很快给我回一封长信。

一如既往，致以非常诚挚的问候。

您的瓦尔特·本雅明

① 发表于1936年10月，第16—33页。现在见《本雅明文集》第II卷，第229—258页。

278　致格哈德·肖勒姆

1936年5月2日

亲爱的格哈德，

随着你的最后一封信，我们在过去一年的通信得到了一个悲伤的尾声。[①] 对于这个尾声，我只能提供一个沉默的听众，他能很好地理解这一切——即使它只是在暗示中移动——以至于不会用无关紧要的话来打扰。可以表达的一点是，我希望你的寂寞——如果发生的话——从外部来说是短暂的，并会带来一些内在的活力。

即使我们最近的通信进展没有比你好多少，至少你决不能否认我曾有耐心地支持它的证词。如果随着时间的流逝它恢复了一些原有的特征，那并不是徒劳的。因此，我们俩都必须希望，有权与我们对话的我们生存和工作的基本精神，不必无限期地在门槛上等待下去。当然，另一方面，由于国际政治的分歧即将清除，我们从存在的物理区域解放出来，我们一定不能忽视能够彼此交谈的机会。

〔……〕

我惊恐地阅读了关于你哥哥命运的消息。我不认识他；但是必须将一个名字与这种生活联系起来，这一事实已经是可怕的。我的弟弟也仍然在德国，但他是自由的。他没有遭受任何直接的困苦，因为我的弟媳在俄罗斯驻柏林的贸易代表处工作。

至于我自己的工作，在其发展的每个阶段，显然总是被你对它的想法所大大超越。无论如何，当你提到“重大项目”时，我认为你指的是《拱廊计划》。那里一切都没有改变：真正的文本尚不存在一个字，尽管初步研究的结束现在已经指日可待了。目前，重点不是放在文本上，而是放在整体规划上，这需要经过非常仔细的考虑，并且肯定会在以后的一段时间内引起这种或那种尝试。我的上一部作品，其法语版本将在三周后出版，也是从这一规划发展而来的。它只是从表面上触及了主要项目，但是为它的各种研究指明了没点。在上述总体规划的尝试中，到目前为止，只有一个已定型。

列奥·施特劳斯在巴勒斯坦吗？我倾向于在《东方与西方》杂志上研究他的书[②]；我为该杂志撰写了有关列斯科夫的文章。也许你会看到作者；如果是这样，你可以说服他把书寄给我。今天我以最诚挚的问候结束。

你的瓦尔特

① 肖勒姆告诉了他离婚的消息。
②《哲学和法律：对马穆尼斯的理解的贡献》（*Philosophie und Gesetz: Beiträge zum Verständnis Maimunis*）。朔肯出版社，柏林，1935 年。

279　致阿尔弗雷德·科恩

1936 年 7 月 4 日

亲爱的阿尔弗雷德，

我不会放过任何时间来告诉你，你的上一封信让我多么高兴。你的生日是我写信的另一个特殊原因。

我认为是 7 月 1 日，对吗？我想是这样的，因此假如你的沉默不是使我感到有些困惑的话，我早就写信给你了。所以，收到你的来信，我倍感高兴。

我本来希望在你的短信中找到一些词语，表明你的外部环境有所改善。你没有提及这些情况，这使我有理由相信在这方面没有任何改变；这是落在你信上的唯一阴影。

在你对我的作品所说的所有事情中，令我感到最高兴的是，尽管它具有一种新的，而且肯定经常令人惊讶的倾向，但你认识到了它与我以前的研究的连续性——这种连续性无疑首先是基于这样一个事实，即多年来，我试图对什么是艺术品提出一个越来越精确和不妥协的想法。

我试图让当地的流亡作家对这篇文章进行讨论的尝试准备得太细心了，以至于不会不带来丰富的有启发的收获。然而，这几乎就是它的唯一收获。最有趣的是，作家中的那些党员力求阻挠对我的作品的讨论，如果不是试图阻挠它的朗读的话。他们没有成功，因此，他们仅限于默默地跟踪会议记录，只要他们不完全疏远它。在这种情况下，自我保护的本能弥补了理解力的缺乏：这些人觉得自己已确立的文学活动受到我的威胁，但他们可以暂时避免和我发生争论，而且，从长远来看，他们不认为自己有能力和我争论。此外，他们也许有一些理由让自己产生一种安全感，因为莫斯科也看到了文学政策的关键是促进左派纯文学，正如新创办的《话语》(*Wort*)① 让我担心的那样。

我很快就会从布莱希特那里听到关于这本杂志的更详细的消息，他和费希特旺格[1]和布雷德尔都是其编辑委员会的成员。我想7月去丹麦。很长一段时间以来，我一直在考虑回伊比沙岛一会儿。我感到非常需要放松，在丹麦逗留期间我会得到更多

〔这封信的其余部分缺失了〕

①《话语》第1期1936年7月在莫斯科出版。

1　莱昂·费希特旺格（Lion Feuchtwanger，1884—1958），德国犹太裔小说家兼剧作家。

280 致马克斯·霍克海默

斯文堡的斯科夫博海滩，1936年8月10日

亲爱的霍克海默先生，

请允许我非常感激地确认收到您7月13日和25日的来信，这两封信是转寄到这里给我的。

我在布莱希特家待了一个星期。我的到来恰逢雨季；自昨天以来天气很好，我期待着乡村生活，这是我很久以来缺乏的生活方式。

甚至在我收到您的两封信中的第一封之前，我就想给您写一封简短的信，谈谈我在上一期杂志中的文章的反响。其中最有趣的我还没有看到原文。这是马尔罗[1]上个月在伦敦作家大会上发表的讲话，他在会议上发表了主题演讲。由于艾田蒲[2]是大会的秘书长，我将从他那里得到这篇文章。

马尔罗在大会面前探讨了我的观念，并在巴黎的一次会面中向我证实了这一点。他甚至提出了在他的下一本显然是理论性的书中对这篇文章进行更详细考虑的可能性。我当然会为此感到高兴。但是，我们不能忘记马尔罗非常喜怒无常；他经常出于冲动的计划并非每一项都会得到执行。

这篇文章还引起了让·瓦尔[3]和重要诗人皮埃尔·让·茹夫[4]之间的座谈。我不在场；有人告诉我这件事。欧洲之桥（Pont de l'Europe）的书商奥斯特塔格（Ostertag）告诉我，在他的店里买这期杂志的顾客有好几次提到了我的文章。最后，我知道这篇文章

1 安德烈·马尔罗（André Malraux，1901—1976），法国小说家、艺术理论家和文化事务部长。

2 艾田蒲（Réne Étiemble，1909—2002），法国散文家、学者、小说家以及中东和亚洲文化的推动者。

3 让·瓦尔（Jean Wahl，1888—1974），法国哲学家。

4 皮埃尔·让·茹夫（Pierre Jean Jouve，1887—1976），法国作家、小说家和诗人。

曾被反复提请《新法兰西评论》的编辑让·保兰[1]的注意。有人建议他在他的杂志中用一篇文章探讨它。我怀疑他是否会这样做。与《新法兰西评论》相关的圈子有一种不可渗透性，这种不可渗透性自古以来就是一种非常特殊的圈子的特征，当圈子是文学圈子时，这一点的正确性增加到三倍。

总的说来，这当然只适用于杂志，而不是出版商。尤其不适用于G①。尽管如此，这一小团体给有关人员带来的不可靠性，以及他们对事物造成的复杂性，仍在其邻近地区以一种减弱的方式让人有所察觉。在这种情况下，你很少知道哪些协议应被视为具有约束力，哪些不是。从我过去的报告中，您已经看到，现在当我代表您工作时，面对所有这些事情对我来说是多么痛苦，另一方面，克服这些障碍又是如何使我的意志坚定。

在我看来，首先必须使这些人无法通过呼吁与您通信来拖延谈判。实际上，也许只有您正式任命的全权代表才能做到这一点。正如我当然不需要告诉您的那样，我随时准备成为那个人。但是，您可能会希望考虑任命一位法国人担任这一职位。他会有一个更广阔的视野，可能会更有效地进行工作。但是，格勒森几乎不是一个选择，而且艾田蒲也可能无法胜任双重角色。

请让我知道您关于此事的想法。

我将写信给维森格伦德，请求他安排时间，以便我们10月初在巴黎见面。艾田蒲也打算大约在这个时候回来，然后我们将处理编辑那本书的任务。

在我的上一封信中，我附上了一些信息，可能会进一步澄清您对9月份在蓬蒂尼举行的会议的印象。从那以后我得到的信息使您

---

1 让·保兰（Jean Paulhan，1884—1968），法国作家、文学评论家和出版商，从1925年至1940年以及1946年至1968年是文学杂志《新法兰西评论》的社长。

上次来信中所说的保留意见特别容易理解。〔……〕

如果我的新闻报导对研究所有价值，那么您一定可以使我有可能在上一封信中提供的信息框架内参加会议。否则，我将留在丹麦直到 9 月，以便能够在完成有关福克斯的文章后返回巴黎。

您问起我的表兄弟，〔埃贡·〕维辛博士。

您从他本人那里知道我们是多年的朋友。（尽管我们是亲戚，但我们对旧书的共同热情是使我们走到一起的第一件事。）我们的友谊在 30 年代初变得非常亲密，以至于不久后（1933 年）维辛的妻子的去世，也使我深受打击。[②]

不幸的是，对维辛来说，她的死只是过去几年他遭遇的一系列不幸中最痛苦的一次。尽管被诊断出患有抑郁症，他还是以极大的男子气概和（正如他最后一首德语间奏曲所证明的）不亚于伟大的技巧一再从所有的纠葛中解脱出来。〔……〕根据到目前为止他从纽约写给我的几封信来看，他似乎确实在建立自己的生活方面非常成功。〔……〕

不管怎样，我深受鼓舞的是，你们彼此建立了关系，并且他拥有您和您妻子的支持。

请允许我向您、您的妻子和您的朋友们致以诚挚的问候。

您的瓦尔特·本雅明

① 可能是当时为伽利玛（Gallimard）工作的伯纳德·格勒森。
② 她于 1934 年去世。

281　致维尔纳·克拉夫特

斯文堡，1936 年 8 月 11 日

亲爱的克拉夫特先生，

遗憾的是，我亏欠了您好几次。在我力所能及的范围内，如果上个月没有剥夺我的安宁，我本来早就应该偿还了，在如此遥远的距离上，即使匆匆地说几句话也是必要的。

然而，从另一方面来说，相同的亏欠可能也触及了我当时可用的力量的极限。我指的是在短时间内，以一种或多或少具有决定性的方式，将自己从精神上放逐所需要的力量。那正是您的《海涅》（Heine）所需要的——不是您的选择，而是它所基于的材料。[①]就材料而言，我目前只能在某种程度上吸收它的政治观点，而不是——我不得不承认——它的诗意观点。我觉得这篇文章很有价值，也很有启发性，但也许不可能期望它这个时候在我心中唤醒海涅诗意声音的情绪。并不是说这会使我无法专心阅读您的著作，而是说专心阅读它使我完全明白了这一点。我不必告诉您，这些评论中没有隐含任何判断，而是一种完全无足轻重和非常有条件的反应。

此外，没有人比您更清楚地知道，当前尤其需要为一些最主观的反应腾出空间，以维持甚至是最简朴的工作计划。我们所有人都可以问自己，即使是调集最极端的无忧无虑，就像我们现在做的那样，我们也还能把自己托付给我们所处的半个地球多久；以及一定期限之后，我们是否还有时间用这半个地球去换另一个。

我不知道巴勒斯坦发生的事件是否能够使您认真关注在西班牙发生的事件。无论如何，您会在这点上同意我的观点，那里的冲突对我们也将变得非常重要。（顺便说一句，昨天听说伊比沙岛也成了内战的发生地点，我忽然有种奇怪的感觉。）我因在这里缺少任何法语报纸而惦记这事。当然，没有什么比西班牙事务对法国事务的影响更重要的了。我不得不依赖丹麦报纸的翻译和无线电广播。

我将在这里待到月底，如果可能的话，会更长。毕竟，我可能有必要在9月初参加在勃艮第（Bourgogne）举行的大会。昨天，

第二期《话语》到了，这是一份在莫斯科出版的新德语文学杂志。正如您可以想象的那样，布莱希特在“前言”中很是恼火地读到了一些关于克劳斯的非常愚蠢和无礼的话，因为它没有署名，所以是编委会的责任，但他也是编委会的一员。这些评论与本卡德[1]值克劳斯去世之际在《法兰克福汇报》上发表的无耻文章相差无几。我很清楚，他的死给您带来沉重打击。我很感谢您给我的他女朋友的信中的那一段的副本。

鉴于上述情况，我不知道《话语》的编辑部是否会长期保持目前的组成部分。我由衷希望如此，至少直到有人试图在那里出版我的论文《机械复制时代的艺术作品》的德文版本，而这只能由布莱希特来承担。

因此我又遇到了我需要道歉的第二种情况。由于需要把这篇文章的法文稿寄给巴黎的一些感兴趣的人，我几乎没有留给朋友们的副本了。我寄给肖勒姆一份，因为他几乎拥有我所有著作的存档。我请他应要求给您提供该印刷品。对我来说，听听您对这篇文章的看法非常重要。

①《海涅：诗歌和思想》（*Heine, Gedicht und Gedanke*）（柏林，1936 年）。

282　致马克斯·霍克海默

斯文堡的斯科夫博海滩，1936 年 8 月 31 日

亲爱的霍克海默先生，

感谢您 8 月 17 日亲切的来信。在此期间，您将收到我从丹麦

1　恩斯特·本卡德（Ernst Benkard，1883—1946），德国艺术史学家和私人讲师。

寄来的第一封信。

最终，我非常高兴关于蓬蒂尼的大会您把一切都交由我作决定，我有理由为此特别感谢您。

我不会参加这次大会。与欧洲大陆之间的轮船联系是这样的，如果我想及时到达大会，我将不得不在大会开始前整整一个星期离开这里。这将是失去的一周，无论就我的休养还是工作而言（二者在这里愉快地重合）；此外，由于我把巴黎的房间转租到 9 月底，我不太知道在哪里度过这一周。所以我暂时会留在丹麦。

顺便说一句，我们肯定会有同样的感受，这是一个阴郁的夏天。当然，我非常密切地关注俄罗斯的事件。在我看来，我并不是唯一一个穷途末路的人。〔……〕

但是，当我们在我希望不久的将来再次相见时，谁知道在国际政治的日程上会有什么。

我希望不管天气多热，您都能来享受您的夏季旅行。在这里，倒不如说太阳很少见。

请接受我最诚挚的问候，并向您的妻子和波洛克先生致以同样的问候。

您的瓦尔特 · 本雅明

283　致马克斯 · 霍克海默

巴黎，1936 年 10 月 13 日

亲爱的霍克海默先生，

在开始我的报告之前，请允许我向您表示衷心的感谢，为您使维森格伦德在这里的逗留成为可能。经过多年的搁置，我们的讨论揭示了最重要的理论目标的共同性，这是非常令人高兴的，确实令人振奋。鉴于我们之间的长期分离，这种一致有时几乎令人惊讶。

构成我们讨论基础的材料：爵士乐随笔[①]、复制品论文、我的书的提纲和维森格伦德对其进行的一些方法论思考——该材料足够我们解决最基本的问题。与悬而未决的问题相比，我们在一起的时间如此之短，以至于即使手稿摆在我们面前，我们也几乎无法处理维森格伦德在牛津项目[②]中提出的唯物主义认识论批评的复杂性。我希望我们的下一次谈话通过这个基础以及我的书中的某些章节得到充实，我打算完成关于福克斯的文章后，着手这些章节。

刚刚过去的一周唤醒了我心中最强烈的愿望，即我们对研究所研究方向的讨论，正如您在9月8日的信中所设想的那样，将在不久的将来举行。目前的情况使这次讨论非常必要，我对它寄予厚望。

维森格伦德和我已经达成一致，我将详细告诉您关于翻译者问题的现状，而他将为您描述在伽利玛的情况。我不羡慕他的任务。尽管如此，我确实想就我所涉及的事情说几句。

〔……〕格勒森〔……〕愿意采取主动行动，但丝毫没有考虑透彻。对他来说唯一重要的可能是在您面前展现一种假定的影响力。当他遇到困难时，他改变自己的行为方式（显然是逐渐的，没有任何有意识的控制）。

格勒森在多大程度上受到不受控制的反射的支配，在上一轮谈判中变得显而易见。补助金问题是要讨论的一件事。如您所知，这个问题在几个月前已经得到澄清直到最后一个细节。然而，当我通过提及它来解决他的一个相关问题时，格勒森却装出一副最终看清前方道路的人的样子。然而，这并不妨碍他继续避免提供任何确切的信息。我指的是“过失”的问题。只要艾田蒲掌握了翻译，格勒森大体上继续为《新法兰西评论》定下方向，就不可能对它们的机制有任何真正的了解。

〔……〕

最后，请允许我对您说一句《利己主义和自由运动》（Egoismus und Freiheitsbewegun）[③] 给我留下的深刻印象。在这样做时，我将忽略部分对我来说非常重要的细节：雄辩术的历史视角，您从苏格拉底追踪到布道再到当代的“群众集会”；您对我们的文化活动的“巫医般的重要性”的阐述；您揭露的它对年轻人的普遍吸引力。也许我可以将对我来说很重要的一件事表述如下：在您在克朗伯格（Cronberg）的家里，我在阿西娅·拉西斯的陪同下，第一次听到的那些笔记的精神，在这篇文章中，定义了结构关系本身。如果我没看错的话，这是一个双重事实。

首先，传统道德在神经质个体的思想经济学中作为杂役出现的透明度。其次是对法国大革命在意识形态方面的批判。而决定性的是——这两个动量之间的联系。您所标明的人类学类型像畸胎一样从资产阶级革命的子宫浮现时所具有的洞察力。我相信，您的论文的政治印记，代表了其哲学真理的反面，它对任何人的印象都不会比对在法国本土知识分子中舒适自在并且已经熟悉那些幻想（而且将熟悉那些幻想带来的谁知道什么后果！）的人更深刻，而这些幻想是大革命崇拜的结果，或者不如说是塑造了这种崇拜。

最后，请允许我向您、您的妻子和您的朋友们致以非常诚挚的问候

您的瓦尔特·本雅明

① 阿多诺：《关于爵士乐》（Über Jazz）；以假名赫克托·罗特韦勒（Hektor Rottweiler）发表于《社会研究杂志》第 5 期（1936 年），第 235—259 页。

② 20 年后才发表：《关于认识论的元批判：胡塞尔及其现象学矛盾论研究》（*Zur Metakritik der Erkenntnistheorie. Studien über Husserl und die phänomenologischen Antinomien*）（斯图加特，1956 年）。

③《社会研究杂志》第 5 期（1936 年），第 161—234 页。

284 致马克斯·霍克海默

巴黎，1936年12月24日

亲爱的霍克海默先生，

我要加倍和最衷心地感谢您。首先，是您本月15日的来信，其中提供了一些可能对我儿子有益的信息。

〔……〕

前天，我读了您关于海克尔的文章①。我不熟悉您讨论的那本书。与此相反，几年前，我在《文学世界》论述过海克尔的《维吉尔》②。尽管您的文章很温和，但是在我看来，您的文章充满了一个愿意就此一次直言不讳的人坚定不移的决心。中国故事在其中占有重要地位。——您所说的关于唯物主义者的忧郁的话从一个特殊的角度使我感动：我的意思是我对戈特弗里德·凯勒的旧爱。他那灿烂的悲伤确实是唯物主义者的悲伤，充满了五颜六色的欢乐之线：

“发出微光的雨水缓缓落下，
傍晚的阳光照耀其中。”

但这是一个很长的篇章。当然，在所有打算作为唯物主义的读本中，对我来说，这可能是最令人惊讶的发现。

您的文章与〔弗朗兹·〕诺伊曼[1]和我昨天在我们第一次见面时开始的对话有着另一种相关性。诺伊曼谈到了目前在年轻一代的美国法律研究者中广为流传的一种口号，大意是在法律科学中尽可能地避免使用术语——不仅是传统术语，而且是任何学术术语——以便完全符合日常生活的语言。显然，这样一来，法学就有被调动

1 弗朗兹·诺伊曼（Franz Neumann，1900—1954），德国犹太裔政治活动家、马克思主义理论家和劳工律师。

起来进行任何和所有煽动的危险。尽管如此，在我看来，这种趋势在其他领域不必于所有情况下都像在法学领域那样是双刃的。我特别想到哲学领域，我问自己（这也是维森格伦德在这里时讨论过的）"哲学术语的解体"在多大程度上是辩证唯物主义思想的副作用。

在我看来，唯物主义辩证法偏离各种学派的教条，因为除了别的以外，它要求根据情况形成新的概念；但是此外，还因为它需要比专业术语的新词更深入地嵌入词汇中的概念。因此，它赋予思维某种对答如流，而意识到这一点，为思维提供了一种宁静和优越性，从中它很难被故意激怒。我想说的是，唯物主义辩证法很可能会在一段时间内从行动中受益，而行动可能取决于战术。

我就讲到这里，相信您会看到尤其是您最近的文本对我得出这些结论有多大帮助。

最后，请允许我再次表达我的谢意并致以最诚挚的问候。

您的瓦尔特·本雅明

① 关于特奥多·海克尔的《基督徒与历史》(*Der Christ und die Geschichte*)，收载于《社会研究杂志》第5期（1936年），第372—383页。
② 现在见《本雅明文集》第II卷，第315—323页。

285　致马克斯·霍克海默

巴黎，1937年1月31日

亲爱的霍克海默先生，

非常感谢您12月30日和1月11日的来信，以及您在第二封信开头所表达的友好祝愿。

〔……〕

至于我，我把我的时间都花在了关于福克斯的文章上。该文本应在三周内完成。我把这个人的双重性作为我阐述的基础。他作为普及者和收藏家表现出了这种性质。我希望通过这种方式，在阐述和强调他不可忽视的成就的局限性的同时，也阐述和强调他的本性的重要特征。

在我的上一封信中，我有些轻率地谈到了一个主题，而该主题首先应该只在当面谈话中提出。当然，哲学术语的废除是不容商榷的。当您说“保存在某些范畴中的历史趋势，也不允许丧失风格”时，我完全同意您的看法。只是我想将您所说的话结合进一步的考虑；也许它将纠正我的表述中易被误解的东西。——我的意思是，有一种使用哲学术语来假装不存在的丰富性的方法。这是对术语不加批判的使用。另一方面，对所研究的特定主题的具体辩证分析包括对在早期的现实和思想层面上理解它的范畴的批判。（最近，我不仅想到了与诺伊曼的对话，而且还想到了曼海姆的《人与社会》（*Mensch und Gesellschaft*）的忧郁例子，我是通过维森格伦德认识它的。）

顺便说一句，一般的可理解性肯定不能作为标准。但是，细节上的一定的透明度，很可能是具体的辩证分析所固有的。整体的一般可理解性当然完全是另一回事。在这里重要的是要正视您所描述的事实：从长远来看，小团体对于科学和艺术的拯救和传播具有决定性作用。事实上，现在不是在报摊里展示我们也许并非完全没有理由地认为掌握在我们手中的东西的时候；相反，这似乎是一个考虑将其存放在绝对可靠的地方的时候。也许事情的辩证法是这样的：给无外乎结构流畅的真理一个像保险箱一样结构流畅的安全的地方。

〔……〕

我正打算读纪德的那本书，这时我收到了您对它的推荐。关于宗教的段落很棒；可能是整本书中最好的。——我对联盟中目前正在发生的事情一无所知。

今天让我以诚挚的问候结束。

您的瓦尔特·本雅明

286　致格哈德·肖勒姆

巴黎，1937 年 4 月 4 日

亲爱的格哈德，

你如此彻底地理解这本书信选的性质和意图，令我感到非常高兴。你未实现的愿望和我的完全一样：把书的规模扩大到原来的两倍。我再也不能希望在流亡中实现这个愿望；或许，我可以利用瑞士图书馆或大英博物馆的资源来尝试实现这个愿望——在巴黎绝不。我也为一些评论感到遗憾：我最想写的莫过于当根茨[1]去世时拉赫尔写的那封无与伦比的信的评论了。

我很高兴你的生活不久将再次有一个确定的框架，并祝贺你和你的妻子入住新公寓。我衷心地回应你妻子的问候。如果今年过去而没有带来战争爆发，那么也许我们可以更有信心地展望不久的将来，而我不必告诉你，我很高兴看到我们的重逢沐浴在如此明亮的色彩中——在耶路撒冷的城垛或林荫大道的灰蓝色外墙的背景下。

现在在你的脑海里给我穿上传令官的盔甲，想象我站在一艘四桅帆船的船头，像箭一样迅速地穿过地中海的浪涛，因为这是向你传达这一重大消息的唯一合适方式：《福克斯》已经完成了。完成的文本并不完全具有忏悔的性质，正如我在这上面的努力理由充分

1　弗里德里希·冯·根茨（Friedrich von Gentz，1764—1832），德国外交官和作家。

地让你觉得的那样。相反，它的前四分之一包含了对辩证唯物主义的一些重要思考，这些思考暂时是与我的书协调一致的。从现在开始，我随后的文章可能会更直接地转向该书。

《福克斯》大获好评。我没有理由隐瞒这样一个事实，即它所达到的绝技是这一成功的重要和不重要的原因。我希望你能在年底之前还会收到本文的印刷版。我总是很高兴听到你对我的作品集的照料。忧心忡忡的预感告诉我，目前也许只有我们的联合存档才能展示出完整的文集。因为尽管我在管理自己的存档的过程中是尽职尽责的，但是由于匆忙离开柏林和流亡的头几年生活的不安定，我可能已经失去了一些作品。当然，我自己的作品只丢失了一小部分。与之相反的是，关于我的发表的公开评论相对完整的收藏目前全部丢失。当然，即使你也无法提供替代品。关于最近的作品，你缺少《话语》（莫斯科）第 1 卷第 5 期，我在其中有一篇关于法西斯艺术理论的文章①。我还没有放弃给你提供一份的努力。

我仍在等待你预先通知的希伯来语文本②。这里的天气真好。“我希望有人能来带我走”—— 到外面去。

〔……〕

我想今天以此结束。尽快写信。

最诚挚的，你的瓦尔特

1937 年 4 月 4 日

附：最近，我获悉了有关卡尔·克劳斯生命的最后几周的非常准确的信息。它们配得上这个伟大的生命；在听到它们之后，与创作出克劳斯的终结的莎士比亚世界精神相比，《雅典的蒂蒙》（*Timons von Athen*）的结尾仿佛是弗里达·山茨的杜撰。

①《巴黎书信：安德烈·纪德和他的新对手》（Pariser Brief: Andre Gide und sein

neuer Gegner)。《话语》1936 年，第 5 期，第 86—95 页。
② 关于犹太人信徒萨巴塔伊·兹维（Sabbatai Zwi）的异教神学的内容丰富的文章:《通过罪得救》(Erlösung durch Sünde)。

287　致格哈德·肖勒姆

圣雷莫，1937 年 7 月 2 日

亲爱的格哈德，

很遗憾，我没有满足你在 5 月 7 日的信中所表达的愿望：我没能尽快向你发送消息，更不用说能够在你的信到达后的第二天向你提供有关卡尔·克劳斯的报告了。

巴黎的过去几个月有些动荡；你猜想得如此正确的巴黎经济情势的恶化——这更多是法国金融政策而不是世界博览会的结果——迫使我采取了一系列非常麻烦的步骤。而且，尽管如此，我仍然没有设法使我的生活水平继续得到春天时允诺的适度改善——即使在最狭窄的范围内。相反，当我想到接下来的几个月时，我很担心。

当我告诉你，我至今还没有踏足世界博览会的时候，你就会明白所有这一切毫不夸张。我希望你会在今年看到其他几乎妨碍我写信的作品的印刷版。这次，我只想报告，在圣雷莫的几周完全留给了对 C. G. 荣格的研究。我希望通过对荣格学说——特别是那些关于古代意象和集体无意识的学说——的争论，来有条不紊地确保《拱廊计划》的某些基础。除了其内部的方法论意义外，这将具有更公开的政治意义；也许你已经听说，荣格最近带着专为雅利安灵魂准备的疗法，跳出来拯救它。我对他的可以追溯到这个十年初的论文集的研究——其中个别论文部分可以追溯到上个十年——告诉我，这些对国家社会主义的志愿服务已经准备一段时间了。我打算利用这个机会来分析医学虚无主义在文献中的特殊人物：贝恩[1]、塞琳[2]和荣格。不过，目前还不确定我是否能够获得这项工作的委托。

你现在应该已经收到《讲故事的人》（Erzähler）；接下来我可以给你发送的文本可能是《爱德华·福克斯》（Eduard Fuchs）。

〔……〕

最诚挚的问候，你的瓦尔特

288　致弗里茨·利布

圣雷莫，1937 年 7 月 9 日

亲爱的弗里茨·利布，

这个奇怪的信纸可能告诉你，我正在异乡写信——至少如果我将巴黎定为家。因为从另一种意义上说，我目前在“家里”——在我前妻的圣雷莫家中。我们在等斯特凡〔……〕

如果我们坐在一起——你处于你在给我写信的时候的心境；我处于我写这封信的时候的心境——我们本来可以享受最和谐的闷闷不乐。然而，我是否能像你在你对巴塞尔的精彩描述中所做的那样，把我的情绪运用得如此有趣，还有待观察。我问自己，是否也许存在一种世界历史的半年期，在这个时期里，恶魔，而不是那些不自由的人，为活着而欢喜，以及我们是否可能陷入这样一个时期。我可以想象，由于我们生存的条件，在后代看来我们将是丑陋的，仿佛我们将一团堕胎随身拖来拖去，就像恶魔般的寄生物。

无论我们从哪个窗口向外看，都看到暗淡的景象。更不用说

1　戈特弗里德·贝恩（Gottfried Benn，1886—1956），德国诗人、散文家和医生。

2　路易斯－费迪南德·塞琳（Louis-Ferdinand Céline，1894—1961），法国小说家、小册子作者和医生。

通过留给我们的经济的窥视孔了。一点点蓝色通过它向我短暂地招手；在此期间，它再次阴云密布。改善的希望已被推迟；但是，物价的上涨不会受到拖延。你还记得我们一起度过的法国国庆节吗？当时我们只敢低声说出的不快，现在看来是多么深思熟虑。但是，如果你想进一步推进你对人民阵线政策的看法，请看一下法国的左派媒体：所有的左派分子都只依恋“左派”多数派的物神，不会使他们感到不安的是，这一多数派追求的是一种会使右派挑起暴动的政策。在这方面，没有什么比《星期五》的发展更能说明问题，我每周阅读这本杂志已经有两年了。其投稿人（总是同一群人！）的水平和才智随着站在他们身后的群众的流离失所而成比例地下降。

就工作的技术方面而言，事物的状态也会使自己感觉得到甚至最小的细节。因此，我的关于爱德华·福克斯的长篇文章暂时不会出版，以免对他与德国当局就发行他的丛书问题进行的无休止的谈判产生不利影响；与此同时，我看到我最喜欢的一个项目再次失去了它几乎清晰可辨的形状。我本打算写一篇关于荣格心理学的评论，我答应自己要揭穿他的法西斯主义甲胄。这也被推迟了。我现在转向了一个关于波德莱尔的项目。

关于流亡，我没有什么可说的：在这里甚至比在巴黎更少。俄罗斯事件的破坏性影响将不可避免地继续蔓延。这件事的坏处并不在于那些坚定地追求“思想自由”的战士轻率作出的愤慨；在我看来，更为可悲同时更不可避免的是有思想的个体的沉默，正是作为有思想的个体他们几乎无法将自己视为知情人士。这是我的情况，可能也是你的情况。

纪德出版了他的新书《修订》(*Retouches*)[①]，该书讲述了他的俄罗斯之旅。我还没有看到它。

在这里，我顺便提及一个请求：我相信你经常有机会使可能对我的《德国人》(*Deutschen Menschen*)有看法的人了解它。请不要忽略任何这样做的机会。

我几乎不需要告诉你，我收到《列斯科夫》的消息有多高兴。有迹象表明他可能移居国外，我非常难过。

你确定10月份要来巴黎吗？如果是这样的话，你现在必须为我们保留两个晚上。我希望到那时，你已经用《威格尔》(*Weigel*)[1]② 的启明星像闪电一样击倒了七名施瓦本（Schwaben）学者中的一些！

我随函附上这枚35分的邮票，仅仅因为我看重让泰奥弗拉斯特（Theophrast）③ 视我为光明正大的人。我很难舍弃它，因为斯特凡肯定缺少它。但是，为了让他看到一个光明正大的人是一个绅士，我还附上了其他几枚邮票。

遗憾的是，我将不得不在本月底回到巴黎参加哲学家大会。请尽快写信给我，仍在此地址。

请允许我对你的邀请表示衷心的感谢。然而，遗憾的是，我认为几乎不会这么快来瑞士。这一感激之情也同样适用于你的妻子。向你和你妻子致以最诚挚的问候。

你的瓦尔特·本雅明

① 安德烈·纪德:《从苏联归来后的修订》(*Retouches à mon Retour de l'U.R.S.S.*)(巴黎，1937年)。

② 利布:《瓦伦丁·威格尔对创世纪的评论和他的学生本尼迪克特·比德曼的文献：对16世纪神秘主义神学的文学批评研究》(*Valentin Weigels Kommentar zur Schöpfungsgeschichte und das Schrifttum seines Schülers Benedikt Biedermann. Eine literar-kritische Untersuchung zur mystischen Theologie des 16. Jahrhunderts*)，该书直到1962年才在苏黎世出版；作者将其献给“从以色列家园纪念我的两个巴黎朋友，列夫·伊萨科维奇·舍斯托夫和瓦尔特·本雅明”。

③ 利布的儿子，像本雅明的儿子斯特凡一样，喜欢收集邮票。

1 瓦伦丁·威格尔（Valentin Weigel，1533—1588），德国神秘主义神智学作家。

289 致格哈德·肖勒姆

圣雷莫，1937年8月5日

亲爱的格哈德，

早上6点在巴黎，我写这封短信，表达对你7月10日来信的谢意。在巴黎，因为我受召集离开圣雷莫来到在这里举行的哲学家代表大会；早上6点，是因为这次大会白天没有给我一分钟的空闲时间。

给你写几句话介绍这次大会当然是很有诱惑力的，但与你当面谈论这次大会将更加诱人。这使我想起你的信中最能唤起我对你和你妻子的感谢的部分。实际上，我很高兴在你指定的条件下以及在你计划的期间内来你那里，来巴勒斯坦。而且如果我能掌握自己的安排，我今天就已经给你一个承诺了。照目前情况，我将在未来几天向研究所报告我计划做什么。困难——当然是会迫使我放弃计划的那种——只有当其中一位负责人打算今年冬天访问欧洲时才会出现。

我希望能在大约一个月内接受你的邀请。需要很长时间来描述的情况使我非常密切地关注了维也纳逻辑学派——贝尔内(Bernay)、纽拉特[1]和赖兴巴赫[2]——这几天举行的特别大会的会议。莫里哀什么也没看见——在这种情况下你可以说。他笔下的好辩论的医生和哲学家的喜剧力量，与这些“经验主义哲学家”相比，相形见绌。我没有让这剥夺我在主要会议上听德国唯心主义者亚瑟·利伯特讲话的机会。他刚说了几句话，我就发现自己仿佛回到了二十五前，当然，回到了一种气氛中，在这种气氛中，人们已经

1 奥托·纽拉特（Otto Neurath，1882—1945），奥地利出生的哲学家、科学哲学家、社会学家和政治经济学家。

2 汉斯·赖兴巴赫（Hans Reichenbach，1891—1953），杰出的德国科学哲学家、教育家和逻辑经验主义的支持者。

可以感觉到现在的一切腐败。其产物以德国代表团这种肉体的形式坐在我前面。〔阿尔弗雷德·〕鲍姆勒[1]令人印象深刻：他的举止模仿了希特勒的直到最后一个细节，而他的短而粗的脖子则是左轮手枪口的完美补充。——遗憾的是，我错过了听老图马金（来自伯尔尼）的讲话。①

我将在下周三前后返回圣雷莫，并将在那里停留大约一个月。

〔……〕

在开头提到的情况下，我别无选择，只能简短地说。请允许我最衷心地祝贺你所期待的——或者现在已经收到的——前往纽约的邀请。（你可以从那里为你的哥哥进行有更多成功机会的尝试吗？）这一邀请最令我高兴的是，在我万一不能来的情况下，它给了我们一个见面的机会。

我即将着手一个涉及波德莱尔的新项目。在此期间，我已经开始在圣雷莫深入研究荣格的心理学——彻头彻尾是魔鬼的著作，应该用白魔法来全力对付。

今天就写这么多。请尽快写信。关于犹太神秘哲学一书的序言祝你好运，我非常高兴地获悉，我将得到它。②

最诚挚的，你的瓦尔特

① 本雅明和肖勒姆在 1918 年曾听过安娜·图马金的讲座。
② 肖勒姆在纽约讲座中给出的、他对犹太神秘哲学多年研究的总结，直到 1941 年，本雅明逝世半年后，才作为一本书（《犹太神秘主义的主要趋势》[*Major Trends in Jewish Mysticism*]）出版。所以，也于 1957 年以德语出版的这本书，只带有如下献词："怀念一生的朋友，瓦尔特·本雅明，他的天才结合了形而上学者的深度、评论家的入木三分和学者的学识"。

1 阿尔弗雷德·鲍姆勒（Alfred Bäumler，1887—1968），德国哲学家和教育家。

290　致马克斯·霍克海默

巴黎〔1937 年 8 月 10 日〕

亲爱的霍克海默先生，

这一刻得知您将于 8 月份来欧洲，我感到非常高兴。我希望这意味着我将在这个月或下月初见到您。

因此，我将推迟这些天我想以书信形式向您报告的主题，而仅限于告诉您，我对即将发表的我的《福克斯》一文感到多么高兴。

我已阅读您的文章《传统与批判理论》(Traditionelle und kritische Theorie)①；如您所料，我完全赞成。您描述我们工作所处的氛围的方式，以及您提出的其孤立的原因，对我来说尤其重要。我们当然也会谈到这些事情。

我可能会和维森格伦德在同一天离开巴黎，也就是 12 日。与此同时，我儿子已经到了圣雷莫。我将试图对他最近的成长形成自己的判断。〔……〕

我能否请您在您抵达后——即使不是从纽约出发——立即写信告诉我，在何时何地与您见面？

请假定我能在短期内毫无困难地来到，事实上，去日内瓦和去巴黎一样容易。

诚挚的问候，您的瓦尔特·本雅明

①《社会研究杂志》第 6 期（1937 年），第 245—294 页。

291　致卡尔·蒂姆

布洛涅，1937 年 10 月 10 日

亲爱的蒂姆先生，

客观环境使我面临一个令人不快的困境，我要通过告知您有关情况来解决这个问题。我可以选择无限期地推迟写这封短信，或者从中去掉那些可能使其在您眼中具有某些价值的东西，如果其他所有方法都失败的话：我打算对您的文章《马克思主义和弥赛亚主义》(Marxismus und Messianismus) ① 进行评论。

当我从暑假回来时，由于我以前的房东夫妇意想不到的诡计，我发现自己的房间被陌生人占据了。我忙得不可开交，把我最重要的文件运送到安全的地方，也就是临时住处。我还不能为我的私人藏书做同样的事情，因此暂时不能第二次看您的论文文本。我知道，当我第一次阅读它时，它就引起了我的反思，我打算与您交流这些反思。因此，我们必须对此事保持耐心。取而代之的是，当我仍然感觉到您对维德尔[1]的批评的直接印象的时候，我至少可以向您传达我对您关于这本书最基本的保留意见的赞同：我指的是您反对与基督教宗教艺术的现有活动建立联系的浅薄无知的尝试，这些活动在很大程度上受到时尚和妥协的影响。我顶多可能希望补充一点的是有关维德尔对“风格”这个概念特别轻率的使用。他不知道我们所说的风格在多大程度上也取决于我们在其中找到它的产品的数百年的存活期。在我看来，他对其历史维度毫无洞察力，正是他从一种特定的“事态”的角度展开的肤浅论证，在我看来，使他的表述具有了新闻性，这与他的世俗标准有些不相称。

如果我可以回到《讲故事的人》上面一会儿，我将指出，对俄利根[2]的万有回归概念的引用仅仅被我设想为列斯科夫的想象世界的内在解释。我本人不想详细阐述这个问题。此外，我可以想象我本

1 弗拉基米尔·维德尔（Wladimir Weidle，1895—1979），法国俄罗斯裔艺术史学家、艺术评论家和作家。

2 俄利根（Origen，约 184—约 253），著名的基督教神学家和哲学家。

来会早些做到这一点；从您的来信中我可以看出维森格伦德做到了。在他的作品中哪里可以找到“无牺牲”的实现的概念[②]？——我将对您今后所能告诉我的例如关于“推迟”审判学说的一切深表感激。

您是否偶尔在巴塞尔遇到弗里茨·利布？如果是，请代我向他问好。目前布莱希特在这里。他花了一点时间在《三毛钱歌剧》的法语新制作上，目前正在和妻子排练一部小品，这部小品是以西班牙内战时期为背景的[③]。

感谢您对我的《德国人》的询问。看来他们正在世界上闯出一条路来。它越蜿蜒曲折地穿过德国乡村，越少与乡村公路相交，就越好！

一切都比往常更使我自己退缩到为数不多的朋友的有限圈子和我自己工作的更窄或更广的圈子。

致以最诚挚的问候——

您的瓦尔特·本雅明

① 可能是《早期基督教和马克思主义末世论之间的相似之处和不同之处》(Gemeinsamkeiten und Unterschiede zwischen frühchristlicher und marxistischer Eschatologie)。收载于《宗教反思》(*Religiöse Besinnung*)，1931 年第 4 卷。

② 可能是阿多诺在一封信中使用的。

③《卡拉夫人的步枪》(*Die Gewehre der Frau Carrar*)。1937 年 10 月 16 日首演。

292　致格哈德·肖勒姆

〔1937 年 11 月 20 日〕

亲爱的格哈德，

这一次，在回复你的上一封信之前，我甚至避免让最短的期限流逝。它包含了你即将到来的预告以及对《福克斯》的评论。对我来说，这两个话题相互重叠——就像对你来说一样。我们必须尽快交谈，这真的很紧急，几乎刻不容缓。并不是说你对《福克斯》的保留意见让我感到丝毫惊讶。但是，这篇论文的主题——恰恰由于其有破绽——提供了一个机会来讨论它透射出来的方法，这个机会可能不会很快再次如此有利地呈现。它非常适合让我们进入我们的辩论最初无拘束的领域。

在这种情况下，你考虑在欧洲逗留的日期——在我前往巴勒斯坦的计划多次失败之后——对我来说是非常令人失望的。①

〔……〕

我没有收回以前的住所，在过去的两个月里，我一直在使用免费提供给我的极坏的住所。它位于巴黎郊外一条主要干道旁的水平地面上，从早到晚，无数卡车的呼啸声将其包围。在这种情况下，我的工作能力受到很大影响。我除了为我正在准备的《查尔斯·波德莱尔》做背景阅读外，没有做别的。

从 1 月 15 日起，我将租用自己的寓所。它只有一个房间②。然而，给它布置家具却给我带来了一个目前尚未解决的难题。在此期间，我请求你尽快把但愿更受欢迎的消息寄到我妹妹的地址。如果你每天有 65 至 70 法郎可支配，那么你可以在巴黎过得相当舒适。

最诚挚的，你的瓦尔特

① 本雅明和肖勒姆在 1938 年 2 月中旬一起待了五天。

② 在东巴斯尔（Dombasle）街 10 号。这是他在巴黎的最后住所。

293　致马克斯·霍克海默

圣雷莫，1938 年 1 月 6 日

亲爱的霍克海默先生，

如您所知，前不久，就在最后一刻，维森格伦德夫妇实现了在我前妻的膳宿公寓与我见面的老计划。我儿子现在也在这里。我是十天前到达的，逗留时间比维森格伦德夫妇的要长几天，遗憾的是他们将在后天离开。

意大利目前正在遭受残酷的寒流。我们经常不得不待在室内。尽管如此，我还是希望泰迪①和他妻子在这里的逗留休养对他们有好处；他们对航海旅行的恐惧偶尔会给它蒙上一些阴影。

这些日子对于我们的共同关切无疑是富有成果的。泰迪给我朗读了一些关于他的《瓦格纳》②的研究。对我来说，它们动人心弦的新鲜之处在于，它们以一种我不熟悉的方式，使音乐的真相对社会透明，而这种真相对任何人来说都不可能比对我更遥远。另一方面，这篇论文的一个倾向令我特别感兴趣：直接在社会空间中定位面相学，几乎没有任何心理学的中介。——我急切地想看到整个作品摆在我面前。它的主题非常复杂。

我们的谈话数次围绕着我对《波德莱尔》的准备工作展开。在最近几周中，我遇到了一个罕见的发现，它将对这项工作产生决定性的影响：我偶然发现了布朗基[1]在他最后的监狱公牛堡（Fort du Taureau）中写的最后一篇论文。它包含一个宇宙学的推测。这部作品叫作《星辰永恒》（*L'éternité par les astres*）③，据我所见，直到今天几乎仍未引起注意。（古斯塔夫·格夫罗伊[2]在他堪称典范的布朗基专题论著《监禁》（*L'enfermé*）④中提到了它，但没有意识到自己在与什么打交道。）必须承认，第一次翻阅时，该文本显得乏味且陈腐。然而，构成其主要部分的自学者笨拙的思索只是对宇宙的推测的准备，这种推测来自这位伟大的革命者比来自其他任何

1　杰罗姆－阿道夫·布朗基（Jérôme-Adolphe Blanqui，1798—1854），法国经济学家。

2　古斯塔夫·格夫罗伊（Gustave Geffroy，1855—1926），法国记者、艺术评论家、历史学家和小说家。

人都更加出乎意料。如果地狱是一个神学的主题，那么这种推测可以被定义为神学的。布朗基通过从机械自然科学中获取数据在其中勾勒出的世界观实际上是一种地狱观，同时，以自然观的形式，也是对布朗基在他生命的最后几年不得不承认的战胜他的社会秩序的补充。令人震惊的是，这个草图没有任何讽刺意味。它代表了无条件的屈从，但同时也是对社会最严峻的指控，这个社会将这种宇宙形象作为自己的投影投射到天空中。以“永恒的回归”为主题的这部作品，它与尼采的关系最为显著：与波德莱尔的关系则更为隐晦和深刻，在一些精彩的段落中它几乎逐字呼应波德莱尔。我将努力阐明后一种关系。

纪德写得没错，19 世纪的诗人没有哪个比波德莱尔更愚蠢地被人谈论了。对波德莱尔的评论的标志是，在所有基本方面，即使波德莱尔从来没有写过《恶之花》，它们也可以用同样的方式写出来。实际上，它们在整体上受到了他的理论著作、他的回忆录，尤其是丑闻录的质疑。原因是，资产阶级思想的束缚，甚至某些资产阶级的反应方式，将不得不被丢弃——不是为了从这些诗中的一首或另一首中找到乐趣，而特别是为了在《恶之花》中感到自在……顺便说一句，即使那是唯一的条件，也足够困难；但还有一些条件是显而易见的，对于母语不是法语的人来说，并不更容易达到。一旦回到巴黎，我将力求让我的一些法国朋友给我朗读波德莱尔的诗歌。

在这里，我们偶尔一起尝试为《度量与价值》(*Maß und Wert*)写那篇文章⑤，但没有超出一些片段。我想您很快就会让我知道您对〔费迪南德·〕莱昂[1]的来信的看法。

衷心感谢您 12 月 5 日的来信。我非常理解您收到《标准》后感到失望。该杂志曾出版了值得一读得多的期数。顺便说一句，与

1　费迪南德·莱昂（Ferdinand Lion，1883—1968），瑞士记者和作家。

其说是房子的女主人，不如说是男主人将主持计划中的沙龙，一位名叫丘奇（Church）的赞助人，他以这种方式促进自己作品的出版。阿德里安娜·莫尼耶对编辑部的影响很小；我最近听说，她从年底开始还把编辑部的管理权移交给了约瑟夫·科蒂（Joseph Corti）书店。我非常希望接下来的几期能有更好的表现。此外，莫尼耶小姐并没有完全放弃重新创办自己的杂志的计划，就像几年前的《银船》（*Navire d'argent*）那样。

得知莱昂内特（Lyonnet）先生对您有意义，令我感到非常高兴。这位作家主要为儿童写作。他可能从未写过比这本小说更好的作品。

〔……〕

我是否可以请您允许我推迟几个星期回复您关于我的个人境遇的亲切询问？我只有在回来后才能精确地计算我的预算。另一个因素是，在议会最后一届会议通过一项法律后，法律管制下的租金将再次变动。只有当我在巴黎的时候，我才会知道我在多大程度上受到了它的影响。

最后，请允许我表示，我希望您有时间致力于蒙田[⑥]。对怀疑论的社会批判是一个新领域，我相信，这是非常值得了解的。

请代我向波洛克先生致以最诚挚的问候，以及最良好的祝愿，祝他妻子健康。再次祝您和您的妻子新年快乐。

您的瓦尔特·本雅明

① 阿多诺。

② 现在见《寻找瓦格纳》（*Versuch über Wagner*）（柏林和美因河畔法兰克福，1952年）。

③ 巴黎，1872年。

④ 巴黎，1897年。

⑤ 然后本雅明单独写了这篇关于《社会研究杂志》的文章；它发表在《度量与价值》第1期（1937/1938年），第818—822页。

⑥ 马克斯·霍克海默:《蒙田与怀疑论的功能》(Montaigne und die Funktion der Skepsis),收载于《社会研究杂志》第 7 期(1938 年),第 1—54 页。

294 致卡尔·蒂姆

巴黎,1938 年 3 月 9 日

亲爱的蒂姆先生,

您 12 月的来信,甚至是您内容丰富的包裹,都已经摆在我面前很长一段时间了。从一开始,您应该已经确信我读到您对布伯-罗森茨维格《圣经》译本的评论[1]时的热切兴趣,并将我的回复延迟归因于与这件事情无关的情况。

确实必须将其归因于这种情况。其中包括一系列非常紧急的工作——但之所以延迟,主要是因为我搬迁到一套小公寓的过程屡屡破坏了我的注意力,这是我流亡国外以来的第一套公寓。在新的住所中,我远没有找到最理想的工作条件;我的公寓日复一日地被各种噪音所包围。尽管如此,这还是使我可以就此一次或多或少地收集我所有的文件,在我能够抢救它们的程度上;另一方面,这让我可以请朋友过来一坐。

我当然希望,下次您来巴黎时,我们能在我家安静地待上几个小时。

最早出现在这里的人之一是格哈德·肖勒姆;在前往纽约举行一些客座讲座的途中,他在巴黎停留了几天。除其他事项外,我们还谈到了布伯。十多年来,我们对他采取了相当不同的立场。由于可悲地几乎没有专门知识的束缚,我比他更容易明确地表达自己的立场。我对您的立场当然也是这样。想起这些年来我对《圣经》中各卷的粗略浏览,我今天要说的是,我在内心深处怀疑,这个项目完成的年代是否真正代表了世界历史上一个本该冒风险的时刻。我同意您关于这种风险的基本价值的看法，您将从我的《译者的任务》中知道这一点。但是，特别是关于这项工作，我想比您更迫切地提出这种尝试的时间指标问题。您用来支持您对布伯译本中有问题的德语句子结构的异议的示例完全使我信服。我相信，我对这种违规行为的判断比您更为严厉——或者更确切地说，我倾向于将这些违规行为看作是症状性的，并且目前，倾向于从它们当中得出对布伯所作尝试的历史正当性的最严重保留。

这可能也是您自己的反思的一部分；当然，公共环境越能清楚地说明这些事情，就越不可能公开地表达这些事情。很明显，您自己的项目——它是基督教的，从这个词的最佳意义来说——的情况将完全不同。简介中尤其吸引我的地方是您以圣灵学的角度伴随了文本的评论。我对您的基本意见同样很感兴趣，您用它们如此明确地捍卫语言不受商业艺术家的坏习惯的影响，而这是许多翻译人员对它所期望的。

如果我没有弄错，并且如果能在一个样本的基础上做出判断，那么很遗憾〔理查德·〕西瓦尔德[1]的木刻版画无法像您一样严格避免商业艺术的品质。如果有机会，我很高兴听到您对它们的看法。

关于罗斯勒[2]②，有人告诉我，出版商目前的一个常见习惯——或者说坏习惯——是把一本书的第三或第四百册算作“新版”。尽管如此，我很难想象，这本书——如其账目所述——在一年零三个月的时间里，大概只售出了两百册。

我四处打听格蕾特·德·弗朗西斯科[3]写的那本书③，可惜没

1 理查德·西瓦尔德（Richard Seewald，1889—1976），德国画家和作家。

2 鲁道夫·罗斯勒（Rudolf Roeßler，1897—1958），德国戏剧评论家、出版商和一家通讯社的所有者。

3 格蕾特·德·弗朗西斯科（Grete de Francesco，1893—1945），原名玛格丽特·维森斯坦（Margarethe Weissenstein），德语女作家。

有取得预期的成功。当地出版商担心一本插图精美的书所产生的制作成本。

我真的希望很快能收到您的好消息。我也许可以在不久的将来再次寄给您某一个单行本。但是，最好请不要让我等消息等那么久！

诚挚的问候

您的瓦尔特·本雅明

附：请让我知道您的一些巴塞尔讲座是否以及何时出版。我对讲故事的人的形象的兴趣并没有减弱。——我目前正在搜寻您推荐给我的乔勒斯[1]的那本书④。

如果您不认为这是一件烦人的事，请尝试就您提到的在罗斯勒那儿的最新经历给我写几句话。

①《我们这个时代的语言中的永恒之词》（Das ewige Wort in der Sprache unserer Zeit）。收载于1938年2月的《瑞士评论》。
② 隶属于卢塞恩的维塔新星（Vita Nova）出版社。
③《江湖骗子的力量》（*Die Macht des Scharlatans*），1937年。本雅明在《社会研究杂志》第7期（1938年），第296及以下几页中进行了评论。
④ 可能是安德烈·乔勒斯的《简单的形式》（*Einfache Formen*），1930年。

295　致卡尔·蒂姆

巴黎，1938年3月27日

亲爱的蒂姆先生！

本着和您上一封信相同的精神，即使不是出于同样的理由，我

1　安德烈·乔勒斯（André Jolles，1874—1946），荷兰－德国艺术史学家、文学研究者和语言学家。

请您原谅我，尽管打字机例外地把自己强加在我们之间。

您 12 日的来信对奥地利事件的强烈反应令我非常感动；我不想推迟很长时间回复。另一方面，我的信件耽搁了这么久，以至于我不得不在特殊程序中寻求庇护。我不能阻止我对您的短信的简洁的态度，使您了解到我的心情，以及我的思维方式。我恐怕您的心情和我的相比几乎会显得轻松愉快。

至于我，坦率地说，我几乎不再知道从哪里可以得到**有意义的**痛苦和死亡的概念。在奥地利的情况下，与在西班牙的情况一样，在我看来，可怕的是殉难不是以自身事业的名义遭受的，而是以妥协方案的名义遭受的：无论是奥地利的宝贵民族文化对可鄙的工商业和国营企业的妥协，还是西班牙的革命思想对俄罗斯领导层的马基雅维利主义和本国领导层的拜金主义的妥协。

简而言之，无论我如何扩大视野：我发现地平线就像我眼前的生计一样乌云密布。尽管如此，我仍然不得不认为自己很幸运，我的儿子，直到最近还在维也纳，现在和他的母亲在意大利。

很难忍受想象奥地利犹太人即将发生什么。就他们而言，与德国的情况相反，即使是富裕阶层也不可能逃离。我们甚至也许再也没有那种褊狭的安慰，对我们低声说，在同样的情况下，您和我会更聪明。换句话说，我不这么认为。

您有没有想过，随着维也纳被占领，五分之一或六分之一的欧洲艺术珍宝将掌控在纳粹分子手中？

我很高兴有望在不久的将来收到您的《圣经》。

我还没有夏天的计划。不过，如果您 8 月份来，我很有可能会在巴黎。

感谢您提供有关罗斯勒的消息，并致以诚挚的问候。

您的瓦尔特·本雅明

296 致格哈德·肖勒姆

巴黎，1938 年 4 月 14 日

亲爱的格哈德，

你从美国传来的第一条消息让我等了很久。

它包含许多让我高兴的东西。

首先是有关你的讲座成功的信息。这一定意味着你在那里逗留所遇到的问题比你最初设想的要少，至少在语言方面是这样。在你随后的通信中，我希望通过让你展示来自不同地区和社会阶层的“文化和旅行印象”而从中获益。特奥多·迪利茨（Theodor Dielitz）撰写的《美国旅行印象》（*Amerikanische Reisebilder*）是我青少年时期最喜欢的读物之一，它的背景也设置在那边。

我还期望你能引导我进入犹太人恒星诞生的秘密；热情地回报联合巫师夫妇①对我的问候。

梅西[1]确实应我的要求向我发送了布罗德的卡夫卡传记，以及以“一场战斗的描述”开头的那卷。

〔……〕

不过，我在这里谈到卡夫卡，是因为这本传记交织了卡夫卡式的无知和布罗德式的睿智，它似乎揭示了幽灵世界的一个区域，在那里，白魔法和胡言乱语以最具启迪性的方式相互作用。顺便说一句，我还没能读多少，但是我立即把其中卡夫卡式的绝对命令的表述据为己有：“采取行动，使得天使有事可做”。

我只是断断续续地阅读它，因为现在我的注意力和时间几乎完全集中在《波德莱尔》上。还没有写一个字；但是一个星期以来，我一直在计划整个事情。不言而喻，布局至关重要。我想展示波德

1　海因里希·梅西（Heinrich Mercy，1826—1912），来自德国、在布拉格工作的图书经销商和出版商，以及《布拉格日报》的创始人和发行人。

莱尔是如何嵌入19世纪的，而且其外观一定看起来像是新的，还具有难以定义的吸引力，就像数十年来静止在森林土壤中的石头的外观一样，在我们经过或多或少的努力将它从原来的位置滚开后，其印痕非常清晰而原始地呈现在我们面前。

你对与两位田立克②谈话的描述引起了我极大的兴趣，但给我带来的惊讶比你想象的要小。因为这里的问题正是，当受到各种人造光照射时，那些目前在两边处于阴影中的物体可能会被投射到错误的光线中。我之所以说“目前”，是因为这个使很多事情变得不可能的时代肯定不排除这一点：在太阳的历史旋转过程中，正确的光线恰好落在那些东西上。我想更进一步地说，我们的工作，就它们而言，可以是测量仪器，如果它们运作良好，可以测量那难以想象的缓慢旋转中最微小的片段。

基于这些原因，我充满信心地期待着你与霍克海默和维森格伦德的相遇。在你收到这封短信时，这些可能已经发生了，如果不是重复发生的话。几天前我与研究所的联席主任的会面使这种信心增加了，这场会面既简短又亲切。

我还不能清楚展望我的夏天将如何安排。据我所见，如果你仍然有在8月下半月前往巴黎的空闲时间，一切将非常简单。〔……〕给我写信介绍你所经历的“道路和遭遇”。当你有机会时，请向我在纽约的朋友们转达我的亲切问候，而且，决不要忘记转达给摩西·马克斯③。

祝一切顺利，你的瓦尔特

① 埃里希和露西·古特金德。暗指古特金德的《恒星诞生》(*Siderische Geburt*)。
② 保罗和汉娜·田立克[1]。

---

1 汉娜·田立克（Hannah Tillich，1896—1988），德国人，后来入籍美国，绘画老师、模特、画家和作家。

③ 摩西·马克斯，希伯来收藏家，从柏林时期开始就是肖勒姆的朋友，自 1927 年以来担任辛辛那提的图书馆馆员。基蒂·马克斯－施泰因施耐德是他的侄女。

297　致马克斯·霍克海默

巴黎，1938 年 4 月 16 日

亲爱的霍克海默先生，

我在和波洛克先生会面三天后给您写这封信。会面进行得一切如我所愿。我们在巴黎圣母院（Notre Dame）附近的一家小餐厅度过了美好的两个小时，我——作为一个老巴黎人！——却不得不通过波洛克认识这家餐馆。

虽然我们的谈话很简短，但我希望它能给我带来有益的人际关系。我告诉波洛克先生，我多么希望能偶尔和一位经济学家交流思想，他将把我介绍给〔奥托·〕莱希特[1]先生。

当然，这个愿望与我的工作有关，我们的谈话围绕着它进行了一段时间。我的工作目前致力于《波德莱尔》的准备。结果发现——我告诉了波洛克先生这一点——这篇论述的范围变得更加广泛，其中将融合《拱廊计划》项目最基本的主题。这很容易被归因于主题，也很容易被归因于这样一个事实，即计划将其作为该书中心章节的那部分被首先撰写。在我和泰迪的对话中，我已经预见到我的《波德莱尔》会发展成为《拱廊计划》的微缩模型的趋势。自圣雷莫以来，事实证明这比我预料的还要真实。

不管怎样，波洛克先生要我告诉您这一点，因为您最初期望的是一份一般长度的手稿。我知道这一点，但我相信，如果我的一篇

1　奥托·莱希特（Otto Leichter，1897—1973），奥地利的社会主义者、记者和作家。

论文就此一次采取较长篇幅的作品形式，那会更好。即使是现在，我仍然希望没有任何重大的保留意见会阻碍它的发展；我真的不知道如何才能把这个主题的关键方面压缩成三四十页。我想到的最大长度——我指的是手稿页——是其最小长度的三倍，也许是两倍。因此，在后一种情况下，这部作品的篇幅与我的《复制品》论文并无太大不同。

论文的大纲正在进行中，材料的准备工作已经完成。材料很丰富。我向您保证，我将尽可能少地引用当代关于波德莱尔的二级文献。关于波德莱尔已有的评论我将很少重复，我也不必深入探讨他的传记。我将广泛引用《恶之花》。我打算对这部作品的各个段落进行注释；到目前为止，除了轶事目的外，还没有人这样做过。

这篇论文将分为三个部分。它们计划的标题是："思想和形象"，"古代和现代"，"新的和不变的"。第一部分将指明《恶之花》中的寓言的重要意义。它阐述了波德莱尔寓言视野的建构，通过这种方式，他的艺术理论的基本悖论——自然对应理论与对自然的排斥之间的矛盾——将变得透明。——引言将建立作品与辩证唯物主义的方法论关系，表现为"救赎"与流行的"辩解"的对立。

第二部分阐明淡入/淡出效果，作为寓言视野的结构元素。凭借这种效果，古代在现代中被揭示，现代在古代中被揭示。这个过程定义了那些用韵文和散文写成的巴黎图画。大众对巴黎的这种变换有决定性的影响。人群将自己像面纱一样摆在闲逛的人前面：这是孤独者的最新毒品。——其次，人群抹去了个人的所有痕迹：这是被放逐者的最新避难所。——最后，人群是城市迷宫中最新、最无法探明究竟的迷宫。通过它们，以前未知的地府特征被铭刻在城市景观中。——作为任务摆在这位诗人面前的是揭示巴黎的这些方面。这项任务的概念划分了我们正在讨论的结构。以波德莱尔的观点，在他自己的世纪里，没有什么比赋予现代性形式更接近古代英雄的任务了。

第三部分把商品作为波德莱尔的寓言视野的实现进行论述。事实证明，炸毁了诗人被怪念头置于其魔力之下的不变体验的新事物，无非就是商品的灵晕（aura）。有两个附带讨论应该属于这里。一个探讨的是新艺术运动在波德莱尔对新事物的观念中预成型的程度；另一个是把妓女当作最完美地实现寓言视野的商品进行讨论。寓言光泽的漫射植根于这种实现。波德莱尔的独特重要性在于，他是第一个，也是最坚定的一个，抓住了——从这个词的两种意义上，即承认并且通过具体化而增强——自我异化的人的生产力。通过这种方式，作品在其各个部分中给出的孤立的形式分析，汇聚在统一的语境中。

在第一部分中，波德莱尔的形象以专题的形式孤立出现，而第二部分则着重于他最重要的虚拟和真实的相遇——与爱伦·坡的相遇、与梅里翁的相遇、与维克多·雨果[1]的相遇。第三部分涉及历史构架，其中《恶之花》通过新事物和不变事物的主导动机与布朗基的《星辰永恒》以及尼采的《权力意志》（*Willen zur Macht*）（永恒的回归）一起进入了这一构架。

如果我可以用一个比喻来说说我打算做些什么，那就是展示波德莱尔是如何嵌入19世纪的。他在那里留下的印痕一定是非常清晰而原始地显现出来，就像一块静止了几十年的石头，有一天我们将它从原来的位置滚开后留下的印痕一样。

我希望您同意我根据该计划撰写论文，这个计划一天比一天更清晰地呈现在我面前。在我看来，出版可能存在的问题将比随着内部结构的改变而出现的新问题更容易克服。

1　维克多·雨果（Victor Hugo，1802—1885），法国的浪漫主义运动诗人、小说家和戏剧家。

关于新出版物，我今天没有什么要报告的。您可能已经在4月的《新法兰西评论》杂志中看到了纪德与塞琳的辩论。“如果我们被迫在《大屠杀的琐事》（*Bagatelles pour un Massacre*）①中看到除游戏以外的其他任何东西，那么尽管塞琳很有天才，我们却无法原谅他以这种玩世不恭和轻率无礼来煽动平庸的激情”（第634页）。“平庸”这个词本身就说明了一切。您会记得，塞琳缺乏认真态度也让我感到惊讶。顺便说一句，作为一个道德家，纪德只关注本书的意图，而不关注其后果。或者，作为崇拜恶魔者的他对它们没有异议？

由于我曾经陷入沼泽地，我想给您附上一朵在这个地区生长的特别奇异和有毒的花。下面这句话可以在利昂·多代的《愚蠢的19世纪》（*Stupide XIXe siècle*）中读到：“康德的背后，有犹太人哈曼，康德从他那里借用了著名的现象与本体之间的区别”（第185页）。这本书于1922年出版。——那个时候在德国缔结的无知与卑鄙联盟何时也将在这里生效？

顺便说一下，在同一本书的第96—97页，您会发现对蒙田和勒南[1]的比较。我告诉您这件事，尽管我觉得它太无趣了，以至于我不愿在此抄写它。如果它激起了您的好奇心，请让我知道。

您的电报让我感到非常高兴，我从中看出您喜欢我为《度量与价值》撰写的评论。我为此向您表示感谢，并同时确认我已收到您3月7日、15日和28日的来信。——昨天我收到了那期杂志②，其中我的评论以《社会研究杂志》的广告的形式刊登，共四个印刷页。我将它与这封信同时寄给您。——我很高兴一切都结束了，因为直到最后一刻，我都认为莱昂可能会给我一个既成事实。〔……〕

1 欧内斯特·勒南（Ernest Renan，1823—1892），法国作家、历史学家、考古学家、宗教学家和东方学家，也是法兰西学院的成员。

〔……〕

我期待着您的《蒙田》。我会在下一期中找到它吗？

请和您的妻子及朋友们一起分享我最诚挚的问候。

您的瓦尔特・本雅明

① 塞琳的反犹太主义著作，1937 年。
②《度量与价值》。

298　致卡尔・蒂姆

巴黎，1938 年 5 月 1 日

亲爱的蒂姆先生，

无论您打开这封信时的期望有多低，我担心它总是会让您有些失望。无论如何，我对您给我的《圣经》版本[①]的礼物表达的感激之情是不够的，这让我感到沮丧。

我不希望自以为是地认为，唯一能恰当地感谢您的人，是对您身后巨大的劳动过程具有深刻认识的人。但是，至少我本来希望，比其他任何事情都更希望，使我的感谢和不断阅读这部作品的证词交织在一起。我自己的工作是目前不可能这样做的原因。

尽管如此，在过去的十四天里，我还是能够从自己的工作中抽出相当长的一些时间来阅读您的作品。我当然无权作出哪怕是宣称有一点专业知识的**判断**。尽管如此，我还是想告诉您，我有一个**印象**，即我认识了一篇非常有用的作品。我称这本书很有用，因为在我看来，它完成了一件非常重要而又非常困难的事情：面对当代人的阅读和生活方式，它仍能坚持自己的想法。我感到从您的文本安排中散发出一种高度的诱惑力。

对我来说，绝对重要的是文本的史诗和说教基础在您的解释和插补中脱颖而出的明晰性。正因为如此，外行人觉得自己每每都在学习一些东西。唤醒他的这种感觉可能是今天阅读《圣经》的关键。

出于对您作品的尊重，我不得不让事情停留在这些初步意见上，至少直到客观原因促使我更仔细地研究一个或另一个段落。尽管如此，我还是希望您能在我对这本书的感谢中认识到我最诚挚的谢意！

您通知来访的那位朋友还没有露面。您写了那封信以后，即使他不证明他是我作品的鉴赏家，他也一定会受到友好的接待。

您是否看过在巴黎第九区考马汀街（Caumartin）22 号犹太人政治研究委员会赞助下出版的《秩序》（*Ordo*）杂志？我仍然不清楚这些人要干什么。② 在我看来，该杂志对犹太人的公开行为和公开反应的批评，经常是一针见血。我希望您能看看这个东西，然后告诉我您对它的想法。

我正在读班达的《本世纪的常客》（*Un régulier dans le siècle*）。您肯定对这个人感兴趣已经很长时间了，我很乐意听听他给您留下了什么样的印象。最后让我问一个问题。1932 年，我开始写一本薄薄的书：《1900 年前后的柏林童年》。也许您已经看到其中的一部分，它在希特勒上台之前发表在《法兰克福汇报》上。在过去的几周里，我对这本书进行了补充和大量的修改。因为它的主题，很难为它找到出版商。如果找到一个，这本书可能会成为一个巨大的出版成功。它对成千上万流离失所的德国人有话要说。但出版商可能比普通读者更难认识到这一点。

您知道这本书是什么样子的吗？ 如果不，我将其一百页的手稿交付给您为期十四天对您有用吗？在您的活动范围内，您能说服谁对这件事感兴趣吗？

致以最诚挚的问候

您的瓦尔特·本雅明

①《牧者的外行人〈圣经〉》(*Herders Laienbibel*)，1938年。
②《秩序》奉行犹太领土主义但是反犹太复国主义的倾向。其撰稿人包括阿尔弗雷德·德布林[1]（在他转变宗教信仰之前的时期）和维克托·祖克坎德尔[2]等人。

299　致格哈德·肖勒姆

巴黎，1938年6月12日

亲爱的格哈德，

根据你的要求，我将相当详细地介绍我对布罗德的《卡夫卡》的看法；之后，你会发现我自己对卡夫卡的一些感想。

你应该从一开始就知道，这封信将完全保留给我们双方都深切关注的这个主题。关于我的消息，你得耐心等几天。

布罗德的这本书的特点是作者的论点与他的态度之间存在着根本的矛盾。后者的作用是在某种程度上使前者丧失信誉，更不用说必须提出的其他保留意见了。论点指出，卡夫卡走在通往圣洁的道路上（第65页）。但是传记作者的态度是极其温和的。缺乏人与人关系上的距离是其最显著的特点。

这种态度可以使自己适应对于主题的**这种**观点，**这一事实**从一开始就剥夺了这本书的权威。这是**如何**做到的，举例来说，通过一张照片向读者介绍“我们的弗朗茨”的成语（第127页）可以说明

1　阿尔弗雷德·德布林（Alfred Döblin，1878—1957），德国小说家、散文学家和医生，以他的小说《柏林亚历山大广场》（1929年）而闻名。
2　维克托·祖克坎德尔（Victor Zuckerkandl，1896—1965），奥地利犹太裔音乐理论家。

这一点。与圣徒的亲密关系在宗教史上有其特殊的称谓：虔信主义。布罗德作为一个传记作家的态度是一种夸耀的亲密关系的虔信主义的态度——换句话说，是可以想象到的最不虔诚的态度。

作品经济学中的这种不洁得益于作者可能在其职业活动中养成的习惯。无论如何，几乎都不可能忽略他新闻报道中例行公事的处理方式的痕迹，直到他的论点的提法："圣洁的范畴……确实是可以观察卡夫卡的生活和创作的唯一正确的范畴"（第65页）。有必要指出，圣洁是保留给生活的秩序，而艺术创作在任何情况下都不属于它吗？需要指出，当在传统上建立的宗教框架之外使用时，圣徒的称号只不过是小说家的空话吗？

布罗德对卡夫卡的第一部传记所要求的务实严谨缺乏任何感觉。"我们对豪华宾馆一无所知，但还是像云雀一样快乐"（第128页）。由于作者明显缺乏技巧，缺乏对界限和距离的感觉，小品文章的陈词滥调已经渗透进一个文本，该文本因为它的主题本应表现出一定的尊严。这与其说是布罗德在多大程度上被剥夺了对卡夫卡生活的任何真实见解的原因，还不如说是证明。当布罗德（第242页）讨论卡夫卡的遗嘱中著名的指示时，其中后者托付布罗德销毁他的文件，这种无法恰当地处理主题本身的无能变得尤其令人厌恶。在那里，如果有的话，本来是展开讨论卡夫卡生存的基本方面的理想场所。（显然，他不愿为自己深知其伟大之处的作品而对后代负责。）

自卡夫卡去世以来，这个问题已被反复讨论；就此打住，是容易想到的。当然，那将意味着传记作者需要进行一些自我反省。卡夫卡大概不得不将他的遗作托付给一个不愿执行他最后遗愿的人。而且，无论是立遗嘱人还是他的传记作者都不会因为这样看待事物而受到伤害。但这需要能够衡量弥漫在卡夫卡生活中的紧张气氛的能力。

布罗德缺乏这种能力的事实在他着手评论卡夫卡的作品或风格的地方得到了证明。他没有超出业余的方法。卡夫卡的本质和他的作品的独特性当然不像布罗德所认为的那样是“表面的”，你也不是带着它们“只不过是真实的”的认识接近卡夫卡的描写（第 68 页）。关于卡夫卡作品的这种题外话使布罗德对卡夫卡世界观的解释从一开始就有问题。当布罗德谈到卡夫卡或多或少地遵循了布伯的路线（第 241 页）时，这相当于在网中寻找一只在上面投下了飞舞的影子的蝴蝶。对《城堡》的“仿佛现实主义的犹太人阐释”，避开了卡夫卡对上流社会的令人厌恶和恐怖的描述，而有利于一种犹太复国主义者首先应该以怀疑的眼光来看待的启发性的阐释。

有时候，这种与其主题相去甚远的沾沾自喜，甚至会向那些并非那么精密细心的读者透露自己的意思。布罗德需要用“坚定的锡兵”这个例子来说明象征和寓言的复杂问题，他认为这对阐释卡夫卡的作品很重要，“锡兵”是一个完全有效的象征，因为它不仅“表达了很多……延伸到无限，”而且也“通过它个人作为一个锡兵的详尽命运”感动我们（第 237 页）。人们可能想知道，根据这种象征理论，大卫之星[1]会是什么样子。

布罗德意识到自己对卡夫卡的解读存在缺陷，这使他对其他人的解读变得敏感。让人感到不愉快的是，他挥手推开超现实主义者对卡夫卡的不那么愚蠢的兴趣，以及维尔纳·克拉夫特对短篇散文的在某种程度上重要的诠释。除此之外，他显然还在努力贬低未来任何关于卡夫卡的著述。“因此，人们可以继续解释下去（有些人的确会这样做），但一定没有尽头”（第 69 页）。对括号中的单词的强调是显而易见的。无论如何，我们都不愿意听到一个有足够决心

1　大卫之星（Davidsschild），大卫王的星状盾牌，犹太民族的象征，六角星，用两个三角形以相反的方向放置形成的星状符号。

把他自己对卡夫卡的阐述建立在圣洁概念上的人说，“卡夫卡的许多个人的、偶然的缺点和疾病”比“神学建构”更有助于理解他的作品（第 213 页）。同样轻蔑的手势针对布罗德在与卡夫卡的交往中觉得不安的一切——精神分析以及辩证神学。这使他能够将卡夫卡的风格与巴尔扎克的“杜撰的精确”进行对比（第 69 页）——而他在这里所想到的只是那些透明的大言不惭，它们与巴尔扎克的作品及其伟大之处是完全分不开的。

这些都不是来自卡夫卡的意图。布罗德经常会错过卡夫卡所特有的沉着和冷静。约瑟夫·德·迈斯特[1]说，世上没有一个人是不能被温和的意见所说服的。布罗德的书不能使人信服。无论是在他向卡夫卡致敬的方式上，还是在他探讨他的亲昵度上，它都超出了温和的限度。也许两者在小说中都有前奏，而他与卡夫卡的友谊成为小说的主题[2]。摘引那本小说决不是这本传记犯过的最小错误。正如作者自己也承认的那样，他感到惊讶的是局外人可能会在这部小说中看到对死者的尊敬的侵犯。“就像其他一切一样，这也被误解了……人们不记得，柏拉图以一种类似但更全面的方式，将他的朋友兼老师苏格拉底从死亡中夺回，终其一生都将他看作是一个鲜活、在自己身边生活和思考的同伴，使他成为自己在苏格拉底死后撰写的几乎所有对话的主角”（第 82 页）。

布罗德的《卡夫卡》几乎不可能与施瓦布[3]的《荷尔德林》或贝希托尔德[4]的《凯勒》相提并论，跻身伟大经典的作家传记之列。它

1 约瑟夫·德·迈斯特（Joseph de Maistre，1753—1821），讲法语的萨伏依哲学家、作家、律师和外交官，在法国大革命后不久提倡社会等级制和君主制。

2 马克斯·布罗德的小说《爱的魔幻境界》（*Zauberreich der Liebe*）（柏林：P. 兹索奈出版社，1928 年）。

3 克里斯托弗·特奥多·施瓦布（Christoph Theodor Schwab，1821—1883），德国语言学家和高中老师。

4 雅各布·贝希托尔德（Jakob Baechtold，1848—1897），瑞士文学学者。

作为一段友谊的见证更加令人难忘，这段友谊应该不是卡夫卡一生中最小的谜团之一。

从上述内容你可以看出，亲爱的格哈德，为什么对布罗德的传记的分析——即使只是以一种论战的方式——在我看来不适合作为一种工具，让我一瞥自己对卡夫卡的印象。当然，下面的笔记能否成功地勾勒出这幅图像，还有待观察。无论如何，它们会向你介绍一个新的方面，一个或多或少独立于我早先的想法的方面。

卡夫卡的作品是一个椭圆，其相距很远的焦点，一方面由神秘主义的体验（首先是传统的体验）决定，另一方面由现代大都市居民的体验决定。当我谈到现代大都市居民的体验时，我把各种各样的事物包含在内。一方面，我说的是一个现代公民，他知道自己受制于庞大的官僚机构，而这些机构的运作是由有关当局操纵的，这些当局甚至对于行政机关本身都是模糊不清的，更不用说被迫与它们打交道的人了。(众所周知，这里包含了小说的一个层面的意义，尤其是《审判》的)。另一方面，我所说的现代大都市居民同样是现代物理学家的同时代人。如果你阅读爱丁顿[1]的《物理学的世界观》(*Weltbild der Physik*) 的下面这段话，你会以为听到卡夫卡在说话。

“我站在门口，准备进入我的房间。这是一个复杂的行动。首先，我必须与大气层作斗争，大气层以 1 公斤的力压着我身体的每平方厘米。我还必须尝试着落在一块以每秒 30 公里的速度围绕太阳飞行的木板上——仅几分之一秒的延迟，那木板就会在几英里之外。而且，在完成这项特技时，我必须悬挂在一个球状行星上，头部向外伸进太空，而天知道什么速度的以太风吹过我身体的所有毛孔。那块木板也没有坚实的物质。踩在上面就像踩在一群苍蝇上。

1　亚瑟·斯坦利·爱丁顿（Arthur Stanley Eddington，1882—1944），英国天文学家、物理学家和数学家。

我不会漏出去吗？不，因为如果我冒险踩上去，其中一只苍蝇会撞我，并向上推；我再次下降并被另一只苍蝇向上撞一下；如此这般继续下去。因此，我可以希望总体结果将是，我持续保持在大约相同的高度。但是，如果我仍然不幸地从地板漏过去，或者被猛烈地抛出而飞到天花板上，那么这种事故不是违反自然法则，而是一种极其难以置信的巧合……的确，骆驼穿过针眼要比物理学家越过门槛更容易。如果那是一扇谷仓大门或一座教堂塔楼，更明智的做法也许是，他满足于只做一个普通人，简单地走进去，而不是等到与科学上无可指摘的进入相关的所有问题都得到解决之后。”

在所有文献中，我不知道有什么地方以相同的程度表现出卡夫卡式的姿态。你可以毫不费力地将卡夫卡散文中的句子与该物理学困惑的几乎每一个地方相匹配，而且在很大程度上支持这样一个事实，即许多“最难以理解的”就在其中。因此，如果我说，就像我刚才做的那样，卡夫卡的与当今物理学相对应的体验和他的神秘主义体验之间存在着巨大的张力，那么我只说出了一半事实。实际上，从某种精确的意义上说，在卡夫卡的作品中，**惊人的地方**在于，这一最新的体验世界，正是由神秘主义的传统传达给他的。当然，如果没有这种传统中的破坏性事件（我将立即谈到），这是不可能发生的。总而言之，显然我们必须诉诸不亚于这种传统的力量，如果个人（他名叫弗朗茨·卡夫卡）要面对我们的**那种**现实，这种现实从理论上讲，投射在例如现代物理学中，而从实用性上讲，投射在战争技术中。我想说的是，**个人**几乎不再能体验到这种现实，而卡夫卡的常常如此晴朗、充满天使的世界，是他那个时代的精确补充，这一时代正准备大规模消灭这个星球上的居民。与卡夫卡作为个人的体验相对应的体验，很可能只有在大众即将被消灭的时候才被大众所理解。

卡夫卡生活在一个**互补**的世界中。（在这一点上，他与克利完全处于同一水平，后者的绘画作品与卡夫卡的文学作品一样，本质上是**孤独的**。）卡夫卡注意到补充物，却没有注意到他周围的东西。如果有人说，他感知到即将发生的事情而没有感知到现在存在的事情，那么应该补充说，他本质上是作为受其影响的**个人**感知到它的。他的惊恐姿态得益于灾难不可知的令人惊叹的**活动余地**。但是，卡夫卡的体验完全是基于他所献身的传统；没有远见，也没有“先知的天赋”。卡夫卡倾听传统，而专心聆听的人眼睛看不见。

之所以需要这样努力地倾听，首先是因为只有最模糊的声音到达了倾听者。没有可以学习的学说，也没有可以保存的知识。一个人想抓住的飞行中的东西，并不适合任何人的耳朵。这包括一个事实，它严格地标明了卡夫卡作品的消极方面。（其消极特征可能完全比积极特征有更多的机会）。卡夫卡的作品代表了患病的传统。智慧有时被定义为真理的史诗般的一面。这样的定义将智慧标记为传统的财富；这是其哈加达[1]一致性中的真理。

正是这种真理的一致性丢失了。卡夫卡远非第一个面对这一事实的人。许多人已经适应了它，坚持真理或他们当时认为是真理的东西，并怀着或多或少沉重的心情，放弃了把它继续传下去的可能性。卡夫卡真正的天才之处在于他尝试了一些全新的东西：为了坚持传播性，坚持它的哈加达元素，他牺牲了真理。卡夫卡的作品本质上是寓言。但作品中的痛苦和美丽不仅是而且必须变得比寓言更多。它们并不谦恭地拜倒在教义的脚下，就像哈加达拜倒在哈拉卡脚下那样。当它们趴下来的时候，它们却出人意料地举起一只强有力的爪子。

这就是为什么就卡夫卡而言，我们不能再谈论智慧。只剩下它的衰变产物。它们有两种：一种是关于真实事物的谣言（一种通过

1　哈加达（Haggada），犹太教经典《塔木德》解释法律要点用的传奇轶事或寓言。

对不体面和过时的事物的窃窃私语来传播的神学）；这种特异质的另一个产物是愚蠢，它无疑完全浪费了智慧的实质，却保持了谣言总是缺乏的讨人喜欢和泰然自若。愚蠢是卡夫卡的宠儿的本质——从堂吉诃德到助手们再到各种动物。(成为动物对他来说可能只是意味着出于一种羞耻而放弃了人类的形状和智慧。就像一位高贵的绅士发现自己进了一家低贱的酒馆，出于羞耻而放弃把玻璃杯擦干净。有一点卡夫卡是绝对肯定的：首先，如果一个人想要帮助别人，他必须是个傻瓜；其次，只有傻瓜的帮助才是真正的帮助。唯一不确定的是：这样的帮助还会对人类有好处吗？它更有可能帮助天使（参见第 7 卷第 209 页关于天使有事可做的那一段），尽管他们可以不需要帮助。因此，正如卡夫卡所说，有无限多的希望，但不是我们的。这句话确实包含了卡夫卡的希望。这是他光芒四射的晴朗之源。

我将更加从容不迫地交给你这幅按透视法危险地缩短了的图像，如果你可以通过我在《犹太人评论》上发表的卡夫卡论文中从不同方面阐明的观点来说明它。今天使我对那项研究最反感的是它固有的道歉基本特征。为了公正评价卡夫卡形象的纯洁性和独特的美，我们永远不能忽视一件事：它是一个失败者的形象。这种失败的情况是多方面的。人们不禁想说：一旦他确信自己最终会失败，那么在他前进的道路上，一切都会像在梦中一样顺利。没有什么比卡夫卡强调他的失败时的激情更令人难忘的了。在我看来，他与布罗德的友谊首先是一个问号，他选择在自己的生活边缘画上这个问号。

这似乎把我们带回了圆的起点，我把对你最诚挚的问候放在它的中心。

你的瓦尔特

300　致格哈德·肖勒姆

斯文堡，1938 年 7 月 8 日

亲爱的格哈德，

遗憾的是，我对春天的预见是正确的，而我们秋天的相会将无法实现，这使我很沮丧，无疑也使你很沮丧。造成这种情况的原因是我的工作，与它相比其他一切都是无力的。我在这里的生活就像隐居一样；如果仅仅是那样，那么长途旅行将是完全合理的。但我需要这样的隐居；总的来说，我真的不能在历经长期中断的且无从改变的工作环境中冒险了。此外，当地的工作条件优于巴黎的工作条件，而且不仅仅是因为它与世隔绝。我有一个大花园供我不受干扰地使用，我的书桌在窗前，海峡的景色一览无余。驶过的小船也是我唯一的消遣，除了每天与布莱希特下国际象棋的休息时间以外。

〔……〕

如果我们不能见面我至少可以在纽约完成期望的〔波德莱尔〕论文的最后期限！尽管如此，恐怕我不得不超过这个期限。在这里，你可以帮我一个忙，如果有机会，请把这件事告知维森格伦德。

使我对我们计划的失败感到悲哀的原因之中，除了我想结识你的妻子之外，首先就是我想能够和你谈谈《波德莱尔》。我本来对这样的讨论寄予厚望。可以总结如下：该主题必然使我已经从事了很多年的整个思想和研究运动起来。在这个意义上，我可以说，如果《波德莱尔》获得成功，它将为《拱廊计划》项目提供一个非常精确的模型。这样的成功有什么保证是另外一个问题。在我看来，谨慎仍然是最好的，这就是为什么我在编排上花费了一长串思考（将以关于《亲和力》的论文为模型）。

〔……〕

听说你的收获[①]如此丰富，我非常高兴。请允许我希望，一旦你的狩猎季节过去了，你会详细地告诉我许多必须再次托付给我们的通信的事情——谁知道会持续多久。在这里我特别想到了我那封关于卡夫卡的信和你即将到来的研究所之行。

致以最诚挚的问候。

你的瓦尔特

① 在美国研究犹太神秘哲学手稿。

301 致基蒂·马克斯－施泰因施耐德

斯科夫博海滩，1938 年 7 月 20 日

亲爱的朋友，

正如您告诉我的那样，您现在有五封我的来信；我不记得我在它们当中是如何称呼您的。随着现在的称呼，我把您上一封信的一根线编织进我的信里——我没有更好的材料。

很久以来我一直希望收到您的来信。当它经过了一段无疑比那更长的时间终于到来时，事实证明，我的希望只是陷入了浅睡期，一触即醒。但是，如果说我自己没有更早写信给您，则可能是因为感觉到我们最初的面对面和书信交往数量是多么少，并希望不要剥夺它们这种缺乏的丰富。现在，您的上一封信克服了许多岁月和许多障碍，这使我希望它标志着一系列更为频繁一些的交流的开始。

当我一天早上收到这封信时，并不是所有这些障碍都被克服了。因为那刚好发生在我经历了几个月不安定的生活和各种各样的困难之后把注意力转向了一个较大的项目的时候。去年秋天我由于突然失去住所而陷入困境。我在圣雷莫的前妻家住了一段时间；1 月底，我终于搬进了一套小公寓。由于我不得不把公寓需要的一切东西都留在柏林，这花了好几个星期的时间。我正在进行的项目落

后于进度，这总是导致或多或少不连贯的写作，而这又使我紧张不安了一阵子。

就在收到您的来信的几天前，我回到了一个有牢固基础的计划，即关于波德莱尔的论文，这是我关于上个世纪的项目的一部分，我已经构思十多年了。我正在写的这篇文章，就其组织结构而言，更像是一本书，它应该圆满完成那个项目的一部分。

我在 6 月份收拾好行李，现在已经在丹麦待了四个星期。我坐在阁楼房间的一张宽敞而沉重的书桌前。在我的左手边是海岸和另一侧毗邻森林的安静而狭窄的海峡。相当安静；经过这里的快艇的马达发出的声音更加悦耳，因为它能使你抬起头来，看一眼小船。

布莱希特的房子就在隔壁：那里有两个我喜欢的孩子，收音机，晚餐，最热情的款待，饭后还可以下一两盘漫长的国际象棋。报纸来到这里的时间如此延迟，以至于你必须鼓起勇气才能将它们打开。

我离开前不久在巴黎见到了肖勒姆。我们早就应该做的哲学讨论以良好的形式进行着。如果我没弄错的话，它给了他一种我的印象，大约就像一个在鳄鱼的喉咙里安家的人，他用铁制的支架把它撑开。

我们原本计划在他从美国回来后在巴黎再次见面。但我不能中断我的工作，决不会在 9 月初之前返回巴黎[①]。因此，我请您按这个地址给我写信。

如果您能到这个房间来一次，我愿意付出很大的代价。我住在这里就像住在牢房里一样。并不是家具使它成为那样，而是我生活在其中的环境。它们把一种隐居生活强加给我。尽管我与布莱希特有着深厚的友谊，但我必须确保在严格的独处中进行我的工作。它包含了他无法吸收的非常明确的观点。他是我的朋友很久了，足以知道这一点，并且有足够的洞察力去尊重它。这样，一切进展得很顺利。但要避免谈论你日复一日都在思考的事情并不总是那么容易。因此，有时我会重读一封像您这封一样的信，以便坚定地回到我的工作中。而且我认为这应该可以帮助我得到一个新的。

我希望那里的情况不会给您的生活带来太多动荡；关于这个也请写信告诉我。

请允许我以非常诚挚的问候结束。

您的瓦尔特·本雅明

① 他一直待到10月中旬，那时肖勒姆已经回到耶路撒冷。

302　致格莱特尔·阿多诺

斯文堡的斯科夫博海滩，1938年7月20日

亲爱的菲丽齐塔丝，

你们是否相信你们的生日祝福会在15日中午12点准时到达我这里？那就是它们到达的时候，与邮递员一起。不幸的是，在我喜悦的同时，我更加强烈地意识到自己最近未能给你们送上最美好的祝愿。这种疏忽我只能请求宽恕，不能辩解。现在我将更加努力地把那个日期记在心里，在那里它将被很好地保存。

我设想，出于最直接的原因，你们会在15日更新记忆。（考虑到这一点，我很自然地希望了解你的妹妹[①]是否已经结婚或即将结婚。你曾写信更详细地告诉我这件事，而我给了你答复。我想那是在我的上一封信里，到现在我还没有收到你们的回音。）

你可能已经从埃贡·维辛那里听说过我的近况，我十四天前给他写过信。我住在一个相当安静的房间里，紧挨着布莱希特的房

子。我有一张又大又坚固的书桌供我写作——我已经好多年没有这样的桌子了——我还可以俯瞰宁静的海峡，帆船以及较小的汽船从它的岸边驶过。因此，引用波德莱尔的话说，我生活在“对未来工作的执着沉思中”。他是相关工作的主题。

一个月以来，我每天都要花八到九个小时在这项工作上，并打算在我回巴黎之前完成手稿的初稿。因此，尽管我感到很遗憾，但我还是不得不放弃原定与肖勒姆会面的计划：否则这个项目就会在关键阶段被打断。在此期间你们可能已经从他那里听到了这一切。

在这种情况下，我很不情愿地告诉你一些消息。你是第一个听到它的人，我与其说是把它传递给忠诚的人，不如说是把它传递给通情达理的人。无论我怎么努力，我都将无法满足 9 月 15 日的最后期限。

在我从这里给波洛克写的一封信中，我告诉他，我可能有必要稍微超过最后期限。在此期间，我不得不下定决心重新组织这个项目的结构，这个项目是我在巴黎遭受慢性偏头痛折磨时粗暴地强加给自己的。

毕竟，我们都同意，在像波德莱尔这样的作品中，关键取决于构想；在构想中，没有什么是可以勉强的，也没有什么是可以马虎对待的。另一个因素是，《拱廊计划》项目的一些基本范畴是在这里首次阐明的。在这些范畴中，正如我可能在圣雷莫已经告诉过你们的那样，新的和不变的占据首位。此外，以前在我看来只是或多或少相互孤立的思想领域的主题，在这部作品中，它们第一次被结合在一起——这可能会让你对该作品有一个最好的理解：寓言、新艺术运动和灵晕。——当然，概念上的前后关系越紧密，语言上的前后关系就必须表现得越文雅。

另一个因素是，不是事情本身所固有的，而是时间（我应该说，时代）所固有的困难。我真希望能见到你——哪怕只有一个星期！正因为你常常只需要我说半句话就能明白我的意思，所以你使我有可能驾驭另一半句！我在这里没有类似的东西。另一方面，我觉得布莱希特对我独处的必要性的理解是非常令人舒服的。如果没有这种理解，事情会变得不那么愉快。但是，这使我有可能如此专注于我的工作，以至于我甚至还没有读过他那本完成了一半的新小说[②]。当然，我既没有时间也没有机会去从事与我的工作无关的事情。

同样专横的特征使我的工作与其他任何工作都不兼容，这也让我很难把工作限定在一个非常紧迫的期限内。虽然我确信这篇文章将在年底前完成——我将把 11 月 15 日定为最后期限——但如果我现在不说，我至少要延长五周才可以完成，那我就太傻了。

当然，除了把这件事也告诉马克斯，我别无选择。但是，因为我的消息要比这封信到达你的时间晚得多才到达他；此外，因为我最近刚写信给波洛克告知有关情况；因为——这是决定性因素——在这种编辑上的困难中，我想确保你的以及泰迪的理解和帮助——出于所有这些原因，我写信给你，并且如此详细。

即使这样，我还没结束。相反，我想立即附加一个请求，它可能会使我的整个书桌浮现在你的眼前。我发现著名的 R. L. 史蒂文森写了有关煤气照明的文章；有一篇他写的关于煤气灯的文章。到目前为止，我为获得这篇文章所作的一切努力都是徒劳的。关于这篇文章对我的重要性，我要说的任何话都是多余的。你愿意尝试为我找到它吗？——最后，如果可以的话，在接下来的几周内，你能将我的还在你手里的法语书籍寄到我这里吗？ 这样，我就不用担心海关问题了。法国当局喜欢给包含书籍的包裹制造麻烦。它们将和我的其他藏书一起从这里运往巴黎。

我听说恩斯特·布洛赫在纽约，这是真的吗？如果是的话，请告诉我，并代我向他问好。上一期杂志表明，他的学生约阿希姆·舒马赫[1]也在那里。他为评论部分写的稿件在我看来还不错（另一方面，他出版的《混乱的恐惧》[*Die Angst vor dem Chaos*]一书并不能很好地证明他所喜欢的学说）。

我在这里看到的忠实于党的路线的著作比我在巴黎看到的要多一点。例如，我最近看到了一期《国际文学》（*Internationalen Literatur*）杂志③，在这期杂志中，基于我的关于《亲和力》的论文的片段，我扮演了海德格尔的追随者的角色。这份出版物很糟糕。我想你们有机会可以听听布洛赫对这件事的看法。至于布莱希特，他通过推测俄罗斯的民族政策的需求，尽其所能地弄清楚俄罗斯的文化政策的原因。但这显然并不能阻止他认识到，正在采取的理论路线对我们二十年来一直拥护的一切都是灾难性的。如你所知，特列季亚科夫[2]是他的翻译和朋友。他很可能已经不在人世了。

天气阴沉，不太适合散步；这样更好，既然我根本不散步。我的书桌在气候方面也享有特权：它位于一个倾斜的屋顶下，稀疏的阳光偶尔散发出来的温暖比其他地方保存的时间更长。一两局国际象棋本应给我们的生活带来一些消遣，但现在却呈现出灰色海峡的色彩和单调，因为我很少赢。

亲爱的菲丽齐塔丝，我希望你一切安好；请考虑到，在我工作的压力下，我需要特别的鼓励去写一封信；请通过告诉我很多东西来做到这一点——你的信**总是**很简短——并向泰迪和其他人致以最诚挚的问候。

你的德特勒夫

1　约阿希姆·舒马赫（Joachim Schumacher，1904—1984），德国作家，由于其政治观点，他于1932年从德国流亡国外。

2　谢尔盖·特列季亚科夫（Sergej Tretjakow，1892—1937），苏联作家，俄罗斯未来主义的代表人物。

我最近——第一次！——看到了凯瑟琳·赫本[1]。她很了不起，她身上有很多你的影子。从未有人告诉过你吗？

① 里瑟洛特·卡尔普鲁斯（Liselotte Karplus），埃贡·维辛的第二任妻子。
② 《尤利乌斯·凯撒先生的商店》（*Die Geschäfte des Herrn Julius Cäsar*）。在他去世后于 1957 年在柏林出版。
③ 1930—1945 年在莫斯科出版的德语杂志；约翰内斯·R. 贝希尔[2]担任主编。

303 致马克斯·霍克海默

哥本哈根，1938 年 9 月 28 日

亲爱的霍克海默先生，

首先，我要衷心感谢您 9 月 6 日的来信。我经常问自己，我们是否以及在什么情况下会在不久的将来见面。对未来充满警惕的心灵，遥望远方。

与这封信同时，您将收到我的有关波德莱尔的著作①的第二部分。它包括三个章节。第一个章节的开头缺了几页；我不得不牺牲它们来完成文本的其余部分，而做出这样的决定并不那么困难，因为与其他两个章节相比，第一个章节可能不大适合在下一期杂志上发表。我认为这两个章节的每一个本身都足以满足下一期的需要。尽管如此，如果说我还是不遗余力地完成了这两个章节以及第一个章节的主要部分，那是因为对我来说非常重要的是，通过让您连贯地阅读《波德莱尔》一书的第二部分，使您初步了解该书的全貌。

我也许可以借此机会简要地总结一下这第二部分是如何形成的。

1　凯瑟琳·赫本（Katharina Hepburn，1907—2003），美国女演员。
2　约翰内斯·R. 贝希尔（Johannes R. Becher，1891—1958），德国表现主义诗人和原东德德国统一社会党政治家，文化部长及文化协会首任主席。

在我4月16日的信中，我表示相信，我可以用八十到一百二十页的篇幅完成整个《波德莱尔》。在我7月4日给波洛克先生的信中，我仍在谈论将整个《波德莱尔》作为提交给下一期杂志的稿件。在我8月3日给您的信中，我第一次看到有必要分拆第二部分。直到8月28日，我才可以或者说不得不通知波洛克先生，第二部分本身就将超出一篇杂志文章的长度。

如您所知，《波德莱尔》最初被设想为《拱廊计划》的一章，更确切地说是倒数第二章。因此，在前几章写完之前我不可能写它，而且如果以这种方式写出来，那么在没有前几章的情况下它是无法理解的。然后，我自己很长时间抱有一个想法，那就是《波德莱尔》即使不作为《拱廊计划》的一章，也可以写成一篇可以在杂志上发表的最大篇幅的长篇论文。随着夏季的推移，我才意识到，一篇关于波德莱尔的文章，如果长度更适中，又不否认它对《拱廊计划》提纲的责任，那么它只能作为一本关于波德莱尔的**书**的一部分来实现。确切地说，随信附上三篇这样的论文——即《波德莱尔》一书中完全独立的第二部分的三个彼此相对独立的章节。

这本书旨在确定《拱廊计划》项目中决定性的哲学要素，我希望这是最终形式。如果除了最初的提纲之外，还有一个主题为《拱廊计划》的基本构想提供最佳机会，那就是波德莱尔。因此，《拱廊计划》主要的材料和结构要素针对这个主题的定向是自动发生的。

当然，有必要强调的是，**整本**书的哲学基础不应根据当前的第二部分来理解，也无法理解。第三部分——它的标题应该是“作为诗意对象的商品”——的综合法以这样一种方式设置，以至于无论从第一部分还是第二部分都无法望见它。这不仅是最后一部分独立性的前提，也是结构所预先规定的。在这个结构中，第一部分——“作为寓言家的波德莱尔”——提出问题；第三部分提出结论。第二部分提供了结论所需的材料。

一般来说，第二部分的作用是反题。它坚决地不理睬第一部分对艺术理论的关注，并对诗人进行了社会批判的阐释。这是马克思主义的阐释的先决条件，但它本身并不能实现其概念。这是保留给第三部分的，在第三部分中，形式应该在材料关系中决定性地获得承认，就像它在第一部分中作为一个问题做到的那样。第二部分作为反题，狭义的批判，即对波德莱尔的批判，在其中占有一席之地。在这一部分必须澄清他的成就的局限；对他的成就的解读最终由第三部分完成。它将具有一个独立的主题范围。旧《拱廊计划》项目的基本主题，“新的和不变的”只有在这里才发挥作用；它出现在“新颖性”的概念中，这是波德莱尔创造力的核心。

我预计，《拱廊计划》的波德莱尔章节将要经历的演变是《拱廊计划》的另外两个章节在以后也将经历的事情：一章涉及格兰维尔，另一章涉及奥斯曼。

一旦我知道您决定在下一期发表哪一部分，我会立即将一个摘要发送给您。在此之前，如果我有可能返回法国，参考书目中的一些空白也将得到填补。

我已在页边空白处标明了每个摘录的主题，以防您作为编辑对简短摘录的剪辑感兴趣。如果您碰巧对此感兴趣，您不妨考虑以下标题，“波德莱尔的社会学研究”。这个标题，本来没有什么值得推荐的，但是它有一个优点，也就是如果以后有机会发表其他片段，无论是在杂志中还是在年鉴中，它可以随时供您使用。

我翻译了法语引文；否则，鉴于有这么多的法语引文，文本将变得不可读。如果在您发表的部分中，引用的诗句的散文翻译作为注释出现，我认为这是非常可取的。在很多情况下，我们可能会与不懂法语的德国读者打交道。——如有必要，我将把这些散文版本与摘要同时寄给您。

我不必告诉您，过去两周我是在什么情况下从事这个项目的。

我在和战争赛跑。另一个因素是我对在意大利的儿子的焦虑；多亏了最大的努力，我妻子才设法使他得以入境伦敦——然而，目前这只是改变了为他担心的理由。

我尽一切努力不让这些情况的任何痕迹出现在我的作品中，甚至包括它的外在方面。我在哥本哈根待了十天，以确保制作出一份完美无瑕的手稿。明天我要回布莱希特那儿。在我离开之前，他请我向您转达他的问候，我很高兴这样做。

我仍然不知道我的计划是什么。我被确告，我的丹麦居留许可将于 11 月 1 日到期。如果战争爆发，我想我必须尽一切可能留在斯堪的纳维亚半岛。因此，如果您能给我提供丹麦以及瑞典和挪威朋友——如果您有的话——的信息，以便在那种情况下，我可以向他们求助，我将非常感激。如果我能够返回巴黎，我将在可行的情况下尽快这样做。

〔……〕

致以最诚挚的问候，我还要借此回复您妻子的问候。

您的瓦尔特 · 本雅明

① 这个版本的《波德莱尔》一书以手稿的形式保存了下来。

304　致特奥多 · W. 阿多诺

斯文堡的斯科夫博海滩

1938 年 10 月 4 日

亲爱的泰迪，

八天前，我刚刚完成《波德莱尔》第二部分的收尾工作；两天之后，欧洲局势出现了暂时的收场。由于历史事件与编辑截稿日期的冲突，在过去的几周中，我不得不竭尽全力。这就是我延迟寄出这封信的原因。

昨天我整理了在这里的几百本书，以便运往巴黎。然而，现在我越来越觉得，这个目的地对它们和我来说都不得不成为一个中转站。我不知道在物质上还能呼吸多久欧洲的空气；在经历了过去几周的事件之后，它在精神上也已不再可能，即使是在现在。这一发现对我来说并不容易接受；但也许这已无法回避。

这一点可以说已经变得无可争议地清楚：俄罗斯已经让自己的四肢——欧洲——被截去了。就希特勒的承诺而言，即他的欧洲领土要求已得到解决，而殖民性的领土要求决不可能成为战争的理由，我的解释是，任何殖民性的领土要求对于墨索里尼都将意味着发动战争的理由。我预计，居住着大量——如果不是大多数——意大利人的突尼斯将成为下一个“谈判”议题。

你们可以很容易想到，在过去的几周里，我是多么担心我的妻子，更担心斯特凡。目前，正如我最近所知道的那样，无需担心最坏的情况。斯特凡在英国；我妻子会尝试在不致蒙受太大损失的情况下，把她的生意转让给别人。据说为了争取时间，暂时只进行形式上的转让。

为了写作《波德莱尔》的手稿，我在哥本哈根待了十天。这是可以想象的最美好的小阳春。但这一次，除了从我的书桌到“沙龙”的收音机的路上，我没有看到这座城市更多的东西——我尤其喜欢的这座城市。现在，这里秋天开始了，伴随着最猛烈的风暴。如果没有什么意外发生，我将在下周六回去一周。在过去的这个夏天，我与布莱希特的交往越来越自然、放松，这一次我就越不能漫不经心地把他扔下。因为在我们的交流中，我看到了他越来越孤立的迹象，这一次的交流比我过去习惯的少了很多问题。我不想完全排除对这一事实的更为陈腐的解释——即这种孤立削弱了他在谈话中倾向于使用的某些挑衅性花招的乐趣；然而，更真实的解释是，在他日益孤立的状态中，他认识到忠诚于我们所共有的东西所带来的后果。鉴于他目前的生活环境，在斯文堡的一个冬天，他将直面这种孤立的挑战。

关于他的新《凯撒》，我几乎什么也没看到；因为当我在做自己的工作时，我根本不可能阅读任何东西。

我想您在收到这封信的时候已经读过《波德莱尔》的第二部分了。我在和战争赛跑；尽管我有一种让我窒息的恐惧，但当我在世界末日来临之前，完成已经筹划了将近十五年的"漫游者"（手稿的脆弱性！）的那一天，我还是感到了一种胜利的感觉。

马克斯一定会把我对波德莱尔与《拱廊计划》计划之间关系的说明告知您，我在一封附信中向他详细解释了这一点。正如我对他所阐述的那样，决定性的一点是，一篇关于波德莱尔的文章，如果不否认它对《拱廊计划》中提出的问题的责任，那么它只能作为一本关于波德莱尔的书的一部分来写。您从我们在圣雷莫的谈话中对这本书的了解，可以使您通过对比对完成的第二部分的功能有一个相当精确的认识。您将看到，那些重要的主题——新的和不变的、时尚、永恒的回归、明星、新艺术运动——确实被提了出来，但没有一个得到详尽的论述。证明它与《拱廊计划》基本思想的明显融合是第三部分的任务。

自从您搬进新公寓以来，我还没有听到您太多的消息。我希望一旦您读完《波德莱尔》，我就能收到您详尽的来信。同时也请让我知道您的广播项目[①]进展如何，首先它究竟是关于什么的。因为我对此还一无所知。

非常感谢您的那本关于飞艇驾驶员的书：它现在和您的其他包裹一起放在箱子里等待发送。我期待着在巴黎读它。请向菲丽齐塔丝转达我对这个邮件的衷心感谢。我会写信给她，最晚是从巴黎。——您会通过法维兹夫人，收到您关于克尔凯郭尔的书——为此我要感谢您——还有洛维特的书[1]②。当我为《波德莱尔》的第三部分需要它的时候，我订购了后者。请您使用后把它寄还给我。

菲丽齐塔丝打听伊丽莎白·维纳的情况，但我没有听到她的任何消息。对我来说，更重要的是，自从肖勒姆离开美国以来，我再也没有收到他的来信。他似乎为没有在巴黎见到我而伤心。但是，对我来说，所有的事情都不得不让位于我的工作。没有我强加给自己的严格的与世隔绝，我决不可能完成它。他有没有给你们透露过任何迹象？

我热切期待你们能告诉我有关恩斯特·布洛赫的信息。在此期间，我时不时地瞥一眼布莱希特的儿子斯特凡[2]挂在墙上的纽约城市地图，并且沿着你们家所在的哈德逊（Hudson）河畔的长街来回徜徉。

致以最诚挚的问候，你们的瓦尔特

① 阿多诺负责普林斯顿广播研究项目（Princeton Radio Research Project）的音乐部分。

② 卡尔·洛维特的《尼采的永恒轮回哲学》（*Nietzsches Philosophie der ewigen Wiederkunft des Gleiche*）（柏林，1935 年）。

305　致格莱特尔·阿多诺

巴黎，1938 年 11 月 1 日

我亲爱的菲丽齐塔丝，

你看到熟悉的信纸重新出现——这可能意味着，在经历了一个充满新奇事物的秋天之后，一些东西又回到了原来的样子。如果你

1　卡尔·洛维特（Karl Löwith，1897—1973），德国哲学家。

2　斯特凡·布莱希特（Stefan Brecht，1924—2009），德裔美国作家。

渴望回顾一下我的夏天，我想当你读到《波德莱尔》的手稿时，它就会被揭示给你，如果你还没有这样做的话。这份手稿代表了过去几个月的精华。我期待着在接下来的几天内能收到有关它在纽约被接受情况的报告，我当然希望泰迪能参与制作这份报告。

你必须很快写信告诉我在第二眼之后你对纽约的看法，特别是因为这第二眼中一定还包括一些新鲜出炉的居民。在这种情况下，我特别期待听到你讲述的恩斯特·布洛赫的情况，以及你们与他的关系。我同样希望听到对你们的日常生活的描述，还有你们作为一对夫妻，在较亲密的熟人圈子里是如何安排你们的生活的。

我相信，我从斯文堡寄出的最后一封信表明——尽管我在丹麦的生活受到种种限制——我对即将到来的返程并不热心。我预期会有重大变化；如今，变化很少变得更好。实际上，我还没有足够的时间去见我的法国熟人，并弄清楚我的担心在多大程度上是合理的。我只和阿德里安娜·莫尼耶交谈过，而我的担心永远不会适用于她。另一方面，我遇到了意料之外的变化。我妹妹病得很严重，实际上是无可救药了。除了困扰她多年的慢性疾病之外，她现在还患有严重的动脉硬化。我妹妹的体力极度下降，常常整天卧床不起。在这种情况下，我住在附近是件好事。——我的弟弟已被转移到威尔斯纳克（Wilsnak）监狱，在那里他从事筑路工作。那里的生活据说还可以忍受。正如我经常从德国听到的那样，像他这种情况的人所面临的梦魇与其说是即将到来的监狱生活，倒不如说是多年监禁后的集中营的威胁。——至于我的妻子，她出乎意料地在我返回前不久经过巴黎，现在在伦敦。她似乎想在那里再次尝试经营一家膳宿公寓。我希望能在圣诞节前后在这里见到她，然后听到一些有关斯特凡在英国的前景的好消息。

再谈一谈政治进展：我担心，处于政治努力最前沿的德国和法国之间的和解，将不得不使少数几个相互接近的法国人和德国人彼此疏远——直接或间接地。预计本周末将颁布一份“外国人法规”。在此期间，我正在谨慎地推动我的入籍，但不抱任何幻想。如果说先前成功的机会令人怀疑，那么现在成功的用处也成问题了。欧洲法律秩序的崩塌使任何形式的合法化都是靠不住的。

我有理由为自己在 1933 年 3 月有先见之明地交到你手里的每一张纸而庆幸。我坚持不懈地尝试从柏林弄出更多的藏书，但最重要的是我的文件，然而到目前为止，唯一但几乎完全可以肯定的结果是，以下东西已经被毁了：我完整收集的两位海因勒的遗作、我的关于资产阶级左翼青年运动历史的不可替代的档案以及我青年时代的作品——其中包括 1914 年的荷尔德林论文[①]。

为了以更欢快的调子结束，我想补充一句，主能从醒着的人那里夺取那么多，他也会把同样多的恩赐给睡着的子民。〔弗兰茨·〕赫塞尔，就像椽子上的小老鼠一样，在柏林待了五年半，最近他带着对自己合法性的伟大证明和强有力的保护来到了巴黎。我相信他的故事将会令人难忘；这几天我会让他告诉我。

你们还记得我向你们强烈推荐的美国原始人的绘画吗？

非常爱你和泰迪，你的德特勒夫

① 这篇作品通过肖勒姆拥有的一份副本而得以保存；可以在《本雅明文集》第 II 卷，第 375—400 页中找到。

306　特奥多·W. 阿多诺致瓦尔特·本雅明

〔纽约〕，1938 年 11 月 10 日

亲爱的瓦尔特，

这封信的延误威胁对我和我们所有人提出指控。但是这一指控

也许已经包含了一点辩护的成分。因为几乎不言而喻的是，对您的波德莱尔的回复延迟了整整一个月不能归因于懒散马虎。

延迟的原因纯粹是客观的。它们与我们所有人对手稿的态度有关，但是，考虑到我对《拱廊计划》项目的参与，我也许可以毫不妄自尊大地说，它们尤其与我自己的态度有关。我极其热切地盼望着《波德莱尔》的到来，然后如饥似渴地把它逐字吞食。我对您能够在截止日期之前完成工作充满钦佩。正是这种钦佩使我特别难以说出是什么介入了我的热情期待和文本本身之间。

我非常认真地考虑了您的关于把《波德莱尔》设计成《拱廊计划》的模型的想法，并走近了撒旦的舞台，就像浮士德走近布罗肯峰（Brocken）的变幻莫测的幻影一样，当时他说它现在可以解开那么多的谜题。如果我不得不把梅菲斯特[1]的回答据为己有，也就是说，许多谜题又重新出现了，可以原谅我这样做吗？您能理解阅读您的这篇论文，其中一个章节的标题是“漫游者”，另一个章节的标题甚至是“现代主义”，让我感到某种程度的失望吗？

令我失望的主要原因是，在我所熟悉的部分中，该作品与其说是《拱廊计划》的模型，不如说是这个项目的前奏。主题已收集但未贯彻。在您给马克斯的附信中，您表示这是您的明确意图，而且我不会误判您为了在整篇文章中省略对问题的关键理论回答——甚至可能为了使问题本身仅对知情者可见而奉行的苦行戒律。但是我想问，面对这个主题，并在这样一个提出如此强硬的内在要求的背景下，这种苦行主义能否坚持到底。作为您的著作的忠实鉴赏家，我深知在您的作品中不乏以这种方式处理事情的先例。例如，我记得您在《文学世界》中关于普鲁斯特和超现实主义的文章。但是，可以将此处理方法应用于复杂的《拱廊计划》吗？全景图和

1　梅菲斯特（Mephisto），歌德的《浮士德》中的魔鬼。

“痕迹”、漫游者和拱廊、现代主义和不变之物，**而没有**理论上的解释——这是一种可以耐心等待解释而又不被自己的灵晕消耗的“材料”吗？相反，当这些主题的实用内容被孤立时，它几乎是恶魔般地阴谋反对其解释的可能性，难道不是这样吗？在我们在柯尼施泰因进行的令人难忘的谈话中，您曾经说过《拱廊计划》里的每一个想法实际上都必须从一个疯狂盛行的领域中夺取。我不知道，将这些想法禁锢在无法穿透的材料层后面是否有益，就像您的苦行戒律所要求的那样。在您当前的文本中，在介绍拱廊时，提到了人行道的狭窄，这阻碍了漫游者在街道上的前进。在我看来，这种实用的介绍损害了幻影（Phantasmagorie）的客观性——甚至在我们的霍恩贝格通信期间，我就一直顽固地坚持这种客观性——就像第一章倾向于把幻影简化为文学上的波希米亚行为所做到的那样。您不必担心我会赞成那些说幻影在您的作品中令人毫无准备地幸存下来，甚至作品本身具有幻影特征的人。但是，只有将幻影作为客观的历史哲学范畴而不是作为社会角色的“观点”来实现，才能完成其真正深层的清算。这正是您的构想与探索19世纪的所有其他构想不同的地方。但是，您的假设的兑现不能永远推迟，除非太阳从西边出来，也不能通过更无害地陈述事实来“准备”。这是我的反对意见。采用旧的措词，如果说在第三部分中，19 世纪内部的史前史取代了关于19 世纪的史前史——在佩吉关于维克多·雨果的引文中最明显——这只是同一事实的另一种表达方式。

然而，在我看来，我的反对意见绝不仅仅涉及与主题有关的“省略”的可疑性，正是因为您解释苦行主义态度，这个主题似乎进入了一个与苦行主义相对立的领域：历史和魔法在那里振荡。相反，我看到了文本落后于自身先验性的时刻，这和它与辩证唯物主义的关系密切相关——正是在这里，我不仅代表自己而且代表马克斯说话，我与他深入讨论了这个问题。让我在这里以尽可能简单和黑格尔的方式表达自己。如果我没有严重地弄错的话，这种辩证法缺少一件东西：中介性。普遍倾向无例外地将波德莱尔的作品的实用内容与他那个时代的社会历史中的相邻特征直接联系起来，并且尽可能与经济特征联系起来。例如，我想到了关于酒税的段落，关于路障的某些评论，或者我已经提到过的关于拱廊的部分。后者在我看来特别成问题，因为正是在这里，从生理学的基本理论考虑到对漫游者的“具体”表现的过渡特别脆弱。

每当您用隐喻的方式而不是直截了当的方式来表达事情的时候，我就会有这种不自然的感觉。这一点在关于城市转变为漫游者的内饰的段落中尤为明显。我认为您的作品中最有力的构想之一在这里仅仅以“好像”的形式呈现。对具体行为方式的诉求——比如这里漫游者的行为方式，或者后来的关于城市中视觉和听觉的关系的段落（该段落引用了齐美尔的一句话，并不完全是巧合）——与唯物主义的题外话之间存在着极为密切的关系，在这类题外话中，人们永远不会完全摆脱对一个游泳者在满身起了可怕的鸡皮疙瘩的情况下跳入冷水的焦虑。这一切让我很不安。不要担心我会利用这个明显的机会骑上我的木马[1]。我将满足于顺手递给它一块糖，此外我会尝试向您说明我厌恶这种特定类型的具体性及其行为主义特征的理论基础。但是，这个基础无非是我认为从方法论上来说，通过以无中介的甚至因果的方式将上层建筑领域的单个显著特征与下层建筑的相应特征联系起来，从而给它们“唯物主义的”曲解，是很不幸的。只有在**总过程**的中介下，才能实现对文化特征的唯物主义确定。

即使波德莱尔的酒诗是受到酒税和路障的激发，波德莱尔作品中这些主题的重复出现也只能通过该时代的总体社会和经济趋势来

1　德语 Steckenpferd，有木马、马头棍、业余爱好、爱谈的话题等意思。

解释，也就是说，与您的论文中提出问题的方式保持严格意义上的一致，通过分析波德莱尔时代的商品形式。没有人比我更了解与此相关的困难：我的瓦格纳著作中的幻影章节无疑暴露了它自身的不足。最终形式的《拱廊计划》项目将无法逃避这个义务。从酒税到葡萄酒的灵魂的直接推论将它们在资本主义中放弃了的自发性、可触知性和密度归因于这种现象。在这种直接的，我几乎想再说一遍，人类学的唯物主义中，有一种深刻的浪漫主义元素，当您越是公然和粗暴地把生活的必需品与波德莱尔的形式世界对照，我就越清楚地感觉到这一点。然而，我所惦念并发现被唯物主义和史学咒语遮蔽的“中介性”，正是您的作品所回避的理论。绕过理论会侵袭由经验得来的认识。一方面，理论赋予经验性认识一种欺骗性的史诗特征，另一方面，它使那些只有主观上才体验到的现象失去了其本来的历史哲学重要性。这也可以表达如下：以名称命名事物的神学主题趋向于变成对单纯事实的惊奇表述。如果您想用非常激烈的语言来表达，您可以说您的作品正处于魔法和实证主义的十字路口。这个地方被下咒了。只有理论才能打破魔咒：您自己的、毫无顾忌的、非常推测性的理论。我对您提出的只是它的要求。

请原谅我，如果这把我带到了一个主题，而这个主题在我写作瓦格纳一书的经历之后，必然是我特别关注的。我指的是拾荒者。在我看来，他作为贫困最下层人物的命运完全没有抓住“拾荒者”这个词在其中一个部分被使用时的含义。这部分完全不包含他的卑躬屈膝的态度，不包含他肩上的麻袋，不包含他的声音，也不包含，例如，在夏庞蒂埃[1]的《路易丝》(*Louise*)中，他的声音仿佛为整部歌剧提供了黑色光源；也不包含嘲笑的孩子像彗星的尾巴一样拖在老人后面。如果有一天我可以冒险进入拱廊地区：从

1　古斯塔夫·夏庞蒂埃（Gustave Charpentier，1860—1956），法国作曲家。

理论上讲，阴沟和地下墓穴的入口应该在拾荒者的基础上得到辨认。然而，我的假设是不是夸大其词了，即这一缺陷与以下事实有关拾荒者的资本主义功能——甚至使破烂儿也受交换价值的约束——未得到明确说明。在这一点上，您的作品的苦行主义呈现的特点，将是与萨沃纳罗拉[1]相称的。因为在第三部分的波德莱尔引文中拾荒者的再现，接近于抓住这种联系。您一定将为没有抓住它付出代价！

我相信这使我进入了问题的核心。从您的整个作品散发出的影响，而且绝不仅是对我和我对《拱廊计划》看法的影响，是您在其中对自己施加了暴力，……为了向马克思主义致敬，这对您和马克思主义都不公平。这对马克思主义不公平，因为缺少通过社会总过程进行的中介作用，而且您几乎迷信地赋予材料的列举一种启发的力量，但这种力量从来不是为实用的提示保留的，而只是为理论的构造保留的。这对您最特有的本质不公平，因为您在一种预先审查中，基于唯物主义的范畴（这与马克思主义的范畴绝非一致）否定了您自己最大胆和最富有成效的思想，即使它仅仅是以一种延期的形式。〔……〕上帝知道，只有一个真理，如果您的思考能力在范畴中抓住了这一真理——基于您的唯物主义概念，您可能认为这些范畴是后人伪造的——您将会比您使用一个思考装置，而您的手不断抗拒其操作时更能掌握这一真理。毕竟，尼采的《道德的谱系》（*Genealogie der Moral*）中关于这一真理的论述甚至比布哈林的初级读物中还要多。我相信，我所提出的论点是毫无懈怠和折衷主义之嫌的。〔……〕格莱特尔曾经开玩笑说，您住在《拱廊计划》山洞般的深处，因此在完成作品之前畏缩了，因为您担心那时候必须

1 吉罗拉莫·萨沃纳罗拉（Girolamo Savonarola，1452—1498），意大利多明尼哥会的修道士和劝人忏悔的牧师。

离开自己建造的东西。所以让我们鼓励您允许我们进入圣所。我相信您不必担心神龛的坚固性，也不必担心它会受到亵渎。

关于您的作品的命运，出现了一种非常奇怪的情况，在这种情况下，我不得不表现得像一个散播消息的人：伴随着低沉的鼓声。发表在当前一期杂志的可能性已被排除在外，因为有关您的作品的数周之久的讨论会将印刷日期推迟到难以忍受的程度。现在的计划是将第二章的全文和第三章的部分刊登出来。特别是洛文塔尔[1]坚决支持这一点。我本人明确表示反对。当然，这一次不是出于编辑方面的考虑，而是为了您自己和波德莱尔的缘故。该作品不能代表您，就像此作品恰恰必须代表您的那样。但是，由于我坚定地和毫不动摇地确信您将能够写作一份有充分说服力的波德莱尔手稿，因此，我想恳切地请求您放弃发表当前版本，转而撰写另一个版本。我无法猜测这是否需要一种新的形式结构，或者它是否可能与您那本尚未出版的波德莱尔**书籍**的结尾部分基本相同。只有您自己可以决定这一点。我想明确指出，这项请求是我提出的，并不反映编辑的决定或拒绝。

〔……〕

让我以一些关于波德莱尔的后编来结束。首先，是雨果的第二首马泽帕（Mazeppa）诗中的一节（能看到一切的人是绑在马背上的马泽帕）：

赫歇尔的六颗卫星，古老的土星环，
北极，弯曲着它的夜间曙光
　　在它的北端，
他看到了一切；对他来说，他那坚定的飞行

1　里奥·洛文塔尔（Leo Löwenthal，1900—1993），德国文学社会学家。

不断地移动着这个无限世界的

理想地平线。

其次，您观察到的“不受限制的陈述”的倾向——为此您引用了巴尔扎克和《人群中的人》(*Mann der Menge*) 中对雇员的描述——足够令人惊讶的是，这也适用于萨德[1]。关于贾斯汀 (Justin) 的第一批施虐者之一，一个银行家，他写了以下内容：“杜堡先生，像所有金融家一样肥胖、矮小和傲慢。”——在黑贝尔写给“无名女子”的诗中，无名爱人的主题以初步的形式出现，其中包含了这样非凡的词句：“如果我不能给你形式和形状，那么没有任何形式会把你拖进坟墓。”——最后，从让·保罗的《秋花》(*Herbstblumine*) 中摘录了几句话，这可能是一个真正的发现：

“白天只有一个太阳，但夜晚却有一千个太阳，蔚蓝无尽的以太之海，似乎在光的细雨中向我们降下。在整个漫长的银河中，有多少盏街灯不是在到处闪烁？最重要的是，这些也将被点亮，即使是在夏天或月亮照耀的时候。与此同时，夜晚不仅用满是星星的斗篷来装饰自己——古人对它的穿着有这样的描绘，而我更有品位地称之为**教士**服而不是公爵袍——这使它进一步被美化，模仿西班牙的女士们。就像她们当夜幕降临时，用萤火虫代替头饰上的钻石一样，夜晚也会用这种小生物装饰没有星星闪烁的斗篷的下半部，而孩子们经常把它们带走。”

在我看来，来自同一文集中一篇完全不同作品的下列句子属于相同的语境：

“还有更多诸如此类的东西；因为我不仅注意到意大利……对于

1 唐纳蒂安·阿尔丰斯·弗朗索瓦·德·萨德（Donatien Alphonse François de Sade，1740—1814），法国贵族，作家和哲学家。

我们这些可怜的浮冰上的人来说，是月光下的伊甸园，因为每天或者说每晚，我们都能在那里鲜活实现普遍的青春梦想，那就是在漫游或歌唱中度过夜晚；而且我还问，为什么人们在夜里只是像闷闷不乐的守夜人一样在小巷里走动、唱歌，而不是全部的晚星和晨星合并在一起，以五彩缤纷的队伍（因为每个灵魂都相爱了），在最壮丽的阔叶小树林中和月光下最明亮的鲜花草地上极度幸福地漫游，并为这和谐的欢乐献上用长笛演奏出的两个起奏乐句，即通过日出和日落，以及黎明和黄昏的微光，对短暂的夜晚进行两端延长。”

对意大利的渴望就是对这个不必睡觉的国家的渴望，这种想法与后来的封顶的城市的形象有着最深刻的联系。但是，同样照在这两幅图像上的光，很可能不是别的，正是让·保罗不熟悉的煤气路灯的光。

全心全意，您的

307　致特奥多·W. 阿多诺

巴黎，1938 年 12 月 9 日

亲爱的泰迪，

发觉我没有很快地回复您 11 月 10 日的来信，您肯定不会感到惊讶。您的来信使我震惊，即使您花了很长时间才回复我，让我有可能猜出它的内容。另外一个原因是我想等您说要来的校样，而我直到 12 月 6 日才收到。因此获得的时间使我有机会尽可能审慎地考虑您的批评。我远不是把它视为无益的，更不用说不知所云了。我想尝试从根本上回应它。

您的来信首页上的一句话将作为我的指南。您写道：“全景图和痕迹、漫游者和拱廊、现代主义和不变之物，而没有理论上的解释——这是一种可以耐心等待解释的材料吗？”在我看来，您为了寻找确定的路标而详细检查手稿时表现出的那种可以理解的不耐烦使您在某些重要方面误入歧途。特别是，您只好得出第三部分令人失望的观点，一旦您忽略了一个事实，即现代主义没有在其中任何地方作为不变之物被提到——确切地说，这个重要的关键概念在我论文当前的部分中根本没有使用过。

由于上面引用的句子在一定程度上是对您的反对意见的概述，所以我想逐字地对它进行讨论。全景图是您提到的第一件事。这在我的文章中只是顺便提到。实际上，从波德莱尔的全部作品来看，全景图的观点并不合适。由于在第一部分或第三部分中都不打算包含该段落的相应内容，因此也许最好将其删除。——您列举的第二项是痕迹。在我的附信中，我写道，这本书的哲学基础从第二部分是看不出来的。如果要对痕迹这样的概念提供有说服力的解释，那么它必须在经验层面完全公正地引入。本可以更令人信服地做到这一点。实际上，我回来后做的第一件事就是在爱伦·坡的作品中寻找最重要的一段，为了我对侦探故事的构想：它源于大城市人群中个体的痕迹的抹去或固定。但是，第二部分中对痕迹的论述必须停留在这个层面上，如果打算稍后在关键的上下文中出现时将它闪电般地阐明的话。这种阐明是预先计划的。痕迹的概念将在与灵晕概念的对立中找到它的哲学限定。

句子中下一项被探究的是漫游者（Flaneur）。虽然我深知您异议的基础中最深切的关注即客观的以及个人的——但是鉴于您的负面评价，我脚下的土地快要塌陷了。感谢上帝，有一根看起来很结实的树枝可以让我紧紧抓住。这是您在其他地方提到的有益的张力，您的交换价值消费理论与我的商品灵魂移情理论处于这种张力中。我也认为，这里讨论的是一种最严格意义上的理论，而我对漫游者的论述在其中达到了高潮。这里是，实际上是这一部分中唯一一个，理论**不受阻碍地**获得承认的地方。就像一束光一样，它侵入了被人为地变暗的房间。但是，这束光线被棱镜分解后，足以使人对光的性质有所了解，其焦点在书的第三部分。因此，这个漫游者的理论——我将在下文中谈到其在各个方面的改进能力——从根本上实现了多年来浮现在我眼前的对漫游者的描述。

接着，我来到了下一个术语，“拱廊”。关于它我不想多说什么，因为您不会忽略它的用法中微妙的友好。为什么要质疑它呢？事实上，除非我完全弄错了，否则，拱廊除了以这种玩闹的方式，不会以任何其他方式进入《波德莱尔》的语境。它看起来就像饮水杯上的岩泉的景象。因此，您向我指出的让・保罗的异常珍贵的段落也不太可能属于《波德莱尔》。——最后，就现代主义而言，文章明确指出这是波德莱尔自己使用的一个术语。带有此标题的部分不允许超出波德莱尔自己使用这个词所规定的限度。与此同时，您会从圣雷莫回忆起，这些限制绝不是最终的。对现代主义的哲学考察被分配到第三部分，在那里，它是从新艺术运动（Jugendstil）的概念发起，并以新的和不变的辩证法结束。

回顾我们在圣雷莫的谈话，我现在想谈谈您自己提出那些内容的段落。如果说我以自己的创造性兴趣为名，在圣雷莫拒绝采取一种深奥的思想发展作为自己的思想发展，而且拒绝无视辩证唯物主义的利益到那种程度……并开始认真考虑议事日程，那么归根结底，这涉及的……不仅是对辩证唯物主义的忠诚，同时也与我们大家在过去十五年的经历相一致。因此，即使在这里，也涉及我最个人的创造性兴趣；我不想否认，它们有时可能会企图对我最初的兴趣施加暴力。存在着一种对立，我不会梦想着希望摆脱它。这项工作提出的问题在于克服这种对立，并且它与这项工作的结构有关。我的意思是，只有当推测仅在结构中寻求力量的源泉，而不是戴上神秘主义的蜡翼时，推测才会开始其必然大胆的飞行，并具有一些成功的前景。结构决定了这本书的第二部分基本上由语文学材料组成。因此，这个问题与其说是一种“苦行戒律”，不如说是一种方法上的预防措施。顺便说一句，这个语文学的部分是我唯一能预料到的独立的部分——这是我必须考虑的情况。

当您说到“对单纯事实的惊奇表述”时，您是在描述真正的语文学立场。这必须嵌入到结构本身中，而不仅仅是为了结果。事实上，魔法和实证主义之间的无差异化必须被清除，正如您恰当地指出的那样。换句话说，作者的语文学解释必须被辩证唯物主义者以黑格尔的方式扬弃。——语文学是对文本的检查，它是基于细节进行的，神奇地将读者固定在文本上。浮士德带回家的白底黑字的东西与格林对小家伙的热诚息息相关。他们有共同的魔法元素，这是留待哲学驱魔的，在这里是为结尾部分保留的。

您在《克尔凯郭尔》一书中写到，惊讶表明了“对辩证法、神话和意象之间关系的最深刻的洞察”。对我来说可能很容易想到引用这段话。不过，我想建议对它进行修正（顺便说一下，就像我计划在另一个场合对辩证意象的后续定义进行修正一样）。我想它应该这样说：惊讶是这种洞察的绝佳**对象**。自成一体的事实的假象——附着于语文学的检查并对研究者施展魔力——减退到从历史的视角构造对象的程度。这一构造的基准线汇聚在我们自己的历史经验中。因此，该对象构成一个单子。在单子中，所有作为文本的检验结果的神话般僵化的东西都被激活了。因此，在我看来，如果您在文本中发现了“从酒税到葡萄酒的灵魂的直接推论”，那么您对事实情况的判断是错误的。相反，这个接合点是在语文学的背景下合法地建立起来的——与古代作家在他的相应解释中所建立的没有什么不同。它赋予了这首诗在真正阅读中所具有的特殊分量，到目前为止，对于波德莱尔还没有做过很多这样的实践。只有当这首诗开始在他身上显示效果，作品才能受到解释的影响，且不说被其震撼。对于这首诗，解释的重点不是税收问题，而是醉酒对波德莱尔的重要性。

如果您回想一下我的其他作品，您会发现，对语文学家立场的批判对我来说是一个老问题，而且与我对神话的批判有着最深刻的相同之处。每一次，批判都激发了语文学工作本身。用我那篇关于《亲和力》的文章的语言来说，它坚决要求一种材料内容的展示，在这些材料内容中，真相的内容被历史性地揭示出来。我明白问题的这一方面对您来说是次要的。然而，一些重要的解释因此也是次要的。我考虑的不仅是对诗歌的诠释——《致一位过路的女子》（*À une passante*）——或是对散文的诠释——《人群中的人》——而首先是对现代性概念的解释，我特别关注将其限制在语文学的范围之内。

顺便提一下，您作为 19 世纪的史前史的追忆所反对的佩吉的引文，属于它所在的地方，因为在那里有必要为一种认识做准备，即对波德莱尔的解释不能依赖于任何地府的元素。（我曾在《拱廊计划》的概要中做过类似的尝试。）因此，我认为地下墓穴在这种解释中没有地位，正如阴沟一样。另一方面，我对夏庞蒂埃的歌剧有很多期待；如果有机会，我会听从您的建议。拾荒者的形象来源于恶魔。在第三部分中，它将再次出现，与雨果式的乞丐的地府形象形成对比。

〔……〕

让我坦率地说：我认为，如果《波德莱尔》的任何部分都不能发表在杂志上，那将是对该文本非常不利的偏见，它是一种张力的产物，我无法轻易将我任何早期的文学努力与其相比。一方面，印刷的形式使作者与文本之间产生了距离，具有不可比拟的价值。另一个因素是，以这种形式，这一文本可以成为辩论的主题，尽管这一辩论的当地参与者可能不足，但这可以在一定程度上弥补我工作时的孤立状态。我把漫游者理论视为这样的出版物的重点，我认为它是《波德莱尔》的一个不可或缺的部分。我说的绝不是一份未经修改的文本。作为文本的核心，我对“大众”概念——现代大城市使它变得显而易见——的批判，必须比现在的版本更加清晰地呈现出来。我在关于雨果的各段落中开始的这一批判，应该在对重要文学文献的解读的基础上进行编排。我认为论述《人群中的人》的那部分是这方面的典范。对大众的委婉的解释——面相学的解释——可以通过对文本中提到的 E. T. A. 霍夫曼[1]的中篇小说的分析来说明。我还需要为雨果找到更详细的说明。理论进展是这些对大众的观点中的关键因素；它的高潮在文本中有所体现，但没有得到足够的强调。在文本的末尾是雨果，而不是波德莱尔。他是最接近当代大众经验的人。煽动的能力是他的天才的组成部分。

您可以看到您的某些批评在我看来很有说服力。当然，我恐怕就刚才提到的意义而言，进行直接修正将是非常棘手的。您正确地指出的理论透明度的缺失绝不是本节中盛行的语文学程序的**必然**结果。相反，我认为这是这一程序本身未被阐明的结果。造成这种机能缺失现象的部分原因是我大胆地尝试在写这本书的第一部分之前撰写第二部分。这也是产生一种印象的唯一方法，即幻影被描述而不是分散在整个结构中——只有当第二部分完全锚定在整个上下文中时，上述修正才会对第二部分产生影响。因此，我的首要任务是重新审视整体结构。

至于上面所说的悲伤，除了提到的预感之外，还有充分的理由。首先，是犹太人在德国的处境，我们谁也无法将其与自己隔绝。另一个因素是我妹妹病重。在 37 岁的年龄，她被发现患有遗

1 恩斯特·特奥多·阿玛迪斯·霍夫曼（Ernst Theodor Amadeus Hoffmann，1776—1822），德国作家、作曲家、音乐评论家、画家、漫画家和律师。

传性动脉硬化。她几乎无法行动，因此也几乎无法工作（她目前可能还有少量财产）。在她这个年龄，愈后几乎是没有希望的。除了所有这些，也并不总是能够毫无窒息感地在这里呼吸。当然，我会竭尽所能来推进自己的入籍。不幸的是，采取必要的步骤不仅要花很多时间，还要花一些钱——因此，从这个角度看，目前的前景对我来说也很不妙。

随信附上的1938年11月17日致马克斯的一封信的片段，以及随信附上的布里尔（Brill）的消息所涉及的情况可能会破坏我入籍的机会。因此，您可以衡量它对我的重要性。我是否可以请您着手处理这件事，请马克斯尽快，最好是通过电报，授权布里尔，在下一期杂志的评论中用笔名**汉斯·费尔纳**（*Hans Fellner*）代替我的名字。

现在让我来谈谈您的新论文①，从而也来到了这封信中更为阳光明媚的部分。就其主题而言，它在两个方面与我有关——这两方面您都已指出。一方面，在那些部分中，它们将爵士乐当前的声音感知的某些特性与我所描述的电影的光学特性相关联。意外地，我无法断定我们各自文章中光影段落的不同分布是否源于理论上的分歧。这也许只是观点上的表面差异，但事实是，这些观点适用于不同的对象，并且两者同样有效。当然，并不是说声学和光学的感知对革命性的变化同样开放。以下事实可能与这有关：至少对于那些不将马勒[1]视为完全明白易懂的体验的人来说，您的文章结尾的变异听觉的观点还不太清楚。

在我的文章②中，我试图像您阐述消极时刻一样清楚地阐述积极时刻。因此，在我的文章存在弱点的地方，我从您的文章中看到了一个优点。您对工业引起的心理类型的分析以及对引起这些类型的方式的描述是非常切题的。如果我自己当时把更多的注意力放

1　古斯塔夫·马勒（Gustav Mahler，1860—1911），捷克－奥地利作曲家和指挥家。

在事情的这一面，我的文章本来会获得更大的历史适应性。我越来越清楚地认识到，有声电影的推出必须被视为一种工业行动，其目的是打破无声电影的革命性主导地位，因为无声电影助长了难以控制的和政治上危险的反应。对有声电影的分析将为当代艺术提供一种批判，这种批判辩证地调和您和我的观点。

您的文章的结尾特别吸引我的是您在那里听起来对进步的概念有所保留。首先，您传达并参与这个术语的历史，来证明这种保留是合理的。我很想了解它的根源和起源。但是我无法向自己隐瞒这方面的困难。

最后，让我设法解决您的问题，即您在这篇文章中所阐明的观点与我在“漫游者”一节中所陈述的观点之间有何关系。对商品的移情作为对无机物的移情呈现给自我观察或内心体验：除了波德莱尔，福楼拜以他的《圣安东尼的诱惑》（*La Tentation de Saint Antoine*）是这里的主要证人。然而，从根本上说，对商品的移情可能就是对交换价值本身的移情。事实上，在交换价值的“消费”这一标题下，除了对它的移情之外，很难想象还有什么别的东西。您说：“消费者实际上是崇拜他自己在托斯卡尼尼[1]音乐会门票上花费的钱。”对其交换价值的移情甚至使大炮成为比黄油更令人愉悦的消费对象。如果民间习语说某人“身上有500万马克”，那么当时民族共同体本身就感到装有数千亿马克。它对这数千亿马克产生移情。用这种方式表述，我可能会得出构成这种行为模式基础的准则。我想到了赌博游戏的准则。赌徒直接移情于他用来面对庄家或其他玩家的金额。以股市投机为幌子的赌博游戏为移情于交换价值铺平了道路，就像世界博览会所做的那样。（这些都是大学，在这里，被迫远离消费的大众学会了对交换价值的移情。）

1　阿图罗·托斯卡尼尼（Arthuro Toscanini，1867—1957），意大利指挥家。

我想把一个特别重要的问题保留给以后的一封信，如果不是保留给谈话的话。当音乐和抒情诗变得滑稽可笑时，这意味着什么？我很难想象所讨论的现象具有纯粹消极的预兆。或者“神圣和解的衰落”对您来说意味着什么积极的东西？我承认，我在这里看不太清楚自己的路。也许您会找到机会回到这个问题上来。

无论如何，我希望很快收到您的来信。如果您请菲丽齐塔丝有机会时把豪夫的童话寄给我，我将不胜感激。我看重它们是因为桑德兰[1]的插图。我会尽快写信给她，但也希望收到她的来信。

一如既往，您最真诚的瓦尔特

①《论音乐中的拜物教性质和听觉退化》(Über den Fetischcharakter in der Musik und die Regression des Hörens)，现收载于《不协和音：管理世界中的音乐》(*Dissonanzen. Musik in der verwalteten Welt*)，第3版，哥廷根，1963年，第9—45页。
②《机械复制时代的艺术作品》。

308　致格哈德·肖勒姆

巴黎，1939年2月4日

亲爱的格哈德，

为了释放我的沟通能力，我不得不宣布我们的通信处于一种紧急状态①，正如你可以从不同寻常的文字中推断出来的那样。我之所以能够做到这一点，是由于你1月25日的来信，对此我衷心感谢。

如果我的沉默对你来说是透明的，你的目光就会抓住问题的实

1　约翰·巴普蒂斯特·桑德兰（Johann Baptist Sonderland，1805—1878），德国画家、蚀刻师、插画家和版画家。

质。伴随着冬季的来临，出现了一段持续抑郁的时期，关于抑郁，我能说的只有je ne l’ai pas volé[1]。首先，我面临一个事实，就是我的房间在冬天几乎不适合工作。在夏天，我可以选择打开窗户，用巴黎街头的嘈杂声来抵消电梯发出的噪音；在寒冷的冬日就不一样了。

最幸运的是，这种情况恰逢我的作品当前主题的疏离——正如我想必已经写信告诉你的那样，鉴于《社会研究杂志》提出的编辑要求，我在夏天完成了有关波德莱尔一书的一部分（第二部分），比预期的要早。这第二部分以三篇彼此相对独立的文章呈现给读者。我本来希望看到其中的一篇或另一篇刊登在刚出版的最新一期杂志中。然而，在11月初，从维森格伦德方面来了一封有详细理由的信，虽然并不一定是拒绝接受作品本身，但是拒绝将它排印。

当然，在我可以向你提供有关手稿之前，我不可能向你介绍你一定会感兴趣的这个问题的详细信息。我打算提供的只有一份未经修改的，而且并不总是代表最新版本的手稿，如果你能满足于此。无论如何，我向自己保证，当我继续工作时，我会很好地利用你的观点，尽管这些观点在本质上很可能与维森格伦德的观点类似。也就是说，我必须立即开始这项工作。

这对我来说并不容易。我在这里生活以及尤其是工作的孤立状态，使我对我的作品所受到的接纳产生了一种异常的依赖。依赖并不意味着敏感。针对手稿可以提出的保留意见在某种程度上是合理的，但不会太令我不安，因为《波德莱尔》的关键立场不能也不应出现在这第二部分中。但是，在这里，我达到了书信交流的极限，现在轮到我后悔我们在8月份没有交谈。请告知你的妻子这一遗憾——以它有权获得的变体——就我和她的会面而言。

如果说我最近没有给你寄过我为数不多的出版物，原因是现在

1　法语，意为“这是我应得的”。

的编辑部很少觉得有义务给作者提供一份以上的清样。在这些事情上，你没有理由假定我的疏忽，因为你对我的作品的存档的完整性一直是我关注的问题。现在这一点变得更加紧迫了，因为除了你的收藏之外，唯一可观的收藏在第三方手里，并且现在必须视为已丢失。这是我的一个朋友不得不在巴塞罗那留下的影响之一。（作为一件新奇事，让我告诉你，就在最近，我的著作的一个非常粗略的书目出现在研究所的一份小型英文研究报告中，与研究所的其他合作者的书目一起。）最新一期的《7:3 杂志》（*Zeitschrift VII, 3*）在评论部分有一篇我写的关于朱利安·班达的文章；我相信你会喜欢它的。可是我该怎么办？我没有副本。

为了让你看到我做了我力所能及的一切，从现在开始，我将不时地给你寄去打字稿，以纳入档案。尽管我不得不请求你尽快归还我答应你的波德莱尔手稿，但你可以把随附的关于赫尼希斯瓦尔德（Hönigswald）和斯特恩伯格[1]的评论看作是专门献给你的。你应该在某个时候看看〔多尔夫·〕斯特恩伯格所著的书《全景图：19 世纪的风景》（*Panorama: Ansichten vom 19. Jahrhundert*）。你会发现比阿特丽斯[2]十四行诗②也随信附上。

我饶有兴趣地注意到出版界的变动。在你告诉我朔肯出版社关闭的消息的大约同一时间，罗沃尔特[3]出现在我的房间里。他不得不相当匆忙地逃出德国。他总是万无一失地对待我的书，但并不是由于这个原因，而是因为他在柏林为赫塞尔（三个月前赫塞尔自己来到了这里）的生活提供了很长一段时间便利，并且还长期坚持雇佣犹太职员，所以他得到我的好感。在政治上，我从来不把他当回事。他要去巴西，在我看来，主要是为了安置他的家人，然后再到

1　多尔夫·斯特恩伯格（Dolf Sternberger，1907—1989），德国政治学家和记者。

2　比阿特丽斯，女子名，《神曲》中人物。

3　恩斯特·罗沃尔特（Ernst Rowohlt，1887—1960），德国出版商。

欧洲看看。谈到他的老出版社，目前在巴黎几乎完好无损。波尔加和施派尔最近搬到这里。

多拉六个星期前途经巴黎。我的印象是，她在圣雷莫的企业的清算工作进展顺利。与此同时，她和一位英国合作人在伦敦开了一家膳宿公寓。斯特凡入籍的前景看来很有利。希望他能在伦敦参加高中毕业考试。

我很想听你谈谈你们那里情况如何。难道耶路撒冷的枪击事件不应该有所减少吗？但最重要的是：现在你的眼睛一切正常吗？——得知你们还在考虑邀请我来做客的可能性，我感到非常高兴。我只是担心，必须寻求其许可的野蛮和驯服民族的名单一天比一天长。

你关于美国的报告[③]真是棒极了。你所说的关于国家和人民的内容使我信服（我不时地把这一部分讲给一群精选的听众听，以便对他们进行熏陶）；致力于研究所的段落所提到的想法几乎都是我自己已经有的。我有更多的理由感谢你在对我的兴趣进行如此准确评估的基础上的行为方式。

这里住着一位医生[④]，为舍斯托夫的遗孀治病。这个可怜的女人现在坐在她丈夫的书堆中，书页还没有被裁开。总有一天，我们会给别人留下什么，除了自己的未裁开书页的作品？为了让她的室内布置看起来更加令人愉快，她时不时地拖走其中的一些作品，这样我就慢慢地收集了一些舍斯托夫的著作。我一时冲动，决定有朝一日要读《雅典和耶路撒冷》[⑤]（*Athen und Jerusalem*）。如果你想象一个善良的仙女，出于纯粹的心血来潮，有一天将大城市郊区最荒凉角落里最肮脏的死胡同变成一个人迹罕至的高地山谷，山谷中的悬崖绝壁像先前出租房子的立面一样垂直陡降——那么你就明白了舍斯托夫的哲学在我看来的形象。我认为，这相当令人钦佩，但毫无用处。对于作为评论家的他，你只能脱帽致敬，我觉得他的文笔是一流的。我希望我有机会为这本书写一篇书评。

对于那些可能已经决定忽略基本要素的人来说，从舍斯托夫通往卡夫卡的道路并不遥远。在我看来，卡夫卡的本质特征越来越多的是幽默。当然，他本人并不是一个幽默作家。倒不如说，他这个人的命运就是不断地碰到那些以幽默为职业的人：小丑。尤其是《美国》是一个大型的小丑表演。〔……〕无论如何，我认为卡夫卡作品的锁钥很可能落在**能够从犹太神学中提取滑稽元素**的人手中。有过这样的人吗？或者你足以成为那个人？

汉娜·斯特恩⑥（Hannah Stern）最热情地回应你的问候。

衷心祝福你和你的家人一切顺利

你的瓦尔特

附：关于《三毛钱小说》的结尾，你提到卡夫卡是什么意思？

维森格伦德的地址：T. W. 阿多诺，纽约市 13 区河滨车道 290 号（290 Riverside Drive 13 D, New-York City）。

① 这封信是用打字机打的，也就是说口授的。
② 布莱希特的。本雅明已在巴黎将其朗读给肖勒姆。
③ 肖勒姆 1938 年 11 月 8 日的信，其中的片段于 1969 年未经授权刊登在《抉择》（*Alternative*）（第 190 页）中。
④ 弗里茨·弗兰克尔[1]医生。
⑤ 列夫·舍斯托夫的最后一本著作，他在访问耶路撒冷期间（1937—1938 年冬天）朗诵过这本书。经常在写给本雅明的信中讨论舍斯托夫的肖勒姆发起了这些朗诵会。
⑥ 汉娜·阿伦特[2]。

1 弗里茨·弗兰克尔（Fritz Fränkel，1892—1944），法国戒瘾医生和神经病学专家，也是本雅明的朋友。

2 汉娜·阿伦特（Hannah Arendt，1906—1975），犹太裔德国－美国政治理论家和政治评论家。

309　致格哈德·肖勒姆

巴黎，1939年2月20日

亲爱的格哈德，

我已建议汉娜·阿伦特把她那本关于拉赫尔·瓦尔哈根的书①的手稿提供给你。应该会在接下来的几天内寄给你。

这本书给我留下了深刻的印象。它大力划水，逆着使人虔诚和愧悔的犹太研究的潮流而上。你最清楚地知道，到目前为止，人们所能读到的关于“德国文学中的犹太人”的一切②，都是让自己顺着这股潮流而下的。

〔……〕

与此同时，我再次转向对卡夫卡的反思。我也在翻阅旧论文，并考虑究竟为什么你至今还没有把我对布罗德那本书的评论寄给朔肯。或者在此期间这已经发生了？

我希望能尽快收到你的详细信息。最诚挚的。

你的瓦尔特

① 20年后才出版，1959年慕尼黑出版。
② 本雅明本人在《犹太文物百科全书》第5卷（1930年），第1022—1034页中探讨了这个主题。

310　致特奥多·W. 阿多诺

巴黎，1939年2月23日

亲爱的泰迪，

On est philologue ou on ne l’est pas.[1] 我研究了您的上一封信之后，

1　法语，意为“你要么是语文学家，要么不是”。

我的第一个念头就是回去看那一捆重要的文件，里面有您对《拱廊计划》的评论。阅读这些信件——其中一些可以追溯到很久以前——是一种很好的补品：我再次认识到，基础没有受到侵蚀或损坏。然而，最重要的是，我从这些较早的评论中，获得了有关您的上一封信的启发，尤其是有关针对该类型的看法的启发。

“所有的猎人看起来都一样。”——1935 年 6 月 5 日您在引用莫泊桑时这样写道。这导致事态中的一个发展，当我知道编辑部的期望集中在我的有关漫游者的论述上时，我将能够适应它。通过这样的安排，您给了我的信最可喜的解释。在不放弃这一章在我有关波德莱尔一书中必须占据的位置的情况下——既然更明显的社会学发现已经被确定——我现在可以致力于在《拱廊计划》的整体背景下，以我通常的专题形式来定义“漫游者”。以下是有关如何考虑这个问题的两个提示。

平等或同一性是认知的一个范畴；严格来说，它不会在清醒的感知中发生。最严格意义上的清醒感知，无任何先入之见，总是会遇到相似的东西，即使在最极端的情况下。这种成见通常伴随着感知而不造成任何伤害，但在特殊情况下可能会令人反感。它可以将感知者标记为不清醒的人。例如，堂吉诃德就是这种情况。骑士小说冲昏了他的头脑。尽管他遇到的事情千变万化，但他总是在这些事情中感知到同样的东西——等待流浪骑士的冒险。现在谈谈杜米埃[1]：您说得很对，当他画堂吉诃德的时候，他画的是他自己的肖像。杜米埃也总是碰到同样的事情；他在所有的政治家、部长和律师的头脑中都感知到了同样的东西——资产阶级的卑鄙和平庸。然而，在这方面，有一点是最重要的：平等或同一性的幻觉（它被漫

1 奥诺雷·杜米埃（Honoré Daumier，1808—1879），法国画家、雕塑家、图形艺术家和讽刺画家。

画刺破只是为了立即重建自己；因为一个怪异的鼻子离常规越远，它作为鼻子本身就越能展示出有鼻子的人的典型特征）对杜米埃来说是一件滑稽可笑的事情，就像对塞万提斯一样。在《堂吉诃德》中，读者的笑声挽救了资产阶级世界的荣誉，与之相比，骑士的世界显得统一而简单。相反，杜米埃的笑声是针对资产阶级的；他看透了它所标榜的平等：也就是说，作为不可靠的平等，正如它在路易－菲利普[1]的绰号中所夸耀的那样。在笑声中，塞万提斯和杜米埃清除了他们认为是历史假象的平等。平等在爱伦·坡的作品中有着完全不同的形象，更不用说在波德莱尔的作品中了。在《人群中的人》中，可能仍然闪烁着通过喜剧成分来驱魔的可能性。在波德莱尔那里，没有这个问题。倒不如说，他人为地加深了平等的历史幻觉，这种幻觉随着商品经济的发展而根深蒂固。在这一背景下，可以解读出在他的作品中大麻所反映的形象。

商品经济武装着同一性的幻影，这种幻影作为陶醉的特征，同时又证明自己是假象的中心比喻。“有了这种药水在体内，你很快就会在每个女人身上看到海伦。”价格使商品与所有那些能以同样价格买到的商品相等。商品——这是对夏季文本的决定性修正——不仅移情于购买者，而且最重要的是移情于它的价格。然而，恰恰在这一点上，漫游者使自己与商品合拍；他完全模仿它；在没有对他的需求，也就是市场价格的情况下，他就会在贪赃枉法本身中得心应手。漫游者在这方面胜过妓女；可以说，他带着她的抽象概念去散步。只有在漫游者最后的化身中，他才实现了这个概念：即，作为胸前背后挂着广告牌满街走的夹心人。

从我的波德莱尔研究的角度来看，修正后的结构是这样的：我会公平地将漫游定义为一种陶醉的状态；因此，我将公平地把它与

1　路易－菲利普一世（Louis Philippe，1773—1850），法国国王（1830—1848）。

波德莱尔使用毒品所产生的经历联系起来。不变的概念作为不变的**现象**已经在第二部分中引入，而作为不变**事件**的概念的最终特征将保留给第三部分。

您看，我非常感谢您对这种类型的建议。当我超越它们时，我是本着《拱廊计划》项目本身最基本的精神去做的。因此，可以说，巴尔扎克离我而去。他在这里只具有轶事的意义，因为他既没有把这种类型滑稽的一面发挥出来，也没有把这种类型可怕的一面发挥出来。（我相信，卡夫卡是第一个在小说中将两者一起兑现的人；在卡夫卡的作品中，具有巴尔扎克小说特征的人物在假象中占据了稳固的位置：他们变成了“助手”“官员”“村民”“律师”，K作为唯一的人类与他们形成对比，因此是作为一个非典型的存在，尽管他是那么地普通。）

其次，我将简要地谈谈您的愿望，即不只是把拱廊作为漫游者的环境引入。我可以兑现您对我的档案的信任，让那些在上世纪中叶，把巴黎城建成一系列玻璃拱廊——可以说是冬季花园——的非凡遐想来表达自己的观点。柏林有歌舞表演的餐馆的名称——我将尝试查明它起源于什么时候——会使您了解这座梦幻之城的生活是什么样的。——因此，漫游者这一章将会更像当时出现在面相学系列作品中的那一章，在那里它被关于收藏家、造假者和赌徒的研究包围着。

今天我不想详细讨论您对各个段落的评论。举一个例子，您对富科尔[1]的引文的评论在我看来很有洞察力。除其他外，我无法同意您对波德莱尔作为小资产阶级分子的社会分类的质疑。波德莱尔靠他在纽依利（Neuilly）拥有的一些土地的微薄收入生活。他不得不和一个同父异母的兄弟分享。他的父亲是一个纨绔子弟，在王朝

1　富科尔（Foucauld，1858—1916），法国探险者、军队军官、牧师、修道士和隐士。

复辟时期拥有一份闲职，担任卢森堡公园的管理员。至关重要的是，波德莱尔一生都与金融界和大资产阶级切断一切来往。

您对齐美尔投以怀疑的目光——现在不正是尊他为文化布尔什维克主义的先驱者之一的时候吗？（我这样说并不是为了支持那句引文，虽然我不想失去它，但是在它当前的位置上却过于强调它。）我最近看了他的《货币哲学》（*Philosophie des Geldes*）。它题献给莱因霍尔德[1]和萨宾·莱普修斯[2]当然不是没有理由的；它源于齐美尔被允许“接近”乔治周围的圈子的时期也不是没有理由的。但是，如果坚决忽略其基本思想，则有可能在这本书中找到非常有趣的东西。对马克思价值理论的批判使我惊异。

上一期杂志中关于绝对集中哲学的思考①对我来说是一种真正的乐趣。对德国的乡愁有其成问题的方面；而对魏玛共和国的乡愁（这一哲学还会是别的什么吗？）简直是野兽般的。文中对法国的影射与我最个人的经历和反思如出一辙。在我上一次给马克斯的文学报告中，我本可以就此写一部小说的。最近在利特尔（Littre）酒店里可以买到当地党支部的报纸，这一事实可能会使您了解风是怎样吹的。我是在拜访科利施[3]②时发现它的。我听了他的四重奏晚会，在他离开之前，我和他在一起度过了愉快的一个小时。〔……〕顺便说一句，在同一场合，我还见到了索马·摩根斯特恩[4]③，他在最后一刻逃出了维也纳。

如果您可以借给我，我想看看霍金斯写的那本书④。探究爱

1 莱因霍尔德·莱普修斯（Reinhold Lepsius，1857—1922），第一次世界大战前著名的柏林分离派的肖像画家，被认为是德国印象派的代表。

2 萨宾·莱普修斯（Sabine Lepsius，1864—1942），德国肖像画家。

3 鲁道夫·科利施（Rudolf Kolisch，1896—1978），美国奥地利裔小提琴家。

4 索马·摩根斯特恩（Soma Morgenstern，1890—1976），古老的奥地利血统的、说德语的犹太作家，记者和时代见证人。

伦·坡与孔德[1]之间的关系无疑是很诱人的。据我所知，在波德莱尔和他之间并没有什么关系，正如在波德莱尔和圣西蒙之间也没有什么关系一样。另一方面，孔德在 20 岁左右的时候，曾一度做过圣西蒙的正式门徒。此外，他从圣西蒙主义者那里接受了关于母亲的推测，但给了它们一种实证主义的特征，并提出了这样的断言，即大自然会成功地在童贞母亲中制造出自己受孕的女性。您也许会感兴趣的是，在 9 月 2 日的政变中，孔德和巴黎的唯美主义者一样迅速地屈服了。但为了弥补这一点，在他的人性宗教中，他此前曾设立了一个周年纪念日，献给拿破仑一世的庄严诅咒。

既然我们谈到了书的话题：早些时候，您曾经向我指出莫泊桑的《夜晚》。我翻阅了他的大约十二卷中篇小说，但没有找到它。您能告诉我这是怎么回事吗？同样紧急的请求：请寄给我一本您的《克尔凯郭尔》，如果您还有可用的副本的话。如果能借到〔格奥尔格·卢卡奇的〕《小说理论》（*Theorie des Romans*），我同样会很高兴。

我痛心地从科利施等人那里听到您的父母都经历了什么。我希望在此期间他们已经幸运地逃脱了。

我怀着最深切的谢意确认我收到了那本豪夫。下周我会给菲丽齐塔丝写信。

向你们俩致以最诚挚的问候。

您的瓦尔特

① 马克斯·霍克海默：《绝对集中的哲学》（Die Philosophie der absoluten Konzentration），收载于《社会研究杂志》第 7 期（1938 年），第 376—387 页。
② 鲁道夫·科利施，著名的音乐家，科利施四重奏的第一小提琴手，阿诺

1 奥古斯特·孔德（Auguste Comte，1798—1857），法国思想家，社会学和实证主义的创始人之一。

德·勋伯格[1]的连襟。

③ 索马·摩根斯特恩，法学博士，作家。摩根斯特恩出生于波兰，第一次世界大战后住在维也纳，为《法兰克福汇报》撰稿。他是阿尔班·贝尔格和约瑟夫·罗特[2]的朋友。他经巴黎移居纽约。

④ 里士满·劳林·霍金斯：《美国的实证主义（1853—1861 年）》（*Positivism in the United States [1853 bis 1861]*）（马萨诸塞州剑桥市，1938 年）。

311　致格哈德·肖勒姆

巴黎，1939 年 4 月 8 日

亲爱的格哈德，

你的信中交织着很少的希望的绿色，就像这个寒冷的春天巴黎街头很少有绿色一样。这使你的来信的字里行间的冬季景色更加明显。我从来都不是明确性的敌人，现在尤其不是，随着年岁的增长，我相信我清楚地知道我可以或不可以与什么和平相处。我在 3 月 14 日的信中提到了一笔具体的款项，它的意思是，我想要替代方案的第二面也得到体现，而没有其他意思。

严重威胁到我在欧洲处境的同样情况，极有可能使我也无法移民到美国。〔……〕

在巴黎，我遇到了一个乐于助人的人，那就是汉娜·阿伦特。她的努力是否会带来任何结果还有待观察。

〔……〕

你也许可以理解，目前我很难将自己投入到满足研究所需要的项目中。如果你再加上一个事实，那就是修改无论如何不如付出新

1　阿诺德·勋伯格（Arnold Schönberg，1874—1951），奥地利作曲家、音乐理论家、音乐教育家、画家、诗人和发明家。

2　约瑟夫·罗特（Joseph Roth，1894—1939），奥地利作家和记者。

的努力吸引人，那么你会理解，漫游者章节的重新起草进展相当缓慢。我希望，如果计划中的这本书显示出深刻的变化，它将被证明是有利的。作为结果，波德莱尔本人身上的漫游者特征可能还会获得你也许不无道理地认为在当前文本中缺乏的那种可塑性。为此，“类型”的问题将在哲学上容易遭到攻击的意义上加以阐明。最后，从未被解读过的伟大诗歌《七老翁》(Les sept vieillards)，将得到一个令人惊讶的，但我希望是令人信服的解释。

实际上：在你怀疑的地方，你的反对意见与维森格伦德的不谋而合。《波德莱尔》的总体概念——当然，现在只以提纲的形式存在——显示出很大程度的哲学弧度的张力。用一种朴素的，甚至是平庸的语文学解释方法来面对它，对我来说是一个巨大的诱惑，我在第二部分中不时地屈服于这种方法。在这方面，我想告诉你，你的猜测是正确的，那就是关于寓言的段落是故意保持密封性的。

只有当你用你那篇关于犹太神秘主义的论文的德语或法语手稿来补偿我[①]，我才能放弃请你尽快把手稿还给我的请求。你可以想象我是多么重视学习这篇文章。随信附上布莱希特的十四行诗，作为和解的象征。(第二行中倒数第二个单词与我背诵给你的第一个版本[②]有出入，正如你应该记得的那样。)

我很想知道《拉赫尔·瓦尔哈根》给你留下了什么样的印象。我没有那么迫切地想知道你是否读过索马·摩根斯特恩的小说《浪子的儿子》(*Der Sohn des verlorenen Sohns*)，该书由埃里希·赖斯(Erich Reisz)于1935年出版。如果是这样的话，请告诉我你对这本书的看法。它的作者，海因里希·西蒙的女婿[③]，几年前曾与我在法兰克福相遇。现在我又遇见了他；他刚好及时地离开了维也纳。这本书是三部曲的第一卷，第二卷已经完成了手稿。向你和你的妻子致以最诚挚的问候。

你的瓦尔特

① 这是为一本意第绪语手册《犹太人》（*The Jews*）写的，强调了这一运动的社会重要性；纽约，1939 年，第 II 卷，第 211—254 栏。
② 印刷版本仅带有较苍白无力的动词。
③ 索马·摩根斯特恩与海因里希·西蒙的外甥女英格·冯·克勒瑙（Inge von Klenau）结婚。

312　致伯纳德·布伦塔诺

巴黎，1939 年 4 月 22 日

亲爱的布伦塔诺，

衷心感谢您的来信。我们曾经的交谈对我来说也很重要。如果战争或和平之风没有扯断我们在德国共同度过的薄纱般小阳春的最后丝线，我们大概会在某个时候重新开始我们的谈话——我们俩都会更明智些。

非常感谢您为我的《斯皮特勒》一书所做的努力。如果我能为此得到 150 到 175 法国法郎，那将是一个合理的价格。我将在未来几天把这本书连同温克勒[1]的书[①]一起寄给您。

如果您想说的是，温克勒是他这一代人中极少数不希望失去对我们这一代人至关重要的一切的人之一的话，那么我同意您的看法。只是温克勒的思想在我看来本质上是不清楚的。但在我看来，他确实提供了一个完全清楚的例子，证明当代个人的经验不再能被理想化地探讨，而不损害感知的实质和道德。温克勒理想化地行动，在我看来，基本上只有他的高度保持完好。

我确实相信可能会造成损害。因为，事实上，这种思想根本不

1　欧根·戈特洛布·温克勒（Eugen Gottlob Winkler，1912—1936），德国评论家、散文家、抒情诗人、短篇小说家和旅行作家。

是围绕着最重要的事情。(我这样说，尽管我对像吉奥诺[1]或女工匠朗格瑟这样的作家持最大的保留态度。）如果有什么东西，我在其中看到了一种充满激情的努力，紧紧抓住那些真正值得抓住的发现，那就是对经验本身的展现，这也是温克勒书中的一个要素。在关于荣格尔的文章中，我喜欢这样的假设:“作为被动状态的经验”取代了“思想者从一开始就发现自己处于与现实的积极关系中的认知”。然而，正是在他关于荣格尔所写的内容中，在我看来，这种被动性似乎并不占主导地位，经验也似乎没有发言权。我不相信他能在不伤害自己的情况下，与荣格尔粗笨的形而上学达成和解。(顺便说一句，我并不反对形而上学者。他们是真正理性脆弱的行吟诗人。但荣格尔在理性面前表现得像个雇佣兵。)

关于荷尔德林的文章非常令人愉快。我们应该牢记它与〔威廉·〕米歇尔[2]的著作《荷尔德林的西方转折》②（*Hölderlins abendländische Wendung*）的关系。编者在某种程度上不赞成关于乔治的第一篇文章，但在我看来，它是最明白易解的。关于保罗·瓦莱里的那些恰到好处的字行看起来确实大有希望。

我所惦念的是，在后记中没有透露任何关于温克勒之死的情况。③他自杀的根源也许是政治动机，也许是性爱动机。(关于普拉滕的文章并不表明它的作者是同性恋；但那里有对阿佩尔[Appel］诗歌的简短评论。）我希望看到这方面的信息，以便更准确地了解作者的形象。在我看来，有一点是很清楚的，那就是他远没有接受自己。

迄今为止，我的境况没有任何改变；也就是说，我生活在被坏消息压倒的预期中。在那之前，我还过得去，但我无法为将来做准

1　让·吉奥诺（Jean Giono，1895—1970），法国作家，他提倡自然宗教思想，尤其是在他早期的散文作品中。

2　威廉·米歇尔（Wilhelm Michel，1877—1942），德国作家。

备。如果这段时间足够长，可以使您在巴塞尔为我所做的努力产生结果，我会觉得自己是幸运的。无论如何，我要感谢您推动事情的发展。

布莱希特已经决定放弃他在菲英岛的房子，大概是怀着沉重的心情。这可能会被证明是正确的做法，因为定于今年夏天在丹麦举行的选举可能会带来一些动荡。布莱希特正尽力争取进入瑞典。（与此同时，我昨天听说瑞典已下令进行动员。）

我正在撰写我那本关于波德莱尔的著作的一个章节，其中涉及资产阶级社会中形形色色的休闲活动。它与封建社会的“休闲”有非常显著的不同，后者的优势是一侧有沉思的生活，另一侧有体面的应酬掩护。波德莱尔是那个时代最深刻的休闲实践者，因为在这一立场的基础上仍有许多有待发现的东西。

让我再次收到您的来信。

向您和您的妻子致以诚挚的问候

您的瓦尔特·本雅明

① 欧根·戈特洛布·温克勒：《形状和问题》（*Gestalten und Probleme*）（德绍[Dessau]，1937 年）以及《诗人：作品》（*Dichter: Arbeiten*）（德绍，1937 年）。
② 耶拿，1923 年。
③ 温克勒于 1936 年 10 月自杀。

313　致阿德里安娜·莫尼耶

巴黎，1939 年 4 月 29 日

我亲爱的朋友，

这是我刚刚从蓬蒂尼那里得到的回答。该机构的名称是“科学研究基金”（caisse des recherches scientifiques）。

我委托您将随函附上的我的文本副本转交给瓦莱里。我曾犹豫是否要在文本上题写给他的献辞，但如果您认为合适的话，我会这么做的。如果您认为合适，我们下一次会面时请将副本带上，我希望我们很快就会见面。

如果我们能在您拜访瓦莱里之前见一面，也许会很有用。让我补充一些您可能会觉得有用的东西：我听说，上述研究基金从以色列人世界联盟（Israelite alliance universelle）获得资金，以便能够给犹太学者提供一些帮助。这可能很重要，因为直到去世前一直担任联盟主席的西尔万·列维[1]，认为我值得得到他的组织的资助。那是在 1934 年；联盟的资金尚未和研究基金的合并。

您想在星期一早上给我打电话吗？

您忠诚的

瓦尔特·本雅明

314　致卡尔·蒂姆

巴黎，1939 年 6 月 8 日

亲爱的蒂姆先生，

我很高兴听到您告诉我有关您的书①取得非凡成功的消息。在此期间，我已经阅读了该书，现在对我而言，至少这一成功的某些原因是显而易见的。您在阐述中展示了非常高超的技巧。您掌握了可以想象得到的最脆弱的形式，也就是说，您没有掩饰这种脆弱性，这与尝试对话形式的业余爱好者不同。我认为您学习了《圣彼

1　西尔万·列维（Sylvain Lévy，1863—1935），法国印度语言和文化研究者以及东方学专家。

得堡晚会》(*Soirées de Saint-Petersbourg*)的技巧，我猜错了吗？

正是因为您省去了所有的轶事细节，您才可以从这种形式中获得更高的文雅感，这对您非常有益。您经常在毫不妥协的情况下获得的大众吸引力，尤其是在青春期一章中，为您的成功做出了贡献。多明尼哥会的修道士和圣方济各会修士之间的对照，但尤其是您对耶稣会信徒和詹孙教派的信徒之间争端的讨论，在我看来是很高明的。

您的文雅也许只是勇气的另一面，这并不罕见。对我来说，您的书在政治和神学上的大胆之间的平衡是一种高层次的美学奇观。结尾处的末世论推测是真正的神学，这也许是现在很少再遇到的东西。(当我阅读您的书时，我后悔不熟悉巴特，以便能够解释您的思维方式与辩证神学之间的关系。我的直觉告诉我，对立一定几乎是不间断的。) 如果说对于您的著作的神学展开我不得不满足于专心接受，那么我对它的政治意图的兴趣当然是非常自发的。我衷心祝福您对私人成圣不足之处的阐述，在前往读者的旅途中一路平安。并非您所有直截了当的政治声明似乎都是毫无问题的，在我看来，您的简洁太冒险了，尤其是在关于法国大革命的段落中。我至少怀疑，大资产阶级是否真能被描述为这场运动的始作俑者。我几乎想怀疑审查机关的怠工，因为这本书的发行并没有仅仅因为您关于人民的评论而受到禁止——我指的是第 41 页上的那个绝佳的替代方案。(怠工的可能性不能完全排除。) 关于用虚伪换来的“确定性”以及“被向前推得更远”的状况的题外话，在一定程度上更为掩饰，但同样令人印象深刻。

在我阅读的基础上，我再次提醒莱昂注意到您的书，并愿意认为事情正在顺利进行。在下一期《度量与价值》中，您会发现我写的一篇关于布莱希特戏剧学的（匿名）文章[②]。

您要的照片现在应该在您手里了。

您的瓦尔特·本雅明

附：我还没有听到任何关于蒙克（Münch）的书的消息，这是否意味着一个消极的决定？

①《以时代为目标？》（*Am Ziel der Zeiten*？），1939 年。
②《什么是史诗剧？》，现在见《本雅明文集》第 II 卷，第 259—267 页。

315　致伯纳德·布伦塔诺

巴黎，1939 年 6 月 16 日

亲爱的布伦塔诺，

您那句精彩的话“人们不允许任何人对他们说任何事，但你可以告诉他们任何事”，提醒我给您发送一篇关于讲故事的人的短文，作为您给我的精美选集的回报。我几年前发表的；您不太可能遇到它。

凯勒的诗，我很喜欢，而且一直都是！

请让我再一次听到您的消息，这次更详细些好吗？

最亲切的问候，您的瓦尔特·本雅明

316　致玛格丽特·斯特芬

〔1939 年 6 月？〕

亲爱的格蕾特，

我从勃良第的西多会（Cistercienser）修道院回来已经十四天了。我在那里的逗留，尽管多亏了一座对我很有益的奇妙的图书馆而对我很有益，但除了这个积极的方面，无论是从字面上还是其他任何意义上来说都被连绵阴雨搞糟了。此外，那里没有我可以交往的人。或者，如果有的话，也由于气氛的缘故而不显眼。斯坦博克－费莫尔（Stenbock-Fermor）夫人可能就是这种情况。布莱希特也许会因为她的丈夫而记起这个名字。在希特勒上台之前不久，他发表了一篇关于矿工生活状况的共产主义报告①。

二十多名西班牙军团士兵驻扎在修道院附近。我与他们没有接触；但是斯坦博克－费莫尔夫人为他们开设了课程。由于她对布莱希特的作品非常感兴趣，因此我回来后就把《恐惧与战栗》②（*Furcht und Zittern*）〔原文如此〕寄给她看几天，她大声朗读给了西班牙的准将们听（他们大多是德国和奥地利人）。她给我的信中写道："粉笔十字形记号、刑满释放人员、作为惩罚的社区服务和工人的工作时间给他们留下了最深刻的印象，一切都被真实而简单地感觉到。"

当您收到这封短信的时候，您可能已经知道——因为斯德哥尔摩在文学方面当然比斯文堡有更好的条件——那个系列的片段以皮埃尔·亚伯拉罕[1]的译文，刊登在6月号的《新法兰西评论》上；总共大概六七段。到目前为止，我只能在图书馆里浏览它。在我看来翻译得相当不错。《新法兰西评论》提供了一个简短的脚注，大意是说，布莱希特是《三毛钱歌剧》和《七宗罪》（*Die sieben Todsünden*）的作者。

现在来谈谈我的诗歌评论③。可以肯定的是，它们没有一篇会在《度量与价值》上发表；相反，您一告诉我有关《话语》消失的消息，我立即为该杂志写了一篇关于布莱希特戏剧学的新文章④。它应该会在很短的时间内发表。就那些评论而言，它们的发表对我来说当然是非常重要的。如果布莱希特能帮我一个忙，主动把它们

1　皮埃尔·亚伯拉罕（Pierre Abraham，1892—1974），法国作家、记者和古罗马研究者。

寄到《国际文学》杂志，我将非常高兴。我并不是特别希望他作为评论中探讨的诗歌的作者这样做，而是希望他以《话语》的编辑部的名义这样做，因为我的文章是提交给他们的手稿之一。（我只是打个比方，因为我没有把手稿寄给埃尔彭贝克[1]，而只是寄给您一份。）不管怎样，布莱希特与《国际文学》有联系，而我没有。我认为对于布莱希特来说，很容易打听这样的评论是否引起这些人的兴趣。但如果他不想自己提交，他当然可以促使编辑部向我索要。如果诗集现在出版⑤，这将使一切变得容易，而我自己很难主动接洽《国际文学》。请写信告诉我这件事。

关于《波德莱尔》，遗憾的是目前没有什么可报告的。纽约人要求我修改它。纽约人要求改头换面。如果我的工作条件不是那么难以形容地不利，那么修订稿可能很久以前就完成了，而且我相信修订稿将包括决定性的改进。我绝不是对噪音过于敏感，但是在我一直被迫生活的环境中，一个真正对噪音敏感的人几年都无法在纸上写下一句话。现在是夏天，当我可以在我的阳台上待上一会儿，远离电梯的嘈杂时，一个整天吹着口哨的、毫无价值的画家却在对面的露台上安顿了下来（上帝知道这条街有多狭窄）。我经常坐在那里，耳朵里塞着一团混凝土、石蜡和蜡，等等，但这无济于事。关于《波德莱尔》就说这么多，当然，它现在无论如何必须取得进展。

像往常一样，当一个项目变得非常紧迫时，我就会承担一些琐碎的任务。为了庆祝法国大革命一百五十周年，我做了一个小小的剪辑作品，就像我的书信选一样，目的是展示法国大革命对同时代德国作家的影响，甚至对后来的一代，直到1830年的影响。在撰写时，我再次遇到了一些被德国文学史故意掩盖了一百年的事实。

1　弗里茨·埃尔彭贝克（Fritz Erpenbeck，1897—1975），德国作家、时事评论员和演员。

想象一下，当我仔细阅读了克洛卜施托克[1]的两卷颂歌后发现，其中包含更晚的颂歌的第二卷的所有作品中，有五分之一是关于法国大革命的，我感到的惊讶。

我很少参加社交活动；即使我不写作，日子仍然在我试图这样做的过程中流逝。所以我也很久没有见到杜多（Dudow）了；但是昨天我从克拉考尔那里听说他身体不好。

我是否写信告诉过您，我相信我已经弄清了烟草小包裹的秘密？它们不能被捆上。相反，如果您将它们装在信封中（带回形针）邮寄，它们将作为没有商业价值的样品通过海关。您想再试一次吗？我会很高兴的。

您在像个乖女孩一样学习瑞典语吗？尽快回信！向您和布莱希特致以诚挚的问候。

您的瓦尔特·本雅明

附：卡尔·克劳斯毕竟死得太早了。听我说：维也纳煤气厂已停止向犹太人供气。犹太居民的煤气消耗给煤气公司造成了损失，因为恰恰是最大的消费者没有支付他们的账单。犹太人主要使用这种气体来自杀。

又附：我现在拥有15/16以外的全部《实验》，唯一缺少的是带有《三毛钱审判》等内容的那一册。您能帮我把它从布莱希特那里抢过来吗？？而且您能告诉我，《实验》中是否有《尖头党》的印刷版吗⑥？15/16之后究竟发表了什么？

① 亚历山大·格拉夫·斯坦博克－费莫尔[2]，《我当矿工的经历》（*Meine*

1 弗里德里希·戈特利布·克洛卜施托克（Friedrich Gottlieb Klopstock，1724—1803），德国诗人。

2 亚历山大·格拉夫·斯坦博克－费莫尔（Alexander Graf Stenbock-Fermor，1902—1972），纳粹时代的作家和抵抗运动的战士。

Erlebnisse als Bergarbeiter)，1929 年。
②《第三帝国的恐惧和痛苦》(*Furcht und Elend des Dritten Reiches*)。当时，只是以手稿的形式为人所知。
③ 死后才发表，见《本雅明文集》第 II 卷，第 351—372 页。
④《什么是史诗剧？》。
⑤《斯文堡诗集》(*Svendborger Gedichte*)，伦敦，1939 年。
⑥《实验》第 8 期（第 17 篇文章）；1933 年已经排版，但不再印刷和发行。

317　致格莱特尔 · 阿多诺

巴黎，1939 年 6 月 26 日

亲爱的菲丽齐塔丝，

今天我想回到我“心爱的德语”。然而，如果我从蓬蒂尼发出的来信给你留下了对法语真正的渴望，那么你通过适时打开一本《恶之花》，并用我的眼睛来浏览它，就会让我开心。我们那时一定会遇到彼此，因为现在我的思想日日夜夜都集中在这个文本上。

至于这些思想的具体表达，你不会轻易在其中重新发现去年夏天的《波德莱尔》。在新版本中，漫游者章节——事实上，我的时间专门用于起草它——将试图整合我的关于复制品的文章和《讲故事的人》的重要主题，并与《拱廊计划》的重要主题相结合。在以前的任何作品中，我从来都不确定这个没影点的角度，（现在看来，一直以来）我从最发散的点出发的所有思考都汇聚在这个没影点上。我不需要别人告诉我两次，你们已下定决心，甚至要用我过去最极端的反思进行试验。当然，仍然存在一个限制：就目前而言，你们要处理的始终只是漫游者，而不是《波德莱尔》的总复合体。无论如何，这一章将远远超出去年《漫游者》的规模。然而，由于它现在将被分成三个不同的部分——拱廊、人群、类型——这可能会使编辑人员更容易应付。我距离完成誊清稿还有很长的路要走。但是，进展缓慢的时期已经过去，没有一天我不在纸上写下一些东西。

令我高兴的是，我最近收到了我对《法国百科全书》（*Encyclopédie française*）第十六卷的评论的长条校样①。当我收到它们的时候，我对斯特恩伯格的《全景图》的评论②所遇到的完全的沉默再次浮现在脑海。甚至当你最近给我写信谈论这本书本身的时候也没有打破这种沉默。（我知道艾伦·博特［Allan Bott］的美丽的摄影集。）我本以为我的文章，除了它的批判立场之外，在对“流派”结构的观察中有一些新的见解。你不想对此给我写点什么吗？

我正在为自己取得一个小小的文学胜利。自从我为《法兰克福汇报》撰写一篇论文《什么是史诗剧？》以来已有十年了。当时，长条校样（我现在还保留着）刚印出来，就因迪博尔德（Diebold）通过古柏勒（Gubler）传递的最后通牒而被撤回。现在，我只做了些微改动，然后为它在《度量与价值》找到了一个家，并且从而引发了一场有关布莱希特的辩论。你将在下一期中找到它。

你询问的我的暑假计划取决于夏皮罗[1]③什么时候到达。或者他打算在巴黎待很长时间？那么无论如何都会有机会见到他。——我今年不会离开法国，也绝不会离开巴黎，直到《漫游者》的草稿彻底完成。

现在许我的生日愿望还来得及吗？实际上，我几乎把那篇关于复制品的文章的副本看作是我所希望的生日礼物。然而，为了不让你认为这有一个最后期限，我还想提到一本小册子。如果你送给我刚去世的罗伯特·德雷福斯[2]的最后一本书，我想我会很高兴的。他是普鲁斯特的老朋友；他将其命名为《从蒂尔斯先生到普鲁斯特》（*De Monsieur Thiers à Proust*），里面有许多关于斯特劳斯夫

1　迈耶·夏皮罗（Meyer Schapiro，1904—1996），立陶宛－犹太裔的美国艺术史学家。

2　罗伯特·德雷福斯（Robert Dreyfus，1873—1939），法国新闻记者和作家，马塞尔·普鲁斯特的儿时朋友。

人[1]的故事，我很乐意答应把这些故事讲给你听。

我没有见过你询问的毕加索的那幅画。

诚挚地问候泰迪，并向你致以温柔而优美的问候。

你的德特勒夫

① 这篇评论从未发表，但以手稿形式保存了下来。
② 这篇现存的评论也没有发表。
③ 迈耶·夏皮罗，纽约哥伦比亚大学艺术史教授。

318　致特奥多·W. 阿多诺

巴黎，1939 年 8 月 6 日

亲爱的泰迪，

我相信您正在和菲丽齐塔丝一起度假。您可能会延迟一些时间才收到这封短信，这使一周前寄给马克斯的《波德莱尔》手稿①有时间赶上它。

此外，如果这封短信看起来更像是关键词目录而不是一封信的话，请不要生我的气。经过数周的严格隐居——这是完成波德莱尔章节的前提——并且在最恶劣的气候影响下，我异常疲惫。但这并不妨碍我告诉您和菲丽齐塔丝，我多么盼望再次见到你们。（我决不能完全忽视这样一个事实，即在这一前景与其实现之间仍然有许多困难需要克服。关于我的克利画作的出售，我给摩根罗斯［Morgenroth］写了信；如果你们见到他，别忘了问一下。）

尽管新的波德莱尔章节很难被视为您已经了解的章节之一的“修订”，但我认为在这个版本中，我们去年夏天关于《波德莱尔》

1　吉纳维夫·斯特劳斯（Genevieve Straus，1849—1926），巴黎沙龙女主人。

的通信的影响对您来说将是显而易见的。首先，我不需要别人告诉我两次，您会多么乐意用主题的全景概览来换取其理论基础的更精确的实现。以及您多么乐意完成查看这些基础的海拔较高的部分所需的登山旅行。

至于上面提到的关键词目录，它包含了新章节中省略的许多广泛主题的目录（与去年夏天相应的漫游者章节相比）。当然，这些主题不会从《波德莱尔》的总复合体中排除；相反，旨在于它们所在的位置上对它们进行深入的解释性展开。

拱廊、梦游、副刊的主题以及幻影概念的理论介绍保留给第二部分的第一段。准备将痕迹、类型、对商品灵魂移情的主题给予第三段。目前已完成的第二部分的中间段落只有与第一和第三段相结合才能提供“漫游者”的完整形象。

我已考虑到您在 2 月 1 日的信中对恩格斯[1]和齐美尔的引文所表达的保留意见；当然，不是通过删除它们。这一次，我说明了恩格斯的引文为什么对我来说如此重要。从一开始，您对齐美尔引文的异议在我看来就是有充分根据的。在目前的文本中，由于其位置的改变，它承担了一种要求不那么高的功能。

我对在下一期中找到该文本的前景感到非常高兴。我给马克斯写信，告诉他我是多么努力地把所有零碎的内容从这篇文章中剔除，从而严格遵守指定的长度限制。如果不准备对它做任何重大的改动（说实话：删除），我将很高兴。

我要让我的基督教的波德莱尔被真正的犹太天使带进天堂。但是安排已经作出，让他在升天的最后三分之一，就在他即将进入荣耀之前不久摔落，就好像是偶然发生的一样。

1　弗里德里希·恩格斯（Friedrich Engels，1820—1895），德国哲学家、社会理论家、历史学家、记者和共产主义者。

最后，我要感谢您，亲爱的泰迪，邀请我的《乔希曼[1]》②参加即将到来的纪念特刊。

祝您和菲丽齐塔丝假期快乐，归途愉快。

您的瓦尔特

亲爱的菲丽齐塔丝，我要特别感谢〔罗伯特·〕德雷福斯的那本书③以及宣布它即将到来的附信。我常常想起你们。

① 这个版本的波德莱尔论文发表在《社会研究杂志》上；现在可以在《本雅明文集》第I卷，第426—472页上找到。
② 本雅明：《介绍卡尔·古斯塔夫·乔希曼的〈诗歌的倒退〉》(Einleitung zu Carl Gustav Jochmann: Die Rückschritte der Poesie)，收载于《社会研究杂志》第8期(1939年)，第92—103页。
③ 罗伯特·德雷福斯，《从蒂尔斯先生到普鲁斯特》。

319 致伯纳德·布伦塔诺

〔1939年夏天〕

亲爱的布伦塔诺，

最近，我很高兴又拿到了您的书①，并在四十八小时内就看完了。对我来说，这是很难得的事，因为我通常需要三周的时间来读一本侦探小说。但是您的书很吸引人。我发现一个对我来说最亲密的主题第一次被探讨：爱的历史条件，它的历史时刻和季节。

凭借奥尔洛夫(Orloff)伯爵夫人的形象，您取得了巨大的成功：您在舞台上召唤了一个女人，在她的爱情里，岁月并不比日子更重要，在我们同时代人的短暂的激情中。我很熟悉一个这样

1 卡尔·古斯塔夫·乔希曼(Carl Gustav Jochmann，1789—1830)，德国波罗的海的政治评论家。

的女人，她比我大二十岁，可能还活着。（基于这一认识，我认为伯爵夫人简直注定要成为歌德的信徒。就像我想到的那个人物一样，她本可以这样说自己：我嫁给了我的克里斯蒂安·弗尔皮乌斯[1]。）我总是在约翰·彼得·黑贝尔的《意外重逢》（*Unverhofften Wiedersehen*）中找到这种古老爱情的最幸福的公式，其中等待的时间也是成长的时间。

尽管您的表达非常朴实，几乎完全放弃了所有描写，但您仍然将读者包围在首都的氛围中。窗户面向科尼利厄斯大桥（Corneliusbrücke）的沙龙，是一幅小插图，赋予了一整章的柏林生活以气氛。

在影响男女关系的历史关系的背景下，政体的变化就像褶皱一样，对织入哥白林织花壁毯的东西没有任何损害。（我认为，您对新政权的附带暗示，同时包含了对魏玛共和国所能想象到的最严厉的谴责。）

再次感谢您的精彩著作——直到现在才在充分了解事实的基础上。我希望它很快就能被译成法语（为格拉塞 [Grasset] 出版社？）。

在接下来的几天中，您将收到我的两篇论文。《波德莱尔》是第一篇出版物，如果情况允许，有关这位诗人的其他文章也会陆续跟进。——在

〔结尾缺失〕

①《永恒的感情》（*Die ewigen Gefühle*）（阿姆斯特丹，1939 年；再版，达姆城，1963 年）。

1　克里斯蒂安·奥古斯特·弗尔皮乌斯（Christian August Vulpius，1762—1827），德国作家。

320　致阿德里安娜·莫尼耶[①]

义工营，圣约瑟夫修道院，讷韦尔市（涅夫勒省）

1939 年 9 月 21 日

亲爱的莫尼耶小姐，

您的门房可能已经告诉过您，星期六——宣战的八天前——我来您家和您告别。遗憾的是，您当时不在。

我们所有人都深受这场可怕的灾难的影响。让我们希望，欧洲文明和法国精神的见证者们能够在希特勒凶残的暴怒中幸存下来，带着他们对此的描述。我会很高兴收到您的来信。我的地址是义工营第六组，圣约瑟夫修道院，讷韦尔市（涅夫勒省）。

我过得和可以预期的一样好。有充足的食物。我们焦急地等着听等待我们的是什么。体格健壮的男人正赶紧报名参军。我真的很想尽我所能为我们的事业服务。然而，我的体力是毫无价值的。我在从讷韦尔走到我们营地的路上瘫倒了。营地医生给我的命令是："安心——休息"。

我有瓦莱里和罗曼的宣誓作证书。但我还没有机会出示它们。一份类似的宣誓作证书可能会很有帮助，但它的日期要更近，而且要更切合我所处的情况。

在这封信的结尾，我衷心祝愿您安康以及您所珍视的所有人和价值观安康。

亲爱的莫尼耶小姐，我始终是您忠实的

瓦尔特·本雅明

附：如果有机会，请告诉我吉泽尔〔·弗伦德〕的地址。

① 战争爆发后，在拘留营中、在受威胁的巴黎以及逃离德国军队期间写的第

320—326 封法文信，作为流亡者的人文资料，在未作任何订正的情况下刊登。

321 致格莱特尔·阿多诺

义工营，圣约瑟夫修道院，讷韦尔市（涅夫勒省）

1939 年 10 月 12 日

我亲爱的，

昨天晚上我躺在小床上做了一个如此美丽的梦，以至于我忍不住想告诉你。我能告诉你的事情很少有美丽的，更不用说令人愉快的了。我每五年才会做一次这样的梦，围绕着“阅读”这个主题。泰迪会记得这个主题在我对认识论的思考中所扮演的角色。我在梦的末尾大声说出的那句话碰巧是法语。这是用同一种语言来叙述它的另一个原因。多斯（Dausse）医生在梦中与我同在。他是我患疟疾时照顾我的朋友。

我和多斯以及其他几个我不记得的人在一起。多斯和我在某一时刻离开了小组。离开其他人后，我们发现自己在一个发掘现场。我注意到几乎在地平面上有奇怪的休息场所。它们的形状和长度与石棺相似，看起来像是石头做的。然而，当我跪下来的时候，我意识到我轻轻地陷入其中，就像在床上一样。它们被苔藓和常春藤覆盖。我看到这些休息场所总是有两个并排在一起。正当我打算躺在显然是为多斯保留的休息场所旁边的那个休息场所上时，我意识到它已经被其他人占用了。所以我们继续往前走。这个地方看起来像一片森林，但是在树干和树枝的排列方式上有一些人为的东西，这使得这部分风景看起来有点像造船厂。我们沿着几根横梁行走，爬上几级木台阶，来到了一个狭小的木甲板上。与多斯同住的女人们在这里。一共有三四个，她们看起来很漂亮。让我感到惊讶的第一件事是多斯没有介绍我。这并不比我把帽子放在一架大钢琴上时的发现更使我困扰。这是一顶旧草帽，巴拿马草帽，我从我父亲那里继承的那种。（那顶帽子早就不见了。）当我把帽子摘下来时，我很震惊地看到顶部已经裂开了一条很宽的口子。在裂缝的边缘还有一些红色的痕迹。这并没有阻止我拿另一把椅子放在离大家都坐着的桌子不远的地方。我没有坐下。与此同时，其中一名妇女正在进行笔迹学研究。我看到她手里拿着多斯给她的我写的东西。我对她的笔迹学分析感到有些担心，因为我害怕自己的某些个人特征会被暴露出来。我走近一些。我看到一块覆盖着图像的布。我唯一能够辨认出来的笔迹学元素是字母 d 的顶部。它的延长部分透露出实现灵性的极度渴望。这是我唯一能“阅读”的东西——除此之外，只有模糊的波浪和云的形状。谈话围绕这一笔迹进行了一段时间。我无法回忆起发表的意见。但是，我确实很清楚，在某一时刻我恰好说了这句话：“这是将一首诗变成一条三角形披肩的问题。”我刚说完这些话，有趣的事情就发生了。我注意到一个非常漂亮的女人躺在床上。当她听到我的解释时，她做了一个极其迅速的动作。她把当她躺在床上时盖在她身上的一小块毯子推开了。她花了不到一秒钟做到这一点。这不是为了让我看她的身体，而是看她床单的图案。那张床单上一定有类似于我可能几年前“写”给多斯的图像。我很清楚那个女人做了这个手势。但是，我之所以注意到这一点，是因为一种超感官的知觉。因为我身体的眼睛在别处。我一点也看不清暗中透露给我的那张床单上的东西。

做了这个梦之后，我几个小时都无法入睡。出于幸福。我写信给你是为了和你分享这些时间。

没有什么新鲜事。到目前为止，尚未对我们做出任何决定。宣布了一个“分拣委员会”的到来，但我们不知道他们什么时候会来。我的健康不是那么好。多雨的天气对它的改善毫无帮助。至于钱，一点也没有。向我们提供不超过20法郎。你的来信对我来说将是极大的安慰。〔……〕一位法国朋友在我妹妹的帮助下处理我在巴黎的事务。

除了寄给我一封信以外，你能给我带来欢乐的莫过于寄给我《波德莱尔》的校样（或手稿）。

请原谅你在这封信中可能发现的任何错误。它是在一个多月来包围我的无休止的喧嚣中写的。

我是否需要补充一点，我渴望使自己对我的朋友和希特勒的敌人比我在现在的状态下能做到的更有用？我不停地希望有一个改变，我相信你的努力和愿望将与我的一致。代我向我们所有的朋友问好。

爱你的，德特勒夫

322　致吉泽尔·弗伦德

纳韦尔市（涅夫勒省），1939年11月2日

我亲爱的朋友，

我从西尔维娅[①]说的一些话中猜测您终于回来了。看到这个猜测得到证实，我的喜悦并没有减弱。我在这里享受的唯一快乐时光来自我收到的为数不多的含有一些特别东西的几封信，就像您放进您寄来的那封信中的那些。而在这种情况下，快乐对我来说就等于希望。

我希望当您读到这封短信的时候，您已经完全恢复健康。我对

您来自英国的消息非常感兴趣——我指的是您在上一封信中分享的消息，因为在此之前我没有收到过任何消息。我了解难民的待遇；另一方面，您对伦敦的描述包含了一些完全出乎意料的、令人心酸的细节。我主要感到遗憾的是，您没能等到为了让您给他们拍照，政府应该授予您的“拍摄期”。让我们希望您会再有机会。

当我收到您的来信的时候，我已经从阿德里安娜那里听到了您在附言中提到的好消息。我两天前写信给她，表达我最衷心的感谢。与此同时，我发现国际笔会（Pen Club）一定知道关于我的所有情况，因为赫尔曼·凯斯滕被释放了。凯斯滕关在我旁边的一个营地里。起初，我们只有一种礼貌的关系，但自从我们来到科隆布（Colombe）后，这种关系就以忠诚感为特征。在那之后，我们在这里见过两三次面。我听说，当凯斯滕回来后，他被安置在国际笔会的接待中心，并在那里见到了朱尔斯·罗曼。

在给阿德里安娜的一封信中，我按照您提出的建议，请求我的朋友们提供宣誓书，以证明我的忠诚。她会给您看相关的段落。我在信中提到了〔保罗·〕德斯贾丁斯[1]写的一份精彩的宣誓书。他对我的作品表示“极大的赞赏”（他甚至提到了《波德莱尔》）；他还对我“对自由和民主思想的不屈不挠的依恋”表示了深切的敬意，法国正是以它们的名义参加这场战争的。〔……〕我不需要告诉您，阿德里安娜自己写的几行字对我来说将是多么有价值。然而，我无法相信这样的档案材料（我正在努力收集）就足够了。显然是在巴黎，一个跨部门的委员会将对不同的案件进行彻底审查。这就是为什么我所有的希望都寄托在阿德里安娜刚刚启动的进程上。这也是为什么，在她的允许下，我想写一封短信给本雅明·克

1 保罗·德斯贾丁斯（Paul Desjardins，1859—1940），法国哲学家和作家。

雷米[1]②。对我也许有用的是，告诉他我不仅翻译了普鲁斯特，而且是第一个试图把〔朱利安·〕格林和〔马塞尔·〕茹昂多变成在德国家喻户晓的名字的人；而且我是多年来一直在那里提倡纪德和瓦莱里等人作品的人之一。如果您和阿德里安娜都同意这一点，请发送给我本雅明·克雷米的地址，我将不胜感激。

我不需要告诉您，我完全同意您关于蒙特朗的《少女们》(*Jeunes filles*) 的意见。我自己只是最近才开始重新阅读。我目前正在读卢梭[2]的《忏悔录》(*Confessions*)。我真的很喜欢它。您对失败的猜测是正确的。

我为未能纠正《波德莱尔》的校样而深感遗憾。我本来决定进行一些更改，以消除多余的内容。我不知道这本书是否已经出版了。无论如何您都会得到它。您一定要写信告诉我您对它的看法。

不要吝啬给我发消息。我想我的欢乐的数量是非常有限的，而您的笔迹预示着其中的一些。向阿德里安娜和海伦问好。

瓦尔特·本雅明

① 西尔维娅·比奇，“莎士比亚剧团”（Shakespeare et Compagnie）书店的所有者，乔伊斯的出版商。

② 法国文学评论家，皮兰德娄[3]的译者；本雅明在 1927 年 12 月 2 日的《文学世界》上发表了一篇对克雷米的采访（年集 3，第 48 期），第 1 页。

---

1 本雅明·克雷米（Benjamin Crémieux，1888—1944），法国犹太裔作家。

2 让-雅克·卢梭（Jean-Jacques Rousseau，1712—1778），法国 18 世纪启蒙思想家、哲学家、教育家、文学家，民主政论家和浪漫主义文学流派的开创者，启蒙运动代表人物之一。

3 路伊吉·皮兰德娄（Luigi Pirandello，1867—1936），意大利剧作家、小说家和短篇小说作家。

323 致马克斯·霍克海默

巴黎，1939 年 11 月 30 日

亲爱的霍克海默先生，

我最终必须给您一些迹象表明我还活着。我不知道我们还得忍受些什么；我也不知道即将发生的事情会不会让过去几周的记忆黯然失色。然而，现在我很高兴看到这几个星期已经过去了。您可以很容易地想象到，关于它们的最痛苦的事情是每个人都被卷入其中的道德混乱。如果一个人自己没有被它吞没，那么至少他的邻居和同伴被它吞没了。如果说我自己在大多数情况下都能摆脱这种道德混乱，这主要应归功于您。我说的不仅是您对我个人的关心，而且是您对我作品的声援。您在接受《波德莱尔》方面给予我的支持对我来说是无价的。您一定从我给阿多诺夫人的信以及我最近发出但因手续延误的电报中明白了这一点。

我的获释绝非易事。尽管由于疾病等原因离开营地的情况并不罕见，但很少有人会从前门——也就是因为跨部门委员会作出的裁决——走出去。这就是我能做到的。这相当于法国当局承认我的绝对忠诚。即使我本来也能以某种方式设法离开营地，我还是要感谢阿德里安娜·莫尼耶，因为我是第一批让委员会审查其档案并得以离开的人之一。她不知疲倦地为我努力，坚定不移。国际笔会在朱尔斯·罗曼的指示下也为我做了一些事情；法维兹夫人告诉我为与世界犹太人大会（World Jewish Congress）接洽所采取的行动步骤。这一切对我来说都是巨大的安慰。但一切本来需要很长时间才能产生结果。（我最近去拜访国际笔会的秘书时，他也向我承认了这一点。）我也刚刚从法维兹夫人那里了解到您代表我与塞勒（Scelle）先生和〔莫里斯·〕哈布瓦赫[1]先生的斡旋。请让我表达我迟来的但最诚挚的谢意。

我收集的档案材料包含少数几份经过挑选的宣誓书，为我和我的作品作证，这些材料可能并非完全没用。我在营地时您寄给我的那封信发挥了重要作用。如果我承认，您的信息深深地打动了我，虽然我知道这个信息的语气背后的意图，我希望您不会觉得我太天真。您为我提供了一根小树枝，我所有的希望都围绕着它而凝聚。不能立即感谢您，这使我感到痛苦。然而，我们每周最多只能寄两封信，而它们不得不处理最基本的生活必需品。因为事实是我花了好几个星期才搜集好应付恶劣天气所需的东西。我甚至不会提到我的神经性焦虑。因为您可以很容易地想象到持续不断的噪音和不可能摆脱人们——哪怕只是一个小时——的长期后果。现在，我感到筋疲力尽，我是如此的疲惫，以至于我不得不经常在半路上停下来，因为我无法继续前进。这当然是由于神经衰弱，只要未来没有什么对我们来说是可怕的事情发生，它就会消失。现在有不少人正在返回巴黎；至于我，我是不可能离开巴黎的，因为要获得一个外国公民所需要的安全通行证是极其困难的。

国家图书馆已重新开放。我希望在我恢复了一点之后，回到我的工作中去，并整理一下我的文件。我刚经由日内瓦收到《波德莱尔》的长条校样；考虑到所有的困难，印刷错误是极少的。由于我不知道您的论文①定于何时发表，因此我允许自己向法维兹夫人要它的校样。我迫不及待地想看到它。

如果您心里没有其他的任务给我，我想尽快回到《波德莱尔》来写另外两个部分。它们，连同您已经熟悉的部分，将构成这本书

1　莫里斯·哈布瓦赫（Maurice Halbwachs，1877—1945），法国社会学家和哲学家，他的著作至今仍在权威地塑造着集体记忆的概念。

本身。(您要出版的那一章将是这本书的中心部分。我会将第一和第三部分筹划为可以彼此独立存在的文章。)

我可以建议的一件事是对卢梭的《忏悔录》和纪德的《日记》(*Journal*)进行比较研究。在我最近阅读《忏悔录》之前，我对它并不熟悉。在我看来，这本书构成了一种社会特征的轮廓，纪德的《日记》则代表这一特征的衰落。(《日记》刚刚出版了未删节版。)这一比较应该提供一种对"真诚"的历史批判。

我真的很想收到您和阿多诺夫妇的来信。无论如何，我打算找个时间给他们写信。

亲爱的霍克海默先生，请代我向波洛克先生问好，并请接受我忠诚和感激的保证。

瓦尔特·本雅明

① 马克斯·霍克海默:《犹太人与欧洲》(Die Juden und Europa)，收载于《社会研究杂志》第 8 期 (1939 年)，第 115—137 页。

324 致格莱特尔·阿多诺

巴黎，1939 年 12 月 14 日

亲爱的菲丽齐塔丝，

你用英语给我写信，我毫无困难地读了你的信。我能比用德语写的更容易地破译它们。我目前正在寻找一位英语老师。我甚至试图在营地里找到一个。但我很快就不得不放弃了，因此，在那里我什么也做不了。我没有耽搁，已经把我写的唯一的东西寄给你了。这是一个让我充满幸福的梦的故事。要是你没收到我的信，那就太遗憾了。然而，我几乎倾向于认为你没有收到，因为你没有提到那个梦。

经常发生这样的事，在我的思想里，我仍然在营地里。我们不知道那些仍然在那里的人会怎样；即使是那些从营地中释放出来的人也无法确定任何事情。我曾希望再次见到布鲁克[①](Bruck)。然而，他还没有出来，而且我不确定他是否会在短时间内出来。

两周前，我收到了你 11 月 7 日的来信。读它真是一件乐事，如果我没有感到如此虚弱的话，我本来会早点回复。在我回到巴黎后的最初几天里，我不得不把我所有的时间（和我仅有的一点精力）花在处理有关《波德莱尔》校样的必要事项上。法语摘要[②]实际上是很不充分的，至少从语言学的角度来看是这样，我很高兴有机会重做它。无论如何，下一期似乎已经准备好付印了。令人振奋的是，在德国流亡者的精神活动似乎已跌至谷底的时候（由于日常生活和政治局势的偶发事件），该研究所的杂志能够如此出色地坚持自己的立场。在给马克斯的一封信中，我记下了我认为他那篇非凡的文章中所有精彩的地方。[③]除了其他一切以外，这篇文章还表现出华丽的风格上的活力。

我很好奇泰迪会如何处理乔治和霍夫曼斯塔尔之间的通信[④]；好像我们与这些（我还没有看到的）信件交换的时间相隔了 1000 年。另一方面，我们不建议任何人都太了解最新情况。我担心我们的朋友恩斯特〔·布洛赫〕太过这样了；而且据我所听到的，他现在似乎不仅与地球还与世界历史有点脱节。

你见过马丁·贡佩尔特吗？他是我很久以前就很熟悉的一个人。由于他刚刚出版了他的自传[⑤]，所以我想知道我是否会出现在里面。这将是第一本有这种可能性的自传。[⑥]

马克斯会给你看一封来自国家难民事务处（National Refugee Service）的信件的副本，信中提到了一个严重的问题。我怀疑这封信给我提供的机会是否还会再次出现。因此，你会仔细考虑它。

(如果我不能肯定你会主动这么做，我会请求你这么做。)这个问题极其复杂，而且如果没有你似乎就不可能开始解决。

我回家后的第一个晚上，有一个警报。自那以后再没有过，但日常生活发生了巨大的变化。这座城市早在下午4点就陷入了黑暗之中。晚上没人出门，人们成了孤独的牺牲品。现在，我的工作对我来说将是一个真正的避难所，我希望近日内能回到其中。

爱你，并向泰迪问好。我希望你能原谅我一千次用这种信纸；当没有其他的东西可用时，写信给你的欲望压倒了我。

德特勒夫

① 汉斯·布鲁克（Hans Bruck），法兰克福人；在柏林，然后在纽约担任乐队指挥。

②《波德莱尔》一文的；《社会研究杂志》上的德语文章均附有法文和英文摘要。

③ 参看1939年11月30日致霍克海默的信，注释1。

④ 现在收载于《棱镜：文化批判与社会》(*Prismen: Kulturkritik und Gesellschaft*)(柏林和美因河畔法兰克福，1955年)，第232—282页；参看1940年5月7日致特奥多·W. 阿多诺的信。

⑤ 马丁·贡佩尔特：《天堂中的地狱》(*Hölle im Paradies*)(斯德哥尔摩，1939年)。

⑥ 本雅明确实在自传中被提及。

325 致马克斯·霍克海默

巴黎，1939年12月15日

亲爱的霍克海默先生，

我刚收到国家难民事务处的一封信。随函附上一份副本。我推测寄给我这封信不是您努力的结果，因为您对它只字未提。我宁愿认为这是布赖尔（Bryher）夫人通过她的一些朋友为我争取到的。

布赖尔夫人是《今日生活与文学》（*Life and Letters Today*）的主编。她关注我的作品已经很长时间了，对于我被拘禁非常担心。

我相信，这封信可能会给我提供一个真正改善我的处境的机会。完全不能确定这样的机会将再次出现。我的巴黎朋友们（我必须说，阿德里安娜〔·莫尼耶〕小姐是个显著的例外）都一致希望看到我离开。然而，您知道，仓促的决定不是我喜欢的。它们甚至都不接近我喜欢的东西。但我习惯于不加讨论地听从经过考验的真正朋友的建议（我不会忘记，我绝不会明智地早在1933年3月就离开德国，如果阿多诺夫人没有坚持这一点）。

我不需要告诉您，由于我的人际关系和我的工作，我对法国有多依恋。对我来说，世界上没有任何东西可以取代国家图书馆。早在1923年，法国就向我伸出了欢迎之手，对此我也只能欢欣鼓舞；对当局的善意和我的朋友们的热爱。

这并不排除一个事实，那就是我在这里的生活和研究现在可能随时会受到考验。具体地说，结果很可能是，由于战争的缘故，不得不实施严格的规定，让最好的人和最坏的人一起忍受。这些想法迫使我考虑难民事务处在信中提出的建议。

不用说，在这种情况下，您的建议对我来说最有分量。因为我不希望我到美国来造成实质性的困难，给我们的友谊带来不和谐的因素。目前，这份友谊对我来说不仅构成我物质生活的唯一支撑，而且几乎构成我所拥有的唯一精神支撑。我更加无法仓促地做出决定，因为我肯定必须采取艰苦的步骤才能获得出境签证。（甚至不确定我是否会在49岁生日前获得一个，而离我的生日还有几个月的时间。）我在给难民事务处的答复中提到了这一点。随函附上该答复的副本。

请尽可能明确地告诉我您自己的意见，也就是我应该留在法国还是去美国加入你们。对我来说非常重要的是，您要仔细考虑此请求，并且您要意识到，这并不意味着我企图逃避我对我必须不幸地称之为“我的命运”的责任。相反，这一请求的唯一目的是让我在充分认识形势的情况下作出决定。

我终于看到了您那篇关于犹太人和欧洲的文章的校样。近年来，没有任何政治分析给我留下如此深刻的印象。这是我们期待已久的话语。而且这个话语不可能让人更早听到。在我阅读这篇文章的整个过程中，我都有一种发现真理的感觉。我对这些真理有一种预感，而不是真正去探索它们，它们正好以所有必要的力量和维度表达出来。我对我们的左翼领导人愚蠢、自鸣得意的乐观态度感到的强烈敌意，在您的文章中找到了更实质性的支持。虽然您没有提到名字，但是这些名字在我们所有人的嘴边。

在您的论述中最好的事情可能是在曼德维尔[1]和萨德的基础上的历史建构。它是不可预测且优雅的，就像一幅全景图，展示给在光线最佳时到达山顶的人。——您的文章会被那些实业家和自命不凡的人很糟糕地接受。到处都有很多这样的人。这只是我们为这篇文章将带来的反响感到自豪，以及我们对这些反响将是什么感到极度好奇的又一个理由。我羡慕您有机会看到它们完全自由地发生。

我刚刚收到您 11 月 28 日的来信。我由衷地感谢您对我的获释所发表的看法。与此同时，您询问关于此事的来龙去脉。我在 11 月 30 日的信中告知您，法维兹夫人告诉我，您曾代表我请求塞勒先生和哈布瓦赫先生给予支持。我没有他们做过任何事情的印象。的确，在这种努力中不可能有绝对的保证。然而，我怀疑他们是那种如果他们做了任何事，不会不通知我们巴黎办事处的人。我所知

1　伯纳德·德·曼德维尔（Bernard de Mandeville，1670—1733），荷兰医生和社会理论家，住在英国，并用英文发表。

道的是，阿德里安娜小姐的一位密友，法国外交部最有权势的人之一，已经采取了关键的步骤。因此我很犹豫是否要去看他们，但是我必须再次感谢您联系了这些教授。我担心我似乎是在轻率地提醒他们，他们并没有帮上忙。

诚挚的问候，

瓦尔特·本雅明

326　致格莱特尔·阿多诺

巴黎，1940 年 1 月 17 日

我亲爱的菲丽齐塔丝，

我打算给你写一封长信，尽管我只收到你非常简短的便条。而且我已经六个月没有收到泰迪的任何来信了。我最后一次收到你的来信是日期为 11 月 21 日的便条（虽然肯定是晚些时候寄出的，因为你提到了我回到巴黎，那只是在 23 日才发生的事）。我听说你身体还不太好。关于我的健康状况我也没什么很好的话要说。天气变得这么冷，我很难到外面走走。在外面散步时，我每三到四分钟就被迫停下来。我很自然地去看医生，结果被诊断为心肌炎，最近似乎越来越严重。我现在正在寻找一个可以吩咐做心电图的医生；这是相当困难的，一方面，因为只有少数专家能够获得必要的设备。然后，你必须同时尝试与操作员就何时进行测试达成单独的协议。我听说，这种测试是相当昂贵的。

天气、我的健康状况和总体事态都凑在一起，强迫我过最乏味的足不出户的生活。我的公寓里有暖气，但如果天气很冷的话，就不足以让我写东西了。因此，我有一半的时间待在床上，这就是我现在所处的位置。的确，尽管如此，在过去的几周里，我还是有机会进城去。这是因为我不得不再次处理平民生活的所有琐碎细节：我必须重新开立我的账户，我必须重新申请使用国家图书馆的许可，等等。每件事都需要比你想象的多得多的步骤。但是，它终于得到了解决。我必须告诉你，在我回去的第一天，图书馆里举行了一个小小的庆祝活动。特别是在摄影服务处，在几年前复印了我的一些笔记后，在过去的几个月里，工作人员得到了我的不少私人文件供他们复制。

最近最令人欣慰的事情是马克斯的一封日期为12月21日的精彩来信。在信中，他请我重新开始对法国文学的报道。他还询问了我未来的工作计划。我亲爱的菲丽齐塔丝，如果在此期间你愿意承担责任告诉他这封信对我的重要性，同时给他这份答复的草稿，我将不胜感激。所谓草稿，我的意思是，我还没有决定我的底线：也就是说，我是应该开始对卢梭和纪德的比较研究，还是应该立即开始我的《波德莱尔》的续篇。一旦我开始写续篇，就不得不搁置《波德莱尔》的担心使我犹豫不决。续篇将是一部篇幅巨大的作品，而不得不一遍又一遍地开始和停止将是一个棘手的问题。然而，这是我必须承担的风险。我的小房间里的防毒面具不断地提醒我这一点——在我看来，这个面具就像勤勉的修道士们用来装饰他们的单人小室的骷髅头的令人不安的复制品。这就是为什么我还不敢真正开始《波德莱尔》的续篇的原因。我绝对比其他任何作品更珍视这部作品。因此，它不会受到忽视，即使是为了确保其作者的生存。（然而的确，很难——如果不是不可能的——就此事做出实际的决定，即使是基于纯粹的假设。没有得到初步批准，我是不可能离开巴黎的。要得到它是极其困难的，甚至请求得到它也是不明智的，因为没有同时保证我能够返回。）

撇开我的其他工作不谈，我将很高兴开始我对最新法语书籍的报道。顺便说一句，阿根廷刚刚出版了一部相当有趣的作品。这是一本由〔罗杰·〕卡约瓦[1]出版的小册子，它是对纳粹主义的控诉，其中包含了从世界媒体上搜集到的论据，印刷时没有丝毫改动或修改。不必到理念世界或陆地世界最远的地区来获得这本小册子。另一方面，卡约瓦确实在《新法兰西评论》上发表了一篇关于选美比赛的理论，我打算在给马克斯的第一篇关于法语书籍的报道中讨论。我还打算讨论米歇尔·莱里斯[2]写的一本奇特的书，《成年：从童年到男子气概的凶猛状况的旅程》(*Manhood: A Journey from Childhood into the Fierce Order of Virility* [*Age d'homme*])。战前它吸引了很多人的关注。

马克斯 12 月 21 日写的信与我 12 月 15 日寄出的信互相交叉而过。在此期间，我去了美国领事馆，那里给了我一份通常的调查表。问题十四如下："你是某个教派的牧师或是某所学校、神学院、学院或大学的老师吗？"如果我没弄错，这个问题将对我产生重要影响，因为一方面，回答"是"将有可能不受配额限制入境（非配额签证），另一方面，领事馆声称至少需要五到六年的时间才能获得配额。因此，列出我在法兰克福研究所教过的课程非常重要。我尚未填写调查表，因为我不想在未经研究所许可的情况下提及它们。因此，在我收到你的答复之前，我将不得不把这份问卷放在一边。(领事办事处正在转移到波尔多 [Bordeaux]。我将从该办事处得知我的号码，如果我得到一个；但只有在他们收到我的问卷之后。)

如果我说上一期杂志在我看来是研究所在过去几年里出版的最好的杂志之一，这也许不是纯粹的虚荣心。马克斯的文章给我留下

1　罗杰·卡约瓦（Roger Caillois，1913—1978），法国社会学家、文学评论家和哲学家。

2　米歇尔·莱里斯（Michel Leiris，1901—1990），法国作家和民族学家。

了深刻的印象，我把它传给了每一个和我有联系的人。我对此进行了很多交谈，都在强调它有多充实。在这些谈话过程中，我突然想到，对这个问题进行扩展可能既有趣又有用。文章中提出的问题应通过论述反犹太运动依赖或反抗中世纪反犹太主义的方式加以扩展。这正是泰迪关于瓦格纳所指出的（《荆刺丛中的犹太人》[Der Jude im Dorn]）。

我利用《瓦格纳》一书中部分章节发表的机会[①]，又读了一遍。然后，我查阅了文本的完整手稿，这样我就可以将我第一次阅读时印象最深刻的段落与我现在在杂志里划了线的段落进行比较。这一比较的结果是，尽管我深信其总体概念的基本真理，但我现在比以往任何时候都更加关注这个问题的某些具体方面。我们将不得不回到缩小（Verkleinerung）这个话题，作为幻影的一种诡计。这个段落让我想起了我的最古老的项目之一。你可能还记得听我说过：我指的是关于歌德的《新梅露辛》的评论。这可能更加恰当，因为梅露辛很可能是你将近结束的时候提到的那些波浪状的生物之一。我被摘要中的一些美妙的构想所打动：一个是关于弗洛伊德和荣格在瓦格纳作品本身中实质上的对立；另一个是关于瓦格纳式“风格”的同质性被指责为内在衰退的征兆。（总有一天，泰迪将不得不编纂他的分析中的一些段落，论述作为抗议的音乐，并发展其中包含的歌剧理论。）

在结束这封长信之前，让我给你介绍一些你可能感兴趣的人的情况。我最近看到多拉，在她回伦敦的路上。〔……〕——我不认为我写信告诉过你格吕克大约两年前在布宜诺斯艾利斯定居。他在那里找到一份工作，也许不像他以前的职位那么好，但似乎很稳定。自从战争以来，我没有收到他的任何消息。——我们的朋友克洛索夫斯基被宣布为不适合服兵役的，他离开了巴黎，刚刚在波尔多市政府找到了一份工作。你可能还稍微记得〔埃贡·欧文·〕基施[1]，他刚刚成功地获得了智利的一个教授职位。最后，我们可怜的朋友〔汉斯·〕布鲁克②还在营地里。我们继续希望他很快就会出来；但与此同时，他真的很痛苦。会亲自告诉你我的消息的人是索马·摩根斯特恩。我们听说他要在春天之前动身去纽约。

由于时下邮资真的很贵，马克斯会原谅我把一些更与他相关的信息委托给你。我相信你也会原谅我。我希望你下次写信时，不要满足于给我寄一张蓝色的小便条。不管它们是多么漂亮。我真的指望你，还有泰迪，能寄给我一封几页长的信。(我真的很想听听他在做什么。)

爱你的老德特勒夫

附：我的英语课将会在下周开始。

① 参看1938年1月6日致霍克海默的信；阿多诺的《瓦格纳》一书中的四章刊登在W. B. 的《波德莱尔》论文发表的同一期《社会研究杂志》上。
② 乐队指挥汉斯·布鲁克当时在纽约。

327　致格哈德·肖勒姆

巴黎，1940年1月11日

亲爱的格哈德，

你12月15日的来信月底已经到我手中。我希望这封信也不会花费太长的时间旅行。

令我感到振奋和高兴的是，你在情况许可的范围内全神贯注地

1　埃贡·欧文·基施（Egon Erwin Kisch，1885—1948），来自布拉格的德语作家、记者和通讯员。

从事你的工作。我尤其希望你今后不要再推迟编撰你的纽约讲座了。[①] 我们今天能发表的每一行字——不管我们将它托付给的未来多么不确定——都是从黑暗势力手中夺取的胜利。无论如何，如果你将开始拖延你的英文出版物，那就太可悲了，因为这封信的署名者正准备认真地学习这门语言。目前，我正在协商私人课程。我打算与汉娜·阿伦特和她的朋友一起参加。

至于你希望实现的“保护我们共同拥有的东西”，据我所见，在这方面，事情现在甚至比二十五年前更受重视。当我这样说的时候，我并没有想到我们，而是想到时代精神所做的安排，它在当今的沙漠景观中树立了标记，对于像我们这样的老贝都因人来说是明白无误的。虽然我们不能彼此交谈是一件令人难过的事，但我仍然感到，这种情况绝不能使我失去我们过去不时进行的激烈辩论。现在已经不再需要这些了。当我们在精神上拥抱在一起的那一刻到来时，在我们之间有一片小小的海洋，这甚至也许是合适的。

我天生的孤独感由于目前的情况而日渐增强。在经历了这么多之后，犹太人似乎连他们所剩下的一点点理智都没有了。能够在这个世界上找到自己的方向的人数越来越少。在这种情况下，我很高兴和多拉进行了两次短暂的会面。〔……〕顺便说一句，她谈到有迹象表明，在可预见的未来，意大利的反犹太主义将会消失。

你给我的关于在朔肯的晚会上演讲的描述真是扣人心弦。我没有将它瞒着汉娜·阿伦特，她最诚挚地回复你的问候。你的报告使我这个没那么快在人们的卑鄙行为中看到恶魔的工作的人渴望复仇。〔……〕汉娜·阿伦特有一种劝慰的观点，认为在朔肯的内心深处，肯定对于马克斯·布罗德一个人比对于你和我的总和还要看重得多。照目前情况，祝愿你，并——带着必要的距离——也祝你的同事们，他在美国远征中取得圆满成功[②]。

正如你可以想象的那样，我很高兴听到你作为一名教师的影响力。你应该尽快告诉我肖勒姆学派是怎么一回事。

为 1939 年年集揭幕的研究所杂志双期刊刚刚出版。你会在其中找到我的两篇长文。当然，我一拿到手，就会把两者的单行本寄给你。即便如此，我还是强烈建议你购买这期杂志，或者通过其他任何方式获得它。就个人而言，我因为两个方面对此很感兴趣：首先，它将把你对我产品的宣传放在一个更广泛的基础上；其次，我想听听你对《犹太人与欧洲》一文的看法。

今天就写到这里。请接受我最诚挚的问候，这也适用于你的妻子。

你的瓦尔特

① 《犹太神秘主义的主要趋势》。直到 W. B. 逝世半年后才出版，这本书的题辞表达了对他的怀念。
② 当时，萨尔曼·朔肯领导希伯来大学的行政工作。

328 致特奥多·W. 阿多诺

巴黎，1940 年 5 月 7 日

我亲爱的泰迪，

感谢您 2 月 29 日的来信。遗憾的是，目前，我们将不得不适应从您写信到我的回复到来之间的这种时间跨度。另外，您可以很容易地看出，这封信，就像罗马，不是一天建成的。

当然，我为您对我的《波德莱尔》采取的立场曾经（并且现在仍然）感到很高兴。您也许知道，您与菲丽齐塔丝和马克斯一起发送给我的电报我是在营地里才收到的，您可以自己估计一下，在我在那儿的几个月里，它在我的精神家当中的重要性。

我又读了一遍您提到的关于听觉退化的段落[①]，可以发现我们的研究方向是一致的。没有比流行歌词配上旋律更好的例子，说明记录破坏了体验。（在这里，很明显，个体以处理潜在体验的内容而自豪，就像政府处理潜在社会的要素一样。）我没有理由向您隐瞒一个事实，那就是我的“经验理论”的根源可以追溯到童年的记忆。无论我们在哪里度过夏假，我的父母自然都会和我们一起散步。我们兄弟姐妹有两个或三个。我在这里想到的是我的弟弟。当我们参观了弗罗伊登施塔特、文根或施莱伯豪附近的一个必去的旅游景点后，我弟弟常说：“现在我们可以说我们已经去过那里了。”这句话给我留下了难忘的印象。（顺便说一句，如果您对我对您那篇关于拜物教性质的文章的看法的设想是正确的，我会感到惊讶。您不会把它和我对您那篇关于爵士乐的文章的看法混淆了吧？我已经把我对后者的反对意见告诉您了。前者我毫无保留地同意。最近，它一直在我的脑海里，因为您在其中就马勒对“音乐的进步”所做的一些评论。）

毫无疑问，您在对灵晕的讨论中投入的遗忘概念具有重要意义。我一直在关注区分史诗性和反射性遗忘的可能性。如果我今天不超出这个论断，请不要认为这是回避。我清楚地记得您提到的《瓦格纳》一书第五章中的段落。但是，即使事实上，这个问题在灵晕中是一个“被遗忘的人的东西”，这个问题也不一定是实际存在于作品中的东西。赐予人类的乔木和灌木不是他们创造的。因此，物体中一定有某种人性化的东西，不是由劳动引起的。不过，我想就此打住。在我看来，在我的工作过程中，我将不可避免地再次遇到您提出的问题。（我不知道我是否会在《波德莱尔》的续篇中遇到这个问题。）我要做的第一件事是回到遗忘理论的常被引用的章句，正如您可能知道的那样，这在我看来是由（蒂克的）《金发艾克贝尔特》代表的。

我认为，没有必要为了承认遗忘的价值而去质疑非自主性记忆的概念。一天不由自主地再次涌进普鲁斯特脑海的对玛德琳蛋糕的味道的童年体验，实际上是无意识的。这不是他第一次吃玛德琳蛋糕的第一口。(品尝是一种有意识的行为。) 然而，随着味道变得越来越熟悉，品尝可能变得无意识。那么，成年人的“再次品尝”当然是有意识的。

由于您问起莫泊桑的《夜晚》，我非常仔细地阅读了这篇重要的作品。我的《波德莱尔》的一个片段探讨它，当然，您可能会在某一天看到。(非常感谢，在此期间，我将您借给我的那本书通过巴黎办事处还给您。)

至于纪德、波德莱尔的二选一，马克斯实在是太好了，让我自己来选择。我决定选《波德莱尔》；我目前认为这是最不妥协的主题；对我来说最紧迫的事情就是满足它的要求。我不向您隐瞒，我还不能以我所希望的强度来做这件事。造成这种情况的一个主要原因是论文②的工作，这些天您会收到其中的一些片段。当然，它们反过来代表了我对《波德莱尔》续篇的思考中的某个阶段。我希望在接下来的几天里开始一个但愿连续的工作期，我会将其投入到这一续篇。

现在来谈谈格奥尔格和霍夫曼斯塔尔之间的通信。老天爷不会让树长到天上去[1]。这一次，我能够在一个我感到完全自在的领域和您相遇，但我那小小的愿望——想要获得您报告的那本书的第一手见解——仍然没有实现。由于我在音乐领域没有能力获得这样的第一手见解，因此您也许不应该把我对您文章的判断太绝对化。尽管如此，在我看来，这是您写过的最好的东西。以下是一系列具体的评论。在此之前，我想说一句，对我来说，这篇文章的关键之处在于它对历史观点的极其准确无误、有说服力和令人惊讶的概述：

1 德国谚语，意指凡事都有个自然的界限。

就像〔恩斯特·〕马赫[1]和詹斯·彼得·雅各布森[2]之间跳跃的火花，赋予了历史景观一种可塑性，这种可塑性简单来说就是给景观增添了一道夜空中的闪电。

从您的陈述中似乎可以看出，格奥尔格的形象在通信中比霍夫曼斯塔尔的留下更为清晰的痕迹。彼此为争夺文学地位而进行的斗争可能正是这个通信的基本动机，而攻击者过去是，现在仍然是格奥尔格。虽然在某种意义上，我在您的文章中找到了格奥尔格的一幅完整的肖像，但是当涉及霍夫曼斯塔尔时，很多东西还留在背景中。在某些段落中，变得非常清楚，要由您来照亮此背景的特定部分。您对霍夫曼斯塔尔性格中的演员的评论，尤其是对他性格中的孩子的评论，对我来说，在《阿里阿德涅》（*Ariadne*）的精彩引语中达到了高潮，这句引语动人心弦，因为它出现在您的文本中的位置——所有这些都指向了问题的核心。我本来希望能找到您对童年世界的回忆的看法，当它们迷失地出现在格奥尔格的《小矮人之歌》（Lied des Zwergen）或《绑架》（Entführung）中时。

霍夫曼斯塔尔有一个方面在我的脑海中挥之不去，但却未被触及。我怀疑我（也许不是第一次？）想和您谈谈它的暗示是否真的告诉您一些新内容。如果确实如此，还有一个问题，就是它们将在何种程度上被您理解。我打算把这些评论寄出去，不管它们是否支离破碎。实际上，有两个文本，它们的对照划定了我要说的内容。您自己提到了其中之一，因为您引用了《尚多斯的信》（*Chandosbrief*）。我在此想到了以下段落："我不知道这个克拉苏（Crassus）和他的海鳝有多少次出现在我的脑海中，就像我自己的镜像一样，被抛过几百年的深渊……克拉苏……为他的海鳝流眼

1　恩斯特·马赫（Ernst Mach，1838—1916），奥地利物理学家、哲学家和科学理论家。

2　詹斯·彼得·雅各布森（Jens Peter Jacobsen，1847—1885），丹麦作家。

泪。我被迫思索这个人物，他的荒谬和可鄙，在讨论着最崇高的事情和统治着世界的元老院中间，颇为引人注目——一种不可名状的东西迫使我以某种方式思索这个人物，而这种方式在我试图用语言来表达它的那一刻，对我来说似乎是完全愚蠢的。”（同样的主题也出现在《塔楼》中：那头被屠宰的猪的内部，王子在他的童年时期不得不往里面看一眼。）此外，我所说的两个段落中的第二个也在《塔楼》中：它是医生和朱利安之间的对话。朱利安，这个人，除了微小的意志停顿，除了那唯一屈服的一刻，不缺乏任何可以使他成为最崇高之物的一部分的东西，他是霍夫曼斯塔尔的自画像。朱利安向王子透露：霍夫曼斯塔尔背弃了《尚多斯的信》中出现的任务。他的“失语症”是一种惩罚。霍夫曼斯塔尔所回避的语言可能正是大约在同一时期卡夫卡被赋予的语言。因为卡夫卡承担了霍夫曼斯塔尔在道德上因而也在诗歌上失败的任务。（您所指出的那种令人怀疑的、如此不稳固的牺牲理论，带有这种失败的所有痕迹。）

我相信在他的一生中，霍夫曼斯塔尔对待他的才能的态度和基督对待他的统治的态度是一样的，如果他不得不把它归因于与撒旦的交易的话。在我看来，霍夫曼斯塔尔非凡的多才多艺与他意识到他已经背叛了自己最好的一面密不可分。因此，与乌合之众无论怎样的亲昵程度都不会吓到他。

尽管如此，即使将〔汉斯·〕卡罗萨[1]归入一个“学派”，而这个学派的首脑想必是霍夫曼斯塔尔，我也坚信，**在这个学派的标志下**，也就是在霍夫曼斯塔尔本人的标志下，谈论德国作家的政治同步仍然是不可行的。霍夫曼斯塔尔于 1929 年去世。在您对他提起的指控中，他用他的死亡赢得了一个“事态不明”的判决，如果不能通过其他方式替他弄到的话。我认为您应该重新考虑这段话；我

1　汉斯·卡罗萨（Hans Carossa，1878—1956），德国医生、抒情诗人和短篇小说作家。

几乎是在请求您这样做了。

当然，您提醒别忘记普鲁斯特是对的。最近，我对他的作品有些自己的想法；再一次，它们碰巧与您的一致。您对“那不是它”的体验讲得很漂亮——正是时间使之变成迷失的体验。现在在我看来，普鲁斯特的这一基本体验有一种深藏的（但并非因此也是无意识的）模式：即法国犹太人被同化的“那不是它”的体验。您应该很熟悉《所多玛和蛾摩拉》中著名的一段，其中，同性恋者之间的共犯关系被拿来与一个特殊的星座相比较，这个星座决定了犹太人之间的行为。正是普鲁斯特只有一半犹太人血统这一事实，使他能够洞察到同化的不稳定结构，这一洞见是德雷福斯[1]运动从外部带给他的。

关于格奥尔格不可能有任何书籍与您的哪怕只有一点点相提并论。我对此没有任何保留意见;我不怕向您承认我感到非常惊喜。即使人们在今天一定很难用别的方式来谈论格奥尔格，除了他是一位诗人，凭借他的《圣约之星》(*Stern des Bundes*)，为圣维斯特舞蹈病勾勒了舞蹈编排，而这种舞蹈病正从德国那片被玷污的土地上走过——这肯定不是从您那里所期望的东西。但是，您已经尽可能决定性地并以必要地不张扬的形式完成了这项不合时宜和费力不讨好的任务，即格奥尔格的“救援”。通过认识到抗拒是格奥尔格作品的诗歌和政治基础，您已经解释性地（翻译的意义）和批判性地（市场的垄断和排挤）阐明了它最基本的特征。一切都一气呵成，一切都令人信服。有些段落本身可以证明，您为这个文本所付出的辛劳，不管花了多长时间，都没有白费。我想到的是对“绅士”的精彩的讽刺性评语，以及诸如“时间不早了”之类的影响深远的引语。您的工作使人们能够想象以前难以想象的

1　阿尔弗雷德·德雷福斯（Alfred Dreyfus，1859—1935），法国军官。

事情，并构成了乔治来世的开端：他的诗歌选集。其中一些在您的文本中比在您找到它们的地方更好。

我不想忽略一个重要的问题，在这个问题上我们应该（而且可能）达成一致。它涉及您在“态度”这个关键词下论述的内容。与吸烟的比较很难恰当地说明这个话题。它可能会误导人相信在任何情况下态度都是“展示”或“采取”的。然而，完全有可能找到一种无意识的态度，而不会因此使其不怎么是一种态度。您可能也以这种方式看待事物，因为在同样的概念下，您包含了优雅，而优雅很少与有意识地展示的东西相关联。说到优雅，我只想谈谈儿童，我这样做，并没有因此想把一种自然现象从它所出现的社会中解放出来，也就是以一种不恰当的抽象方式来探讨它。儿童的优雅是存在的，而且主要是作为对社会的一种纠正而存在的；它是指引我们走向“不受约束的幸福”的指示物之一。保持孩子般的天真，就像在一个不友善的时刻，人们会指责霍夫曼斯塔尔所做的（保持这种天真，让他对〔费利克斯·〕萨尔滕[1]的文艺专栏的评价几乎不比对我的“巴洛克之书”的低多少，但这并不能成为我们放弃对他的喜爱的理由。）

您对狭义态度的看法引起了我的一些保留意见。我想摘引您自己的文本中的一个短语来说明它们是什么。具体地说，在您以一种美丽的表述提到我的《波德莱尔》论文的地方：孤独的人是所有像他一样孤独的人的独裁者。我不认为这是过于胆大妄为的说法，即在一个人的本质的孤独进入我们视野的地方，我们遇到态度。这种孤独远非人类个体完满的所在，而很可能是他历史决定的空虚的所在，是他作为不幸的人格的所在。我理解并同意您的所有保留意

1　费利克斯·萨尔滕（Felix Salten，1869—1945），奥匈帝国作家，因其动物故事《斑比：来自森林的生活经历》（1923年）举世闻名。

见，当展示的态度是完满的态度的时候（实际上，这是乔治理解它的方式）。但是，也有不可剥夺的空虚态度（这是波德莱尔后期作品的特征）。简而言之：据我理解，态度不同于您所谴责的那种态度，就像烙印不同于纹身一样。

我觉得您文章的最后两页就像一张放生日礼物的桌子，其中关于“不受约束的幸福”的段落代表了庆祝生日用的蜡烛。这件作品在其他地方也有点像摆满礼物的桌子；术语的标记依附于它的思想，就像价格标签依附于礼物一样。

最后，我将采纳您的好习惯，以旁注的形式提出一些问题。“最后一列火车正驶入山中”，这句话与〔阿尔弗雷德·〕库宾的梦幻之城“珍珠”（Perle）一样，正好适合施瓦宾区（schwabing）的氛围。此外，“珍珠”是“圣殿”所在的城市，在“圣殿”带有干腐菌的墙壁后面，保存着“第七枚戒指”。

将其与克劳斯对乔治翻译莎士比亚十四行诗的评论联系起来，可能会让您对克劳斯的引用更有分量，特别是您自己也谈到了翻译的问题。

格奥尔格对霍夫曼斯塔尔的有鉴赏力的评价，丝毫不差地复制了维克多·雨果关于波德莱尔的著名评价：“您创造了一种新的刺激。”当格奥尔格谈到霍夫曼斯塔尔的花岗岩般的日耳曼元素时，在语调和主题上，他可能想起了荷尔德林 1801 年 12 月 4 日写给伯伦多夫[1]的信中的一段话。

可以顺带提及一个问题，即这一通信是否没有受到歌德和席勒之间的通信的影响——后者作为两位出类拔萃的诗人之间友谊的记录，极大地加剧了德国上层气氛的恶化。

1　卡西米尔·乌尔里希·安东·伯伦多夫（Kasimir Ulrich Anton Böhlendorf，1775—1825），库尔兰作家、诗人和历史学家。

说到您的“高尚的东西凭借卑鄙的东西而高尚”——请参阅维克多·雨果的精彩语录：“无知者是博学者吃的面包。”

您为卡罗萨和鲁道夫·博查特颁发的勋章铸造得非常好，而且，正如您可以想象的那样，您献给象征主义的格言“幽暗的树林本不见光彩”使我喜爱。支持它的对〔阿蒂尔·兰波[1]所作的〕《元音》（Voyelles）的分析在我看来也极具说服力。技术和神秘主义的交织，正如您所指出的，很早就出现了，在一个为飞行员建立政治培训学校的政权中已经变得显而易见。

最后：我非常喜欢雅克布森在您的文章中所扮演的角色。早期的主题无疑在这里显示了效果。无论如何，您仔细思考的名字的详述形式所产生的效果，就像一个男孩的样子，他双颊通红，从森林里冲出，在一条凉爽的林荫路上向我们走来。

您问及我的英语课。当我从菲丽齐塔丝那里收到一位老师的地址时，我已经开始和另一位老师上课了。我担心我的进步，并不迅速，但还是远远超过了我在对话中运用知识的能力。我也曾认为拉佐夫斯基（Razowski）小姐的宣誓作证书，就像您说的，是一个“重要资产”。遗憾的是，我不得不改变我的看法。我得到的有关美国领事馆（我至今仍未从它本身听到任何消息）当前做法的所有信息，都一致表明，普通案件的办理进展非常缓慢。但是，在没有我参与的情况下，我的案子现在不幸变成了一个“普通”案件，而这是由于发送了该宣誓书。要不然，我本来可以申请访问签证，比如最近授予作家赫尔曼·凯斯滕的那种。〔……〕

〔……〕

回到签证的问题上，除了聘任之外，签发非配额签证（这是唯一可以让我有机会在短时间内过来的东西）的条件是曾经进行

1　阿蒂尔·兰波（Arthur Rimbaud，1854—1891），法国诗人、冒险家和商人。

公开教学活动的证明。不久前，对后一条规定中要求在签发签证之前**最近两年**的此类教学活动证明的**那**一节作了非常严格的解释。这让我很犹豫现在就写信给夏皮罗。在我确信能充分利用他对我的关注之前，我不愿求助于他。只有当我抵达美国的日期临近时，情况才会如此；不管是我的移民进展再次加速，还是有关发放非配额签证的规定再次不那么严格地执行。照目前的情况看，我担心，即使有聘书，这些规定也更有可能对我不利。但是，当然，如果您认为夏皮罗可以为我获得聘任做些事情，我会毫不犹豫地写信给他。

〔……〕

您知道福克纳[1]吗？如果是这样，我想知道您对他的作品有何看法。我目前正在阅读《八月之光》（*Lumière d'août*）。

我没有特别延迟地收到您的来信。我想您可以用德语给我写信，并且因此您应该更多地给我写信。当然，就我而言，用德语写的信肯定是个例外。——请把《里克特》③和您的下一封信一起寄来。我的确是里克特的学生（就像您是〔汉斯·〕科尼利厄斯的学生一样），我真的很期待您的文本。

致以最诚挚的问候，永远是您的瓦尔特·本雅明

① 出自阿多诺关于音乐中拜物教性质的文章，现收载于《不协和音》。

② 现收载于《本雅明文集》第 I 卷，第 494—506 页。

③ 阿多诺对海因里希·里克特的《即时性和意义解释》（Unmittelbarkeit und Sinndeutung）（图宾根［Tübingen］，1939 年）的评论，《哲学和社会科学研究》（*Studies in Philosophy and Social Science*）第 9 期（1941 年），第 479—482 页。

1　威廉·福克纳（William Faulkner，1897—1962），美国作家。

329 致马克斯·霍克海默

卢尔德（Lourdes），1940年6月16日

亲爱的霍克海默先生，

我答应过您，我会尽可能多地向您发送关于我的消息。今天，这个消息主要包括我的地址的变动。

我相信今天您会允许我长话短说——尤其是因为，由于过去两周发生的事情和我的旅行，我仍然极度疲惫。

我当然没有必要重复我在上一封信中提出的请求，即您应尽可能迅速而有效地出面和美国当局进行交涉。我不知道领事馆现在的地址。所以我指望您能把我现在的地址从纽约寄给领事馆。**领事馆出具的证明我可以期待几乎没有延迟地拿到签证的信函对我来说至关重要。**

我目前享有的受优待地位可能允许我在签证签发后几乎立即去纽约。就像我在上一封信中提到的那样，我认为推动事情进展的最迅速而有效的方法是，我被任命为教授，因为这将使我有可能获得非配额签证。这可能是我拿到签证的唯一途径。

困扰我的多重担忧还有我对我的手稿的担忧，我被迫把这些手稿连同我的其他所有物品留在了巴黎。

请代我向我们的朋友们问好，并请确信，我亲爱的霍克海默先生，我对您深切而真诚的依恋。

本雅明

330 致阿德里安娜·莫尼耶

卢尔德，1940年〔6月？〕

我亲爱的朋友，

我挤在桌子一角，快速地写这几行字给您。

我深深遗憾没有再见到您。不可预见的情况迫使我出发去卢尔德，一位朋友的妻子在同一时间离开，我或多或少地期待她也来到这里。

我没有理由抱怨这个结果。这个地方很便宜。我找到了一间200法郎的卧室。鉴于当前的事态，我从当地居民和当局那里得到的亲切欢迎是非常宝贵的。

这里有很多人，大部分是比利时的难民。我们听说，为这些人做了最好的安排：没有麻烦，没有焦虑。信心和从容值得尊敬。

如果吉泽尔〔·弗伦德〕还没有找到一个令她真正满意的安排，我将很高兴她能来这里。从很多方面来看，我认为卢尔德对她来说真的是个好地方。（我不了解这个地区，但它非常美丽。）

我想到您；只要巴黎仍然处于任何危险之中，我就会一直想着您。不仅当我想到巴黎时，我的思绪转向您，当我想到奥岱翁街（rue de l'Odéon）时，我的思绪也转向您，我要把它托付给所有神灵中最强大但最少有人祈求的去保护——可是您也是我许多思想的纽带。

问候。让我向您保证我对您深深的依恋。

本雅明

附：请好心地把我的地址寄给吉泽尔，并让她把她的地址寄给我。并请祝西尔维娅〔·比奇〕一切顺利。感谢您从H.寄来的美丽的信和那本书。

331　致汉娜·阿伦特

卢尔德，1940年7月8日

亲爱的汉娜，

我希望这封短信能在蒙巴乌斯（Montbahus）找到您。它的目的是对您5日的明信片表示感谢，并祝贺您找到了那个人①。请代我向他问好。（这是雷茨[1]的风格，它目前正在塑造我的风格！）

P. 夫人又找到了她的丈夫。看起来他的身体状况很糟。

我们收到了弗里茨的消息②，但他似乎还没有被释放。

在我如此缺书的情况下，如果我没有在我唯一的一本书中找到非常适合我当前状态的格言，那我将会陷入比现在更严重的抑郁："他的怠惰支持他在漂泊和隐秘生活的默默无闻中荣耀了许多年"（拉罗什富科[2]对雷茨说）。我引用这句话是不言而喻地希望能引起先生的悲伤。

您的老本雅明

① 海因里希·布吕赫[3]，后来成为阿伦特的丈夫。
② 精神科医生弗里茨·弗兰克尔，W. B. 的朋友，住在巴黎的同一幢房子里。

332　致特奥多·W. 阿多诺

卢尔德，1940年8月2日

我亲爱的泰迪，

我很高兴收到您7月15日的来信，原因有很多。首先是您还亲切地记得这一天；另外，因为从您的信中所散发出的理解。不，

---

1 让·弗朗索瓦·德·雷茨（Jean François de Retz，1613受洗—1679），法国17世纪的贵族、神职人员、政治人物和教会的最高决策成员。

2 弗朗索瓦·拉罗什富科（François de La Rochefoucauld，1613—1680），短暂活跃于政坛的法国贵族和军官，但主要以文学家的身份载入史册。

3 海因里希·布吕赫（Heinrich Blücher，1899—1970），德裔美国哲学家、世界主义的知识分子和大学讲师。

我写一封信真的不容易。我和菲丽齐塔丝谈到我对自己手稿的完全不确定性。（相对而言，我对那些用于《拱廊计划》的草稿的担忧要少于对其他草稿的担忧。[①]）但是，正如您所知道的，我个人的情况并不比我手稿的情况更好。9月份降临到我头上的措施可能突然重演，但是这次有了完全不同的征兆。在过去的几个月里，我看到一些人，与其说是从资产阶级的生活下沉，不如说是突然从资产阶级的生活坠落；因此，每一个保证都给予我支持，不仅是有问题的外在的那种，而且还有不那么有问题的内在的那种。正是在这个意义上，我怀着真正的感激之情拿起了“属于拥有它的人们的”文件。我可以想象，这个使我感到惊喜的信头能够持久地促进该文件可能产生的影响。

好几个星期以来，对于第二天甚至下一个小时将会带来什么的完全不确定性支配着我的生活。我注定阅读每份报纸（现在它们都只限于一张纸）都像阅读一张送达给我的传票，并从每次广播中听出不幸的信使的声音。我试图到达马赛以便在那里向领事馆为我的情况辩护的努力是徒劳的。很长一段时间以来，外国公民都不能获得位置变更的许可。因此，我仍然依赖于你们从外部能做些什么。您答应我马赛领事馆会有消息这一事实使我特别充满希望。该领事馆的来信也许会使我得到去马赛的许可。（事实上，我无法下定决心与占领区的领事馆建立联系。在占领之前，我从这里寄到波尔多的一封信，得到了一个友好但空洞的答复：有关档案仍在巴黎。）

我听说您与哈瓦那（Havanna）的谈判以及您在圣多明各（San Domingo）方面的努力。我坚信，您正在尝试一切可行的办法，或者像菲丽齐塔丝所说的，您正在尝试“比可行更多的办法”。我担心的是，我们可以利用的时间可能比我们设想的要有限得多。尽管两周前我没有想到过这种可能性，但新的信息使我决定，请求法维兹夫人通过卡尔·布克哈特的干预，如果可能的话，为我获得在瑞士临时居留的许可。我知道本来有很多理由反对这条出路；但是有一个强有力的论据支持它：时间。要是这条出路能实现该多好！——我已经写信给布克哈特寻求帮助。②

我希望到目前为止，我给您的印象是，即使在困难的时刻，我也能保持镇静。不要以为这种情况已经改变。但我不能无视局势的危险性质。我恐怕，那些已经能够从中逃脱出来的人，总有一天会被想到。

经由日内瓦——这可能也将是我发送这封短信的方式——您会收到我的简历。我已经把我的文献目录纳入了简历，因为我在这里缺乏更详细地组织它本身的所有资源。（它总共包含近四百五十件作品。）如果仍然需要严格意义上的文献目录，研究所资料手册中的可以供您使用；我目前无法提供一个更好的。

给我极大安慰的是，您在纽约，在某种程度上可以说，保持“能联系得上”，并保持真正意义上的密切注意。梅里尔·摩尔（Merril Moore）先生居住在波士顿的联邦大道（Commonwealth Avenue）384 号。《今日生活与文学》的编辑 W. 布赖尔夫人曾多次向他提及我，他可能对形势有所了解，也有帮助改变这种状况的意愿。我认为您和他取得联系可能是值得的。

〔……〕

我很难过，菲丽齐塔丝的身体状况仍然如此不稳定。〔……〕请代我向她致以最诚挚的祝福。

请向波洛克先生转达我最衷心的感谢和最亲切的问候。

请接受所有的爱，从您的

瓦尔特·本雅明

附：请原谅令人尴尬的完整签名；有人要求这么做。

① 当本雅明逃离巴黎时，在图书馆员乔治・巴塔耶[1]的帮助下，《拱廊计划》项目的笔记和材料被藏在了国家图书馆中；它们被保存了下来。
② 布克哈特未能成功说服主管的瑞士当局在本雅明非法越境进入西班牙之前对他的干预做出积极的答复。

1 乔治・巴塔耶（Georges Bataille，1897—1962），法国作家和哲学家。

附录

收信人名单

阿多诺，格莱特尔（Adorno，Gretel，生于1902年），娘家姓卡尔普鲁斯，博士，特奥多·W.阿多诺的妻子，自1928年以来成为本雅明的朋友。第210、217、223、226、229、231、265、302、305、317、321、324、326封信。

阿多诺，特奥多·维森格伦德（Adorno, Theodor W[iesengrund]，生于1903年），法兰克福约翰·沃尔夫冈·歌德大学哲学和社会学教授，社会研究所所长。1931年取得在大学授课资格。1934年流亡到牛津，后来去了北美的社会研究所。1949年返回法兰克福。从他与本雅明1923年的相识开始，他们之间建立了深厚的友谊。流亡期间，他们在巴黎和圣雷莫共度了很多时光。第213、250、260、272、276、304、307、310、318、328、332封信。

阿伦特，汉娜（Arendt, Hannah，生于1906年），作家。第一次婚姻嫁给了W. B.的表兄威廉·斯特恩教授的儿子君特·斯特恩（Günter Stern）。从30年代初开始与W. B.交往，在流亡的岁月里，她领导青年阿利亚（Jugend-Alijah）的巴黎办事处期间，两人的联系尤为密切。第331封信。

本雅明，瓦尔特（Benjamin, Walter），第195、202、204、237、263、306封信。

贝尔莫尔，赫伯特（Belmore, Herbert，1893年生于开普敦），小时候和他的父母从南非回到德国。W. B.的同学和青年时代的密友，尤其是在青年运动时期。学习图形艺术。1914年春去英国，第一次世界大战期间在瑞士。1917年，友谊断绝。当时住在罗马，担任翻译。第1、2、3、4、5、6、7、8、9、10、12、13、16、17、

18、19、22、23、31、32、35、36、40、43、47 封信。

布莱希特，贝托尔特（Brecht, Bertolt，1898—1956）。W. B. 是布莱希特的戏剧和抒情作品最早的崇拜者之一，他经常公开赞扬他的作品。W. B. 多次从巴黎前往斯文堡拜访布莱希特，并逗留较长时间，并且努力通过长时间的讨论来澄清自己和布莱希特在政治和文学问题上的立场。第 200、232、235、251、258 封信。

布莱希特，海伦（Brecht, Helene，生于 1900 年），娘家姓威格尔。柏林剧团（Berliner Ensemble）团长。第 253 封信。

布伦塔诺，伯纳德·冯（Brentano, Bernard von，1901—1964），1925—1930 年为《法兰克福汇报》驻柏林记者。朋友圈的一部分，包括本雅明、贝恩、布莱希特、布龙尼、鲁道夫·格罗斯曼（Rudolf Grossmann）等人。1932 年，以《野蛮行为在德国的开始》（*Beginn der Barbarei in Deutschland*）一书发出针对希特勒的警告。1933 年国会纵火案后流亡瑞士。先是在苏黎世，然后在屈斯纳赫特（Küsnacht）/ 苏黎世，他撰写了他的小说、散文、一部戏剧和一部传记。第 312、315、319 封信。

布伯，马丁（Buber, Martin，1878—1965）。他的青年时代是在利沃夫（Lemberg）度过的。从 1916 年到 1924 年，出版《犹太人》杂志；从 1926 到 1930 年，出版《创造物》杂志。直到 1933 年在法兰克福担任一般宗教学名誉教授，从 1938 年起在耶路撒冷担任社会哲学教授。W. B. 在《创造物》中发表了有关莫斯科的城市风景。布伯于 1916 年邀请他为《犹太人》撰稿。第 44、45、161、163 封信。

卡罗，休纳（Caro, Hüne，实际上是齐格弗里德）（1898 年生于柏林），欧文·勒文松的密友，在瑞士期间以及后来在柏林与 W. B. 交往。当时住在耶路撒冷。第 83 封信。

科恩，阿尔弗雷德（Cohn, Alfred，1892—1954），W. B. 的同学和青年时代的朋友，即使在流亡期间，他们仍保持着密切的联系。

在柏林，后来在曼海姆，然后又在柏林，最后在巴塞罗那经商。从1936年起在巴黎。在第二次世界大战期间，在穆瓦萨克（Moissac）的犹太童子军中心任教。自1921年以来与格蕾特·拉特结婚，后者在1914至1916年间还是学生时曾与W. B.订婚。第173、183、247、254、262、273、279封信。

弗伦德，吉泽尔（Freund, Gisele，1908年生于柏林），记者兼摄影师。在巴黎期间结识了W. B.。两人都常出入于同一个文学圈子，除了摄影外，他们还有另一种共同爱好：国际象棋。W. B.在《社会研究杂志》上评论了吉泽尔·弗伦德的博士论文。本雅明保存下来的最好的照片中有一些要归功于她。当时住在巴黎。第322封信。

霍夫曼斯塔尔，雨果·冯（Hofmannsthal, Hugo von，1874—1929）。与德国大学界不同的是，霍夫曼斯塔尔很早就认识到了W. B的突出意义，并在1924/1925年的《新德意志论稿》中发表了他的关于《亲和力》的论文。W. B.则在他的几篇文章中表达了他对霍夫曼斯塔尔的《塔楼》的各种版本的赞赏。第129、139、143、146、149、151、158、162、164、166、167、169、170、172、176、188封信。

霍克海默，马克斯（Horkheimer, Max，1895年生于斯图加特），法兰克福约翰·沃尔夫冈·歌德大学哲学和社会学荣誉正教授，于1925年在法兰克福取得在大学授课资格，1930年在同一地点担任教授，并担任社会研究所所长。1933年流亡美国，在纽约哥伦比亚大学的框架内将该研究所继续下去。1948年从流亡中返回。自从在法兰克福时期就认识本雅明；后者在流亡期间成为该研究所的成员。第242、245、255、256、261、266、280、282、283、284、285、290、293、297、303、323、325、329封信。

克拉夫特，维尔纳（Kraft, Werner，1896年生于汉诺威），诗人和作家（在汉诺威担任图书管理员直到1933年），曾在柏林学习现代语言，并于 1915 年在柏林结识了 W. B.。他一直与他保持密切联系，直到 1921 年。1933 年后，双方在巴黎恢复了联系，首先是面对面的，然后在克拉夫特移居耶路撒冷之后通过书信。第 239、243、246、252、259、270、271、274、275、281 封信。

利布，弗里茨（Lieb, Fritz，1892 年生于罗蒂弗卢[Rothenfluh]）。1924 年：巴塞尔的系统神学编外讲师。1930 年：去波恩，1931 年在那里被任命为教授。1933 年：由于政治原因被免职。1934—1936 年：流亡巴黎。1936 年：巴塞尔教授。1946—1947 年：柏林客座教授。1958 年：巴塞尔教授。1962 年：荣誉退休。第 288 封信。

莫尼耶，阿德里安娜（Monnier, Adrienne，1892—1955）书商和作家。她最初是一名文学秘书，后来于 1915 年在奥岱翁街 7 号开设了她那家著名的书店。与法国先锋派文学有着非常密切的接触，特别是与皮埃尔·勒韦迪（Pierre Reverdy）、亨利·米肖（Henri Michaux）和米歇尔·莱里斯，以及瓦莱里。莫里斯·萨耶出版了一本名为《奥岱翁街》的书，书中包含了有关莫尼耶和她的一些作品的资料，其中有两篇关于本雅明的文章，本雅明在巴黎的那些年里，莫尼耶和他关系很好。第 313、320、330 封信。

拉特，朱拉（Radt, Jula，1894 年生于柏林），阿尔弗雷德·科恩的妹妹。长期以来，尤其是 1912 年至 1915 年以及 1921 年至 1933 年，是 W. B. 的密友。雕刻家。从 1916 年到 1922 年，住在海德堡，在那里她很接近斯特凡·格奥尔格周围的圈子；之后回到柏林。自 1937 年以来在荷兰。自 1925 年起与格蕾特·拉特的兄弟弗里茨·拉特结婚。第 152、154、155、159、224 封信。

朗，佛罗伦斯·克里斯蒂安（Rang, Florens Christian，1864—1924），最初在普鲁士行政机构任职；1895 年决定研究神学，并在担任五年牧师后重返公职，担任行政专员直到 1917 年，担任赖夫艾森协会（Raiffeisenverband）董事直到1920年。此后，由于他的最后一次改变心意，他感到不得不放弃所有的职务，成为一名普通公民。在他生命的最后几年，他与大约1918年在柏林相识的本雅明保持着密切联系。第112、115、116、117、118、119、120、121、122、123、124、126、127、128、130、131封信。

里尔克，雷纳·玛丽亚（Rilke, Rainer Maria，1875—1926）。W. B. 只是在里尔克去世前不久才与他有过交往的。他年轻时就重视并引用了里尔克的诗，但从未在更大的背景下给出他对里尔克的看法。他接手了圣－琼·佩斯的《远征》的翻译工作，这本来拟定由里尔克进行。第144、148封信。

赖赫纳，马克斯（Rychner, Max，1897—1965），文学评论家。在1921年凭借一篇关于G. G. 盖尔维努斯（G. G. Gervinus）的论文获得博士学位。从1922年开始担任《新瑞士评论》的编辑，他以这种身份结识了W. B.，并试图让他为该杂志撰稿。1931—1937年居住在科隆，担任编辑和通讯记者。第165、174、182、187、192、201、222封信。

萨克斯，弗朗兹（Sachs, Franz，1894年生于柏林），是青年运动期间W. B.的同学和青年时代的朋友，直到1914年。他学习法律，当时住在约翰内斯堡担任注册会计师。第14、21封信。

舍恩，恩斯特（Schoen, Ernst，1894—1960），音乐家、诗人和翻译家。W. B. 的同学和后来的朋友。自青年时代起，就与作曲家布索尼的家族有联系。主要生活在柏林，后来在法兰克福担任电台节目总监，直到1933年。从1933年到1952年在英国，然后又在柏林。W. B. 于1929年8月30日在《文学世界》上发表了《与恩斯特·舍恩的对话》(Gespräch mit Ernst Schoen)。只有W. B. 在1921年以前写给他的信保存了下来。第25、33、34、37、38、48、51、54、59、62、68、69、70、72、73、75、77、80、82、85、87封信。

肖勒姆，格肖姆·格哈德（Scholem, Gershom Gerhard，1897年生于柏林），学习过数学、哲学和闪米特语言文学。1915年与W. B. 结识，并于1918年和1919年与他一起在伯尔尼。直到1923年他去巴勒斯坦前，保持着密切的面对面交往。1927年和1938年再次在巴黎面对面团聚。自1925年以来，他在耶路撒冷大学任犹太神秘主义历史的讲师，后来成为教授。在第一次婚姻中与艾尔莎·伯查特结婚（至1936年），在第二次婚姻中与法尼亚·弗洛伊德（Fania Freud）结婚。第41、42、46、49、50、52、53、55、56、57、58、60、61、63、64、65、66、67、71、74、76、78、79、81、84、86、88、89、90、91、92、93、94、95、96、97、98、99、100、101、102、103、104、105、106、107、108、109、110、111、113、114、125、132、133、134、135、136、137、138、140、141、142、145、147、150、153、156、157、160、168、171、175、177、178、179、180、181、184、185、186、189、190、191、193、194、196、197、198、199、203、205、206、207、208、209、211、212、214、215、216、218、220、221、225、227、230、233、236、238、240、241、244、249、257、264、268、278、286、287、289、292、296、299、300、308、309、311、327封信。

塞利格森，卡拉（Seligson, Carla，1892—1956），学习医学，并积极参与了青年运动，在运动的鼎盛时期，她是W. B. 的亲密朋友。自1917年以来与赫伯特·贝尔莫尔结婚。她的姐妹丽卡和特劳特（Traute）也密切参与了这个圈子，她们在战争的第一年（1914/1915年）自杀了。第11、15、20、24、26、27、28、29、30封信。

斯特芬，玛格丽特（Steffin, Margarete，1908—1941），会计员。出身贫寒。布莱希特在1931/1932年冬天与她结识。她在《母亲》的首演（1932年1月）中扮演女仆。除了短暂的中断，她从1933年开始，分担了布莱希特的流亡生活，还为他翻译了格里格

(Grieg) 的《失败》(*Niederlage*) 等作品。她在去美国的途中在莫斯科去世。本雅明在巴黎与她结识。第 267、316 封信。

施泰因施耐德，基蒂 (Steinschneider, Kitty，1905 年生于柯尼斯堡)，在 1933 年初去巴勒斯坦之前不久，她还是基蒂・马克斯时结识了 W. B.，并在接下来的岁月里与他保持了友好联系。自 1933 年起与卡尔・施泰因施耐德结婚。最初住在雷乔博特 (Rechobot)，后来住在耶路撒冷。第 219、228、269、277、301 封信。

蒂姆，卡尔 (Thieme, Karl，1902—1963)，生于莱比锡，学习哲学、历史和神学。社会主义者。在德国政治大学和埃尔布隆格 (Elbing) 教育学院任教。1935 年流亡国外，1943 年成为瑞士公民。自 1947 年起在行政科学大学任教，1954 年在格尔默尔斯海姆 (Germersheim) 的美因茨大学外国与口译学院担任教授。第 248、291、294、295、298、314 封信。

韦尔奇，罗伯特 (Weltsch, Robert，1891 年生于布拉格)，来自布拉格的犹太复国主义圈子，他于 1921 年至 1939 年担任《犹太人评论》主编，W. B. 为其撰写了他的卡夫卡论文。后来住在耶路撒冷，自 1945 年以来在伦敦。第 234 封信。

威内肯，古斯塔夫 (Wyneken, Gustav，1875—1964)，激进学校改革的领导人，维克斯多夫自由学校社区的创始人。《学校和青年文化》的作者和《开端》杂志的出版人。是 W. B. 在豪宾达 (Haubinda) 国民教育之家的老师，此后一直与他保持密切联系，直到 1915 年，尤其是 1912 年至 1914 年。到目前为止，只有 W. B. 与他断绝关系的那封谢绝信浮出水面。第 39 封信。

守望思想　逐光启航

本雅明书信集

［德］瓦尔特·本雅明　著

［以］格肖姆·肖勒姆　［德］特奥多·W. 阿多诺　编注

金晓宇　译

策划编辑：杨全强　杨芳州

责任编辑：余梦娇　顾逸凡

特约编辑：廖　雪　玛　婴

营销编辑：池　淼　赵宇迪

封扉设计：董茹嘉

出版：上海光启书局有限公司

地址：上海市闵行区号景路159弄C座2楼201室　201101

发行：上海人民出版社发行中心

印刷：山东临沂新华印刷物流集团有限责任公司

制版：北京大观世纪文化传媒有限公司

开本：850mm × 1168mm　1/32

印张：26.875　　字数：646,000　　插页：2

2024年8月第1版　　2025年1月第2次印刷

定价：198.00元

ISBN：978-7-5452-2011-7/B・4

图书在版编目（CIP）数据

本雅明书信集/（德）瓦尔特·本雅明著；（以）格肖姆・肖勒姆，（德）特奥多・W. 阿多诺编注；金晓宇译. —上海：光启书局，2024（2025.1重印）— ISBN 978-7-5452-2011-7

I. B516.59

中国国家版本馆CIP数据核字第2024YE3691号

BRIEFE

Herausgegeben und mit Anmerkungen versehen

von Gershom Scholem und Theodor W. Adorno. Zwei Bände

by Walter Benjamin

Published by Luminaire Books,

A division of Shanghai Century Publishing Co., Ltd.